A IMPRENSA CONFISCADA PELO DEOPS 1924-1954

GOVERNO DO ESTADO DE SÃO PAULO
CUIDANDO DE GENTE

Governador	Geraldo Alckmin
Secretário Chefe da Casa Civil	Arnaldo Madeira
Secretária de Estado da Cultura	Cláudia Costin

Departamento de Museus e Arquivos

Diretora	Silvia Alice Antibas

ARQUIVO DO ESTADO

	Divisão de Arquivo do Estado
Diretor	Fausto Couto Sobrinho

Æ Ateliê Editorial

	Ateliê Editorial
Editor	Plinio Martins Filho

imprensaoficial

	Imprensa Oficial do estado de São Paulo
Diretor Presidente	Hubert Alquéres
Diretor Vice-Presidente	Luiz Carlos Frigerio
Diretor Industrial	Teiji Tomioka
Diretor Financeiro e Administrativo	Richard Vainberg
Núcleo de Projetos Institucionais	Emerson Bento Pereira
Coordenador Editorial	Carlos Taufik Haddad
Co-Edições	Edemar Viotto Jr.

Maria Luiza Tucci Carneiro
Boris Kossoy
ORGANIZADORES

A IMPRENSA CONFISCADA PELO DEOPS

1924-1954

Æ
Ateliê Editorial

imprensaoficial

ARQUIVO DO ESTADO

Dados Internacionais de Catalogação na Publicação (CIP)
(Câmara Brasileira do Livro, SP, Brasil)

A Imprensa confiscada pelo Deops : 1924-1954 / Maria Luiza Tucci Carneiro, Boris Kossoy, organizadores. – São Paulo: Ateliê Editorial ; Imprensa Oficial do Estado de São Paulo; Arquivo do Estado, 2003. – (Série Labirintos da Memória)

Bibliografia.

ISBN 85-7480-152-6 (Ateliê Editorial)
ISBN 85-7060-219-7 (Imprensa Oficial do Estado de São Paulo)
ISBN 85-86726-54-0 (Arquivo do Estado)

1. Brasil – Política e governo 2. Censura – Brasil 3. Departamento de Ordem Política e Social (Brasil) 4. Jornalismo – Brasil 5. Liberdade de imprensa – Brasil I. Carneiro, Maria Luiza Tucci. II. Kossoy, Boris. III. Série.

03-0248 CDD-363.310981

Índices para catálogo sistemático:

1. Brasil: Confisco de jornais: Problemas sociais	363.310981
2. Brasil: Jornais: Confisco: Problemas sociais	363.310981

ATELIÊ EDITORIAL
Rua Manuel Pereira Leite, 15
06709-280 – Granja Viana – Cotia – SP
Telefax: (0xx11) 4612-9666
www.atelie.com.br
e-mail: atelie_editorial@uol.com.br

IMPRENSA OFICIAL DO ESTADO DE SÃO PAULO
Rua da Mooca, 1921
03103-902 – Mooca – São Paulo – SP
Tel: (0xx11) 6099-9800
Fax: (0xx11) 6099-9674
SAC 0800-123 401
www.imprensaoficial.com.br
e-mail: livros@imprensaoficial.com.br

ARQUIVO DO ESTADO DE SÃO PAULO
Rua Voluntários da Pátria, 596
02010-000 – Santana – São Paulo – SP
Fonefax: (0xx11) 6221-4785
www.arquivoestado.sp.gov.br
e-mail: arquivoestado@sp.gov.br

Printed in Brazil 2003
Foi feito depósito legal

SUMÁRIO

APRESENTAÇÃO

A série Labirintos da Memória tem como proposta divulgar algumas das linhas de pesquisa desenvolvidas pelo PROIN – Projeto Integrado Arquivo/ Universidade. Este projeto, através de uma ação conjunta entre o Arquivo do Estado e a Universidade de São Paulo, tem se empenhado, desde 1996, em formar uma nova geração de pesquisadores dedicados a resgatar a memória política nacional e, em especial, do Estado de São Paulo. Como que perdida em meio a um labirinto, esta memória encontra-se registrada nos milhares de documentos que compõem o Fundo DEOPS/SP, antigo Departamento Estadual de Ordem Política e Social (1924-1983).

Pesquisando os prontuários nominais e institucionais investimos em diferentes caminhos. As dúvidas em escolher esta ou aquela trilha nos instigaram a garimpar registros até então desconhecidos e que ainda se mantêm suspensos no vácuo da memória. Estas informações, cruzadas pelas pesquisas em andamento, se prestam para compor a memória coletiva retirando do anonimato cidadãos que, num passado recente, protestaram contra a desigualdade racial, social e política. Tal constatação, retomando aqui a imagem do labirinto, nos coloca diante do fosso que separa de fato a sociedade civil do Estado autoritário, hostil e alheio às diferenças.

Privilegiando a análise dos excluídos, das minorias étnicas e políticas, estaremos reconstituindo a cultura que, até então, sobreviveu enquanto memória clandestina, memória proibida. Ao efetuarmos esta revisão da história, certamente teremos mitos arranhados como: "Getúlio, pai dos trabalhadores", "Brasil, país dos imigrantes", "democracia racial brasileira". São as memórias "marginais" que nos interessam e que, até então, se fizeram modeladas pelo silêncio e abafadas pelas versões oferecidas pela história oficial. Nessa incursão heurística preservamos os múltiplos discursos, tanto o dos atores da resistência como o dos opressores, com o objetivo de demonstrar como, cada qual à sua maneira, procurou legitimar seu próprio passado e forjar sua auto-imagem. Não conseguiremos cobrir a maioria dos grupos mas, certamente, algumas pistas ficarão indicadas para aqueles que quiserem se aventurar pelas corredores do labirinto da memória.

Além do volume que ora se publica, encontram-se programados os seguintes temas: *Panfletos Sediciosos*, *Charges Proibidas, Risos Contidos*; e *Minorias Rebeldes.*

Hoje, tendo em vista o processo de democratização vivenciado pelo Brasil, temos condições de divulgar a ação daqueles que defenderam a liberdade de expressão. A documentação que agora tornamos pública nos permite avaliar, por entre as fissuras dos escritos policiais, como a intolerância política se manifestou por meio da proibição, da exclusão, da perseguição e da eliminação do cidadão, quando necessário. Daí este nosso projeto ir de encontro à proposta do Laboratório de Estudos sobre a Intolerância – LEI, núcleo internacional de pesquisa recentemente criado pelo Departamento de História da Universidade de São Paulo.

Ao encerramos, gostaríamos de registrar nossos agradecimentos a todos aqueles que tornaram possível esta publicação: Imprensa Oficial do Estado, Arquivo do Estado, Ateliê Editorial, Goethe – Institut Inter Nationes, Paris, Arquivo Histórico Judaico Brasileiro. Estendemos nossa gratidão a Beatriz Kushnir, historiadora, a Lauro Munie Indursky, Miguel Kossoy, Michael Pinkuss e Hélio Valeiro pela efetiva colaboração recebida ao longo desta pesquisa.

Gostaríamos, finalmente, de expressar os agradecimentos em nosso nome e da equipe de técnicos e pesquisadores do Projeto Integrado Arquivo/Universidade a Fapesp – Fundação de Amparo à Pesquisa do Estado de São Paulo e a Pró-Reitoria de Cultura e Extensão da Universidade de São Paulo, instituições financiadoras deste projeto.

FAUSTO COUTO SOBRINHO
BORIS KOSSOY
MARIA LUIZA TUCCI CARNEIRO
Coordenadores do PROIN
Arquivo/Universidade

O JORNALISMO REVOLUCIONÁRIO ILUSTRADO

Boris Kossoy[1]

O lugar da imagem na imprensa revolucionária brasileira

As imagens publicadas pela imprensa revolucionária que circulou no Brasil entre 1924-1954 vão além do seu poder de ilustração. Os jornais nos interessam, em especial, pela rica iconografia que reúnem, possibilitando um campo promissor de investigações[2]. Parte considerável destes jornais foi apreendida pela Polícia Política ciente do seu valor documental para a comprovação do crime político. O historiador das idéias não pode ignorar o potencial iconográfico dos arquivos DEOPS, ricos em fontes para a história da imprensa política no Brasil.

No Brasil, a historiografia contemporânea conta com alguns estudos pioneiros que, a partir da década de 1980, relacionam *periodismo*, *imagem* e *política*. Dentre os autores dedicados ao assunto, por exemplo, mencionaríamos Marcos Antonio da Silva, Maria Helena Rolim Capelato, Maria Luiza Tucci Carneiro, Maria das Graças Ataíde de Almeida, Raquel de Azevedo e Rafael Baitz[3]. O tema das revistas ilustradas foi explorado por Ana Luiza Martins enquanto proposta inovadora de inventário e interpretação[4]. Algumas teses e monografias orientadas na área de História Social têm como foco as imagens publicadas pela grande imprensa durante a Era Vargas. Cabe aqui citar os estudos desenvolvidos por Odete da Conceição Dias, João Henrique Botteri Negrão e Antonio Roberto Guglielmo[5].

Estes estudos nos sensibilizam para um outro segmento do periodismo brasileiro: o *jornalismo revolucionário ilustrado,* embora não tão rico em imagens quanto as revistas e os jornais publicados por empresas estruturadas como entidades comerciais. Trata-se de um verdadeiro jornalismo contestatório que circulou, na maioria das vezes, na clandestinidade transmitindo uma visão política oposta às versões

1. Professor Titular do Departamento de Jornalismo e Editoração da Escola de Comunicações e Artes da Universidade de São Paulo, coordenador de iconografia do PROIN Arquivo/Universidade. Autor, dentre outras obras de: *Dicionário Histórico-Fotográfico Brasileiro. Fotógrafos e Ofício da Fotografia no Brasil (1833-1910)*, São Paulo, Instituto Moreira Salles, 2002; *Fotografia e História*, São Paulo, Ateliê Editorial, 2001; *Realidades e Ficções na Trama Fotográfica*, São Paulo, Ateliê Editorial, 1999.
2. Neste sentido vários projetos de Iniciação Científica estão sendo desenvolvidos junto ao PROIN Arquivo/Universidade/Fapesp sob a orientação de Tucci Carneiro: *A Sedução das Imagens. O Imaginário Político Através da Iconografia na Era Vargas*, por Luciana Pokorni Odoni Magalhães; *A Palavra Silenciada: O Papel Sedicioso da Imprensa Clandestina (1930-1945)*, por Paula Correia Pacheco; *O Submundo da Imprensa Clandestina durante a Era Vargas (1930-1945)*, por Angela Birardi; *Imprimindo a Revolução: Gráficas e Editoras Clandestinas (1924-1945)*, por Gláucia Rodrigues Castelani. Orientados por Boris Kossoy: *Imagens e Palavras Construindo Realidades: A Fotografia Como Instrumento Político do DEOPS*, por Karina Alves Teixeira; *O Lugar da Fotografia nos Jornais Confiscados pelo DEOPS*, por Julienne Gananian.
3. Marcos Antonio da Silva, *Caricata República*, São Paulo, Editora Marco Zero, MCT/CNPq, 1990; *Prazer e Poder do Amigo da Onça*, Rio de Janeiro, Paz e Terra, 1989; Maria Helena Rolim Capelato, *Multidões em Cena. Propaganda Política no Varguismo e no Peronismo*, Campinas, Papirus, 1998; Maria Luiza Tucci Carneiro, *O Anti-Semitismo na Era Vargas*, 3. ed., São Paulo, Perspectiva, 2002; Maria das Graças Ataide de Almeida, *A Construção da Verdade Autoritária*, São Paulo, Humanitas, 2001; Rodrigo Patto Sá Motta, *Em Guarda Contra o Perigo Vermelho*, São Paulo, Perspectiva, 2002; Raquel de Azevedo, *A Resistência Anarquista. Uma Questão de Identidade (1927-1937)*, São Paulo, Imprensa Oficial, Arquivo do Estado, 2001; Rafael Baitz, *Um Continente em Foco: A Imagem Fotográfica da América Latina nas Revistas Semanais Brasileiras (1954-1964)*, Dissertação de Mestrado em História Social, Departamento de História, Universidade de São Paulo, 1998.
4. Ana Luiza Martins, *Revistas em Revista. Imprensa e Práticas Culturais em Tempos de República. São Paulo (1890-1922),* São Paulo, Edusp, Imprensa Oficial, Fapesp, 2002.
5. Odete da Conceição Dias, *A Imagem Fotográfica do Trabalhador no Jornal A Gazeta (1930-1945)*, Dissertação de Mestrado em História Social, Departamento de História, Universidade de São Paulo, 1993; Antonio Roberto Guglielmo, *O Holocausto Enquanto Notícia. O Jornal Estado de S. Paulo e a Questão Judaica (1933-1945),* Dissertação de Mestrado em Língua Hebraica, Literatura e Cultura Judaicas, Departamento de Letras Orientais, Universidade de São Paulo 1999; João Henrique Botteri Negrão, *Selvagens e Incendiários. O Discurso Anticomunista e as Imagens da Guerra Civil Espanhola,* Tese de Doutorado em História Social, Departamento de História, Universidade de São Paulo, 2001.

veiculadas pela grande imprensa. Os jornais sediciosos têm a sua periodicidade comprometida pelo conteúdo publicado que contrariava as regras impostas pela censura oficial; contamos com exemplos de jornais que, dado o seu enfoque crítico e militante, não foram além do seu primeiro número.

Apesar de os jornais confiscados estarem disponíveis aos pesquisadores desde 1995, ainda são raros os estudos que se fundamentam na documentação do Fundo DEOPS. A fotografia, em particular, foi analisada por Fernanda Torres Magalhães sob os prismas do imaginário e do crime político[6]. Dada a multiplicidade de usos e o lugar da iconografia nos prontuários policiais esta linha de pesquisa vem tendo continuidade em outros projetos desenvolvidos por Luciana Pokorni Odoni Magalhães, Karina Alves Teixeira e Julienne Ganania[7].

Tomando como referência as imagens e os jornais confiscados que compõem o Banco de Dados/PROIN podemos sugerir algumas incursões na direção do jornalismo político. Tratam-se de documentos iconográficos reproduzidos em jornais que devem ser submetidos a metodologias específicas de análise e interpretação[8]. Além de reconhecer essa documentação como fonte histórica devemos compreendê-la como forma de representação simbólica do imaginário coletivo e da realidade da época[9].

O jornal revolucionário enquanto fonte histórica

A importância dos jornais revolucionários enquanto fonte para a recuperação das idéias políticas é enfatizada em dois artigos publicados na obra *Por uma História Política*. Um deles, de autoria de Rolf Reichardt é voltado à avaliação de gravuras políticas na forma de *broadsides,* que circulavam em meio ao material impresso durante a Revolução Francesa. Estas imagens, principalmente as charges, eram consideradas suspeitas pelos censores daquela época que, em face de uma maior liberdade de imprensa, perderam o controle sobre as mesmas. Multiplicadas pelos jornais, as gravuras – fossem elas de tendência conservadora ou radical – contribuíram para influenciar a opinião pública. Os *broadsides* eram, na sua maioria anônimos, tinham como tema a matéria do dia. De fácil compreensão, rudimentares do ponto de vista técnico e de colorido tosco, eram produzidas apressadamente e em grandes tiragens[10].

O ensaio de Michel Winock ressalta, por sua vez, o quanto a história das idéias políticas faz fronteira com a história da opinião pública e a história da propaganda, sendo o jornal considerado como uma fonte promissora para a renovação do *corpus* documental. O jornal, na opinião do autor, permite conhecer "as inflexões da época e as nuances da conjuntura", além de refletir acerca "das relações na sociedade, em suas tentativas de coerência entre a doutrina e os fatos". Tais possibilidades, se avaliadas sob o prisma da história das idéias políticas, extrapolam o conceito de cultura política, pois nos permitem determinar os sistemas de representações da sociedade que não devem ser separados dos processos de produção e de mediação[11].

O papel da imprensa revolucionária, em especial, é também recuperado por Jeremy D. Popkins[12]. Dedicado a analisar os jornais criados pelos jornalistas revolucionários no final do século XVIII na França, Popkins apresenta algumas considerações que, certamente, se prestam como referências para avaliarmos esta categoria de impresso no Brasil do século XX. Em primeiro lugar ressalta que "tais jornais jamais chegaram a se tornar um meio genuíno de comunicação de massas" já que eram limitados pelos níveis de alfabetização e pela tecnologia. Mas, mesmo assim, insiste na idéia de que a imprensa revolucionária ajudou a "estruturar o novo mundo da política francesa". Avaliando a qualidade do produto impresso, o autor procura reconstituir o clima caótico de gestação de um

6. Fernanda Torres Magalhães, *Comunistas, Fotojornalismo e o DEOPS de São Paulo, 1924-1945,* Iniciação Científica, PROIN, Fapesp, 1996-97; *O Suspeito Através das Lentes. O DEOPS e a Imagem da Subversão (1930-1945),* Dissertação de Mestrado em História Social, Departamento de História, Universidade de São Paulo, 2001.
7. Luciana Pokorni Odoni Magalhães, *op.cit.;* Karina Alves Teixeira, *op.cit.*; Julienne Gananian, *op.cit.*
8. Proposições neste sentido foram expandidas em Boris Kossoy, *Fotografia e História,* 2. ed., São Paulo, Ateliê Editorial, 2001; *Realidades e Ficções na Trama Fotográfica*, São Paulo, Ateliê Editorial, 1999.
9. Rolf Reichardt, "Estampas. Imagens da Bastilha", em René Rémond (org.), *Por uma História Política*, trad. Dora Rocja, Rio de Janeiro, Editora UFRJ/FGV, 1996, p. 312.
10. Rolf Reichardt, *op.cit.*, pp. 309-338.
11. Michel Winock, "Idéias Políticas", em René Rémond, *op. cit.*, pp. 282-283.
12. Jeremy D. Popkins, "Jornais. A Nova Face das Notícias", em Robert Darnton e Daniel Roche (orgs.), *Revolução Impressa. A Imprensa na França, 1775-1800,* São Paulo, Edusp, 1996, pp. 197-223.

jornal revolucionário que deveria superar as dificuldades técnicas e estabelecer uma rotina segura[13].

Retomando as propostas de Reichardt, Winock e Popkins, reiteramos a importância de estudarmos a produção dos jornais revolucionários confiscados pelo DEOPS como expressão das inquietações da sociedade brasileira. Em qualquer época e lugar, *imagem* e *texto* cumprem o papel de doutrinação e sedução, função inerente à imprensa política. Daí a necessidade de desmontarmos a ideologia das imagens utilizadas na edição de um determinado periódico; determinarmos a sua procedência; analisarmos suas condições de produção; dimensionarmos o espaço ocupado pelas imagens na página impressa e, finalmente, identificarmos para quem eram direcionadas.

Enquanto pesquisadores devemos estar atentos à função da imagem nos jornais, visto que elas complementam a leitura da informação escrita. Percebemos que existe um constante diálogo entre *imagem* e *texto* cuja sintonia se dá em função de textos inteligentes, imagens instigantes e técnicas sofisticadas de impressão. Assim, cabe ao intérprete avaliar a relação que estas imagens têm com o mundo interior e exterior do leitor procurando imaginar como se opera o encontro entre esses dois universos.

Considerando a época que tais imagens foram produzidas, em que medida pode-se avaliar a sua eficácia revolucionária enquanto instrumento mobilizador das massas? Dificilmente saberemos o alcance que tais imagens tiveram do ponto de vista quantitativo: quantos exemplares de jornais foram efetivamente distribuídos ao público? O fato é que as edições se viam constantemente apreendidas a mando das autoridades policiais.

Duas categorias de imagens impressas predominam nos jornais confiscados pela Polícia Política: as *fotográficas* e as *pictóricas*. Esta última pode ser classificada em subcategorias agrupadas segundo a temática e a técnica utilizadas (desenho, pintura, gravura etc.). Por se tratarem, na maioria dos casos, de jornais impressos na clandestinidade, raramente eram beneficiados por métodos fotomecânicos de reprodução da imagem mais sofisticados como a impressão em cores ou a rotogravura, por exemplo.

As imagens fotográficas assim como as pictóricas (de conteúdo alegórico ou humorístico, a exemplo das charges políticas) visavam conquistar uma nova ordem, instigando o leitor à rebelião. Por sua força simbólica, esta iconografia sugere novas redes de convenções sociais de forma a romper com a rotina imposta pelas elites. As imagens pictóricas (cuja técnica recorrente era o desenho e a gravura) fortaleciam o caráter revolucionário dos jornais que funcionavam como verdadeiros libelos sociais. Em junho de 1939, por exemplo, o jornal literário *Dom Casmurro* reproduziu o retrato do compositor Richard Wagner em complemento a um texto de protesto pelo uso da música do autor pelo III Reich[14].

As charges, criadas a partir de desenhos, colagens, fotomontagens etc., buscavam, segundo a ideologia de determinado grupo ou classe, representar simbolicamente os problemas sociais e políticos de seu tempo. Fazendo uso de alegorias e metáforas, o autor (anônimo ou não) tornava sua mensagem plena de significados[15]. Alguns jornais, que expressavam o pensamento da esquerda, protestavam contra os privilégios da Igreja Católica[16] e do Estado autoritário, criticavam a obesidade da burguesia, denunciavam a arbitrariedade da Justiça, que atuava em favor dos ricos patrões, e alertavam para as péssimas condições das prisões políticas.

Nos remetemos aqui a alegoria que compõe a vinheta do jornal *Ateneo*, editado em Buenos Aires e que sintetiza sua proposta editorial na figura de dois personagens-símbolos, o intelectual e o operário, identificados por seus instrumentos profissionais: os livros (expressão do saber) e a bigorna (expressão de resistência). Ao fundo, o sol ilumina a fábrica compondo uma verdadeira exaltação ao mundo do trabalho[17]. A imagem da força aparece em uma outra alegoria publicada pelo *L'Adunata dei Refrattari*, periódico editado em Nova York e direcionado para a comunidade de fala italiana radicada no Brasil. Uma figura gigantesca simbolizando o

13. *Idem*, pp. 201-202.

14. Retrato do compositor Wagner, desenho em bico-de-pena assinado por Sotério XXXII, *Dom Casmurro*, Rio de Janeiro, 10 de junho de 1939. *Pront. nº 1.332, Quirino Pucca*. DEOPS/SP. AESP.

15. Sobre metáfora ver Adelaine La Guardia Nogueira, "A Metáfora no Contexto Literário: Análise de um Poema Metafísico" em Vera Lúcia Menezes de Oliveira e Paiva (org.), *Metáforas do Cotidiano*, Belo Horizonte, UFMG, 1998, p. 84.

16. Ver "Descoberta do Brasil". Charge política publicada pelo jornal anarquista *A Lanterna*. Exemplares deste periódico dirigido por Edgard Leuenroth podem ser localizados nos prontuários nº *1.553, A Lanterna* e nº *1262, Benedito Romano*. DEOPS/SP. AESP.

17. *Ateneo*. Buenos Aires, julho de 1940. *Pront. nº 1.262, Benedito Romano*, vol. 1. DEOPS/SP. AESP.

ideal revolucionário emerge com os braços abertos em meio ao povo instigando-o à ação[18].

Comunidades de leitores

Esta iconografia – somada aos textos jornalísticos – procurava romper com o passado político brasileiro numa demonstração de que era possível inovar, desde que as massas estivessem articuladas entre si. Impressa em papel-jornal ou manuscrita em papel almaço[19], as imagens expressam as inquietações do editor rebelde que, em nome de uma causa, fosse ela anarquista, socialista, antifascista ou comunista, procurava oferecer ao seu público a esperança de um futuro melhor. Diante desta função – de produzir novos comportamentos – a mensagem deveria ser eficaz, valendo-se de traços simples e acessórios simbólicos compreensíveis à multiplicidade de leitores.

Apelando para símbolos adotados por movimentos revolucionários similares na Europa e Estados Unidos, o produtor usava formas de representação universais personificadas em figuras de fácil reconhecimento como, por exemplo: a de Marianne ou Germânia que simbolizavam a Nação, o gordo empresário identificado como representante da burguesia ou ainda o pobre lavrador apresentado como o caipira despreparado para a luta política. Além de reconhecer o outro – o patrão, o religioso, o governante, a polícia etc. – o leitor deveria se identificar numa espécie de "jogo de espelhos", conforme sugere Robert Darnton em *Edição e Sedição*[20].

Devemos, contudo, levar em consideração as "competências de leitura" visto que havia uma defasagem entre o público alfabetizado e o analfabeto. Mesmo aqueles que tinham capacidade e nível cultural para compreender as imagens, o faziam de maneiras diferentes[21]. Esta constatação se faz possível se levarmos em conta os níveis de alfabetização no Estado de São Paulo na década de 1920: em cada grupo de cem pessoas, 58 eram analfabetas. Na capital paulista, a taxa de analfabetismo reduzia-se a 28% para a população adulta; já para a população em idade escolar (entre sete e catorze anos) a taxa de alfabetizados era de 65,2%[22].

Analisando os jornais confiscados pelo DEOPS percebemos que estes eram direcionados para um público específico selecionado de acordo com o ideário do grupo editor, do órgão do qual se fazia porta-voz (de classe ou partido) e do nível cultural e político do público-alvo. As comunidades de leitores eram assim compostas por parcelas diferenciadas do operariado urbano brasileiro, distinto por suas categorias profissionais: têxteis, eletricitários, ferroviários, vidraceiros, sapateiros, tipógrafos etc. O trabalhador rural, por sua vez, integrava uma outra comunidade cujos membros, na sua maioria, tinham pouca vivência política e enfrentavam dificuldades de acesso à informação em decorrência do isolamento geográfico e da ausência de uma política sociocultural que lhes garantisse uma educação formal. Mesmo porque os produtores da literatura tradicional raramente se preocupavam em elaborar textos adequados para este segmento da população, com exceção dos almanaques[23].

O segmento "rural" dos jornais revolucionários que circularam no Brasil, dentre os quais temos *Nossa Terra* e *O Guatambú*, procurava oferecer ao homem do campo imagens com traços simples e compostas com símbolos inspirados no seu cotidiano[24]. Essa iconografia, inspirada em cenários e personagens reais cumpriam uma função pedagógica, doutrinária.

18. *L'Adunata Dei Refrattari*, Nova York, setembro de 1942. *Pront. nº 2.061, Hugo Vittorio*. DEOPS/SP. AESP.
19. Ressaltamos aqui alguns jornais artesanais produzidos por editores presos pelo DEOPS de São Paulo por suas atividades políticas: *O Xadrez*. Presídio Paraíso. São Paulo, 6 de dezembro de 1935, p.1; *A Cana*, s/d. *Pront. nº 400, Rodolpho Fellipe*. DEOPS/SP. AESP.
20. Robert Darnton, *Edição e Sedição. O Universo da Literatura Clandestina no Século XVIII*, trad. Myriam Campello, São Paulo, Companhia das Letras, 1992, p. 164; sobre Marianne e Germânia ver Michelle Perrot, *Mulheres Públicas*, São Paulo, Unesp, 1998, pp. 17-19.
21. Roger Chartier, *A Ordem dos Livros. Leitores, Autores e Bibliotecas na Europa entre os Séculos XIV e XVIII*, trad. Mary Del Priori, Brasília, Unb, 1999, p. 13.
22. Ana Maria Infantosi, *A Escola na República Velha. A Expansão do Ensino Primário em São Paulo*, São Paulo, Edec, 1983, p. 59, *apud* Ana Luiza Martins, *op. cit.*, p. 201.
23. Esta lacuna, no caso da França durante o Antigo Regime, foi preenchida pelo almanaque e pela imprensa revolucionária, segundo estudo desenvolvido por Lise Andries. A autora ressalta o papel desempenhado pelos almanaques, especialmente os políticos, que permitiam uma reciclagem extremamente rápida dos textos durante a Revolução Francesa. Ver de Lise Andries, "Almanaques. Revolucionando um Gênero Tradicional", em Robert Darnton & Daniel Roche (orgs.), *Revolução Impressa. A Imprensa na França (1775-1800)*, São Paulo, Edusp, 1996, p. 297.
24. *Nossa Terra*, São Paulo. *Pront. nº 547, Delegacia Regional de Polícia de Barretos*; *O Guatambú*. Cosmorama. *Pront. nº 6.585, Associação Agro Pecuária de São José do Rio Preto*. Cf. Emiliana Andréo da Silva, *O Despertar do Campo. Lutas Camponesas no Interior do Estado de São Paulo*, série Inventário DEOPS, São Paulo, Imprensa Oficial; Arquivo do Estado, 2002.

É reconhecido que a imagem supre algumas das dificuldades do leitor analfabeto, do imigrante que não compreende o idioma local ou do cidadão despolitizado. Esta constatação sugere a composição de diferentes comunidades de leitores cujos "olhares" são diferenciados pela intenção do produtor e pela condição sociocultural do receptor. Considere-se que a interpretação de uma imagem elaborada pela autoridade policial distinguia-se daquela de um trabalhador da cidade ou do campo. Interpretadas como "perigosas" pelo aparato repressor e censor do Estado republicano, essas imagens eram avaliadas como *expressão da desordem,* dado o seu poder de interferir sobre a sociedade e o universo mental do leitor. Enquanto os investigadores e delegados assumiam o papel de "inquisidores", rotulando esta ou aquela imagem de perniciosa, o autor da imagem corria o risco de ter a sua criação confiscada e, a partir daí, sua prisão decretada.

Este estado permanente de tensão e medo deu origem a uma *comunidade marginal* composta por editores, criadores de imagens e leitores. Neste contexto da criação clandestina das imagens, cabe ressaltar o papel da charge política cujo humor se fazia adequado à crítica ferina produzida por estes jornais[25]. Ao expressarem seu rancor contra a ordem estabelecida, os autores das charges tornavam-se visados pela Polícia Política investida da missão de "purificar" a sociedade da influência "perniciosa" dos artistas da desordem. Pelo fato de circularem no submundo do impresso, os jornais revolucionários procuravam preservar a identidade dos seus colaboradores obrigados a se manterem no anonimato. Belmonte, por exemplo, apesar de não assinar uma caricatura de sua autoria publicada no jornal *A Farpa*, teve sua identidade descoberta e "anotada" pela polícia[26]. Os fotógrafos eram menos visados, em função de uma triste tradição de não se atribuir o devido crédito de autoria às fotos publicadas. Empregadas de forma reduzida, se compararmos com os jornais da grande imprensa, as fotografias eram utilizadas no impresso de forma testemunhal, cuja finalidade era a de denunciar, ou então exaltar determinados fatos ou a imagem de certos lideres políticos. Os retratos de Adolf Hitler, líder do Partido Nacional-Socialista alemão, publicado pelo *Deutscher Morgen* e, de Antonio Alves, membro da Frente Negra Brasileira, reproduzido pelo *O Clarim da Alvorada* exemplificam este tipo de utilização[27].

Em dezembro de 1936, Mathias Navarro Puig, espanhol de Barcelona radicado em São Paulo, teve um pacote de jornais espanhóis investigados pela censura postal e, posteriormente apreendidos pelo DEOPS[28]. Dentre os impressos encontravam-se os periódicos *La Vanguardia*, *La Voz*, *Informaciones* e *Crónica*, órgãos de informação e divulgação do ideário republicano.

Deve-se aqui sublinhar o decisivo papel da fotografia na imprensa durante a Guerra Civil Espanhola. No caso dos veículos mencionados, podemos identificar as imagens do conflito enquanto forma de comunicação desenvolvida a partir do moderno conceito de reportagem fotográfica que tem seu berço na Alemanha[29], durante a República de Weimar e que, no momento analisado, já se achava disseminado pelas publicações ilustradas de diferentes países europeus e nos Estados Unidos[30]. Fotografia que se tornou verdadeiro ícone da Guerra Civil Espanhola foi a de um soldado legalista no momento preciso em que recebia o impacto de um projétil mortal. Esta foto, tomada por Robert Capa, foi publicada pela primeira vez em *Vu*.

Na edição confiscada da revista *Crónica* (datada de 1 de novembro de 1936)[31], encontramos matérias sugestivas sobre o cotidiano da guerra através de imagens que documentam as atividades militares em diferentes situações: trem hospital para os feridos em combate, cenas da vida madrilenha durante os combates, a vida de crianças órfãs em Valencia, radiotelegrafistas em ação, a sede onde se achava instalada a redação do jornal *El Mono Azul*, órgão de La Alianza de In-

25. Sobre este tema ver o recente estudo de Elias Thomé Saliba, *Raízes do Riso. A Representação Humorística na História Brasileira: da Belle Époque aos Primeiros Tempos do Rádio,* São Paulo, Companhia das Letras, 2002.
26. *A Farpa*, São Carlos, 25 de junho de 1933, p. 1. *Pront. nº 1.318, Delegacia de São Carlos*. DEOPS/SP. AESP.
27. Retrato de Adolf Hitler publicado no *Deutscher Morgen (Aurora Alemã),* São Paulo, 16 de março de 1932, p. 1. *Pront. nº 1.503, Sociedade Nacional Socialista Allemã*. DEOPS/SP. AESP; retrato de Antonio Alves publicado pelo *O Clarim da Alvorada,* São Paulo, 31 de janeiro de 1932. *Pront. nº 1.538, Frente Negra Brasileira*. DEOPS/SP. AESP.
28. *Pront. nº 4.607, Mathias Navarro Puig*. DEOPS/SP.AESP.
29. Entre as publicações alemãs na década de 1920 que inauguram o fotojornalismo na sua forma moderna destacam-se *Berliner Illustrirte Zeitung* e *Münchner Illustrierte Presse*, ambas com enormes tiragens.
30. Dentre essas devemos fazer referência à *Vu*, na França, as revistas *Weekly Illustrated* e *Picture Post*, na Inglaterra e, naturalmente, a norte-americana *Life*, nascida em 1936.
31. *Crónica, Revista de la Semana*, Madrid, 1 de novembro de 1936, Ano VIII, nº 364.

telectuales Antifascistas para la Defensa de la Cultura, fundada por Frederico García Lorca.

Em *Informaciones*[32] uma fotografia assinada por Alfonso documenta milicianos avançando por Somosierra, cobertos pela artilharia. Albero y Segovia registra aviadores nacionalistas bombardeando o hospital de sangue de Bultrago "desrespeitando as leis humanitárias internacionais", segundo versão da publicação. Ainda deste mesmo fotógrafo são as fotos que registram o interrogatório de frades vestidos à paisana acusados de incendiarem o palácio episcopal. Em *La Libertad*[33] encontramos novamente Alfonso em fotos que mostram soldados republicanos na Frente Popular, rebeldes na Serra de Guadarrama etc.

O MUNDO DIVIDIDO: CONSTRUINDO REALIDADES

As imagens reproduzidas nos jornais revolucionários propiciam, do ponto de vista metodológico, recortes sociais, temporais e ideológicos. Roger Chartier, em *A Ordem dos Livros*, refere-se às "partilhas sociais" como, por exemplo, quando os figurantes das imagens expõem um mundo dividido entre patrões e empregados, o Bem e o Mal, o dominante e o dominado[34]. No entanto, o estudioso das imagens deve procurar dimensionar esta disputa como expressão de um determinado momento histórico, investindo nestes recortes que possibilitam contrapor versões. Devemos aqui ressaltar que, ao longo da história política, em particular durante os regimes autoritários, ocorreram "negociações" entre imprensa e poder. Um dos suportes de legitimação do varguismo, por exemplo, foi o pacto entre a imprensa e o governo; este interessado em ser reconhecido "como modelo de virtudes pelos cidadãos"[35].

Deve-se observar que tanto os grupos da resistência como o oficial tinha consciência do uso das imagens e das palavras enquanto forma de difusão de suas ideologias. A imprensa – eleita pelo governo como veículo qualificado para a doutrinação da sociedade – valorizou o papel do jornalista e dos ilustradores (fotógrafos e caricaturistas) na luta em prol da erradicação das doutrinas "exóticas" qualificadas por sua "malignidade" social. Donos do poder e manipuladores da realidade, as autoridades oficiais liberavam apenas as imagens que lhes interessavam para construir o imaginário coletivo[36]. Segundo Capelato, 60% das matérias publicadas nos periódicos durante o Estado Novo eram fornecidas pela Agência Nacional, numa perfeita simbiose entre censura e propaganda. Assim, a imprensa se via obrigada a dar amplo espaço – em termos de textos e imagens (fotografias de Vargas e das realizações oficiais) –, às atividades do governo, ao mesmo tempo em que se via impedida de atuar de forma independente, em função do cerceamento das informações[37] .

A fotografia deve ser avaliada como instrumento passível de manipulação por ambos os lados interessados em construir a sua versão da história. Assim, as fotografias reproduzidas tanto pelos jornais revolucionários como os oficializados pelo regime irão colaborar para a construção da imagem de seus heróis e de seus inimigos em potencial. O mesmo processo pode ser aferido com relação às charges impressas pelos periódicos comunistas e anarquistas onde o Estado, a Igreja, Vargas e a polícia são diabolizados e brutalizados. Nos periódicos da grande imprensa, como por exemplo o jornal *O Estado de S. Paulo*, os comunistas e os anarquistas eram apresentados como selvagens e incendiários[38]. Ao dar ampla cobertura a Guerra Civil Espanhola, colaborou para fortalecer a imagem de Vargas enquanto homem providencial dedicado a por fim à ameaça comunista e a resgatar para a Nação os valores morais, religiosos e políticos. As fotografias publicadas sobre o conflito entre 1936-1939, reforçavam o estereótipo do comunista enquanto agente do vandalismo, da destruição e do caos[39].

À fotografia oficial cabia o registro dos grandes espetáculos públicos como os desfiles comemorativos das datas nacionais, das recepções a chefes de Estado etc. Nessas fotografias a imagem do povo era captada como uma massa ho-

32. *Informaciones*, Madrid, 27 de julho de 1936, Ano XV, nº 4.479.
33. *La Libertad*, Madrid, 1936, Ano XVIII, nº 5.093.
34. Roger Chartier, *op. cit.*, p. 15.
35. Maria Helena Chartier Rolim Capelato, *op. cit.*, p. 75
36. Maria Helena Rolim Capelato, *op. cit.*; Maria das Graças Ataide de Almeida, *op. cit.*
37. Maria Helena Rolim Capelato, p. 75.
38. Rodrigo Patto Sá Motta, *op.cit.*; João Henrique Botteri Negrão, *op. cit.*
39. A maior parte das matérias relativas ao conflito eram distribuídas através de Burgos pela agências Havas e Reuters e, as fotos, pela France Press. Existem também documentários fotográficos produzidos pela Orbis, de Berlim; na cobertura analisada os comunistas são identificados como "destruidores de igrejas e conventos, como todos o sabem", conforme João Henrique Botteri Negrão, *op.cit.* , p. 179

mogênea de indivíduos sem nomes e rostos. Interessava aos homens do poder o registro de um povo ordeiro, disciplinado: nada mais do que uma multidão de aparências, meros esboços de cidadãos não identificados. Era importante o registro da inércia, postura oportuna para os tempos de ditadura, momentos em que a fotografia se presta para a construção de uma nova identidade nacional.

Os "inimigos políticos", por sua vez – individualizados pelos critérios da fotografia policial –, assemelhavam-se aos fora-da-lei, despersonalizados enquanto seres humanos e estigmatizados por seu grau de periculosidade[40]. Para retratá-los em grupo, o fotógrafo e o investigador de campana tinham a indicação de lugares predeterminados: sedes de sindicatos e ligas corporativas, clubes de cultura, tipografias e redações de jornais.

É sob o prisma da construção de realidades que propomos a comparação das imagens reproduzidas nos jornais da grande imprensa com as publicadas na imprensa revolucionária. Considerando os diferentes grupos opostos por suas opções políticas, podemos antecipar que, cada qual, procurará disseminar junto ao seu público a imagem da realidade que lhe convém. Tanto os atos corriqueiros como as virtudes heróicas podem ser "comprovadas" através da fotografia que, por sua característica de *evidência documental*, se presta aos mais diferentes usos ideológicos.

Estes recortes metodológicos permitem ao historiador contrapor duas formas distintas de representação: a do real e a da ficção, ou seja: uma parcela da espontaneidade criadora e outra da construção intencional. É, portanto, no mundo ficcional que se projetam os mitos e as utopias, imagens mentais de um mundo livre de injustiças[41].

A inter-relação *imagem*, *imprensa* e *política*, além de possibilitar uma análise sob o prisma da "teoria acerca da malignidade" e exemplificar o desgaste das relações humanas, se presta também como testemunho de que a censura aos jornais e a repressão aos seus produtores foram atos 'legais', recorrentes do Estado até o final da ditadura militar. O Brasil, assim como outros países da América, tiveram seus carrascos, muitos dos quais continuam atrás das máscaras.

40. Tzvetan Todorov, "El Goce del Poder. El Poder sobre el Otro", *Frente al limite*, *op. cit.*, pp. 207-212.
41. Raoul Girardet, *Mitos e Mitologias Políticas*, trad. Maria Lucia Machado, São Paulo, Companhia das Letras, 1987, p. 72.

Do lado oposto, temos a resistência anônima, cuja identidade pode vir a ser conhecidas através dos retratos publicados nos jornais revolucionários ou da clássica fotografia de frente e perfil anexada aos prontuários policiais.

Por uma história de anônimos

Concentrando nossa atenção nos retratos fotográficos reproduzidos pelos jornais revolucionários e nas fotografias constantes dos prontuários policiais, temos condições de recuperar uma história de anônimos. Ao mesmo tempo em que a imprensa revolucionária exaltava os feitos de seus heróis (como ocorreu com Alfred Dreyfus, Sacco e Vanzetti) e líderes políticos (como Luís Carlos Prestes, por exemplo), a Polícia Política e a grande imprensa procuravam demonizar estes mesmos personagens caracterizados segundo sua lógica de interpretação.

Este *corpus* iconográfico pode ser cruzado com as imagens anexadas aos prontuários dos ativistas políticos fichados pelo DEOPS. Muitas vezes, o rosto desconhecido de um editor, ilustrador ou gráfico de um jornal confiscado, poderá ser revelado pela clássica fotografia de identificação policial e não mais através do retrato voluntário elaborado no ateliê fotográfico e posado diante de um cenário idealizado, mas do retrato involuntário, datado e enquadrado em fundo neutro pelo funcionário do Laboratório Técnico Fotográfico do Gabinete de Investigações. À fotografia de identificação somam-se as informações acerca da sua trajetória política e social registrada nos detalhados relatórios policiais. É importante ressaltar que a Polícia Política valia-se de fotografias para construir a história de vida do cidadão suspeito, sendo tais documentos produzidos pela própria polícia ou, então, confiscados durante os autos de busca e apreensão.

Assim, enquanto registro da memória política brasileira, a fotografia ocupa um lugar especial nos processos policiais. Ao entrar na residência do suspeito apreendia-se, de imediato, fotografias dos álbuns de família com o propósito de reconstituir o passado do indivíduo que, de acordo com os princípios policiais, poderia estar comprometido por sua origem (nacionalidade), pelo passado político dos seus pais, por suas relações de amizade, formação acadêmica e atividade profissional. Para os casos de editores, ilustradores e gráficos, envolvidos com a imprensa revolucionária, procurava-se forjar "fotograficamente" o envolvimento destes com a impressão e a distribuição dos jornais clandestinos[42].

Muitas vezes, o mesmo indivíduo indiciado pelos órgãos repressores do Estado era retratado nos jornais revolucionários como um modelo de cidadão a ser imitado e valorizado por seus dotes morais e culturais. Em que medida a fotografia ou o texto sobre o mesmo fato poderia interferir na construção do imaginário político do leitor? Ao publicar a imagem de um herói, a imprensa política injetava ânimo e instigava o leitor à militância partidária, fosse esta de esquerda ou de direita.

Insistimos na idéia pela qual tanto o editor como o produtor de imagens (fotógrafo ou desenhista) constroem visões utópicas da sociedade. Visões estas que, multiplicadas em diferentes suportes e através de técnicas diversificadas, ampliam o repertório de imagens mentais junto aos receptores. As representações produzidas pelos grupos de esquerda, ao mesmo tempo em que dessacralizavam as elites, denunciavam os princípios que estruturavam a razão do Estado autoritário; funcionavam como elementos instigadores de comportamentos rebeldes. Ao apresentarem a imagem do opressor ou da vítima através de visões simplistas da realidade, os jornais revolucionários construíam também "certezas" imaginárias. Muitas das iconografias impressas nos periódicos confiscados são, na sua essência, um convite à viagem pelo mundo fantástico do político.

42. Maria Luiza Tucci Carneiro, *Memórias da Repressão e da Resistência*, São Paulo, Arquivo do Estado (no prelo); Fernanda Torres Magalhães, *op. cit.*

IMPRENSA IRREVERENTE, TIPOS SUBVERSIVOS

Maria Luiza Tucci Carneiro[1]

A MEMÓRIA DA IMPRENSA POLÍTICA MILITANTE NO Brasil – principalmente aquela que circulou na clandestinidade por força da censura institucional – ainda está por ser escrita. Sua trajetória, cujos meandros nem sempre são fáceis de descobrir, pode ser comparada ao traçado de um labirinto cujas entradas e saídas se encontram ora interrompidas, ora abertas para o mundo múltiplo da resistência.

Esta imprensa desempenhou importante papel na organização do operariado brasileiro conscientizando-o das suas possibilidades de ação enquanto agente social e como classe. Daí os jornais não terem um sentido estático, fixo. Eles são, assim como os livros, "investidos de significações plurais e móveis, que se constroem no encontro de uma proposição com um recepção"[2]. Instigou a rebeldia minando a apatia almejada pelas elites dominantes. Foi este jornalismo que, vazando a censura institucional, manteve o operário brasileiro ao par das transformações que ocorriam no mundo do trabalho na Europa e nos países da América. Sintonizado com a política internacional ofereceu-lhe detalhes sobre o cotidiano da Revolução Russa (1917), o genocídio dos armênios (1915), a Guerra Civil Espanhola (1936-1939), o recrudescimento do anti-semitismo na Europa, o Holocausto (1933-1945), a partilha da Palestina (1947) etc. Protestou contra os avanços do nazismo na Alemanha, o fascismo na Itália e o perigo das armas atômicas.

Em texto e imagem, o jornalismo político denunciou as injustiças da justiça brasileira dedicada, em vários momentos, a calar a voz dos rebeldes. Abriu espaço aos escritores anônimos rompendo com os preconceitos de cor, gênero, classe e religião. Mobilizou – numa frente única em prol dos direitos humanos – estudantes, operários, intelectuais, artistas plásticos, músicos, caricaturistas e editores, dentre outros. Denunciou a podridão das prisões brasileiras, a inadimplência das autoridades policiais, a desobediência às leis trabalhistas, a expulsão de estrangeiros e a censura oficial.

Parte desta memória pode ser reconstituída através dos jornais confiscados pela Polícia Política de São Paulo que, no seu conjunto, se prestam como mostruário dos diferentes segmentos políticos que atuaram no Brasil entre 1924-1983. Se cruzados com os registros policiais, estes periódicos nos oferecem a oportunidade de reconstituir as estratégias de ação dos grupos da resistência e a lógica que regia o aparato repressivo estatal. Nos permitem também repensar o papel do Estado republicano que, ao longo da sua trajetória, amordaçou a imprensa contestatória; as relações da maçonaria com o movimento antifascista e o lugar do impresso no processo de conscientização política nacional. Anexados aos prontuários pessoais e institucionais que compõem o Fundo DEOPS sob a guarda do Arquivo do Estado de São Paulo, estes periódicos revelam o fantástico universo da palavra e da imagem impressa na clandestindade. Editados no Brasil e no exterior, os jornais confiscados nos oferecem elementos para reconstituir como se processavam e circulavam as informações proibidas pela censura entre os grupos da oposição.

A diversidade de periódicos inventariados até o presente momento pelos pesquisadores do Projeto Integrado Arquivo/Universidade expressam a política da diferença resultante do conflito de interpretações. O fato de alguns jornais circularem livremente – como foi o caso dos periódicos nazistas, fascistas e integralistas – demonstra que imperavam certas formas de negociação entre a elite governante e as corren-

1. Historiadora, professora livre-docente do Departamento de História, FFLCH/USP. Autora de *O Anti-semitismo na Era Vargas* (Perspectiva, 2002), *Livros Proibidos, Idéias Malditas* (Ateliê Editorial, 2002) e *Holocausto, Crime contra a Humanidade* (Ática, 2000), dentre outros títulos.
2. Roger Chartier, *A Ordem dos Livros. Leitores, Autores e Bibliotecas na Europa entre os Séculos XIV e XVIII*, trad. Mary Del Priori, Brasília, Editora UnB, 1999, pp. 8-9.

tes representativas do pensamento da extrema direita. Entre 1935-1938 temos casos esporádicos de apreensão de jornais integralistas como aconteceu, por exemplo, com *A Offensiva*, criado em 1934 e *O Integralista*, Orgão da Ação Integralista Universitária de São Paulo, fundado em 1932[3]. Estes periódicos, inclusive o *Acção*, que circulou entre 1936-1938, integravam a rede Sigma Jornais Reunidos[4].

Editados em diferentes idiomas e representando múltiplas ideologias, os jornais ditos "subversivos"eram apreendidos como provas comprometedoras do crime político, de acordo com a lógica da desconfiança adotada pelas autoridades policiais. Uma palavra ou uma imagem eram suficientes para transformar aquelas páginas de papel em manuais de revolução. Sobre os seus produtores, interpretados como mentores intelectuais do crime – corpo editorial, jornalistas, caricaturistas e colaboradores – recaía a culpa pela infração: eles haviam ultrapassado os limites do permitido. Se reincidentes transformavam-se em "reféns do seu próprio passado", distinção formal decorrente do *estigma da criminalização*, do *labelling approach* ou teoria do etiquetamento[5].

A apreensão de jornais ditos perigosos e a sistemática prisão de seus editores, jornalistas e tipógrafos devem ser avaliadas como a formulação de uma resposta institucional à ameaça representada por aqueles que atentavam contra a estabilidade das elites dominantes. A partir do momento em que o Estado criou um órgão dedicado a reprimir idéias sediciosas, caçar a palavra e penalizar seus mentores, anulava-se a noção de sociedade civil. Os descontentes não eram reconhecidos pelo discurso oficial, de tal forma que durante os conflitos sociais eram considerados ilegítimos e, como tais, presos e julgados por seus desvios. Para as autoridades dominantes, um "produtor de jornal"era apenas o "outro", elemento provocador que, como tal, deveria ser isolado. Como conseqüência temos o retorno da "razão do Estado"que, em nome da segurança pública e bem-estar da nação, pode colocar fim no Estado de direito[6].

Imprensa revolucionária

O jornal – assim como a literatura, a fotografia, a música, o teatro, a caricatura e o rádio – sempre se apresentou como alternativa eficaz de propaganda política. Adotado por todos os segmentos sociais desde a primeira década do século XIX, o jornal se apresenta como um dos mais importantes registros da memória política do país. Alguns deles inscreveram-se numa tradição de imprensa liberal e revolucionária; outros emergiram como tipicamente antilusitanos, nacionalistas ao extremo e, até mesmo, anticlericais. A partir das últimas décadas do século XX surgiram jornais expressivos dos movimentos negro, anarquista, operário, sindicalista, comunista e antifascista. Estes – por suas características contestatórias – sempre encontraram barreiras para circular; o que não era tão comum com relação aos periódicos expressivos do pensamento da extrema direita que raramente tiveram uma edição proibida. Quando isto aconteceu, a repressão não se fez tão radical[7].

O confisco de jornais "revolucionários"no Brasil tem suas raízes nos tempos imperiais que nos remetem a dois marcos históricos: a fundação da Imprensa Régia no Rio de Janeiro em 13 de maio de 1808 e a imediata transformação do Desembargo do Paço em órgão censor no Brasil, conforme decreto assinado por D. João VI em 27 de setembro daquele mesmo ano[8]. Do ponto de vista metodológico, é possível reconstituir a história desta imprensa militante sob dois prismas distintos:

- da *repressão institucionalizada*, caracterizada pela ação do Estado que, através de uma legislação e polícia específicas, investiu contra os "elementos perniciosos à ordem pública";

3. Um inventário sobre os integralistas no Estado de São Paulo, incluindo o periodismo militante, está sendo organizado por Leisa Ribeiro, pesquisadora do PROIN Arquivo Universidade.
4. *Pront. nº 40.620, A Acção*; nº 1.583, *Acção Integralista*. DEOPS/SP. AESP.
5. Sobre esta questão ver Francisco Brissoli Filho, *Estigmas da Criminalização: Dos Antecedentes à Reincidência Criminal*, Florianópolis, Editora Obra Jurídica, 1998.
6. Olgária Chain Féres Matos, "Espaço Público e Tolerância Política", em Wander Melo Miranda (org.), *Narrativas da Modernidade*, Belo Horizonte, Autêntica, 1999, p. 343.
7. Como exemplo temos os casos dos jornais *A Offensiva*, criado e dirigido por Plínio Salgado (maio de 1934 a março de 1938) e *O Integralista*, Órgão da Ação Integralista em São Paulo. Cf. *Pront. nº 1.583, Acção Integralista*. DEOPS/SP. AESP.
8. Sobre o Decreto de 27 de setembro de 1808 ver Marcelo de Ipanema, *A Censura no Brasil: 1808-1821*, Rio de Janeiro, Gráfica Editora Amora, 1949, p. 17, *apud* Leila Mezan Algranti, "Política, Religião e Moralidade; A Censura de Livros no Brasil de D. João VI (1808-1821)", em Maria Luiza Tucci Carneiro (org.), *Minorias Silenciadas, História da Censura no Brasil*, São Paulo, Edusp/Fapesp, 2002, pp. 103-195.

- da *resistência*, distinta pela ideologia que dá forma e conteúdo aos jornais expressivos da mentalidade de cada grupo ou segmento social.

Avaliando a documentação produzida e arquivada pela polícia percebemos que a repressão contra os jornais militantes se processou em diferentes fases, formas e intensidades:

1ª fase (1808-1924): quando o confisco dos jornais esteve sob a responsabilidade da Intendência da Polícia do Rio de Janeiro. Nesta fase detectamos a gênese do jornalismo político militante, inicialmente porta-voz de propostas reformistas republicanas e que, nas últimas décadas do século XIX, somou forças com outros segmentos defensores da revolução social. A partir de 1907, com a promulgação de duas leis de expulsão – o Decreto nº 1641, de 7 de janeiro de 1907 e o Decreto nº 4247, de 6 de janeiro de 1921 – o Estado instrumentalizou-se de forma a inibir a ação dos militantes estrangeiros em território nacional, ato que atingiu inúmeros editores, jornalistas e tipógrafos envolvidos com o movimento operário, anarquista e antifascista[9].

2ª fase (1924-1983): quando, a polícia de São Paulo foi reorganizada pela Lei nº 2.034, de 30 de dezembro de 1924, criando e subordinando a Delegacia de Ordem Polícia e Social ao Gabinete de Investigações e Capturas. Sob o olhar e ação vigilante do DEOPS ficou, dentre outros segmentos da resistência, o periodismo dito "revolucionário". O auge do confisco aos periódicos ditos de esquerda ocorreu durante as ditaduras de Getúlio Vargas (1930-1945) e Militar (1964-1978).

Em ambas as fases, a polícia criou um aparato de regras, técnicas de observação e métodos de inspeção semelhantes àqueles empregados pela polícia francesa no século XVII e XVIII[10]. Estes métodos foram sendo aprimorados a partir do final do XIX e no decorrer do XX à medida que crescia o temor às revoltas populares. Dedicada a manter a "pacificação interna", a moderna polícia brasileira voltou seu olhar vigilante para os jornais e jornalistas rebeldes avaliados como um dos múltiplos pontos produtores de tensão. Daí esta imprensa estar classificada na documentação policial segundo:

- sua *orientação ideológica*: anarquista, anarco-sindicalista, comunista, socialista, sionista, antifascista, fascista, nazista e integralista;
- sua *comunidade idiomática*: lituano, iídiche, russo, espanhol, japonês, armênio, ucraniano etc.
- sua *comunidade étnica*: negra, nipônica, judaica etc.

A GÊNESE DO JORNALISMO MILITANTE

Após a instalação da Corte portuguesa no Brasil multiplicaram-se as tipografias no Rio de Janeiro e em outras localidades brasileiras, assim como diversificaram-se os "produtos" impressos: pasquins, folhetins, gazetas, semanários etc. Censores civis foram indicados para atuar junto ao Desembargo do Paço auxiliados pela recém-criada Intendência de Polícia do Rio de Janeiro, ambos sujeitos a autoridade do monarca. Em síntese, Estado e Igreja continuavam a se impor como guardiães temidos, controladores de pensamentos, palavras e ações. Mesmo assim, por volta de 1820, a imprensa vivenciou momentos de liberdade após o recuo do aparato repressor português. No entanto, entre o produtor de jornais (lícitos e ilícitos) e o público leitor sempre pairou a figura intrigante da "polícia das idéias".

Raros foram os momentos em que a imprensa política vivenciou momentos de total liberdade. Os relatórios de investigação e os autos de busca e apreensão demonstram que, na maioria das vezes, o julgamento das autoridades policiais se fazia baseado em suposições. Estas – orientadas pela lógica da desconfiança e valores preconceituosos – procuravam purificar a sociedade das idéias incômodas.

A "pena dos escribas"e a "palavra dos revolucionários" assumiram, no julgamento dos ordenadores, um poder igualável ao fogo. Certas doutrinas foram classificadas de incendiárias; seus princípios tachados de inflamáveis (desorganizadores e dissociáveis); e seus editores transformados em destruidores da ordem, da tranqüilidade e da união nacionais. Uma nova linguagem tomou conta de ambos os discur-

9. Dissertação de Mestrado sobre as leis de expulsão no Brasil está sendo desenvolvida por Mariana Cardoso dos Santos Ribeiro, em História Social/ FFLCH, USP, sob a orientação de Tucci Carneiro e com bolsa FAPESP. Ver também: José Tavares Bastos, *Expulsão de Estrangeiros*, Paraná, Plácido e Silva, 1924; Antonio Bento de Faria, *Sob o Direito de Expulsão*, Rio de Janeiro, Jacintho Ribeiro dos Santos Editor, 1929; Francisco de Paula Lacerda de Almeida, *Expulsão de Estrangeiros do Território Nacional*, Rio de Janeiro, Revista dos Tribunais, 1938.
10. Daniel Roche, "A Censura e a Indústria Editorial", em Robert Darnton & Daniel Roche (orgs.), *Revolução Impressa. A Imprensa na França (1975-1800)*. São Paulo, Edusp, 1996, p. 35.

sos: do ordenador e do revolucionário, sendo que este levava a pecha de "desordenador da ordem pública". Os pasquins desafiavam os estatutos da ordem funcionando como uma espécie de prolongamento da ação jornalística.

O pensamento liberal se mostrou intrínseca e explicitamente ligado ao anticlericalismo e, no século XX, ao antifascismo. E como sempre, desordem requer controle; controle atrai censura que, por sua vez, culmina com repressão física e simbólica. O circulo é vicioso e, como todo vício, atrofia a prática da cidadania.

Em 15 de janeiro de 1822, um panfleto do jornalista José da Silva Lisboa – *Heroicidade Brasileira* – desencadeou uma portaria censora assinada por Francisco José Vieira, Ministro do Reino: o Príncipe Regente mandava que a Junta Diretora da Tipografia Nacional não consentisse a impressão de qualquer escrito sem a identificação do nome do autor. A publicação do "dito papel"– *Heroicidade Brasileira* – deveria ser recolhido e a sua circulação impedida por serem "as suas proposições não só indiscretas mas falsas...". No dia seguinte, José Bonifácio de Andrada e Silva, recém-nomeado Ministro do Reino, retomou os princípios liberais que regulavam a lei de imprensa e anulou a referida portaria que "não deveria embaraçar a impressão de escritos anônimos"[11].

Em 18 de junho do mesmo ano, José Bonifácio resolveu rever seus princípios liberais e, em nome do Príncipe Regente, baixou o decreto da "suprema lei da salvação pública". Aliás, este artifício – do salvacionismo – será utilizado ao longo do século XX para mascarar políticas repressivas. Segundo Wilson Martins, criou- se o primeiro júri de imprensa no Brasil com o objetivo de evitar a propagação de doutrinas incendiárias e os delitos da imprensa. Ordenava-se que as tipografias encaminhassem ao procurador da Coroa e Fazenda um exemplar de todos os papéis que se imprimissem; os artigos deveriam ser assinados pelos escritores para sua responsabilidade, assim como os editores e impressores seriam responsáveis por todos os impressos e publicações[12]. Inquieto, o imperador D. Pedro I solicitou em novembro de 1822 que se "procedesse uma devassa sobre as pessoas que supostamente conspiravam contra o governo e inflamavam a opinião pública". No ano seguinte, preocupada com o poder dos papéis sediciosos, a polícia saiu às ruas em busca de proclamações incendiárias[13].

A partir de 1823, uma série de jornais virulentos pipocaram entre Recife e Rio de Janeiro. Na capital pernambucana, o jornalista liberal Cipriano Barata (1764-1838) lançava, em 9 de abril de 1823, o primeiro número da gazeta *Sentinela da Liberdade na Guarita de Pernambuco*. Neste mesmo ano, os Andradas fundavam no Rio de Janeiro, o *Tamoio*, jornal de cunho liberal e antilusitano, mas que sobreviveu apenas por três meses (agosto a novembro). Outras tantas "sentinelas" atestavam uma sociedade em estado de alerta: *Sentinela da Praia Grande*, dos Andradas; o *Atalaia* (1823) e o *Triunfo da Legitimidade Contra Facção de Anarquistas* (1825-1826), ambos de José da Silva Lisboa[14].

No campo de embate digladiavam-se os liberais envolvidos com as propostas revolucionárias republicanas e abolicionistas e, de outro, os defensores da monarquia e da Igreja que procuravam equilibrar a situação. Foi aí que surgiram a *Aurora Fluminense* e o *Espectador Brasileiro* (1826), jornal conservador criado por Emile Signot-Plancher e que, posteriormente, transformou-se no *Jornal do Commércio*, órgão mais influente do Segundo Reinado. Na oposição, os subversivos da ordem dedicavam-se a lançar luzes sobre o cenário obscurantista do Império calcado na imagem simpática do imperador D. Pedro II. Os liberais procuravam beber nos livros proibidos os "tratados"revolucionários cuja prática de leitura fazia-se às escondidas.

Nestes tempos, São Paulo ainda ensaiava seus primeiros passos no campo editorial. Espaços da sedição erguiam-se em torno (e dentro) das Arcadas da Faculdade de São Francisco, dos Gabinetes de Leitura, das lojas maçônicas, dos cafés e dos botequins. Nestes "antros de idéias proibidas", os adeptos do pensamento liberal dedicavam-se a macerar o conservadorismo ultramontano representado pela imponência do Seminário Episcopal.

Engatinhando, a imprensa paulista tramava sua rede de polêmicas, reflexo de uma preocupação política com o coletivo. Segundo a historiadora Ana Luiza Martins, o primeiro processo contra a imprensa paulista acompanha o lançamen-

11. Wilson Martins, *História da Inteligência Brasileira*, São Paulo, Cultrix/ Edusp, 1977, vol. II, p. 152.
12. *Idem*, p. 153.
13. Lúcia Maria Bastos P. Neves, "Um Silêncio Perverso: A Censura, a Repressão e o Esboço de uma Primeira Esfera Pública do Poder (1920-1923)", em Maria Luiza Tucci Carneiro, *Minorias Silenciadas*, *op. cit.*, p. 135.
14. Wilson Martins, "Imprensa Revolucionária", *op. cit.*, vol. II, pp. 126-129.

to de *O Farol Paulistano* que, em 1827, inaugurou o periodismo impresso em São Paulo. Motivo: a publicação de artigos críticos à candidatura a deputado de um secretário do governo provincial. Convocado, o júri avaliou o conteúdo como "não atentatório" isentando o jornalista de culpa. No ano seguinte, novo processo: desta vez a vítima era o ministro da Fazenda. *O Observador Constitucional* (1826)[15], por sua vez, teve sua trajetória interrompida com o assassinato do seu redator e administrador o médico João Baptista Libero Badaró em 20 de novembro de 1830. O ardido conteúdo de *O Observador* marcou a luta pela liberdade de imprensa ao lançar severas críticas ao bispo, ao ouvidor e ao presidente da Província. Um novo processo incidiu contra o jornal *Tibiriça*, de oposição à politica conservadora e que, em 1842, foi fechado no calor do movimento liberal em Sorocaba[16].

A imprensa paulista proliferou com novos jornais dedicados a formar a opinião pública: *O Observador Paulistano* (1838)[17], *O Pensador* (1839); *O Publicola* (1840); o *Tebyreçá* (1842); *O Governista* (1845) e *O Futuro* (1847). Calcula-se que em 1846, o Brasil contava com 78 jornais, sendo 25 mais do que em 1835[18].

Os jornais que tentavam romper o cerco do tradicional conservadorismo tinham logo suas asas cortadas. Aqueles que se atreviam a tocar no sagrado do celibato clerical eram ironicamente chamados de "Pirilampos do Inferno". Se a violência crítica das letras incomodava a elite dos homens públicos – defensores da ordem escravocrata e rural – o tribunal entrava logo em ação. Assim aconteceu com o jornal *O Futuro*, processado por Silva Carrão, da Faculdade de Direito; *O Raio*, censurado por sua postura liberal e cuja crítica incomodou o comendador Antônio de Queiroz Telles Júnior.

Neste momento, o movimento operário europeu (1830-1870) ganha forças embriagado pelas teorias de Proudhon, Bakunin, Malatesta, dentre outros. A criação em Londres da Associação Internacional dos Trabalhadores (1864-1876) – conhecida como *I Internacional*, dirigida por Karl Marx, autor de *O Capital* e do *Manifesto Comunista*, este em parceria com Frederic Engels – instiga a luta política como forma de melhorar a vida da classe operária. Os órgãos de repressão, preocupados com a radicalização – principalmente de Bakunin – não perdoaram jornais e associações operárias cujos integrantes foram obrigados a atuar na clandestinidade. Na França, por exemplo, chegara a vez das sociedades secretas como a Federação dos Proscritos (1834-1936), Federação dos Justos (1836-1839), Falanges Democráticas (1837) e a Sociedade Comunista (1840).

Por volta de 1850, o *Manifesto Comunista* produzia ecos no Brasil incomodando a elite política modelada por um pensamento conservador. O deputado José Martins da Cruz Jobim, do Rio Grande do Sul, alertava as famílias brasileiras para o perigo de serem "seduzidas para as doutrinas mais subversivas e anárquicas, sobretudo quando nos seus princípios há alguma coisa de comunismo"[19]. Na seqüência, outras vozes contestavam a realidade social incomodando aqueles que dominavam a terra, o negro e o trabalhador urbano. Em 1858, durante a primeira greve de tipógrafos no Rio de Janeiro, a parada foi geral. Para reforçar suas reivindicações salariais, os grevistas colocaram em circulação diária, durante três meses, o *Jornal dos Tipógrafos*. Sem dispor da mão-de-obra para tocar as máquinas, os principais periódicos cariocas, dentre os quais o *Correio Mercantil*, o *Jornal do Commércio* e o *Diário do Rio de Janeiro*, tiveram suas edições interrompidas. Após o término da greve – que não rendeu dividendos para os tipógrafos – estes três jornais pediram cadeia para os grevistas acusados de serem anarquistas[20].

O espírito liberal se fez arranhado abrindo fissuras para a prática, no futuro, de medidas autoritárias. As experiências socialistas e anarquistas já incomodavam prestando-se para configurar estigmas que, décadas mais tarde, justificariam a criação de uma Polícia Política dedicada a reprimir "idéias exóticas".

Em 1859, a oficina tipográfica do jornal estudantil *Publicador Paulistano*, localizada à Rua das Flores, foi arrom-

15. *O Observador Constitucional* é considerado como o segundo jornal impresso no Estado de São Paulo. Fundado por Libero Badaró surgiu em 23 de outubro de 1829. Cf. Francisco Cenni, *op. cit.*, p. 274; Nelson Werneck Sodré, *op. cit.*, pp. 101, 130, 154.
16. Ana Luiza Martins, "Sob o Signo da Censura", em Maria Luiza Tucci Carneiro (org.), *Minorias Silenciadas*, *op. cit.*, p. 170.
17. Há uma discrepância de datas para a fundação deste jornal. Segundo Werneck Sodre este jornal, criado por D. Antonio Feijó, teria sido fundado em 1838; Wilson Martins dá como data 1842. Cf. Nelson Werneck Sodré, *op. cit.*, p. 154; Wilson Martins, *op. cit.*, vol. II, p. 365.
18. Wilson Martins, *op. cit.*, vol. II, p. 365.
19. *Idem*, p. 427.
20. Juarez Bahia, *Jornal, História e Técnica. História da Imprensa Brasileira*, 4ª ed. ampliada, São Paulo, Ática, 1990, p. 151.

bada e seus papéis transformados em cinzas. Assim como nos tempos inquisitoriais, palavras heréticas purificava-se com fogo[21]. Em 1866, Américo de Campos, redator do *Correio Paulistano*, lançou o semanário crítico e humorístico *O Cabrião* (1866-1867), dedicado a incomodar, diariamente, a "paciência dos jesuítas, a amolar os cascudos, dar caça às beatas e à súcia de marmanjos...". Para ilustrar esta proposta, lá estavam as charges ferinas do italiano Ângelo Agostini que, desde 1864, marcava sua presença na caricatura brasileira contribuindo para a popularização da informação[22].

Além de Agostini, outros caricaturistas assinavam duras críticas à realidade nacional, dentre os quais: Cândido Aragonês de Faria, Luigi Borgomainerio, Aluízio de Azevedo e Rafael Bordalo Pinheiro. Em pauta estavam os temas da abolição da escravatura, da decadência do Império, da proclamação da República. Nesta direção, as caricaturas de Ângelo Agostini garantiam à *Revista Illustrada* o título de "Bíblia da Abolição dos que não sabem ler". Outras "bíblias", assim como novos "hereges", surgiram nos últimos anos do século XIX concorrendo para desordenar a Ordem imposta pelas elites do poder.

Este segmento do jornalismo político militante que aflorou nas últimas décadas do século XIX identificava-se, cada vez mais, por seu discurso radical que reinvidicava medidas revolucionárias. Neste contexto, a imprensa anarquista ocupou espaço graças à presença de estrangeiros que, numa primeira fase, lançaram-se como editores. Estes intelectuais garantiam a circulação de uma imprensa irreverente, popular e regional, modelada por idéias socialistas, pela propaganda sindical e anarquista. Plurifacetada circulou pelo Rio de Janeiro, São Paulo, Bahia, Pernambuco, Maranhão e Rio Grande do Norte somando forças ao já existente jornalismo antimonárquico, pró-federalista, abolicionista e republicano[23].

Em 1893 o *Correio Paulistano* anunciava a presença de perigosos anarquistas em São Paulo, avaliados como chefes e partidários dessa "terrível seita destruidora...para no final das contas virem aqui implantar a desordem e uma luta fraticida incompatíveis com a abundância e excelência dos nossos recursos de vida"[24]. A grau de periculosidade atribuído ao movimento libertário aumentava à medida que proliferavam os jornais anarquistas dedicados a denunciar os maus tratos nas fazendas, o trabalho de menores nas fábricas, o baixo nível dos salários e as condições de insalubridade das fábricas. Nesta última década do século XIX surgiram os jornais *Gli Chiavi Bianchi* (1892); *L'Operário* (1898); *L'Asino Umano* (1894). *La Birichino* (1896); *L'Avvenire* (1894); *L'Azione Anarchica*, 1900; *O Libertário* (1898) e *A Lanterna* (1901)[25].

A geografia do periodismo militante

Podemos nos referir a uma "geografia"do periodismo militante que, a partir do último quartel do século XIX , proliferou por todo o Brasil. O mapeamento dos jornais "revolucionários", assim como de seus editores e gráficos – cujo primeiro inventário encontra-se no clássico livro *História da Imprensa no Brasil*, de Nelson Werneck Sodré – está sendo complementado com a documentação arquivada pela Polícia Política que transformou os jornais confiscados em provas comprometedoras do crime político. O levantamento dos periódicos importados, por sua vez, nos permite desvendar a trama de relações que persistia entre as várias comunidades étnicas, nacionais e políticas radicadas na América Latina[26]. Ao mesmo tempo, expõe as matrizes ideológicas que alimentavam os movimentos anarquista, anarco-sindicalista, comunista, sionista e antifascista no Brasil. Os jornais produzidos pelo operariado, tanto nacional como internacional, nos permitem identificar a reação deste segmento social diante das transformações e do controle do mundo do trabalho, muitas vezes conflitantes. Ao nomearmos as lideranças dos projetos revolucionários teremos condições de traçar o perfil dos militantes, suas utopias, suas estratégias e espaços de luta[27].

21. Maria Luiza Tucci Carneiro, "Os Rituais da Purificação", *Resgate*, Campinas/Unicamp, 1988.
22. Ângelo Agostini colaborou com o *Diabo Coxo*, *Cabrião*, *Vida Fluminense* que substituiu O *Arlequim* e que, posteriormente, transformou-se no *Fígaro*. Em 1 de janeiro de 1876, Agostini lançou o primeiro número da *Revista Illustrada*, impressa na Officina Lithográphica a vapor, e que transformou-se no periódico mais importante do período (1876-1889). Sobre Agostini ver Araken Tavora, *Pedro II Através da Caricatura*, Rio de Janeiro, Bloch Editores, 1975; Ana Luiza Martins, *op. cit.*, p. 171; Herman Lima, *História da Caricatura no Brasil*, Rio de Janeiro, José Olympio Editora, 1963.
23. Cf. Juarez Bahia, *op. cit.*, p. 151.
24. *Correio Paulistano*, 1893.
25. Edgar Rodrigues, *Socialismo e Sindicalismo no Brasil*, Rio de Janeiro, Laemmert, 1969, p. 64.
26. Wilson Martins, *op. cit.*, vol. II, p. 365.
27. Vários projetos estão sendo desenvolvidos nesta direção junto ao PROIN Arquivo/Universidade financiados pela Fapesp: *Imprimindo a Revolução: Gráficas e Editoras Clandestinas*, por Gláucia Rodrigues Castelani; *O Sub-*

Importante lembrar que a imprensa operária exercitou seus primeiros passos ao lançar em Recife (PE) o jornal *O Proletário* (1847), título reproduzido em dezenas de outros periódicos dedicados à causa do trabalhador brasileiro. Nada mais do que variações sobre um mesmo tema: organizar as forças revolucionárias, politizar e informar o operariado. Haja visto que jornais com o título *O Proletário* existiram em Maceió, AL (1902), em Santos, SP (1911), em São Paulo, SP (1912), Juiz de Fora, MG (1920), Pelotas, RS (1925) e Sertãozinho, SP (1926). Outros tantos *O Operário* surgiram em Recife, PE (1879), Fortaleza, CE (1892), Manaus, AM (1892), Rio de Janeiro, RJ (1894), Campos, RJ (1895), Taubaté, SP (1918), Belo Horizonte , MH (1920), Uberaba, MG (1920), Juiz de Fora, MG (1920).

Mas foi no Estado de São Paulo que o jornalismo militante de esquerda proliferou desequilibrando a "ordem instituída". A capital – principal pólo industrial e núcleo de concentração de imigrantes – não tardou a liderar este gênero de publicação contando com 149 títulos entre 1890-1920, dos quais 53 eram editados em língua estrangeira[28]. As sedes de redação dos jornais "subversivos"multiplicaram-se pelos bairros preferidos pelos imigrantes e operariado em geral, dentre os quais estavam o Bixiga, Barra Funda, Brás, Mooca, Bom Retiro e Vila Zelina.

Identificando os percursos trilhados por estes jornais – do porto para a cidade, da capital para o interior ou da cidade para o campo – estaremos pontuando as comunidades de leitores distintas por sua identidade étnica, nacional ou ideológica. Sem jornaleiro para anunciar qualquer edição extraordinária, estes jornais invadiram todos os tipos de residências onde foram lidos por todas as classes, sem exceção: leitores curiosos, leitores pervertidos, leitores malditos. É raro quem não tenha experimentado, um dia, o sabor de uma leitura proibida!

Seguindo os trilhos de ferro, a "revolução impressa" foi levada, às escondidas, até as cidadezinhas do interior do Estado, rompendo o sossêgo das ilustres autoridades locais. Incomodaram, certamente, padres, coronéis e fazendeiros acostumados ao mando, por tradição. Discursos anarquistas, comunistas, socialistas e antifascistas foram lidos e ouvidos pelos pacatos (mas nem tanto) habitantes de São José do Rio Preto, Cosmorama, Bauru, Taquaritinga, Ariranha, Bastos, Catanduva, Santa Adélia, Barretos, Piracicaba, São José do Rio Pardo, Taubaté etc.[29]. Sem respeitar porteiras, mata-burros, pastos e córregos, estes jornais invadiram as fazendas como se fossem pragas incontroláveis. Se para os fazendeiros, os jornais eram "ervas daninhas", para os partidos políticos eles funcionavam como "adubos para fazer a revolução crescer". Mas, os jornais da esquerda militante não estavam sozinhos nesta cruzada política.

Os periódicos integralistas assim como os católicos, também procuravam garantir suas praças de leitores dispostos a empunhar a bandeira em nome de DEUS, PÁTRIA E FÁMÍLIA. Livres de qualquer suspeita, estes jornais circulavam garantidos pelo poder local (conservador e católico, por tradição) dedicados a enfrentar o Anti-Cristo, personagem simbólico identificado com os males da modernidade: liberalismo, maçonaria, judaísmo e comunismo[30]. O confisco de jornais integralistas em 1935, dentre os quais o *A Offensiva* e *O Integralista*, teve muito mais um sentido preventivo do que punitivo, postura que não se aplicava aos jornais representantes das "ideológias exóticas". A apreensão do nº 38 do *A Offensiva* – que circulou entre maio de 1934 a março de 1938 – se deu em decorrência da publicação de uma matéria na qual Plínio Salgado se vangloriva do triunfo das idéias integralistas na Lei de Segurança Nacional. A disputa era pela "autoria" e não pela crítica aos atos autoritários do governo Vargas que, assim como Plínio Salgado, identificava-se com o ideário dos regimes fascistas europeus[31].

Para a Polícia Política, o "perigo"não estava em quem vestia camisa verde ou batina preta, e sim naqueles que portavam bandeira vermelha, foice, martelo ou enxada. A força policial ficava a disposição da Igreja Católica para que esta

mundo da Imprensa Clandestina Durante a Era Vargas (1930-1945), por Angela Birardi; e *A Palavra Silenciada: O Papel Sedicioso da Imprensa Clandestina*, por Paula Correia Pacheco, colaboradoras deste livro.

28. Nazareth Ferreira identificou entre o último quartel do século XIX até as duas primeiras décadas do século XX, 343 título de jornais operários espalhados pelo território brasileiro, sendo: 149 no Estado de São Paulo, 100 no Rio de Janeiro, e 94 distribuídos pelos outros Estados. Maria Nazareth Ferreira , *op. cit.*, pp. 14, 15; 63-85.

29. Ver de Beatriz Brusantin, *Na Boca do Sertão. Módulo Geopolítica do Controle*, Série Inventário Deops, São Paulo, Arquivo do Estado e Imprensa Oficial, 2003.

30. Maria Luiza Tucci Carneiro, *O Veneno da Serpente. Questões Acerca do Anti-semitismo no Brasil*, São Paulo, Perspectiva, 2003; Rodrigo Patto Sá Motta, *O Perigo Vermelho*, *op. cit.*

31. *Pront. nº 1.583, Acção Integralista.* DEOPS/SP. AESP.

assegurasse a soberania de sua fé sobre as outras igrejas. Assim, até o final do Estado Novo, imperou o "abaixo a toda e qualquer manifestação anticlerical", postura sustentada tanto pelos anarquistas como pelos comunistas, em geral. Segundo o pesquisador Eduardo Góes de Castro, os Testemunhas de Jeová (Sociedade Torre de Vigia) foram incluídos nesta onda de repressão aos "hereges da Fé"quando da distribuição de *Fascismo ou Liberdade* que, em agosto de 1939, teve 20000 exemplares confiscados. Esta situação somente começou a ser alterada durante o governo do general Eurico Gaspar Dutra quando este, em clima de redemocratização, emitiu o Despacho de 30 de junho de 1948 que colocava a Igreja Católica na condição de "desrespeito ao culto alheio, perturbando o culto de uma outra religião..."[32].

O jornalismo irreverente

Dificilmente um historiador poderá analisar a luta de emancipação do trabalhador, da mulher ou do negro no Brasil do século XX, se desconsiderar a tríade *imprensa*, *sindicato* e *partido político*. Como pano de fundo deverá avaliar a substituição do trabalhador escravo pelo trabalhador livre, a política imigratória seletiva, a persistência da censura, a legitimação do aparato repressor e o controle dos sindicatos por parte do Estado. Questões como estas demonstram que é impossível desvincularmos a trajetória da imprensa militante operária da história do anarquismo e da imigração no Brasil. Se cruzarmos os registros históricos constataremos que os primeiros jornais deste segmento social foram fundados por imigrantes que, no calor da hora, transformaram-se em editores ou jornalistas autoditadas. Comprometidos com a causa da classe operária, estes homens assumiram distintos papéis que, na maioria das vezes, se superpunham ora como organizadores de base e/ou ideólogos, ora como propagandistas. Dependendo da emergência, exerciam a função de tipógrafos, escritores, conferencistas, ilustradores e, até mesmo, distribuidores de jornais.

Intimidados pelas idéias e pela prática libertárias – e, posteriormente pelas idéias comunistas – os republicanos radicalizaram avançando contra a anarquia. Preocupado com a circulação de idéias sediciosas, o Governo Provisório emitiu, em 23 de dezembro de 1889, o primeiro decreto de censura que atingiu diretamente a imprensa[33]. Restringia-se a informação, assim como proibia-se reuniões políticas que atentassem contra a nova república laica e liberal.

Importante ressaltar que, neste mesmo ano de 1889, 23 países convocados pelo Partido Social-Democrata Alemão reuniam-se em Paris para formar a II Internacional (1889-1923). Dentre as várias decisões aprovadas durante este encontro, várias tiveram repercussão imediata no cotidiano e no imaginário político brasileiros: a adoção do dia 1º de Maio como data de protesto mundial pela jornada de oito horas de trabalho, manifestação consagrada posteriormente como o Dia Internacional do Trabalho. Além de adotar os princípios marxistas da luta de classes e da socialização dos meios de produção, a II Internacional dava independência aos partidos de cada país respeitando suas diferenças internas. Em 1900 e 1919, os comunistas russos chefiados por Lênin se impuseram de forma expressiva até o momento em que, como dissidentes, optaram por fundar a III Internacional em 4 de março de 1919, com sede em Moscou.

Neste ínterim, em 1890, haviam desembarcado no porto de Santos cerca de 150 italianos provenientes de Gênova e que tinham um sonho em comum: o de fundarem na América Latina a primeira Colônia Socialista Experimental, empreitada conhecida como *Colônia Cecília*. Estes pioneiros – dentre os quais estavam Francisco Arnaldo Gattai e sua esposa Argia Fagnoni Gattai, avós paternos de Zélia Gattai – vinham em busca do paraíso idealizado por Cárdias, pseudônimo usado pelo Dr. Giovanni Rossi, autor do livreto *Il Comune in Rival al Mare*, defensor das idéias de Miguel Bakunin e Pedro Kropotkin. Este havia recebido de D. Pedro II, uma propriedade de 300 alqueires de terrras localizadas entre Palmeiras e Santa Bárbara, no Paraná. No entanto, a Nova República – recém-proclamada em 1889 – castrou os sonhos dos pioneiros italianos, seguidores de Cárdias. Os republicanos não conseguiram acompanhar a mentalidade arrojada de D. Pedro II, imperador brasileiro da modernidade que esten-

32. *Pront. nº 43.707, Sociedade Torre de Vigia*. DEOPS/SP. AESP. Cf. Relatório de Eduardo Góes de Castro, *Os "Quebra-Santos". Repressão ao Anticlericalismo no Brasil República (1924-1945)*, Fapesp, 2002.

33. Ana Luiza Martins, "Sob o Signo da Censura", em Maria Luiza Tucci Carneiro (org.), *Minorias Silenciadas. História da Censura no Brasil*, São Paulo, Edusp/Fapesp, 2002, pp. 175 e 176.

deu as mãos à Anarquia. O ideário dos homens da *Colônia Cecília* esbarrou nos vícios do novo regime que não conseguiu livrar-se da influência da aristocracia cafeeira, defensora da e portadora de valores cristãos. Os sonhos do Dr. Giovanni Rossi viraram cinzas corroídos por taras milenares[34].

Em decorrência do avanço anarquista e socialista, cada vez mais comprometido com a causa do operariado, o Congresso brasileiro aprovou, em 1903, a primeira lei de expulsão de estrangeiros sob a alegação de que estes colocavam em perigo a segurança nacional e a ordem pública no Brasil[35]. Os anarquistas – estigmatizados pelas autoridades policiais e empresários desde o século XIX – eram acusados de "agitadores do ofício pagos por governos estrangeiros", de "fazer manobras subversivas"e "provocar a greve entre os trabalhadores"[36].

Uma fina lâmina pairou sobre a cabeça dos "subversivos alienígenas"com a publicação do Decreto nº 1.641, a Lei Adolfo Gordo que regularizava a expulsão dos estrangeiros de parte ou de todo o território nacional, ato que instigou a reação da imprensa operária. Em 1923, o Decreto nº 4.743 – conhecido como Lei de Imprensa – cerceou ainda mais o pensamento, a palavra e a ação dos grupos políticos, dentre os quais os anarquistas e os comunistas. Um ano depois, criava-se o Departamento Estadual de Ordem Política e Social (Deops) em São Paulo, órgão repressor destinado a vigiar os suspeitos e a punir os criminosos políticos.

Nesta época, a *Colônia Cecília* já era coisa do passado, experiência frustada mas não abandonada pelos anarquistas que se (re)organizavam pelos bairros operários de São Paulo. Como imigrantes ou filhos de imigrantes vivenciavam na pele o "mito do perigo estrangeiro e o dos agitadores profissionais". O Estado republicano havia aprimorado os instrumentos de controle e repressão, combinando a vigilância aos sindicatos e as manifestações operárias. A ordem oficial era para dispersar qualquer tipo de ajuntamento (greve, comício, reuniões partidárias, palestras, bailes etc.) e punir os "desordeiros"com prisões, degredos e deportações. Numa só seqüência vieram a Lei de Repressão ao Anarquismo, de 17 de janeiro de 1921 e a Lei Celerada de 12 de agosto de 1927[37].

Neste momento, os anarquistas de São Paulo – e aqui já se encontrava inserida a família Gattai – reuniam-se diariamente com o objetivo de conquistar adeptos junto a classe operária. Protestavam contra o fechamento de sindicatos e clamavam pela livre circulação dos seus jornais impedidos de circular por "atentarem contra o regime". Dentre eles estava o periódico *A Plebe* criado em 1917 e interrompido em julho de 1924, ressurgindo apenas em fevereiro de 1927. Os anarquistas dividiam o foco da repressão e da censura com os comunistas que, desde 1922, atuavam enquanto partido organizado. Esta polarização se fazia mais evidente nos dois centros industriais brasileiros: Rio de Janeiro e São Paulo. Ambas as frentes procuravam afirmar seus princípios valendo-se de estratégias próprias de propaganda política. Líderes políticos confundiam-se com a vanguarda dos editores de jornais que, apesar da vigilância diária, procuravam imprimir a revolução.

O ano de 1924 pode ser considerado como de repressão a imprensa rebelde ofuscada por uma série de levantes militares ocorridos em São Paulo. O clima de estado de sítio deu margem para que os rebelados imprimissem seus jornais na clandestinidade com o objetivo de informar o povo sobre os verdadeiros motivos do levante armado. Nesta ocasião ocorria também o levante no Rio Grande do Sul liderado por Luís Carlos Prestes e de outros oficiais de várias guarnições. É desta época a publicação do jornal *5 de Julho* que circulou ininterrupta e clandestinamente até o final do governo de Arthur Bernardes em 1926. O Serviço Secreto do Dops do Rio de Janeiro chegou a oferecer 50 contos – uma gorda oferta para a época – a quem denunciasse os editores e a tipografia responsável pela impressão. A tirania institucional deu margens a publicação de um outro jornal clandestino cujo título é sintomático: *O Libertador*, cujo nº 1 foi publicado em Assis em 5 de agosto de 1924, tendo como redator João de Talma. Os números seguintes sairam em Porto Epitácio e o sexto número no sertão maranhense, sendo os dois últimos de responsabilidade de Reis Perdigão e José Pinheiro Machado,

34. Sobre esta experiência "exótica" nos trópicos brasileiros ver: Afonso Schmidt, *A Colônia Cecília*, São Paulo, Anchieta, 1942.
35. Edgard Carone, *O Movimento Operário (1930-1945)*, São Paulo, Ática, 1991.
36. John W. Foster Dulles, *op. cit.*, p. 29.
37. Cf. Decretos nº 4.269, de 17 de janeiro de 1921 e Decreto nº 5.221, de 12 de agosto de 1927. Sobre esta questão ver Raquel de Azevedo, *A Resistência Anarquista. Uma Questão de Identidade (1927-1937)*, São Paulo, Arquivo do Estado/Imprensa Oficial, 2002, pp. 46 e 47.

respectivamente. Sufocada, a imprensa revolucionária tentava sobreviver ao estado de sítio[38].

A vanguarda da rebeldia

O perfil político destes "homens da imprensa revolucionária" devia-se, em parte, a sua origem estrangeira que, além de abrir-lhe espaço junto as principais comunidades de imigrantes radicadas em São Paulo, os mantinha em sintonia com os movimentos políticos internacionais. Muitos destes editores/líderes, segundo as fichas de identificação produzidas pelo DEOPS/SP, eram provenientes de países identificados com os movimentos socialista e libertário em curso, tais como Espanha, Itália e Portugal[39]. E estes países, no início do século, apresentavam-se como os principais núcleos propulsores de emigrantes para o Brasil. Por exemplo, entre 1910-1914, entraram no Brasil 143 485 espanhóis, dos quais 108 154 radicaram-se em São Paulo[40].

A inserção dos imigrantes no mundo da política se fez de forma gradativa e com grandes dificuldades, visto que desde a primeira metade do século XX, persistiu a imagem negativa de que a maioria fazia parte de uma massa de "agitadores alienígenas". As primeiras ligas operárias de caráter sindical surgiram quase ao mesmo tempo das primeiras agremiações de trabalhadores, as Sociedades de Socorro Mútuo, cujas origens datam do final do século XIX. A influência italiana se fez marcante nas organizações fundadas em 1901 na capital paulista, das quais oito, entre treze, tinham nomes italianos. O mesmo aconteceu com os jornais operários, anarquistas e socialistas escritos em língua italiana como, por exemplo, *La Giustizia* (1879), *L'Asino Umano* (1894), *La Biricchina* (1897), *Robattiamo il Chiodo* (1897), *La Nuova Gente* (1903), *La Battaglia* (1901), *L'Azione Anárchica* (1905), *Guerra Sociale* (1915), *La Difesa* (1923) e *Il Rissorgimento* (1927)[41].

Os estereótipos do revolucionário russo, do anarquista espanhol, do antifascista italiano e do judeu internacional rondavam o imaginário brasileiro cujos arquétipos eram, em muitos casos, ditados pelos interesses da elite ilustrada. Foi neste contexto – de moralização dos costumes políticos – que surgiu em São Paulo a Liga Nacionalista (1916-1924) dedicada a afastar os maus imigrantes do país[42]. Ainda que ameaçados pelas leis de expulsão, os estrangeiros – tratados como analfabetos e desprovidos de qualquer sentimento nacional – comprovaram que, antes de *fazer a América* vinham também para *mudar o Brasil*. Enquanto agentes sociais, ingressaram nas correntes revolucionárias fazendo oposição aberta às oligarquias; ora como editores de jornais, ora como líderes grevistas, escritores, jornalistas, poetas etc.

A imprensa revolucionária encarregou-se de demonstrar que São Paulo, além de grande centro industrial, era também uma metrópole poliglota, arredia e irreverente. Línguas esdrúxulas se prestavam para imprimir em papel-jornal as ideologias classificadas de "exóticas": anarquismo, socialismo, comunismo, antifascismo. A multiplicidade dos periódicos antifascistas publicada em São Paulo e Rio de Janeiro nas décadas de 20 e 30 do século XX, por exemplo, insere-se na história das dissidências internas do antifascismo no Brasil, movimento liderado por um grupo de italianos radicados na capital paulista. Importante ressaltar que o antifascismo surgiu na Itália com o início do regime fascista em 1922 prolongando-se até a queda de Mussolini em 1943. Para analisarmos a história deste movimento no Brasil devemos considerar a formação das associações antifascistas e a trajetória política de seus líderes, muitos dos quais eram editores de jornais.

A primeira organização antifascista brasileira, a Unione Democratica, surgiu no Rio de Janeiro em dezembro de 1924 liderada por um grupo de italianos dentre os quais Giovanni Infante e Giovanni Scala. Concomitantemente, surgiam outras associações em diferentes Estados brasileiros como a Azzociazone Giacomo Matteotti (São Paulo, SP), Fronte Unico Antifascista (Curitiba, PR) e Liga Internacional de

38. Nelson Werneck Sodré, *op. cit.*, pp. 417-418.
39. Estudos nesta direção estão sendo desenvolvidos junto ao PROIN Arquivo/Universidade pelos bolsistas Fapesp e Pró-Reitoria de Cultura/USP, dentre os quais cabe citar os inventários sob a responsabilidade de Lúcia Parra Silva e José Mendes Sacchetta. Além deste levantamento, o PROIN conta com cerca de 60 000 fichas remissivas cadastradas em seu Banco de Dados/Imagens sob a coordenação de Boris Kossoy (ECA/USP).
40. Herbert Klein, *A Imigração Espanhola no Brasil*, São Paulo, Editora Sumaré/Fapesp, 1994, p. 15.
41. *Presença Italiana no Sindicalismo Brasileiro*, Catálogo de Exposição Fotográfica e Seminário Temático, São Paulo, Consulado Geral da Itália/Centro Universitário Maria Antonia, 1994.
42. Boris Fausto, "Imigração e Participação Política na Primeira República: O Caso de São Paulo" em Boris Fausto *et al.*, *Imigração e Política em São Paulo*, São Paulo, Editora Sumaré/Fapesp, 1995, pp. 7-26 (Série Imigração).

Defesa Democrática (Belo Horizonte, MG). Em São Paulo – principal centro aglutinador dos imigrantes italianos radicados no Brasil – articularam-se várias sessões da Unione Democratica na tentativa de pressionar a queda do fascismo na Itália. Neste contexto, Antonio Piccarolo criou o jornal *La Difesa* (1923) financiado basicamente com recursos das lojas maçônicas.

Dentre os editores "perigosos"que atuaram em São Paulo cabe ressaltar: Benjamin Mota, o italiano Luigi (Gigi) Damiani, o espanhol Primitivo Raymundo Soares, conhecido pelo pseudônimo de Florentino de Carvalho (1883-1947), o português Gregório Nazianzeno Moreira de Queirós Vasconcelos (1878-1920), também identificado como Neno Vasco, e os italianos Oreste Ristori e Antonio Piccarolo.

O jurista Benjamin Mota pode ser considerado como um dos expoentes do anarquismo em São Paulo. Em 1898 publica os jornais *O Libertário* e, em seguida, *O Rebelde*. Autor de inúmeros livros e peças teatrais dentre as quais *Rebeldias, Reflexões* e *A Razão Contra Fé*. Em 7 de março de 1901 lançou o combativo periódico anticlerical *A Lanterna* com uma tiragem de dez mil exemplares. Esta primeira fase durou até 29 de fevereiro de 1904 quando a publicação foi interrompida. Voltou a circular em 17 de outubro de 1909 sob a direção de Edgard Leuenroth[43].

O italiano Luigi (Gigi) Damiani, trabalhador de construção, tornou-se o editor do jornal libertário *La Battaglia* fundado por Oreste Ristori em 26 de junho de 1904. Colaborou como redator do jornal *A Plebe* ao lado de Edgard Leuenroth e Afonso Schmidt, durante período de intensa repressão ao jornal por parte do delegado Nascimento Silva, investigador da insurreição anarquista de novembro de 1918. Como forma de banimento dos anarquistas de São Paulo, Nascimento Silva investiu contra os jornais *Spartacus* e *A Plebe*. Em 18 de outubro de 1919, a oficina tipográfica de *A Plebe* foi destruída por agentes policiais que buscavam "propaganda subversiva"[44]. Damiani encerrou sua carreira de ativista no Brasil ao ser deportado em 1919, "mero acidente de percurso", pois continuou a lutar pela causa libertária na África do Norte e na Europa[45]. Passou a dirigir o jornal *Fede!* através do qual empenhou-se em recolher milhares de libras em favor de Malatesta, então com 70 anos.

O anarquista, poeta e poliglota Neno Vasco – formado pela Universidade de Coimbra e radicado no Brasil desde 1900 – foi o responsável pelo lançamento do jornal *Terra Livre*, em dezembro de 1905, juntamente com o sapateiro espanhol Manuel Moscoso[46] e Edgard Leuenroth, além da revista *Aurora* e o jornal *O Amigo da Povo*. Como jornalista colaborou também com *A Lanterna*. Importante lembrar que uma das versões em português de *A Internacional* que circulou no Brasil nas décadas de 20 e 30 do século passado, é de autoria de Neno Vasco[47].

A trajetória de Primitivo Raymundo Soares pode ser descrita como uma verdadeira odisséia. Sob constante vigilância policial entre 1898 até 1946, este espanhol – estigmatizado como "anarquista perigoso" – foi obrigado a viver sob o pseudônimo de Florentino de Carvalho[48]. Em 1912, Florentino registrou sua primeira participação no jornalismo operário ao colaborar na criação do jornal santista *A Revolta*. No ano seguinte, fundou o jornal paulistano *Germinal!*, em alusão ao romance social do escritor Émile Zola, publicado na França em 1885[49]. Participou também da direção de outros jornais operários como *La Guerra Sociale*, publicado em português e italiano. Em 1917, quando Edgard Leuenroth e demais diretores de *A Plebe* estavam presos, Florentino as-

43. *Pront. nº 1.553, A Lanterna*. DEOPS/SP. AESP.
44. Ver Dulles, *op. cit.*, p. 97.
45. Sheldon Leslie Maram, *Anarquistas, Imigrantes e o Movimento Operário Brasileiro (1890-1920)*, Rio de Janeiro, Paz e Terra, 1979, pp. 86-87.

46. Manuel Moscoso foi um dos mais importantes militantes do movimento operário brasileiro no final do século XIX e início do XX. Editor de vários jornais, fundou no Rio de Janeiro em 1904, juntamente com o tipógrafo Carlos Dias, o jornal *O Libertário*. Em 1908, sob a sua direção, começou a ser publicado o jornal *A Voz do Trabalhador*, seguindo decisão aprovada durante o I Congresso Operário no Brasil. Cf. E. Rodrigues, *Pequena História da Imprensa Social no Brasil*, Florianópolis, Insular, 1997, pp. 24 e 113; Aryana Eugênia A. Preis Horr, *Sapateiros Militantes. Dos Pés Descalços aos Sapatos de Cetim*, Florianópolis, UFSC, 1999, pp. 32-33.
47. *A Internacional*, letra de Eugéne Portier, música de Pierre Degeyter, tradução de Neno Vasco, fl. 16. *Pront. nº 44, Astrogildo Pereira Duarte Silva*. DEOPS/SP. AESP. Sobre Neno Vasco ver Edgard Carone, 1984, pp. 474-477, *apud* Valéria Garcia de Oliveira, "A Música, o DEOPS e o Ideal Revolucionário (1924-1950)", em *Cultura Amordaçada*, *op. cit.*, p. 74.
48. *O Trabalhador*, São Paulo, fevereiro de 1933. *Pront. nº 716, Federação Operária de São Paulo*. DEOPS/SP. AESP. Ver também Maria Luiza Tucci Carneiro, *Livros Proibidos, Idéias Malditas*, 2. ed., São Paulo, Ateliê Editorial, 2002.
49. *Germinal* é o nome do primeiro mês da primavera no calendário da Revolução Francesa. Simbolicamente, expressa o momento em que as "sementes das novas plantas germinam" numa analogia ao "germe da transformação social: o broto da planta que por mais que arranquem sempre volta a renascer". Cf. "Convite a Ler", de Silvana Salerno, em Émile Zola, *Germinal*, São Paulo, Companhia das Letras, 2000, p. 7.

sumiu provisoriamente a direção do jornal. Valendo-se de diferentes pseudônimos, garantiu que as edições não fossem interrompidas. Participou da direção do jornal *O Libertário*, órgão da Aliança Anarquista, e colaborou com a *Plebe* denunciando o cotidiano das prisões de São Paulo e Santos freqüentadas por ele e seus companheiros, a tortura policial, a violência contra as mulheres, a exploração do trabalho infantil, a prisão de crianças em Recife etc.

Florentino de Carvalho escrevia, também, para os jornais operários *A Hora Social* (Recife), *A Voz do Trabalhador* (Rio de Janeiro) e *L'Alba Rossa*[50] (São Paulo). Teve seu nome ligado à direção de inúmeras revistas cariocas e paulistas dentre as quais: *A Vida* (Rio de Janeiro), *A Obra* e *A Rebelião* (esta editada em espanhol e português), *O Comentário*, *Prometheu* e *Arte e Vida*, estas duas últimas dirigidas por Arsênio Palácios[51]. Dentre os seus textos publicados no jornal *O Trabalhador* cabe citar "A Maré das Epopéias Libertárias – em Torno da Revolução Anarchista". Neste artigo, Florentino – acreditando na idéia de despertar o povo para a revolução – convoca os anarquistas a se unirem com o objetivo de se tornarem dignos das epopéias de seus antepassados"[52].

Oreste Ristori, natural de Empoli, Firenzi (Itália) era diretor de *L'Alba Rossa* e membro do Clube dos Artistas Modernos, centro freqüentado também pelos anarquistas Edgard Leuenroth e o socialista/anti fascista Francesco Frola. Eminente orador, Ristori costumava participar das reuniões políticas promovidas no Salão das Classes Laboriosas, no primeiro andar de um sobrado na Rua do Carmo, em São Paulo. É como editor e conselheiro literário de Zélia Gattai que Ristori aparece como personagem do clássico livro de memórias *Anarquistas, Graças Adeus!* Sua trajetória é exemplo de um revolucionário iconoclasta: expulso da Itália por ser anarquista, refugiou-se na Argentina onde atuou como editor do jornal *La Battaglia* que, em 1906, teve suas oficinas invadidas pela polícia. Em Buenos Aires dirigiu também a revista anticlerical *El Burro* até o momento em que foi novamente expulso por vias diplomáticas em 1919. Durante seu translado, fugiu e refugiou-se em Montevidéu até a década de 20, quando então emigrou para o Brasil[53].

Nos anos 30, Ristori foi fichado pelo DEOPS/SP como militante comunista e participante do Comitê Antiguerreiro e Antifascista[54] através do qual fazia campanhas contra a guerra na Abíssinia e na Etiópia. Costumava convocar seus companheiros de luta, para assistirem reuniões na Lega Lombarda. Uma delas, organizada pelo movimento socialista de São Paulo, reuniu antifascistas e socialistas para programarem a comemoração do primeiro aniversário da morte do grande líder socialista italiano, Giácomo Matteótti, assassinado aos 39 anos de idade por milicianos fascistas em Roma. Considerado como "um velho lutador", Ristori tinha sempre garantido um auditório de "jovens revolucionários"carentes de heróis e histórias épicas[55].

Preso em dezembro de 1935 após proferir conferência em reunião antifascista, teve seus livros e boletins confiscados como material subversivo durante auto de busca e apreensão efetuado em sua residência em São Paulo. Nas suas declarações à Polícia Política, Ristori confirmou ter sido anarquista até 1912 e que, posteriormente, havia adotado uma "ideologia revolucionária e eclética". Ristori foi expulso do Brasil por duas vezes, sendo a última em 1936. Morreu na Espanha quando comandava uma coluna na defesa de Madrid contra as tropas de Francisco Franco em 1937[56].

50. *L'Alba Rossa* insere-se dentre os periódicos de esquerda ligados à colônia italiana de São Paulo. Publicado em italiano teve como redator o anarquista Silvio Antonelli, estucador que recebeu ordem de expulsão em 1917. Cf. *Diário Republicano*, São Paulo, 25 de outubro de 1919; *A Plebe*, 29 de outubro de 1919.
51. A saga de Florentino de Carvalho encontra-se narrada em livro por Rogério H. Z. do Nascimento, *Florentino de Carvalho. Pensamento Social de um Anarquista*, Rio de Janeiro, Achiamé, 2000, pp. 32-35.
52. Cf. Lúcia Parra Silva, *Anarquistas Rebeldes. Inventário DEOPS*, organizado por Maria Luiza Tucci Carneiro, São Paulo, Arquivo do Estado/ Imprensa Oficial, 2003.
53. Ristori havia sido militante anarquista na Itália de onde foi expulso. Refugiou-se na Argentina e, na década de 1920, veio para o Brasil radicando-se em São Paulo.
54. Faziam parte da Liga Antifascista a Federação Operária do Estado de São Paulo-FOSP, o Centro de Cultura Social, o Partido Comunista Brasileiro, o Partido Socialista Brasileiro, os jornais *A Plebe* e *A Lanterna*, dentre outros. *Pront. nº 826, Liga Antifascista*. DEOPS/SP. AESP. Sobre antifascismo no Brasil ver de João Fábio Bertonha, "Política em Tempos de Guerra: A Tentativa de Reconstrução do Antifascismo Italiano em São Paulo em 1942-1943, *Revista de História*, Departamento de História da USP, nº 137, 3ª série, 2º semestre, 1997, pp. 43-64; João Fábio Bertonha, *Sob a Sombra de Mussolini. Os Italianos de São Paulo e a Luta Contra o Fascismo, 1919-1945*, São Paulo, Annablume/Fapesp, 1999.
55. Sobre Ristori ver descrição de Zélia Gattai, *op. cit.*, pp. 206-109; Nelson Werneck Sodré, *op. cit.*, pp. 356, 358-359.
56. Sobre Oreste Ristori ver: Franco Cenni, *Italianos no Brasil*, São Paulo; Martins Fontes/Edusp, 1975, pp. 186 e 285; *Pront. nº 364, Oreste Ristori*. DEOPS/SP; Zélia Gattai, *Anarquistas, Graças a Deus!*. 21ª ed., Rio de Janeiro, Record, 1994; Nelson Werneck Sodré, *op. cit.*, pp. 356, 358-359.

Antonio Piccarolo[57], italiano radicado no Brasil desde 1908, era considerado como um socialista moderado. Foi o responsável pela primeira e a mais importante publicação antifascista em São Paulo: o jornal *La Difesa*, fundado em 1923[58]. Segundo o historiador João Fábio Bertonha, este jornal abrigava várias correntes: republicanos, socialistas e os antifascistas ligados a Lega Italiana dei Diritti dell'Uomo – LIDU. Em 1925, *La Difesa* transformou-se no órgão oficial da primeira instituição essencialmente antifascista: a Unione Democratica, posteriormente incorporada à LIDU e dirigida por Francesco Frola, recém-chegado da Europa. Um círculo de intelectuais e jornalistas renomados formou-se em torno do Conde Frola, "homem forte, rosto redondo, sangüíneo, o crânio calvo que luzia como queijo do reino". Entre estes estavam Edgard Leuenroth, Ângelo Bandoni, Oreste Ristori, Alessandro Cerchiai e José Oiticica, todos freqüentadores assíduos das noitadas políticas no Salão das Classes Laboriosas[59].

Esta trama de relações garantiu a participação no *La Difesa* dos anarquistas Ristori, Bandoni e Cerchiai, e dos comunistas Godoffredo Rosini e Ertulio Esposito, dentre outros[60]. Entre 1930-1934, a direção do jornal, novamente sob o controle de Piccarolo, foi transferida para Nicola Cilla[61] e Mario Mariani[62], recém-chegados a São Paulo em 1929. A saga destes dois ativistas italianos e suas experiências como redatores de jornais junto ao movimento antifascista europeu, colaborou para modelar o perfil socialista de *La Difesa* que circulou no Brasil entre 1923-1934.

Mario Mariani, segundo Fábio Bertonha, foi perseguido na Itália de onde fugiu em 1926 indo refugiar-se na Suíça e, depois, na França onde fundou o "volontismo". Expulso em 1927, passou pela Bélgica antes de vir para o Brasil em 1929. Seu livro *Le Adolescenti* lhe valeu na Itália, "processo e condenação por ultraje ao pudor público". Em carta autobiográfica dirigida ao amigo Cavacchioli definiu-se como "o único escriptor italiano de idéias genuína e nitidamente revolucionárias". Ali afirmou Mariani: "Sou em suma, comunista ou melhor, bolchevista, ...esta nova palavra, que indica uma velhísima cousa, consiga irritar, ainda mais, os timoratos burguezelhos da Italia"[63]. Neste mesmo texto, Mariani define seu programa de escritor e pensador, elementos que emergem em seus textos e orientação dada aos jornais em que atuou, ora como editor, ora como colaborador. Este italiano – irreverente para a época em que escrevia –, era a favor do amor livre, de se abolir os bens móveis e imóveis, de dar terras a quem a lavra, máquinas a quem as faz produzir e casas a quem as habita. Defendia a fraternidade e o direito de autodecisão dos povos, além de sugerir a abolição do Parlamento que, ao seu ver, era uma "inútil academia de advogados e sentina de todas as corrupções". Da mesma forma criticava o governo "exercido pelo conselho das artes e profissões".

Radicado em São Paulo desde 1929, Mariani tornou-se visado pela Polícia Política como "ativista virulento". Expulso sob a acusação de comunismo foi para Montevidéu, retornando a São Paulo após a Revolução de 30 onde assumiu a direção da Lega Italiana dei Diritti dell'Uomo – LIDU e do jornal *La Difesa*. Teve também seu nome ligado ao jornal *L'Italia*, Organo Dell'Antifascismo in Brasile, fundado por ele em 1931. Este periódico – cujo redator-chefe era Bixio Picciotti – circulou até 1933 enquanto extensão do jornal *La Difesa*, Organo Settimanale Degli Uomi Liberi (1923-1934). Mariani tornou-se, ao lado de Piccarolo e o Nicola Cilla , um dos principais líderes do movimento antifascista no Brasil.

Após 1935, Frola, Espósito, Ristori e Rosini sentiram o amargo sabor da repressão do governo Vargas que, valen-

57. Sobre Piccarolo ver Nelson Werneck Sodré, *op. cit.*, pp. 356, 358.

58. Exemplar de *La Difesa* encontra-se anexado ao *Pront. nº 999.*

59. Sobre o Conde Frola ver: *Pront. nº 152, Francesco Frola.* DEOPS/SP. AESP. Zélia Gattai, *op. cit.*, pp. 174-177.

60. Prontuários: *nº 1.319, Alexandre Cerchiai*; nº 173, *Godoffredo Rosini; nº 1.014, Ertulio Espósito.* DEOPS/SP. AESP.

61. Nicola Cilla, natural de Ravena, de família nobre, nasceu em 1895. Como adepto do socialismo, lutou contra a entrada da Itália na Primeira Guerra Mundial. Atuou como Secretário da Federação Juvenil Socialista em 1917 e da Câmara de Trabalho de Mirandola em 1919. Aderiu ao Partido Comunista Internacional na década de 20 vindo a atuar como redator do jornal *L'Unitá*. Em 1925 foi para França onde teve seu nome ligado como redator do jornal *Riscatto* e ao Socorro Vermelho Internacional. Afastado e expulso do PCI, imigrou para o Brasil em 1929 onde atuou na *Concentrazione*. Empenhado na luta antifascista foi para Montevidéu em 1932 e depois para Buenos Aires. Retornou à Itália no pós-guerra. Fábio Bertonha, *Sob a Sombra de Mussolini, op. cit.*, pp. 83-84; *Pront. nº 70.701, Nicola Cilla.* DEOPS/SP. AESP.

62. Fábio Bertonha, *Sob a Sombra de Mussolini, op. cit.*, pp. 85-86; *Pront. nº 516, Mario Mariani.* DEOPS/SP. AESP. Maria Nazareth Ferreira atribui a Mariani a fundação dos jornais *La Difensa* e *L'Itália* em 1920, data em que este ainda não se encontrava em São Paulo. Maria Nazareth Ferreira, *op. cit.*, p. 75.

63. Cf. Mariani, *Cosi... per ridere*, p. 255. Trecho citado por Laudelino de Abreu, Delegado do DEOPS/SP em seu relatório sobre Mario Mariani. São Paulo, 7 de maio de 1930. *Pront. nº 516, Mario Mariani.* DEOPS/SP. AESP.

do-se dos atos de prisão e expulsão, conseguiu inibir o movimento antifascista em São Paulo. Mariani voltou à Itália em 1947, mas desiludido retornou ao Brasil onde morreu em 1951[64].

Deste círculo de editores participava também Edgar Leuenroth (1881-1968), filho de imigrante alemão e mãe brasileira, impressor, jornalista e editor do jornal *A Plebe*, fundado em 1917. Do grupo socialista passou para o anarquista em 1903, projetando-se como líder do movimento no Brasil. Além de marcar sua presença nos congressos anarco-sindicalistas, colaborou com os jornais *A Lanterna*, *La Battaglia*, *O Trabalhador Graphico* e *Terra Livre*[65].

A Lanterna, semanário porta-voz das ligas anticlericais de São Paulo, fazia parte das leituras diárias de um autêntico anarquista. Pecou apenas pela falta de inedetismo, visto que já circulava em Paris *La Lanterne, Journal Républican Anticlérical*, cujos temas polêmicos garantiam brilho aos protestos emitidos pela imprensa francesa. A "versão brasileira"de *A Lanterna* começou a circular em 7 de março de 1901 com uma volumosa tiragem de dez mil exemplares. Entre 1901-1904, *A Lanterna* publicou sessenta números recomeçando em 1909 sob a direção de Leuenroth, fase que atingiu 293 números até 1916. Reconhecido por suas agressivas caricaturas anticlericais e pelo seu intenso poder de persuação, o jornal *A Lanterna* anunciou em seu primeiro editorial que pretendia mostrar "o quanto o clericalismo era prejudicial, o quanto o jesuitismo era nefasto e o quanto o beatismo embrutecia os povos"[66].

Gestando a revolução

A primeira metade do século XX é sempre lembrada como os tempos de "São Paulo da garoa". São Paulo das serenatas, dos corsos carnavalescos na Avenida Paulista, dos bailes animados com ritmo de "Charleston". Tempos em que comprar na Loja do Ceylão e passear na Rua Direita eram ainda programas de paulistanos e estrangeiros curiosos. Os mais aristocratas faziam questão de usar gravata preta a *la Vallière*, chapéu de aba muito larga, luvas, polainas amarelas, monóculo e bengala. Tempos inesquecíveis para quem – além de tocar discos no gramofone – testemunhou a chegada do rádio, o fim do cinema mudo, as competições automobilísticas e os vibrantes encontros políticos no Clube dos Artistas Modernos, no Salão das Classes Laboriosas ou sob as arcadas da tradicional Faculdade de Direito São Francisco. Tempos também de greves, de panfletagem partidária e de comícios relâmpagos nas portas das fábricas...!

Mas, era nas confeitarias, nos cafés e nos botecos paulistanos – pontos de encontros de jornalistas, estudantes, comerciantes e operários – que rolavam as propostas de revolução. Por lá passavam todos os tipos de ativistas, tanto da extrema direita como dos múltiplos segmentos da esquerda. Uns mais intransigentes, outros mais românticos; alguns tímidos, outros mais arrojados. No entanto, fica evidente que os liberais, democratas, anarquistas ou socialistas faziam questão de não serem confundidos com os "homens de gravata preta" *a la Vallière*. Mantinham-se no seu domínio, fosse este demarcado pela moda ou pela ideologia. Cada qual interpretava a seu modo, os males sociais sem, entretanto, perder de vista as experiências políticas francesa, russa, italiana, espanhola, alemã e portuguesa.

Era no Café Guaraní – localizado na Rua Quinze, próximo ao largo Antônio Prado e ao lado da Galeria Cristal em São Paulo – que os líderes anarquistas e socialistas se encontravam nos anos 20 e 30 do século passado para discutir os mais recentes "tratados políticos". No mesmo espaço, talvez sentados lado a lado, estavam os integralistas que após a fundação da Ação Integralista Brasileira (1932) assumiram atitudes provocadoras. *A Plebe*, em 13 de outubro de 1934, referiu-se a estes desafios como *sentimentos de liberdade de classe defendidos pelo fascismo crioulo*: "... viviam [os integralistas] pelos cafés a bancar os valentões... vinham eles dizendo nas esquinas e às mesas de café que haviam de beber o sangue dos antifascistas de São Paulo"[67].

O Café, muitas vezes, transformava-se num verdadeiro campo de batalha dividido por valores absolutos. Em torno

64. *Processo de expulsão de Mario Mariani, 1930. NA/IJJ7*; *Notação 344*, Arquivo DOPS/RJ. AERJ. Fábio Bertonha, "Política em Tempos de Guerra", *op. cit.*, pp. 44-46; *Sob a Sombra de Mussolini*, *op. cit.*, pp. 83, 84. Sobre o movimento fascista ver Viviane Terezinha dos Santos, *Os Seguidores do Duce. Os Italianos Fascistas no Estado de São Paulo. Módulo V – Italianos*, São Paulo, Arquivo do Estado/Imprensa Oficial, 2001.

65. *Pront. nº 122, de Edgard Leuenroth*. DEOPS/SP. AESP.

66. *A Lanterna*, nº 1. São Paulo, 7 de março de 1901. *Pront. nºs 1553 e 1262*. DEOPS/SP. AESP.

67. *A Plebe*, 13 de outubro de 1934.

das tradicionais mesinhas de mármore costumavam se sentar Antonio Piccarolo, Paolo Mazzoldi, diretor do semanário *Don Chisciotte*, Oreste Ristori, diretor de *L'Alba Rossa*, Alessandro Cerchiai e Gino Damiani, diretores de *La Battaglia*[68]. Do espaço sedicioso do debate, estes homens passavam ao espaço da impressão: as oficinas tipográficas. Estas – na maioria das vezes improvisadas em algum quarto, garagem ou fundo de quintal de uma residência – transformavam-se em "matrizes da revolução", um dos itens deste catálogo. Interessava à polícia, sempre que possível, detectar e fotografar o ambiente destas "fábricas de imprimir", provas incontestáveis do crime político. Era na oficina que as idéias, até então imaginárias, se materializavam sob a forma de clichês tipográficos, matrizes multiplicadoras de mensagens subversivas.

Raras são as informações sobre estas oficinas tipográficas clandestinas responsáveis pela impressão de jornais. Em 19 de março de 1932, uma delas foi localizada junto a propriedade do lituano Abraão Kovalsky, na Água Fria (bairro de Santana, em São Paulo). As fotografias de uma garagem suja de tinta ou óleo de máquina, maquinário, jornais amassados, pedaços de madeira e caixotes quebrados, significa muito para a reconstituição desta memória a ser resgatada. A legenda registrada pela polícia completa a imagem: "Photographia da garagem do prédio nº 5, da rua Alves Ferreira, onde teria sido aprehendida, na manhã de ontem, uma officina typográfica... na qual se imprimiam jornaes e boletins comunistas"[69].

Finalmente, na madrugada do dia 28 de maio de 1936, o DEOPS de São Paulo "apreendeu"a Tipographia do Partido Comunista Brasileiro localizada numa casa térrea do bairro do Caxingui, em São Paulo. O crime da sedição foi fotografado de forma a registrar: o arsenal de impressão, os textos proibidos e os espaços clandestinos. Cinqüenta e seis fotografias foram cuidadosamente organizadas no *Prontuário nº 2259*, uma espécie de álbum fotográfico sobre as técnicas de impressão e camuflagem do Partido Comunista Brasileiro[70].

Como provas do arsenal de impressão foram fotografadas: quatro matrizes tipográficas, várias peças de máquinas de aparar e picotar papéis, matriz encontrada na máquina impressora, inúmeras matrizes tipográficas e fac-símiles correspondentes aos impressos em papel. Para completar, uma vista parcial – em "cena montada" – da tipografia com maquinário, móveis, jornais e fotografias pessoais. Observando estas fotografias, raros registros destes espaços clandestinos, constatamos que as tipografias mais modestas ainda usavam "matrizes" da linotipia e, com mais freqüência, os tipos chamados "de caixa"e que exigiam composição manual[71]. Identificamos também o uso de gravação inteira em clichês metálicos, técnica geralmente empregada para a impressão de cartazes.

Ao lermos o conteúdo dos artigos a serem publicados pelo jornal *A Classe Operária* fica evidente o motivo da apreensão: propaganda ostensiva do ideário comunista e crítica ferrenha ao governo Vargas. As manchetes dizem por si: "O ascenso revolucionário nas Américas", "A luta do povo chinez contra o invasor estrangeiro", "A Quadrilha odienta de Getúlio", "Eliminação dos 'Extremistas' dos Sindicatos", "Estado de Guerra: Guerra de morte a todo o povo do Brasil"[72].

Se editados, completos ou incompletos, os jornais de propaganda anarquista, comunista e antifascista, principalmente, tinham que romper as barreiras do controle policial. Ultrapassado o "território inimigo", o jornal começava a circular pelas várias associações de classe e sindicatos, dentre as quais a Federação Operária de São Paulo[73]. Chegava até as docas de Santos – conhecida como o "Cidade *Vermelho* ou a *Moscouzinha*" – e, de lá, escondido em meio as sacas de café e cereais, embarcavam rumo aos outros Estados brasileiros[74].

68. Franco Cenni, *op. cit.*, pp. 186 e 285.
69. Fotografia 4. São Paulo, 23 de fevereiro de 1933. Doc. 17, fl. 15. *Pront. nº 2.259, Typographia Communista.* DEOPS/SP. AESP. Este material encontra-se analisado em *Livros Proibidos, Idéias Malditas*, *op. cit.*, pp. 71-82; e Erick Reis Godliauskas Zen, *Ecos de Lituanos Rebeldes. Resistência e Repressão (1924-1950)*, Inventário DEOPS, São Paulo, Arquivo do Estado/ Imprensa Oficial, 2003.
70. Fotografias 2, 3 e 4. São Paulo, 18 de agosto de 1933. Doc. 6, 7 e 8. *Pront. nº 2.259, Typographia Communista.* DEOPS/SP. AESP.
71. Gráfica clandestina fotografada pelo Laboratório Técnico de Fotografia do Gabinete de Investigações. DEOPS/SP. *Pront. nº 3.156, Hermínio Sacchetta.* DEOPS/SP. AESP.
72. *A Classe Operária*, nº 194, pp. 1, 2, 7 e 9. *Pront. nº 2.259, Typographia Communista.* DEOPS/SP. AESP.
73. *Pront. nº 1.579, Federação Operária de São Paulo*, 2 vols. DEOPS/SP. AESP.
74. Sobre Santos ver de Rodrigo Rodrigues Tavares, *O Porto Vermelho. A Maré Revolucionária (1930-1951). Módulo IV-Comunistas.* Série Inventário Deops, São Paulo, Arquivo do Estado/Imprensa Oficial, 2001.

Nas páginas dos jornais operários ou sindicalistas pode-se desvendar o mundo real e imaginário das relações empregador-empregado; assim como detectar as inquietações pré-revolucionárias daqueles que não se subordinavam ao mando e nem recuavam diante do medo de ser preso, torturado e, se estrangeiro, expulso do país. Neste contexto, os imigrantes assumiram importante papel respondendo, em muitos casos, por uma parcela do público-leitor mais politizado. Alguns deles – aproveitando-se de sua vivência política na Europa – insistiam na função mobilizadora da imprensa capaz de organizar e "educar" as massas para a revolução. Esta questão já havia sido enfatizada por Lênin que não concebia a história da imprensa operária na Rússia como disvinculada à do movimento democrático operário socialista[75].

Conscientes ou não das palavras de Lênin, o operariado e as comunidades de imigrantes radicados no Brasil – e principalmente em São Paulo, pólo industrial da América Latina – transformaram a imprensa em porta-voz de suas utopias, desencantos e carências. Esperanças de liberdade de expressão e atividades políticas renasceram com o fim do governo de Artur Bernardes e a derrubada do governo de Washington Luís pelos aliados de Getúlio Vargas em 1930. Mas, como a história já demonstrou, os revolucionários de um dia, serão os donos do poder amanhã. A desativação da prisão política do Cambucy pelo povo em 24 de outubro de 1930, incitou a propaganda política nos meios anarco-sindicalistas. Foi neste contexto – de uma liberdade imaginada – que surgiu, em 1º de maio de 1931, o jornal anarquista *O Trabalho*, sob a direção de Francisco Neves[76].

Voltado para o operariado brasileiro, *O Trabalho* defendia a tese de que para desenvolver uma vida de liberdade e justiça, o trabalhador deveria integrar os conceitos de *Idéia* e *Trabalho*, manchete de capa do exemplar nº 5 que, além deste texto, rendia glórias à letra do hino *A Internacional*[77]. Aliás, este é o exemplo "de uma feliz parceria entre canção e impressão a serviço da Revolução", como muito bem enfatizou Laura Mason em seu artigo "Canções, Mesclando os Veículos". Ao reproduzir na íntegra a letra de *A Internacional*, *O Trabalho* imprimia dinâmica à música revolucionária que, muitas vezes, era apenas transmitida pela tradição oral[78]. Aliás, qualquer tipo impressão ou interpretação d'*A Internacional* se prestava como indício de crime político para as autoridades policiais cientes dos ideais defendidos pela *III Internacional* (Komintern): de estimular o desenvolvimento de partidos comunistas revolucionários em outros países e congregá-los numa "União Soviética Mundial".

Em janeiro de 1922, Lênin havia declarado que a luta era mais por pão e paz, e não por uma revolução imediata, mensagem reproduzida nos jornais comunistas brasileiros que investiam no trinômio PÃO, TERRA e LIBERDADE. A eficácia da propaganda devia-se, em grande parte, a identificação popular com as reinvidicações sugeridas nas letras de *A Internacional*, no *Hino Nacional dos Brasileiros Pobres* e no *Hino da Aliança Nacional Libertadora*[79].

Em 2 de dezembro de 1936, ao apreender em São Paulo um conjunto de impressos editados na Espanha e endereçados ao espanhol Mathias Navarro Puig, a Polícia anotou acima na capa de Crônica, *Revista de la Semana*: "Cantando A Internacional". Além de uma expressiva fotografia de cantores ligados a Alianza de Intelectuales Antifascistas para La Defensa de la Cultura, o periódico reproduzia na última página a partitura do hino proibido[80].

Os exemplares dos jornais confiscados pela Polícia Política de São Paulo entre 1924-1954 oferecem indícios que nos permitem traçar o perfil desta imprensa alternativa. Precaridade e improviso delineavam a produção dos jornais cuja

75. Segundo Lênin, a organização das forças revolucionárias, sua disciplina e o desenvolvimento da técnica revolucionária deveriam ser discutidas coletivamente através de um órgão capaz de centralizar as opiniões, dar forma e normas de direção e trabalho. Cf. Lênin, "Del Pasado de la Prensa Obrera em Rusia", *Obras completas*, Moscou, Progresso, 1914, 25, p. 93; t. 4, p. 198; *apud* Maria Nazareth Ferreira, *Imprensa Operária no Brasil*, São Paulo, Ática, 1988, pp. 7, 13.

76. *Pront. nº 399, Rodesindo Calomenero Rodrigues*. DEOPS/SP. AESP.

77. *O Trabalho. Jornal Operário*, nº 5. *Pront. nº 3.753, de João Alves Cortez Valente*. DEOPS/SP. AESP.

78. Laura Mason, "Canções. Mesclando os Veículos", em Robert Darnton & Daniel Roche (orgs.), *Revolução Impressa, op. cit.*, pp. 339-359. Sobre a publicação de músicas subversivas no Estado de São Paulo ver Álvaro Gonçalves Andreucci & Valéria Garcia de Oliveira, *Cultura Amordaçada. Intelectuais e Músicos sob a Vigilância do DEOPS*, Série Inventários DEOPS, Módulo Comunistas, São Paulo, Imprensa Oficial/Arquivo do Estado, 2002.

79. *Hymno da Aliança Nacional Libertadora*, encontrada em poder de Rodrigo Duque Estrada, em 21.01.1936, Doc. 14, fl. 15, *Pront. nº 540*. DEOPS/SP. AESP.

80. *Crônica, Revista de La Semana*, Año VIII, nº 364. Madrid, 1 de novembro de 1936, Doc. 5. *Pront. nº 4.607, Mathias Navarro Puig*. DEOPS/SP. AESP.

periodicidade ficava condicionada aos avanços e recuos da repressão e a disponibilidade de recursos para financiar a publicação. Costumava-se, até mesmo, vender números de rifa e tômbola durante certos eventos políticos, com o objetivo de angariar fundos para sustentar o jornal. Alguns periódicos mal conseguiam ultrapassar o primeiro número; outros – como foi o caso de *A Plebe* – vivenciaram longos períodos de silêncio.

Nas décadas de 1920 e 1930, eram raras as oficinas tipográficas em São Paulo que se dispunham a "imprimir política subversiva". E, quando isto acontecia, se fazia sob disfarce e na condição de um rigoroso anonimato. Daí a constante omissão dos endereços das sedes, dos nomes dos editores e dos colaboradores que, por força das circunstâncias, assinavam seus artigos por meio de siglas, apelidos ou pseudônimos. Aliás, o uso de pseudônimos e o direito ao anonimato já havia sido polêmica no século XIX enquanto característica da radical liberdade de imprensa. Ótima oportunidade para os jornais acolherem os chamados "libelos difamatórios", tema analisado por Isabel Lustosa em seu livro *Insultos Impressos*[81].

Foi sob o pseudônimo de Neblind que Avelino Fernandes – agricultor francês originário de Tours de onde foi expulso "por motivos vários" – escrevia para o jornal *A Plebe*. Os registros policiais informam que seu verdadeiro nome era, provavelmente, Paul Laurent, e que constava da "relação de anarquistas de São Paulo". Correspondia-se com Maria Lacerda de Moura e Rodolpho Felippe, rebeldes anarquistas fichados pelo DEOPS de São Paulo. Avelino Fernandes foi expulso do Brasil em 7 de junho de 1937 quando embarcou, de volta para a França, no vapor Alcina[82].

Como uma espécie de marca registrada, os periódicos "subversivos"optavam por títulos que faziam analogias aos seus ideais de luta: *O Liga*, *Liberdade*, *O Pacificador*, *Emancipação*, *O Liberal*, *Nossa Terra* etc. Sufocados pela censura institucional e pelos mecanismos de repressão, os editores buscavam por um púlpito que lhes garantisse voz e por um instrumento de combate que lhes desse brilho próprio. Portanto, não eram aleatórias as escolhas dos nomes *A Tribuna Operária* (Defensor do Proletariado em Geral) e *A Lanterna* (Jornal de Combate ao Anticlericalismo).

As vozes eram múltiplas: *Voz Operária, Voz da Egreja, A Vóz dos Alfaiates, Voz Portuária, A Voz dos Trabalhadores, Voz da Unidade, A Voz do Padeiro* etc. Em 1927, os sapateiros de São Paulo fizeram-se "ouvir" ao lançar *A Voz do Sapateiro*, Órgão da Corporação dos Trabalhadores em Calçados, sob a direção de José Salvador e gerência de João Lombello, com sede na Rua das Flores, nº 9. Um outro jornal anarquista , com título idêntico, havia circulado no Rio de Janeiro entre 1915-1922[83].

Nelson Werneck Sodré, em sua clássica *História da Imprensa no Brasil*, ressalta que muitos destes jornais "não foram empastelados e sim estrangulados". Como exemplo cita o jornal carioca *A Voz do Povo* – tendo à frente a Federação Operária – que, por protestar contra as violências anti-operárias, teve suas edições apreendidas pelos agentes secretos do DOPS que, durante vários dias, fizeram campana nas imediações de sua redação: "...seus gráficos e redatores foram presos, um a um; finalmente o jornal teve de cessar sua publicação"[84].

A imprensa do século XX pode ser agrupada em dois segmentos: a grande imprensa (capitalista, com estrutura de empresa) e a pequena imprensa (proletária, efêmera, marginal, interiorana etc.). O primeiro grupo era radicalmente criticado pela imprensa libertária como "imprensa burguesa", "agência de negócios", "criada dos traficantes", "porta-estandarte da reação", "empresa de calúnia e de mentira, de difamação", "perseguidora dos trabalhadores"[85]. No segundo grupo incluimos os jornais de combate, contestadores da ordem vigente, impressos com as mínimas condições materiais e cuja identidade de classe vinha anunciada no próprio cabeçalho reforçado por alguma epígrafe e dígito: *O Trabalhador, A Plebe, A Classe Operária, O Sindicalista, A Voz dos Sapateiros, O Trabalhador Têxtil, O Trabalhador Agrícola, O Metalúrgico, O Trabalhador Vidreiro* etc. Este último, por exemplo, de tendência anarquista, apresentava-se como porta-voz do Sindicato dos Vidreiros e conseguiu im-

81. Isabel Lustosa, *op. cit.*, p. 32.
82. *Pront. nº 2.089, Avelino Fernandes*. DEOPS/SP. AESP; cf. Lucia Parra Silva, *op. cit.*

83. Aryana Eugênia A. Preis Horr, *op. cit.*, p. 35.
84. Nelson Werneck Sodré, *História da Imprensa no Brasil*, Rio de Janeiro, Civilização Brasileira, 1966, p. 368.
85. Sobre esta questão ver "A Imprensa Burguesa, Escritores e Filósofos", em Rogério H. Z. do Nascimento, *op. cit.*, pp. 112-128.

primir apenas um único número. Radical, pregava total adesão ao movimento revolucionário na Espanha "ao invés de esperar a salvação dos políticos"[86].

O tom de denúncia persiste na maioria das matérias clandestinas que estabelecem ligações interessantes com o cotidiano imediato do negro, do operário, do estudante, do marinheiro, da mulher e do menor trabalhador. Se comparado ao periodismo "liberado", a imprensa clandestina presta-se como exemplo de luta do Bem contra o Mal[87]. É neste sentido que ressaltamos a importância de estarmos atentos ao estilo e linguagem dos periódicos enquanto meio específico de comunicação e expressão do pensamento. Enfim, é a originalidade do discurso do jornal que lhe garante uma personalidade como, por exemplo, "jornal de emoção", "jornal de sangue", "jornal de bruxos", "jornal selvagem"[88].

A subversão dos jornais interioranos se manifestou, principalmente, contra duas frentes tradicionais: os "homens de saia preta" (Igreja Católica) e os proprietários de terra (elite agrária). Conclamando seus leitores – camponeses, comunistas e anticlericalistas – a "fazer a revolução", estes periódicos se propunham a "extirpar todo tipo de erva daninha ou cancro gangrenoso que estava corroendo o organismo brasileiro". *A Voz da Egreja*, editado em Bauru (SP) em 1933, intitulava-se "nascido da luta para a luta"e vinha em defesa do povo brasileiro explorado pelo "formidável sindicato de padres" representado pelos "eunucos do papa"[89].

O Guatambú, da cidade de Cosmorama (SP), apresentava-se como "Jornal dos Beira-Córregos", título inspirado no nome de uma árvore cuja madeira se presta para confeccionar cabos de enxadas. Os artigos se propunham a resgatar o cotidiano do caboclo enquanto homem do campo, sofrido, sem terra e sem direitos. O *Nossa Terra*, fundado em São Paulo em 1949, apresentava-se como o "jornal dos trabalhadores da roça"e vinha para provar que o camponês "era capaz de sair do atoleiro, de ir para a frente, de livrar-se da miséria e da exploração"[90].

A Farpa, editado em São Carlos (SP) desde 18 de fevereiro de 1933, dizia logo para que vinha: "Sobre a nudez dura da verdade o manto diafano de fantasia"[91]. O nome do jornal foi inspirado nos escritos satíricos e ironias publicadas no século XIX por Eça de Queirós e Ramalho Ortigão em *Farpas*. Daí o editorial nº 1 lembrar "aquelas páginas ferinas onde Eça e Ramalho popeiam na graça cintilante de seus estilos impecáveis". Com a pretensão de ser ferino – como uma farpa – o jornal rompia com os padrões da imprensa oficial: clandestino, anônimo, sem sede de redação e tendo "nós" como Conselho Editorial.

Traduzindo a revolução

Fragmentos significativos dos movimentos operários paulista e latino-americano podem ser reconstituídos, de uma forma geral, através dos jornais confiscados pelo DEOPS/SP. Analisando a linguagem "subversiva"destes periódicos temos condições de resgatar rituais de luta, práticas cotidianas de resistência e de lazer, além de atos de solidariedade da classe operária latino-americana[92].

Publicados no estrangeiro ou na capital paulistana, muitos destes periódicos circulavam em língua estrangeira tendo como público-leitor as comunidades imigrantistas radicadas nos bairros operários de São Paulo. Importante ressaltar que os jornais em sintonia com o ideário do Estado republicano ficavam livre de punições como, por exemplo, o *Fanfulla*, diário em língua italiana, fundado por Vitaliano Rotellini em 2 de julho de 1893[93]. Conivente com o discurso oficial, este

86. O *Trabalhador Vidreiro*, São Paulo, 17 de junho de 1933. *Pront. nº 996, Sindicato dos Vidreiros de São Paulo*. DEOPS/SP. AESP.
87. O *Metalúrgico*, Órgão do Sindicato dos Operários Metalúrgicos. *Pront. nº 1.123*. DEOPS/SP. AESP.
88. G. Martín Vivaldi, *Géneros Periodísticos. Reportaje, Crónica, Artículo*. Madrid, Editorial Paraninfo, 1993, pp. 23-25.
89. Pesquisa de Iniciação Científica sobre anticlericalismo através da documentação confiscada pelo DEOPS/SP está sendo desenvolvida por Eduardo Góes de Castro financiada pela Fapesp, a ser publicada na Coleção Série Inventário DEOPS (Imprensa Oficial/Arquivo do Estado).
90. *Nossa Terra*, nº 1, Ano I. São Paulo, 8 de junho de 1949. *Pront. nº 552, Delegacia Regional da Polícia de Barretos*. DEOPS/SP. AESP. Cf. inventário organizado por Emiliana Andréo da Silva, *O Despertar do Campo. Lutas Camponesas no Interior do Estado de São Paulo*, Série Inventário DEOPS, São Paulo, Imprensa Oficial/Arquivo do Estado, 2003.
91. *A Farpa*, São Carlos, 18 de fevereiro de 1933. *Pront. nº 1.318, Delegacia de São Carlos*, DEOPS/SP. AESP.
92. Sobre a necessidade de uma revisão historiográfica nesta direção ver o artigo de Osvaldo Coggiola, "Historiografia do Movimento Operário Latino-americano", pp. 209-230.
93. Vitaliano Rotellini, jornalista italiano, redator do *Messaggero* e que, em 1892, fundou no Rio de Janeiro o periódico *L'Aquila Latina*. Posteriormente, em São Paulo, criou o *Fanfulla* cuja administração foi confiada a Enrico Bordoni. Passou de semanal a bi-semanal transformando-se na publicação mais importante da colônia italiana em São Paulo. Teve como seus primeiros redatores: Cattaruzza (política), o poeta Alessandro Sfrappini (crônica

jornal foi acusado de ter colaborado para o fracasso da greve de pedreiros ocorrida em São Paulo em 1911. Segundo o jornal *A Guerra Social*, os trabalhadores perderam o espírito revolucionário ao serem desorientados pelo *Fanfulla*[94].

Percebemos que a intensidade da repressão aos jornais oscilava conforme a postura ideológica do governo pressionado, muitas vezes, pelas elites dominantes e potências internacionais. O jornal *Acção*, órgão oficial da Ação Integralista Brasileira em São Paulo, somente foi "repreendido" pela censura varguista no momento em que o movimento passou a representar um perigo para a continuidade de Vargas no poder. Prontuariado pelo DEOPS este jornal mereceu apenas dois despachos: o de 2 de novembro de 1937 que mandava suspender a publicação e deter o responsável Sr. Ulhoa Cintra, secretário do periódico. Razão da repreensão: havia publicado "matéria proibida" burlando as ordens da censura. A notícia questionada pelo Coronel Chefe do Serviço de Censura tratava do desfile dos camisas-verdes realizado na capital da República, evento que simbolizou muito mais uma mostra de força política do que um desfile comemorativo. Poucos dias depois Vargas dava o golpe que o perpetuaria no poder até 1945. Esta manifestação pode ser interpretada como um "arremedo nacional da marcha sobre Roma dos fascistas italianos"[95]. Na segunda "suspensão" – escrita à caneta em de 2 de abril de 1938 – lê-se o seguinte: "seja suspenso por 10 dias o jornal transgressor". A ordem expressa a transfiguração da imagem política dos integralistas que, de aliados, transformaram-se em transgressores da ordem, inimigos do regime. Em 11 de março de 1938 haviam sido abortados uma conspiração e a tentativa frustrada de golpe[96].

A circulação do jornal *A Platéia* – fundado em 1º de julho de 1888 por Horácio de Carvalho e depois dirigido por Araújo Guerra – é definido por Werneck Sodré como jornal de oposição. No entanto, sua trajetória merece um estudo à parte: suspenso em 1894, por fazer oposição violenta ao governo do marechal Floriano Peixoto, voltou pouco depois, para circular longamente. Somente foi fechado em 1942, por defender a política do Eixo nazifascista e, assim mesmo, em decorrência do contexto internacional que forçou o Brasil a optar pelo lado dos Aliados.

Estes jornais étnicos, partidários ou de classe, transformavam-se em verdadeiras ilhas alternativas de cultura contribuindo para preservar as tradições e o idioma de origem, avaliados pelas autoridades oficiais e intelectuais orgânicos como elementos vetores do processo de assimilação e estimuladores da formação de quistos raciais. Recém-chegados ao Brasil, os imigrantes ficavam vulneráveis a estes estigmas transformando-se em alvo fácil dos órgãos de repressão.

Inúmeros são os casos de estrangeiros radicados em São Paulo que, identificados com as propostas de luta do operariado paulista, fundaram periódicos editados na sua língua de origem. Como redatores ou colaboradores, estes homens instigavam o trabalhador brasileiro e o imigrante a repensarem a realidade nacional. Em 1895, Silvério Fontes – provavelmente o primeiro socialista brasileiro de formação marxista – fundava *A Questão Social*. No ano seguinte surgia *O Socialista*, órgão do Centro Socialista de São Paulo, redigido em português, italiano, espanhol e alemão. Em 1º de maio de 1899, Euclides da Cunha e Pascoal Artese fundavam em São José do Rio Pardo, o jornal socialista *O Proletário*. Entre os jornais socialistas consta também o *La Giustizia* (1879), de Luizi Schrirone e Gli Schiavi Bianchi, seguido de dezenas de publicações anarquistas. Em 20 de outubro de 1900, a Lega Democratica Italiana, posteriormente transformada em Círculo Socialista – e que reunia anarquistas, socialistas e republicanos – começou a editar o periódico *Avanti*, órgão socialista, sob a direção de Alcide de Ambrys ou Alcebiades Bertolotti. Redigido em italiano circulou até 1909[97].

mundana), Natale Belli (humor) e Torquato Sacchi (crítico teatral). Há registros de que o *Fanfulla* foi empastelado em 1896 por ocasião dos movimentos provocados pela questão dos chamados "protocolos". Apoiando-se em registros contemporâneos, o estudioso Franco Cenni informa que este empastelamento foi "dos mais camaradas", quase simbólico. Posteriormente, o *Fanfulla* passou para a direção de Angelo Poci e a orientação de Luigi Vicenzo Giovanetto. Franco Cenni, *op. cit.*, p. 280. Sobre a repressão aos fascistas no Estado de São Paulo ver Viviane Terezinha dos Santos, *Os Seguidores do Duce: Os Italianos Fascistas no Estado de São Paulo. Módulo V – Italianos,* Série Inventários DEOPS, São Paulo, Arquivo do Estado/Imprensa Oficial, 2001.

94. *A Guerra Social*, São Paulo, 29 de junho de 1911, p. 4; 3 de setembro de 1911, p. 2, *apud* Sheldon Leslie Maram, *op. cit.*, p. 88, n. 51, p. 101.
95. Hélgio Trindade, verbete "Integralismo", *Dicionário Histórico-Biográfico Brasileiro (1930-1983)*, *op. cit.*, vol. 2, p. 1628.
96. Cf. pesquisa desenvolvida por Leisa Ribeiro, pesquisadora do PROIN Arquivo Universidade; *Pront. nº 40.620, Acção*. DEOPS/SP. AESP; Hélio Silva, *1938 – Terrorismo em Campo Verde. Ciclo Vargas*, vol. X, Rio de Janeiro, Civilização Brasileira, 1964.
97. Gaetano Arfè, *Storia dell'Avanti, 1926-1940*, Milão, Editora Avanti, 1958.

Sob o calor da propaganda periodística, alterou-se o ritmo industrial de São Paulo tumultuado por greves incitadas pelas organizações operárias emergentes[98]. Burlando a repressão, os "hereges da palavra" conseguiam imprimir, até mesmo em papel almaço, seus sonhos de liberdade. Alguns eram duplamente estigmatizados de acordo com o seu passado político recente ou sua atual opção partidária/religiosa. Credos e ideologias se mesclavam compondo um amplo painel de "cores e religiões infames" que, na opinião da polícia, determinavam os conteúdos revolucionários dos jornais: credo vermelho, bolchevique vermelho, judaismo internacional, fanatismo libertário etc.

É através das histórias de vida registradas pelos policiais que reconstituímos, ainda que por fragmentos isolados, parte desta memória coletiva. O espanhol de Málaga, José Rocca Orozco – padeiro e confeiteiro, preso como anarquista em 1937 –, costumava receber jornais da Espanha que lhes eram enviados por sindicatos e associações de classe. Além de colaborar com diversos jornais operários, Orozco era também redator do jornal *O Trabalhador Padeiro*[99].

Ao lermos a listagem dos jornais confiscados na residência de Ernesto Gattai, por exemplo, em fevereiro de 1937, temos condições de reconstituir o perfil de um leitor anarquista modelado, principalmente, pela imprensa libertária internacional. Durante uma "batida"na oficina de Gattai, localizada no bairro de Pinheiros em São Paulo, os investigadores confiscaram: 108 exemplares do jornal *A Plebe*, 85 exemplares do jornal *A Lanterna*, dois exemplares do jornal *Spaghetto*, dois exemplares do jornal *La Difesa*, exemplares do periódico *D'Aduanata dei Refratari*, um exemplar de *L'Alba Rossa*, um exemplares de *Il Risveglio Anarchico*[100].

O jornal *Spaghetto* era publicado em São Paulo desde 1919 e *La Difesa*, editado por Piccarolo, circulava desde 1923. O *L´Alba Rossa*, lançado em 1919 em São Paulo, era redigido em italiano pelo estucador e anarquista Silvio Antonelli e editado por Oreste Ristori e A. Bandoni. Antonelli foi preso em outubro de 1919 e encaminhado para a Casa de Detenção no Rio de Janeiro, acompanhado de Gigi Damiani e Alessandro Zanella. Damiani, redator de *A Plebe*, e Zanella foram classificados como "perigosos anarquistas". Radicado no país há 24 anos, Zanella havia sido preso quando saía da redação deste jornal. Penalidade: expulsão do território nacional. Damiani – após ter "mandado para o inferno" o secretário do cônsul italiano no Brasil – não mediu esforços para denunciar na Itália a situação vivenciada pelos imigrantes e brasileiros acuados pela repressão oficial. Seus protestos foram publicados pelos periódicos *Il Libertario*, *Umanità Nova* e *Guerra di Classe*. Em italiano escreveu *I Paesi Nei Quali Non Si Deve Emigrare: La Questione Sociale nel Brasile*, obra dedicada a Nereu Rangel Pestana e Evaristo de Morais, defensores dos deportados junto a imprensa paulista[101].

O jornal *L'Aduanata dei Refratari* era bilíngüe (inglês e italiano) editado pela comunidade italiana radicada nos Estados Unidos e lido pelos anarquistas italianos no Brasil[102]. Este periódico circulou em Nova York entre 1922-1971, período em que contou com vários editores, dentre os quais Osvaldo Maraviglia (1922-1954) e Max Sartin, pseudônimo de Raffaele Schiavina. Exemplares do *L'Aduanata* foram confiscados em 1936 de Hugo Vittorio e do algeriano Ângelo Lasheras ou Las Heras, sendo o primeiro acusado de comunista e o segundo de "perigoso propagador de idéias anarquistas", estigma que lhe valeu a prisão até 1939. Desenhista de profissão, Las Heras era o autor de uma alegoria datada de 1933 sobre a Revolução Social na Espanha, imagem multiplicada numa série de boletins subversivos[103]. Em fevereiro de 1948, exemplares de *L'Aduanata, La Obra* (periódico argentino), *A Plebe* e *Ação Direta* foram confiscados junto ao Centro de Cultura Social[104]. E, em maio de 1937, Francisco Cianci – litógrafo, italiano de São Marco-Concenza, autor

98. Christina Roquete Lopreato, *O Espírito da Revolta: A Greve Geral Anarquista de 1917*, São Paulo, Annablume/Fapesp, 2000.
99. *Pront. nº 2.393, de José Rocca Orozco*. DEOPS/SP. AESP.
100. Termo de Declaração de D. Angelina Gattai, filha de Eugenio Daccol e Josephina Daccol [ou Da Col], São Paulo, 27 de fevereiro de 1937. *Pront. nº 4.688, de Ernesto Gattai*. DEOPS/SP. AESP.
101. John W. Foster Dulles, *op. cit.*, pp. 98, 99 e 126, n.72.
102. Cf. Lúcia Parra Silva, *Anarquistas Rebeldes. A Resistência Anarquista em São Paulo e o DEOPS (1924-1945)*, Série Inventário DEOPS, São Paulo, Imprensa Oficial/Arquivo do Estado, 2003.
103. *Pront. nº 1020, Angelo Las Heras. Pront. nº 4146, de Fernando Costa*. DEOPS/SP. AESP.
104. *Pront. nº 1.914, Centro de Cultura Social*. DEOPS/SP. AESP. Sobre a trajetória deste centro ver de Givanildo Oliveira Avelino, *Antologia de Existências e Ética Anarquista*, Dissertação de Mestrado, Programa de Estudos Pós-Graduados em Ciências Sociais, São Paulo, PUC, 2002.

de panfleto anticlerical – foi denunciado por carta anônima como anarquista e leitor do jornal *L'Aduanata*[105].

Entre 1924-1954, as caixas-postais do correio de São Paulo funcionavam como se fossem a "toca do coelho". Cabia aos censores policiais ficarem de campana aguardando apenas a retirada das correspondências sob suspeita. Foi junto ao correio de São Paulo que as autoridades censoras apreenderam em 1936 os jornais *Brazo y Cerebro*, *La Protesta*, *Tierra y Liberdad* e *El Luchador*. Estes, num total de trezentos exemplares, deveriam ser distribuídos por Las Heras[106]. No prontuário de João Navarro, anarquista argentino radicado em São Paulo, encontramos anexados vários outros exemplares de jornais libertários importados, dentre os quais o *El Luchador* (Barcelona, 1931) e *Trabajo* (Montevidéu, 1931), ambos com referências às lutas operárias na Espanha e Argentina. *Trabajo*, conforme exemplar apreendido, defendia a ação direta dos trabalhadores e procurava mantê-los informados sobre a situação dos anarquistas nos países sul-americanos e os acontecimentos políticos na Espanha[107].

A leitura pública do *Gaceta Hispana*, por exemplo, rendeu processo de expulsão ao português Alfredo Augusto nos termos do art. 2º do Decreto nº 4247/21. Este foi preso em flagrante na cidade de Santos, no dia 5 de outubro de 1937, ao manifestar publicamente sua simpatia aos legalistas espanhóis. Estava no Café Leoneza quando trocou sua gravata azul por uma fita vermelha e começou a fazer "pregações comunistas". Trazia nas mãos a prova de suas idéias: o jornal *Gaceta Hispana*. Situação semelhante ocorreu com Luiz Perez Hernandez preso em 19 de junho de 1936 sob a acusação de receber material subversivo da Espanha, como jornais e revistas anarquistas publicadas em Barcelona. Dentre as "provas" apreendidas em sua residência estava o jornal *Tierra y Libertad*[108].

A variedade de revistas e jornais espanhóis que circularam pelo Estado de São Paulo durante o período da Guerra Civil Espanhola é ainda desconhecida dos pesquisadores dedicados ao tema. Com base na amostragem até então identificada junto aos prontuários DEOPS, podemos considerar que este material prestou-se para alimentar o imaginário de um grupo de ativistas que, identificados com a luta dos republicanos espanhois, bebiam nas páginas dos seus impressos lições de propaganda revolucionária. Assim o fazia Mathias Navarro Puig, 52 anos, espanhol nascido em Barcelona e professor de línguas em São Paulo. Durante uma busca empreendida em sua residência, os investigadores encontraram inúmeros jornais e revistas editados em sua cidade natal e que, segundo "avaliação prévia", não era de "estranhar-se que aquela correspondência [jornais] se manifestasse favorável àquela ideologia [comunismo]". Tal interpretação devia-se ao fato de Barcelona encontrar-se, naquela ocasião, em poder dos comunistas[109].

A chegada desta correspondência endereçada à Mathias Navarro Puig foi detectada pela censura postal e, posteriormente, confirmada pelo próprio destinatário. Em dezembro de 1936, Puig declarou ao delegado Pinto Moreira que recebia os jornais *La Varguardia*, *La Voz*, *Informaciones* e a revista *Crónica*, mas que as considerava "sem qualquer côr política e simplesmente de informação de factos mundiaes".

Afirmou também que "não tinha sympathia por este ou aquelle partido ora em lucta na Hespana, lamentando sinceramente o que lá esta se passando...". No entanto, ao consultarmos os jornais anexados aos autos constatamos que o conteúdo não era tão ingênuo como alegava Puig. Ao contrário, ali identificamos o cotidiano da guerra narrada sob a forma de verdadeiras crônicas fotográficas. Por exemplo, no periódico *Informaciones* (Madrid) temos, como matéria de primeira página, o artigo "La Revolución, en Marcha" complementada pela poesia "Los Milicianos de Julio", de Angel Zapata[110]. A revista *Crônica*, por sua vez, além de reproduzir a partitura do hino *A Internacional*, informa sobre a criação da Alianza de Intelectuais Antifascistas para a Defensa de la Cultura que teve o poeta Frederico García Lorca entre os seus fundadores em 1936. Esta associação editava o jornal *El*

105. *Pront. nº 625, Francisco Cianci*. DEOPS/SP. AESP.
106. *Idem*.
107. *Pront. nº 498, João Navarro*. DEOPS/SP. AESP.
108. Auto de expulsão e apreensão. Delegacia Regional de Santos, 5 de outubro de 1937. *Proc. nº 719/37*, expulsão. Alfredo Augiusto. MJNI/ANRJ. Cf. levantamento efetuado por Mariana Cardoso dos Santos Ribeiro, *Legislação e Repressão: A Legitimação da Ordem Autoritária. Estudo dos Casos de Expulsão na Era Vargas (1930-1945)*, Dissertação de Mestrado em História Social, FFLCH/USP (em andamento).
109. Ordem de Serviço de Mario Mariano e José Tardio Netto, para o delegado de Ordem Social. São Paulo, 2 de dezembro de 1936, Doc. 9. *Pront. nº 4.607, Mathias Navarro Puig*. DEOPS/SP. AESP.
110. *Informaciones*, Madrid, Ano XV, nº 4.479. Lunes, 27 julio 1936, pp. 1-2. *Pront. 4.607, Mathias Navarro Puig*. DEOPS/SP. AESP.

Mono Azul, responsável pela publicação do *Romancero de la Guerra*, coletânea escrita pelos poetas do povo espanhol: Alberti, Alto Laguirre, Aleixandre e Prados[111].

O anarquista Benedito Romano não escapou da tocaia armada pelos censores do DEOPS. Com antecedentes políticos comprometedores, Romano foi preso em 1941 no momento em que ia retirar um pacote de jornais estrangeiros depositados na Caixa Postal nº 195 registrada em nome de Edgard Leuenroth. Confiscados, os jornais estrangeiros foram anexados ao seu prontuário servindo para justificar a acusação de que ele atuava como receptador de publicações anarquistas[112]. O mesmo ocorreu com o lituano Kostas Jauvusko acusado de receber uma encomenda contendo catorze exemplares do jornal *Laesve*, editado nos Estados Unidos e seis exemplares do jornal *Vilnis*[113].

Registros como estes atestam que a troca de informações ia e vinha pelo Atlântico, passando camuflada pelos portos brasileiros para, a partir daí, chegar aos mais distintos leitores. Uma verdadeira rede de jornais interligava os diferentes grupos revolucionários europeus e latino-americanos distribuidos pelo Brasil, Argentina, Chile, Uruguai etc.[114]. Em 1933, por exemplo, foi localizado junto à sede da União dos Trabalhadores da Light, o periódico *La Continental Obrera*, que tratava da crise mundial do capitalismo e suas causas, como a falta de poder aquisitivo dos proletários[115].

Ativistas estrangeiros, ainda que expulsos do Brasil, mantinham-se como correspondentes dos jornais revolucionários como aconteceu, por exemplo, com o anarquista português Marques da Costa, um assíduo colaborador. Radicado no Brasil, havia participado da fundação dos jornais *A Revolta* (1919), *O Trabalhador* (1919) e *O Semeador* (1920), além de estar diretamente envolvido com o movimento operário carioca. Expulso do Brasil em 1924, manteve-se como correspondente de *A Plebe* no exterior. A trajetória de militante anarquista de Marques da Costa completou-se com sua participação junto aos movimentos insurrecionais na Espanha onde foi perseguido por grupos de direita entre 1932-1933[116].

Em agosto de 1926, dois artigos encaminhados ao jornal chileno *A Voz do Mar* pelo Comitê de Relações dos Anarquistas de São Paulo foram interceptados pelas autoridades policiais, conforme constatou a pesquisadora Lúcia Parra Silva. A intenção era de denunciar a repressão sofrida pelos anarquistas na capital paulista[117].

O jornal húngaro *Munkas*, editado em Montevidéu e publicado em húngaro, foi encontrado em poder do austríaco Luis De Bona, morador da Fazenda Palestina no interior do Estado de São Paulo. De Bona, preso em 11 de abril de 1932, foi acusado de ser o distribuidor daquele jornal no Brasil. Segundo a polícia, era através de De Bona que o referido periódico chegava até algumas fazendas do interior do Estado de São Paulo[118]. Acusações semelhantes foram feitas ao lavrador de origem espanhola João Bolsalobre que, segundo documento elaborado pela Delegacia Regional de Tupã (SP) em 2 de agosto de 1949, distribuía jornais comunistas na região[119]. Da cidade, os jornais estrangeiros chegavam até o campo atendendo aos trabalhadores mais politizados. João Lopes Soares, espanhol e lavrador, foi acusado de receber o jornal espanhol *Terra y Liberdad*[120]. Francisco Ignácio da Rocha foi identificado como sendo o responsável pela distribuição do jornal *Trabalhador Rural* na Fazenda Sant'Anna[121].

A Plebe, além de ter uma ampla rede de distribuidores e colaboradores organizados pelo Estado de São Paulo, costumava fazer permuta com jornais estrangeiros. Cabia a Benedito Romano retirá-los do correio e distribuí-los aos

111. A sede de redação do *Mono Azul* funcionava nas próprias dependências ocupadas pela Alianza. E assinavam como grupo editorial: Marìa Teresa León, Secretaria da Sessão de Propaganda, José Bergamin, o poeta Alberti e Lorenzo Varela. Cf. *Crónica, Revista de la Semana*, *op. cit.*
112. *Pront. nº 1.262, Benedito Romano*, 2 vols. DEOPS/SP. AESP; Maria Luiza Tucci Carneiro, *Livros Proibidos, Idéias Malditas*, *op. cit.*; Lúcia Parra Silva, *op. cit.*
113. *Pront. nº 2.821, Kostas Jauvusko*. DEOPS/SP. AESP. Cf. Inventário de Erick Zen, *op. cit.*
114. *Pront. nº 1.333, Jornais Comunistas Estrangeiros*. DEOPS/SP. AESP.
115. *Pront. nº 710, União dos Trabalhadores da Light*. DEOPS/SP. AESP.
116. Cf. Lúcia Parra Silva, *op. cit.*
117. *Pront. nº 1.035 e nº 70.757*. DEOPS/SP. AESP. Cf. Lúcia Parra Silva, *op. cit.*
118. *Pront. nº 1.501, Luis De Bona*. DEOPS/SP. AESP. Cf. Emiliana Andréo da Silva, *op. cit.*
119. *Pront. nº 411, João Bolsalobre*. DEOPS/SP. AESP. Cf. Emiliana Andréo da Silva, *op. cit.*
120. *Pront. nº 4.071, João Lopes Soares*. DEOPS/SP. AESP. Cf. Inventário de Emiliana Andréo da Silva, *op. cit.* Sobre a imprensa clandestina que circulou na Espanha ver Joan Oliver, Joan Pagès e Pelai Pagès, *La Prensa Clandestina (1939-1956). Propaganda y Documentos Antifranquistas*, Barcelona, Editorial Planeta, 1978.
121. *Pront. nº 3.504, Francisco Ignácio da Rocha*. DEOPS/SP. AESP. Cf. Emiliana Andréo da Silva, *op. cit.*

interessados. Pedro Catallo, em depoimento à polícia em 1935, afirmou que com o fechamento daquele jornal, cessaram de "chegar do exterior jornais anarquistas recebidos como permuta"[122].

Sinalizadores da revolução

Vozes desconexas bradavam por seus direitos. O confisco dos jornais avaliados como subversivos se fazia com base em certos elementos lingüísticos presentes, na maioria das vezes, nos enunciados da primeira página. Ao invadir a residência de um intelectual ou uma tipografia, o olhar do investigador procurava por livros, fotografias, boletins e jornais nacionais e internacionais que evidenciassem uma proposta revolucionária. Ao "ler" os documentos planfletários produzidos pelos grupos revolucionários, as autoridades policiais procuravam por indícios que lhes permitissem interpretar a postura desviante do suspeito. Aliás, é no formato, composição, papel e conteúdo político que se faz a diferença entre o jornalismo empresarial e o jornalismo revolucionário. O projeto gráfico de um jornal clandestino, por exemplo, trazia elementos que poderiam atestar uma proposta revolucionária: o nome do jornal, órgão a que representava, epígrafes, vinhetas, logotipos, manchetes e conteúdo das matérias, fotografias e ilustrações. Este texto não dará conta de responder questões inerentes a uma análise detalhada de um "projeto gráfico revolucionário", mas gostaríamos de ressaltar alguns aspectos que nos chamam a atenção neste conjunto de jornais confiscados pelo DEOPS.

Certas composições discursivas eram avaliadas como fórmulas legítimas do saber revolucionário[123] como, por exemplo, o emprego dos *slogans*: "Empregados e subalternos oprimidos"[124], "Proletários de todos os países, uni-vos!"[125], "Abaixo a Lei Monstro"[126], O capitalismo abafa, sufoca e extrangula o mundo com seus múltiplos tentáculos"[127], "A selvageria fascista contra os israelitas"[128], "Revolução proletária na Rússia"[129] etc.

As propostas de lutas sociais no Brasil podem ser identificadas a partir do sistema de representação adotado por seus propagandistas políticos, muitas vezes, editores de jornais. Desde as primeiras décadas do séulo XX, tornou-se comum o emprego de metáforas, artifício característico dos periódicos que circulavam na clandestinidade e que tinham como proposta conscientizar as massas de certos perigos reais. Considerando-se que grande parte do operariado era semialfabetizado e/ou estrangeiro, apelava-se para certos componentes do imaginário que facilitavam a compreensão dos fatos e das teorias políticas. O fantástico e a fantasia sensibilizavam o homem do povo "semidomesticado" pelo discurso oficial. A Lei de Segurança Nacional assumia a forma de um *monstro*, da mesma forma como se atribuía ao fascismo um instinto *selvagem*. O capitalismo era apresentado como "o *polvo* que sufoca o povo com seus tentáculos".

A estratégia de se criar fantasmas coletivos fazia parte tanto da propaganda articulada pelos grupos da direita como da esquerda. Por um lado, o Estado lançava mão de imagens anticomunistas para "construir" a idéia de perigo vermelho internacional", por outro, os comunistas e os anarquistas criticavam a postura fascista do governo representado através de seus instrumentos repressivos (leis, exército, polícia).

A ilustração, em detrimento da fotografia que exigia modernas técnicas gráficas de impressão, persistiu nas páginas dos jornais clandestinos assumindo indiscutível valor informativo e ideológico. O bico-de-pena e o desenho em traço simples tinham características próprias adequando sua linguagem plástica à compreensão do trabalhador do campo e do operário urbano[130]. Foi através das charges do ítalo-paulista Voltolino, Lulu ou Cam (pseudônimos de Lemmo Lemmi) que a caricatura engajada encontrou espaço junto aos jornais revolucionários da década de 1920. Sem perdoar os figurões da rua, da política e das letras paulistanas, Voltolino colaborou em 1919 com o *Terra Livre*,

122. *Pront. nº 1.262, Benedito Romano*. DEOPS/SP. AESP.
123. J. Guilhaumou e D. Maldidier, "Efeito do Arquivo. A Análise do Discurso no Lado da História", em Eni Panccinelli Orlandi (org.), *Gestos de Leitura. Da História no Discurso*, 2. ed., Campinas, Editora da Unicamp, 1997, pp. 170-174.
124. *Tribuna Operária*, Bauru, 26 de março de 1933, p. 1.
125. *A Classe Operária*, Rio de Janeiro, 14 de dezembro de 1935, p. 1.
126. *O Sindicalista*, São Paulo, fevereiro de 1935, p. 1.
127. *A Plebe*, São Paulo, julho de 1933, p. 1.
128. *A Opinião do Povo*, São Paulo, 21 de maio de 1933, p. 1.
129. *A Nossa Palavra*, São Paulo, 7 de novembro de 1929, p. 1.
130. Luigi Biondi, *La stampa anarchica italiana in Brasile; 1904-1915*, Tesi di Laurea, Universidade de Roma La Sapienza, 1993-1994; Adriano Dal Pont, *Giornali fuori legge. La stampa clandestina italiana, 1922-1943*, Roma, ANPPIA, 1964.

órgão anarquista, e *O Parafuso*, semanário anticlerical com simpatias anarquistas, fundado em 1921. Nesta mesma linha do humor irreverente participou Belmonte, pseudônimo de Benedito Carneiro Bastos Barreto (1896-1947), criador do personagem Juca Pato, na *Folha da Manhã*. No jornal clandestino *A Farpa*, que circulou em São Carlos em 1933, Belmonte inseriu a figura de "Zé Bélo" cujas proezas foram registradas pelo Delegado Regional da cidade[131].

Percebemos que, ainda que improvisados nos porões da sociedade, estes jornais conseguiam sustentar um diálogo de linguagens. Tanto a fotografia como a ilustração (xilogravuras, desenhos em bico-de-pena, gravuras etc.) extrapolavam o sentido da ornamentação do texto funcionando como verdadeiros "sinalizadores de leitura". Segundo Luis Camargo – autor de artigo sobre este tema – as ilustrações têm uma caráter *informativo*: "sugerem, orientam, dirigem, mas não determinam a leitura"[132]. Eu diria que favorecem a compreensão, principalmente quando o periódico tinha como público-alvo operários semi-analfabetos ou um grupo menos intelectualizado.

Ao avaliarmos o conjunto de imagens reproduzidas nos jornais clandestinos[133] percebemos que elas respeitavam uma certa estética e que, acreditamos, interferiam no imaginário do público-leitor. Competia-lhes desembocar na constituição de uma série de significados contribuindo para romper algumas amarras avaliadas como "barreiras" para a revolução social. Pressupõe-se que a leitura de um jornal subversivo deveria obrigar o leitor a uma nova percepção das coisas, postura esta traduzida pelo alargamento de seu horizonte de expectativas. Em síntese: as mensagens veiculadas deveriam instigar comportamentos rebeldes expressando novas aspirações, desejos e projetos de vida. Lembraria aqui a função social atribuída por Hans Robert Jauss à literatura que, através da leitura, preenche uma função emancipadora:

> A função social da literatura só se manifesta em sua genuína possibilidade ali onde a experiência literária do leitor entra no horizonte de expectativa de sua vida prática, pré-forma sua compreensão do mundo e, com isso, repercute também em suas formas de comportamento social[134].

Cabia aos investigadores do Serviço Secreto do DEOPS – verdadeiros "fiscais de idéias" – detectar mensagens que contivessem, elementos instigadores de rebeldia. Ressalto aqui o próprio título do jornal *Emancipação, Órgão de Defesa da Economia Nacional* dirigido aos militares e que sustentava posições críticas à política econômica de Getúlio Vargas[135]. No exemplar apreendido de março de 1933 encontramos delimitado por lápis vermelho o seguinte texto que acompanha a matéria

> A NÍNGUEM É LÍCITO PERMANECER INDIFERENTE
>
> Um marechal, um Almirante, onze Deputados Federais e nove generais, entre outras personalidades de todo o Brasil, patrocinam a Convenção Contra o Acordo Militar. O grande Conclave será um desagravo do povo à soberania nacional vilipendiada pela maioria da Câmara[136].

Ao ler esta mensagem, o leitor é envolvido pelo pensamento do "produtor" do texto que o instiga, pelo menos temporariamente, a se preocupar com algo que até então ele desconhecia. Pode não compreendê-lo na sua totalidade, mas descobre um novo mundo, ainda que "construído" pelo autor do texto. Lembraria aqui um fragmento de "Biblioteca Verde", do poeta modernista Carlos Drummond de Andrade que registra suas emoções ao ler alguns livros da Biblioteca Internacional de Obra Célebres, coletânea que circulou no Brasil nas primeiras décadas do século XX:

131. Sobre Voltolino ver Mario Carelli, *Carcamanos & Comendadores. Os Italianos de São Paulo da Realidade à Ficção. 1919-1930*, São Paulo, Ática, 1930, pp. 84-102; *A Farpa*, nº 1. São Carlos, 25 de junho de 1933. *Pront. nº 1.318, Delegacia Regional de São Carlos*. DEOPS/SP. AESP.

132. Luis Camargo, "Projeto Gráfico, Ilustração e Leitura do Texto Poético", *Horizontes. Dossiê. Memória Social da Leitura*, Bragança Paulista, vol. 15, pp. 125-141, 1997.

133. Projeto específico de Iniciação Científica/Fapesp está sendo desenvolvido por Luciana Pokorny Odoni Magalhães sob o título *A Sedução das Imagens. O Imaginário Político Através da Iconografia na Era Vargas (1930-1945)*.

134. Hans Robert Jauss, "Racines und Goethes Iphigenie- Mit einem Nachwort über die Partialität der rezeptionsästhetischen Methode", em Rainer Warning, *Rezeptionsästhetik Theorie und Praxis*, München, Fink, 1975, *apud* Regina Zilberman, "O Leitor e o Livro", *Horizontes. Dossiê: Memória Social da Leitura*, Bragança Paulista, vol. 15, 1997, p. 32.

135. *Emancipação*, março de 1933. *Pront. nº 3.190, de Carlos Vieira*. DEOPS/SP. AESP. Este material está sendo inventariado por Paula Correia Pacheco em projeto de Iniciação Científica/Fapesp junto ao PROIN Arquivo/Universidade.

136. "A Ninguem é Lícito Permancer Indiferente", *Emancipação*, março de 1933, p. 1. *Pront. nº 3.190, de Carlos Vieira*. DEOPS/SP. AESP.

... Mas leio, leio. Em filosofias
tropeço e caio, cavalgo de novo
meu verde livro, em cavalarias
me perco, medievo; em contos, poemas
me vejo viver. Como te devoro,
verde pastagem. Ou antes carruagem
de fugir de mim e me trazer de volta
à casa a qualquer hora num fechar
de páginas?[137]

Este mergulho no mundo das letras ou da revolução preconizada deveria, no entanto, ser interrompido pelas autoridades policias. Lembramos que o espaço de circulação dos jornais subversivos era sempre um terreno de areias movediças. Um repertório de signos combinados – como aquele do jornal *Emancipação* que se fez grifado no original em lápis vermelho pela própria polícia – se prestava como indícios da subversão. A trilogia *Pão, Terra e Liberdade* – palavras de ordem adotadas pela Aliança Nacional Libertadora – era interpretada como expressão do discurso comunista. Na maioria das vezes, os censores não tinham consciência de que *Pão e Liberdade* eram palavras que remetiam aos ideais da Revolução Francesa (1789) que, na sua essência, cobravam do Estado o direito à sobrevivência e a insurreição. É quando a *Liberdade*, segundo análise de Guilhaumou e Maldidier, se converte em objeto do desejo, noção-limite. E em tempos de autoritarismo, *Liberdade* é palavra e, ao mesmo tempo, "estado de espírito", ambos proibidos.

Representar a Liberdade enquanto algo a ser conquistado especificava a natureza do desvio: "Assim, todo revolucionário deve ao mesmo tempo criar condições de emergência da liberdade e conservar os direitos adquiridos em nome desta mesma liberdade"[138].

A idéia de liberdade vinha explícita nos títulos dos jornais *O Xadrez, Liberdade* e *A Cana*, pasquins confeccionados artesanalmente pelos presos do Presídio Paraíso e Maria Zélia. Mas é na imprensa anarquista que a representação da Liberdade – enquanto figura feminina inspirada na iconografia da Revolução Francesa – se fez mais freqüente. A imagem da "musa libertária"foi, em inúmeros casos, o principal motivo da apreensão do jornal. Enquanto *representação* e *agente* política, a mulher incomodava as classes dirigentes conservadoras interessadas em alimentar o modelo de mulher-mãe, dona do lar. Mulher rebelde – no estilo de algumas anarquistas como Maria Lacerda de Moura, Isabel Cerruti e Luiza Pessanha de Camargo Branco – não convinha aos homens do Poder[139].

A figura feminina que aparece estampada na alegoria "A Revolta", reproduzida na primeira página do jornal O *Trabalhador* (maio 1932), inspirou-se na figura alegórica de Marianne, mulher do povo, símbolo da Liberdade e Revolução. Segurando com a mão esquerda uma tocha ardente erguida ao alto, a jovem mulher de túnica branca – aqui símbolo da revolução social – caminha sobre os escombros do passado (Igreja, monarquia, aristocracia, legislaçâo, técnicas absoletas) destruindo os obstáculos do presente. Resplandecente, "ilumina os espaço das consciências proletárias a caminho de um futuro harmonioso onde a IGUALDADE, a FRATERNIDADE e a LIBERDADE não são mais uma promessa, mas uma realidade científica"[140].

Aliás, esta foi uma das alegorias mais reproduzida pelos jornais e panfletos anarquistas, tendo sido composta em 1932 por Angelo Las Heras, operário que trabalhava em uma fábrica de bebidas. Las Heras foi autuado pelo DEOPS em 1936 e, em sua residência, foram apreendidos diversas obras "subversivas". Neste mesmo ano, Las Heras foi novamente detido porque a censura postal apreendeu um pacote de jornais editados na Espanha e que lhe havia sido remetido para fins de propaganda política. A dimensão do crime praticado por este francês, natural de Algéria, encontra-se registrada nas listas de expulsão de estrangeiros, ainda que esta não chegado a ser efetivada. Em fevereiro de 1939, foi concedido o pedido de *habbeas corpus* em seu favor e, em 1940,

137. "Biblioteca Verde", de Carlos Drummond de Andrade, *apud* Regina Zilberman, *op. cit.*, p. 35. Sobre a Biblioteca Internacional de Obras Célebres ver Arnaldo Saraiva, *Fernando Pessoa: Poeta-Tradutor de Poetas*, Porto, Lello, 1996.

138. J. Guilhaumou e D. Maldidier, *op. cit.*, p. 180.

139. Um projeto de Iniciação Científica, financiado pela Pró-Reitoria de Cultura/USP, está sendo desenvolvido junto ao PROIN Arquivo/Universidade por Roberto Biá sob o título *Mulheres Sediciosas sob a Vigilância do DEOPS: Ação e Repressão*, 2001-2002.

140. Este conteúdo apresenta-se como legenda das inúmeras cópias da alegoria Revolução Social "que ilumina o mundo com o facho da liberdade", O *Trabalhador da Light*, nº 3, São Paulo, 1º de maio de 1934. *Pront. nº 840, Light São Paulo*. DEOPS/SP. AESP.

o Tribunal de Segurança Nacional confirmou a sua absorvição e o arquivamento do processo[141].

Esta mesma representação da "Revolução Social em marcha, na Hespanha" pode ser identificada nos periódicos *A Plebe*, nº 250 (maio, 1927) e nº 22 (abril, 1933); *A Vida*, nº 50 (maio, 1928) e *O Trabalhador da Light*, nº 3 (maio, 1934), *O Trabalhador*, nº 6 (maio, 1932)[142].

É na luminosidade irradiada pela tocha que se encontrava instalada a ameaça aos "donos do poder" e que, segundo Maurice Agulhon, poderia irradiar-se por toda a população "incendiando"as cidades. Era o prenúncio de uma Nova Era, identificada em alguns destes jornais confiscados pelo símbolo do sol nascente, sendo esta evidência da razão e de sentimento em oposição à Antiga Ordem simbolizada pelas trevas, pelo atraso e pela ignorância[143].

A mesma tocha sustentada pela jovem "Revolução" reaparece na primeira página do jornal *O Trabalhador Têxtil*, publicado em São Paulo em comemoração ao 1º de maio de 1952. Desta vez, o portador da luz é um trabalhador que irradia força, amor, meditação e esperança. Atrás de sua figura vigorosa, um sol lhe dá calor e vibração. O Dia do Trabalho é apresentado como o "dia em que os construtores de toda a riqueza da terra, fizeram ficar claro que queriam um lugar ao sol..., é o clarim sempre tocando para despertar a consciência dos trabalhadores para que não adormeçam sobre o travesseiro do comodismo". *Sol*, *clarim*, *luz* e *trabalho* simbolizam na alegoria ("Primeiro de Maio através dos Tempos") os instrumentos de luta do trabalhador brasileiro contra o sangue derramado de seus companheiros de Boston e Chicago, contra o fim da escravidão. Enfim, é o "grito da revolta dos explorados" em prol de uma salário justo, da liberdade e justiça social, de amparo à infância e à velhice[144].

No jornal *Liberdade*, nº 2, Órgão dos Presos Políticos do Presídio Maria Zélia, de 21 de novembro de 1936, a figura do sol nascente centralizado por um punho cerrado atado a uma corrente representa a força dos prisioneiros que lutam por um novo alvorecer. Direcionado ao povo e as Classes Armadas, este pasquim artesanal opõe o futuro (tempo de esperança) ao presente (tempo de espera). O edital interpreta o tempo presente – "governo de traição de Getúlio Vargas" – como um período negro de opressão e terror, paralelamente ao agravamento da crise econômica e de seu trágico reflexo sobre as condições de vida do povo brasileiro: carestia, desemprego, miséria e fome[145].

Liberdade denuncia os maus tratos – a violência e barbaridades – que os presos políticos sofriam nos cárceres. Alerta para as prisões ilegais acompanhadas de "sequestros, espacamentos, torturas infernaes, o assassinio frio, a morte lenta a pão e água, os 'suicídios', os fuzilamentos na Polícia Especial, na Vista Chineza e na Colônia de Dois Rios". A composição deste texto expressa a conscientização que os presos políticos tinham da "construção da idéia de perigo vermelho"por parte do Estado interessado em demonizar o comunismo. Daí a divulgação do Plano Cohen – documento que revelaria uma suposta trama comunista contra o poder – que, na sua essência, prestou-se para alimentar o mito da conspiração judaico-comunista internacional[146].

A ditadura Vargas, caracterizada pelos editores por sua criminosa empreitada, é acusada de ter organizado e cumprido à risca

> [...] um vasto e meticuloso plano de mistificação das massas populares em torno dos acontecimentos de novembro de 35, desvirtuando-lhes o significado político e espalhando aos quatro ventos as mais injuriosas e ridículas acusações contra os dirigentes e participantes da insurreição popular e contra os milhares de brasileiros então e até hoje presos sob o pretexto de "inimigos do regime[147].

Segundo o editorial nº 2 de *Liberdade*, os jornais que procuraram entregar a opinião pública estas "migalhas de

141. *Pront. nº 1.020, de Angelo Las Heras*. Ver Ismara Izepe de Souza, *República Espanhola: Um Modelo a Ser Evitado*, Série Inventário DEOPS (Módulo Espanhóis), São Paulo, Imprensa Oficial/Arquivo do Estado, 2001, p. 93.

142. *O Trabalhador*, São Paulo, 1º de maio de 1932. *Pront. nº 1.685, de Félix Zirolia*; *Pront. nº 1.685*; *Pront. nº 3008*; *Pront. nº 1.579*; *Pront. nº 840, Light São Paulo*, vol. 1. DEOPS/SP. AESP.

143. Sobre esta questão ver Jean Starobinski, "O Mito Solar da Revolução", *1789: Os Emblemas da Razão*, São Paulo, Companhia das Letras, 1988, pp. 38-43; Maurice Agulhon, *Marianne au combat: l'imagerie et la symbolique républicaines de 1789 à 1880*, Paris, Flammarion, 1979.

144. *O Trabalhador Têxtil, Órgão Oficial do Sindicato dos Trabalhadores na Indústria de Fiação e Tecelagem*, nº 92. São Paulo, 1º de maio de 1952. *Pront. nº 577, União dos Trabalhadores Gráficos*. DEOPS/SP, AESP.

145. "Ao Povo e as Classes Armadas", *Liberdade, Órgão dos Presos Políticos-Edição "Maria Zélia"*, nº 2. São Paulo, 21 de novembro de 1936. *Pront. nº 40.610, Publicações Comunistas*, DEOPS/SP.

146. Raoul Girardet, *Mitos e Mitologias Políticas*, São Paulo, Companhia das Letras, 1987; Rodrigo Patto Sá Motta, *Em Guarda contra o Perigo Vermelho*, São Paulo, Perspectiva, 2002.

147. *Idem*, p. 1.

verdade" foram empastelados ou coagidos pela censura policial com a ameaça de fechamento e de prisão para os seus responsáveis. Enfim, o povo e as Classes Armadas deveríam "acordar" para o presente arrebantando a mordaça que os sufocava.

O apelo para esta *imagem do despertar de um povo ou de uma raça* se fez tanto pelos grupos de extrema direita como da extrema esquerda. É na imprensa produzida pelos grupos nazista, lituano e negro (atuantes politicamente em São Paulo na entre 1930-1940) que identificamos exemplos similares, ainda que produzidos por ideários distintos. O grau de periculosidade dos símbolos – por exemplo, da representação de uma "aurora"ou de um "sol nascente"– dependia da postura política assumida pelo periódico.

O nº 1 do jornal lituano *Musu Lietuva*, lançado em São Paulo em janeiro de 1948 e confiscado em fevereiro por ocasião da independência da Lituânia, não foi interpretado como "perigoso" para a ordem pública. Na capa trazia estampado um grande sol que iluminava uma singela aldeia povoada por pombas que voam em primeiro plano. Esta imagem poderia ser interpretada como o anúncio de uma Nova Era extrapolando a simples expressão nostálgica da velha aldeia-mãe esquecida na Lituânia. No entanto, em nota, o tradutor afirmou: "por se tratar de um jornal anticomunista este sequer precisaria ser traduzido na íntegra"[148].

O mesmo não aconteceu com relação aos jornais lituanos apreendidos na residência de Albino Kynas e a sua companheira Ana Kynas, ambos comunistas. Durante a busca, os investigadores encontraram exemplares do *Darbinicus Zods* (*Palavra Operária*)[149], publicado em lituano e de *A Nossa Voz*, órgão da comunidade israelita[150]. Além destes confiscaram também o jornal *Garsas* – editado em lituano e fundado por Adolpho Zovcas ou Zaucas – por propagar idéias comunistas.

Os nacionais-socialistas optaram pela composição da sua *Aurora Alemã* (*Deustscher Morgen*) para expressar, sob um viés racista, o renascimento da nação alemã cujo desiderato simbolizava "devolver-lhe o sentido de vida e de liberdade num poderoso estado germânico". Estimulando um frenesi nacionalista, o jornal *Aurora Alemã* apresenta Hitler como o redentor da raça alemã mediante a exaltação do orgulho nacional: "Adolf Hitler é a Alemanha. A Alemanha é Adolf Hitler!"

Compondo com o nome do jornal – *A Aurora Alemã* – três símbolos reafirmam a mensagem propagada pelo nazismo: a águia, a suástica e o sol. A *águia*, escolhida pelo simbolismo solar, representa aquela [a Nação alemã] que olhava o Sol de frente, sendo este o símbolo da luz e da fecundidade. Importante ressaltar que para o nazismo, o III Reich era o reino da luz que viera libertar o homem do reino das trevas, dominado por judeus e comunistas. A *suástica* (*Hakenkreuz*, cruz gamada) é um símbolo quaternário cujas pontas representam expansão e dinamismo[151].

O título do jornal *Clarim da Alvorada*[152] – criado em 1924 "pelo interesse dos homens pretos"– surgiu como uma bandeira de luta do grupo negro em São Paulo. O apelo à imagem do clarim expressa a preocupação que seus editores tinham em *despertar* o grupo negro para o sentimento patriótico instigando-o à auto-estima. Fundado para ser um jornal literário, este periódico transformou-se em arma de luta contra a situação do negro na sociedade brasileira.

Camuflando a revolução

A modernização da imprensa – cujo pioneirismo coube ao Rio de Janeiro – possibilitou a multiplicação rápida e periódica da informação. No entanto, impressão de vanguarda era privilégio apenas de alguns poucos jornais-empresas. O avanço das técnicas de impressão – como o clichê em 1895 resultante do processo de zincografia – certamente facilitou

148. *Músu Lietuva* (*Nossa Lituânia*), nº 1, São Paulo, janeiro de 1948. *Pront. nº 51, da Aliança Autoprotetora de Beneficiência dos Lituanos no Brasil.* DEOPS/SP. AESP. Sobre o tema dos lituanos em São Paulo ver o inventário desenvolvido por Erick Reis Godliauskas Zen, como projeto de Iniciação Científica/Fapesp: *Comunidade Lituana sob a Vigilância do DEOPS: Resistência e Repressão* (1924-1950).

149. *Pront. nº 1.333, Jornais Comunistas Estrangeiros.* DEOPS/SP. AESP.

150. *Pront. 1.306, Nossa Voz*, DEOPS/SP. AESP.

151. D. Pelassy, *Le signe nazi: l'univers symbolique d'une dictature*, Paris, Fayard, 1983; João Ribeiro Jr., *O Que É Nazismo*, São Paulo, Brasiliense, 1986, pp. 67-70. Observação: A mesma palavra *Aurora* se prestará para nomear um outro jornal do grupo anarquista de Porto Alegre (RS), criado em 1926.

152. *O Clarim da Alvorada*, São Paulo, 31 de janeiro de 1932. *Pront. nº 1.538, Frente Negra Brasileira.* DEOPS/SP. AESP; Miriam Nicolau Ferrara, *A Imprensa Negra Paulista (1915-1963)*, São Paulo, FFLCH/USP, 1986 (*Antropologia*, 13), pp. 55-59. Projeto específico de Iniciação Científica/Fapesp sobre *Os Movimentos Negros* está sendo desenvolvido por Karin S. Kössling junto ao PROIN Arquivo/Universidade.

a reprodução de desenhos irreverentes. Mas, em pleno século XX, os jornais clandestinos porta-vozes dos grupos de esquerda dificilmente contavam com este processo inovador. Improvisados em tipografias de "fundo de quintal", no porão de um sobrado e, até mesmo, confeccionados artesanalmente, chegavam aos leitores "do jeito que dava"[153].

Acuados pela censura oficial, pelas leis de expulsão e pela ação vigilante da Polícia Política, jornalistas e editores – muitas vezes anônimos ou acobertados por pseudônimos – improvisavam o discurso revolucionário instigados por suas inquietações políticas. Mas foi graças a essa irreverência que os jornais alcançaram, mesmo na clandestinidade, seu público-alvo. *A Plebe* mantinha colaboradores espalhados por várias cidades do Brasil e do Exterior. Dentre estes estavam Ítalo Benasse, Antonio Petean e José Carlos Boscolo. O operário brasileiro Ítalo Benasse foi acusado de "trabalhar para o desmoronamento da atual organização brasileira". Antonio Petean ou Petán, morador da cidade de Ribeirão Preto (SP), além de escrever para *A Plebe*, correspondia-se com Rodolpho Felippe, que atuava como uma espécie de seu "mentor ideológico": orientava leituras e enviava livros de militância política[154]. José Carlos Boscolo, linotipista, brasileiro, foi acusado em 1935 de ser comunista, ainda que se apresentasse como sindicalista libertário. Colaborava com *A Plebe* e *A Lanterna*, além de ser secretário da União dos Trabalhadores Gráficos e trabalhar na Imprensa Oficial que, segundo a polícia, era "freqüentada por comunistas e simpatizantes"[155].

O lituano Albino Kynas, natural de Verballes e radicado em São Paulo desde 1929, escrevia para jornais em língua estrangeira publicados em São Paulo, assim como no exterior como o *Laisve*, do bairro do Brooklyn, Nova York, editado em lituano[156]. João Valukas ou Jonas Valinkos, também lituano, foi acusado de colaborar com os jornais *Darbiniku Zodis* e *A Classe Operária* durante o período em que residia na Fazenda Refinadora Paulista. Ligado à Juventude Comunista, Valukas costumava também fazer propaganda de literatura comunista no bairro da Mooca em São Paulo, atividade que lhe rendeu decreto de expulsão do território nacional em 22 de fevereiro de 1934, fato consumado em maio do mesmo ano[157].

Em 1931, os investigadores do DEOPS tentaram fechar o cerco em torno da tipografia Editorial Marenglen acusada de imprimir jornais subversivos como *O Homem do Povo*, prática proibida que lhe valeu "guarda diária". Antonio Candeias Duarte constava como proprietário da tipografia e estava diretamente envolvido com intelectuais da resistência interessados em multiplicar os conhecimentos sobre a URSS e o ideário socialista. Dentre os operários suspeitos estavam o tipógrafo e o paginador do jornal *O Homem do Povo*. O primeiro era Domingos Memmo, contratado para serviços de impressão de programas de teatro, cinema etc. João Freire de Oliveira, além de paginador, ajudava na impressão e composição de livretos. Aliás, este chegou a declarar que "sabia que Candeias era agitador e comunista antigo e que a circular *Ao Povo* já estava pronta quando ele lá foi trabalhar, assim como *A Classe Operária*, material apreendido pela polícia"[158].

Após minuciosa investigação junto ao Correio Geral, a delegacia de Ordem Social constatou que a Editorial Marenglen possuía uma caixa postal destinada "às encomendas de suas publicações". Essa caixa postal estava registrada em nome de João Freire de Oliveira, descrito como "conhecido agitador"e um dos fundadores do jornal *O Solidário*, quinzenário comunista que começou a circular em 1923 como Órgão dos Trabalhadores em Produtos Alimentícios. Editado em Santos tornou-se, em 1925, "Órgão da Classe Operária". Nos arquivos policiais consta que Freire chefiava a Seção Brasileira da Internacional Comunista e havia sido candidato, em 1925, às eleições municipais como representante do Partido Comunista.

Percebemos que a distribuição das tiragens "proibidas" dependia, basicamente, de romper as barreiras do controle oficial. Enquanto a aquisição dos jornais da grande imprensa se fazia livre, por assinatura ou através da venda avulsa

153. Entre 1898 e 1900 é que surgiram no Rio de Janeiro e São Paulo as primeiras oficinas tipográficas e que contavam com a contratação de fotógrafos profissionais. Assim mesmo, a ilustração persistiu século XX adentro servindo, principalmente, aos jornais impressos na clandestinidade.

154. *Pront. nº 1.585, Antonio Petán; nº 198, Ítalo Benasse*. DEOPS/SP. AESP.

155. *Pront. 163, José Carlos Boscolo*. DEOPS/SP. AESP. Cf. Inventário de Lúcia Parra Silva, *op. cit.*

156. *Pront. nº 146, Albino Kynas*. DEOPS/SP. Cf. Inventário de Erick Zen, *op. cit.*

157. *Pront. nº 738, João Valukas ou Jonas Valinkos*. DEOP/SP. Cf. Inventário de Erick Zen, *op. cit.*

158. "Relação de Operários da Tipografia das R. Augusto de Queiróz, 28". *Pront. nº 831, Editorial Marenglen*. DEOPS/SP. AESP.

nos quiosques, nas ruas e nas estações ferroviárias, a imprensa revolucionária improvisava sua rede de distribuição clandestina. O italiano Donato de Vittis, por exemplo, foi preso em 1933, por distribuir exemplares de *A Plebe*. A esta sua postura irreverente somou-se o fato de que, além de "propagandista comunista" era, também, autor de um boletim sedicioso que convocava os trabalhadores brasileiros a serem solidários aos anarquistas espanhóis[159].

Camuflada, a "revolução impressa"procurava conquistar novos leitores circulando de mão em mão. Na maioria das vezes, a produção clandestina tinha que ser distribuída rapidamente nas portas das fábricas ou durante as reuniões das associações partidárias, de classes e comunitárias. Em São Paulo, por exemplo, o jornal *A Plebe* tinha como pontos de distribuição a Federação Operária de São Paulo, as sedes dos sindicatos da capital e do interior paulista, o Salão das Classes Laboriosas e a Lega Lombarda. Meninas espanholas e italianas, dentre as quais Zélia Gattai, costumavam vender – nas noitadas de palestras nas Classes Laboriosas – além de bilhetes de tômbola e rifas, exemplares de *A Lanterna*, jornal anticlerical, e *La Difesa*, jornal socialista[160]. Aliás, arrecadar dinheiro para garantir a sustentação dos jornais sediciosos foi prática comum nas décadas de 1920 e 1930. Antonio Meniskio, por exemplo, foi detido pela polícia em 24 de abril de 1933 acusado de ter participado no Rio de Janeiro de uma reunião que organizava a venda de livros em benefício do jornal lituano *Músu Zodis*[161].

A Estrada de Ferro apresentava-se como um meio eficaz de transporte para os jornais que, embalados como "encomenda", eram jogados ao longo dos trilhos, nas proximidades das estações do interior. Neste esquema, os ferroviários garantiam que os exemplares chegassem, até mesmo, à zona rural onde o trabalhador vivia carente de diretrizes políticas e de cultura. Em cada um destes lugares, um militante assumia a distribuição dos jornais, ação que exigia cuidados especiais dada a vigilância cerrada da polícia regional. Após receberem os jornais, os leitores procuravam mantê-los longe do olhar vigilante dos investigadores policiais. Aliás, o proibido e o escondido sempre fez parte do cotidiano dos rebeldes anarquistas, antifascistas e comunistas. Valia a inventividade de cada um: embaixo do colchão, dentro de uma caixa de pinho, na fronha do travesseiro, no forro da almofada, no fundo da oficina mecânica e, até mesmo, dentro de algum armário velho misturado com roupas, vidros de remédios e perfumes. Mas, ainda que proibidos, os jornais eram lidos em meio a outras tantas leituras sediciosas[162].

Cabia às autoridades policiais chegar até estes "tesouros" proibidos interpretados como sacrilégios à ordem estabelecida, fontes de desordem e anarquia. Quando localizados, procurava-se identificar o remetente. As respostas dos leitores eram as mais evazivas possíveis: "recebera por engano", "fora jogado por acaso, na porta da casa", "encontrou-o no banco de um bonde", ou então, sequer sabia do que se tratava". O lituano Albino Klestaitis, ao ser detido em 30 de março de 1949, declarou que os jornais *Hoje* e *A Classe Operária* "pertenciam ao seu cunhado com quem residia, assim como os demais papéis"[163].

Práticas de leitura

A leitura de jornais deve ser compreendida, segundo Roger Chartier, como prática concreta e como procedimento de interpretação. Por sua forma material – de páginas grandes com letras garrafais e imagens sedutoras – o jornal chama a atenção onde quer que esteja o seu leitor: no ônibus, no trem, na sala de jantar, na cela da prisão. Apesar da sua característica móvel, o jornal traz dificuldades para aquele que o lê em um espaço público, principalmente se o texto for "proibido". Assim, tanto o ato da posse como da leitura eram vistas como posturas "rebeldes, vadias, bandidas, heréticas". As reflexões de Chartier podem, neste caso, ser aplicadas aos jornais que, assim como os livros, visam instaurar uma ordem: "uma ordem de múltiplas fisionomias, dependendo de quem o produziu e permitiu a sua publicação"[164].

É nesta direção – da ordem transgredida e da liberdade

159. *Pront. nº 1.088, Donato de Vittis*. DEOPS/SP. AESP. Cf. Lúcia Parra Silva, *op. cit.*
160. Zélia Gattai, *op. cit.*, pp. 174 e 175.
161. *Pront. nº 2.350, Antonio Meniskio*. DEOPS/SP. AESP. Cf. Inventário de Erick Zen, *op. cit.*
162. Maria Luiza Tucci Carneiro, "O Estado Novo, o Dops e a Ideologia da Segurança Nacional", em Dulce Pandolfi (org.), *Repensando o Estado Novo*, Rio de Janeiro, Editora FGV, 1999, pp. 327-341.
163. *Pront. nº 99.219, Albino Klestaitis*. DEOPS/SP. Cf. inventário de Erick Zen, *op. cit.*
164. Roger Chartier, *op. cit.*, pp. 7, 8, 12.

refreada – que a documentação do DEOPS deve ser avaliada. Consideramos que propaganda política clandestina não podia circular como se fosse comercial de remédio. Tanto as estratégias de publicação, distribuição dos exemplares como a prática da leitura dependiam da inventividade de cada um ou do órgão responsável pela sua edição. Aí vêm as questões: Quando e como adquirir, entre 1924-1954, um jornal revolucionário? Onde escondê-lo? Com quem discuti-lo? Como ler nas entrelinhas e subverter as lições impostas?

Tanto a literatura de memórias como alguns documentos policiais – os termos de declarações dos leitores sob suspeita – nos oferecem indícios de como se processava a prática da leitura subversiva. Através dos inventários até então produzidos pelo pesquisadores do PROIN é possível desvendarmos uma comunidade de leitores hereges integrados às realidades distintas: o mundo do operário, do negro, da mulher, do sapateiro, do jornalista, do imigrante, do lavrador etc.

No caso da comunidade de leitores de jornais revolucionários pressupomos que uma série de contrastes devem ser considerados como, por exemplo, as competências de leituras. Há uma radical diferença entre a leitura efetuada por um alfabetizado e por um semi-analfabeto que depende, neste caso, do reconhecimento e interpretação dos códigos e convenções, muitas vezes, cifrados. Assim, cada leitor esgota o texto e a imagem impressas à sua maneira, de acordo com a sua vontade, sensibilidade, experiências culturais e políticas. Alguns militantes assumiam a tarefa de compartilhar seu grau de compreensão com aqueles que se mostravam despreparados para assimilar uma proposta revolucionária[165]. O lavrador Antonio Brandão, por exemplo, foi preso em 31 de janeiro de 1931 sob a acusação de "fazer propaganda comunista". Brandão confessou, perante o delegado que havia sido orientado pelo Partido Comunista Brasileiro para ler, em voz alta, boletins e jornais para os trabalhadores rurais. Caso eles não entendessem "que lhes explicasse de forma a facilitar a compreensão"[166].

O trabalhador do campo era, portanto, um dos principais público-alvo da imprensa sediciosa preocupada em conscientizá-lo das suas condições de vida e trabalho precárias nas fazendas. O jornal, enquanto veículo de propaganda e doutrinação, deveria minimizar o isolamento em que viviam os homens do campo. Mas, a leitura ficava comprometida por uma educação deficiente, visto que raros colonos dispunham de curso primário completo[167]. Periódicos específicos – como *O Trabalhador Agrícola, Terra Livre* e *Terra Nossa* – procuravam orientar os camponeses sobre o que fazer para mudar sua vida e sua relação de dependência com o fazendeiro[168]. Lutgar de Barretos, segundo relatórios policiais, consta como distribuidor do jornal *Terra Livre* na região rural de Barretos[169].

Zélia Gattai, em *Anarquistas, Graças a Deus*, recorda-se que, à noite, após ter feito as lições escolares, dedicava-se à leitura sistemática do jornal em voz alta. Toda a família a escutava atenta, inclusive seu pai, Ernesto Gattai, que "não podia mais fixar a vista, sentia dores de cabeça". E para "animar um pouco", lia as notícias da Itália com sotaque italiano; de Portugal, com acento português; da Alemanha, com sotaque em alemão e assim por diante"[170].

O gosto amargo dos jornais artesanais

Ainda que obrigados a "ver o sol nascer quadrado", os detentos políticos do Presídio Maria Zélia e do Presídio do Paraíso, ambos em São Paulo, não deixaram de exercer suas funções de "artesãos da revolução". Valendo-se apenas de lápis de cor e lápis preto, papel de caderno ou folhas de almaço produziram exemplares singulares de arte e criatividade. Os títulos expressam a realidade de um processo interrompido: *Liberdade*, *Juventude*, *O Xadrez* e *A Cana*, sendo a autoria deste último atribuída a Rodolpho Felippe, redator e gerente do libertário *A Plebe*. Circulando de mão em mão e passando de cela em cela, estes artesanatos funcionavam como um dos raros canais de comunicação entre os presos.

165. Sobre este mesmo tema ver *Les usages de l'imprimé (XVe-XIXe. Siècle)*, dirigido por Roger Chartier, Paris, Fayard, 1987; Pierre Bourdieu e Roger Chartier, "La lecture: une pratique culturelle", *Pratiques de la lecture*, sob direção de Roger Chartier, Marselha, Rivages, 1985, pp. 217-239.

166. *Pront. nº 77, Antonio Brandão*. DEOPS/SP. Cf. Inventário de Emiliana Andréo da Silva, *op. cit.*

167. "Na Estrada de Ferro de Bauru e nas Fazendas Paulistas", *A Classe Operária*, São Paulo, 1932. *Pront. nº 2.144, Cidino Dijuli*; "Voz dos Campos", *A Voz Operária*. Rio de Janeiro, 23.7.1049. *Pront. nº 547, Delegacia Regional de Polícia de Barretos*, vol. 1. DEOPS/SP. AESP. Cf. Emiliana de Andréo da Silva, *op. cit.*

168. Cf. Emiliana Andréo da Silva, *op. cit.*; *Pront. nº 555, Delegacia Regional de Cruzeiro*. DEOPS/SP. AESP.

169. *Pront. nº 547, Delegacia Regional da Polícia de Barretos*, vol. II. DEOPS/SP. AESP.

170. Zélia Gattai, *op. cit.*, p. 244.

Através de um agradecimento publicado pelo *O Xadrez* tomamos conhecimento de que jornais como estes chegaram a circular por outras prisões numa espécie de "troca de informações". No exemplar nº 3, de dezembro de 1935, os editores de *O Xadrez* agradecem aos editores dos jornais *A Truta* e *Gazeta do Paraíso* as ligeiras referências feitas por aqueles pasquins: "Como não temos senso crítico – respondeu o editor – nos abstemos de tecer comentários..."[171].

A "jornalzinho" *A Cana* vinha em defesa dos presos do Presídio Paraíso, de Deus, da sociedade e da família. Grafado em folhas de papel almaço indica, em tom de zombaria, a sede da redação como o *apartamento 8*, *sem horário de expediente*. O título mereceu explicação à parte, visto que existem vários tipos de cana: *canna cayana*, *canna verde*, *canninha* etc. No entanto, esclarece o edital nº 1, "a cana que serve de cabeçalho a este pasquim nada tem de commum com a família das gramíneas. É *Cana* com um 'N' só que se aplica nos que não gostam de 'batidas ...' "[policiais][172].

Este mesmo tom é mantido pelo *O Xadrez* cujo nº 3 foi "lançado" no Presídio Paraíso em 6 de dezembro de 1935, data em que Rodolpho Felippe[173] estava ali detido por anarquismo. Composto em três colunas e redigido em letras de fôrma grafadas com lápis roxo, este pasquim defendia um Brasil livre, sem fome e injustiças[174]. A crítica à tirania do governo Vargas se faz através da crônica "Calor Intenso"cujo texto retrata o olhar de quem vê a vida por detrás das grades:

> [...] Lá fora o sol põe manchas de luz nas telhas. Pássaros saltitam contentes buscando as magras rações que homens presos jogam fora. Soldados passam devagar trazendo um fuzil. Vendo isso meu pensamento acelera para eleger um punhado de gravos lutando contra a tirania... Levando no peito a chamada esperança esse pugillo de bravos caminham, caminham. Mas, não estão só. Com eles estão todos os que querem um Brasil onde haja pão, terra e liberdade[175].

Juventude, Órgão dos Jovens do Presídio Mária Zélia, foi provavelmente o "jornal de cadeia" que conseguiu editar um maior número de exemplares com periodicidade mensal: doze números (janeiro a abril de 1937). Participavam do Conselho Editorial os presos: Ermelindo Maffei, Reginaldo de Carvalho, Hilário Correia e Clóvis Gusmão. Jair Siqueira Calçada respondia pela função de calígrafo e Octávio Falcão atuava como desenhista. Ilustrado com lápis de cor e aquarela, o *Juventude* publicava textos teóricos marxistas, mensagens encaminhadas pelo Partido Comunista Brasileiro e Aliança Nacional Libertadora, artigos de crítica ao governo Vargas e, em especial, ao Tribunal de Segurança Nacional. Charges e ilustrações acompanham poemas como "O Escravo Branco ao Escravo Negro"ou o "Ode a Hespanha Moderna".

O *Soldado Vermelho*, anexado ao prontuário de Francisco D'Onofrio, foi manuscrito e composto com matérias que incitavam os operários, camponeses e marinheiros a se organizarem e lutarem contra o governo brasileiro "comandado pelos imperialistas estrangeiros"[176]. Como este, outros tantos jornais se perderam escondidos, quem sabe, em buracos cavados nas paredes úmidas dos presídios ou nos esgotos das latrinas malcheirosas das celas.

A cor da imprensa

Segundo registros da Polícia Política brasileira, a imprensa revolucionária tinha cor própria cuja "pigmentação"era produto de ideologias exóticas: vermelho (comunista), negro (movimento anti-racismo), verde (integralismo), amarelo (niponismo) etc. Outros critérios, além deste, foram adotados para classificar os comunistas que, na década de 1930, infiltravam-se nas várias comunidades imigrantistas contribuin-

171. "Jornal", *O Xadrez*, Presídio Paraíso, São Paulo, 6 de dezembro de 1935, p. 1. *Pront. nº 400, de Rodolpho Felippe*. DEOPS/SP. AESP.
172. *Pront. nº 400, de Rodolpho Felippe*. DEOPS/SP. AESP.
173. Rodolpho Felippe era jornalista, brasileiro e chegou a senador. Em 1913 já se identificava como anarquista e editor de *A Plebe*, *La Barricata* e o *Germinal*. Ficou preso entre 27 de fevereiro e 16 de março de 1933, e novamente em 1934. Nesta ocasião, protestos públicos foram emitidos pelos membros da Associação Brasileira de Imprensa que, através de uma carta, denunciaram as arbitrariedades da polícia contra o editor. Novos protestos ocorreram quando da apreensão do nº 75 de *A Plebe*. Junto ao referido prontuário há o exemplar nº 34 de *A Plebe*, de 10 de novembro de 1934. Este número, além de fazer referências aos acontecimentos políticos da Espanha, denuncia a prisão de anarquista no Brasil. Identificamos também um artigo de Lucas Másculo em defesa da prática do amor livre. Cf. Lúcia Parra Silva, *op. cit.*
174. *Pront. nº 400, de Rodolpho Felippe*. DEOPS/SP. AESP.
175. "Nossa Crônica: Calor Intenso", *O Xadrez*, Presídio Maria Zélia, São Paulo, 6 de dezembro de 1935, Anno I, nº 3, p. 1. *Pront. nº 400, de Rodolpho Fellipe*. DEOPS/SP. AESP.
176. *Soldado Vermelho*, anexado ao *Pront. nº 1.321, de Francisco D'Onofrio*. Cf. Pesquisa de Paula Correia Pacheco. Projeto de Iniciação Científica/ Fapesp.

do para redimensionar o conceito oficial de "perigo vermelho". Além dos jornais das comunidades imigrantistas, havia também a *imprensa negra* produzida por negros para negros em São Paulo e outros Estados do Brasil, cujo estudo pontual foi desenvolvido por Alfonso de Freitas (1915), Roger Bastide (1951) e Miriam Nicolau Ferrara (1986). Com base no perfil sociopolítico destes periódicos, podemos classificá-los em três segmentos distintos por seu conteúdo e período de produção:

- 1905-1923: de ordem sócio-recreativa, pautados na ideologia do branqueamento;
- 1924-1945: de ordem reivindicatória, pautados no ideal de igualdade de direitos, de integração na sociedade brasileira e de luta contra o preconceito racial[177];
- 1945-2002: de ordem reivindicatória e de reafirmação da raça negra frente a sua descendência afro[178].

Lembramos que esta imprensa negra foi precedida por um segmento da imprensa revolucionária, inserida na propaganda republicana e abolicionista e que, entre 1878-1888, registraram a conscientização e a adesão da juventude acadêmica em prol da necessidade de substituição do braço escravo. Os títulos que encabeçam estes jornais pioneiros em defesa dos "homens e cor" são expressivos da luta pela liberdade, ideal inspirador dos textos abolicionistas. A década de 1880 pode ser considerada um marco tendo como referencial o lançamento de O Abolicionista (1880), redigido por Joaquim Serra, e o *Noventa e Três, Periódico Mensal de Propaganda Republicana* (1882), cujos redatores eram Antônio dos Santos Oliveira, Antônio Guerry, Arthur Carlos, Figueiredo Coimbra e Francisco Gaspar[179]. Incluem-se nesta fase: *Vinte e Oito de Setembro* (1878), exemplar único editado pelos alunos do Colégio Moretz-Sohn, em homenagem ao Visconde do Rio Branco, autor da Lei do Ventre Livre; *A Onda*, Órgão do Centro Republicano Acadêmico (1883), redigido por Joaquim Dias da Rocha; a *Vida Semanária* (1887), Órgão Abolicionista redigido por Emiliano Perneta e Artur de Castro Lima e, posteriormente, por Olavo Bilac; *Liberdade* (1884) e *A Abolição* (1884)[180].

A primeira fase da imprensa negra paulista (escrita por negros para negros) abriu com a publicação do jornal campineiro *O Baluarte* (1905), Órgão Oficial do Centro dos Homens de Cor, seguido de *O Xauter*, Jornal Independente (1916); *Menelick*, Órgão Mensal, Noticioso, Solitário e Crítico aos Homens de Cor (1915); *A Rua*, Literário, Crítico e Humorístico (1916); *O Bandeirante*, Órgão de Combate em Prol do Reerguimento Geral da Classe dos Homens de Cor (1918-1919); *O Alfinete*, Órgão Literário, Crítico e Recreativo Dedicado aos Homens de Cor (1918); *A Liberdade*, Órgão Dedicado à Classe de Cor, Crítico, Literário e Noticioso (1919), *A Sentinela*, Órgão Crítico, Literário e Noticioso (1920); e *O Kosmos*, Órgão do Grêmio Dramático e Recreativo Kosmos (1922-1925). Um conteúdo de ordem sócio-recreativa, alimentava a idéia do branqueamento como fórmula possível de inserção do negro na sociedade brasileira.

Somente a partir de 1923 – data marco do lançamento do jornal o *Getulino*, fundado por Lino Guedes e Gervasio Moares – é que este periodísmo assumiu uma postura mais radical ao denunciar o preconceito, defender a educação e a inserção do negro na vida social, política e econômica da sociedade brasileira. Incluem-se neste período *O Clarim da Alvorada*, Órgão Literário, Noticioso e Humorístico (1924); *Chibata* (1932); *O Homem Livre* (1934), *Elite*, Órgão Oficial do Grêmio Dramático, Recreativo e Literário "Elite da Liberdade" (1924); *Tribuna Negra*, Pela União Social e Política dos Descendentes da Raça Negra (1935), *A Voz da Raça*, Órgão Oficial da Frente Negra Brasileira (1933); *O Estímulo*, Semanário Independente, Literário e Noticioso (1935); *O Clarim*, Publicação Mensal da Mocidade Negra (1935); *Tribuna Negra*, Pela União Social e Política dos Descendentes da Raça Negra (1935) e *Alvorada*, Órgão de Propaganda Cívica (1945)[181].

177. Miriam Nicolau Ferrara apresenta a seguinte periodização: 1915-1923 e 1923-1963. Entre 1937-1945, a autora não constatou circulação de nenhum outro jornal da comunidade negra em conseqüência da censura e repressão imposta pelo governo varguista durante o Estado Novo.

178. Por opção metodológica e considerando-se a proposta deste catálogo – *A Imprensa Confiscados pelo DEOPS* – não entraremos em detalhes sobre os períodos de 1905-1923 e 1945-2002.

179. Sobre Joaquim Serra ver Nelson Sodré, *op. cit.*, p. 270; Wilson Martins, *op. cit.*, vol. II, pp. 202, 342n, 454, 455.

180. Alfonso de Freitas, *A Imprensa Periódica de São Paulo desde os Primóridos em 1823 até 1914*, São Paulo, Typographia do Diário Official, 1915.

181. Miriam Nicolau Ferrara, *A Imprensa Negra Paulista (1915-1963)*. São Paulo, FFLCH; USP, 1986; Roger Bastide, "A Imprensa Negra do Estado de São Paulo", São Paulo; USP; FFLCH, em *Boletim CXXI. Sociologia* nº 2. *Estudos Afro-Brasileiros*, 2ª série, 1951.

Ao "toque do clarim", os artigos incitavam o negro a superar a sua passividade e o seu conformismo reunindo-se enquanto grupo, enquanto força política. Este período coencide com o envolvimento de uma parcela do operariado negro de São Paulo com o Partido Comunista Brasileiro (1922) e, posteriormente, com a Ação Integralista Brasileira (1932). Enquanto comunista, o negro acumulou estigmas: de suspeito por vadiagem e vagabundagem, passou a ser discriminado como "perigo vermelho", integrado ao movimento operário e sindical paulista. Ao focalizarmos o negro enquanto "subversivo da ordem política", nos deparamos com uma realidade que, até certo ponto, tem sentido e explicação. Raros são os prontuários do DEOPS/SP em que o suspeito é negro ou mulato, se comparado com o número de brancos estrangeiros, comunistas, acusados de defenderem idéias exóticas[182]. Os "imigrantes brancos indesejáveis" na maioria das vezes, tinham seu passado político na Europa revisitado, vasculhado nos velhos álbuns de fotografias, na correspondência particular com antigos conterrâneos , nos livros e jornais impressos na língua da terra-mãe, indícios que se prestavam para comprovar o crime da subversão.

O negro ainda vivenciava no Brasil das décadas de 1920, 1930 e 1940, uma situação de exclusão social visto estarem. segundo Octavio Ianni, "incapacitados para um reajustamento positivo ao sistema econômico-social". Lembramos que, mesmo após a abolição, grande parte da população negra brasileira encontrou dificuldades para se adaptar às regras do trabalho livre por continuarem segregados num mundo pobre de cultura e de oportunidades. Sobreviveram, durante décadas, envolvidos em um falso ócio ou condenados a sobreviver do trabalho braçal, herança dos tempos da escravidão. E, de acordo com a ideologia do homem branco, não interessava favorecer situações que colaborassem para a edificação de um cidadão negro consciente, crítico e reivindicador de mudanças sociais. Sempre foi conveniente a manutenção de certos mitos de forma a preservar a estrutura vigente de forma a atender aos interesses do grupo dominante[183].

A maioria da população negra paulista mostrava-se muito mais identificada com o processo de branqueamento da população brasileira, do que com a sua negritude. E o surgimento tardio desta conscientização política do negro, pode ser explicada através das condições históricas pelas quais se processou a formação do capitalismo no Brasil. O negro, enquanto trabalhador livre, não pode ser absorvido de imediato e na sua totalidade, passando a compor, logo após a abolição, o "batalhão dos desocupados", dos "vadios"e dos "baderneiros sociais" e, até mesmo, dos "loucos"[184]. Esta situação pode ser facilmente constatada através do alto índice de criminalidade registrado junto à justiça civil e o baixo índice de registros de negros acusados de crimes políticos. Segundo Roger Bastide, "O Efeito do Conceito de Cor" somente manifestou-se após a guerra de 1914-1918, quando o negro tomou consciência da sua condição inferior ao se deparar com a concorrência do imigrante que conseguiu sair da miséria subindo na escala social[185].

Papel importante, também, se atribui aos partidos socialista e comunista que viam no proletariado de cor um campo propício para a proliferação de suas idéias políticas. Mas, este processo de metamorfose se fez lento e amargo, até configurar nos anos 50, a passagem do negro passivo para o negro ativo, consciente de sua negritude. Desde o início da industrialização os negros foram preteridos em benefício dos imigrantes brancos, considerados como mais cultos, experientes e especilizados enquanto mão-de-obra.

Nos anos 1930 e 1940, percebemos que, a esta experiência profissional (positiva) do trabalhador europeu radicado no Brasil, somou-se uma outra (negativa) que colaborou para que a Polícia Política intensificasse sua vigilância sobre os estrangeiros. O passado de ativista político vivenciado pelos operários/imigrantes nos grandes centros industrializados europeus, acabou por lhes fortalecer o perfil de mili-

182. Um levantamento estatístico está sendo elaborado por Karin San'Anna Kössling como parte de seu projeto *Os Movimentos Negros: Identidade Étnica e Identidade Política (1924-1950)*. Iniciação Científica junto ao PROIN Arquivo/Universidade/Fapesp, 2002. As primeiras reflexões sobre este material do DEOPS foi por mim apresentado em 1998 em Salvador: Comunicação: *Trilogia do Estigma: Negro, Comunista, Subversivo*. Mesa redonda. *Racismo: Mito e Realidade. V Congresso Afro-Brasileiro*, Salvador, Centro Estudos Afro-Orientais. Centro de Convenções de Salvador (BA), 17 a 20 de ago.

183. Octavio Ianni, *Raças e Classes Sociais no Brasil*, São Paulo, Civilização Brasileira, 1972, pp. 71-72.

184. Sobre este tema ver Maria Luiza Tucci Carneiro, "Negros, Loucos Negros", *Revista da USP. Dossiê Brasil/África*, São Paulo (18), jun.-ago., 1993, pp. 144-151.

185. Roger Bastide, "Efeito do Conceito de Cor", em *Relações Raciais entre Negros e Brancos em São Paulo*, Direção de Roger Bastide e Florestan Fernandes, São Paulo, Editora Anhembi, 1955, p. 165.

tantes devotados à "revolução proletária"responsáveis pela subversão da ordem política e social[186].

Assim, ao tentarmos compreender o posicionamento assumido pela imprensa negra no Estado de São Paulo em sua segunda fase, temos que levar em consideração o contexto político de 1929-1930 que gerou um clima propício para protestos e reivindicações. As condições de vida da população de baixa renda havia piorado com a crise de 1929 enquanto os revolucionários de 1930 alimentavam as contestações contra a antiga aristocracia que, até então, gerenciara o poder. Mas por pouco tempo...

Nos anos 1930, o bairro da Barra Funda em São Paulo era considerado como a zona de maior concentração demográfica da população de cor, enquanto que o Bexiga destacava-se pela presença maciça de imigrantes italianos. Mas, foi, segundo Bastide, a situação de confronto dos negros do Bixiga com os imigrantes italianos alí concentrados que os teria alertado para a sua situação de inferioridade e falta de oportunidades. Inspirados nas idéias racistas do fascismo europeu, os irmãos negros Veiga dos Santos alimentaram a idéia de um contra-racismo, antibranco: fundaram a Frente Negra Brasileira, em 16 de setembro de 1931. Considerado como o primeiro grande movimento político negro, este órgão marcou profundamente a trajetória deste grupo no Brasil, sendo que o seu jornal *A Voz da Raça* teve importante papel no processo de conscientização do negro enquanto cidadão. Este fato, entretanto, não anula a outra realidade: a de que os poucos negros politizados estavam muito mais identificados com o projeto político proposto pelo operariado e pelos partidos comunista e socialista, do que com as propostas de luta do movimento negro. Tanto é que, com base nos registros da Polícia Política, constatamos que sua luta pela ascensão social e econômica se fez, muitas vezes, através das reivindicações dos grupos políticos de esquerda.

A Frente Negra Brasileira, no entanto, deve ser considerada como conseqüência das discussões surgidas na década anterior, a respeito da necessidade de integração do negro na sociedade brasileira e da formação de uma consciência política; enquanto que o jornal *A Voz da Raça*, criado em 1933, seria – na opinião de Miriam Ferrara, autora do estudo *A Imprensa Negra Paulista* – a expressão máxima do segundo período do movimento negro no Brasil. Com a fundação do jornal *O Clarim da Alvorada*, em 1924, esta ação ganhou uma nova dinâmica. Fundado por José Correia de Leite e Jayme de Aguiar, este periódico deve ser considerado como a primeira manifestação das inquietações político-sociais da população de cor que, inserida no movimento operário, ainda ensaiava uma forma de expressão de suas angústias e utopias[187].

O debate, pontual no início, ganhou extensão nacional e internacional sustentado pela imprensa alternativa que tinha como principal propósito denunciar o racismo e a violência contra os negros através do registro do cotidiano urbano. Mas, não foi por seus propósitos políticos ou pela força de sua organização que a Frente Negra se fez respeitar no mundo dos brancos. A persistência de valores racistas na mentalidade dos ordenadores sociais se prestavam como critérios para a instituição de categorias sociais que dividiam a sociedade em homens do Bem e homens do Mal. Segundo Clóvis Moura, a Frente Negra Brasileira sediada na capital paulista, só passou a ser respeitada pela comunidade paulistana e, até mesmo pela polícia, "porque sabiam que na Frente Negra só se encontravam pessoas de bem"[188].

Uma série de outras organizações de negros haviam sido fundadas desde a década anterior, mas tiveram vida efêmera como o Centro Cívico Palmares, a Associação dos Negros Brasileiros, a Frente Negra Socialista, o Gremio Recreativo Kosmos, a Legião Negra Brasileira, o Movimento Afro-Brasileiro de Educação e Cultura etc. A mais significativa foi, realmente, a Frente Negra Brasileira, que teve como primeiro presidente Arlindo Veiga dos Santos, posteriormente prontuariado pela Polícia Política de São Paulo. Arlindo Veiga dos Santos tornou-se conhecido por sua posição nacionalista e monarquista que influenciou a muitos dos membros daquela organização. Por esta razão, o ideário deste órgão emergiu, de início, marcado por *slogans* que o identificavam com movimentos de extrema direita dentre os quais os integralistas e nazistas. Tanto assim, que o jornal *A Voz da Raça* tra-

186. A. L. de Arruda Campos, "Estrangeiros e Ordem Social (São Paulo, 1926-1945)", *Revista Brasileira de História*, São Paulo, ANPHU/USP, vol. 17, nº 33, 1997, pp. 201-237.

187. Importante diferenciar *O Clarim da Alvorada*, às vezes citado como o *Clarim d'Alvorada*, de *O Clarim*, que começou a circular em 1935. Cf. Miriam Nicolau Ferrara, *op. cit.*, p. 29.

188. Clóvis Moura, *História do Negro Brasileiro*, São Paulo, Ática, 1989, p. 72.

zia como apelo a expressão "Deus, Pátria, Raça e Família", inspirado no Deus, Pátria e Família, sustentado pela Ação Integralista Brasileira que, desde a sua fundação em 1932, saiu em busca de adeptos[189].

Nos seus primeiros quatro anos de vida, a Frente Negra ganhou força e credibilidade, apesar de suas contradições ideológicas internas. Estendeu-se para outros Estados, ocupou espaço junto à comunidade negra, ansiosa por líderes que lhe dessem esperanças de mudança. Fortalecida, tentou organizar-se como partido vindo a competir com os anarquistas, anarco-sindicalistas, integralistas, nazistas, comunistas e falsos liberais-democratas (entenda-se aqui os partidários de Getúlio Vargas identificados com os modelos nazifascistas). Finalmente, após ingressar com o seu pedido junto a Justiça Eleitoral em 1936, a Frente Negra conseguiu seu registro de partido que teve vida curta, pois em 1937 – como todas outras organizações partidárias – foi dissolvida diante do golpe que instituiu a ditadura Vargas.

Assim mesmo, os partidos políticos, como também a Frente Negra, tentaram sobreviver mantendo-se à margem do autoritarismo imposto pelo regime acobertados pelas fachadas dos clubes de lazer ou associações culturais. A Frente Negra assumiu o nome de União Negra Brasileira, codinome que não a livrou da ação dos órgãos repressores acionados pelo regime: a Polícia Política paulista encarregada de identificar e prender os suspeitos de subversão; o Tribunal de Segurança Nacional que tinha por função julgar e punir os sediciosos, o DIP, órgão censor das idéias sediciosas e, por fim, a própria sociedade, imbuída de sua missão saneadora e motivada por seus valores racistas.

Podemos considerar que o DEOPS (enquanto braço repressor do regime Vargas) contribuiu diretamente para sufocar o movimento negro que, inibido, enfraqueceu-se enquanto organização política nos anos 1930 e 1940. Seus membros – perseguidos ora como comunistas, ora como desordeiros sociais – sentiam-se desativados no seu propósito de articular um protesto coletivo em prol de melhoria de vida e de oportunidades para o negro e o mulato junto à sociedade brasileira. Portanto, no período de 1924 a 1945, os negros – além de serem apontados como elementos raciais negativos, degeneradores da população brasileira – transformaram-se também em inimigos políticos, enquanto membros da Frente Negra Brasileira ou do Partido Comunista. Tomamos como referência e ponto de partida para a nossa análise o ano de 1924, data de lançamento de *O Clarim da Alvorada*, periódico fundado por José Correia de Leite e Jayme de Aguiar, eminentes porta-vozes da comunidade negra até 1937, quando as organizações políticas atingidas pelo golpe de Estado. Neste mesmo contexto surgiu *A Voz da Raça* que se apresentava como o veículo de comunicação oficial da Frente Negra Brasileira.

Considerando-se a periodização apresentada por Roger Bastide em seu reconhecido estudo sobre "A Imprensa Negra do Estado de S. Paulo", a fase de 1930-1937 expressa a passagem da reivindicação jornalística à reivindicação política, sendo a seguinte, de 1937-1945, considerada como "o vazio", em função da intensificação do controle empreendido pelos órgãos oficiais repressores. Caberia, nestes casos, investigar os registros produzidos por esta ação da polícia que, possivelmente, teria acurado sua atitude vigilante diante do processo de politização do negro em São Paulo confundido, muitas vezes, como o movimento operário e comunista[190].

Dentre os poucos cidadãos negros visados e fichados pelo DEOPS de São Paulo temos Isaltino Benedicto dos Santos, apontado como comunista e um dos fundadores da Frente Negra Brasileira. Negro, fundador do jornal *A Voz da Raça* e escritor erudito, Isaltino era irmão do primeiro chefe da Frente Negra, Arlindo Veiga dos Santos. Preso em 28 de novembro de 1935 após assinar o manifesto da Frente Popular Libertadora – considerado como um complô preparatório para tirar Vargas do poder – Isaltino ficou preso até o final de 1936, encarcerado como preso político. Dado o conteúdo do prontuário de Isaltino que registra suas relações com a polícia política, este caso merece atenção especial[191].

Desde o início Isaltino servira como secretário junto à Frente Negra e, além de membro do Conselho, também tinha sob a sua responsabilidade o preparo de programas educacionais. Um dos objetivos daquela organização era de congregar, educar e orientar a população de cor, incentivando-a

189. *Idem*, p. 73.

190. Roger Bastide, "A Imprensa Negra do Estado de S. Paulo", *op. cit.*

191. *Pront. nº 2.018, Isaltino Benedicto Veiga dos Santos*, DEOPS/SP. AHSP; Octavio Ianni, *Raças e Classes Sociais no Brasil*, São Paulo, Civilização Brasileira, 1972, pp. 71-72.

implementar meios para alargar seu horizonte cultural. Estas aspirações colocavam a Frente Negra na posição de movimento reivindicatório e que considerava a educação como condição para retirar o negro da situação de miséria em que vivia. Neste contexto de propostas de mudanças, cabe investigar sobre o tratamento dispensado pela Polícia Política à tais reivindicações. Muitos dos negros fichados como "subversivos" estavam muito mais identificados com as propostas políticas do movimento operário alimentado pelas idéias de uma revolução socialista do que com o questão racial propriamente dita. Mesmo porque este não era um tema constante da pauta de debates dos grupos da esquerda brasileira que, geralmente, reduzia a situação do negro no Brasil a um problema de luta de classes. Esta visão mudou somente após os anos 1970 com o ressurgimento e fortalecimento dos movimentos negros que pressionaram os grupos de esquerda a tratar esta questão de forma individualizada.

A crítica fazia-se muito mais em torno da idéia de uma economia capitalista e de uma sociedade de classes que não havia incorporado o negro, do que da luta contra o racismo. Nos anos 1930 e 1940, ao nível da mentalidade brasileira, a ideologia do branqueamento se manifestava de forma aguda, neutralizando o desejo do negro "ser negro" e levando-o a negar suas raízes africanas. E, para o próprio Estado brasileiro, não interessava a presença do negro a fim de moldar a imagem ideal do homem brasileiro. O projeto político-cultural sustentado pelo Estado durante o governo de Getúlio Vargas caracterizou-se pela persistência do conceito de homogeneidade racial moldado nas teorias eugenistas que pontuaram o debate para a Constituição de 1934. Lembramos que a emenda Miguel Couto, defendida por Xavier de Oliveira em 1933, restringia a entrada de negros e japoneses no Brasil por considerá-los como de "raça inferior"[192]. Portanto, negros que assumissem sua negritude e exaltassem sua identidade afro-brasileira, eram raros no Brasil dos anos 1930 e 1940, apesar das idéias defendidas pelo movimento modernista de 1922.

Em vários momentos Isaltino dirigiu-se às autoridades do Presídio Político Paraíso, onde se encontrava preso manifestando seus sentimentos enquanto um cidadão negro e combatente. Em um dos requerimentos encaminhados a Edgas Botelho, Isaltino afirmava não poder "prescindir do seu trabalho, porque o oferecimento parte de um negro brasileiro que jamais mentira a sua Pátria, que já custou também o sangue de seus avós"[193]. Justificando sua atitude combativa, Isaltino apresentava-se como defensor do regime republicano conceituado como expressão da "democracia da igualdade", afirmação esta que não combinava muito com o seu papel de ativista político, mobilizador do grupo negro que, até então, não tivera oportunidade de acessar aos seus direitos de cidadão. Com relação à doutrina comunista, Isaltino apresentou-se como combatente ou seja, como contrário a todos aqueles que se opunham ao regime sustentado por Vargas, ainda que autoritário. Neste sentido, Isaltino concordava com a ação repressiva da polícia que, justamente combatia o comunismo descrita pelo militante negro como uma "doutrina estúpida, cuja propaganda é quase sempre feita por estrangeiros em franco desrespeito as nossas leis, chegando mesmo as raias do atrevimento"[194].

Em algumas passagens de seu texto, Isaltino dá a entender que estava procurando "colaborar"com a polícia no combate ao comunismo, posição esta que pode ser vista muito mais como uma retaguarda defensiva do que colaboracionista. No entanto, em algumas de suas declarações, o militante confidencia a respeito da "eficiência de seu trabalho do qual a polícia não poderia prescindir, posição esta que o coloca como um colaborador cuja atitude combativa procurava esconder dentro do presídio, com o fito único de coadjuvar a polícia e demais autoridades do meu Estado".

O discurso do militante negro assume um tom nacionalista, apoiado numa retórica típica da versão oficial onde o comunismo emerge como o grande inimigo da Nação, atentando contra a Segurança Nacional. Fazendo apelos em nome da "minha Pátria", do "meu Estado" e dos "nossos sentimentos religiosos e nacionalistas", Isaltino se diz sentir "desrespeitado com pesadíssimas ofensas ao nome da nossa Pátria e do nosso Exército, constantemente enxovalhado".

192. Maria Luiza Tucci Carneiro, O *Anti-semitismo na Era Vargas: Fantasmas de uma Geração (1930-1945)*, 3. ed., São Paulo, Perspectiva, 2002.

193. *Pront. nº 77.172: Federação dos Negros no Brasil*. Este processo contém um breve histórico da Frente Negra Brasileira, da União Negra Brasileira e da Federação dos Negros no Brasil; além de fazer referência à detenção de Isaltino Benedicto Veiga dos Santos, também prontuariado sob o nº 2.028. *Arquivo do Estado/SP. DEOPS.*

194. *Pront. nº 2.028, de Isaltino B. Veiga dos Santos*. DEOPS/SP. AESP.

Isaltino foi solto em 28 de novembro de 1936, ano em que a Frente Negra Brasileira vivia uma fase de grande projeção nacional. Era idéia de seus dirigentes transformá-la em partido político, projeto aprovado pelo Tribunal Superior Eleitoral. O parecer favorável de Armando Prado, Procurador Geral da Justiça, apresentava o Partido Frente Negra Brasileira como um reconhecido grupo de "patriotas ordeiros". A Frente Negra, enquanto partido, tinha como plataforma política a ascensão social do negro na sociedade brasileira, sendo que o ingresso dos negros na Guarda Civil era apontado como uma das formas possíveis destes estudarem e fazerem carreira[195].

Em agosto de 1937, a Frente Negra promovia um grande congresso com o propósito de estudar problemas relevantes ao negro no Brasil. Diante do golpe de Estado de novembro daquele ano, a Frente Negra passou a se chamar União Negra Brasileira, em decorrência da aplicação do Decreto-Lei que proibia a atuação de agremiações e partidos políticos. *A Voz da Raça* deixou de circular assim como as demais organizações identificadas com a luta social e política dos negros no Brasil, retomada somente em 1945 após a queda de Getúlio Vargas e o processo de redemocratização do país.

Podemos considerar que durante o período 1930-1937 coexistiram dois discursos opostos: de um lado, o *discurso de intolerância* contra o negro e, de outro, o *discurso da resistência*, acionado pelo movimento negro articulado com os grupos políticos. O primeiro, sustentado pela Polícia Política e demais órgãos oficiais, caracterizava-se por sua retórica político/racial e tinha por objetivo desarticular a organização do grupo inibindo-o e afastando-o dos núcleos sediciosos. Se não, pelo menos, impedir que este reivindicasse seus direitos de cidadania, denunciasse a prática do racismo ou tentasse "fazer valer" sua identidade étnico-cultural. Portanto, nada mais oportuno do que impedir a circulação da imprensa alternativa (porta-voz das reivindicações dos negros); fosse enquanto expressão do operariado não-qualificado; fosse enquanto símbolo de uma raça creditada como inferior, segundo as teorias raciais vigentes na época.

Assim, através das fichas de identificação dos prontuáriados no DEOPS/SP constatamos que, na maioria dos casos, a repressão aos negros se fez muito mais em direção daqueles que estavam envolvidos com o movimento sindical, das lutas operárias e das greves ora incitadas pelos sindicalistas e o Partido Comunista, do que enquanto participantes do movimento negro. Aliás, a porcentagem de negros indiciados pela Polícia Política no período de 1930-1945 é mínimo, se comparado com o número de brancos/estrangeiros, em grande parte alfabetizados, brancos, profissionais liberais (intelectuais, artistas, jornalistas, estudantes das faculdades de Direito, advogados, médicos etc.). Este fato é expressivo da situação vivenciada pelos negros no Brasil que encontravam-se à margem da sociedade excluídos tanto em nível cultural, como econômico e político. Tanto assim que, o fracasso do Partido Frente Negra Brasileira nas eleições de 1936 foi atribuído, principalmente, ao despreparo dos negros eleitores que ainda não tinham consciência da necessidade de elegerem candidatos negros; além de que grande parte da população negra era analfabeta e, como tal, impedida de votar.

Além da Frente Negra Brasileira havia, também, um outro grupo que lhe fazia oposição sendo responsável pelo jornal *O Clarim da Alvorada*[196]. Este atuava através do CNCS – Clube Negro da Cultura Social, fundado em 1932 e que, dentre suas múltiplas atividades, publicou em 1934 a revista *Cultura* e, no ano seguinte, o jornal *O Clarim*, periódico mensal da mocidade negra editado pelo Departamento Intelectual do CNCS. O aspecto gráfico destes jornais expressa a precariedade financeira que lhes dava uma vida efêmera ou uma periodicidade irregular. Alguns sobreviveram até 1937 quando a repressão do governo Vargas sufocou, mais uma vez, a voz dos negros no Brasil. A imprensa negra somente voltou a circular em 1945 quando, através da Associação dos Negros Brasileiros, criou-se o jornal *Alvorada* que reuniu participantes do *A Voz da Raça* e outros periódicos da comunidade. Enquanto fragmentos da memória política, estes periódicos, muitos dos quais tiveram vida efêmera, nos permitem analisar as formas de organização e práticas de sociabilidade da comunidade negra em São Paulo.

195. Miriam Nicolau Ferrara, *op. cit.*, p. 74; Alzira L. de Arruda Campos, "Estrangeiros e Ordem Social (São Paulo, 1926-1945)", *Revista Brasileira de História*, São Paulo, ANPHU/USP, vol. 17, nº 33, 1997, pp. 201-237.

196. *O Clarim da Alvorada. Pront. nº 1.538, Frente Negra Brasileira*, DEOPS/SP. AESP.

Jornais dos grupos idiomáticos

Os jornais das comunidades estrangeiras radicadas no Estado de São Paulo, assim como a imprensa negra, têm lugar próprio junto ao periodísmo militante brasileiro, enquanto signo de uma identidade. A multiplicidade de nacionalidades dos imigrantes envolvidos com o anarquismo e comunismo induziu as autoridades policiais a classificá-los segundo seus idiomas: idichista, lituano, russo, espanhol, italiano etc. De uma forma geral, muitos dos jornais confiscados pela Polícia Política de São Paulo se apresentavam como porta-vozes desses grupos imigrantistas, incidência que nos permite considerá-los enquanto "comunidades étnicas e idiomáticas de leitores" ou *interpretive communities*, retomando aqui a expressão de Stanley Fish[197].

O fato dos primeiros jornais dessas comunidades terem sido impressos no idioma de origem dos seus produtores – expressão de cultura e tentativa de preservação da identidade – induziu a polícia a interpretar o uso da língua estrangeira como estratégia política das concentrações nucleares de imigrantes interessados em viver enquistados no território brasileiro. Em síntese: sob o olhar nacionalista e xenófobo do governo Vargas, principalmente, este segmento do periodismo expressava o menosprezo pelo que "era nosso e muito nosso". Alguns casos, inclusive, insidiam na crença de que os editores eram articulistas de um complô internacional[198]. Na verdade, os artigos e as ilustrações (fotografias, bicos-de-pena, xilogravuras) se prestavam como elos de ligação com a pátria-mãe, contribuindo para a preservaçao de certos contornos culturais desgastados pelos traumas decorrentes do processo imigratório. Neste segmento do periodismo militante inserimos os jornais publicados pela imprensa lituana, judaica, russa, armênia, ucraniana, dentre outras.

Segundo o pesquisador Erick Reis Godliauskas Zen, a comunidade lituana possuía nos anos 1930, mais de vinte jornais publicados no seu idioma, garantindo um sistema de permuta com os grupos da Argentina, Estados Unidos, Uruguai e Canadá. O jornal *Darbiniku Zodis* (*Palavra do Trabalhador*) chegou a noticiar a organização em São Paulo da "Turma 41" da Associação Literária dos Lituanos na América, com sede nos Estados Unidos, cuja função era de fazer circular a literatura produzida nas colônias lituanas diferentes países[199].

Dentre os jornais lituanos de esquerda podemos citar como pioneiro o *Garsas* (*Som*), periódico comunista, editado por Adolpho Zovcas que, em 16 de outubro de 1930, teve portaria de expulsão decretada[200]. A publicação deste periódico, que circulou inicialmente mimeografado, foi denunciada e apreendida em 3 de junho de 1930. Nesta data, Vicente Tomachautz foi detido na tipografia Gobel quando estava a serviço do referido jornal. Durante a busca efetuada no local foram apreendidos diversos exemplares e um artigo a ser composto para o próximo número[201]. Em seu lugar surgiu o *Darbiniku Zodis* – declarado como comunista e em prol do operariado – sendo editado por Abrahão Kovalsky com a colaboração de Albino e Anna Kynas. Kovalsky, judeu lituano radicado no Brasil desde julho de 1929, editava também, o *Músu Zodis. Brasilijos Lietuviu Darbininku Laikrastis* (1932), publicado em iídiche com circulação clandestina. O *Lietuviu AIDAS Brazilijoje* (*Eco da Lituânia no Brasil*) foi criado por Kostas Uckus e Antanas Dutkus, de reconhecida postura anticlerical e defensor de um socialismo moderado. Em oposição a estes, situava-se o *Musu Lietuva*, jornal anticomunista fundado em 1947, ligado a Igreja Católica e que contava com a participação de imigrantes deslocados de guerra[202].

Jornais como o armênio *Ararat* e o judaico *A Voz Sionista* estavam vinculados a questões históricas específicas: a do genocídio e a sobrevivência do seu povo. O repertório de seus textos insistiam na auto-estima e na reconquista da dignidade de homem e cidadão[203].

197. Stanely Fish, *Is There a Text in this Class? The Authority of Interpretive Communities*, Cambridge (MA), Londres, Harvard University Press, *apud* Roger Chartier, *op. cit.*, pp. 27 e 31.
198. "Grave Denúncia", por Elysio Galvão de Toledo Sampaio, *A Notícia*, Assis, 6 de março de 1938, p. 1. *Pront. nº 550, Delegacia Regional de Presidente Prudente*. DEOPS/SP.
199. Cf. Erick Reis Gogliauskas Zen, *Ecos de Lituanos Rebeldes. Resistência e Repressão*, Série Inventários DEOPS 1924-1950), São Paulo, Arquivo do Estado/Imprensa Oficial, 2003.
200. *Pront. nº 6, Adolpho Zovcas*. DEOPS/SP. AESP. Cf. Erick Zen, *op. cit.*
201. *Pront. nº 439, Vicente Tomachautz*. DEOPS/SP. Cf. Inventário de Erick Zen, *op. cit.*
202. *Darbiniku Zodis*, março de 1931. *Pront. nº 205, João Gerulaits Filho; Músu Lietuva. Pront. nº 51, Aliança Autoprotetora de Beneficiência dos Lituanos no Brasil*. Cf. Erick Reis Gogliauskas Zen, *op. cit.*
203. *A Voz Sionista. Pront. nº 4.705, Congregação Israelita Paulista*. DEOPS/SP. AESP; *Ararat. Pront. nº 98.438, Vartavas Tchungurian*. DEOPS/SP. AESP.

Os refugiados armênios que chegaram ao Brasil após os massacres de 1915, por exemplo, não falavam a língua de seus antepassados e sequer dominavam suas tradicionais práticas religiosas. Segundo estudos desenvolvidos por Roberto Grün, eles se expressavam em turco, a língua de seus opressores e não haviam tido a oportunidade de ter uma formação religiosa fornecida pelas Igrejas de ritual armênio. Situação similar foi vivenciada pelos imigrantes judeus (Europa Central e Oriental) que, durante anos, preferiam se comunicar em iídiche ou através do seu idioma de origem. Daí encontrarmos jornais impressos em ucraniano, russo, lituano, alemão etc., incidência que levou as autoridades policiais a subdividi-los em "grupos idiomáticos comunistas". Lembraria aqui o jornal *O Tempo*, editado por uma editora russa e publicado em russo, acusado de propagar pensamentos judaicos com "simpatias a obtenção do poder comunista"[204].

As matérias publicadas por estes periódicos – nem sempre traduzidas pelos investigadores policiais, quando editados em língua estrangeira – se prestavam para realimentar e mobilizar o imaginário coletivo ligado entre si por pontos em comum. Além do fato de estarem distantes de sua pátria de origem, os imigrantes haviam procurado o Brasil como uma forma de sobrevivência. Muitos estavam na condição de refugiado político dependendo da renovação do visto de imigração, enquanto outros sequer dispunham de documentação legal.

Estes grupos estrangeiros – "alienígenas", segundo vocabulário oficial – formavam uma cadeia de leitores ávidos por notícias que lhes dessem esperanças de uma vida melhor. Nem todos esperavam voltar à sua terra natal desacreditados que estavam com a política adotada por seus países após a Primeira Guerra Mundial, como aconteceu com os judeus, os armênios, os tchecos e os austríacos. Ao manusear o jornal de sua comunidade, o leitor manejava seletivamente suas lembranças, construindo ou fortalecendo sua identidade política, étnica ou religiosa. Diante dos olhos das autoridades policiais – interessadas em frisar os sentimentos de brasilidade – estas manifestações de identidade soavam como um desafio à ordem imposta e que, como tais, deveriam ser combatidas. Assim, os jornais acabavam por se transformar em importantes "agentes de informação"ao cooptarem os cidadãos mais proeminentes da comunidade, fossem eles intelectuais com *copyright* ou simples aprendizes de jornalismo[205].

Cada um destes jornais traz até nós peculiaridades que, nem sempre, conseguimos detectar através de outros documentos históricos. O conteúdo era ditado de acordo com a lógica interna da comunidade que, identificada com uma ou outra corrente ideológica (comunista, anarquista, antifascista, sionista etc.), procurava formar a opinião de seu público-alvo. Cada qual, a seu modo, interpretava o mundo em que vivia (*Ararat*, órgão da comunidade armênia de São Paulo) ou idealizava o lar onde pretendiam viver (*A Voz Sionista*, da comunidade judaica do Rio de Janeiro). É através dos seus imaginários coletivos, como muito bem lembrou Bronislaw Baczko, que "uma coletividade designa a sua identidade; elabora uma certa representação de si; estabelece a distribuição de papéis e das posições sociais; exprime e impõe crenças comuns; constrói uma espécie de código de 'bom comportamento' ..."[206]. E o jornal, seja de situação ou de oposição ao Estado, cumpre este papel ao "formar a imagem do inimigo" colocando em circulação um discurso acusatório.

Para compreendermos a razão do confisco destes jornais pela Polícia Política devemos levar em consideração: a trajetória histórica das comunidades as quais representavam, a persistência de uma mentalidade racista e anti-semita entre as autoridades brasileiras, o projeto étnico-político assumido pelo Estado Nacional republicano e a lógica da desconfiança endossada pelos órgãos de repressão oficiais.

Como exemplo citamos o jornal *Ararat*, porta-voz da comunidade armênia no Brasil, confiscado por seu teor comunista. Esta classificação negativa deve-se ao fato de que, após a proclamação da República Independente da Armênia em 28 de maio de 1918, esta logo foi "sovietizada" em 2 de setembro de 1920, transformando-se numa das então Repúblicas Socialistas Soviéticas: a Armênia Soviética conhecida também como Armênia Russa. Um segundo fator iria in-

204. *Pront. nº 2.143. Federação das Organizações Russa.* DEOPS/SP. AESP; Cf. pesquisa recente de Paula Correia Pacheco, *A Palavra Silenciada: O Papel Sedicioso da Imprensa Clandestina (1930-1945)*, Iniciação Científica, Fapesp, 2002.

205. Ver inventário de Álvaro Andreucci e Valéria Garcia de Oliveira. *Cultura Amordaçada. Artistas e Intelectuais sob a Vigilância do DEOPS.* Inventário DEOPS, São Paulo, Arquivo do Estado/Imprensa Oficial, 2002.

206. Bronislaw Baczko, "Imaginação Social", *Enciclopédia Einadu*, Lisboa, Casa da Moeda-Imprensa Nacional, 1985, vol. 5 (Antropos-Homem), p. 309.

terferir no conteúdo do jornal *Ararat*, produzido enquanto porta-voz do contingente de armênios radicados no Brasil a partir de 1924[207]. Estes, cerca de cem mil, começaram a chegar em decorrência dos massacres de 1915 cujos alvos eram justamente os membros intelectuais e letrados da comunidade. Na condição de refugiados, os sobreviventes deslocaram-se da região Cilícia, correspondente ao norte da Síria e sul da Turquia atuais. A maioria era de crianças e jovens órfãos acolhidos por instituições humanitárias dirigidas por Igrejas cristãs de rito não-armênio[208]. Em São Paulo, líderes ativistas procuraram denunciar o assassinato em massa de um milhão e meio de armênios massacrados pelos turcos em 1915. O jornal *Ararat* tornou-se porta-voz deste grupo que, ainda hoje, luta pelo reconhecimento do genocídio armênio enquanto uma questão de justiça[209].

O nº 7 do *A Voz Sionista* – tablóide carioca, fundado em setembro de 1947 como o órgão informativo da Organização Sionista Unificada do Brasil [OSUB] – foi confiscado pelo DEOPS/SP em 1948, após uma prolongada investigação junto a Congregação Israelita de São Paulo. O jornal, como bem definiu o seu primeiro editorial, havia sido concebido no calor dos debates do final da Segunda Guerra Mundial e da divisão da Palestina para o estabelecimento de dois Estados: palestino e judeu. Segundo pesquisa desenvolvida por Beatriz Kushnir, o referido periódico procurava informar as comunidades judaicas brasileiras de temas como: os cinqüenta anos do Congresso Sionista na Basiléia; a importância de se estabelecer o "Lar Nacional Judeu"em Israel e as campanhas de arrecadação de fundos para a sua construção, tendo como base as atividades do Keren Kayemeth Leisrael [KKL], na época, presidido por Leizer Levinson. Em prol da arrecadação de fundos, vários anúncios, como o famoso que reproduzia uma caixa-cofrinho azul e branco, do KKL, ensinando os "dez mandamentos"para auxiliar Israel, foram reproduzidos nesses dois anos de periódico[210].

O fato deste jornal ser publicado no Rio de Janeiro e apreendido em São Paulo tem sua razão de ser: desde a década de 1930, estas duas cidades concentravam o que havia de mais proeminente na vida social, cultural e política das modernas comunidades judaicas. Diante da diversidade de agrupamentos partidários, o sionismo brasileiro dinamizou-se encontrando espaço junto à imprensa judaica atenta às diferentes sugestões para criação de um Lar Nacional Judaico. No entanto, a apreensão do *A Voz Sionista* não deve ser entendida como um ato isolado ou como mais um, entre tantos atos de uma investigação empreendidos pelo DEOPS contra a comunidade judaica de São Paulo[211]. O confisco deste periódico explica-se mediante a tradicional trilogia anti-semita *judeu, estrangeiro, comunista*[212].

O jornal só foi apreendido após uma série de investigações que colocavam a CIP sob sistemática vigilância por envolver "estrangeiros em território nacional". Em 24 de janeiro de 1942, Elpídio Reali determinou que fosse expedida uma intimação à CIP, instalada à rua Brigadeiro Galvão, nº 181. Esta ordem atendia ao pedido do Sr. Ministro da Justiça ao Sr. Interventor Federal no Estado de São Paulo que exigia instruções para que houvesse maior controle das sociedades de estrangeiros e aquelas de nacionalidades estabelecidas em território nacional. Em 26 de janeiro de 1942, o Dr. Roberto Lichtenstein – que havia sido vice-presidente da diretoria da CIP (de agosto/1940 a dezembro/1941) – foi chamado para prestar declarações.

207. Importante ressaltar que a imigração armênia para o Brasil processou-se em dois momentos distintos: no final do século XIX quando um pequeno grupo constituído por armênios oriundos da chamada "Armênia Oriental" (Império Russo) integrou a corrente imigratória síria e libanesa. O segundo grupo começou a chegar após 1924 em conseqüência do massacre de 1915. A Questão Armênia tornou-se alvo de análise das potências aliadas e a Turquia, principalmente, com o Tratado Internacional de Sèvres, assinado em 10 de agosto de 1920, que definia o território armênio. Segundo o Conselho Nacional Armênio (CNA) da América do Sul, "a Turquia não cumpriu o tratado e procurou desfigurá-la com outros tratados que não contaram com a presença dos representantes ligítimos do povo armênio.

208. Roberto Grün, "Intelectuais na Comunidade Judaica Brasileira", em Bila Sorj, *Identidades Judaicas no Brasil Contemporâneo*, Rio de Janeiro, Imago, 1997, pp. 125-149; Nubar Kerimian, *Massacre de Armênios. Documentos Oficiais Turcos sobre as Matanças de Armênios em 1915*, São Paulo, Igreja Central Evangélica de São Paulo, 1998.

209. Cf. Manifesto do Conselho Nacional Armênio (CNA) da América do Sul, e representação brasileira, 2002.

210. Beatriz Kushnir, "A Voz Sionista", ficha histórica incluída neste catálogo.

211. Ver Taciana Wiazovski, *Bolchevismo & Judaísmo. A Comunidade Judaica sob o Olhar do DEOPS. Módulo VI-Comunistas*, coordenado por Maria Luiza Tucci Carneiro, São Paulo, Arquivo do Estado/Imprensa Oficial, 2001.

212. *A Voz Sionista* encontra-se anexado ao *Pront. nº 4.705, da Congregação Israelita Paulista* aberto em 1937 em conseqüência de uma denúncia contra o Lar das Crianças. Outras suspeitas estenderam as investigações até 1953 quando o processo foi encerrado. Ver também artigo de Maria Luiza Tucci Carneiro, "O Mito da Conspiração Judaica e as Utopias de uma Comunidade", *Minorias Silenciadas. História da Censura no Brasil*, São Paulo, Edusp/Fapesp, 2002.

Um relatório assinado por Vicente Napoli – Subchefe de Investigações presente na Assembléia Geral Ordinária realizada pela CIP em dezembro de 1947 – demonstra que aquela entidade continuava sob vigilância policial. Neste documento o investigador define a CIP como sendo uma associação

> [...] fundada por judeus alemães, não sendo e não tendo qualquer ramificação com comitês da Europa. Mantém auxílio as crianças da raça; assistência social a todos os judeus que chegam sem meios de subsistência; um curso de línguas, uma associação de escoteiros, que pertence a Federação Paulista de escoteiros. Existem diversos filantropos que dedicam grande parte do seu tempo, dispondo, também de grandes importâncias em dinheiro para auxílio da mesma.

Em 1948, investigadores do DEOPS retornaram à sede da CIP com o objetivo de relacionar as dependências daquela organização e apreender documentos "suspeitos". Nos autos de busca e apreensão está relacionado *A Voz Sionista* (nº 7), cuja matéria de capa intitula-se "Restaurado, após 1900 anos, o Estado de Israel", por S. M.

Esta preocupação das autoridades brasileiras com o movimento sionista no Brasil tem razões históricas. Após a Partilha da Palestina em 1947, o governo Dutra não via com bons olhos os rumos tomados pelo recém-criado Estado de Israel, candidato a "satélite comunista". Incomodava-o a criação de *kibutz* modelados pelas práticas socialistas, da mesma forma como "estranhava"o reconhecimento imediato da ex-URSS (1948) a Israel. A estes fatos somou-se o auxílio armamentista dado pela ex-Tchecoslováquia, aliada dos israelenses contra os árabes insatisfeitos com a Partilha da Palestina. Este contexto pressionou o Brasil a retardar para 7 fevereiro de 1949 seu reconhecimento oficial ao Estado de Israel e para 1952 o estabelecimento das legações diplomáticas.

Através desta documentação fica evidente que um constante clima de tensão marcou, durante todo o período da Guerra Fria, a postura do governo brasileiro comprometido de um lado com sua tradição anti-semita e de outro, com os ideais democráticos defendidos pelos Estados Unidos. Em maio de 1949, durante a Assembléia Geral da ONU, o Brasil se absteve na votação sobre a admissão de Israel naquela organização (aprovada pela Resolução nº 273, III), condicionando seu voto à "estrita implementação por Israel das resoluções relativas à internacionalização de Jerusalém e à questão dos refugiados árabes". Este posicionamento justificava-se pelos seguintes fatos: o Brasil, país católico por tradição, não estava interessado em se opor ao Vaticano favorável a internacionalização de Jerusalém; da mesma forma, não pretendia desagradar aos países árabes cujas relações comerciais seriam intensificadas ao longo dos anos 1960 e 1970.

* * *

Enfim, cada jornal confiscado teve sua razão de ser. Ao emitir opiniões generalizadas sobre este ou aquele impresso, fosse de esquerda ou extrema direita, as autoridades policiais desconsideravam a fragilidade da condição humana em face das calamidades, da miséria e da injustiça social. Comprometida com o poder, a Polícia Política recorreu à violência como instrumento de dominação visando frustar quaisquer possibilidades de alternativas de vida e opções ideológicas. Mas, liberdade de expressão não é opção e sim um direito humano fundamental, como muito bem frisou Anita Novinsky em seu artigo "Os Regimes Totalitários e a Censura"[213]. Investindo contra a imprensa revolucionária, o Estado provou não admitir pluralidade de pensamento. Ao sufocar a rebeldia dos editores/jornalistas, as autoridades abriram as portas para a mediocridade daqueles que nada criam e nada contestam. Em 1723, Bernard Mandeville, ao protestar contra a perniciosidade dos escritos subversivos já afirmava:

> Ler, escrever, contar são [...] muito perniciosos aos pobres, [...] Homens que devem permanecer e terminar seus dias numa árdua, fatigante e dolorosa quadra da vida, quanto antes a elas se acostumarem, mais paciente a suportarão[214].

213. Anita Novinsky, "Os Regimes Totalitários e a Censura", em *Minorias Silenciadas*, *op. cit.*, p. 34.
214. Bernard Mandeville, "Essay on Charity and Charity Schools", *The Fable of the Bees*, Oxford, Kaye Ed., 1924.

JORNAIS NACIONAIS

ACÇÃO | *São Paulo*

Histórico

CONSELHO EDITORIAL	MIGUEL REALE (DIRETOR) EDUARDO GRAZIANO (GERENTE) PAULO PAULISTA UCHÔA CINTRA (SECRET.)
PERFIL	INTEGRALISTA
PERIODICIDADE	DIÁRIO
PROCESSO GRÁFICO	TIPÓGRAFICO
LOCAL DA EDIÇÃO	SÃO PAULO (SP)

O jornal *Acção*, órgão oficial da AIB – Ação Integralista Brasileira, circulou de 7 de outubro de 1936 a 23 de abril de 1938. Dividia a sede da sua redação em São Paulo, à rua do Carmo, nº 17, com o jornal *O Dia*. Em 29 de setembro de 1937, a sua redação, administração e oficina foram transferidas para o prédio da rua Irmã Simplícia, 17 e 17-A. O *Acção* teve como seu idealizador e diretor o advogado Miguel Reale, um dos principais ideólogos da doutrina do Sigma. É de Reale a concepção jurídica de Estado-sindical-corporativo, definido no *Abecedário Integralista*.

O *Acção* tinha como seus adversários o judaísmo, o liberalismo, o capitalismo internacional, o socialismo e a maçonaria. Exemplo desta postura é o artigo publicado em 22 de março de 1938 com título "O Judaísmo ao Lado da Espanha Comunista". Podemos considerar que durante toda a sua trajetória, o jornal assumiu uma posição francamente anti-semita. Os textos, mesclados por expressões típicas do moderno anti-semitismo, apelavam para todos os tipos possíveis de argumentos vazados através de notícias nacionais e internacionais. O sujeito "judeu" aparece sempre relacionado com o comunismo ou com o capitalismo, reafirmando o mito da complô judaico internacional. Sob este viés, a imigração dos judeus refugiados persiste nos noticiários diários carregados de "clichês" racistas.

Enquanto matutino com edição diária, o *Acção* somente não saía às segundas-feiras. Como todos os periódicos integralistas, este jornal estava sob o controle da rede Sigma Jornais Reunidos, encarregada de garantir a uniformidade das publicações. Integravam esta rede: *O Integralista*, *A Offensiva* e o *Monitor Integralista*, além das revistas nacionais *Anauê* e *Panorama*, dentre outras publicações regionais e locais. No seu conjunto, estes impressos caracterizavam a ascensão das idéias autoritárias de direita no Brasil identificadas com o discurso nazifascista em voga na Itália e na Alemanha.

Um jornal para todas as classes
ACÇÃO

Em 1936, diferentes segmentos do Sigma encontravam-se instalados no Rio de Janeiro, Minas Gerais, Ceará, Maranhão, Espírito Santo, Paraná, Porto Alegre, Santa Catarina etc. Estima-se para este ano – segundo o *Dicionário Histórico Biográfico Brasileiro* (vol. 2, pp. 289) – um total entre seicentos mil e um milhão de adeptos. A criação em 1936 do *Acção* em São Paulo circunscreve-se ao período de maior vitalidade do movimento integralista em termos nacionais, registrando a sua transformação de movimento em partido ou seja: a passagem da fase revolucionária para a fase eleitoral. Esta mudança de tática política por parte dos camisas-verdes estava diretamente relacionada com a sucessão de Vargas em 1937.

O fato da AIB ter apresentado Plínio Salgado como candidato à Presidência da República em 1936 interferia nos planos de Getúlio Vargas, interessado em continuar no poder. Ao dar o golpe em novembro de 1937 – ato que marcou o início do Estado Novo e a instauração da ditadura no país, com a dissolução oficial dos partidos políticos – Vargas extinguia, por decreto a AIB, sem conseguir,

O CHEFE NACIONAL

FALOU NA RADIO MAYRINK VEIGA

RIO, 1 (H.) — O sr. Plinio Salgado fez á noite uma conferencia na Radio Mayrink Veiga, sobre o general Couto de Magalhães e hypothecou solidariedade ao presidente da Republica e ás forças armadas do paiz.

ACÇÃO

Direcção de MIGUEL REALE — Terça-feira, 2 de Novembro de 1937

NUMERO DO DIA 200 RÉIS

NUMERO ATRAZADO 400 RÉIS

ANNO II | Gerente: **Eduardo Graziano** | Red., Adm. e Off., Rua Irmã Simpliciana, 17 e 17-A — São Paulo | Secretario: **Paulo Paulista** | N.º 325

50 mil «camisas-verdes»

desfilaram, no Rio, ao lado das Forças Armadas

O PRESIDENTE GETULIO VARGAS, NA SACADA DO PALACIO GUANABARA, LADEADO DO GENERAL NEWTON CAVALCANTI E ALMIRANTE DARIO PAES LEME, ASSISTEM AO IMPONENTE DESFILE

O SR. GETULIO VARGAS, CHEFE DA NAÇÃO BRASILEIRA QUE, PLENAMENTE PRESTIGIADO PELAS FORÇAS MILITARES DE TERRA, MAR E AR, ENCARNA NESTA HORA DELICADA DA VIDA POLITICA NACIONAL, O PRINCIPIO DA AUTORIDADE, O PODER CENTRAL CUJA ACÇÃO TODOS OS PATRIOTAS DEVEM PRESTIGIAR, PARA O BEM DO BRASIL

Homenagem á figura historica de Couto Magalhães

RIO, 1 (H.) — As commemorações civicas promovidas hoje pela Acção Integralista Brasileira, transcorreram com grande brilho e animação, sendo que o desfile que encerrou essas commemorações assumiu proporções extraordinarias, quer pelo numero das pessôas que nelle tomaram parte quer pela imponencia de que se revestiu.

As primeiras cerimonias constaram de concentrações em todos os nucleos integralistas. Em cada um desses nucleos um orador falou, sobre a figura historica de Couto Magalhães, enaltecendo a sua actuação na vida brasileira. E' que hoje se commemora o primeiro centenario do nascimento do grande indianista brasileiro a cuja memoria os integralistas fizeram render um preito, de accentuado cunho nacionalista.

Terminadas as cerimonias civicas dos nucleos, os integralistas dirigiam-se para os pontos de concentração préviamente designados, afim de ser organizado o grande desfile. Os homens concentraram-se na praça Mauá, e adjacencias; as mulheres na praça Duque de Caxias. A's 16 horas os primeiros desfilaram pela Avenida Rio Branco, Avenida Beira-Mar e rua do Cattete, em direcção á praça Duque de Caxias, entoando hymnos patrioticos, e em formações perfeitamente enquadradas. Enorme multidão se agglomerava nas ruas, para assistir ao desfile. Da praça Duque de Caxias, onde foi organizado o cortejo definitivo os integralistas e milhares de pessôas de todas as classes sociaes, num total avaliado em 50.000, rumaram para o Palacio Guanabara. Fez-se então o desfile official deante do presidente Getulio Vargas, que se achava em uma das sacadas, ladeado pelo general Newton Cavalcanti, almirante Dario Paes Leme, pelos ajudantes de ordens da presidencia e por outras altas autoridades.

O desfile durou algumas horas. Os integralistas, ao passarem em frente ao chefe da nação, em grupos, erguiam tres "anauês" e cantavam o hymno "Avante".

Terminado o desfile, as formações integralistas se dissolveram sempre em perfeita ordem.

Aproveitando o dia de hoje os integralistas assignaram nos seus nucleos, a mensagem que será entregue ao presidente da Republica, protestando solidariedade ao governo federal no combate ao communismo.

Tomaram parte no desfile contingentes integralistas vindos de S. Paulo, Minas, Estado do Rio e outros Estados.

O SR. PLINIO SALGADO, CHEFE NACIONAL DA A. I. B. que vem conduzindo, ha longos annos de luta e de sacrificios, mais de um milhão de brasileiros conscientes, que se abrigaram sob a bandeira azul e branca do Sigma e que juraram, perante Deus e perante o altar da Patria, defender a soberania da Nação Brasileira, ao lado das gloriosas Forças Armadas Nacionaes

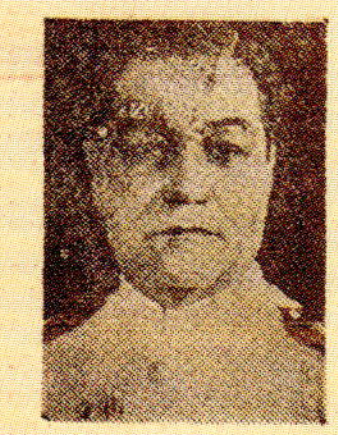

ALMTE. ARISTIDES GUILHEM, Ministro da Marinha Brasileira, cujas forças estão cohesas, firmes ao lado do Governo Central, na defeza da dignidade e da honra do Brasil, integradas em perfeita communhão de ideas e de sentimentos com as forças do glorioso Exercito Nacional.

O presidente GETULIO VARGAS, n.. Palacio do Cattete, quando recebeu a delegação de integralistas

O GAL. NEWTO NCAVALCANTI, da commissão que superintende a execução do "estado de guerra", esteio fundamental da luta contra o Communismo, em defeza de Deus, Patria e Familia.

entretanto, desativar os militantes que, em março de 1938, tentariam um *Putsch* contra o Palácio Guanabara. O grupo – que até então harmonizava com as idéias centralizadoras defendidas pelo governo – transformou-se em inimigo do regime. Os artigos publicados pela "imprensa verde" passaram a ser classificados como "tendenciosos".

NUMERO DO DIA
200 RÉIS
NUMERO ATRAZADO
400 RÉIS

Tal alteração explica, em grande parte, a vigilância e a censura que pairou sobre os jornais integralistas a partir de 21 de maio de 1937. Foi quando o *Acção* ficou sob observação diária dos investigadores do DEOPS de São Paulo, atentos a todos que entravam e saíam de sua redação.

Motivo da vigilância

Ainda que vigiado diariamente e de ter proibida a publicação de algumas de suas matérias, o jornal *Acção* não chegou a ser confiscado pelo DEOPS de São Paulo. Com base na documentação arquivada junto ao prontuário do jornal, podemos afirmar que este ficou "sob observação". Os atos censores foram muito mais de caráter preventivo do que punitivo, diferenciando-se da repressão empreendida contra os periódicos comunistas, por exemplo. Em 2 de novembro de 1937, um despacho policial ordenava suspender a publicação do jornal e deter o responsável. A publicação não foi suspensa e o responsável Sr. Ulhoa Cintra, secretário do referido periódico, foi chamado apenas para prestar declarações.

Em um outro ofício, datado de 2 de novembro de 1938, o Coronel Chefe do Serviço de Censura indica o *Acção*, órgão oficial da AIB neste Estado, como reincidente: "vem burlando as ordens emanadas deste serviço. Assim é que tem publicado matéria proibida pela Censura, como ainda ontem aconteceu, com o referente desfile realizado na Capital da República, cuja publicação se verificou no número de hoje, sem dar a mínima explicação a este serviço". Aqui, os tempos eram outros, contexto que justifica a penalidade aplicada: "que seja suspenso por dez dias o jornal transgressor". Dentre os artigos vetados pelo censor Mucio Ferreira, destacamos aquele que – avaliado como "tendencioso" e com data de 21 de março de 1938 – afirmava: "O milagre virá das estrelas verdes que Iracema está vendo no céu".

Em 26 de abril de 1938, um comunicado do Gabinete de Investigações do DEOPS anuncia a agonia final da imprensa integralista ao informar que o jornal *Acção* deixava de circular: seu maquinário e demais pertences haviam sido vendidos a uma sociedade anônima, que passaria a editar o vespertino *Última Hora*, sob a direção do jornalista Luiz do Amaral.

Prontuário: 40.620
Prontuariado: *A Acção*
Coleção completa: Hemeroteca do Arquivo do Estado

Festividade religiosa em homenagem a Christo Rei

Tocante procissão infantil no centro da cidade - Bençan na Praça da Sé

Realizou-se ante-hontem, perante numerosa assistencia nas ruas centraes da cidade, a tocante procissão em homenagem a Christo-Rei, constituida de crianças de todas as associações religiosas da Capital.

A's 14,30 horas, o S. S. Sacramento vindo da Igreja da Boa Morte, entrou na praça da Sé, conduzido pelo sr. Bispo Auxiliar de São Paulo. O prestito religioso começou a desfilar, fazendo o itinerario: ruas Quinze de Novembro, João Briccola, Boa Vista, largo São Bento, ruas São Bento, Direita e praça da Sé. Durante o trajecto, as crianças entoavam hymnos religiosos.

Dirigiam a procissão os sarcedotes: Pes. João Pavesio, Paulo Freire, Pedro Gomes e Antonio Marcial Pequeno.

Na Praça da Sé, foi a procissão aguardada pelos mariannos.

Ahi o sr. Arcebispo deu a bençam solemne, com o Santissimo Monsenhor Ernesto de Paula dirigiu invocações religiosas e o Monsenhor Barros Uchôa pronunciou ao microphone, vibrante allocução.

Os cigarros que proporcionam dupla satisfação

Fumar um bom cigarro é sempre uma grande satisfação para os que realmente sabem distinguir o bom do inferior. Porém fumar um cigarro que além do seu agradabilissimo sabor traz sempre consigo uma valiosa surpreza, é proporcionar a si proprio uma dupla satisfação.

Nesse caso, sómente os productos Sudan, mormente as marcas "Fulgor" "Aspasia" e "Severa" estão á altura de offerecer esta mutua alegria — o prazer de um bom cigarro casando-se á satisfação de um valioso brinde, que varia desde um cheque de 200$ a 500$, aos mais caros e uteis utensilios domesticos.

UM DESAFIO DOS PADEIROS

Os preços do pão foram majorados em $400 o kilo e a Associação dos Proprietarios de Padarias continúa negando a verdade!

Da "Associação dos Proprietarios de Padarias" recebemos o seguinte communicado, com relação a uma nossa local, denunciando a majoração havida nos preços do pão:

O PREÇO DO PÃO

A A. P. P. de S. Paulo julga ser seu dever levar ao conhecimento do publico o nenhum fundamento da noticia de haverem os proprietarios de padarias deliberado augmentar de 400 réis o preço de cada kilo de pão.

Não só tal deliberação não foi tomada como nem siquer se realizou qualquer reunião com esse objectivo.

A directoria sempre julgou escapar á finalidade da Associação a sua tromissão nos processos commerciaes de seus associados, não obstante reconhecer que o actual systhema de concorrencia a preço vil está depauperando a industria panificadora.

Mesmo sobre as consequencias que possam advir do recente decreto do governo argentino, prohibindo a exportação de trigo até a proxima colheita, nenhuma deliberação foi tomada. O preço por que cada proprietario de padaria haja de vender o seu producto dependerá principalmente do preço que venha a custar a farinha.

Suppõe, entretanto, a A. P. P. que a referida decisão do governo argentino pouca influencia poderá ter sobre o preço do pão, em vista de, segundo presume, possuirem os moinhos nacionaes e trigo bastante para attender ás necessidades do consumo durante o periodo da interdicção.

Não havendo augmento de preço nos trigos já adquiridos, **nenhuma razão haverá para que augmente o custo da farinha**, o qual já chegou a um limite jamais attingido na actual geração de padeiros.

Aliás, um accrescimo de 400 réis em kilo de pão corresponderia a uma alta de 20$000 em sacco de farinha, o que não é presumivel.

Acredita, pois, a A. P. P. que, apezar da delicadeza da situação, o pão não virá a faltar, nem encarecerá de modo sensivel".

CORAGEM DE ATTITUDES

E' surprehendente a coragem da attitude assumida, publicamente, pela Associação dos Proprietarios de Padarias, **desmentindo a alta dos** preços do pão. Possuimos, porém, elementos comprovantes, e esses elementos são os consumidores do precioso alimento, que se queixam, justamente, contra o augmento do preço do pão. Em meiados de outubro o pão custava 1$400, 1$200 e 1$000 o kilo, respectivamente de 1.ª, 2.ª e 3.ª. Custa, agora, 1$800, 1$600 e 1$400. Ora, se os preços foram alterados **para mais**, o que significa isso? Deixemos, pois, de poesia... A verdade dos factos e sobremodo eloquente, e não será com a peneira de um "communicado" que os proprietarios de padarias illaquearão a bôa fé do povo.

Com relação ao novo augmento que se projecta, o "communicado" esclarece-nos que o **preço da farinha não será majorado**... Quer isso dizer que os proprietarios de padarias projectam nova alteração para mais, no preço do pão, sem um motivo plausivel, pois que "**nenhuma razão justa haverá para que augmente o custo da farinha**".

A emenda ficou, portanto, peor do que o soneto. E já que a Prefeitura continua insensivel ao clamor da população, receiosa de effectivar attitudes que possam desagradar aos "cabos eleitoraes", só resta uma deliberação providencial do exmo. general Parga Rodrigues, illustre executor do "estado de guerra", que ponha côbro aos abusos do commercio e á cupidez dos tubarões.

A SESSÃO DE HONTEM NO SENADO

PROLONGAMENTO DA LINHA DO LLOYD NACIONAL DE CABEDELLO A NATAL

RIO, 1 (A. B.) — No Senado Federal, na sessão de hoje, sobre a acta, falou o sr. Jeronymo Monteiro Filho que, respondendo aos apartes dados ao seu discurso anterior, sobre a utilização da pequena cinematographia, em fins educativos, mostrou a utilidade de sua iniciativa. Na propria Camara, estava em andamento um projecto expondo a mesma materia. Embora differente do seu, esse projecto vinha encarecer o valor da cinematographia, para elevação do nivel cultural e para o combate ao communismo.

O senador Eloy de Souza, offereceu á consideração de seus pares, o projecto de lei, que autoriza o governo a entrar em accôrdo com a Cia. Lloyd Nacional para o fim de prolongar a linha de Cabedello até Natal, mediante contracto, cuja subvenção permitta a acquisição de dois navios.

O senador Alfredo da Matta, usando da palavra, na hora destinada ao expediente, falou demoradamente sobre a personalidade do general Couto Magalhães, cujo centenario de nascimento se commemora na data de hoje.

VON PAPEN

visitou a Exposição Internacional de Paris

PARIS, 1 (H.) — O "Paris Midi" annuncia que o sr. Von Papen chegou a Paris á noite, em viagem estrictamente privada.

Visitou a Exposição Internacional durante o "week-end", principalmente o pavilhão do Reich.

A embaixada da Allemanha confirma a presença do sr. Von Papen em Paris e affirma que sua permanencia não será de mais de 4 dias. Acredita-se que regresse á noite.

POSTO EM LIBERDADE O FALSO PRINCIPE DADIANI

RECIFE, 1 (A.B.) — Em virtude de concessão de "habeas-corpus", requerido á justiça federal, foi posto em liberdade o pseudo principe Dadiani, implicado no mysterioso caso do desapparecimento de Pedro Perroni.

THEATROS

O MARTYR DO CALVARIO, HOJE, EM DUAS SESSÕES, NO COLOMBO

Hoje, ás 19,30 e 21,30, em duas sessões, a Companhia Nino Nello, em homenagem aos sentimentos religiosos do nosso povo, dará duas ultimas representações do formidavel drama sacro de Eduardo Garrido — O MARTYR DO CALVARIO.

A este poema sacro o conjuncto dirigido pelo escriptor Jean Cocquelin e "estrellado" por Nino Nello, dá um desempenho magnifico. Os papeis principaes estão assim distribuidos: — Jesus — A. Costa — Maria de Anjo, Henriqueta Brieba, Samaritana — Itamar de Souza, São João, Yara de Aguiar, Pilatos, Bruno d'Abreu, Caifaz, A. Corona, Annaz Theo Biazi, Judas, Djalma Sarmento.

Os preços são populares.

AMANHÃ, NO COLOMBO, O IRRESISTIVEL BENTINHO, COM ALICINHA DE ARCHAMBEAU

O escriptor Jean Cocquelin, director artistico do conjuncto "estrellado" pelo comico numero 1, o querido artista Nino Nello, apresentará, hoje, ao publico frequentador do Colombo, uma reprise de successo — O IRRESISTIVEL BENTINHO, uma farsa allemã, em tres actos, que Nino Nello adaptou ao ambiente paulista.

Nesta peça fará a sua estréa a brilhante actriz Alicinha de Archambeau, a artista conhecida pelo apellido de "Claudette Colbert brasileira.

A seguir, o cartaz annuncia uma reprise sensacional: — O EXERCITO DA SALVAÇÃO.

"ARRE, BURRO!" TRIUMPHANTE NO PALCO DO CASINO

Tudo agrada e tudo encanta em "Arre, Burro!" o grande espectaculo que a homogenea Companhia Portugueza encabeçada por Beatriz Costa está apresentando, ao nosso publico, no Casino. São dezoito quadros deliciosos de humor, de fina comicidade e de espirito. Seus scenarios são de rara grandiosidade e suas montagens luxuosas. Beatriz Costa, nos seus sete numeros de sensação, vibra e faz vibrar todo o publico, electrizando-o pela sua vivacidade irresistivel, pela sua alegria communicativa, pelos primores de sua arte e pelos requintes de sua belleza. E, do mesmo modo as outras adoraveis artistas: Maria Sampaio, Dina Thereza, a nossa linda "Severa", Maria Brazão, Rosa Maria, Fernanda Coimbra, "Maria de Portugal", a fadista. E Alvaro Pereira, impagavel no "compére", com as suas gozadissimas piadas e Nascimento Fernandes admiravel nos 4 papeis que vive. Hoje, como amanhã, proseguirá o exito sem par de "Arre, Burro!", nas sessões das vinte e vinte e duas horas.

"O DOMADOR DE ONÇA", HOJE EM MATINE'E E A' NOITE, COM GENESIO, NO APOLLO

Genesio Arruda, o querido actor caipira que tantas sympathias goza em S. Paulo, mudou hontem o seu cartaz no Theatro Apollo, onde está realizando brilhantissima temporada mixsta de palco e tela. Foi á scena, na segunda parte do espectaculo, em ambas as sessões, o novo disparate "Domador de onça", que não só attrahiu grande publico ao elegante theatrinho da rua 24 de Maio, como offereceu ensejo a Genesio para apresentar mais uma das suas creações comicas, trazendo a platéa em constante hilaridade. Completa o programma o filme "Voando para o Rio".

— Hoje haverá matinée, tambem, por ser dia santificado.

Movimento Integralisto

NUCLEO DISTRICTAL DA LUZ

Communico aos inscriptos neste Nucleo, que deverão comparecer, na séde, hoje ás 9 horas, para prestarem homenagem aos Companheiros Caetano Spinelli e Jayme Guimarães, e demais martyres do Sigma.

(a) Luiz de Freitas Bueno. Chefe Substituto.

CONVOCAÇÃO

De ordem do Secr. das Corp. e Serv. Eleitoraes convoco os companheiros abaixo para uma reunião que deverá realizar-se amanhã, á rua Pedro Lessa, n.° 2, ás 2,30 horas, para tratar de assumpto urgente: Dr. Lino Finocchi, Carlos Catelli Gandolfo, Antenor Silveira da Rosa, Joaquim Rodrigues Santos Filho, Moacyr Alberto Gaspareto, Raul Pinto Lima, Oswaldo Raphael Bacciotti, Orlo Marques Costa, Antonio Silvestrini, Miguel Pacifico, Ramyl Methauro Bernardes, Julio Manoel da Silva, Salvador João José Amore, Victorio Madaloaso, Heitor Mantovani Junior, João Pedro, Francisco Nicoló, Antonio Brunetti, Paulino Antonio de Oliveira.

(a.) Almiro Alcantara — Director Provincial Syndical

CONVOCAÇÃO

De ordem do S. P. C. e Eleitoraes convoco os seguintes companheiros para uma reunião que deverá realizar nesta Directoria, á rua Pedro Lessa n.° 2, no proximo dia 4, quinta-feira, ás 20,30 horas, para tratar de assumptos de grande importancia: Clibas Pompeo de Camargo, João Jablonski, Felix Wiglandaus, Rodolpho Jablonski, Raul Pinto Lima, Julio Cesar de Siqueira, Decio Monteiro Garcia, Maximiliano Allegrette, Manoel da Cunha Baptista, Adib Chacur, Belmiro Scaravelli, Mario Scaravelli, **Romeu Devisate**, Domingos Affonso Carvalho Filho, Francisco Labate, Braz Ribeiro Alvarez, João Martins da Cruz, João Climaco de Souza.

(a.) **Almiro Alcantara** — Director Provincial Syndical.

O HOMEM MAIS PHOTOGRAPHADO DO MUNDO ACABA DE FALLECER AOS 81 ANNOS DE IDADE

CAPRI, 1 (H.) — Spadaro, o homem mais photographado do mundo, "o pescador caracteristico", acaba de fallecer aos 81 annos.

Sua physionomia alongada por uma barba branca, o gorro vermelho, tornára o modelo de milhares de pintores; pousou em vida para um numero infindavel de turistas e photographos. Um detalhe curiosissimo agora: o "pescador caracteristico" nunca pescou. Spadaro deixa uma pequena fortuna.

A CANA | *São Paulo*

CONSELHO EDITORIAL	RODOLPHO FELIPPE
PERFIL	DEFENDE OS INTERESSES DOS PRESOS DO PRESÍDIO PARAÍSO
PERIODICIDADE	EXEMPLAR ÚNICO
PROCESSO GRÁFICO	MANUSCRITO
LOCAL DA EDIÇÃO	SÃO PAULO (SP)

Histórico

O jornal *A Cana* pode ser considerado como um exemplo singular na história do jornalismo clandestino da década de 1930. Produzido dentro da prisão por Rodolpho Fellipe – redator/chefe de *A Plebe*, preso em 26.11.1935 por medida de "caráter preventivo" – este jornalzinho fazia críticas satíricas à condição carcerária vivenciada pelos presos do Presídio Político Paraíso.

Anarquista confesso, Rodopho Felippe foi também o mentor de *O Xadrez*, jornal manuscrito a lápis similar ao *A Cana*. Estas suas investidas valheram-lhe processo pelo Tribunal de Segurança Nacional sob a acusação de ser anarquista e publicar "artigos violentos". Este mesmo tom acusatório persiste nos artigos publicados em *A Plebe* – que não media palavras para criticar as leis, chegando mesmo a afirmar que elas tinham valor de "papel higiênico no governo Armando Sales" (*A Plebe*, n. 75, pp. 1-2).

O exemplar único de *A Cana*, grafado em folhas de papel almaço, indica como sede da redação o "apartamento 8" numa irônica analogia aos insalubres espaços prisionais brasileiros. Como horário de expediente registra um simples "não tem". Este periódico, numa linguagem acentuada pela crítica política relata as condições dos presos neste presídio e se coloca como órgão defensor dos interesses dos mesmos. *A Cana* defende "Deus, a Pátria e a Familia".

Motivo da apreensão

A apreensão, que se deu dentro do próprio Presídio Paraíso, atendia às normas impostas pelo Estado intolerante a qualquer tipo de desvio. O jornal – além de ser de autoria de um ativista político e por criticar a ordem vigente – havia sido produzido nas penumbras dos cárceres, expressando uma postura de afronta às autoridades policiais. Composto em três colunas, *A Cana* faz questão da distinção conceitual ao especificar, nos seus objetivos, que "a cana" que lhe serve de cabeçalho nada tem a ver com a "caninha", tradicional aguardente brasileira. Justifica sua grafia com um único "n" por ser uma cana que só se aplica àqueles que não gostam de "batidas" (policiais).

Data da apreensão

1935

Prontuário: 400
Prontuariado: Rodolpho Fellipe
Remissão: 2.303

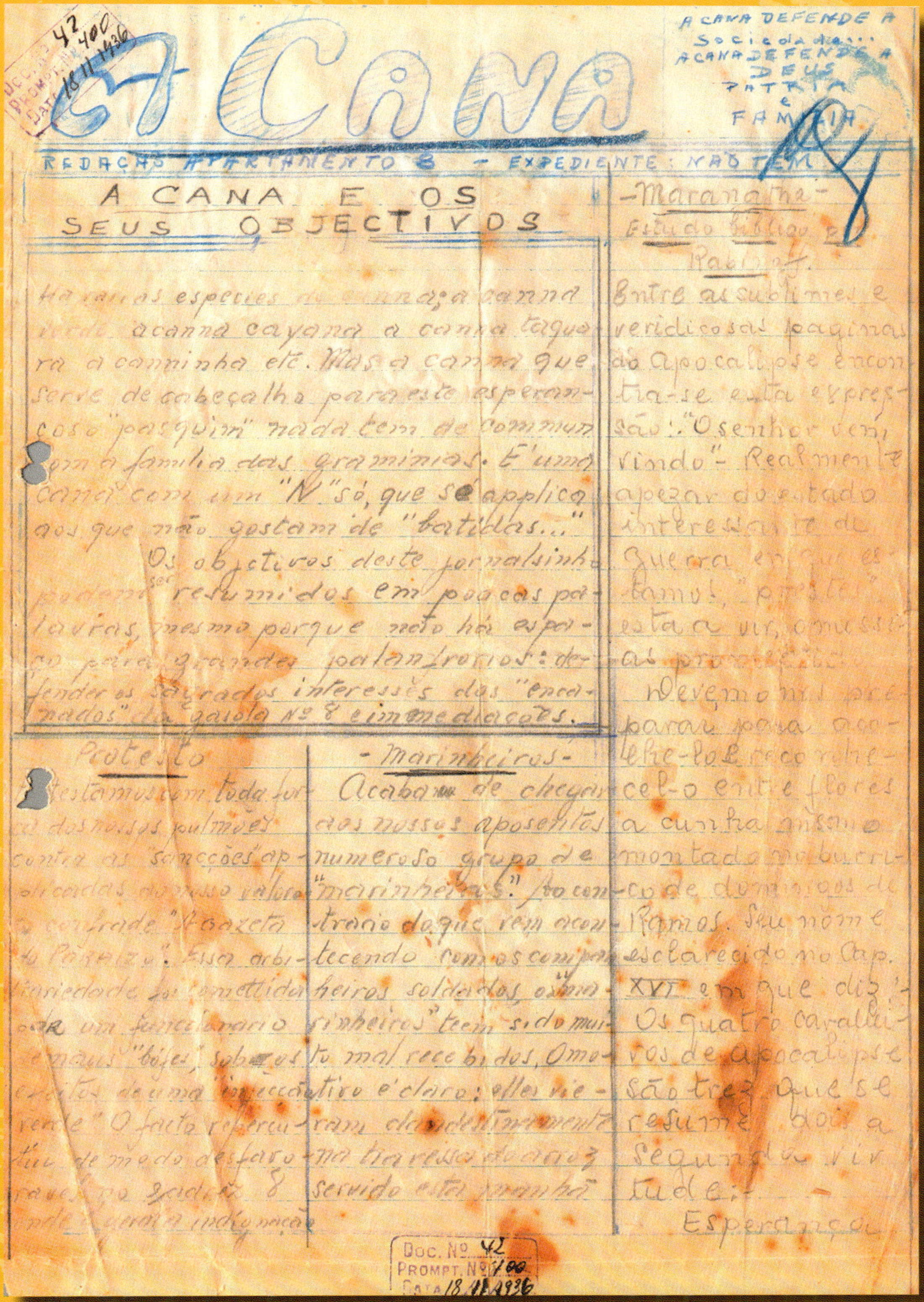

Doc. Nº 42
Prompt. Nº 400
Data 18 11 1936

A CANA

A CANA DEFENDE A Sociedade...
A CANA DEFENDE A DEUS PATRIA e FAMILIA

REDAÇÃO APARTAMENTO 8 – EXPEDIENTE: NÃO TEM

A CANA E OS SEUS OBJECTIVOS

Ha varias especies de canna: a canna [illegible] a canna cayana a canna taquara a canninha etc. Mas a canna que serve de cabeçalho para este esperançoso "pasquim" nada tem de commum com a familia das graminias. E' uma cana com um "N" só, que se applica aos que não gostam de "batidas..."

Os objectivos deste jornalsinho podem ser resumidos em poucas palavras, mesmo porque não há espaço para grandes palanfrorios: defender os sagrados interesses dos "encanados" da gaiola nº 8 e immediações.

Protesto

Protestamos com toda força dos nossos pulmões contra as "sancções" applicadas ao nosso valoroso confrade "Gazeta do Pateo". Essa arbitrariedade foi commettida por um funccionario de maus "bofes", sob os [illegible] de uma "[illegible]". O facto repercutiu de modo desfavoravel na gaiola 8 onde [illegible] a indignação

– Marinheiros –

Acabam de chegar aos nossos aposentos numeroso grupo de "marinheiros". Ao contrario do que vem acontecendo com os companheiros soldados, os marinheiros teem sido muito mal recebidos. O motivo é claro: elles vieram clandestinamente na travessa do arroz servido esta manhã

– Maranatha –

Estudo biblico de Rabinof.

Entre as sublimes e veridicas paginas do Apocalipse encontra-se esta expressão: "O senhor vem vindo" – Realmente apezar do estado interessante de Guerra em que estamos! "prestes" esta a vir, como estão as prophecias.

Devemos nos preparar para acolhe-lo e reconhecel-o entre flores a cunha [illegible] montado no burrico de domingos de Ramos. Seu nome é esclarecido no Cap. XVI em que diz: "Os quatro cavalleiros do apocalipse são trez que se resume" [illegible] a segunda virtude.

Esperança

A CLASSE OPERÁRIA | *Rio de Janeiro*

CONSELHO EDITORIAL	A. MACIEL BOMFIM, OCTÁVIO BRANDÃO, MINERVINO DE OLIVEIRA (COLABORADORES)
PERFIL	COMUNISTA
PERIODICIDADE	SEMANÁRIO, IRREGULAR
PROCESSO GRÁFICO	TIPOGRÁFICO
LOCAL DA EDIÇÃO	RIO DE JANEIRO (RJ)

Histórico

O jornal *A Classe Operária*, Órgão Central do PCB (Secção brasileira da Internacional Comunista), surgiu no Rio de Janeiro em maio-junho de 1925. A primeira edição chegou a cinco mil exemplares cuja matéria de capa era dedicada ao histórico do hino da Internacional. Impressos em uma tipografia montada com maquinário de segunda mão, os exemplares eram empacotados e, em seguida, levados até as portas das fábricas onde eram vendidos por Octávio Brandão e outros militantes ao preço de dois mil-réis, com direito a treze números. No entanto, mal concluía a primeira tiragem, a tipografia clandestina localizada à rua Frei Caneca teve que ser desativada e, com autorização do governo, transferiu-se para as oficinas do jornal *O Paiz*, diário carioca.

Ressurgiu em maio de 1928 para, mais tarde, entrar novamente na clandestinidade circulando de forma irregular. A partir de 6 de outubro de 1928 passou a ser impresso na tipografia de *O Jornal*, de Assis Chateaubriand, cuja infra-estrutura garantiu ampliar o tamanho da página. Com o reaparecimento de *A Classe Operária*, o PCB suspendeu a publicação de *O Jovem Proletário*, órgão porta-voz da Juventude Comunista lançado em 1927. Circulando como semanário até o final de 1929, *A Classe Operária* ganhou popularidade chegando à tiragem de quinze mil exemplares. No segundo semestre de 1928, *A Classe Operária* projetou-se ainda mais ao dar destaque para a campanha em favor de Octávio Brandão e o marmorista Minervino de Oliveira, ambos candidatos do Bloco Operário Camponês ao Conselho Municipal do Rio de Janeiro (Dulles, 1973).

O nº 9 alcançou venda de 9 500 exemplares, tiragem avaliada como "insignificante" considerados os dez milhões de trabalhadores do Brasil. Costumava-se – como prática de leitura e doutrinação – ler trechos selecionados de *A Classe Operária* em reuniões políticas e de lazer. Esta estratégia atendia ao grande número de trabalhadores analfabetos, além de seduzir jovens ainda despreparados para a ação política. O sucesso alcançado pela *A Classe Operária* levou o governo a proibir a sua circulação em 1925, momento em que se preparava a impressão de 10 000 exemplares para o nº 10.

Enquanto "Jornal dos trabalhadores, feito por trabalhadores, para trabalhadores" buscava a união das categorias, objetivo impresso no cabeçalho do períodico: "Proletários, de todos os Paízes, uni-vos!" Preconizava a formação de uma frente única reunindo proletários anarquistas, sindicalistas, reformistas, marxistas etc. Funcionava como um canal direto de propaganda do ideário comunista incitando seus leitores a "fazer a revolução proletária que asseguraria um governo operário e camponês. Os artigos apresentavam um forte cunho social e, não obstante, salientavam a urgência de reformas políticas enquanto reação às manobras articuladas pelo Estado republicano. O discurso sedicioso de *A Classe Operária* rompia com o projeto étnico-político idealizado pelos governos de Washington Luís (1926-1930) e Getúlio Vargas (1930-1945) ao defender o direito à greve, de livre associação partidária e sindical.

Levantemos, em todo o paiz, uma invencivel acção de massas de solidariedade, com os nacional-libertadores presos! Arranquemol-os com nossas lutas, das garras assassinas do governo de traição nacional!

PROLETARIOS DE TODOS OS PAIZES, UNI-VOS

A CLASSE OPERARIA

ORGÃO CENTRAL DO PARTIDO COMUNISTA (SECÇÃO BRASILEIRA DA INT COMUN)

Ano XI | Num. 195 | Rio de Janeiro, 14 de Dezembro de 1935 | Preço 100 rs.

Viva a Revolução Nacional-Libertadora!

Através das lutas diarias preparemos os proximos combates!

O povo brasileiro, extremamente explorado pelos imperialistas, escorchado e oprimido pelas camorras dos senhores feudaes e burguezes, agentes dos imperialistas, luta com cada vez mais decisão pela sua libertação e pela independencia do Brasil.

Sobretudo de 1922 para cá, é que se tem ferido os combates os mais violentos em que o povo e o Exercito mostram cada vez mais a sua decisão inabalavel de sacudir o jugo imperialista e feudal.

Durante o ano de 1934, o proletariado, a classe mais avançada e dirigente da Revolução, demonstrou de um modo eloquente, em grandes greves politicas e de massas, a sua vontade de luta pelos seus direitos e liberdades, arrastando consigo grandes massas populares.

Em 1935, as lutas proletarias e papulares em todo o Brasil foram as mais importantes que houve no paiz até hoje, O proletariado se lança ás greves pelas suas reivindicações. As massas populares lutam contra os impostos, contra a crise e contra a opressão cada vez mais cínica e maior do governo de Getulio, contra os avanços dos integralistas apoiados pelo governo.

São realmente memoraveis as lutas de 1935, contra a Lei Monstro, tendo na Constituinte a palavra decidida do proletario Alvaro Ventura. Em seguida, o movimento da Aliança Nacional Libertadora, o maior movimento revolucionario de massas registrado até hoje no Brasil, com um programa claro, representando de um módo concreto as maiores aspirações das grandes massas brasileiras. A ANL arrastou as massas no Brasil inteiro, tendo á frente o proletariado. Os elementos que formavam a ala esquerda tenentista da «Revolução de Outubro» formaram nas fileiras da ANL. Luiz Carlos Prestes é aclamado o presidente desta organisação e é o mais prestigioso condutor do povo brasileiro pelo caminho revolucionario, pela sua libertação.

O governo de Getulio, apoiado pelos elementos mais reacionarios do paiz e pelos imperialistas, oprime cada vez mais o povo brasileiro e dá cada vez mais força aos maiores exploradores.

A situação do Brasil é cada vez mais grave. A crise economica e financeira aumenta. Sucedem-se as crises politicas, os «casos» e aumentam as contradições entre os grupos representantes dos intetesses imperialistas. Aumenta, tan bem, cada vez mais, a reação de Getulio e seu ministerio e seus representantes nos Estados.

Os acontecimentos se precipitam. O Nordeste, a 23 de novembro, não contendo mais a pressão revolucionaria, lança-se na luta armada. Desencadeam-se os heroicos combates de Recife e Natal. No Rio, a 27 de Novembro, os elementos libertadores do 3.° Regimento de Infantaria, da Escola de Aviação Militar e de outros corpos, se decidem para a luta. O apoio e simpatia do proletariado e das massas populares não faltou a estes lutadores. Tambem não faltou a Getulio e aos imperialistas o apoio dos lacaios dos sindicatos, dos traidores da classe operaria e do povo do Brasil.

Os lutadores se portaram heroicamente. Honraram o movimento nacional-libertador e disseram qual a disposição de luta que existe pela libertação do Brasil do jugo imperialista e feudal.

Foram vencidos. Mas na grande luta pela libertação do Brasil, estes combates em que perdemos têm grandes premissas da proxima vitória. No Rio, o movimento foi esmagado com poucas horas pela reação e pelas debilidades de organisação de outros sectores que não se pronunciaram ou não tiveram tempo de se pronunciarem. Tudo nos indica que se o movimento durasse mais 48 horas, o apoio do povo e do proletariado teria tempo a se desencadear. Tambem em outras partes do paiz, outros elementos se pronunciaram e a luta estava travada para o caminho da vitória, pelo menos de uma vitória parcial. Essas considerações nos trazem grandes ensinamentos sobre a preparação da próxima luta. A insurreição é uma arte e é preciso encaral-a mais profundamente neste sentido. Mas nós nos instruimos pela experien-

(Continúa na 2.ª pag.)

Como tantos outros jornais políticos, a periodicidade de *A Classe Operária* ficava atrelada aos acontecimentos políticos. O nº 13 programado para sair em 25 de julho de 1925, foi proibido de circular após a sede da redação ter sido fechada pela polícia. Brandão, responsável pela paginação, foi arrancado à tempo do local livrando-se de ser preso em flagrante. Tentou, sem sucesso, a publicação do jornal em Juiz de Fora (MG) onde não vigorava o estado de sítio. Com dificuldades, o jornal reapareceu entre maio de 1928 e final de 1929, quando novamente teve a redação invadida e, desta vez, depredada, fato que se repetiu com numerosas sedes de sindicatos.

A duras penas *A Classe Operária* continuou a ser publicada na clandestinidade e de forma irregular, em conseqüência do constante empastelamento de suas tipografias, das prisões dos seus gráficos, redatores e colaboradores (seguidas de tortura e morte). Esta realidade explica os diferentes projetos gráficos do jornal que somente em 1946 deu início a uma nova fase caracterizada por surpreendentes técnicas gráficas.

Motivo da apreensão

Inúmeros foram os exemplares de *A Classe Operária* confiscados pelo DEOPS, atos que culminaram com a prisão de seus portadores (possíveis leitores ou distribuidores), editores e gráficos. O conteúdo provocador dos seus artigos alimentavam novas apreensões: críticas à elite dirigente do governo Vargas acusada de espancar operários, fuzilar mulheres e crianças, torturar presos políticos, luta contra o fascismo e incitação à greve e à formação de um Partido Comunista independente, ligado às massas.

O nº 112, de 24 de maio de 1931 — anexado ao prontuário do Editorial Marenglen – trazia como manchetes de capa as matérias A situação aggrava-se! Nas vesperas do novo golpe de Estado fascista e imperialistas, Primeiro de Maio Sangrento e Contra os caudilhos e os golpes dirigidos por elles.

O nº 137, de 23 de maio de 1932, foi confiscado sob a alegação de que estava sendo distribuído clandestinamente entre os agricultores do interior paulista pelo médico Júlio Paternostro. Uma nota à 2ª edição do nº 137 é expressiva da realidade marginal vivenciada pelo jornal que, às vesperas da primeira edição, teve que suspender a impressão porque "havia perigo que a polícia desse com a tipografia onde se imprime a 'Classe'". Por esta razão, o referido número só pôde sair com duas páginas atualizadas apresentadas como sendo apenas a "metade da edição". Na primeira página o artigo "Contra a Fóme a Reação! Viva a Greve!", garantia o tom de denúncia atiçando os operários e os camponeses a "fazerem a revolução". O texto termina com as frases: "Abaixo os chefes traidores!" "Abaixo o governo e a polícia fascista", "Abaixo os tapeadores golpistas!"

O nº 191, de 30 de setembro de 1935 – vendido a 100 Rs – encontra-se anexado em um prontuário nomeado segundo a lógica policial: Boletins e Propaganda Comunista. Este exemplar trazia os artigos "Lutemos Pela Unidade e Pela Disciplina do Nosso Partido", matéria assinada por Maciel Bomfim, e "Quadros da Vida Soviética: O Dia de uma Operária", por Octávio Brandão. Ao lado do cabeçalho, um fragmento do discurso de Dimitroff no VII Congresso Mundial da Internacional Comunista reafirmava a idéia de "a vitória do fascismo depende, antes de tudo, da atividade combativa da classe operária, da união de suas forças, num exército combativo único lutando contra a ofensiva do Capital e do Fascismo".

Data da apreensão

25 de maio de 1931

Prontuário: 1.110

Prontuariado: Boletins e Propaganda Comunista, vol. 7.

Remissões: 54, 68, 77, 118, 134, 179, 300, 555, 586, 665, 817, 831, 893, 945, 1.064, 1.519, 1.671, 1.736, 1.739, 1.923, 1.945, 1.962, 3.011, 2.144, 3.196.

CONTRA A PROROGAÇÃO DO ESTADO DE GUERRA! CONTRA A PROROGAÇÃO DO MANDATO DE GETULIO!

PROLETARIOS DE TODOS OS PAIZES, UNI-VOS!

A CLASSE OPERARIA

ORGÃO CENTRAL DO PARTIDO COMUNISTA (S. B. I. C)

SECÇÃO DE S. PAULO

ANO XII | SÃO PAULO, FEVEREIRO DE 1937 | N.º 199

CAMPEÕES DA DEFESA DA CONSTITUIÇÃO

os nacional-libertadores encarcerados boicotam o TSN!

Não poderia ser outra a atitude dos presos perante o TSN — considerado ilegal não só pelo maior constitucionalista brasileiro vivo, o deputado João Mangabeira, como pela propria Côrte Suprema, que constatou a ilegalidade do processo. «Tribunal» composto de juizes da marca de Costa Neto, «tribunal» que para funcionar precisa pedir garantias á Policia Especial, «tribunal» que castiga os presos que denunciam as violencias sofridas na policia, «tribunal» que desconhece a personalidade do grande jurista internacional Levinson, proibindo sua participação na defesa dos presos — é um tribunal que degrada o Brasil perante todo o mundo civilizado, colocando-o no mesmo plano que a Alemanha hitlerizada.

São agentes policiais de Getulio que depõem e julgam brasileiros como João Mangabeira, Sisson, Socrates, Agildo, o grande Prestes. O Tribunal Infame não é mais do que um apendice da Ordem Politica e Social e é diante desse tribunal que os presos tomam as mais valentes e corajosas atitudes de protesto, levantando o punho cerrado, na saudação anti-facista e anti-imperialista, e prosseguindo assim — apesar de presos — na sua luta contra a tirania, pela democracia. Agildo Barata, o herói popular, o combatente constitucionalista de 32, continua a lutar é pela Constituição, levantando o punho cerrado mesmo diante dos «choques» da P.E. e exigindo seu julgamento por um tribunal legal e regular. Luiz Carlos Prestes, Agildo Barata, Miranda, Miguel Costa, não temem a justiça. De punhos cerrados, recusando-se a se defenderem perante um tribunal ilegal, eles lutam contra as emendas reacionarias feitas á Constituição, contra os atentados ás mais comesinhas normas juridicas, contra a ditadura policial e facistizante de Getulio e Felinto Muller! O que eles não querem é colaborar com esses crimes. O que eles não querem é trair os interesses do povo brasileiro, aceitando o julgamento dum tribunal inquisitorial de juizes-tiras. E com eles estão as opiniões insuspeitas do General Rabelo, do Almirante Protógenes, de grande numero de deputados, de quasi todos os advogados e juristas. Com eles estão os milhões de oprimidos e famintos do Brasil. Com eles estão todos os anti-facistas e anti-imperialistas, todos os verdadeiros patriotas e democratas. Com eles está todo o povo — pelo qual deram seus galões — criminosamente arrancados — sua liberdade, sua propria vida.

São esses herois populares, herois do talhe de nosso grande e querido Prestes, que apelam para que o povo os ajude na luta sem treguas pela sua liberdade, pela Anistia geral e imediata a todos os nacional-libertadores presos, lutando contra a prorogação do Estado de Guerra e do mandato de Getulio, pelas mais amplas liberdades populares!

ABAIXO O TRIBUNAL INFAME!

CONTRA A PROROGAÇÃO DO ESTADO DE GUERRA!

ANISTIA IMEDIATA A TODOS OS NACIONAL-LIBERTADORES PRESOS!

PELA JUSTIÇA REGULAR E CONSTITUCIONAL!

SUCESSÃO E PACIFICAÇÃO

O problema da sucessão presidencial começa, agora, a revestir-se de novos aspetos. Destes, um sobretudo, ressalta: a multiplicidade dos candidatos que, embora continuem a ser apenas «palpites», contudo começam já a ganhar formas concretas — Armando de Sales, Oswaldo Aranha, Macedo Soares, José Americo. Inclusive o chamado Bloco do Norte ressurge.

Apenas o primeiro desses candidatos é, até aqui, de oposição ao Catête. Os demais, pela sua origem, trazem, todos, o bafêjo do situacionismo federal.

O que significa este fato?

O que na realidade, com essa multiplicidade de candidatos criados por ele mesmo, pretende o tirano do Catête — o povo bem o compreende — é criar um ambiente de confusão politica e de choques entre os diversos grupos de tal forma violento que lhe forneça todos os pretextos para levar á pratica sua ambição maxima: a perpetuação no poder, por vias «legais» com prorrogação de mandato, ou ilegais com um golpe de estado militar-facista. Sobre isto já temos a palavra de certos generais gravatas-de-couro: «O Exercito intervirá no momento oportuno». E a ação do grupinho de generais palacianos, renegados do nosso glorioso exercito, será secundada, bem se vê, pelas hordas celeradas do Sigma que estão, como Getulio e seu clan, a serviço do bloco facista italo-alemão.

E para despistar ainda mais, Getulio persiste na Convenção Nacional para a indicação de um candidato unico «de conciliação», e «pacificação» do paiz.

A Convenção Nacional seria uma reunião em que a gente de Getulio dissesse «amen» a um candidato imposto pelo Catête. Assim estaria realizada a «conciliação e pacificação» com a elevação ao Catête de um homem para prosseguir a obra de terror e entrega do paiz ao estrangeiro conduzida até aqui por Getulio.

Getulio fala em **pacificação.** Ao mesmo tempo envia, para todos os Estados que manifestam certa independencia em face do problema da sucessão, seus agentes provocadores para fomentarem lutas intestinas que justifiquem uma intervenção federal. Citemos os casos de Mato Grosso, Rio Grande do Sul, Distrito Federal e, agora o caso mais recente, de S. Paulo.

Getulio fala em **pacificação!** Esse mesmo homem que com sua obra nefasta de governo provocou a guerra civil de 32 e a esplendida insurreição libertadora de 35! E sua posição atual é a mesma de 32 e 35 ainda mais agravada com o braço forte que dá aos integralistas e a todos os facistas na luta contra as aspirações democraticas do povo.

Fala em **pacificação** com Estado de Guerra eternizado, com a Constituição estraçalhada, com uma carestia da vida sem precedentes por ele alimentada, com os carceres repletos do que ha de melhor no povo do Brasil!

Pacificação? Sim, todo o povo a aspira!

Mas sobre que bases? — **Dentro da mais ampla democracia!**

O problema da sucessão não pode e não deve ser resolvido dentro dos bastidores palacianos, atravéz de cambalachos, ás ocultas do povo. E' a este que cabe forçar a definição de atitudes dos candidatos.

A nós, nacional-libertadores, compete, com uma ação vigorosa de massas, conjugar e unificar todos os liberais consequentes, todos os democratas sinceros, todos os que cultuam com lealdade as instituições democraticas na luta contra Getulio — o inimigo n.º 1 do Brasil — que pretende, quer com a prorrogação de seu mandato, quer por um golpe facista, perpetuar-se no Catête ou impor um seu satelite.

E essa luta contra o verdugo da Nação e por uma sucessão presidencial dentro das mais extensas franquias democraticas, nós só a poderemos conduzir impondo, **desde já,** atravéz de atos, em **frente-unica:**

As mais extensas liberdades democraticas; Suspensão imediata do Estado de Guerra; Contra a prorrogação do mandato de Getulio; Restabelecimento integral da Constituição, escoimada das emendas terroristas; Anistia e libertação imediata de todos os presos politicos; Medidas efetivas contra a carestia da vida; Fechamento imediato da Ação Integralista e prisão de seus chefes.

Basta de Democracia apenas em discursos! O povo quer fatos!

O sr. Armando Sales fez mais um discurso. E, coisa curiosa, fez um discurso justamente para negar a existencia duma boa parte daqueles mesmos homens que lhe ofereceram o banquete no qual o discurso foi pronunciado: os senhores imperialistas e seus agentes, os grandes feudais, os plutocratas, que, todos eles, para s.s., são apenas «fantasmas»!

A analise detalhada desse discurso levantaria problemas extremamente vastos, que não caberiam aqui. Queremos, aqui, tocar apenas nalguns pontos. O sentido geral do discurso do presidente do P. Constitucionalista é o seguinte: a nossa economia agraria se desenvolve no sentido do parcelamento das grandes propriedades, e já hoje não ha mais feudos; a mesma tendencia existe na industria, onde não se nota nenhuma inclinação para a formação de trustes (!), mas sim para a criação de numerosas pequenas fabricas; não somos um paiz dependente de outras nações, e o imperialismo é boato (!!); somos uma nação democratica, e trata-se apenas de defender a democracia existente (!!!).

Nós queremos citar apenas algumas cifras, apanhadas ao acaso, e que não são de modo algum as mais incisivas. As estatisticas registam, em 1936, a exportação de 2 milhões 612 mil 833 toneladas de PRODUTOS AGRICOLAS, num total geral de 3 milhões 108 mil 707 toneladas. Todos os outros artigos inclusive os MINERAIS contribuiram apenas com 49 mil 894 toneladas. Isso, em outras palavras, significa: não exploramos nosso carvão, nem nosso ferro, nem nosso petroleo, nem nossas quedas dágua. Por isso não temos industria pesada. Por isso temos que comprar todas as maquinas no estrangeiro, e ainda importar minerais. E não exploramos essas riquezas porque o estrangeiro não quer, e porque os trustes estrangeiros encotram aqui brasileiros degenerados, que servem aos seus interesses contra os do progresso da Patria. Si explorassemos nossas decantadas fontes naturais, deixariamos de ser dependentes, passariamos a ser um povo livre, rico. E si a memoria do sr. Armando é má, nós podemos lembrar o caso da venda da Cachoeira do Marimbondo, efetuada pelo sr. Armando, e que é um exemplo tipico de venda do paiz ao imperialismo.

A questão de nossas dividas externas é outra interessante, mas que não entra no discurso do ex-governador. De 1824 a 1924 pedimos emprestado 392 milhões 549 mil 625 libras. Até hoje *já pagamos* 457 milhões 910 mil 624 £. Quer dizer: *pagamos a mais* 63 milhões 360 mil 999 £. Entretanto, continuamos a dever, ainda, 265 milhões 39 mil 728 £!!

O sr. Armando precisa saber que não adeanta fazer muitos discursos demagogicos, mesmo porque a grande maioria do povo não sabe ler, e, pois, não lê os seus discursos.

O povo é muito positivo. Para convence-lo são necessarios fatos. E os fatos continuam a mostrar que o Governo de S. Paulo, a cuja frente está um membro do Partido do qual é chefe o sr. Armando, continua a prender e a torturar operarios e populares; a impedir assembleias sindicais; a censurar a imprensa, a violar o sigilo da correspondencia e dos telefones; a manter na cadeia centenas de nacional-libertadores; a não tomar nenhuma providencia contra o integralismo, que trama abertamente um golpe armado facista; a dar plena ação aos açambarcadores e aos trustes que matam á fome o povo laborioso de S. Paulo.

E um governo assim, é claro, só pode contar com o odio do povo, apezar dos discursos «democraticos» do sr. Armando...

ANISTIA! ANISTIA! ANISTIA! DISSOLUÇÃO IMEDIATA DO TRIBUNAL ESPECIAL!

A FARPA | *São Carlos*

CONSELHO EDITORIAL	"NÓS"
PERFIL	ANTI-VARGUISTA, REGIONAL
PERIODICIDADE	MENSAL
PROCESSO GRÁFICO	TIPOGRÁFICO
LOCAL DA EDIÇÃO	SÃO CARLOS (SP)

Histórico

A Farpa – jornal mensal publicado desde 18 de fevereiro de 1933 – circulou clandestinamente na cidade de São Carlos (SP), sendo seus produtores desconhecidos da polícia, assim como suas alianças partidárias. Como sede da redação e administração anunciavam apenas "Rua da Casa nº da porta", estratégia criativa para despistar a repressão. O nome do jornal foi inspirado nos escritos satíricos e ironias publicadas no século XIX por Eça de Queirós e Ramalho Ortigão nas *Farpas*. Daí o editorial deste nº 1 lembrar "aquelas páginas ferinas onde Eça e Ramalho popeiam na graça cintilante de seus estilos impecáveis..." Este jornal interiorano não deve ser confundido com *A Farpa*. Semanário Ilustrado de Literatura, Arte, Humorismo e Atualidades, que circulou em São Paulo na década de 1910. Aliás, esta revista – assim como o referido jornal de São Carlos, ambos com o mesmo nome – inclui-se em um segmento do periodismo paulista especializado em criticar permanentemente o governo. Valendo-se da arte do pincel e lápis fizeram do humor uma arma de combate e crítica às mazelas do poder. Com a pretensão explícita de ser ferino, *A Farpa* faz jus ao nome: rompe com os padrões da imprensa oficial, ferindo como espinho. Daí, seu *slogan* "sobre a nudez dura da verdade o manto diáfano da fantasia". O jornal era organizado em três colunas compostas de pequenos artigos com conteúdos humorísticos, ilustrativos, caricaturais de contestação e críticas à política nacional, local, sindical ferroviária e aliancista (ANL).

Motivo da apreensão

O exemplar nº 1 de *A Farpa* foi apreendido pela polícia local por ser distribuído e produzido clandestinamente, publicando críticas e sátiras de personalidades públicas. Foi considerado subversivo e propagador de idéias contra a ordem e a tranqüilidade da nação brasileira. O nº 5, de 25 de junho de 1933, também apreendido pelo DEOPS, trazia em seu edital a definição de quem seria "nós" (os editores). Finalmente resolveram tornar público de quem eram porta-vozes: simplesmente da "voz indignada do povo sancarlense, cansado de sofrer os desmandos e ancioso pela paz". Neste número, "as proezas do Zé Bélo", personagem criado por Belmonte, um dos caricaturistas mais expressivos da década de 1930.

Prontuário: 1.318
Prontuariado: Delegacia de Polícia de São Carlos

A FARPA

Sobre a nudez dura da verdade o manto diafano da fantasia.

Ano I	Redação e administração: Rua da Casa N.o da porta	São Carlos, 18 de Fevereiro de 1933	Diretores responsaveis: NÓS	N.o 1

A FARPA...

Farpa... ao escrever esta palavra acodem-nos á lembrança aquelas paginas ferinas onde Eça e Ramalho popeiam na graça cintilante de seus estilos impecaveis..

Mas não vai leitor, nesta evocação dos mestres ilustres, nenhuma intenção subtil de nossa parte... Sabemos do acanhado de nossas forças. E, ademais, são modestas as nossas pretensões de bisonhos escribas. Queremos somente, empunhando a pena, usal-a como a um bisturi cortante para rasgar as vestes pomposas de muitos figurões que por ahi se exibem, com ares de regeneradores de ultima hora, e mostrar a quem tem olhos para ver o que de real existe sob essas vestimentas circunspectas e doutorais...

A vida, diz o poeta, é bela pelos seus contrastes. Pois bem, leitor. No despretencioso destas colunas, vamos nós, com a mais rude franqueza, esteriotipar o avesso desses medalhões que já conheces de sobra e enfarado... Verás, assim... ironia das cousas! que, muita vez, o mais "regenerador" dos figurões não passa, em ultima analise, de requintado embusteiro... Verás, em suma, como aquele pobre poleá de mestre Machado, que, quasi sempre, a mais vistosa borboleta não passa, quando vista de perto, de uma suja gota de lama...

As cinco promessas de São Carlos

De algum tempo para cá, vivemos em constante desassocego, esperando a qualquer momento, a parturição de mais uma promessa "incumprivel", do "nosso amigo", do "amigo de São Carlos".

Cinco são as que já possuimos, e são formidaveis, coisa mesmo do "outro mundo", para a época que estamos atravessando. São elas, em ordem cronologica: arborisação do Largo de Siqueira Campos; asfaltamento das ruas planas da cidade; ponte sobre o Gregorio, (si é que já não mudou o nome) na rua D. Pedro II; iluminação mais intensa; e finalmente, a mais fantastica das fantasias de um cerebro: a piscina.

Redusidos, como estamos, á uma situação financeira, em que, gastando-se o nosso ouro, em coisas que não sejam necessarias, ainda que util, é um quasi crime, essas promessas, que seriam, caso fossem cumpridas? Mas não o serão. Não o serão, porque nós sancarlenses, não havemos de consentir, que "un estranho" atire com o nosso dinheiro para longe dos cofres publicos, justamente na época em que mais nos faria falta.

Examinemos, todavia, as cinco promessas. Delas, só uma, se adáta mais ou menos á época. E' a ponte sobre o... enfim, o antigo Gregorio. Mas, as outras! Parecem, no entanto, que foram feitas debaixo de fina ironia, que poderemos ver pela segunda delas: asfaltamento das "ruas planas" da cidade. Quando é que São Carlos teve ruas planas? Fina ironia!

As outras, é que estou trabalhando, para ver se "destrincho".

Piscina: piscina; piscina.

Como?

Aumento de iluminação.

Para que?

Arborisação de largos.

Com que? Ha dinheiro para isso? Onde?

Séte pragas teve o Egito. Nós só temos duas, mas valem por mil daquelas. Uma, é mineira; a outra, gaucha.

Capacete de aço.

Paulista!

Qualifica-te para o bem de São Paulo!

ALGUEM DEVE SABER QUE...

São Carlos está passando, positivamente, pelo periodo mais triste de sua vida. Entregue aos caprichos de um agente ditatorial ligado a meia duzia de elementos desclassificados, sofre a injustiça e a vergonha, o desmando e a opressão, a injuria e a calunia.

Sim! Lançar a pécha de contumazes assaltantes aos nossos ex-dirigentes, é a mais dolorosa injustiça, a injuria mais infame, a mais torpe calunia.

Quiçá em que caserna imunda se formou a mentalidade rasteira do pária que forjou tão inoportuno insulto!

O povo de São Carlos sempre soube entregar os seus destinos a homens de posições definidas, trabalhadores honrados, que souberam modestamente elevar esta cidade a um dos mais altos niveis do glorioso Estado de São Paulo.

Porisso, esses benemeritos souberam granjear o respeito e a veneração de que gosam no seio da familia sancarlense que bem distingue o labor fecundo e sensato que se transforma em progresso da politicagem mesquinha obsecada pelas auto manifestações de fanfarras e clarinadas ridiculas.

A LANTERNA | *São Paulo*

Histórico

CONSELHO EDITORIAL	BENJAMIN MOTA (7.3.1901 A 29.2.1904) EDGARD LEUENROTH (17.10.1909 A 19.11.1916) EDGARD LEUENROTH (13.7.1933 A OUT. 1935)
PERFIL	ANTICLERICAL E ANARQUISTA
PERIODICIDADE	QUINZENAL/SEMANAL (A PARTIR DE 1933)
PROCESSO GRÁFICO	TIPOGRÁFICO
LOCAL DA EDIÇÃO	SÃO PAULO (SP)

A Lanterna, semanário porta-voz das ligas anticlericais do Estado de São Paulo, surgiu em 7 de março de 1901 dirigido por Benjamin Mota, com uma tiragem de dez mil exemplares. Distribuído inicialmente de forma gratuita, o jornal apresentava-se em uma primorosa edição de quatro páginas que, ao longo dos anos, caracterizou-se por suas caricaturas anticlericais. Em seu primeiro edital, questionava: "Somos apenas um punhado de homens. Somos 10? Somos 20? Que importa? Seremos legião amanhã, quando todos os que sabem quanto o clericalismo é prejudicial, quanto o jesuitismo é nefasto, quanto o beatismo embrutece os povos, decidirem vir engrossar as nossas fileiras" (7 de março de 1901).

Em 1904, *A Lanterna* interrompeu sua publicação após ter produzido sessenta números. Reiniciou em 1909, sob a direção de Edgard Leurenroth, alcançando nesta nova fase um total de 293 exemplares até 1916. Com o término desta fase, em substituição, Leuenroth, então secretário do Comitê de Defesa Proletária, lançou em 8 de junho de 1917, o semanário *A Plebe* considerado como o principal jornal libertário paulista. Entre 1933 e 1935, Leuenroth conseguiu lançar outros 45 números adicionais de *A Lanterna*.

Em 13 de outubro de 1912, *A Lanterna* publicou um número especial, dedicado à passagem do terceiro aniversário do fuzilamento de Francisco Ferrer. Trazia também um artigo assinado por José Rodrigues Leite e Oiticica que, pela primeira vez, declarava-se anarquista.

O romancista Lima Barreto foi colaborador de *A Lanterna* em 1918, escrevendo sob o pseudônimo de "Dr. Bogoloff" e, depois, sob o próprio nome. Fascinado pela revolução de outubro na Rússia, Barreto escrevia também para outros jornais do Rio de Janeiro, São Paulo e Porto Alegre: *O Cosmopolita*, *O Parafuso*, *A Patuléia*, *A Luta*, *O Debate*.

Em resumo, através de uma linguagem acessível, o jornal *A Lanterna* retratava de forma humorística e ilustrada a ação da Igreja Católica no Brasil. Cada vez mais próxima do Estado, a Igreja era apresentada como um atraso, retirada da vida política nos países desenvolvidos, mas que no Brasil encontrava vulto para a sua atuação – entendida como a venda de seus serviços e o abuso das mentalidades de trabalhadores e mulheres. Esta imagem foi apresentada em uma edição apreendida pelo DEOPS em 1933, sob o título "Quando os Povos Civilizados Limpam a sua Casa, Atiram o Lixo para o Brasil". A matéria chamava atenção pela charge estampada na capa, em que um barco abarrotado de "santos", padres, freiras e anjos barrocos, saía da Europa e avistava o Brasil. Naquele momento um dos personagens do barco grita: "Terra! Terra! O Pão de Açúcar! O Brasil! Eis o nosso paraíso!"

Esta era a representação de uma Igreja cada vez mais caracterizada por sua romanização e indiferente à realidade brasileira. Em uma outra edição de *A Lanterna*, a iconografia de capa é um mapa do Brasil sendo corroído nas arestas pela Igreja, representada nesse caso por padres. É a imagem recorrente de uma série de publicações anticlericalísticas dos anos 1930 que percebiam na Igreja uma instituição política.

O jornal reclamava pela liberdade de pensamento e a não ingerência da Igreja em assuntos políticos e, principal-

1798

A Lanterna

JORNAL DE COMBATE AO CLERICALISMO

ASSINATURAS:
Ano....... 15$000 — Semestre.... 8$000
Avulso, 200 — Atrasado, $400

Diretor: EDGARD LEUENROTH
Redação e Administração: Rua Senador Feijó n.º 8-B
Caixa Postal, 2162 — S. Paulo

ANO XI — NUM. 355
SÃO PAULO, 20 DE JULHO DE 1933
Aparece ás quintas-feiras

Quando os povos civilizados limpam a sua casa, atiram o lixo para o Brasil

A Questão clerical e "A Lanterna"

Nunca se delineou mais intensamente, com côres mais vivas e fortes do que agora, o perigo clerical.

Nem ha trinta anos atrás, quando a padralhada expulsa de outros paizes vinha em demanda de nossas plagas, o elemento clerical se mostrou mais temivel do que neste momento da nossa historia.

E' que naqueles tempos os padres, escorraçados de seus covís, espalharam-se pelo mundo, notadamente no Brasil, á procura de um abrigo seguro para as suas inuteis pessoas. E o exemplo das passadas amarguras e sobresaltos por que passaram fê-los prudentes e cautos nos paizes que escolheram para o exercicio das suas atividades deleterias.

Pelo menos assim sucedeu nos primeiros tempos da sua estadia entre nós. Depois, mau grado a formidavel campanha movida ao elemento negro pelo ardoroso jornalista Benjamin Mota, pelas colunas de "A LANTERNA", em sua primeira fase, exprobrando aos poderes publicos a sua longanimidade em receber essa carga indesejavel, inimiga acérrima de todas as liberdades, o clero, já senhor do terreno em que pisava, firmou-se definitivamente, insinuou-se habilmente, até alicerçar a sua hegemonia atual.

Hoje, mercê de uma mal compreendida tolerancia, o clero no Brasil é uma força tanto mais temivel, quanto é certo que, ingressando na politica do paiz pelo direito do voto, utiliza-se da mulher para a consecução do seu poderio e dominio na vida publica.

E hoje mais do que nunca se impõe uma luta energica e formal contra o clericalismo invasor, o grande flagelo que através da historia da humanidade, deixou profundos vestigios da sua passagem, em largos sulcos de sangue, de miseria, de rapina, de perseguições, de fogueiras e de consternação.

Comodamente instalados em seus templos, em seus circulos, em suas congregações, o elemento clerical plasma o beaterio á sua vontade, embota os espiritos, anula as conciencias, obscurece a razão e a inteligencia e, graças á miragem absurda das penas eternas e das recompensas problematicas de um paraiso ainda não localizado, arrebanha as ovelhas em torno de si, maneja-lhes todos os atos no sentido de garantir a sua supremacia nas diretrizes da administração pública.

E' assim que os padres pleiteam a Constituição em nome de Deus, o casamento religioso com todos os efeitos e privilegios do ato civil, a indissolubilidade do vinculo matrimonial, o ensino religioso nas escolas públicas e, finalmente, para remate da sua obra de negação, a implantação pura e simples do regime monarquico clerical, de um poder unico, capaz de levar a bom termo a empreitada de se extirpar a heresia, o livre-pensamento, a liberdade de conciencia, a liberdade de imprensa, o direito de pensar, de agir, de escrever, de falar, de raciocinar a não ser de conformidade com a mentalidade dogmatica da Santa Madre Igreja e dos seus mui reverendos, mui ilustres, mui gananciosos e mui inuteis ministros.

Tal é o pé em que está a questão clerical no Brasil.

Questão de vida ou de morte em cujo embate nos empenhamos com tanto mais ardor e sinceridade quanto é certo que dela depende a garantia da nossa liberdade.

Agora que estão periclitando todas as prerogativas democráticas que nos foram legadas em 1789 com a condecendencia calculada dos poderes publicos de transição, todos os homens livres que pensam por si, que não abdicaram do uso precioso da razão em beneficio das trevas da fé, devem congregar-se, unir-se, cerrar fileiras em torno de "A LANTERNA", deste orgão de combate, auxiliá-lo, moral e materialmente para que se não quebrantem as conquistas que nos legaram os nossos maiores e para opôr sólida barreira ao ultramontanismo nefasto e ameaçador.

Sendo certo que os negregados propositos dos padres são os de açambarcar as escolas, apoderar-se cada vez mais do elemento feminino sob o pretexto ilusorio do direito do voto, embrutecer tanto quanto possivel as massas populares, explorar o pauperismo e as classes proletarias, não devemos permitir, como já fizeram algures, que se implante aqui um regime fascista clerical á moda Mussolini e Hitler, se não queremos ver a verdade e a justiça sepultadas sob os escombros do mais desbragado despotismo.

Nas rodas clericais, pelos seus orgãos de imprensa, já se fala ás escancaras, escandalosamente, sem o menor vislumbre de pudor, que a democracia faliu, que o unico regime salutar para os povos, de acordo com a "ciencia moderna", como afirmam, é a monarquia absoluta e hereditaria, a continuidade do poder nas mãos de uma mesma familia, a formação de élites, a seleção aristocrática, a realidade da hierarquia e outros muitos anacronismos próprios da época em que o papado, no seu maior fastigio de poderio e tambem no apogeu das suas orgias e dissoluções, ditava leis ao mundo, depunha imperadores e queimava benevolamente os herejes, para maior gloria de um Deus todo bondade e misericordia.

A Igreja não muda e hoje como ontem acalenta as mesmas ideias de dominio universal, e pois, impõe-se uma rigorosa campanha de saneamento, campanha enérgica e decidida, se não queremos assistir ao doloroso espetaculo da derrocada do patrimonio das nossas liberdades, vendo surgir sobre os seus destroços as temerosas fogueiras inquisitoriais.

Auxiliemos "A LANTERNA", porta-voz da emancipação humana, arauto da verdade, do amor e da justiça, contra as investidas do obscurantismo clerical.

LUIZ ROGERIO.

Terra! Terra! O Pão de Assuccar! O Brasil! Eis-nos em nosso Paraiso!

Uma interessante "enquête,,

A ação do clericalismo no Brasil

"A Lanterna" dirige uma consulta ás personalidades mais em destaque no compo da atividade literaria, artistica, jornalistica e associativa

Vamos fazer um inquérito sobre a ação desenvolvida pelo clericalismo no Brasil, dirigindo-nos para êsse fim a todas as pessoas que, de qualquer fórma, se tenham posto em evidencia no mundo das letras, entre os que se dedicam ás artes e ás profissões liberais, no meio jornalistico, no campo associativo, da propaganda, etc.

Julgamos ser esta *enquête* um excelente meio para conseguirmos ficar ao par de muitas minucias sobre a atividade sorrateira e maléfica que, desde os tempos coloniais até os nossos dias, vem desenvolvendo o clericalismo nesta região da América; de sabermos como é encarada essa ação nos vários meios de atividade social; de ficarmos conhecendo novos amigos da nossa causa; de travarmos relações com outros combatentes até agora arredios do nosso campo; de vermos quais os meios mais preferidos para o desenvolvimento da nossa obra, e... de termos ocasião de evidenciar o espirito convencionalista e a pusilanimidade de muitos, que nem se atreverão a nos dar resposta.

Para conseguirmos isso estamos expedindo uma circular, na qual formulamos as perguntas seguintes:

1.º — *Que pensa V. S. da ação passada, presente e futura do clericalismo no Brasil?*

2.º — *Julga V. S. que aumenta ou decresce a sua influencia entre nós?*

3.º — *Reconhecendo V. S. um perigo na atividade do clericalismo, quais os meios de luta que acha mais eficazes para o combater, debelar, anular?*

Iremos publicando as respostas á proporção que as formos recebendo.

Pela vida de "A LANTERNA"

Um apêlo que deve ser prontamente atendido

Quem, de fato, sente a necessidade da obra a que se destina "A Lanterna" deve dar prova disso de uma maneira concreta, pagando imediatamente sua assinatura.

Francamente: sem que se faça isso sem perda de tempo, não teremos possibilidade de publicar o jornal.

Esta não é uma empresa comercial com fins de lucros. E' uma iniciativa desinteressada objetivando a campanha em pról de um ideal.

Todos aqueles que querem que "A LANTERNA" se publique como porta-voz da campanha anticlerical, devem, pois, concorrer para a sua manutenção, pagando prontamente suas assinaturas.

..."A LANTERNA" não tem subvenção alguma, não mama nas tetas dos cofres publicos, não tem a renda facil do balcão da Igreja, conta, apenas, com a contribuição dos amigos de sua obra.

Nem mesmo materia paga temos. A propaganda precisa de todo o espaço do jornal e nós não podemos distrair tempo e esforços na angariação de anuncios.

A venda avulsa serve apenas para a propaganda, pois dá prejuizo. A subscrição voluntaria ainda não permite uma entrada apreciavel.

As assinaturas são, portanto, a unica fonte dos recursos para a manutenção do jornal.

Os amigos do interior que remetam as importancias em vales postaes, cartas registadas com valor declarado, cheques bancarios ou ordem de pagamento contra alguma casa comercial de S. Paulo.

Os amigos da capital prestarão um bom auxilio ao jornal pagando as assinaturas na redação, ou facilitando o trabalho dos cobradores.

Em conclusão: é necessaria a publicação d'"A LANTERNA"? A resposta afirmativa deve ser dada com a contribuição indispensavel e urgente para a manutenção do jornal que se destina ao combate á clericanalha em defesa da liberdade de pensamento.

Embora preocupados em poupar espaço, somos forçados a reproduzir as partes essenciais do apelo publicado no numero anterior.

E' indispensavel. Precisamos conversar francamente com os amigos do jornal. Não temos capital algum e as despezas são avultadas.

Tenham, pois, bem em conta este fáto os anticlericais.

Querem que A LANTERNA se publique semanalmente? Remetam sem perda de tempo a sua contribuição.

Se não recebermos recursos, o jornal não aparecerá.

E isso não se deverá verificar.

QUIZ FAZER CONCORRENCIA AOS PADRES E FOI PARAR NO "PAU"

"Na noite de 31 de maio ultimo, o individuo Benedito Delfino dos Santos subtraiu da igreja matriz desta cidade o cofre de Santo Antonio. A policia tomando conhecimento do fáto e entrando logo em ação, conseguiu capturar o larápio em Pindamonhangaba, encontrando em seu poder a importancia de 251$600, produto do roubo efetuado."

Você errou, **seu** Benedito. Onde se viu **avançar** nos **arames** do santo das moças?

Você pensou que era padre?

O NOSSO RODA-PE'

O Capitulo

O roda-pé que iniciamos neste numero é extraido do interessante romance de Julio Ribeiro "Padre Belchior de Pontes".

E' a parte intitulada **"O Capitulo"**, em que o saudoso escritor descreve, com mão de mestre, uma reunião de jesuitas.

São paginas empolgantes pelos ensinamentos que proporcionam sobre a organização da terrivel seita negra e o seu metodo de ação torva para a conquista do dominio do mundo com o esmagamento da liberdade.

E' uma leitura proveitosa.

Sermões ao ar livre

"Fóra da Igreja não ha salvação"

Assim se exprimia J. R., o cronista jesuitico da secção litúrgica do "O ESTADO DE S. PAULO" de domingo, 9 de Julho.

Quanto desplante, quanta soma de pretensão é necessaria para fazer uma afirmação de tal quilate, para proclamar um dispantério de tal peso e medida: "Fóra da Igreja não ha salvação".

Mas, ilustrissimo e reverendissimo jesuita de casaca, se essa instituição que você tanto enaltece e tanto justifica e tanto defende; se essa Igreja Católica ao serviço da qual vos encontrais e que naturalmente vos pagará boas prebendas pelo vosso carinhoso zelo e pregação continua; se essa instituição tão velha, pois data de dois mil anos, tão rica pois é a mais vasta e poderosa e ramificada e opulenta empreza do planeta, tão prestigiada e obedecida e temida, pois viu os maiores imperadores em penitencia, contritos e arrependidos aos seus pés, suplicando humildemente o perdão e as boas graças da igreja, o levantamento da excomunhão a que tinham sido condemados pelo papa; se com todas estas forças, com todo este infinito prestigio, com esta imensa riqueza e dominio, e durante um lapso de tempo tão longo e dilatado, a Igreja católica nada conseguiu de bom para o povo, de util para o pobre, de nobre para a humanidade, a que propósito, agora, na hora do ajuste de contas, veem os alugados escribas e fariseus mercenários, gritar que o problema dos problemas, a questão social, a paz do mundo, a concordia dos povos, a liberdade de crenças e do pensamento residem no regresso do rebanho tresmalhado ao redil dessa igreja que viu eclipsado o seu prestigio, o seu poderio, o seu intolerante mandonismo pelas forças liberais que surgiram contra ela e maugrado todas as suas violencias e crueldades para impedir esse surto liberador?

Porque esperou a Igreja Católica tanto tempo para saber que havia uma QUESTÃO SOCIAL a resolver? Porque esqueceu o criterio de igualdade que animava o cristianismo primitivo em que só havia irmãos e os ricos tudo vendiam para repartir com os que nada tinham? Porque a Igreja ao invéz de acumular riquezas sobre riquezas, doações sobre doações, heranças sobre heranças, não deu tudo aos pobres, aos humildes e miseráveis, aos nús e famintos, aos rôtos e aos descalços?

Porque não aconselhou aos reis e aos imperadores, seus servos obedientes, a renuncia ás riquezas, ao luxo, ás propriedades fundiarias, aos castelos opulentos, aos vicios e abusos nefandissimos, ás guerras impias e abominaveis?

Porque só agora, quando ruge o temporal embravecido é que a Igreja se lembra de que a situação é tragica e trata de acudir á barca de Pedro que está na iminencia de sossobrar?

E como é triste ver um homem inteligente como é o sr. J. R. a escorar uma barraca que corre perigo de cair e de esfarelar as suas colunas!

Como é que um homem culto defende com tal desespero uma instituição opressora e anacrónica? Será porque tem muitos pecados?

Vamos, sr. J. R., menos fogo na cangica porque esta pode torrar. Tanta veemencia nos seus ataques dá para desconfiar. Já esqueceu as mofinas de ha um ano atraz, durante aqueles terriveis tres mezes de guerra? Tudo deu em agua de barrela...

ADÉLIO.

mente, no ensino oficial. O jornal procurava informar aos leitores que tratava-se de uma campanha anticlerical de longa data, exemplificada com trechos de autores como Júlio Ribeiro, Victor Hugo e Bakunin; além de mensagens e publicações de estatutos de ligas anticlericais e antifascistas que, muitas vezes, em conjunto com o jornal, realizavam disputadas conferências públicas. Muitas delas tornaram-se polêmicas, como uma em que Pedro Catallo e José Carlos Boscolo teceram críticas ácidas à Igreja Católica, ao demonstrarem as atividades da Liga Anticlerical de Santos, reprimidas pelas autoridades policiais do DEOPS de São Paulo que até chegaram a realizar uma série de prisões.

Apresentado como um periódico "de combate ao clericalismo", *A Lanterna* caracterizava-se pelo irônico tratamento que impingia à Igreja Católica e seus fiéis – "papa hóstias", "lambe altares" etc. Seus colaboradores identificavam-se muitas vezes com nomes zombeteiros, como "Frei Bisbilhoteiro".

A publicação divulgava também, além das crônicas e notícias de ligas anticlericais, denúncias como aquela que no Paraná, em 1935, padres andavam armados por cidades do interior e eram suspeitos de terem ateado fogo em um templo protestante, algo que feria a liberdade religiosa apregoada na Constituição promulgada no ano anterior. O jornal procurava alertar para o fato de que a Igreja usava de meios ilícitos para garantir seu predomínio no campo da fé dos brasileiros.

Nas páginas do jornal era recorrente também a caracterização da Igreja Católica como uma organização imperialista que através de sua influência ultramontana, canalizava as economias das famílias brasileiras, deixando-as em estado de miséria. O Vaticano era caracterizado como a central de arrecadações que, sendo um governo temporal, estava desligado de seus propósitos religiosos. Na capa de uma edição apreendida, lê-se abaixo das manchetes: "Luta sem tréguas ao clericalismo – o mais insidioso dos imperialismos". Uma charge completa a mensagem ao representar Jesus no Vaticano em meio à guarda papal. Após dizer aos guardas que ele era Jesus Cristo, escutou como resposta: "Fora! Fora! Aqui ninguém te conhece!"

Propondo a expulsão dos padres e a nacionalização dos bens da Igreja Católica no Brasil, os editores de *A Lanterna* sugeriam aos seus assinantes que levassem a frente a campanha em prol da difusão do jornal àqueles que estivessem submetidos "à influência nefasta dos padres". Esta campanha poderia ser feita entregando jornais em residências, pessoalmente ou deixando exemplares em bancos de praças, bondes, trens etc.

Motivo da apreensão

O exemplar apreendido em 1933 consta do prontuário aberto para o jornal *A Lanterna* como uma mostra de subversão (os ataques à Igreja Católica), bem como a relação de seus responsáveis, como o anarquista Edgard Leuenroth, o livre-pensador e editor José Gavronski, seu tesoureiro, e a professora Luiza Peçanha de Camargo Branco, uma de suas colaboradoras. Esta foi uma das primeiras edições da nova fase do jornal, inaugurada em 1933.

O exemplar de 1935 foi apreendido em um bonde da linha Penha – Lapa em São Paulo, em conjunto de material impresso vindo do estrangeiro. Estava endereçado em nome de "anarquistas", para a Caixa Postal 195, cujo titular era Edgard Leuenroth. Manoel Seabra, investigador da seção de Ordem Social, ficou aguardando no correio até que alguém fosse apanhar o pacote, quando apareceu o anarquista Benedito Romano que, flagrado no ato, foi detido para averiguações.

Prontuário: 1.553 / 1.262
Prontuariado: *A Lanterna* / Benedito Romano – vol. 1
Remissão: 2.092, 657, 1.914, 86.256, 3.748, 122, 3.008, 3.009, 860, 1.262, 4.688, 263, 1.585, 826, 3.745, 945

A Lanterna

JORNAL DE COMBATE AO CLERICALISMO

ASSINATURAS: Ano 15$000 || Semestre 8$000
Avulso, $200 — Atrasado, $400 — Pacote de 25 exemplares, 3$000

Diretor-gerente: EDGARD LEUENROTH
Redação e Administração: RUA SENADOR FEIJO' N.º 8-B
CAIXA POSTAL 2162 — S. PAULO (BRASIL)

FUNDADA EM 7 DE MARÇO DE 1901 — NUM. 394
APARECE QUINZENALMENTE, AOS SABADOS
S. PAULO, 4 DE MAIO DE 1935

Luta sem treguas ao clericalismo — o mais insidioso dos imperialismos

INTENSIFICA-SE E EXTENDE-SE PELO BRASIL UM FORTE MOVIMENTO CONTRA O IMPERIALISMO QUE ATROFIA A VIDA NACIONAL. NESSA CAMPANHA, PORÉM, NÃO DEVE SER ESQUECIDO O MAIS INSIDIOSO DOS IMPERIALISMOS — O DO VATICANO.

O IMPERIALISMO ULTRAMONTANO DOMINA AQUI NO CAMPO ECONOMICO, CANALIZANDO PARA OS COFRES PAPALINOS UMA FORTUNA COLOSSAL ARRANCADA AOS COFRES FEDERAIS, ESTADOAIS E DOS MUNICIPIOS E EXTORQUIDA DA PECUNIA DA FAMILIA BRASILEIRA E DA MISERIA DO POVO SUBMETIDO A' MALEFICA INFLUENCIA DOS SEUS MANDATARIOS, QUE ACIONAM NOS MAIS LONGIQUOS LOGAREJOS DOS NOSSOS SERTÕES. O IMPERIALISMO DO PAPADO, QUAL POLVO IMENSO, EXTENDE OS SEUS TENTACULOS POR TODOS OS AMBITOS DA VIDA BRASILEIRA, NOS LARES, NAS ESCOLAS, NOS QUARTEIS, NAS CASAS LEGISLATIVAS, NA JUSTIÇA, NO GOVERNO, EXPLORANDO, INTRUJANDO, CORROMPENDO, DOMINANDO, ENFIM.

CONTRA ESSE IMPERIALISMO PERIGOSO E' PRECISO MOVER UMA CAMPANHA SEM TREGUAS!

O chôro do crocodilo

XISTO LEÃO

JESUS NO VATICANO
— Eu sou Jesus Cristo...
— Fóra, fóra! Aqui ninguem te conhece!!

A ação nefasta dos padres no interior do Estado do Paraná

Prepostos dos corujões atearam fogo em um templo evangelico

Frei Bisbilhoteiro

Sermões ao ar livre

Explorando os mais intimos sentimentos e antagonismos politicos do povo brasileiro

Jehan de Bolès

AOS AGENTES DE "A LANTERNA"

DE BELO HORIZONTE

(Minas)

Lanterneiro-mirim

Uma esmolinha pelo amor de Deus...

Santa Adelia, 16-4-935.

Olimpio Gloria Filho

"LEÃO X"

Pedimos ás pessôas que receberam exemplares do "Leão X", para vender em beneficio de "A Lanterna", o favor de remeterem imediatamente as respetivas importancias.

As remessas devem ser feitas á "A Sementeira", encarregada da distribuição, em nome de Rodolfo Felipe, para a Caixa Postal 195 — São Paulo, ou diretamente a nós.

Este apelo deve ser atendido com urgencia, visto termos de pagar a edição á tipografia.

"A LANTERNA" NO RIO DE JANEIRO

E' representante de "A Lanterna" no Rio de Janeiro o companheiro José Lomar, residente á rua Jorge Rudge, 119 — casa 2 — Vila Izabel — Fone 8-1117.

Esse companheiro encarrega-se de atender a pedidos de assinaturas, de receber as importancias das mesmas, bem como da venda avulsa de "A Lanterna".

"A Lanterna" encontra-se á venda no posto de jornais da Estação Pedro II.

Catecismo Hereje

A. Laterre

A NOSSA PALAVRA | *São Paulo*

CONSELHO EDITORIAL	NÃO IDENTIFICADO
PERFIL	COMUNISTA
PROCESSO GRÁFICO	TIPOGRÁFICO
LOCAL DA EDIÇÃO	SÃO PAULO (SP)

Histórico

O jornal *Nossa Palavra*, publicado em São Paulo, apresentava-se como um órgão da célula do Brás, região São Paulo, do Partido Comunista Brasileiro e estava filiado a Secção Brasileira da Internacional Comunista. Tendo por público alvo os proletários de todos os países, o exemplar de 7 de novembro de 1929 convocava os trabalhadores a participar de um comício partidário a ser realizado na Praça da Sé, no dia da independência do Brasil. Espelhando-se na Revolução Russa, o jornal propagava a idéia de que somente uma revolução agrária antimperialista levaria à revolução proletária. Daí a necessidade de se combater os "opressores nacionais e estrangeiros com armas na mão e nas barricadas", estratégia ideal de libertação política e exploração econômica. A luta era do proletariado universal contra a burguesia internacional interessada em destruir a "Rússia dos Soviets".

Em 1932 foi descoberta a gráfica onde era impresso o *A Nossa Palavra* – que possuía edições em português e em iídiche – além do jornal lituano *Darbinicus Zodis*, também de caráter comunista.

No momento da invasão da gráfica por parte das autoridades policiais em 19 de março de 1932, foram presos Abraão e Silvia Kovalsky, responsáveis pela impressão dos jornais.

Motivo da apreensão

O jornal recebeu um prontuário próprio junto aos arquivos do DEOPS/SP, fato que expressa a dedicação da Polícia Política no combate ao comunismo, inimigo nº 1 do governo Vargas. Este exemplar foi apreendido durante um auto de busca e apreensão em uma gráfica clandestina pertencente ao PCB. Na edição apreendida consta o dístico comunista da foice e do martelo que, pela precariedade da impressão percebe-se que foi retirado de outro lugar. A matéria principal da primeira página refere-se aos doze anos da revolução proletária na Rússia.

Data da apreensão

1932

Prontuário: 1.306
Prontuariado: *Nossa Palavra*
Remissão: 1.456

PROLETARIOS DE TODOS OS PAIZES UNI-VOS

A Nossa Palavra

Orgão da Cellula do Braz Região São Paulo
PARTIDO COMMUNISTA DO BRASIL
Secção Brasileira da Internacinal Comunista

1917 | 7 DE NOVEMBRO | 1929

A REVOLUÇÃO PROLETARIA NA RUSSIA

Faz 12 annos que os trabalhadores da Russia e sua vanguarda, o Partido Communista da Russia, levaram a effeito a Revolução Proletaria que foi victoriosa depois de milhares de annos de sofrimentos e de miserias, sob o regimem "tzarista" e a burguezia russa, os trabalhadores de cidade e de campo, sob a direcção do Partido Communista conseguiram libertar-se do jugo de opresão.

A burguezia da Russia, com o auxilio de todos os paizes capitalitas, empregou os seus esforços para reprimir a Revolução Operaria victoriosa.

Dezenas de Generaes lutavam contra os trabalhadores, dezenas de paizes burguezes mandaram os seus excecitos e as sua armadas para acabar com regimem dos trabalhadores na Russia. Mas não conseguiram nada porque o enthusiasmo dos trabalhadores foi grande e elles lutavam como leõs pela defeza da Revolução e suas conquistas. Milhares de operarios morriau com as palavras: "OU CONDUZIR A REVOLUÇÃO A UMA VICTORIA E IMPLANTAR A FELICIDADE PARA AS MASSAS POBRES OU MORRER E NÃO SOFFER MAIS TANTA MIZERIA" E assim venceram.

Ja entramos no 13.o anno desde e governo operario da Russia està sempre mais forte. A edificação do pais està em plena marcha. Actualmente a Russia é a fortaleza de todos os revolucionarios do mundo. Justanente agora, quando estamos deante uma guerra entre os paizes burguezes, elles querem acabar com o regimem dos operarios na Rusia, que póde prejudica-los, quando elles estiverem em briga, isto é, os operarios dos paizes capitaitstas podem seguir o caminho dos operarios russos fazendo a revolução nos seus paizes e isto a burguezia não quer.

Nos, os operarios do Brasil, que estamos em um periodo de revolução agreria e anti-imperialista, devemos dar todo nosso apoio à Russia revolucionaria e sob o contsole do Partido Communista, combater a todo custo os nossos opressores nacionaes e estrangeiros, com armas na mão e nas barricadas, libertando-nos da opressão politica e e exploração economica, e confraternizar-nos com os trabalhadores da Russia e de todo o mundo.

Por isso, a burguezia interna cianal procura provocar uma guerra com a Rusia e destruir assim o baluarte do proletariado universal. Os assaltos feinos nestes ultimos annos aos Consulados russos em diversos paizes. o comflicto chino-russo,nao sao mais do que provocações das potencias imperialstas. A Russia não quer guerrra porque esta em periodo de construcçao.
Mas o Exercito Vermelho, oPartido Communista da Russia e todo o proletariado mundial sabera reagir contra a tentativa de suffocar a Russia dos Soviets trasformando a guerrra numa Revoluçao Mundial.

O PARTIDO COMMUNISTA NA DIRECÇÃO DA REVOLUÇÃO AGRARIA ANTI-IMPEREALISTA LEVARÁ A REVOLUÇÃO PROLETARIA.

TRABALHADORES DE TODAS AS PROFFISSÕES COMPARECEI AO GRANDE COMICIO AS 17 HORAS NO LARGO DA SÉ!
VIVA 7 DE NOVEMBRO

A CRISE ACTUAL NO PAIZ LEVARÁ NÓS A REVOLUÇÃO AGRARIA E ANTI-IMPERIALISTA.

A NOTICIA | *Assis*

CONSELHO EDITORIAL	ANTONIO DE BARROS (DIRETOR) E ANTONIO DESPIERRI (GERENTE)
PERFIL	ÓRGÃO DE INTERESSE LOCAL, NACIONALISTA E XENÓFOBO
PERIODICIDADE	SEMANAL
PROCESSO GRÁFICO	TIPOGRÁFICO
LOCAL DA EDIÇÃO	ASSIS (SP)

Histórico

A Noticia era um jornal semanal que circulava normalmente e servia como meio de comunicação pública na cidade de Assis (SP). Não possuía, explicitamente, filiação partidária.

Motivo da apreensão

Em 1938 a Delegacia Regional de Presidente Prudente (SP) anexou aos seus arquivos o exemplar do jornal *A Notícia*, a fim de registrar a denúncia do lavrador Elysio Galvão de Toledo Sampaio, lavrador no município de Maracahy, comarca de Paraguassu, contrário à presença, na região, da colônia alemã Rio-grandense, acusada de propagar "idéias alienígenas contra a nação brasileira". O exemplar foi encaminhado ao DEOPS de São Paulo, dedicado a identificar e reprimir manifestações antinacionalistas contrárias ao projeto étinico-político defendido pelo Estado Novo. Posturas como esta testemunham o envolvimento da população interiorana paulista que, dando crédito à política de nacionalização empreendida pelo estado varguista a partir de 1938, posicionou-se contra os estrangeiros radicados no país. O artigo "Grave Denúncia" publicado pela *A Notícia* endossa a tese do enquistamento de alemães e colônias agrícolas opondo brasilidade x germanidade, conceitos fortalecidos entre 1938-1945. Os comentários do jornal ao processo de "germanização integral da colônia Rio-grandense" se fazem através do mais puro discurso nacionalista que cobra das autoridades governamentais a adoção de uma política imigratória seletiva. As concentrações nucleares estrangeiras são avaliadas como problemas de "alta relevância para a nacionalidade que precisa se impor *uber alles* não consentindo factos e situações como as que relata a denúncia"... Esta (a denúncia) é elogiada como "patriótica" e, como tal, deveria ser respeitada, transformando em positivo o ato da delação.

Prontuário: 550
Prontuariado: Delegacia Regional de Presidente Prudente

A Noticia

A Noticia

Director: Antonio de Barros — ORGÃO DOS INTERESSES LOCAES — Gerente: Antonio Depierri

ANNO III | ASSIS, 6 DE MARÇO DE 1938 | NUMERO 132

GRAVE DENUNCIA

A germanização integral da Colonia Riograndense — Um lavrador brasileiro, impressionando com a situação, representa ao Sr. Secretario da Segurança.

O sr. Elysio Galvão de Toledo Sampaio, antigo e conceituado lavrador no municipio de Maracahy, acaba de dirigir uma representação do Sr. Major Secretario da Segurança Publica do Estado, concebida nos seguintes termos:

Exmo. Sr. Major Secretario da Segurança Publica do Estado.

Com o maximo acatamento, e na certeza de prestar ao meu Paiz um modesto serviço, tómo a liberdade de vir á presença de V. Excia. para solicitar a sua preciosa attenção para as anormalidades que se verificam no centro populoso denominado «Colonia Rio Grandense», municipio de Maracahy, comarca Paraguassú, deste Estado.

Resido ha 22 annos naquelle municipio, onde venho exercendo a minha actividade na lavoura, dono que sou de uma propriedade agricola, e assisto, com tristeza e revolta, o soberano menoscabo da nossa brasilidade, por elementos allemães e de origem allemã alli estabellecidos.

Trezentas e quarenta familias enkystadas naquella zona rural fazem vida completamente á parte da nossa, pela lingua, pelos costumes, pela intrucção e pela indifferença que votam ás cousas nacionaes e aos interesses do Paiz que as acolheu e hospeda.

Possuem escolas allemãs, com professores que ensinam em lingua allemã, despresando a nossa. Têm cemiterio allemão, onde não admittem enterramento de nacionaes. Repellem qualquer convivencia com brasileiros. Padres e freiras de nacionalidade allemã alli ministram os sacramentos e dirigem o culto em allemão.

Frequentemente, jactam-se de não necessitarem da nossa lingua, nem da nossa gente, porque têm o consulado allemão, a quem unicamente attendem e que os ampara em caso de necessidade.

E não póde passar sem reparo a attitude do sr. fical de caça e pesca, que apprehende dos pobres caboclos as espingardas de chumbo, deixando, entretanto, em poder dos allemães e dos teuto-brasileiros carabinas, revolveres e mais armas de grande alcance, que elles trazem, cautelosamente occultas.

Animado unicamente pelo desejo de bem servir á nossa Patria trago estes factos ao esclarecido julgamento de V. Excia., podendo lhe affirmar que uma syndicancia rigorosa, nesse sentido, só confirmará o que acabo de expôr.

Maracahy, 1 de Março de 1938.

(a) Elysio Galvão de Toledo Sampaio

Como se vê, o assumpto é de summa importancia e bem merece uma rigorosa apuração.

Não é de hoje que as concentrações nuclearias de extrangeiros preoccupam sériamente os nossos dirigentes. O problema é de alta relevancia para a nacionalidade, que precisa se impôr «uber alles», não consentindo factos e situações como os que relata a denuncia patrioticamente offerecida pelo sr. Elysio Galvão de Toledo Sampaio.

A generosa hospitalidade do Brasileiro precisa ser bem comprehendida e respeitada, de fórma que o processo da immigração, de que tanto necessitamos, não venha a se tornar, por incuria das autoridades, em processo de absorpção, predominando, dentro do territorio nacional, usos e costumes e até linguas alienigenas, com menoscabo pelo que é nosso, muito nosso, e devemos impôr aos nossos hospedes.

RAIOS X

Assis, que se resentia da falta de um apparelho de "Raios X", já conta agora com esse melhoramento de inestimavel valia. Os que necessitarem de chapas radiographicas não serão forçados a procurar as cidades visinhas, onde existem apparelhos dessa natureza, efficazes auxiliares nos tratamentos clinicos e cirurgicos.

Devemos essa magnifica innovação ao sr. dr. Horacio Lobo de Andrade, eximio radiologista e dentista-cirurgião, que acaba de transferir sua residencia para esta cidade, vindo da zona da Alta Mogyana, onde sempre gosou da mais elevada reputação profissional.

O dr. Lobo de Andrade manterá aqui á avenida Ruy Barbosa, o seu moderno gabinete dentario, dotado dos ultimos melhoramentos a electricidade, funccionando annexo o possante "Raios X", da afamada marca "Siemens", para 60.000 wats.

"A Noticia" apresenta seus cumprimentos ao novo hospede e Exma. Familia.

No mundo das letras

Herbert Spencer: «Educação intelectual, moral e physica»; Rodrigues Mereje: A orthographia simsimplificada»; «Constituição brasileira»; «Colectanea de Decretos-leis», mez de Novembro de 1937

(Edições Cultura Moderna — S. Paulo)

De ha muito, o problema da educação vem preoccupando a intellectualidade universal. E' o maior, o mais intrincado de todos. E se fez logicamente, o ponto essencial de especulações de nosso espirito. E' cuidado de philosophos de todos os tempos. Porque, nelle, está o estudo da Vida. Isto é, a interpretação da Vida. O viver bem. O viver feliz.

Vivendo, cogitamos de um ideal que é a força propulsora de todos os nossos actos. Embora permaneçam ideaes. E isto já o dissemos. O que succede comnosco, se repete com a collectividade. Ha um espirito, um laço sentimental que leva os homens á abnegação, a fazer tudo para o bem commum. Procura-se attingir a perfeição.

Dahi, as obras cheias de ensinamentos, palpitantes de vida, desses abnegados, que são os intellectuaes do mundo inteiro. E nesse rol está "Educação intellectual, moral e phisica" de Herbert Spencer. Porque é um livro que visa o bem da pumanidade. Que trata do maior problema: a educação.

Vamos abril-o. E logo nas primeiras paginas: «Nas conquistas mentaes, como nas do corpo, o ornamental vem antes do util. Não só nas eras passadas, mas até na epoca actual, os conhecimentos que produzem o bem-estar pessoal são postergados por aquelles que são mais applaudidos".

Não é certo? Observemos a sociedade moderna. Cuidamos mais de adorno, de coisas futeis do que deveriamos cuidar. Sacrificamos, muitas e muitas vezes, o nosso bem-estar por um prazer ephemero.

O mesmo, a bem dizer, succede com o trato de nosso espirito. Os conhecimentos que procuramos adquirir servem simplesmente como medalhão. Faz-nos lembrar Machado de Assis, no Braz Cubas:

«Teme a obscuridade, Braz; foge do que é infinito; olha que os homens valem por differentes modas, e que o mais seguro de todos é valer pela opinião de outros homens».

E' preciso formar a consciencia individual. Que cada um se eduque e procure educar seus filhos, sob esse prisma. Não valer pela opinião dos outros. Intellectual moral e physicamente.

«Educar é preparar o homem para a vida completa», diz Spencer. E assim devemos agir desde a infancia. Não só instruir, mas educar. E para tal, necessario se faz a collaboração do lar com a escola. Uma educação racional. De accordo com o desenvolvimento infantil. E visando como quer o mestre:

«1.o — actividades que directamente contribuem para a conservação propria; 2.o — actividades que, conseguindo as causas necessarias á vida, contribuem indirectamente para a conservação propria; 3.o — actividades que têm por fim a educação e disciplina dos filhos; 4.o — actividades relativas ao nosso procedimento social e ás nossas relações politicas; 5.o — actividades que preenchem o resto da vida consagrados á satisfação dos gostos e sentimentos».

E' no fim que deve basear toda orientação educacional.

Mas não vale a pena, dirão. O mundo não se modifica, tal caminhamos... Mas não devemos nos desanimar. Não é obra de um segundo. E é preciso que cada um contribua com o seu esforço para attingirmos a perfeição da existencia. Ou nos abeirarmos della...

Contribuir de que modo? Praticando um systema racional de educação. Tendo em vista o presente e o futuro. A vida cada vez mais complexa.

«Educação intellectual, moral e physica» é um livro que discute a Educação, analysando os seus systemas, os methodos, etc. Um livro que a gente annota do começo ao fim. E ahi ficam algumas observações para não roubar esse prazer ao leitor. Um livro, sobretudo, para professores.

—0—

Rodrigues de Menezes, que já conheciamos como sociólogo, acaba de lançar a lume mais um livro, agora sobre a debatida questão orthographica. E' uma obra de divulgação, baseada em sua experiencia pessoal, contendo, além de um breve, mas claro historico da lingua portugueza, um «formulario ortographico e ortoèpico das palavras usuaes».

Os que desejam seguir a nova orthographia têm, em «Ortographia simplificada» um optimo guia.

—0—

«Cultura Moderna», no justo de satisfazer os que se interessam pela vida nacional, acaba de editar «Constituição Brasileira» de 10 de Novembro ultimo, bem como «Colletanea de Decretos-leis", mez de Novembro de 37, decretos esses resultantes da nova carta brasileira.

Com a publicação de taes obras «a segunda mensal», os nossos juridicos não precisam mais ter o incommodo de andar a procura de recortes de jornaes, para o seu archivo.

Oliveira Mendes

Cap. Azarias Ribeiro

Regressou da Capital co[m] sua exma. familia, onde pe[r]maneceu mais de dois mez[es] em viagem de recreio o Ca[pitão] Azarias Ribeiro, ele[mento] de destaque em noss[o] meio social. Boas vindas.

Contracto de casamento

Contractou casamento co[m] a senhorita Luiza Geraldo, [o] Sr. José Corrêa Dutra, est[i]mado gerente da Padaria St[a] Cecilia do sr. Jacyntho Fu[r]nari.

A senhorita Luiza é pupil[la] do sr. José Corrêa a quem [A] Noticia agradece a communi[]cação que se dignou fazer-lhe

Conheceram, papudos?

Parece que o telegramma de advogados da comarca frustro a acção dos espiritos dominhe que queriam levar a séde d districto judicial para Presidente Prudente.

Rapazes, comprem um bóde,
Pois daqui não sáe a séde.
A nossa força não céde.
Comnosco nem Cesar póde.

E' assim que garganteiam
Os causidicos do fôro,
Que não comem desafôro
E de nada se arreceiam...

JOÃO DURO

A OFFENSIVA | *Rio de Janeiro*

CONSELHO EDITORIAL	PLÍNIO SALGADO (DIRETOR), MADEIRA DE FREITAS (REDATOR-CHEFE), THIERS MARTINS MOREIRA (DIRETOR DE REDAÇÃO), HELIO VIANA (SECRETÁRIO), F. CASSIANO GOMES E SANTOS MAIA (GERENTES).
PERFIL	INTEGRALISTA
PERIODICIDADE	INICIALMENTE SEMANAL, PASSANDO A DIÁRIO E MATUTINO
PROCESSO GRÁFICO	TIPOGRÁFICO
LOCAL DA EDIÇÃO	RIO DE JANEIRO (RJ)

Histórico

A Offensiva pode ser considerado como um jornal integralista que acompanhou, em grande parte, a trajetória do movimento dos camisas-verdes no Brasil. Criado e dirigido por Plínio Salgado, circulou entre maio de 1934 a março de 1938, data em que ocorreu o fracassado *Putsch* contra o Palácio Guanabara. A persistência desta publicação revela a vitalidade do movimento integralista que – desde a criação em São Paulo da SEP – Sociedade de Estudos Políticos em fevereiro de 1932 – sempre considerou o jornal como instrumento eficaz para a difusão de seu ideário. O aparecimento de *A Offensiva* insere-se na fase de consolidação da imprensa integralista que, a partir de 1934, contou com centenas de jornais em circulação. Além da *A Offensiva*, os integralistas contavam também com o *Monitor Integralista*, órgão "oficial" responsável pela publicação de todos os atos administrativos que gerenciavam a AIB (estatutos, regulamentos e protocolos), e duas revistas nacionais: *Anauê* e *Panorama*. O estudo destes periódicos nos permite compreender como se processavam as estratégias para a divulgação do ideário do Sigma, cujos fundamentos se apoiavam numa concepção do universo e do homem. De uma forma geral, os conteúdos das matérias procuravam definir uma proposta de organização social e política através do Estado corporativo sob a mediação dos conceitos de revolução integral e de nacionalismo. Combatiam o liberalismo, o capitalismo internacional, o socialismo e o judaísmo.

A sede da redação da *A Offensiva* localizava-se na Travessa do Ouvidor nº 28, 1º andar, no Rio de Janeiro. Com circulação por todo o país, este periódico alcançou grande expressividade no meio integralista. A aquisição podia ser feita por assinatura anual a 10$000 ou por número avulso vendido a 200 réis. Dentre os seus colaboradores estavam Miguel Reale, Gustavo Barroso, Câmara Cascudo, Hélio Viana, Ernani Silva Bruno, Olbiano de Melo e Oliveira Viana.

Costumava divulgar notícias sobre a expansão do movimento integralista por outros Estados brasileiros como Mato

P. Acção Integralista

a offensiva

Direcção de PLINIO SALGADO

ANNO II — RIO DE JANEIRO, 31 DE JANEIRO DE 1935 — NUM. 38

A Lei De Segurança N[illegible]cional

O ESPIRITO DA LEI — UNILATERALIDADE DO PROJECTO — IDE'AS INTEGRALISTAS QUE TRIUMP[illegible] — O QUE TORNA A LEI DE SEGURANÇA ODIOSA E MONSTRUOSA — INTERESSES DO CAPITALISMO INTERNACIONAL — ME[illegible]S QUE A LEI DEVERIA DETERMINAR — INTERPRETAÇÃO DE PALAVRAS — CONSELHOS AOS INTEGRALISTAS — A HO[illegible] DE NUNO ALVARES

PLINIO SALGADO

Acabo de ler attentamente, artigo por artigo, a chamada "Lei de Segurança Nacional" e venho trazer aos integralistas de todo o paiz, a orientação, os conselhos, a palavra de ordem.

A Voz Dos Municipios E Das Familias

O Integralismo penetrou fundo na alma da Patria, porque penetrou nas proprias cellulas da Nação. Nas mais remotas cidadezinhas da nossa carta geographica existem nucleos integralistas. E' olhar uma séde e ver todas: as mesmas bandeiras, o retrato do chefe, os mesmos disticos, o mesmo mappa do Brasil com o Sigma, as mesmas reuniões doutrinarias, as mesmas phisionomias expressivas do mesmo mysticismo da idéa, as mesmas milicias de "camisas-verdes"; os mesmos "anauês" de braço ao alto, como fazia o indio brasileiro.

Quem fôr ao Amazonas encontrará a mesma unidade de pensamento e sentimento que encontrou no Rio Grande do Sul. Um nucleo da Bahia ou Minas é igualzinho a um nucleo de São Paulo, de Pernambuco, de Alagoas. Em Santa Catharina, nucleos admiraveis de disciplina; no alto Rio Negro, nucleos em aldeiamentos selvagens. Nucleos em cidades, villas, districtos, fazendas, fabricas, escolas, quarteis, navios. Em cada lar integralista, o Sigma, a bandeira azul e branca, as creanças e os velhinhos — todos os integralistas.

A proposito da Lei de Segurança, todas essas cellulas se manifestaram ao Chefe. Correndo o boato de que o integralismo seria attingido, choveram milhares de telegrammas, dos nucleos municipaes e de chefes de familia, protestando.

Esses despachos continuam a chegar.

E' a voz da Patria pela voz da "querencia" (o municipio) e pela voz do coração — a familia.

(Conclue na 3.ª pagina)

Grosso, Rio Grande do Sul, São Paulo, Santa Catarina, Maranhão e Sergipe. Mantinha também uma coluna dedicada a sugestões de leituras integralistas, forma sistemática de promover a coleção "Problemas Políticos Contemporâneos" que contava com títulos produzidos pelos principais intelectuais e teóricos do movimento: *O Estado Moderno e Integralismo* e *Operariado*, ambos de Miguel Reale e *Formação Brasileira*, de Hélio Viana; e de autoria de Plínio Salgado, *Despertemos a Nação!*, *O Sofrimento Universal* e *A Quarta Humanidade*.

Motivo da apreensão

A apreensão do nº 38, datado de 31 de janeiro de 1935, ocorreu devido à publicação de uma matéria sobre a Lei de Segurança Nacional, de autoria de Plínio Salgado. No decorrer do seu texto, o líder do Sigma afirma que "muitas das suas idéias (integralistas) triunfaram na Lei de Segurança Nacional". Neste ano de 1935, o olhar vigilante do DOPS estava muito mais direcionado para a expansão do comunismo no país do que para o integralismo, cujo ideário afinava-se com a postura autoritária, nacionalista e conservadora sustentada pelo governo Vargas.

Além do tema em questão, outros assuntos compõem o exemplar apreendido e que, certamente, não chegavam a incomodar as autoridades políticas e policiais: o integralismo nas províncias, contra a democracia liberal, origem da nova mentalidade brasileira, o segundo aniversário do nacional-socialismo no poder. A legenda que acompanha uma foto de Hitler faz apologia ao chanceler do III Reich exaltado como "o construtor da Nova Alemanha".

O jornal *A Offensiva* encontra-se anexado junto ao prontuário aberto em nome da Ação Integralista e que traz, além deste periódico, vários outros jornais (como o *Fanfulla*) e cópias do *Manifesto* e *Regimento Integralista*. Um documento policial orienta os investigadores do DEOPS a vigiarem as reuniões integralistas durante a próxima Páscoa católica do ano de 1935 e o Congresso Provincial da AIB.

Prontuário: 1.583
Prontuariado: *Acção Integralista*

Ao alto: graduados da milicia do Districto Federal em saudação. Em baixo: os mesmos em instrucção, vendo-se á frente o Chefe do E. M. D. P., Mestre de Campo Hollanda Loyola.

A OPINIÃO DO POVO | *São Paulo*

CONSELHO EDITORIAL	NATALINO GRAZIANO (DIRETOR) R. ASDRÚBAL DO NASCIMENTO (REDAÇÃO)
PERFIL	REPUBLICANO RADICAL, ANTICLERICAL E ANTIFASCISTA
PERIODICIDADE	BI-SEMANAL
PROCESSO GRÁFICO	TIPOGRÁFICO
LOCAL DA EDIÇÃO	SÃO PAULO (SP)

Histórico

Em 1933 foi lançado o primeiro número do jornal *A Opinião do Povo*, que se intitulava semanário republicano radical. Publicado sempre às quintas-feiras e domingos, este periódico, afinado com o discurso radical dos anos 1930. Tratava com ênfase temas que discutiam o papel da imprensa em defesa dos trabalhadores, as reivindicações dos ferroviários das Estradas de Ferro Sorocabana e Noroeste e a reforma do sistema tributário. Denunciou, como neste exemplar apreendido pelo DEOPS/SP, a situação dos judeus nos regimes nazifascistas, no momento em que Adolf Hitler era aclamado chanceler da Alemanha, bem como criticou o apoio que este recebia por parte da Igreja Católica, favorável à repressão política e anti-semita naquele país. Segundo o jornal, a Igreja seria uma instituição religiosa sedenta do monopólio do campo da fé, que só usava dos processos de beatificação e as romarias como forma de conquistar novos fiéis e angariar mais fundos para seus cofres.

Em outro artigo desta edição de nº 39, a crítica anticlericalística é mais abrangente, referindo-se não só a alguns atos da hierarquia romana, mas a toda instituição. Em "O Sobrenatural e as Religiões", *A Opinião do Povo* propõe "rasgar esse negro véu coberto de manchas sangrentas, escuro sudário sob o qual está encoberta a verdadeira causa do sofrimento humano". Em uma clara referência à Igreja Católica, o jornal recorre à história para denunciar os padres como aqueles que encobrem do povo verdades científicas, justamente sob a alegação de que se diz a Igreja "a única depositária da fé que salva". Usando de seu poderoso sistema de opressão, a instituição religiosa seria a única culpada pela opressão dos povos, pois afinal, extorquia o dinheiro dos pobres com a venda de indulgências "nos antros escuros do Vaticano".

Colaboraram com artigos ainda nesta edição de nº 39, reconhecidas mulheres ativistas como Maria Lacerda de Moura e Luiza Peçanha de Camargo Branco, sendo que a primeira posiciona-se contra o anti-semitismo hitlerista, e a segunda comenta a situação política daquele ano eleitoral no Brasil e denuncia os "reacionários perrepistas-clericais".

Motivo da apreensão

O exemplar confiscado encontra-se anexado ao prontuário do tipógrafo alemão Carlos Gewe. *A Opinião do Povo*, impresso sob a direção do editor Natalino Graziano, fazia parte do material encontrado em poder de Gewe, e que foi confiscado pelas autoridades policiais como prova de subversão da ordem e crime de comunismo. O tipógrafo era também editor de *A Tribuna Operária*, além de outras publicações produzidas na mesma oficina de impressão como os jornais *Argus*, *A Luta* e *A Voz da Egreja*. Suspeito pela polícia de ser membro do Partido Comunista em Bauru (SP), Gewe foi denunciado por Ary Nascimento Cordeiro, secretário da Liga Católica "Jesus, Maria, José", que irritado com a publicação do jornal anticlericalista *A Voz da Egreja*, procurou a autoridade policial e denunciou a oficina de *A Opinião do Povo* como sendo a responsável pela impressão de publicações comunistas.

Prontuário: 2.355
Prontuariado: Carlos Gewe

A OPINIÃO DO POVO

Director: NATALINO GRAZIANO

BI-SEMANARIO REPUBLICANO RADICAL

Redacção: R. Asdrubal do Nascimento, 6

ANNO I | Assignatura annual . . 20$000 | " semestral . 12$000

PUBLICA-SE A'S QUINTAS-FEIRAS E AOS DOMINGOS

S. PAULO, DOMINGO, 21 DE MAIO DE 1933

Numero do dia . . . . . $200 | " atrazado $400

NUM. 39

A SELVAGERIA FASCISTA CONTRA OS ISRAELITAS

A nossa estimada collaboradora Maria Lacerda de Moura remetteu aos membros do "Comité Israelita" do Rio de Janeiro a seguinte missiva, que, como todos os seus escriptos, patentêa a grandeza de espirito da eminente sociologa:

"Guararema, 2 de abril de 1933.

Sr. Tofic Nigri. — Saudações.

Até hoje não sabia como me dirigir aos israelitas do Brasil — para manifestar, como intellectual, o meu protesto e uma profunda repugnancia pelos processos ignobeis do fascismo allemão, perseguindo estupidamente aos israelitas.

Tambem nós, no Brasil, desgraçadamente, caminhamos para o fascismo epileptico de um fim de civilização.

E' o motivo pelo qual os intellectuaes livres não encontram uma columna de jornal (N. da R.: — A nossa distincta collaboradora refere-se, naturalmente, á imprensa... grande.) para dizer, sem circumloquios e sem subterfugios, o seu pensamento claro de repulsa e indignação á perversidade medieval que renasce numa psychose collectiva de degenerescencia humana.

Hoje, nos jornaes do Rio, encontro o endereço de um dos membros do Comité de Protesto contra as perseguições dos fascistas allemães aos israelitas e apresso-me a aproveitar dessa indicação para uma palavra de solidariedade aos israelitas e de repulsa aos methodos de banditismo de que se revesie o Estado moderno-medieval — para o assalto ao poder, de um grupo de fanaticos liberticidas.

Hitler despertou todas as mais baixas paixões e os instinctos mais ferozes de uma juventude exgottada nas emoções da guerra ou gerada no momento angustioso do troar dos canhões e da derrocada do imperio allemão.

E o proprio Hitler é um dos degenerados paranoicos, um dos Thenardier da hecatombe monstruosa...

E nos meios intellectuaes do Brasil, si os jornaes têm, felizmente, protestado contra as perseguições aos judeus nascidos ou domiciliados na Allemanha, referem-se de de preferencia ás fortunas, ao ouro, á capacidade de progresso material accumulada pelos israelitas, através do seu martyrio millenar.

Precisamente porque o povo de Israel representa, no mundo moderno, uma força nova — em todos os dominios do pensamento e das actividades humanas — a reacção medieval, representada por Hitler, pretende suffocar, fazer desapparecer uma corrente poderosa de energia viva, forjadora de uma nova civilização.

Seria interminavel, si se quizesse citar, mas, desde Charles Chaplin — a maior artista da téla, cujo humorismo tragico é um soluço de dôr diante das miserias humanas — até Freud — que abriu novos caminhos para todas as sciencias e illuminou com uma luz inedita todos os desvãos da alma humana, — até Einstein, o maior scientista vivo, as mais bellas mentalidades do mundo moderno, em todos os ramos da actividade do pensamento — são filhos de Israel.

Porque a dôr é a grande geratriz!

Hitler ou a perseguição dos nazistas aos israelitas é bem o symbolo de um fim de civilização...

Sem pretender fazer paradoxo — é o progresso material da civilização capitalista, é o bezerro de ouro contra a idéa, contra o pensamento, contra a sciencia, contra o progresso moral, contra os sonhos humanos de um Charles Chaplin, de um Freud, de um Marx ou de um Einstein, sem falar em Heine, em Wassermann, em M. Nordau, na phalange genial dos sabios e philosophos e artistas que illuminaram a sciencia humana.

Esse o aspecto mais doloroso da perseguição aos israelitas — porque representa o direito da força e o renascimento da edade media contra a luz de uma nova civilização — para a redempção humana pela propria humanidade.

Eu lhe peço, sr. membro do Comité, o obsequio de fazer chegar a minha voz de intellectual livre ao coração dos israelitas nascidos no Brasil ou aqui residentes, o meu protesto sentido e o desdem da minha consciencia contra os modernos methodos de assalto ao poder, contra a psychose que invade o mundo nos processos de banditismo com que os donos da humanidade fazem sentir que o Direito é a Força...

Eu lhe pediria a fineza de fazer publicar minha carta em um jornal israelita, já que me é difficil escrever em jornaes do mundo burguez brasileiro e não os temos de extrema esquerda.

Aperto-lhe as mãos fraternalmente.

MARIA LACERDA DE MOURA"

UM PARECER QUE NÃO AGRADARA' AOS REACCIONARIOS PERREPEDEISTAS-CLERICAES

"O mundo evolúe e é preciso acompanhal-o, sob pena de se correrem os mais graves riscos. Acho que a representação de classes, como vae ser feita entre nós, é vantajosa e como que uma verdadeira valvula, para que se manifestem muitos interesses legitimos."

(Opinião do dr. João Alves de Lima, presidente da Associação Paulista de Medicina).

PROFISSÃO DE FE'

Ha vinte e tantos annos que eu, no mundo
Vivo constantemente a meditar,
Buscando comprehender o mais profundo
Das cousas e a verdade desvendar.

Ao principio foi doida a minha luta
E quasi, sem coragem, succumbi;
Baixei a fronte triste e irresoluta
E em duvidosa scisma me acolhi.

Vi a terra num torvo pesadelo,
Prenhe de males, cheia de immundice;
Males que nos fariam maldizel-o,
Si Deus, o monstro biblico, existisse!

Quando, porém, no resplendor do dia,
Me desprendi das garras da incerteza,
Trazia n'alma esplendida alegria,
Trazia n'alma lugubre tristeza...

Livre sentia-me, emfim, de preconceitos,
Minha razão estava esclarecida,
E vi quanto são tolos os conceitos
Que o mundo faz das cousas e da vida.

Estava, emfim, descrente e emancipado
Das mentiras servis da religião,
E vi que o povo estava acorrentado
A' lama, á tyrannia, á escuridão!

Foi depois do raiar desta verdade
Que o negror da tristeza me invadiu:
Chorei a pobre e escrava humanidade,
Que na degradação, assim, cahiu.

Tanto mal, tantas dores contemplando,
Vivo a cegueira humana a lamentar:
Estamos nós num captiveiro infando,
Quando é tão facil os grilhões quebrar!

E, assim, liberto e convencido e altivo,
Alma cheia de forças e de fé,
Atirei-me na luta em que hoje vivo,
No meio dos pequenos — da ralé.

Fiz-me um feroz, um barbaro inimigo
Da farda, da batina, da casaca,
E a minha penna, com um valor antigo,
Essa trindade vil, sem medo, ataca.

(Dos "Cauterios", a apparecer).

RAYMUNDO REIS

ANTONIO SIQUEIRA CAMPOS

A nossa brilhante collaboradora e valente correligionaria, Prof. Luiza Pessanha de Camargo Branco, proferiu o seguinte discurso, — delirantemente applaudido pela enorme assistencia — na sessão commemorativa, em homenagem á memoria de Antonio Siqueira Campos, promovida pela Legião Civica 5 de Julho, com concurso do Partido Socialista Brasileiro, sessão, essa, realizada no theatro Municipal desta capital, na noite de 10 do vigente:

"Antonio Siqueira Campos — Antonio Siqueira Campos. — Tres palavras — um nome. Eil-o, aqui está, o heroe! Irmãos, como eu, como os seus companheiros de jornada gloriosa, aqui, presentes, todos vós, tenho certeza, todos nós, estamos sentindo a presença real vivida, vibrante, daquelle que aqui nos reuniu. Siqueira Campos aqui está. Isto não é um milagre, mas uma realização. Como todo superhomem, como todo coração imarcessivel na sua grandeza, Siqueira Campos irradiava de si, purificando ou sublimando as criaturas, todo o seu ideal de perfeição e suprema bondade. E, morto, livre das peias materiaes, a sua acção se tornou mais irradiadora; mais efficiente; mais directa. Por isso, novamente vos affirmo: Siqueira Campos aqui está. Tudo o que anceia e vibra, tudo o que lateja e estremece, que pulsa e vive em cada coração, nesta hora, é um atomo da essencia pura e do ideal do nosso heroe. E' a sua alma que faz estuar as nossas almas nessa gratidão, nessa saudade que sentimos pelo nosso eleito. Siqueira Campos, idealista sublime, enamorado da Patria! Tiveste o goso infindo de morrer por aquella a quem dedicaste a vida. Imagino a infancia de Siqueira Campos como a dos predestinados: menino, brincando de sella ou barra manteiga, porém com os olhos sempre fitos no seu Ideal; a mente alevantada para o Alto. E, nos seus brincos, e nos seus estudos, um só impulo os guia: A FORÇA DA LIBERDADE.

A Liberdade, por lutas e soffrimentos, conquistando a vida, atravessa os seculos. Como um dynamo omnipotente, produz, attrae e movimenta legiões. Porque, até os inconscientes ou malvados que a encarceram ou tentam estrangulal-a. Até esses se deslumbram por ella. E' a Liberdade que imprime o primeiro pulsar de vida a todos os corações. Mas a oppressão, em antagonismo nefando, mata-a em algumas criaturas. Para o coração dos heroes é ella guia, e multiplica-se em cada palpitar.

No coração de Siqueira Campos a Liberdade não imprimiu impulso algum. Ella ahi se aninhou. Delle fez a sua morada predilecta. Podia, então, o escolhido viver sem ar, por vêr a Patria garroteada?... E houve, então, o episodio épico, divino, na sua loucura abnegada, dos 18 do Forte. Copacabana! Nunca mais labios brasileiros poderão pronunciar tal nome, sem evocar o panorama mais largo e bello, talvez de toda a nossa Historia. E immortal, pois que immortaes lhe regaram as areias alvas, com o seu sangue estuante da fraternidade.

Quem poderia explicar o delirio que conturbou aquelles cerebros e os impulsionou a morte certa? Todas as transmutações radicaes da Humanidade, ou de uma parte della, são incomprehensiveis para os coévos. E' necessario que o tempo se incumba de, adoçando os contornos fortes dos feitos recentes, ensombral-os em perspectivas fundas e saliencias de arestas suaves. Só assim comprehendemos taes feitos. Pois bem, tal é a pujança de heroismo dos 18, que, deste quadro intraduzivel, mesmo para os que o admiram, hoje, passados apenas 11 annos, podemos apprehender-lhe, já, a efficiencia.

Malferidos, desbaratados, assassinados os 18, do hospital e do carcere, surgiu a LEGIÃO CIVICA 5 DE JULHO. Newton Prado, já moribundo, porém, com a voz vibrante, na ultima golfada sanguinea que a presença do seu algoz repugnante provocou, teve forças para dar a sua ultima voz de commando: **"Soldados do**

A OBRA DO TRUCULENTO HITLER

"Hitler, o seu chefe supremo, o seu supremo mentor, o novo Messias, enviado de Votan, é o responsavel maximo por todo o sangue já derramado, por todas as injurias soffridas, pela vergonha de que se vê coberta a Allemanha, chamada como ré perante o tribunal das nações civilizadas."

(De um artigo em que o sr. Silveira Bueno reduz a pó a capciosa defesa que pretenderam fazer dos assaltantes do poder as aggremiações fascistas allemãs).

A ORDEM | *Piquete*

FUNDADOR	PE. OSWALDO BARROS BINDÃO
DIRETOR RESPONSÁVEL	SEPTÍMIO RAMOS ARANTES
PERFIL	CATÓLICO
PERIODICIDADE	MENSAL E, POSTERIORMENTE, QUINZENAL
PROCESSO GRÁFICO	TIPOGRÁFICO
LOCAL DA EDIÇÃO	PIQUETE (SP)

Histórico

A Ordem, órgão da Juventude Operária Católica, era editado em Piquete (SP). Criado em 1937, tinha como proposta a divulgação das atividades da Igreja Católica, bem como de associações leigas ligadas ao catolicismo.

O exemplar aqui reproduzido (nº 39) fazia parte de uma estratégia muito eficaz adotada pela Igreja Católica: a confecção de exemplares locais da publicação *A Ordem* surgida em 1922 em São Paulo. Estes deveriam circular em cidades do interior do Estado de São Paulo. O periódico tinha como objetivo tornar a luta da Igreja Católica mais próxima do povo. Esse momento é apontado como o "renascimento católico", levado à frente sob a liderança do arcebispo do Rio de Janeiro, Cardeal Dom Sebastião Leme.

Em resumo, a publicação fundadora criada pelo intelectual Jackson Figueiredo, pretendia constituir um contra-ataque às investidas de outros grupos sociais ascendentes, portadores de novas ideologias. Sob a direção de Jackson, por exemplo, a publicação desenvolveu uma violenta campanha de oposição à Revolução Mexicana. Denunciando a falta de religião como causa última de todo o processo revolucionário, ele intercedeu junto às classes governamentais brasileiras para que defendessem os princípios católicos, anti-revolucionários por excelência. A revolução era entendida por Jackson como exemplo de um espírito laicista presente no meio político.

A orientação da publicação, em todas as edições locais que circulavam pelo Brasil, refletia um conservadorismo reacionário inspirado nos movimentos políticos e intelectuais de direita, de conteúdo nacionalista e católico, que ocorriam na Europa, e que se prestava como um movimento político de reação contra o liberalismo democrático. O próprio nome *A Ordem* refletia a concepção, embora positivista e presente no estandarte nacional, que colocava a Igreja como um templo de definição de deveres e mantenedora da ordem social e política. A defesa da ordem e a manutenção do poder constituído, levaram o editor da publicação em São Paulo, Jackson Figueiredo, a considerar o movimento tenentista como a demonstração clara de uma revolução que significava um desrespeito à hierarquia militar, que predizia um movimento de anseio popular, da "ignorância total que é a Revolução".

Morto em 1928, vítima de afogamento, no Rio de Janeiro, Jackson Figueiredo exerceu grande influência no pensamento católico que se produziria a seguir, principalmente sobre Alceu Amoroso Lima, que o sucederia no comando de *A Ordem* e no Centro D. Vital, criado em 1922 para reunir e centralizar as publicações da *intelligentsia* católica. A pretensão de salvação espiritual do país e da nacionalidade brasileira permaneceu, mas a questão social continuou em segundo plano nas páginas do jornal pois, afinal, para seu editor, somente com a reintrodução de Deus na vida da sociedade a questão poderia ser resolvida e reconhecida. Tratava-se de uma harmonia social que deveria ser alcançada "com a colocação do Cristo nos corações e mentes brasileiros".

Sob aprovação eclesiástica, *A Ordem* (Piquete, SP) foi fundado pelo padre Oswaldo Barros Bindão, mas tinha como diretor responsável o padre Septímio Ramos Arantes.

Sob a responsabilidade da Juventude Operária Católica (JOC), este periódico passou a ser quinzenal a partir de seu quinto ano de publicação, além de dedicar-se aos interesses

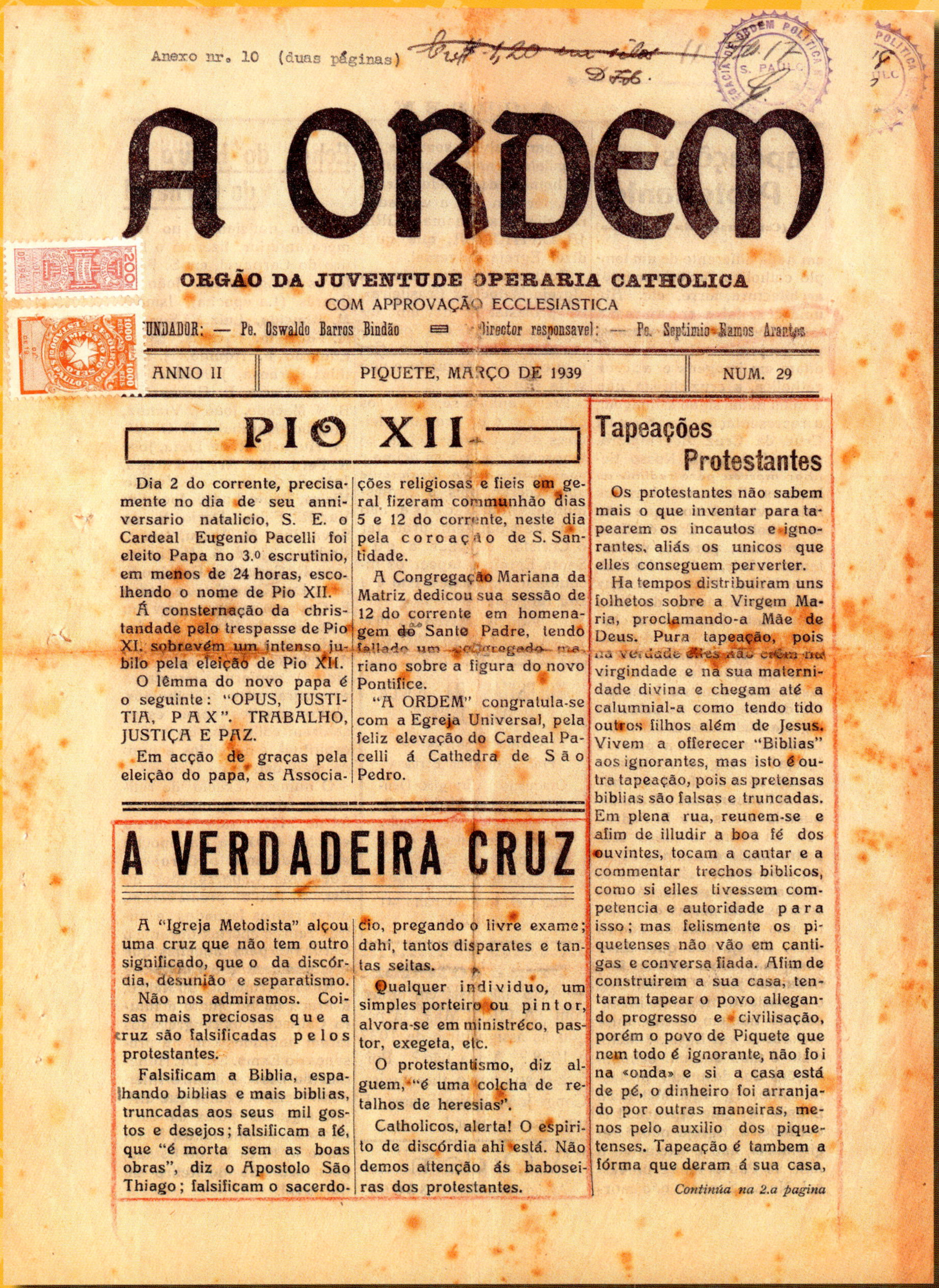

Anexo nr. 10 (duas páginas)

A ORDEM

ORGÃO DA JUVENTUDE OPERARIA CATHOLICA

COM APPROVAÇÃO ECCLESIASTICA

FUNDADOR: — Pe. Oswaldo Barros Bindão — Director responsavel: — Pe. Septimio Ramos Arantes

ANNO II — PIQUETE, MARÇO DE 1939 — NUM. 29

PIO XII

Dia 2 do corrente, precisamente no dia de seu anniversario natalicio, S. E. o Cardeal Eugenio Pacelli foi eleito Papa no 3.º escrutinio, em menos de 24 horas, escolhendo o nome de Pio XII.

Á consternação da christandade pelo trespasse de Pio XI, sobrevém um intenso jubilo pela eleição de Pio XII.

O lêmma do novo papa é o seguinte: "OPUS, JUSTITIA, PAX". TRABALHO, JUSTIÇA E PAZ.

Em acção de graças pela eleição do papa, as Associações religiosas e fieis em geral fizeram communhão dias 5 e 12 do corrente, neste dia pela coroação de S. Santidade.

A Congregação Mariana da Matriz dedicou sua sessão de 12 do corrente em homenagem do Sante Padre, tendo fallado um congregado mariano sobre a figura do novo Pontifice.

"A ORDEM" congratula-se com a Egreja Universal, pela feliz elevação do Cardeal Pacelli á Cathedra de São Pedro.

A VERDADEIRA CRUZ

A "Igreja Metodista" alçou uma cruz que não tem outro significado, que o da discórdia, desunião e separatismo.

Não nos admiramos. Coisas mais preciosas que a cruz são falsificadas pelos protestantes.

Falsificam a Biblia, espalhando biblias e mais biblias, truncadas aos seus mil gostos e desejos; falsificam a fé, que "é morta sem as boas obras", diz o Apostolo São Thiago; falsificam o sacerdocio, pregando o livre exame; dahi, tantos disparates e tantas seitas.

Qualquer individuo, um simples porteiro ou pintor, alvora-se em ministréco, pastor, exegeta, etc.

O protestantismo, diz alguem, "é uma colcha de retalhos de heresias".

Catholicos, alerta! O espirito de discórdia ahi está. Não demos attenção ás baboseiras dos protestantes.

Tapeações Protestantes

Os protestantes não sabem mais o que inventar para tapearem os incautos e ignorantes, aliás os unicos que elles conseguem perverter.

Ha tempos distribuiram uns folhetos sobre a Virgem Maria, proclamando-a Mãe de Deus. Pura tapeação, pois na verdade elles não crêm na virgindade e na sua maternidade divina e chegam até a calumnial-a como tendo tido outros filhos além de Jesus. Vivem a offerecer "Biblias" aos ignorantes, mas isto é outra tapeação, pois as pretensas biblias são falsas e truncadas. Em plena rua, reunem-se e afim de illudir a boa fé dos ouvintes, tocam a cantar e a commentar trechos biblicos, como si elles tivessem competencia e autoridade para isso; mas felismente os piquetenses não vão em cantigas e conversa fiada. Afim de construirem a sua casa, tentaram tapear o povo allegando progresso e civilisação, porém o povo de Piquete que nem todo é ignorante, não foi na «onda» e si a casa está de pé, o dinheiro foi arranjado por outras maneiras, menos pelo auxilio dos piquetenses. Tapeação é tambem a fórma que deram á sua casa,

Continúa na 2.a pagina

religiosos e sociais da Diocese de Lorena, veiculava notícias internacionais como a morte do Papa Pio XI, seguida da elevação ao cargo do Cardeal Secretário de Estado do Vaticano, Eugênio Pacelli, além de difundir atividades da Ação Católica, criada em 1935 para centralizar a atuação dos leigos católicos em um só órgão.

Motivo da apreensão

O jornal *A Ordem* foi apreendido em razão de um série de acontecimentos em cidades do interior paulista, como Cunha e Lorena: conflitos declarados entre protestantes e católicos. No caso da primeira cidade, registrou-se o apedrejamento da Igreja e da casa de um pastor metodista, por ordens do vigário local. A disputa entre as religiões foi iniciada pela publicação de artigos de *A Ordem*, que desmereciam os protestantes e que resultaram, anos depois, em artigos que atacavam aos católicos, publicados em *O Expositor Cristão*, da Igreja Metodista. Este jornal foi também anexado e apreendido ao prontuário do Bispo César Dacorso Filho que, na visão da polícia, depois de considerações do pastor local sobre a omissão das autoridades no caso, acabou sendo apontado como o pivô de todo o conflito.

A edição nº 29 apreendida pelo DEOPS em 1939 expressa o teor conservador e intolerante deste periódico frente às demais crenças religiosas, como pode ser constatado nas matérias "Tapeações Protestantes" ou "Quem como Deus?", dirigidos contra a Igreja Metodista Brasileira. Outros artigos ou notas exaltavam a fé católica, valendo-se de *slogans* como: "A cruz é o símbolo do verdadeiro e genuíno cristianismo, o catolicismo! Não reconhecemos outra cruz do que aquela pregada pela cátedra da verdade, a Igreja Católica".

Na primeira página fica evidente, pela distribuição das manchetes, que o conteúdo específico daquela edição era a apologia da "Verdadeira Cruz", a da Igreja Católica, em detrimento da "falsa", erigida pelos metodistas que, como a de qualquer outro protestante, calcava-se numa "colcha de retalhos de heresias", ou seja, uma leitura falsificada da Bíblia, o livre exame que resultava em disparates e na proliferação de seitas, bem como na difusão do que o jornal chama de "Tapeações Protestantes": a contestação da virgindade de Maria mãe de Jesus, bem como a difusão deste tipo de idéia com deturpação de textos sagrados, que só poderiam encontrar eco entre "os incautos e ignorantes, aliás os únicos que eles conseguem perverter".

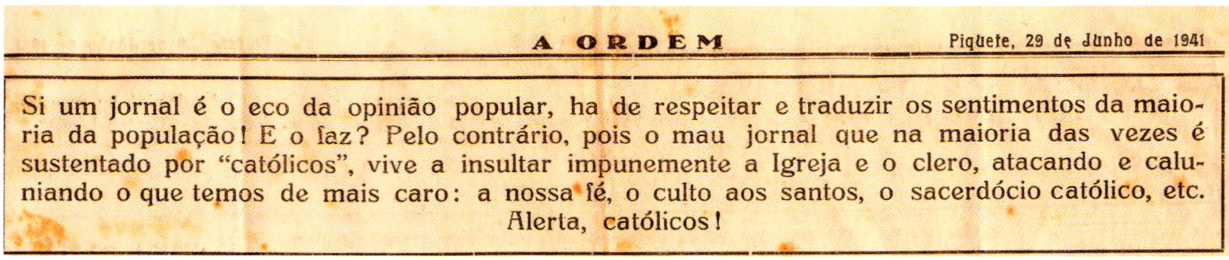
A ORDEM — Piquete, 29 de Junho de 1941

Si um jornal é o eco da opinião popular, ha de respeitar e traduzir os sentimentos da maioria da população! E o faz? Pelo contrário, pois o mau jornal que na maioria das vezes é sustentado por "católicos", vive a insultar impunemente a Igreja e o clero, atacando e caluniando o que temos de mais caro: a nossa fé, o culto aos santos, o sacerdócio católico, etc. Alerta, católicos!

O autor do artigo estampado na primeira página do nº 29, chama a atenção de seus leitores para a falsa alegação de que os metodistas estariam fazendo apologia de progresso e civilização ao povo, uma artimanha para conseguir dinheiro entre o povo para construir um templo em Piquete. Para tanto:

> Em plena rua reúnem-se e a fim de iludir a boa fé dos ouvintes tocam a cantar e a comentar trechos bíblicos, como se eles tivessem autoridade para isso; mas felizmente os piquetenses não vão em cantigas e conversa fiada.

O autor novamente refere-se à cruz que, para os católicos, seria a representação da Cruz redentora na qual morreu Jesus pregado para redimir os homens. Se para os católicos a Cruz era o "santo madeiro", para os protestantes infiéis seria o "maldito lenho", afirma o autor. A cruz colocada no templo protestante é criticada como sendo um chamariz aos católicos mais desprevenidos; enquanto a denominação de "Igreja" Metodista seria mais uma "tapeação protestante". Para o autor este título não se justificava, afinal a religião verdadeira era apenas a católica, pois uma, e não uma das "mil denominações do desunido protestantismo", seria a Igreja universal fundada por Jesus Cristo e confiada a Pedro. O autor, que assina apenas como "um congregado", finaliza seu texto afirmando:

> Precavenham-se, pois, os católicos e os prezados leitores de A Ordem com as tapeações descritas acima e com outras que naturalmente aparecerão, pois o protestantismo noutra coisa não consiste senão em protestar a Cristo, caluniar a sua Igreja e tapear os incautos e ignorantes. Isto é sua religião!.

Prontuário: 7.725
Prontuariado: Bispo César Dacorso Filho

A ORDEM — Piquete, 29 de Junho de 1941

«Podemos cuidar dos pobres e dos doentes, construir Igrejas e Capelas, abrir Escolas, pregar missões, centuplicar Círculos de piedade; enquanto não nos interessarmos deveras pela Imprensa Católica, nada haveremos conseguido para a regeneração da Sociedade.» (Cardeal Leme).
«Católicos! Cuidado com as más leituras, que são verdadeiros venenos. Não estais, porventura, concorrendo para a difusão de livros, revistas e jornais maus, que são contrários à vossa fé e à moral cristã? Que dirá Nosso Senhor de vós, Ele que disse: «quem não está comigo está contra mim.» Cuidado e não coopereis para o mal.»

A PLATÉA | *São Paulo*

CONSELHO EDITORIAL	ARAÚJO GUERRA (DIRETOR, 1888-1929) PEDRO CUNHA (DIRETOR, 1929-1942) ISMAEL COUTO (REDATOR EM 1930)
PERFIL	DIFERENTES POSTURAS, SEM UMA LINHA UNÍVOCA. ORA COMO PERÍODO DA SITUAÇÃO, ORA DA OPOSIÇÃO.
PERIODICIDADE	SEMANÁRIO DOMINGUEIRO (1888-1891); DE 1891 EM DIANTE: VESPERTINO DIÁRIO (A PARTIR DE 1891); INTERROMPIDO DURANTE OS PERÍODOS DE 1935 A 1940 E DE 1942 A 1952.
PROCESSO GRÁFICO	TIPOGRÁFICO

Histórico

A Platéa surgiu em 1º de julho de 1888 na cidade de São Paulo, sob a direção de Araújo Guerra. Nesse período, fazia campanha republicana e opunha-se à monarquia constitucional. Declarou-se em oposição ao governo do Marechal Floriano Peixoto e por isso foi suprimido durante o estado de sítio, por ordem federal. Na tentativa de burlar a medida, adotou por título principal o seu subtítulo "Diário da Tarde", voltando ao original com o fim do estado de sítio. A partir daí manteve o nome *A Platéa* ao longo de sua existência até a década de 1950.

Em 1904 foi contrário ao sufrágio universal e, em 1907, deu ampla cobertura às articulações sobre o Convênio de Taubaté. Apoiou o movimento grevista dos trabalhadores das Docas de Santos de 1908. Ao final da década de 1920, posicionou-se ao lado do governo federal de Washington Luís, defendendo oligarquias regionais e manifestando-se como simpatizante do Partido Republicano Paulista (PRP).

Seu repertório de notícias variava desde assuntos da política nacional até divulgações culturais (como folhetins, contos, roteiros de peças teatrais), esportistas (jogos de futebol e lotéricos), da vida social (casamento, aniversários e viagens de pessoas da sociedade paulista). Os anúncios também tinham espaço garantido e, ainda, era comum lançar reportagens de cunho "sensacionalista" divulgando assassinatos, suicídios, entre outras tragédias, ou bizarrices da época como o nascimento de trigêmeos.

De maio a novembro de 1929 atuou como uma espécie de "diário oficial" dos governos estadual de Júlio Prestes e federal de Washington Luís, até que, com a nova direção de Pedro Cunha a partir de novembro de 1929, mudou sua linha editorial, passando a publicar matérias favoráveis à Aliança Liberal e a Getúlio Vargas, o que também não o impediu de demonstrar desagrado ao manifesto de Vargas quanto às eleições de 1930 e condenar o assassinato de João Pessoa. Em 1932, defendeu o movimento paulista e a preservação da autonomia de São Paulo.

É sabido que, por apresentar uma linha editorial fluida, o periódico deu ampla cobertura às atividades da Aliança Nacional Libertadora. No entanto, as relações entre os jornalistas de *A Platéa* e os membros da ANL ainda parecem pouco estudadas na historiografia brasileira, pois muitos autores não o relacionam como um jornal comunista, citando apenas sua "simpatia" pela causa de Luís Carlos Prestes. Contudo, trabalhos recentes sobre jornalistas comunistas identificam muitos dos colaboradores de *A Platéa* entre os secretários e membros do diretório paulista da ANL ou membros do quadro de oradores do Partido Comunista, caracterizando uma íntima ligação entre a redação do jornal e as atividades comunistas no Estado de São Paulo.

A Platéa recebia as notícias internacionais através do telégrafo da agência Havas. Durante as duas guerras mundiais – a primeira de 1914-1918 e a segunda de 1939-1945 – o jornal se dedicou à cobertura das descrições de táticas de

Lutam ingleses e alemães no Passo de Calais

PETAIN DEIXARIA o governo de Vichy

A PLATEA

NUMERO AVULSO 300 rs.

ANO LIV — SÃO PAULO, 15 DE ABRIL DE 1942 — N.º 9 609

Redação e Oficinas: — Rua do Carmo, 89 — Telefone, 3-5360 — Diretor: PEDRO CUNHA

Laval assumiria o poder na França

NOVA YORK, 15 (United Press) — Segundo informações chegadas a esta cidade, o ultimatum que Hitler apresentou a Pétain, exigindo a transferencia do poder máximo a Laval, marca um prazo até amanhã, quinta-feira, á noite.

DESCRICIONARIAMENTE

NOVA YORK, 15 (United Press) — Foram recebidos despachos de diversos pontos da Europa, segundo os quais Hitler apresentou ontem novo ultimatum ao marechal Pétain, exigindo que o sr. Laval assumisse descricionariamente o poder na França.

CHEFE DO GOVERNO!

NOVA YORK, 15 (United Press) — A radio de Berlim informou que noticias oficiais procedentes de Vichy indicam que o sr. Pierre Laval será designado chefe do governo da França, substituindo o marechal Pétain.

ENTREGARA' A ESQUADRA

NOVA YORK, 15 (United Press) — Fontes autorizadas consideram que o sr. Laval passará a dirigir a politica interna e externa da França e que, a julgar pelos seus antecedentes, é muito provavel que entregue a esquadra francesa a Hitler.

PARA FISCALIZAR

VICHY, 15 (United Press) — O representante do governo de Vichy, ante as autoridades alemãs de Paris anunciou que o marechal Pétain designou o sr. Laval primeiro ministro com plenos poderes, para fiscalizar o governo e o direito de escolher os membros do Gabinete.

UTILIZAÇÃO DAS COLONIAS

NOVA YORK, 15 (United Press) — Circulou autorizadas declaram que é possivel que o sr. Pierre Laval venha a permitir a utilização das colonias francesas no hemisfério ocidental e em outras partes, como bases para os submarinos do Eixo.

ENTREVISTAS

ATITUDE DOS EE. UU.

CLAMA A ITALIA

MONTANHAS DE GELO INUNDAM OS CAMPOS DE LUTA!

As chuvas torrenciais paralizaram as operações na frente sovietica

LAVAL DISSE:

A França ficará na metade do caminho

Os cinco pontos de vista do novo vice-presidente do governo de Vichy

LAVAL

Transferido o governo de Madras

VICHY REJEITOU

A NOTA DE WASHINGTON

PETAIN

Carmona jurará hoje fidelidade a Portugal

O Chefe do Estado Novo portugues comparecerá a sessão solene da Assembléia Nacional

CARMONA

Portugal não sossobrará!

Campanha anti-comunista

Darlan, o substituto de Petain

Apresentou credenciais

o novo embaixador do Japão na Russia

Corregidor resistirá até o ultimo homem!

PROCLAMAÇÃO DO GENERAL WAINRIGHT AOS DEFENSORES DAS FILIPINAS — (TEXTO NA PAGINA SEGUINTE) guerra, transcrição dos discursos dos líderes mundiais e, até mesmo, se utilizou de imagens fotográficas. Segundo a historiografia tradicional, suas posições variaram de um momento para o outro, denunciando as "atrocidades alemãs" durante a Primeira Guerra, mas louvando as vitórias do Reich em 1940, durante a Segunda Guerra Mundial. Apesar das indicações historiográficas apontarem uma simpatia do jornal pelo fascismo italiano a partir da década de 1930, e uma das razões para sua suspensão em 1942 foi o fato deste defender a política nazifascista do Eixo, nota-se nas publicações do ano de 1942 a divulgação, em tom favorável, do rompimento das relações diplomáticas do Brasil com os países do Eixo ao final da III Conferência dos Chanceleres Americanos no Rio de Janeiro. A partir de então, o jornal abre também suas páginas para notícias sobre o desbaratamento de redes de espionagem nazistas no Brasil, a prisão de coronel do Exército japonês em São Paulo e a prisão de alemães, italianos e japoneses, considerados quinta-colunistas no Presídio de Ilha das Flores, na capital federal, denominado à época, por grande parte da imprensa nacional, inclusive *A Platéa*, de "campo de concentração" brasileiro.

Nesse mesmo ano, não faltaram reportagens sobre a saída do Marechal Pétain de Vichy, as frentes de batalha dos Aliados contra os japoneses nas ilhas do Pacífico ou, mesmo, dos feitos políticos ou pessoais do Presidente Getúlio Vargas como os preparativos para a inauguração da cidade de Goiânia no Centro-Oeste e as comemorações do seu aniversário. *A Platéa* também ofereceu suas páginas para comunicados da Superintendência de Segurança Política e Social ou declarações de Acácio Nogueira, Secretário de Segurança Pública do Estado de São Paulo.

Suspenso novamente em abril de 1942, *A Platéa* voltou a circular somente dez anos mais tarde, em 1952 e por pouco tempo.

Motivo da suspensão

Entre os recortes de *A Platéa* anexados aos prontuários do Fundo DEOPS/SP, identificamos a presença de jornalistas comunistas como colaboradores do periódico. Esse fator pode explicar a sua suspensão em 1935, voltando à circulação somente em 1940. Dentre os jornalistas envolvidos com a ANL e o jornal *A Platéa* em 1935 estavam: José Alves de Britto Branco, secretário estadual da ANL em São Paulo, apontado pelo DEOPS/SP como jornalista comunista; João Tavares Fusco, acusado de permitir reuniões nas dependências do jornal, onde era redator e superintendente; Eduardo Araripe Sucupira Filho, identificado como membro da ANL e do quadro de oradores do Partido Comunista, acusado de participar das reuniões realizadas no próprio jornal; Brasil Gerson, que mantinha relações políticas com o Partido Socialista Brasileiro, era jornalista de *A Platéa* e colaborador de outros jornais como *Diário da Noite*, *Gazeta Popular*, *O Imparcial* e *Revista Proletária*. Clóvis Gusmão, membro do diretório paulista da ANL, chegou a ser preso nas dependências do jornal onde era redator. Ivan Emilianosich Chavyrin, também redator de *A Platéa*, traduzia obras comunistas do russo para o português e era também jornalista da *Folha da Manhã* e *Diário da Noite*.

A coleção do jornal *A Platéia* pode ser consultada junto a Hemeroteca do Arquivo do Estado de São Paulo.

Prontuário: nº 193
Prontuariado: Orozimbo Teixeira de Andrade.
Remissão: 170, 861, 1.539, 3.096, 3.399, 4.814, 4.975.

A limpeza... Está definitivamente consolidada a victoria da revolução

GETULIO VARGAS, O CHEFE LIBERAL E COMMANDANTE DAS FORÇAS REVOLUCIONARIAS DO RIO GRANDE DO SUL, APOIADO PELOS EXERCITOS QUE COMBATERAM A OLYGARCHIA AGORA DERRIBADA, ASSUMIRA' O GOVERNO DO PAIZ

EM FACE DISTO, AS COLUMNAS EM MARCHA, QUE DEMANDAVAM A CAPITAL DA REPUBLICA, CESSARAM A OFFENSIVA E ENSARILHARAM ARMAS CUIDANDO AGORA DA GRANDEZA E DO PROGRESSO DO BRASIL

Está definitivamente resolvido o problema maximo da Republica. A Junta Militar do Rio de Janeiro entregará ao sr. Getulio Vargas a chefia do governo revolucionario. Isto, pelo menos, é o que, em radiogramma divulgado nesta capital, declara o chefe do Estado Maior das forças em armas contra o poder recentemente dominado. Estão, portanto, de armas ensarilhadas os exercitos do Norte, de Minas e Rio Grande do Sul. Cessaram as hostilidades e as bandeiras rubras dos libertadores foram desfraldadas nos quatro cantos da terra brasileira. A confusão inicial que preoccupára os homens que anseiam pelos destinos do Brasil, e provocada pelas medidas da Junta do Rio, acaba de desapparecer de todo deante do despacho telegraphico enviado para as linhas avançadas ordenando fosse suspenso o fogo e terminada a investida contra as trincheiras dos que, até ha pouco, quando ainda imperava o dominio do governo deposto, se batiam pela supposta legalidade do Cattete. E, como era de prever, esse facto despertou applausos fortes como que...

Nos correios

O NOVO ADMINISTRADOR PARECE QUE SE ASSUSTOU COM O PESO DA CARGA QUE LHE DERAM...

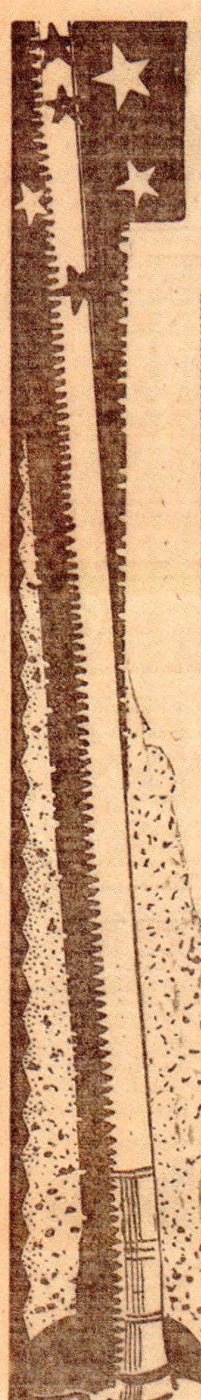

A PLATEA

DIRECTOR — PEDRO CUNHA | REDACTOR PRINCIPAL — ISRAEL SOUTO

ANNO XLIII | REDACÇÃO E OFFICINAS RUA BOA VISTA N.º 14 | S. Paulo, segunda-feira, 27 de outubro de 1930 | TELEPHONES: Redacção ou Administração 2-2219, Gabinete do Director 2-0139 | NUM. 103

O INICIO DA REVOLUÇÃO

COMO NO BRASIL INTEIRO, OS EXERCITOS, EM ARMAS, MARCHAVAM PARA A REDEMPÇÃO NACIONAL

Informações valiosas que a censura policial impedia fossem publicadas em S. Paulo e no Rio e que contam, nos seus pormenores, o começo do movimento

São do "Diario de Noticias", de Porto Alegre, dos dias 10, 11, 12 e 14, as informações que a seguir transcreveremos, tanto interessam ellas ao povo paulista e pintam a marcha da revolução nos seus primeiros instantes até a conquista do Norte do paiz e as lutas na fronteira São Paulo-Paraná:

NO SUL

...nel Octacilio occupar a gare da Estação Central, proxima ao quartel que ia resistir tomando posição de combate. Isto foi feito em boa ordem, no mesmo instante em que a guarnição do 3.º abria trincheiras ao longo do quartel, o que o tenente-coronel Octacilio resolveu evitar, mandando abrir fogo, precisamente ás 7.20 da manhã, hora em que começou o grande combate que...

...talhão do coronel Primo não dispunha mais de agua.

MORTE DE UM VALOROSO ACADEMICO

Alarico Valença foi ferido mortalmente quando carregava a sua arma, desabrigando-se com essa naturalidade que traz o habito do fogo. Morreu gloriosamente, estoicamente, confessando-se ferido sem alarde...

A hora do ajuste de contas...

Ha pouco, ainda, quando se discutia, no Congresso da Republica, a medida relativa ao estado de sitio, resolveu o sr. Mauricio de Lacerda, dentro, aliás, do programma da esquerda parlamentar, oppôr-se, frimemente, contra o projecto em votação. E, por isto, o deputado da opposição mereceu, desde logo, com uma arrogancia fóra do commum, a saraivada de apartes severos dos membros da bancada paulista presentes á sessão. A cada palavra do sr. Mauricio de Lacerda surgiam as investidas dos defensores do P. R. P. Não podiam entender esses senhores que alguem, no Congresso, tivesse a audacia de contrariar as pretensões do alto. Era um attentado, — suppunham — á soberania do executivo que encerrava, nas mãos, todos os poderosos do Estado. E, como estavamos em face de um movimento armado, bellicosos eram tambem os apartecantes. Bellicosos e violentos. Ao representante da minoria, até, em certa altura de seu discurso, sahiu-se um deputado paulista com a affirmativa de que estavamos na hora do ajuste de contas e que, por isto, devia o governo seguir o velho brocardo de "olho por olho, dente por dente..."

Isto, hontem. Hoje, porém, são outras as bases do re...

POR ENGANO...

A PLEBE | *São Paulo*

Histórico

CONSELHO EDITORIAL	EDGARD LEUENROTH (09.07.1917; 18.03.1922 A 27.01.1923; 01.05.1947) RODOLPHO FELIPPE (17.02.1923 A 27.10.1923; 12.02.1927 A 1935) PEDRO A. MOTA (10.11.1923 A 02.02.1924; 1948 A 1951)
PERFIL	ANARQUISTA, ANTICLERICAL E ANTIGETULISTA.
PERIODICIDADE	IRREGULAR: DIÁRIO, SEMANAL, QUINZENAL, MENSAL E BIMESTRAL.
PROCESSO GRÁFICO	TIPOGRÁFICO
LOCAL DA EDIÇÃO	SÃO PAULO (SP)

O jornal *A Plebe* pode ser considerado um dos principais jornais libertários ancorando-se na reprodução do "manifesto anarquista de 1922", avaliado como um reforço para sua retórica política na medida em que este apresentava o lastro da tradição. Assinavam como colaboradores A. Segovia, Souza Passos, Martins Garcia, A. Padilha, Victor Griffuelhes, Adelino de Pinho, dentre outros além dos já referidos diretores. Enquanto periódico anarco-sindicalista, surgiu em meio às mobilizações grevistas de 1917, como instrumento de luta. *A Plebe* inclui-se entre os jornais genuinamente anarquistas dentre outros, também especiais, como *Alba Rossa*, *Tribuna do Povo*, *A Liberdade*, *Germinal* e *O Internacional*. O seu papel era de defender os princípios anarquistas como doutrina social que preconizava uma sociedade livre, bem como a organização sindical contra a opressão do Estado. Não obstante, o ideário libertário de *A Plebe* reside na crítica feroz ao indivíduo burguês e ao clero. O jornal sofreu constantes perseguições e dificuldades financeiras que alteraram a sua periodicidade e a regularidade de sua distribuição circulou de 1917 a 1951, tendo sido fechado algumas vezes durante este período.

Teve sua primeira edição lançada em 9 de junho de 1917 e sua publicação interrompida em julho de 1924 pelo estado de sítio. Nesta data, Rodolpho Felippe, gerente responsável pela edição, foi preso junto a oito companheiros por quarenta dias, e processado pela lei de imprensa sob a acusação de fazer críticas ao governo. De caráter anarquista, teve seu auge em 1919 quando chegou a ser publicado diariamente. Com o acirramento do controle ideológico pelo Estado – que tem por estandarte máximo a criação do DEOPS em 1924 –, o jornal sofreu várias interrupções tendo uma periodicidade oscilante.

Ressurgindo em 1927 manteve o título e sua numeração com o intuito de reaver a tradição de luta do periódico e do anarquismo. Nesta época, denunciou os degredos de militantes operários e dos revolucionários de 1924 na Colônia de Clevelândia, onde haviam morrido cinco anarquistas.

Em 1932 aconteceram novas interrupções em decorrência da repressão aos sindicatos e jornais operários provocados pela aplicação da Lei Celerada, assinada em 1º de agosto de 1927 e, posteriormente, pela aplicação do estado de sítio que sucedeu a "Intentona Comunista", em novembro de 1935. *A Plebe* ressurgiu em 1º de maio de 1947 numa espécie de "volta à luta", título da manchete que abre seu novo nº 1. Articulistas como Liberto Lemos Reis e Lucca Gabriel, ligados ao Centro de Cultura Social, emprestam seus nomes, compondo ao lado de então editor Edgard Leuenroth. Tanto o Centro de Cultural Social como o jornal tiveram suas atividades interrompidas por força das circunstâncias e agora, numa iniciativa conjunta, procuram (re)editar a militância libertária. Seu último ano de publicação foi 1951.

Graças a sua rede de colaboradores internacionais o jornal *A Plebe* trazia notícias de diversos países, principalmente da América Latina e da Espanha. Mantinha uma seção com notícias de sindicatos da capital e do interior de São Paulo.

Sabado, 8 de Julho de 1933 — Nova fase - N. 32

A PLEBE

PERIODICO LIBERTARIO — FUNDADO EM 17 - 6 - 1917 — Redator-Gerente: RODOLFO FELIPE

Redação e administração
LADEIRA DO CARMO N.o 7
Expediente á noite

ASSINATURAS:
Numero avulso . . . $200 -- Semestre . . . 5$000
Ano . . . . 10$000 -- Pacote: 12 exemp. 2$000

Toda correspondencia, vales e registrados devem ser endereçados á Caixa Postal, 195
S. Paulo — Brasil

O Capitalismo abafa, sufoca e extrangula o mundo com seus multiplos tentaculos

"Hoje, verificamos que o capitalismo organizado não tem patria e obedece a leis secretas de aniquilamento de todos os povos".

"As crises financeiras que se manifestaram varias vezes, nos paizes de grandes concentrações de capitais, nestes ultimos tempos revelaram o divórcio absoluto entre os interesses das nacionalidades e os grupos financeiros. A fuga de ouro de paiz para paiz, os panicos das praças, consequentes de maquinações propositadas; as contradições economicas e politicas, assinalando uma marcha segura em detrimento das autoridades nacionais — tudo isso pôz em evidencia um fator absolutamente imprevisto no mundo moderno: a existencia de uma politica imperialista, que foge aos impositivos nacionais".

"Tivemos, antigamente, o imperialismo militar, das nações fortes, que reduziam paizes livres a condições de escravidão. Em seguida tivemos o imperialismo das nações economicas, que conquistavam mercados para seus produtos. Foi dentro desse imperialismo complexo, dentro da luta economica de povos contra povos, que germinou um novo imperialismo, inimigo de todos os povos. E' que o capital, na sua obra de infiltração internacional, desnacionalizou-se, perdeu a ideia de patria, tornando-se um destruidor de todas as patrias".

"O imperialismo economico dos dias de hoje revela uma força nova, perfeitamente organizada, que se aproveita do largo sentido liberalista da civilização contemporânea, para dominar, acima de tudo, acima principalmente dos governos".

"O Estado liberal democratico, adotando todas as normas de liberalismo economico, facilitou a expansão dessa força dominadora. Havendo todos os povos erigido ao Capital o culto de suas homenagens, esse novo Deus passou a oprimir os governos, a assoberbar os Estados, na sua marcha avassaladora. Tendo-se tudo facilitado ao Capital, este passou a atentar contra os principios fundamentais da civilização".

"O capitalismo é hoje, no mundo, um permanente proletarizador das massas, um continuo transformador de valores morais, um açambarcador de economias privadas, um opressor da agricultura, da industria e do comercio, tudo submetendo ao seu império".

"Na sua marcha avassaladora, a organização capitalista do mundo procura, antes de tudo, penetrar no organismo das nações, afim de aniquilá-las. Começa, portanto, pela escravização dos governos".

(Trechos da conclusão do relatorio da Comissão de Sindicancia ao Instituto de Café).

Como vêem os leitores e camaradas estas declarações e verdades tremendas, que não são novidades para nós, pois que as vimos proclamando ha dezenas e dezenas de anos, são subscritas e gritadas por uma comissão de funcionarios publicos, de técnicos escolhidos e da confiança do proprio governo e, por isso, teem a mais alta importancia que se lhes possam atribuir, porque são de gente insuspeita.

Verdades ditas por proletarios, por populares, por malucos anarquistas, ninguem toma a sério, ninguem liga, ninguem dá importancia. Estas formidaveis verdades na boca de representantes ou delegados governamentais atingem pois uma repercussão formidavel e nunca sequer sonhada, e é por isso que nós as reproduzimos para edificação dos mais céticos e como prova fundamental de que o mundo burguez está a esfarelar-se, não tem mais concerto e precisa ser derrubado o mais rapidamente possivel.

Os povos, as nações, os governos, o mundo todo, estão todos dominados, mandados, escravizados ás ordens da alta finança internacional que abaixa ou levanta o cambio, que provoca ou declara guerras, que invade regiões, que desencadeia crises, conforme os seus interesses, conforme a necessidade de seus cofres, de seus imensos capitais, de suas desmedidas ambições.

As populações, os paizes, o universo são simples titeres, singelos bonecos de feira, manequins que os tubarões da finança manejam ao sabor de seus caprichos, de seus interesses inconfessaveis, de suas fantazias prejudiciais e perigosas para o povo, para a humanidade, para a espécie em geral.

A paz ou a guerra das nações, a fartura ou a fome do povo, a abundancia de trabalho ou o infinito desemprego, tudo isso depende dessa camarilha hedionda que, por cima das fronteiras de todos os paizes do mundo, dá as suas ordens, impõe as suas vontades, arranca as ultimas migalhas de pão da boca do povo, matando familias, mulheres e crianças de fome, de miseria, de desespero.

Uma sociedade assim escravizada, dominada, espesinhada e envilecida para gaudio de algumas centenas ou milhares de tubarões da roubalheira universal, do assalto á bolsa e á vida do mundo inteiro, em proveito de um bando de biltres devoradores e insaciaveis, não pode continuar, não deve manter-se de pé nem mais um ano, nem mais um dia, nem mais um minuto. Atiremos, pois, com a caranguejola ao chão.

HOJE A' NOITE

Grande Festival Pró "A PLEBE"

Promovido pelo Grupo Editor e com o fim de manter cada vez mais estreitos os laços de solidariedade da familia libertaria, realizar-se-á, hoje DIA 8 DE JULHO, no SALÃO CELSO GARCIA, sito á rua do Carmo n.° 23, um festival familiar, o qual constará do seguinte

PROGRAMA

1.° Musica pela orquestra.
2.° Conferencia por um camarada.
3.° Representação do drama em 4 atos, intitulado O MILAGRE, de autoria do companheiro Gige Damiani.
4.° Ato variado.

Os convites já estão sendo distribuidos em nossa séde, e nas associações operarias, á R. Quintino Bocaiuva n.° 80.

O QUE QUEREMOS

Queremos uma liberdade de fáto, uma liberdade rial, e sentimos a necessidade de denunciar a mentira duma liberdade escrita, por exemplo aquela resumida na sonante formula, ostentada nas salas dos tribunais ou

Virginia D'andrea

Vitima de perseguição fascista

nas frontarias dos cárceres: LIBERDADE, IGUALDADE, FRATERNIDADE.

Frases que parecem na verdade, escarneos de sátiro feroz, neste contraste terrivel, deshumano de luz e trevas, *de riquezas e de misérias*, de felicidades e desventuras, de tripúdios e de dôres, de orgias e de fomes, de triunfos e humilhações, de montanhas de ouro entre muros blindados, de fantasmas vivos que estendem a mão por trabalho, por um pão; trapos humanos, lançados — como rebutalhos sociais — nas Bowery de todos os paises do mundo a dissecar-se, a desagregar-se como vérmes, como cadáveres ao vento!

Anarquia significa destruição da miséria, do odio, das superstições; abolição da opressão do homem pelo homem, quer dizer abolição do governo e do monopolio da propriedade.

A individualidade humana

A individualidade humana: este mundo profundo e misterioso que póde encerrar em si toda uma visão de horizontes novos; esta incógnita de sentimentos e de afétos, tão vária e tão diferente uma da outra: o individuo: esta parte vital da imensa harmonia do universo, deve poder abandonar-se ás inspirações do seu ser: deve ter a possibilidade de tentar todas aquelas vias, que a Ele pareçam cumuladas de sóes e de promessas; deve poder desenvolver as atividades, as inclinações, as energias ás vezes ocultas, as capacidades, mutaveis em Si mesmo, no tempo e no espaço, que sinta em botão palpitar dentro em si: deve poder sentir-se o arbitro do seu destino, e poder dirigir o leme da sua existencia para o porto que fôr o sonho supremo de todo o seu ser.

Hoje, os governos, as religiões, as patrias, as morais em nome dos seus interesses desconhecem, violentam e sacrificam as aspirações do individuo. Os governos oprimem-no, as religiões acorrentam-lhe a faculdade de raciocinar; as patrias atiram-no aos cataclismos e aos vortices da guerra; as morais sufocam-no com imposições e deveres que estão em franco contraste com as suas necessidades, com as suas inclinações naturais. Convencidos que o homem não poderá nunca ser livre se permanecer amarrado aos prejuizos de Deus, da Moral ou de qualquer forma de dominio ou de sujeição, procuramos libertá-lo da opressão destas terriveis constricções morais, intelectuais, economicas; e insurgimo-nos, quais sapadores, contra a sociedade que se arroga o direito, delituoso direito, de dispôr despoticamente daqueles que a compõem. . . . .

..O homem deve inverter os termos das velhas frases, pregadas em seu cerebro pelo martelo do habito e pela prensa de séculos e seculos de escravidão: "Sem o patrão não se trabalha". — "Sem Deus nada floresce".

"Sem um governo é impossivel a vida social"

Tudo quanto de belo e de grande a humanidade conseguiu através o seu perigoso caminho atingiu-o sempre quando combateu contra a ideia de Deus, do patrão e do governo. As chispas do pensamento, as magnificencias da arte, as maravilhosas descobertas, a audacia das invenções, pertencem aos periodos revolucionarios em que a humanidade cansada dos grilhões, lhe quebrava as correntes e lançava-se, encorajada a respirar o sopro do mais vasto e mais livre horizonte.

A'quêles que afirmam que na ausencia dum governo, duma legislação e duma repressão que assegure o respeito das leis e proceda contra todas as infrações, não existe e não pode existir senão desordem e delinquencia, é-me na verdade facil responder: — Olhai em volta: não vêdes toda a espantosa desordem, que mau grado e por causa tambem das autoridades que governam e das leis que reprimem, reina em todos os campos da vida social? Não vêdes, pois, que quanto mais aumenta a regulamentação, mais infrangivel e severa se torna a rêde legislativa e mais se estende o campo da repressão, mais se multiplicam a imoralidade, a abjeção, os delitos, as culpas, e mais repugnante se torna dia a dia, este espetáculo de injustiças, de horrores, de atrecidades, de monstruosidades, que sempre nos permanece diante dos olhos a torturar-nos a alma e a vida?

A ascenção ao poder ou o seu contacto ou o seu reforço sob qualquer bandeira, ao fulgor de qualquer celebridade querida pelo seu passado, em homenagem a qualquer miragem ou principio, a despeito de qualquer aparencia, malgrado todas as remastigações de formulas tristes e murchas, arrasta, em qualquer tempo e lugar, homens, grupos e partidos ao plano inclinado da degeneração, e, de estimulantes do progresso, transforma-os em forças de conservação, e bem depressa, — pois que o mundo marcha a despeito deles — transforma-os em fautores de reação. O poder serve-se sempre do que ha de mais ruim em cada homem e dos piores entre todos os homens: O governo eleva, premia e exalta a vileza e o servilismo; odia, calca e pune a dignidade e a independencia pessoal.

E as escolas autoritárias que predispõem vastas massas de trabalhadores ao reconhecimento de um Poder e á cegueira em face aos futuros governos (de ditadura, chamada proletaria, de republica, chamada democratica) preparam o sucesso ás piores ilusões e ás mais funestas mentiras e enganos. Porque, se constrangido pela pressão das circunstancias, alguma cousa de menos mau este Poder deverá conceder tambem a predisposição criada nas multidões pelos partidos autoritários, concorrerá a tornar estas instrumento passivo do poder, o qual bem depressa perceberá faltar-lhe o principal estimulo de marchar para a frente: a pressão do descontentamento popular. Se ao contrario este novo Poder apertar os freios, então todos os reacionários lá estarão para cohonestar os seus crimes. Assim fazia ontem o bolchevismo forçando Trotzky ao exilio depois do exilamento do sanarquistas e dos socialistas revolucionarios; assim faz hoje o fascismo, quando das aguas de Barcelona segue o navio-galera "Buenos Aires" conduzindo para a costa africana quanto de mais são e de mais puro lá havia de juventude anárquica! Assim faz hoje o fascismo, quando a Espanha de barrete frigio lhe entrega os prófugos generosos, sempre prontos a levantar em qualquer região do mundo uma barricada em defeza da Liberdade!

Nós não queremos dominar

Perguntam-nos. Mas então vós, os anarquistas, quando dominareis? — Nós nunca dominaremos. Nós até ao dia próximo ou remoto (e tanto mais remoto quanto mais vos conservareis afastados das nossas ideias) em que existirá uma sociedade fundada sobre o acôrdo livre e voluntario, na qual ninguem poderá impôr a outrem a sua vontade porque a associar-se serão as liberdades, a fim de aumentarem-se e desenvolverem-se, não sacrificarem-se e reduzirem-se; nós até esse dia permaneceremos no posto que compete a quem não quer oprimir nem ser oprimido e quer impulsar para a frente a todos os oprimidos. Permaneceremos á margem e contra todos os governos, a indicar aos homens as multiplas vias, fóra e contra todos os governos, para libertarem-se e conquistar por si mesmos o proprio bem e a propria felicidade.

Dizem-nos ainda: Mas vós sereis sempre os eternos derrotados. — Não seremos tal. Sómente nós não queremos vencer, tendo de passar ao lugar dos derrotados. Mesmo se a Anarquia não vier hoje, amanhã ou dentro de seculos, o essencial para nós é caminhar para a Anarquia hoje, amanhã, sempre. Todo o abalo, toda a picaretada ás instituições da propriedade privada e do governo; toda a mentira desmascarada: toda a atividade humana subtraida á fiscalisação da autoridade: todo o esforço tendente a elevar a conciencia popular, a aumentar o espirito de iniciativa e de solidariedade, é um passo para a Anarquia.

O que é necessario é saber escolher o caminho que realmente nos avizinha da realização do nosso Ideal, e de não confundir o verdadeiro progresso, com as reformas legais hipócritas, que sob pretextos de melhoramentos imedia-

Eram constantes os anúncios de livros de autores libertários para a venda, além de uma coluna de livros recomendados pelo jornal; e da mesma forma publicava anúncios anticlericais. Durante os anos 1930 *A Plebe* editou vários artigos de cunho antifascistas além de divulgar convites para conferências antifascistas promovidas pelo próprio jornal ou pelo Centro de Cultura Social. Intelectuais como Edgard Leuenrouth, secretário do Comitê de Defesa Proletária, e Hélio Negro (pseudônimo de Antonio Candeios) valeram-se das páginas de *A Plebe* para conceituar o comunismo, anarquismo e bolchevismo. Da mesma forma, o romancista Lima Barreto – autor da obra *Triste Fim de Policarpo Quaresma* – fascinado pela Revolução de Outubro na Rússia, protestou contra a apreensão de jornais anarquistas de São Paulo dentre os quais figurava *A Plebe*. Não obstante, em 15 de setembro de 1917, o jornal *O Debate* publicou um protesto do Comitê de Defesa dos Direitos Humanos acusando o governo paulista, dentre outros abusos, de ter mandado assaltar as oficinas de *A Plebe* e fazer prisões ilegais. Ao longo da história republicana, percebe-se o "perigo" que publicações como *A Plebe* representavam para as autoridades, sendo necessário, por parte das mesmas, tomar medidas violentas para proibir a sua circulação e, conseqüentemente, a propagação de seus ideais. O jornal anarco-sindicalista *A Plebe*, devido o seu discurso inflamado contra instituições como o Estado e a Igreja, estava proibido de circular. Driblando a censura, era vendido clandestinamente na sede da FOSP – Federação Operária de São Paulo e em outros sindicatos. Tal ação transgressora teve como conseqüência a apreensão, por parte da Polícia Política, de todos os exemplares de *A Plebe* datados de 14 de setembro de 1935.

Motivo da apreensão

A Plebe atacava constantemente a burguesia, instigando o proletariado a rebelar-se contra seus patrões. Este exemplar de 1934 acusa o governo de Getúlio Vargas e a Igreja Católica de nazifascistas, caracterizando-os metaforicamente de "incubadores da reação, da guerra e da tirania". A apreensão do nº 34 se deu em flagrante quando Aguillar (ou Avelar) lia jornais anarquistas em um bonde que trafegava por um bairro paulistano. O acusado foi apresentado à Delegacia de Polícia pelo inspetor Humberto Sá Miranda e o material apreendido e anexado ao seu prontuário como prova de crime político. O nº 72 foi confiscado durante um auto de busca e apreensão na residência de Angelo Venâncio – preso juntamente com José Ludegeno, acusado de propagar o comunismo – por ser um conhecido jornal anarquista. O exemplar nº 34 de 8 julho de 1933 faz uma homenagem a Virginia D´Andréa, intelectual anarquista falecida na América do Norte em maio de 1933. Outro exemplar publicado em 1934 traz um pequeno histórico do que é o anarquismo, comenta sobre o piquenique promovido pelo jornal no Parque Jabaquara, onde centenas de pessoas participaram ativamente do evento além de dar ênfase aos movimentos grevistas que ocorriam no Estado de São Paulo. As greves foram interpretadas como expressão de revolta e descontentamento do povo contra os governantes da República Nova. Rico em ilustrações, *A Plebe* valia-se das imagens para propagar seus princípios libertários. De caráter popular, as gravuras eram, na maioria das vezes, produzidas por trabalhadores que lhes garantiam uma estética própria.

Data da apreensão

6 de março de 1933

Prontuário: 2303
Prontuariado: *A Plebe*
Remissão: 623, 1.914, 2.000, 2.079, 818, 122, 147, 211, 400, 3.745, 4, 159, 945, 3.008, 3.034, 159, 1.088, 1.262, 1.465, 1.899, 4.688, 188, 195, 144, 263, 716, 857, 1.579, 3.472, 1.585, 2.394, 826

Sabado, 29 de Setembro de 1934 — Nova fase - Ano II - N. 72

A PLEBE

PERIODICO LIBERTARIO — FUNDADO EM 17-6-1917 [illegible] — Redator-Gerente: RODOLFO FELIPE

Redação e administração
AVENIDA RANGEL PESTANA N.º 251
(Antiga Ladeira do Carmo, 9)

ASSINATURAS:
Numero avulso . . . $200 -- Semestre . . . . . . 5$000
Ano . . . . 10$000 -- Pacote: 12 exemplares 2$000

Toda correspondencia, vales e registrados
devem ser endereçados á Caixa Postal, 195
S. Paulo — Brasil

Protegidos pelas balas da policia e á sombra do bafejo oficial do Governo, manejando os recursos da burguesia, da qual são lacaios, os integralistas prometem fazer, no dia 7, nas ruas da capital, mais uma demonstração de servilismo á tirania capitalista, exibindo as suas camisas, simbolo de estupidez e mistificação.

Até quando o proletariado permitirá essa afronta?

E' necessario uma atitude decisiva contra esses incubadores da reação, da guerra e da tirania, que pretendem afogar a liberdade em sangue.

DESVENDANDO OS CRIMES DA BURGUESIA

Transcrevemos, com a devida venia, do "Diario Popular", de 22 do corrente, este comentario sobre as bandalheiras do capitalismo internacional, que, apregoando o desarmamento, cultiva, entretanto, o odio entre as nações, prepara a guerra, procura com a chacina o aumento das suas negociatas criminosas:

"O caso interessa a todos os paises. Nenhum escapa aos inconvenientes e perigos dessas negociatas tenebrosas, quasi sempre realizadas com acumpliciamentos suspeitos nas altas esferas politicas e administrativas.

Os grandes fabricantes e vendedores de armas dispõem infelizmente de elementos poderosos de persuasão para levar avante os seus planos de lucros. Não hesitam, conforme o demonstra de sobejo o inquerito de Washington, em lançar mão dos mais arrojados subornos. A mais impressionante revelação obtida nas pesquizas do Senado americano refere-se aos entendimentos secretos existentes entre as principais firmas fornecedoras dos engenhos mortiferos. E' uma rêde de interêsses, trançados de tal modo que faz de todas as empresas espalhadas pelo mundo uma especie de vasto consorcio, ligado por contratos e pactos secretos. A concorrencia é apenas de fachada. Não passa de um habil sistema de embuste e mistificação. Atraz da aparente rivalidade dessas industrias, existem convenios para tróca de patentes e de planos. Simulando negociar em separado, todas trabalham de comum acôrdo e exploram em perfeita harmonia as desgraças que assolam o mundo.

O piór é que essas sinistras organizações não se limitam a atender ás encomendas de armas e munições. Apregoando a sua abominavel mercadoria á custa de uma sugestiva publicidade, delegam por toda a parte agentes comerciais que são, ao mesmo tempo, terriveis emissarios de espionagem. Em contacto com altos funcionarios dos govêrnos, exibem provas de que outros paises se estão equipando de maneira perigosa. Tecem intrigas infernais. Operam como instigadores de conflitos. Semeiam duvidas e suspeitas no campo das relações internacionais. Gastam dinheiro sem contar, sabendo que tais despesas são frutuosas e representam uma excelente colocação de capitais.

Através de orgãos de imprensa que se incumbem de envenenar a atmosfera, não deixam socego aos póvos entre si, e aproveitam as dissensões das politicas internas dos paises para suscitar motivos de guerra civil.

E' uma obra de inconcebivel perversidade, ditada pela ganancia. E' o atentado mais cruel e despudorado perpetrado contra a paz mundial.

O piór é que a maquina que executa essas miserias é de um poder quasi irresistivel. Não se restringe ás entidades comerciais. Abrange nas suas malhas uma infinidade de elementos dispostos a secundar os seus designios. O dinheiro habilmente distribuido compra todas as conciências, derruba todas as barreiras levantadas contra a odiosa camorra. Raro o país que consegue fugir á infecção dos intermediarios destacados para estimular a aquisição dos instrumentos de destruição e de matança.

Contra os abusos denunciados em Washington, seria mistér uma reação universal, reação da humanidade contra o crime, reação geral, violenta e implacavel, contra as forças do mal mancomunadas para propagar o sofrimento e torturar a civilização".

SÓ UMA ATITUDE DECISIVA DO PROLETARIADO PODERÁ IMPEDIR O AVANÇO VIOLENTO DA REAÇÃO, QUE, ACULADA PELOS TIRANOS DO FASCISMO E DA BURGUESIA, PRETENDE AVASSALAR O MUNDO.

DE PROFUNDIS...

AS GRÉVES SE ALASTRAM POR TODO PAIS COMO EXPRESSÃO DE DESCONTENTAMENTO E DE REVOLTA CONTRA A PREPOTENCIA DOS GOVERNANTES DA REPUBLICA NOVA

A alma popular, como expressão das multidões que sofrem o jugo das tiranias governamentais, como simbolo dos anseios de justiça e manifestação da vida proletaria, acompanha com significativo desdém o desenrolar dos acontecimentos sociais depois da revolução de 30.

Revelados que foram os embusteiros que desfraldavam uma bandeira de reivindicações populares; cansados de esperar em vão a realização das promessas com que lhes acenavam os mistificadores da 2.ª Republica, tão pórca, tão reacionaria, tão criminosa ou mais do que a primeira, os trabalhadores do Brasil manifestam a sua repulsa aos novos senhores feudais, em movimentos de protesto que se extendem por todo o país.

As gréves que por toda a parte explodem, demonstram bem o que vai pela alma das multidões famintas.

Como era de esperar, a intenção dos pseudo-revolucionarios de 30 falhou.

A sindicalização fascista, que eles pretendiam empregar nas lutas politicas, servindo-se do elemento proletario como elemento de "base" para a consolidação da tirania, deu com os burros nágua.

E os "revolucionarios" não escondem, agora, o seu despeito, praticando toda a sorte de patifarias e violencias.

O emprego dos gazes lacrimogeneos, uma inovação, no Brasil, da Republica Nova; a traição, a falta mesmo de palavra quando a policia concede licença para a realização de comicios e, depois, os dissolve á bala, deixando operarios mortos e feridos e as ruas salpicadas de sangue proletario, como nos recentes acontecimentos do Rio de Janeiro; a infamia das modalidades descobertas tambem pelos tiranetes de 30, no emprego da mistificação como arma contra as gréves, pretextando libertar operarios "sequestrados" ao invadir as sédes dos sindicatos onde se reunem os trabalhadores para a defesa dos seus direitos, tudo isso e mais as barbaridades praticadas pelos "vice-reis" dos Estados, eis o que nos deu a Revolução de 30!

Nunca houve no Brasil, nem mesmo sob o tacão das botas reacionarias do perrepismo, tantos crimes praticados pelas autoridades contra os trabalhadores.

Não pensem, porém, os que assim abusam da força mercenaria de que dispõem á custa do povo, que passam desapercebidas as suas truculencias e os seus desatinos governamentais. A justiça popular se fará sentir, em dia talvez não muito longe, e os trabalhadores saberão como "pagar", com juros, a soma de violencias, arbitrariedades e perseguições que suportam dos novos "senhores" do govêrno.

O caso Machado, de Cuba, é bastante recente. A Historia regista muitos fatos da mesma natureza, passados em todas as épocas e em todos os póvos, como reação popular contra os desmandos da tirania e do poder.

Os trabalhadores do Brasil, como os trabalhadores de todo mundo, não perdem de vista a sombra dos tirânos que se colocam ao serviço dos previlegios da exploração burguêsa.

Essa massa de individuos sem vontade propria, manietados pelos preconceitos e interêsses sociais de um regime que se desmorona, terá o seu despertar á custa de tantas infamias cometidas contra as suas vidas, contra as suas liberdades e contra os seus direitos.

E a Revolução Social será um fato. A Historia registrará mais uma etapa da evolução humana a caminho da liberdade e da fraternidade universal.

Os tirânos de hoje tombarão, como os de ontem, dos seus pedestais construidos de vidas sacrificadas ao molock estatal e de argamassa feita com o sangue proletario.

AVISO IMPORTANTE

Até ao presente número temo-nos esforçado para manter a remessa regular de "A Plebe" a todas as pessôas que solicitaram o jornal, assim como a outras que nos foram indicadas por amigos e simpatisantes. Do proximo n.º em diante, forçados pelas circunstancias economicas em que nos achamos, suspenderemos a remessa a todos aqueles a quem remetemos o jornal a titulo de propaganda e que até a presente data não se hajam dado ao trabalho de nos escrever nem mesmo para acusar o recebimento do jornal.

CRO'NICA INTERNACIONAL

A gréve dos graficos em Montevidéo — Uruguái

Vimos acompanhando, desde o seu inicio, o movimento grevista que irrompeu em Montevidéo, em principios do mês passado, na classe dos trabalhadores graficos e que chegou a paralizar completamente o movimento da imprensa diaria, excepto um ou dois jornais que concordaram, desde o inicio, com as pretensões dos grevistas.

Esse movimento foi um belissimo gesto de solidariedade, pois até mesmo os pequenos vendedores de jornais (canillitas) aderiram e tiveram grande atuação no movimento, chegando a tirar os jornais das pessôas que iam ás redações compra-los, rasgando-os.

Mas, sobretudo, [illegible] aplausos a atitude dos estudantes, em cujos centros e gremios se organizaram listas de subscrição para auxiliar a manutenção dos operarios em gréve, ajudando-os na defesa dos seus direitos contra a desmedida ganancia das empresas graficas.

Esse gesto das classes estudantis teve a mais simpatica repercussão, por constituir uma ação solidaria entre as classes que trabalham com o cerebro e as de trabalho manual.

Aliás, desde ha muito se vem acentuando, nas classes estudiosas do Uruguái, a sua propensão e interêsse pelos estudos sociais, formando-se-lhes, assim, a conciência do dever e desenvolvendo-se-lhes o espirito de solidariedade para com as classes oprimidas.

Houve diversos incidentes, sendo de notar os conflitos entre a policia e os "canillitas", que se tornaram pequeninos heróis, praticando átos de abnegação dignos de registo.

As noticias que nos chegam de Montevidéo, em correspondencia particular, assinalam o desprestigio e mesmo a manifesta aversão do povo uruguáio á ditadura do presidente Terra, o tirâno que ha pouco nos visitou e a quem, felizmente, o povo brasileiro soube dar o acolhimento que merecia, isolando-o das suas manifestações e não comparecendo nos lugares onde essa personagem sinistra, que tem calcado sob as suas botas de mandarim a dignidade e a liberdade de um dos povos mais livres do mundo, a Republica Oriental do Uruguái, falado em toda a parte como modelo de liberalismo, onde até os "canillitas" lutam com a policia numa gréve de graficos e onde os estudantes se abraçam, por sobre os preconceitos de casta e classe aos trabalhadores e operarios em gréve.

F.

GRÉVE DOS PADEIROS EM CAMPINAS

Os padeiros de Campinas tambem se declararam em gréve para reivindicar o cumprimento das leis sociais e outros direitos da sua classe.

Foram levados a esse gesto em consequencia de não terem os patrões cumprido as clausulas de um contrato coletivo assinado entre patrões e operarios, ha tempos, e nunca cumprido por aqueles.

Foi distribuido um longo manifesto á classe e ao público, explicando as razões desse movimento.

A VOZ DA EGREJA | *Bauru*

CONSELHO EDITORIAL	LIGA ANTICLERICAL MARQUEZ DE POMBAL
PERFIL	ANTICLERICALISTA
PERIODICIDADE	MENSAL, COM DISTRIBUIÇÃO GRATUITA
PROCESSO GRÁFICO	TIPOGRÁFICO
LOCAL DA EDIÇÃO	BAURU (SP)

Histórico

A Voz da Egreja surgiu na cidade interiorana de Bauru (SP) em maio de 1933. Intitulava-se como um órgão de divulgação das atividades da Liga Anticlerical "Marquez de Pombal", sediada naquela cidade. A primeira edição adiantava a intenção do jornal de estar desligado do partidarismo político. Propunha-se a combater pela liberdade de pensamento e de consciência, amordaçadas àquele momento – segundo o editorial de capa "A Guisa de Apresentação" – pela Igreja Católica e pelos "homens de saia preta". Exemplo recente disso, afirmavam, era a promulgação do decreto presidencial que estabelecia o ensino religioso em todas as escolas do país (1931), postura que exemplificava o acordo entre Getúlio Vargas e a Igreja Católica, interessada em reassumir seu papel na política nacional. Diante deste contexto, o jornal propunha-se a combater o clericalismo, ou seja, a ingerência da Igreja Católica na política varguista.

Intitulando-se "nascido da luta e para a luta", *A Voz da Egreja* pretendia seguir seu programa entre todas as intempéries, apoiado pela boa vontade de todos os livre-pensadores que quisessem "extirpar do organismo brasileiro, esse cancro gangrenoso que se chama clero". A atitude anticlericalista do jornal refletiria a postura de defesa do povo contra uma religião que se queria fazer novamente oficial, escravizando as mentes e restabelecendo os tribunais da Inquisição.

Segundo o jornal, o Vaticano é como um governo estrangeiro, que só mandava os padres para o Brasil, seus agentes no país, para se aproveitar da ignorância do povo e extorquir as riquezas nacionais. Estas estariam sendo enviadas ao estrangeiro, caracterizando a Igreja Católica como uma organização imperialista, a serviço das idéias do "inferno" e do "purgatório" dedicada a aplicar as maiores trapaças nas pessoas. Essa é a justificativa do combate a ser impingido ao "formidável sindicato de exploradores e de espiões", formado por padres.

O jornal conclama seus leitores a cerrarem fileiras e se utilizarem de todos os meios lícitos para expulsar os padres do Brasil, seguindo o exemplo das nações civilizadas. Aqui, em uma clara alusão ao protestantismo majoritário dos Estados Unidos da América, o jornal alega que com a presença dos "eunucos do Papa" no Brasil, o país nada havia lucrado, só ficando estagnado.

Propunha que após a expulsão da Igreja Católica do Brasil, fossem nacionalizados os seus bens, além de investigar todos os governantes brasileiros que de alguma forma tivessem colaborado com aquela instituição religiosa. O jornal esperava dos leitores o acolhimento de suas proposições e avisava que, se a campanha tivesse sucesso, a tiragem de *A Voz da Egreja* subiria de 3 000 para 10 000 exemplares.

O fato do jornal publicar na terceira página do número inaugural um informe do Partido Socialista Brasileiro também não deve ser desprezado. Neste texto, o PSB conclama o povo de Bauru a lutar pelos direitos das classes trabalhadoras em meio às eleições de 1933. Afirmava que era chegado o momento para aqueles que realmente produziam e que realizavam no país os "milagres do progresso e a vertigem da civilização". Estes teriam seus direitos representados em uma organização partidária que defendesse intransigentemente as reivindicações sociais. Com palavras de ordem, o comunicado do PSB de Bauru termina com o *slogan*: "Avante, Companheiros: 'Por São Paulo forte no Brasil Unido!'"

A VOZ DA EGREJA

Orgam anti-clerical — Propriedade da "L. A. C. Marquez de Pombal"

ANNO I || Baurú, (S. Paulo) Maio de 1933 || N.º 1

A GUISA DE APRESENTAÇÃO

Filho de um legitimo esforço de um grupo de homens livres, sem nenhuma ligação partidaria e sem nenhum compromisso politico, surge, o primeiro numero do nosso jornal.

Nascido da luta e para a luta, seguira o seu programa, mesmo a custa de qualquer sacrificio, apoiado pela boa vontade de todos os que, expontaneamente, queiram contribuir, moral e materialmente, para extirpar do organismo Brasileiro, esse c a n c r o grangrenozo que se chama CLERO.

A VOZ DA EGREJA, jornal de combate pela liberdade de pensamento e de consciencia, serà o porta-voz da Patria oprimida e, no cumprimento da sua missão irà aos mais longinquos rincões do Brasil para levar o grito de guerra contra os vilões, contra os rapaces, os intrujões mandatarios de Roma.

Como acima dissemo, não temos partidarismo politico, não combateremos por esta ou aquella facção desde que, qualquer que ela seja, não procure escravisar a consciencia do Povo pretendendo impor, como e o desejo da CORJA NEGRA, uma religião oficial e estabelecer na nossa terra as praticas sanguentas e nefandas do Tribunal da chamada "SANTA INQUISIÇÃO" (sic).

Combatemos, UNICA E EXCLUSIVAMENTE, o clero e os clericaes porque, os primeiros, extrangeiros na sua maioria, ingressaram no territorio nacional como agentes representantes de um GOVERNO EXTRANGEIRO, de uma entidade caricata e grotesca que se aproveita da ignorancia de uns e da estupidez de outros, para se locupletar com as riquezas que lhe são enviadas por esses mesmos agentes no extrangeiro e os segundos porque, homens embora, deixam-se iludir pelas FANTOCHADAS CARNAVALESCAS da CAMORRA ROMANA e, pelo medo do inferno ou do purgatorio (lugares creados pelos papas para uso e fruto da EGREJA ROMANA), servem de instrumento passivo para as mais vis trapaças e bandalheiras dos HOMENS DE SAIA PRETA, sacrificando, ao serviço dos Eunuchos do Vaticano a propria familia, a propria dignidade e a propria Patria se isto lhes for exigido pelos seus reverendos padres confessores!

Ja é tempo do povo despertar! Mais ainda, já è tempo do povo perceber que os Padres nada mais são senão um FORMIDAVEL SYNDICATO DE EXPLORADORES E DE ESPIÕES postos ao serviço de quem melhor pagar — porque tudo na Egreja Romana se vende!

Nos, humildes soldados do grande exercito que ora se arregimenta para livrar a Patria dessa praga hedionda, nada almejamos, nada pedimos senão que os nossos leitores procurem ler as obras que, em cada numero, formos indicando e que, lendo-as convençam-se de que devem cerrar fileiras para que o Brasil, seguindo as pegadas das nações civilizadas veja se livre da terrivel ameaça que sobre ele pesa —O dominio dos Padres!

Entretanto, como e de praxe, teremos o nosso programa e dele não sa h i r e m o s: combateremos, com toda as armas em todos os momentos e por todos os meios licitos, até o final do campanha que deve ser a expulsão de todo e qualquer elemento que pretenda representar, entre nos, o dominio PAPA -ROMANO e a nacionalisação de todos os bens moveis e imoveis que, por descuria dos nossos governantes e a cumplicidade de alguns elementos de nossos governos, temos visto passar para mãos extrangeiras e sahirem do Brasil como parte do Thesouro de Roma o que, na realidade, pertence a Nação porque foi doado pelo povo!

Afinal, qual o resultado pratico que nos tem advindo do CLERICALISMO? Qual o proveito que tem tirado o Brasil dessa vergonhosa subserviencia ao Vaticano? Qual o progresso do povo brasileiro enquanto este ve sob a tute do Papa?

Eis o que nos cumpre informar aos nossos leitores e o que faremos, na medida das nossas forças e das nossas possibilidades.

Si, como esperamos, os nossos leitores nos derem bom acolhimento, teremos o prazer de fazer o nosso jornal hebdomadario com a sua tiragem aumentada de 3.000 para 10.000.

A todos os nossos leitores, os nossos agradecimentos e os nossos prestimos.

Que Deus os ilumine e guarde.

Viva a Liberdade de Consciencia!

Abaixo o Vaticano e seus satelites!

***

—Separatista?

—Não. Papista. Votei na C. U. dos catolicos.

Expediente

A 'Voz da Egreja' publica-se mensalmente e a sua distribuição será gratuita.

Os pedidos de assignatura bem como toda a correspondencia, deverão ser enviadas á nossa séde social ou entregue aos nossos correspondentes.

Não vivendo de assignatura, 'A Voz da Egreja' aceitarà qualquer donativo dos seus leitores.

Motivo da apreensão

O jornal anticlericalista *A Voz da Egreja* era impresso nas oficinas de *A Tribuna Operária*, cujo diretor-gerente era o tipógrafo alemão Carlos Gewe, considerado como um dos membros mais atuantes do Partido Comunista na região de Bauru (SP). O exemplar foi apreendido, segundo a polícia, em razão de um descuido de seus editores, que não legalizaram a publicação junto às autoridades. Há, no entanto, dois outros motivos que poderiam ter levado ao confisco do jornal: consta do prontuário de Carlos Gewe uma carta de Ary Nascimento Cordeiro, secretário da Liga Católica "Jesus, Maria, José", na qual o autor queixa-se às autoridades que o jornal anticlericalista feria a dignidade dos católicos de Bauru, pedindo atenção dos poderes competentes.

Prontuário: 2355
Prontuariado: Carlos Gewe

Data 8/8/39

OS Padres e os Poblemas da Educação do Brazil

O Brazil, apezar do enorme esforço dos seus ultimos governos, é um paiz, escencialmente analfabéto.

Durante 389 anos, desde a sua descoberta, o Brazil nada fez pela difuzão da educação de seus filhos ou, se o fez foi tão pouco que se pode dizer nada foi!

Qual a razão de tamanho pouco caso á solução de um tão magno problema?

Falta de governos? Não, o Brazil, pelo menos desde o 7 de Abril de 1831, tem a sua frente homens de verdadeiro valor moral e intelectual Padre Feijò, Andrade, Pedro II, são expoentes maximos da inteligencia e do patriotismo.

E, porque nada se fez? É facil a resposta: desde 1500, desde os tempos coloniaes, o Brazil vinha sendo uma vasta fazenda da propriedade de Roma; era o Papa quem ditava as nossas leis por intermedio dos seus representantes aqui e, por força de circunstancias diversas, era o malfadado clero quem guiava os espiritos dos nossos governantes, com honrosas excepções.

Ao clero incumbia pois, ministrar instrução ao Povo e, graças a esse vergonhozo monopolio, podiam os senhores "MARCA ZERO" manter o Povo na ignorancia para, dessa maneira assegurar o prestigio da sua decadente Potencia.

Por essa epoca, só os filhos de nobres, poderiam receber os primeiros rudimentos de instrução e, mesmo nessa classe, alguem desejando estudar, era na Europa que poderia encontrar a Escola porque o Brazil nada mais se poderia aprender que aquilo que os Padres quizessem!

Era para manter a autocracia, a escravidão, o servilismo e a superstição que os padres faziam questão de que o povo, o elemento nacional, não sahisse das trevas do analphabetismo porque, bem sabiam eles, com a instrução viria a luz e com esta a verdade, a civilização, o progresso e, consequentemente, a liberdade do povo e aniquilamento das iniquas e falsissimas doutrinas de que são eles os arautos...

Senão, vejamos:— Ate 1889, era, simplesmente vergonhoso o estado da instrução publica no Brasil; proclamada a Republica e separada a Egreja do Estado, foram as escolas se multiplicando, foi a instrução se desenvolvendo até ao ponto em que estamos e de que todos nós, com razão, nos orgulhamos.

Graças a esse desenvolvimento, qual è o estado do nosso povo?

Moralmente, cem por cento melhor!

Já ha consciencia, já ha luz, já ha discernimento e, a prova, està no tremendo fracasso da PADRECADA romana, na terrivel luta que estão eles mantendo pela posse do poder temporal (porque o espiritual, não mais conseguirão readquirir), luta na qual todas as armas (mesmo as mais indignas) e de todos os meios, mesmo os mais baixos, lançando mães contra filhos, esposas contra esposos, irmãos contra irmãos e amigos contra amigos, fazendo correr o sangue inocente em holocausto as suas torpes ambições, CAVANDO ASSIM, O ABYSMO NO QUAL SE ARREMESSARA' O FRAGILISSIMO EDIF CIO DO PRESTIGIO CATOLICO e as ultimas esperanças da BESTA DO APOCALYPSE, o SANTISSIMO (sic) PAPA PIO XI!

De nada lhes valeu a vergonhoza campanha eleitoral na qual cometeram os mais terriveis sacrilegios quer pregando politica do proprio pulpito, quer aconselhando no confissionario, quer transformando os templos em mostruarios de anuncios e até transformando o INFELIZ JESUS DE NAZARETH em cabo eleitoral.

Derrotados pelas armas, derrotados pelas urnas, irão eles, de queda em queda, de deslize em deslize, atè que o Governo Brazileiro cançado de tantas e tão grandes canalhices; auscultando os desejos de todos os verdadeiros brazileiros, decrete a nacionalisação da egreja e dos respectivos patrimonios e A EXPULSÃO DESSA CAMORRA DE JUDEUS que estão procurando fazer a infelicidade do Brazil e do Mundo...

"Para bem de todos e felicidade geral da Nação" é necessario que o Paiz seja expurgado desse cancro moral que o infelicita!

Propagae a instrução, para a felicidade do Povo.

Voltaremos ao assunto.

São Panlo, Maio de 1933.

MEPHISTOPHELES

ALERTA!!

Brasileiros!!! Já é tempo de despertar do vosso lethargo! Vêde querem assaltar a vossa herdade, a vossa casa, o vosso Brasil e que os ladrões trazem gazúas e os pès de cabra e na cava da sotaina punhaes de pontas bem aguçadas com cabos de "pào-santo" Vêde que esses salteadores que têm como chefe o LAMPEÃO-MÓR que vive no VATICANO, são os mesmos e a mesma quadrilha de salteadores corridos da Inglaterra, onde a lei ali è um facto, enxotados da Allemanha, onde ha organisação e não existe analphabetos, da America do Norte, onde se respeita a lei e ha uma cadeira electrica para os bandidos! Vide bem, Brasileiros, que desde 89, o Brasil procura caminhar para a luz e para o progresso, tudo, tudo fazendo para o engradecimento na esphera social e no concerto das nações, e no emtanto, todos os esforços tem sido annulados, porque ha 43 annos vêm trabalhando na sombra para o atrazo e ruina do nosso Brasil, esse mesmo nefando CATHOLICISMO que ha cerca de dois mil annos vem corrompendo e anniquillando todos os povos que se deixam escravisar por elle.

E para mostrar-vos, povo Brasileiro, com toda a clareza, que estes meliantes, estes SAIAS-PRETAS, não respeitam as nossas leis e a nossa liberdade de pensamento, e que a nossa Constituição, para elles não passa de um trapo sujo que elles arrastam pela "curia" e pelas "sachristias", basta ver esse golpe de audacia conseguindo o decreto do ensino religioso nas escolas, apezar de saberem que a lei fundamental da Republica determina a separação da Igreja do Estado.

E' preciso desaffrontrar o Brasil, desaffrontando Jesus, em nome do qual esses SAIAS-PRETAS, vendilhões infames se apresentam aos ignorantes, aos in-

Continua no proximo numero

A Fé deu

Por absoluta falta de espaço não nos è possivel publicar uma linda resposta sobre um artiguete que a Fé deu no ultimo numero, a desinfec-tando, o todavia no proximo numero.

A VÓZ DOS ALFAIATES | *São Paulo*

DIREÇÃO	COMITÉ DE REDACÇÃO
PERFIL	ÓRGÃO DE DEFESA DOS INTERESSES DOS TRABALHADORES ALFAIATES
PERIODICIDADE	DESCONHECIDA
PROCESSO GRÁFICO	TIPOGRÁFICO
LOCAL DA EDIÇÃO	SÃO PAULO (SP)

Histórico

O jornal *A Vóz dos Alfaiates* surgiu em São Paulo, capital, no ano de 1935 em substituição à publicação *Nosso Jornal*, antigo Órgão do Sindicato dos Alfaiates e Anexos, apresentado como "Órgão de Defesa dos Interesses dos Trabalhadores Alfaiates". Segundo a polícia, o sindicato era na verdade um local "infestado de associados russos", residentes no Bom Retiro, que em suas reuniões se articulavam com outros sindicatos como o da Estrada de Ferro São Paulo Railway, o Sindicato dos Trabalhadores de Agulhas e Similares e o Sindicato da Indústria Hoteleira. Ainda que indicando a Praça da Sé, nº 5, 2º andar como sede social, os editores mantinham-se no anonimato, apresentando-se apenas como "Comité de Redacção".

Motivo da apreensão

O exemplar nº 2 ressaltava que a luta do jornal não era em prol apenas dos alfaiates, mas de todos os trabalhadores do Brasil. A bandeira, colocada em destaque na primeira página, estaria representando um ideal de vida e de luta e que, segundo E. Moreira, autor do artigo, estaria tremulando em homenagem aos "heróicos companheiros que se sacrificaram para o bem da coletividade" como Décio Pinto de Oliveira, Mario Couto, Tobias Warchavsky, Leonardo Cantu, entre tantos outros. Enquanto jornal sindical, *A Vóz dos Alfaiates* fazia apologia da greve e discordava das mudanças nas leis sindicais e trabalhistas empreendidas pelo governo de Getúlio Vargas. Esse sindicato teve um importante papel na articulação com sindicatos de outras categorias.

Data da apreensão

1936

Prontuário: 3471
Prontuariado: União dos Alfaiates e Anexos
Remissão: 53131

A Vóz dos Alfaiates

(ORGÃO DE DEFESA DOS INTERESSES DO S. TRABALHADORES ALFAIATES)

ANNO I | Dirigido pelo Comité de Redacção | São Paulo, 29 de Junho de 1935 | Séde Social: Praça da Sé, 5-2.º and. | N.º 2

Nossa Bandeira!..

Nossa bandeira de panno é tambem nossa bandeira no pensamento: ella representa, nossa carne e nosso sangue, nossa vida e nossa voz. Ella é nossa intelligencia, soberana de todas as razões... a verdade !Por ella desprezamos o que temos de mais precioso no muno, a vida... A bandeira syndical, e a força dos trabalhadores undos, ella é a explessão do braço forte, que trabalha, que conquista, que lucta e vence. Ella foi a bandeira dos nossos antepassados, que sofreram e construiram este mundo de arteficio, como será no futuro, a bandeira da avalanche universal unidos nos preceitos sublimes de uma sociedade ideal, sem raça, sem signa e sem guerras, que hoje fazem para destruição dos trabalhadores. Não sendo os trabalhadores alfaiates sectarios, tambem não podia ser a nossa bandeira, ella partecipará de nossas victorias, como de nossas dôres. Ella não poderá representar só o trabalhador alfaiate, mas sim, os trabalhadores do Brasil. Quando nosso companheiro Barreto seguia expulso do Brasil para o Uruguay, mesmo sendo brasileiro nato, em companhia do bravo Deicola, as bandeiras de todos os syndicatos no Brasil, quer no auxilio material, quer na imprensa, quer nos mastros, ella tremulava incançavelmente protestando tamanha arbitrariedade exigindo a volta do trabalhador alfaiate. Por todas as razões innegaveis, nossa bandeira tambem e de todos os trabalhadores que debaixo de sua sombra quizer repousar. Onde quer que saia um grito em defeza do trabalhador alfaiate, seja nas escolas, nas academias, nas camaras, nos quarteis, nos navios, nas igrejas, nas officinas, nas fabricas, na policia, nos campos, nas fazendas, nos syndicatos e nas praças publicas, lá estará nossa bandeira, não para prestar um reconhecimento, mas para dedicar uma gratidão... Nossa bandeira que nos segue nesta arrancada de glorias presta homenagem aos heroicos companheiros, que se sacrificaram para o bem da collectividade que nos os syndicalizados somos uma particula, que jamais poderemos esquecer sendo elles: DECIO PINTO DE OLIVEIRA, MARIO COUTO, TOBIAS WARCHAVSKY, LEONARDO CANTU' e tantos outros. Nossa bandeira, cubrira nossos heroes, como enxugará as lagrimas de nossas esposas, mães e filhos.

SALVE NOSSA BANDEIRA!...

E. MOREIRA

Lutemos Pela Unidade Sindical!

Unir, significa fortificar!

— Unidos, venceremos!

— Todos nós trabalhadores, temos interesses communs a defender. Se congregamos as nossas forças em torno de reivindicações communs, constituiremos uma fortaleza inexpugnavel! Se continuamos a luctar separados, defficilmente conseguiremos a victoria!

— A situação de miseria dos trabalhadores, é a consequencia da nossa falta de união. — Procuremos fazer com que todos os nossos syndicatos constituam uma solida frente commum, para a lucta por determinadas reivindicações immediatas, e luctemos nós os trabalhadores, para que todos os companheiros sejam trabalhadores manuaes ou intellectuaes, ingressem e fortaleçam os seus syndicatos, exigindo uma concretização da UNIDADE SYNDICAL. — Deixemos de parte todas as nossas convicções politicas ou religiosas e luctemos unidos pelos nossos interesses communs! — Organizemos uma solida base de lucta em torno das nossas reivindicações mais sentidas e immediatas, e estejamos certos de que nada nos deterá!

A. B.

ESCLARECIMENTOS

Por intermedio deste communicado esclarecemos aos trabalhadores alfaiates, a razão de trocarmos o nome do (Nosso Jornal) por (Voz dos Alfaiates). E' que temos idéa de distribuirmos nas bancas de jornaes o nosso defensor, e tendo um titulo sugestivo atrahirá mais a attenção do trabalhador alfaiate.

A VOZ DOS TRABALHADORES | *São Paulo*

Histórico do Jornal

O periódico comunista *A Voz dos Trabalhadores*, clamava pelo poder dos sovietes e sustentava o *slogan*: "Pão, Terra e Liberdade". Começou a circular clandestinamente em São Paulo em novembro de 1934, enquanto órgão do Comitê Regional do Partido Comunista do Brasil. Seu discurso voltava-se ao proletariado "explorado e oprimido" e, não obstante, representava uma reação da classe trabalhadora contra os capitalistas nacionais e estrangeiros. A resistência proletária, segundo este jornal, residia na preservação dos sindicatos, bem como era personificada em greves de massa, no qual clamava-se pela participação ativa de trabalhadores, intelectuais e estudantes. Suas matérias enfatizavam a importância do sindicato, enquanto representação da reação popular contra as determinações do governo Vargas. *A Voz dos Trabalhadores* pode ser considerada como porta-voz da vanguarda de defesa e luta política dos trabalhadores contra o nascente autoritarismo de Getúlio Vargas. Importante lembrar que, entre 1908-1909, circulou no Rio de Janeiro o jornal *A Voz do Trabalhador*, órgão oficial da Confederação Operária Brasileira (COB), marco na história do movimento operário e da imprensa anarquista no Brasil.

CONSELHO EDITORIAL	COMITÊ REGIONAL DO PARTIDO COMUNISTA BRASILEIRO
PERFIL	COMUNISTA
PERIODICIDADE	DESCONHECIDA
PROCESSO GRÁFICO	TIPOGRÁFICO
LOCAL DA EDIÇÃO	SÃO PAULO (SP)

Motivo da apreensão

O nº 1 de *A Voz dos Trabalhadores* foi apreendido pelo DEOPS, enquanto circulava clandestinamente entre os trabalhadores do Estado de São Paulo. O caráter subversivo do periódico comunista reside na defesa dos direitos políticos dos sindicatos e, sobremaneira, nos ataques encetados contra o governo Vargas, acusado de fascista ao restringir a ação política das organizações revolucionárias como o PCB e a liberdade de pensamento por intermédio da Lei de Segurança Nacional. *A Voz dos Trabalhadores* defendia um governo popular baseado em liberdades democráticas. Nesse sentido, os editores (não identificados) desafiavam o projeto de hegemonia político-ideológica do Estado getulista ao afirmarem: "o governo ataca as liberdades do povo e arma os 'camisas verdes'".

Data da apreensão

28 de março de 1935

Prontuário: 3486
Prontuariado: Benedito Cavalheiros

PROLETARIOS DE TODOS OS PAÍSES, UNÍ-VOS!
A VOZ DOS TRABALHADORES
PELO PODER DOS SOVIETS!
PÃO / TERRA / E LIBERDADE!
ORGÃO DO COMITÉ REGIONAL DO PARTIDO COMUNISTA DO BRASIL (SEC. DA I.C.)
ANO I NUM. 1
São Paulo, Novembro [illegible]

Os magnatas nacionais e estrangeiros exigem a destruição dos sindicatos operarios! O governo ataca a liberdade do povo e arma os "camisas verdes"!

PROLETARIOS DE TODOS OS PAÍSES, UNÍ-VOS!

A VOZ DOS TRABALHADORES

PÃO / TERRA / E LIBERDADE /

PELO PODER DOS SOVIETS /

ORGÃO DO COMITÉ REGIONAL DO PARTIDO COMUNISTA DO BRASIL (SEC. DA I.C.)

ANO I NUM. 1
São Paulo, Novembro 1934

PELA FRENTE UNICA DE LUTA DAS MASSAS POPULARES!

Operarios socialistas, anarquistas, legionarios, ministerialistas, trotskistas! Por cima de vossos chefes, que saboteiam a frente unica e capitulam frente o inimigo comum; reafirmai vossa vontade de luta contra a reação e o fascismo, demonstrada em 7 de Outubro!

Utilizando o estado de divisão do proletariado e das massas populares, os banqueiros extrangeiros mancomunados com os ricaços nacionaes, vem levando a cabo uma politica brutal de esfomeamento, opressão e massacre das massas laboriosas das cidades e dos campos, a divisão dos explorados e oprimidos — eis a melhor arma dos exploradores e opressores. Eles mantem e fomentam esta divisão, diretamente, por intermedio do governo com seu Ministerio do Trabalho, por intermedio de «leaders» que se dizem socialistas, como Zoroastro de Gouveia e Cabanas, que se dizem comunistas, como os trokistas Aristides Lobo e Pedrosa, certos dirigentes da Coligação e da Federação, etc. Tudo, para poder com mais ferocidade ainda atacar as condições de vida já insuportaveis das massas, para poder integralmente servir-se dos sanguinarios metodos de Hitler e Mussolini, visando despedaçar a crescente onda de revolta do povo trabalhador, colocado na eminencia de ser arrastado e massacrado nas guerras, atiçados pelos abutres do capitalismo internacional, particularmente na guerra contra a «União Sovietica».

Para este fim, as camarilhas das classes dominantes, do governo e da oposição, estabelecem na frente uni[illegible]. Dizendo combater o «extremismo», [illegible] não sómente perseguem ferozmente o partido do proletariado, o Partido Comunista, como assaltam e fecham sindicatos e jornais operarios, [illegible] mais [illegible] gréves a baioneta, [illegible] comicios anti-guerreiros, tudo já passado á execução sumaria de presos por questões sociais, como no caso do jovem comunista Tobias Warschawsky.

— Existe um meio de rechassar esta ofensiva canibalesca de miseria guerra e reação sanguinaria?

— Sim, existe! O proletariado e as massas populares, unidas em frente unica de ação, podem e devem repelir o ataque dos ricaços extrangeiros e nacionais que nos escravizam. Tivemos a bela jornada de 7 de outubro. Diante da vontade ferrea da frente unica de massas e de luta, os bandos comprados da reação, os «camisas-verde», não puderam desfilar, nem mesmo encabeçados pelos bandidos da Policia Especial e protegidos pelos cães de fila da Ordem Social.

Entretanto, porque não pode o proletariado de São Paulo desfilar nas ruas a 7 de novembro, contra a vontade do aparelho de repressão dos feudais e burguezes? Quem foi que impediu uma demonstração pujante da força do povo trabalhador? Quem vem freiando e saboteando a afirmação da unidade de ação do proletariado e das massas populares de São Paulo?

OPERARIOS ANARQUISTAS! Vós, que lutastes corajosamente, ao lado de vossos irmãos de classe comunistas, na jornada de 7 de outubro — perguntae aos dirigentes da Federação Operaria como puderam em carta ao chefe de policia declarar que confiavam em seu «espirito de justiça» e apelar para a «civilização paulista», ao mesmo tempo que com sua negativa dificultam a participação em massa dos proletarios anarquistas na frente unica de luta contra a reação e o fascismo?

OPERARIOS DA COLIGAÇÃO! Perguntae aos dirigentes de vossos sindicatos o que fizeram do 7 de outubro a 7 de novembro, em pról da realização da frente unica de massas e de luta, contra a miseria, a reação e o fascismo, proposto pelo Partido Comunista, um momento em que a propria Coligação já se encontra na ilegalidade?

TRABALHADORES, INTELECTUAIS E ESTUDANTES POBRES, QUE AINDA SEGUEM OS «LEADERS» SOCIALISTEIROS! Estes «leaderes» aceitaram a frente unica de ação antes do 7 de outubro, como manobra pró-eleitoral. Antes de 7 de novembro, passadas as eleições, recusam, em uma declaração escrita, a mesma frente unica de ação. Permitireis que eles «justifiquem» sua capitulação frente ao inimigo, n'um momento tão grave, desprezando e negando vossa combatividade, quando falam da «situação» (!) do movimento operario no Brasil» e das «organizações operarias que mal respondem (!) á reação policial»? Consentireis que vos façam compartilhar da deserção covarde dos «leaderes» socialisteiros do campo da luta, com frases sobre uma «nova (!) onda de repressão», n'um momento de repressão cada vez mais acentuada, e com a negação liquidacionista das perspetivas revolucionarias, n'um momento em que a crise geral do regime dominante impele as massas a lutas cada vez mais amplas? E' ridiculo pretender, como pretendem Cabanas e Cia., «justificar» sua ambição de massas e suas organizações com frases sobre a consolidação das organizações sindicais e partidarias dos trabalhadores. As evasivas dirigidas contra a «improvisada manifestação de 7 de novembro», aceita ha semanas pelos «heroes» da direção do P. S. B., para ser recusada no ultimo minuto, tem por unica finalidade lançar a confusão nas massas sobre a posição verdadeira daqueles cavalheiros durante as negociações sobre a frente unica. São eles mesmos que com clareza vergonhosa afirmam em sua declaração que a frente unica de ação proposta pelo Partido Comunista «redundaria em fazer o jogo da reação» e que só aceitam a frente unica «no terreno legal», isto é, eleiçoeiro. Identica atitude dos chefes «socialistas alemães» preparou o caminho á subida de Hitler ao poder. Aqui no Brasil tem por fim preparar o caminho para a fascistização integral dos metodos de governo de Getulio e Cia.

TRABALHADORES, INTELECTUAIS E ESTUDANTES POBRES TROTIZISTAS! Aqueles que vós julgais os «verdadeiros comunistas» se colocaram ao lado dos «leaderes» do P. S. B. para a obra em comum de sabotagem da frente unica de massas e de luta.

LEGIONARIOS EXPLORADOS E OPRIMIDOS! Vossos dirigentes, do 5 de Julho, por sua vez silenciaram sobre a proposta da frente unica!

Mais do que nunca, quando Vicente Ráo e Cia. anunciam mais leis de repressão, a situação exige a unidade de ação das massas trabalhadoras, em defeza da existencia de suas organizações sindicais e partidarias, de seus direitos de greve, reunião, palavra, associação e imprensa, da liberdade dos companheiros presos e martirizados pela «legalidade» e pelo «espirito de justiça» dos chefes de policia, em defeza do pão e da propria vida!

O Partido Comunista do Brasil, que vem lutando firmemente pela frente unica de massas e de ação, continuará tenazmente a luta pela frente unica, em cada sindicato, em cada fabrica, oficina, construção, ferrovia, fazenda, escola, quartel, etc., creando Comités de Frente Unica de Luta, confiante na vontade de luta cada vez mais vigorosa dos trabalhadores e na simpatia e no apoio cada vez mais decidido dos trabalhadores manuaes e intelectuais, sem distinção de tendencia politica, credo religioso ou nacionalidade.

Não obstante a recente traição dos chefes socialisteiros e trotskistas, o silencio dos dirigentes da Federação Operaria e da Legião 5 de Julho e as vacilações da direção da Coligação, o Partido Comunista reafirma sua vontade de apressar a frente unica de massas e de luta, por intermedio destas organizações, sempre que estas o desejem. Continuando em seus esforços no sentido de mobilizar os trabalhadores para demostrações de massas, gréves, e para a greve geral, o Partido Comunista, como já teve ocasião de propor ás demais organizações, aceita e esforça-se pela frente unica, ainda para uma só ação concreta de luta, por algumas ou mesmo uma só reivindicação que de fato corresponda aos interesses dos trabalhadores.

Abaixo a miseria, a reação e o fascismo!

Abaixo as leis de repressão!

Por demonstrações e gréves de massas, em marcha para a gréve geral!

Viva a frente unica de massas e de luta!

8–11–1934.

Das novas construções da Light and Power

O governo, com seu Departamento Estadoal do Trabalho e sua policia, a soldo dos banqueiros estrangeiros, que chicoteam barbaramente os operarios.

POR TIGRE

Especial para «A Voz dos Trabalhadores».

De acordo com o decreto n.º 24344 de 12 de julho de 1934, que dispõe sobre os sindicatos proficionais, o proletariado nacional tem «assegurado» os seus direitos, desde que se organize de acordo com as leis do governo.

Mas... os empregados da Light não podem ser sindicalizados. Não podem reclamar seus direitos. Vivem debaixo dos pés e sob o regime do chicote dos capachos dos banqueiros inglezes e americanos. Somos 2000 operarios das novas construções, e dos mais oprimidos entre todo o proletariado.

Uma vitima da Pedreira, depois de trabalhar 18 mezes na barragem, com agua até o peito, estando já com os pés inchados e achando-se sem forças, foi procurar o medico Dr. Vargas.

Ia pedir um atestado para que pudesse obter uma transferencia. Tinha familia e queria trabalhar assim mesmo doente, nada obteve, pois disse o medico, que dando a um, tinha que dar a todos.

Na barragem o serviço era aquilo mesmo. Baixasse ao hospital. Seis mezes na barragem, os pés tinham é de ficar inchados.

Em Cubatão, o Superintendente despediu um operario, porque pediu o ordenado a que tinha direito. Expulsando o operario, este voltou passado dois dias para apanhar a sua roupa. Foi preso pelo cangaceiro Cachoeira e remetido para Santos escoltado.

O motorista Candido foi prezo dentro do escritorio da Pedreira e, por ordem do Superintendente, foi espancado.

As chamadas «leis sociais» foram feitas para nos tapear. São «baiuca» de salafraios, de Getulio e seus associados, os da clericanalha e os riccos nacionais e estrangeiros pançudos. O Ministerio do Trabalho é para burlar os direitos dos operarios. No departamento Estadual do Trabalho, os mocinhos e melindrosas namoram, emquanto as reclamações dos sindicalizados dormem nas gavetas.

E quando os operarios reclamam qualquer cousa no Departamento, recebem como resposta a conta, são expulsos, vão presos e espancados. Na pedreira de Santo Amaro e no Cubatão Smith Control, o Superintendente teve a audacia de mandar amarrar operarios na estaca, com os braços para traz, fazendo espanca-los!

Durante a ultima gréve, foi a policia quem prendeu os diretores dos sindicatos e fez guardar nossa séde social por soldados de armas embaladas. Os operarios foram arrancados de suas casas e obrigados a trabalhar. Fiscais do Departamento de Trabalho foram visitar as obras. Sairam levando sacos contendo centenas de contos de reis. Tambem o Delegado de Policia levou uma bolada, além de bôa mesa e barril de chopes exposto no meio da rua. Pode prova-lo o negociante Antonio Cardoso, aqui do bairro. Ademais, o Delegado, dr. Leite não póde negar.

Tudo isto revolta até as pedras! Os «patriotas» do governo venderam o paiz aos imperialistas e aos ricaços nacionais, e de mãos dadas com os extrangeiros, oprime-nos como se fossemos escravos.

Sim, somos escravos! Precisamos sacudir o jugo da escravidão. Eu fui eleitor do governo. Hoje compreendo que estive errado. Precisamos unidos lutar contra a Light, reivindicando pela gréve combativa os nossos direitos. Saibamos repelir as manobras

(Continua na ultima pagina)

A VOZ SIONISTA | *Rio de Janeiro*

CONSELHO EDITORIAL	JACOB SCNEIDER E SAMUEL MALAMUD
PERFIL	SIONISTA, COMUNITÁRIO
PROCESSO GRÁFICO	TIPOGRÁFICO
LOCAL	RIO DE JANEIRO (RJ)

Histórico

Tablóide carioca, fundado em setembro de 1947 como o órgão informativo da Organização Sionista Unificada do Brasil [OSUB], com sede na Avenida Rio Branco nº 114, 11º andar, Rio de Janeiro. Vinculado a essa instituição, cujo presidente, na ocasião, era Jacob Schneider e o Secretário-Geral, Samuel Malamud, também editorialista da *A Voz Sionista*. Malamud, imigrante nascido na Ucrânia, Rússia, em 1908, havia chegado ao Brasil em novembro de 1923 e, entre 1945 e 1948, atuou como Secretário-Geral da OSUB e Presidente do Comitê Político da entidade. Malamud assinou também inúmeros artigos para o periódico *Iidishe Presse* (*Imprensa Israelita*), publicado em iídiche, no Rio de Janeiro, então sob a direção de Aron Bergman. Estes textos, que resgatam o cotidiano da II Guerra Mundial, foram publicados sistematicamente sob o título *Di Politische Voch (A Semana Política)*, a partir de 1939 até 1945. Em abril de 1949 tornou-se o primeiro Cônsul Honorário de Israel no Brasil, falecendo em 11 de março de 2000, aos 91 anos.

De circulação mensal e com cerca de vinte páginas, *A Voz Sionista* seguia o calendário judaico que é lunissolar – onde os meses seguem as fases da Lua e o ano tem 354 dias. Em atividade por dois anos, até setembro de 1949, publicou quinze números. Sua distribuição iniciou-se no Ano Novo judaico do ano de 5708, tendo em seu cabeçalho sempre a data dos dois calendários – judaico e gregoriano – e inscrições em português e hebraico. O primeiro exemplar, de 14 de setembro de 1947, define no seu editorial o porquê de sua existência e seus objetivos. Este surgiu a partir do "Primeiro Kinus [reunião, em hebraico] Territorial", nos primeiros dias de maio daquele ano e tendo por finalidade "[...] manter os leitores a par de tudo que se verifica no movimento sionista mundial, bem como das atividades da nossa Organização local, em todos os seus setores".

Assim, a publicação tinha como meta "[...] alertar a opinião pública judaica e de esclarecê-la sobre tudo que acontece em nosso movimento emancipador, a fim de evitar julgamentos prematuros de atos ou atitudes, e impedir que sejam dadas interpretações errôneas a determinados acontecimentos que podem desviar os nossos passos para caminhos que nos levariam em direção oposta ao interesse coletivo".

Sem a tradição de matérias assinadas, *A Voz Sionista* publicava artigos escritos exclusivamente para o periódico ou traduzidos. Contou com reflexões do rabino Henrique Lemle [Associação Religiosa Israelita – ARI – do Rio], Leib Jaffe, David Rossi, Dr. S. Rappoport, Aryeh Chill, J. L. Watson, Shertok Kaplan, Israel Schein, David Ben-Gurion, Riva Kaiser [WIZO/RJ], Alberto Gechunoff, Schlome Kaplansky [Instituto Hebraico de Tecnologia], Norman Bentwich, Alvin Rosenfeld, Bartley Grum [Co-editor do *New York-Star*], Zeni Ginsburg, Elias Lipiner, Dabid Dainow, Israel Goldstein, Bension Chachan, entre outros.

O jornal, como bem definiu o seu primeiro editorial, foi concebido no bojo dos debates do fim da Segunda Guerra Mundial e da redivisão da Palestina para o estabelecimento dos Estados para judeus e árabes. Nessa perspectiva, logo no segundo número, a matéria de capa estampava, em letras garrafais, a decisão da Organização das Nações Unidas [ONU] de encaminhar ao plenário o relatório do "caso da Palestina".

No âmbito de informar e formar seus leitores – os judeus do Brasil –, seus temas versaram sobre: os cinqüenta anos do Congresso Sionista na Basiléia; a importância de se estabelecer o "Lar Nacional Judeu" em Israel e as campanhas de

A VOZ SIONISTA
ORGÃO INFORMATIVO DA ORGANIZAÇÃO SIONISTA UNIFICADA DO BRASIL
AV. RIO BRANCO, 114 - 11.º ANDAR, RIO

ANO II | RIO DE JANEIRO, 16 DE MAIO DE 1948 — 7 DE IYAR 5708 | N.º 7

Restaurado, após 1900 anos, o Estado de Israel

Eis que o milagre se fez. O Estado de Israel, fruto de sonhos milenares, de aspirações ininterruptas e de ação contínua, tornou-se realidade. Na histórica data de 14 de maio (5 de iyar de 5708) o chefe do Executivo Sionista Mundial, David Ben-Gurion, em presença dos componentes do primeiro govêrno, reunidos no salão do Museu Nacional em Tel-Aviv, anunciou ao mundo a restauração, após 1900 anos, do Estado de Israel.

E' deveras difícil, no raiar dessa nova fase na história do nosso povo, comentar o acontecimento e vislumbrar-lhe as perspectivas, eis que estamos tomados pela emoção e preocupados com o sacrifício exigido aos heróicos combatentes do novo Estado para santificar com seu sangue a grande conquista.

Nos primórdios de sua existência o povo judeu soube lançar as bases de sua projeção nacional no espaço e no tempo, para garantir a sua sobrevivência. Não se deixou vencer pelas asperezas da sorte, nem pela dureza dos flagelos. A sua espinha dorsal podia torcer-se, vergar-se mas não se alquebrou jamais sob o pêso das torturas e perseguições destinadas a exterminá-lo.

Foi a grande fôrça moral e a fé messiânica que conseguiram manter a nossa unidade e inspirar a resistência contra todos os infortúnios realizando êste enorme feito, único na história da humanidade.

A independência do nosso povo na Terra de Israel subverteu todos os princípios históricos. Normalmente os processos de independência nacional se verificam, do princípio ao fim, no próprio território subjugado pelos estrangeiros; entretanto a luta pela independência de Israel teve seu início em todos os pontos da Diáspora, através da ininterrupta cadeia de movimentos messiânicos e políticos, para culminar, em nossos dias sòmente, com a proclamação da República de Israel em Tel-Aviv.

Após o sacrifício de milhões, a história elegeu a nós, sobreviventes da maior tragédia nacional, para assistirmos ao grande ato da redenção. Seremos, porventura, dignos do mérito concedido? Aos que com seu suor e sangue, inspirados por um idealismo sem par, estruturaram a nova vida que serviu de base à proclamação da nova República de Israel, o mérito cabe como recompensa. Mas às grandes massas judáicas dispersas pelo mundo, embora já tenham concorrido grandemente para a conquista da nossa soberania, foi aberto um aplo crédito. A visão de Herzl concretizou-se. O Estado surgiu. E' necessário, entretanto consolidá-lo proporcionando-lhe os recursos que uma empreza de tamanha envergadura exige. Devemos compenetrar-nos agora mais do que antes dos enormes deveres que nos cabem, a nós judeus da Diáspora. Devemos possibilitar que o Estado de Israel possa desenvolver-se de uma forma rápida, começando desde logo o desempenho da missão que lhe é destinada.

Inúmeros são os problemas que o novo Estado terá que enfrentar na primeira fase de sua vida. Além dos assuntos de caráter político, tanto internos como externos, existem, no momento, os de caráter bélico, econômico e imigratório que exigem solução imediata.

No que tange aos problemas econômicos é preciso considerar que o novo Estado ainda continuará dependendo de auxílio financeiro e de iniciativas particulares. Quanto à imigração será um dos assuntos que irá preocupar ao máximo a atenção do govêrno provisório.

Dezenas de milhares de judeus dos campos de concentração da Europa aguardam ansiosos a sua transferência para a terra de seus sonhos onde se lhes deverá proporcionar um meio de vida digno e produtivo. Não se pode permitir que o Yishuv, já tão sacrificado, tenha que se preocupar, desde os primeiros momentos de sua vida estatal, com operações de crédito para acolher e estabelecer essas levas imigratórias. E' de esperar-se portanto que passados os primeiros momentos de justo júbilo, as coletividades judáicas do mundo saberão pesar as responsabilidades e, hão de concorrer com o mesmo entusiasmo para aliviar o enorme pêso que sobrecarrega os ombros de nossos vanguardeiros.

S. M.

arrecadação de fundos para a sua construção, tendo como base as atividades do Keren Kayemeth Leisrael [KKL], na época, presidido por Leizer Levinson. Em prol da arrecadação de fundos, vários anúncios, como o famoso que reproduzia uma caixa-cofrinho azul e branco, do KKL, ensinando os "dez mandamentos" para auxiliar Israel, foram reproduzidos nesses dois anos de periódico.

As colaborações financeiras e morais para construir o Estado foram constantemente sublinhadas nesses quinze números do jornal. Um exemplo encontra-se em fevereiro de 1948, quando o editorial enfatiza os deveres que cabem aos judeus do Brasil. Assim, devem garantir "[...] uma favorável opinião pública internacional em seu proveito, é necessário que o povo judeu em sua totalidade se mantenha coeso em torno do seu movimento restaurador". No número seguinte, o sexto, o editorial reafirma que "[...] os judeus, e entre eles os do Brasil, são chamados para a mobilização total e o apoio ao Estado Judeu em marcha. Se a consciência internacional falhar, que não falhe o próprio povo judeu".

Para estabelecer uma imagem positiva da causa sionista e divulgar o apoio recebido dentro e fora da comunidade judaica, *A Voz Sionista* propalou as atividades do Comitê Brasileiro Pró-Palestina. Os membros desse Comitê eram definidos como "expoentes da cultura nacional, e que apoiavam a instalação de um Estado Judeu, [como] Azevedo Amaral, reitor da Universidade do Brasil, e o senador Hamilton Nogueira [UDN – União Democrática Nacional]. No *hall* dos "Amigos de Israel", estavam também os jornalistas Samuel Wainer, Augusto Frederico Schmidt, Herbert Moss e Austregésilo de Athayde. Todos clicados para ilustrar as páginas da *A Voz Sionista* durante a visita, ao Brasil e à Argentina, de Moshé Toff – diretor do Departamento Latino-Americano do Ministério das Relações Exteriores de Israel –, em junho de 1949.

No cerne dos temas de interesse a serem divulgados pelo jornal, era também fundamental difundir e divulgar: os pensadores do Sionismo – Achad Haam e Aharon David Gordon; as atividades religiosas e culturais da comunidade judaica no Rio de Janeiro; a colonização coletiva agrícola que os judeus já implementavam na Palestina; as diretrizes políticas que o novo Estado estabeleceria; o reconhecimento de Israel à luz do Direito Internacional; e as relações de Israel com a América Latina. Todas essas foram questões arroladas pelo periódico.

Mas o mais importante fato narrado pela *A Voz*, encontra-se publicado no número 3, de caráter especial, que anunciava: "VIVA O ESTADO JUDEU LIVRE, DEMOCRÁTICO, INDEPENDENTE". Após a Assembléia da ONU, de 29.11.1947, que por 33 votos a 13 aprovou o plano de partilha da Palestina, o sonho sionista se tornava realidade. Esse mesmo exemplar noticiou o primeiro caso de retaliação ao ato, quando em 1.12.1947, seis judeus foram mortos e quinze ficaram feriados após um ataque árabe. Ou um outro atentado, envolvendo um colaborador do jornal, Leib Jaffe, que faleceu, aos 72 anos, no início de 1948, quando o prédio da Agência Judaica, em Jerusalém, foi destruído. A partir daí, várias notícias relatam a preparação dos jovens judeus para assumirem a defesa da "Pátria renascida" e as discordâncias internas árabes que impediriam a formação de uma frente contra os judeus.

O último número dessa fase do jornal é de setembro de 1949, e versa sobre a "Campanha Unida Pró-Israel 1949. Israelitas do Brasil". O anterior, de 21 de julho, tinha na figura de Theodor Herzl e no seu aniversário de morte, o mote central. Cinco anos depois, em 1954, no mesmo 21 de julho, *A Voz Sionista* ressurgiu. O editorial desse primeiro número da nova fase esclarece que: Ao comemorar-se o qüinquagésimo aniversário da morte de Theodor Herzl – fundador do sionismo político e previsor do Estado Judeu – lançamos

Eis o que ainda restou para ser redimido!

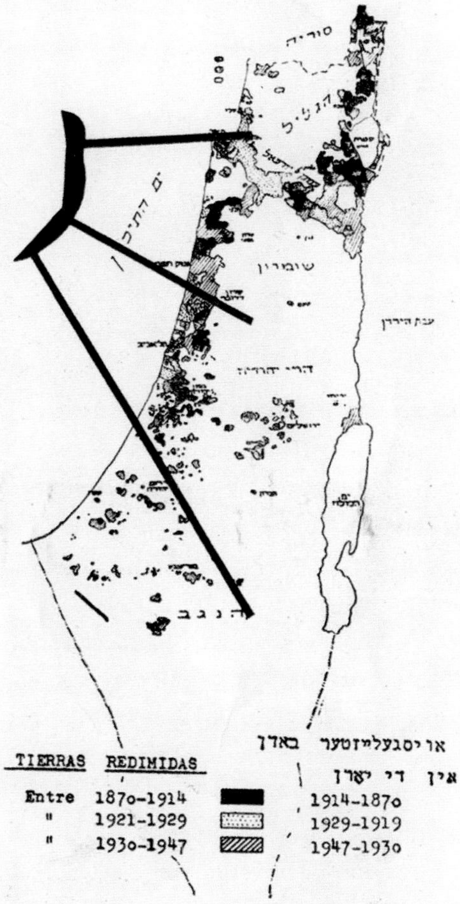

★ ★ ★

Os espaços em branco indicados no mapa representam terras ainda não redimidas; a Campanha "Kol Haadama" destina-se a promover a sua redenção.

דער קרן קימת לישראל
לייזט אויס באדן אין ארץ-ישראל
אלס אייביק אייגנטום פארן יידישן פאלק

o primeiro número da segunda fase de *A Voz Sionista*, antigo órgão informativo da Organização Sionista Unificada do Brasil, fundado, em 1947 e extinto dois anos depois.

Coleção completa deste jornal pode ser encontrada no Arquivo Geral da Cidade do Rio de Janeiro (Coleção Samuel Malamud) e Arquivo Histórico Judaico Brasileiro, em São Paulo.

Motivo da apreensão

Ainda que a primeira fase da *A Voz Sionista* tenha se iniciado no período de redemocratização do Brasil, após o final do Estado Novo (1937-1945), durante o governo Dutra, ele não escapou da repressão política. A apreensão do nº 1 do jornal *A Voz Sionista*, órgão informativo da Organização Sionista Unificada do Brasil, não deve ser entendida como um ato isolado ou como mais um, entre tantos atos de uma investigação empreendidos pelo DEOPS contra a comunidade judaica de São Paulo. O confisco deste periódico explica-se mediante a tradicional trilogia anti-semita judeu, estrangeiro e comunista. Encontra-se anexado ao *Pront. nº 4705, da Congregação Israelita Paulista,* aberto em nome da CIP – Congregação Israelita Paulista em 1937, em conseqüência de uma denúncia contra o Lar das Crianças. Outras suspeitas estenderam as investigações até 1953 quando o processo foi encerrado.

O jornal só foi apreendido após uma série de investigações que colocavam a CIP sob sistemática vigilância por envolver "estrangeiros em território nacional". Em 24 de janeiro de 1942, Elpídio Reali determinou que fosse expedida uma intimação à CIP, instalada à rua Brigadeiro Galvão nº 181. Esta ordem atendia ao pedido do Sr. Ministro da Justiça ao Sr. Interventor Federal no Estado de São Paulo que exigia instruções para que houvesse maior controle das sociedades de estrangeiros e daquelas de nacionalidades estabelecidas em território nacional. Em 26 de janeiro de 1942, o Dr. Roberto Lichtenstein – que havia sido vice-presidente da diretoria da CIP (de agosto de 1940 a dezembro de 1941) foi chamado para prestar declarações.

Um relatório assinado por Vicente Napoli – Sub-chefe de Investigações presente na Assembléia Geral Ordinária realizada pela CIP em dezembro de 1947 – demonstra que aquela entidade continuava sob vigilância policial. Neste documento o investigador define a CIP como sendo uma associação "fundada por judeus alemães, não sendo e não tendo qualquer ramificação com comitês da Europa. Mantém auxílio às crianças da raça; assistência social a todos os judeus que chegam sem meios de subsistência; um curso de línguas, uma associação de escoteiros, que pertence à Federação Paulista de escoteiros. Existem diversos filantropos que dedicam grande parte do seu tempo, dispondo, também de grandes importâncias em dinheiro para auxílio da mesma".

Em 1948, investigadores do DEOPS voltaram à sede da CIP com o objetivo de relacionar as dependências daquela organização e apreender documentos "suspeitos". Nos autos de busca e apreensão está relacionado *A Voz Sionista* (nº 7), cuja matéria de capa intitula-se "Restaurado, após 1900 anos, o Estado de Israel", por S.M. Compõem este número: notícias sobre as comemorações em homenagem à proclamação do Estado de Israel, texto de David Ben-Gurion, "Fundamentos do Estado de Israel", uma matéria sobre "Safad, a Capital da Galliléia", fotografias documentando aspectos da vida atual no Estado de Israel e informações sobre as atividades do K. Hayessod em Jerusalém, pelo Departamento de Propaganda e Fotografia. Há também artigos assinados por: Henry Wallace, "Construindo uma Nova Sociedade"; Molly Lyons Bar-David, "A Tarefa da Mulher na Restauração da República Israelita"; John R. Hannah e Daniel Bueno Lainez, "Comentários sobre Acontecimentos Recentes na Palestina"; A. Gertz, "O Projeto de Imigração do Neguev".

Esta preocupação das autoridades brasileiras com o movimento sionista tem sua razão de ser. Após a Partilha da Palestina, o presidente Dutra – cujas tendências germanófilas, anti-semitas e anticomunistas marcaram sua passagem pelo governo Vargas – não via com bons olhos os rumos tomados pelo recém-criado Estado de Israel, candidato a "satélite comunista". Incomodava-o a criação de *kibutzim* modelados pelas práticas socialistas, da mesma forma como "estranhava" o reconhecimento imediato da ex-URSS (1948) a Israel. A estes fatos somou-se o auxílio armamentista dado pela ex-Tchecoslováquia, aliada dos israelenses contra os árabes insatisfeitos com a Partilha da Palestina. Este contexto pressionou o Brasil a retardar para 7 fevereiro de 1949 seu reconhecimento oficial ao Estado de Israel e para 1952 o estabelecimento das legações diplomáticas.

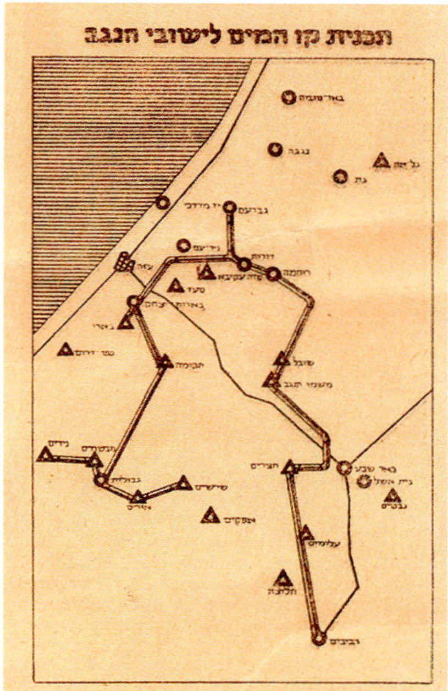

O projeto do sistema de canalização da água para as colônias do Neguev

Através desta documentação fica evidente que um constante clima de tensão marcou, durante todo o período da Guerra Fria, a postura do governo brasileiro comprometido de um lado com sua tradição anti-semita e de outro, pressionado pelos ideais democráticos defendidos pelos Estados Unidos. Em maio de 1949, durante a Assembléia Geral da ONU, o Brasil se absteve na votação sobre a admissão de Israel naquela organização (aprovada pela Resolução nº 273, III) condicionando seu voto à "estrita implementação por Israel das resoluções relativas à internacionalização de Jerusalém e à questão dos refugiados árabes". Este posicionamento justificava-se pelos seguintes fatos: o Brasil, país católico por tradição, não estava interessado em se opor ao Vaticano, favorável à internacionalização de Jerusalém; da mesma forma, não pretendia desagradar aos países árabes cujas relações comerciais seriam intensificadas ao longo dos anos 1960 e 1970.

Pront. nº: 4.705
Prontuariado: Congregação Israelita de São Paulo
Remissões: 95.127, 105.673

ARARAT | *São Paulo*

CONSELHO EDITORIAL	NÃO CONSTA
PERFIL	SOVIÉTICO-COMUNISTA
PERIODICIDADE	DESCONHECIDA
PROCESSO GRÁFICO	TIPOGRÁFICO
LOCAL DA EDIÇÃO	SÃO PAULO (SP)

Histórico

Ararat identifica-se como porta-voz da comunidade armênia no Brasil. Seu nome – *Ararat* – nos remete ao imaginário dessa coletividade enquanto referência simbólica aos montes Ararat cantado por poetas e escritores armênios. Em *Ravena* assim escreveu o poeta Avedik Isahakiam (1875-1957):

Ao velho píncaro do Ararat
Chegaram os séculos como segundos
E passaram

Golpes de inúmeros raios
Feriam as rudes rochas
E passaram...

É neste contexto de exaltação à eternidade da Armênia que a beleza do Ararat é glorificada enquanto símbolo do refúgio espiritual armênio frente às perseguições sofridas por seu povo. Assim, o termo *Ararat* atribuído ao jornal expressa a resistência do povo armênio e sua persistência em continuar existindo entre as nações inimigas historicamente desaparecidas. O protesto ao grande massacre de 1915 – o ponto culminante de uma série de *pogroms* que tinham os armênios como um dos alvos principais desde os fins do século XIX – alimenta o conteúdo do jornal *Ararat*. Foi naquela data que os turcos mataram cerca de um e meio milhão de armênios e deportaram para a Síria e para o Líbano milhares de sobreviventes, principalmente mulheres e crianças. Os intelectuais e os religiosos foram os alvos principais deste massacre que teve como objetivo desestabilizar a reprodução cultural da nação armênia. Parte desta população sobrevivente desenraizada do antigo Império Otomano começou a emigrar com medo de novos massacres e fugindo da obrigatoriedade do serviço militar no exército turco. Importante ressaltar que, somente em 1991, a Armênia Oriental – ex-soviética – tornou-se um Estado independente após lutas étnicas com os azerbaijanos, povo do Cáucaso de raízes turcas.

Assim, *Ararat* investe na reafirmação da identidade política de uma parcela da comunidade armênia radicada em São Paulo. Expressivo deste objetivo são os artigos "Stálin e os Armênios", de autoria de Levon Yacubian (escrito na Casa de Detenção de São Paulo, em dezembro de 1949) e "Viva a Armênia Soviética", de Josef Stalin (escrito por ocasião do aniversário da Armênia Soviética Oriental). Lembramos que esta ficava na região do Cáucaso, entre a Turquia, Azerbaijão e Geórgia. Segundo o historiador Robert Grün, a maioria dos armênios brasileiros vieram da Armênia Ocidental e da Cilícia (Norte da Síria).

Motivo da apreensão

Junto ao Prontuário nº 98438 encontramos uma extensa relação de nomes de armênios que contribuíram para a publicação do nº 3 de *Ararat* de dezembro de 1946. Entre eles, Vartavas Tchungurian, em cujo processo encontra-se anexada tal relação que compreende membros da comunidade armênia de São Paulo, Campinas, Tatuí, Jaú, São José do Rio Preto, Pereira Barreto, além de outros residentes em Londrina (PR), Rio de Janeiro (RJ), Campo Grande (MT), Uberlândia (MG).

Além do jornal *Ararat* consta que a Delegacia de Ordem Política recebeu em 1963 a denúncia de que havia chegado na seção de Alfândega do Departamento de Correios e Telégrafos, três latas contendo quinze rolos de filmes de pro-

ARARAT
A VOZ DO POVO ARMENIO

Ano IV | Ns. 39-40 — DEZEMBRO DE 1949 E JANEIRO DE 1950 | Ns. 39-40

Stalin e os Armenios

LEVON YACUBIAN

«Quem quer que sejais, a melhor parte de vosso destino está nas mãos desse outro homem que vela tambem sobre todos, e que trabalha — o homem que tem a cabeça do sabio, o rosto do operario e o traje simples do soldado.»

(HENRY BARBUSSE)

No dia 21 de Dezembro corrente, os povos democraticos do mundo inteiro festejaram, sob multiplas formas, o 70.º aniversario de Josef Stalin.

A imprensa, das mais variadas cores partidarias, registrou sua data natalicia, ora, atacando-o severamente como o «Times», de Londres, o «New York Times», de New York, e a totalidade da imprensa venal da burguesia e do capitalismo, através de suas agencias monopolisticas de informações. De outro lado a imprensa popular do mundo inteiro teceu justas considerações sobre a figura singular de Stalin e da significação historica do desmascaramento dos circulos dirigentes da reação internacional.

ARARAT, a Voz do Povo Armenio, o orgão popular da colonia democratica e patriotica dos armenios do Brasil, tambem registra, com o maior dos entusiasmos, essa data, que é a mais grata de todos os povos oprimidos pelo capitalismo escravizador.

J. STALIN

Josef Stalin nasceu em 21 de Dezembro de 1879, na cidade de Gori, na Georgia, vizinha republica da Armenia Sovietica. Filho de sapateiro, estudou durante anos no Seminario de Tiflis, onde ilegalmente principiou suas leituras marxistas. Ingressando no seio do povo, aí, nos albores de sua adolescencia, lutando ombro a ombro com as massas populares escravizadas, teve seu glorioso «batismo de fogo». Falar de sua vida e de suas obras é reproduzir os movimentos revolucionarios que abalaram os fundamentos do Tzarismo, vindo a criar, conjuntamente com Lenin, seu mestre e companheiro de lutas, a gloriosa e vitoriosa União das Republicas Socialistas Sovieticas, de que faz parte o heroico povo da Armenia, a nossa querida «Sovetagan Haiastan».

Muito cedo compreendeu que o governo do Tzar era um governo cruel, injusto e sanguinahio: uma minoria rica, aristocratica, dominando a explorada e esmagadora maioria dos povos integrados ao Imeprio dos Romanof.

Dai tambem seu profundo interesse humanitario pelas numerosas nacionalidades oprimidas pelo jugo do Tzar. Dentre os povos mais explorados estava o povo armenio, cujo sangue há tantos anos era sugado por turcos, russos, alemães, franceses, ingleses e norte-americanos. Entretanto, graças a Stalin e à URSS, à Revolução de Outubro, a Armenia tornou-se independente, livre de quaisquer explorações, após o 29 de Novembro de 1920.

Desfile de uma delegação esportiva da Armenia Sovietica (em Moscou), carregando o escudo da Republica e o retrato de Stalin, a quem o povo armenio exprime profunda gratidão, pela ajuda paternal que prestou em prol da libertação da Armenia.

Nessa grande jornada de libertação nacional dominaram as figuras heroicas de Chaumian e Spendarian, apoiados generosa e fraternalmente por Lenin, Stalin e todos os povos da nova Republica dos Soviets. Os operarios e os camponeses da Armenia, auxiliados pelo Exercito Vermelho, derrotaram para sempre as forças contra-revolucionarias dos tachnags, lacaios da reação mundial e traidores maximos da sagrada causa da Armenia.

Josef Vissarionovitch Stalin escreveu obras profundas sobre a ciencia do marxismo-leninismo. Discipulo extremado de Lenin e herdeiro maximo da teoria e da pratica leninista, Stalin publicou: «Historia do P. C. (b) da URSS», «O Marxismo e o Problema Nacional e Colonial», «Discurso aos Eleitores», «Lenin e o Leninismo», «Marxismo e Liberalismo» (entrevista), «Sobre o Projeto de Constituição da URSS» etc., que têm sido difundidos e estudados por todos os povos do mundo.

Particularmente na sua obra «O Marxismo e o Problema Nacional e Colonial», Stalin analisa profundamente o problema das nacionalidades e das colonias oprimidas pelas classes opressoras. O pequeno livro, mas tão grande no conteudo — «Sobre o Materialismo Dialetico e o Materialismo Historico» — é uma fonte inesgotavel da ciencia marxista. Dela dimanam, como primitivamente de Marx, novas diretrizes da concepção do mundo.

Por isso, a vida e a obra do Stalin estão indissoluvelmente relacionadas à libertação e ao desenvolvimento da nossa gloriosa Mãe-Patria Armenia.

Stalin é o melhor dos amigos incondicionais de nossa Patria. Dele se originou essa fraternidade inquebrantavel entre todos os povos democraticos do mundo, mormente essa inquebrantavel amisade entre os povos da União Sovietica. Graças ao socialismo é que a Republica da Armenia refloreceu vigorosamente em todos os setores da atividade humana: na economia, na politica e na cultura.

Somente o poder socialista dos operarios, camponeses e intelectuais armenios é que conseguiu derrotar definitivamente, na Armenia, as forças retrogadas do governo tachnag de Vratzian. Somente o socialismo é que deu o poder governamental nas mãos do povo armenio, outrora escravisado e espoliado por meia duzia de lacaios tachnags.

Graças a Stalin, o povo armenio conseguiu desalojar de suas terras os latifundiarios, sustentados pelo imperialismo escravizador do paises capitalistas. A guerra sem treguas aos exploradores do homem pelo homem deu cabo ao sinistro latifundio e distribuiu gratuitamente a terra entre os camponeses. O nacionalismo da burguesia, o social-chauvinismo para sempre foram enterrados em nossa Patria. Estamos agora na era do socialismo. Todos os povos são irmãos.

Josef Stalin é um patrimonio imortal da Humanidade. E' a garantia da paz, entre os povos do mundo. Stalin é contra as guerras injustas dos imperialistas ianques. Stalin luta pela libertação dos povos oprimidos do mundo.

ARARAT, neste septuagesimo aniversario de Stalin, reafirma a sua inflexivel linha de conduta: desmascarar os tchnags, lutar contra o imperialismo e a guerra em defesa da Paz.

Casa de Detenção de S. Paulo,
Dezembro de 1949

APELO AOS LEITORES

Caro leitor e compatriota!

Se você ainda não pagou a sua assinatura de 1949, ou deve ao ARARAT, não espere ser cobrado. Pague o mais depressa possivel, enviando um vale postal ou cheque nominal, pois a publicação regular de um periodica independente como o ARARAT, depende exclusivamente dessas contribuições populares.

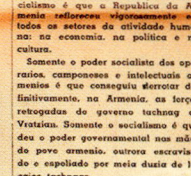

Erevan, a bela capital da Republica Armenia teve, como todas as demais cidades sovieticas um grande desenvolvimento em todos os setores da atividade humana, graças ao Poder Sovietico e a sabia orientação staliniana.

Viva a Armenia Sovietica

I. STALIN

Temos a imensa satisfação de apresentar aos nossos leitores, na ocasião do aniversario da Armenia Sovietica e do 70.º aniversario do Generalissomo Stalin, a tradução do artigo que este escreveu logo após o advento patria.

Graças à «Entente» e aos tachags, a Armenia sofredora, abandonada e laminta, estava em vias de decomposição.

Enganada por todos os seus «amigos», a Armenia achou a sua liberação declarando-se país sovietico.

Nem as garantias hipocritas da Inglaterra, «defensora secular» dos interesses armenios, nem os «quatorze pontos» tristemente velebres de Wilson, nem as promessas demagogicas de um governo mandatario feitas pela Sociedade das Nações, teriam conseguido salvar (de resto, não o podiam) este país do massacre e aniquilamento fisico.

Só a ideia do Poder Sovietico deu a Armenia a Paz e a possibilidade de um renascimento nacional.

Eis aqui alguns dos fatos que causaram a sovietização da Armenia:

A politica de destruição do tachnags, agentes da «Entente», conduziu o país à monarquia e ao pauperismo.

A guerra que eles levam a efeito contra a Turquia agrava a situação critica do país.

As providencias da Armenia do Norte, privadas de seus direitos e abandonadas à fome, revoltam-se em fim de novembro e criam o Comité militar revolucionario da Armenia sob a direção do camarada Cassian.

(Continua na pag. 5)

O deputado Castro Neves fala, na Assembleia Legislativa Estadual, sobre a ilegalidade da prisão de Levon Yacubian

MOVIMENTOS DE PROTESTO ATRAVE'S DE ABAIXO-ASSINADOS — COMICIOS DE RUA VOLANTES — DISCURSOS DOS DEPUTADOS CASTRO NEVES E PEDRO POMAR

A prisão e detenção do estudante Levon Yacubian, aluno da Faculdade de Filosofia, Ciencias e Letras da Universidade de São Paulo, vem repercutindo de tal maneira no seio da classe estudantil desta Capital, que a imprensa de São Paulo e do Rio relata os movimentos de protesto através de abaixo-assinados, comicios de rua, volantes e discursos de deputados na Camara Federal e Assembleia Legislativa Estadual.

Patrocinada pela Comissão Pró-Libertação de Levon Yacubian, constituida de alunos da Faculdade de Filosofia, Ciencias e Letras, dezenas de estudantes realizaram, no dia 13 de Dezembro ultimo, às 17 horas, no cruzamento da rua da Consolação com a rua Maria Antonia, significativa manifestação de rua, exigindo a libertação daquele seu colega de estudos.

Os estudantes paralisaram o trafego, espalhando paralelepipedos no leito da rua.

Consequentemente, houve uma grande aglomeração de veiculos e de pessoas, quando então os manifestantes se dirigiram ao povo, realizando comicios-relampagos em bondes e onibus, denunciando as arbitrariedades que vem ocorrendo nesta Capital, quando cidadãos são presos pelo «crime de serem patriotas e democradesse a necessidade urgente da solidariedade para a libertação de Levon tas. Pediram ao povo que compreendesse a necessidade urgente da solidariedade para a libertação de Levon e demais presos politicos.

Os manifestantes foram recebidos com entusiasticos aplausos.

Conduzindo cartazes com os dizeres de «Liberdade para Levon Yacubian», «Salvemos Levon das garras da policia», «Levon tambem fez greve de fome», diversos estudantes passearam diante do povo durante 15 minutos, tempo este que durou a manifestação. Em seguida, foi atirado um grande numero de folhetins, explicando que a prisão arbitraria e sua criminosa retenção nos carceres da Casa de Detenção fazia parte do clima de terror que os governantes querem legalizar com a Lei de Segurança. Assim, conclamaram o povo a lutar contra o codigo fascista de castigos que é essa «lei monstro».

* * *

No dia 19 de Dezembro, às 18,30 horas, na Praça Ramos de Azevedo, numerosos estudantes conduziram cartazes com dizeres alusivos às violencias policiais do governo, inclusive a prisão arbitraria e espancamentos do estudante Levon Yacubian e o assassinio de democratas.

A PRATICA DE ATOS ILEGAIS EM SÃO PAULO

Varios jornais, nas suas cronicas parlamentares, publicaram o noticiario sobre as declarações do deputado Castro Neves, do P.T.B., referentes à prisão de Yacubian.

No dia 24 de Dezembro, o «Estado de São Paulo» publicou, data venia, o seguinte:

(Continua na pag. 4)

paganda, provenientes de Erevan, Armênia, URSS. Estes estavam endereçadas à "União Cultural Armênia do Brasil", localizada a Av. Cásper Líbero, nº 163, em São Paulo. Considerando-se que tal apreensão se fazia sob olhares censores do Estado republicano, o material foi avaliado como "perigosa propaganda ideológica". Constatou-se que os referidos filmes eram endereçados ao sindicato representante que negou qualquer solicitação de livros, revistas ou outro material de propaganda da Armênia soviética. No seu conjunto, este material – jornal e filmes – expressam a persistência da repressão aos comunistas em distintos períodos da História do Brasil. Em dezembro de 1946, o DEOPS organizou uma relação contendo 34 nomes de armênios da capital e dez do interior do Estado de São Paulo que contribuíram para a publicação do *Ararat*. No final do documento foi anotado: "todos pertencem a Armênia Soviética [sic] e são comunistas, adeptos e admiradores de Stalin".

Prontuário: 98.438
Prontuariado: Vartavas Tchungurian
Remissão: 3.477

Sua Santidade Kekork VI, Catolicos de todos os armenios.

A LEGENDA ARMENIA

ROUBEM MELIK

A legenda armenia num canto da miseria,
No disco quebrado das noites ocidentais,
Nos quartos do hotel com muros de catedrais
A legenda armenia vem embalando a luz.

A legenda armenia nos labios da mulher,
Nos sonhos de infancia, nas cidades sem ruas,
Nas mãos sem trabalho, nas bocas derrotadas
A legenda armenia enterre sua miseria.

É a legenda de tres mil anos de emigrados
Quartos de hotel, ruas pobres e os velhos poetas,
E as aguas-furtadas nas frontes separadas,
Quartos de hotel dos armenios e passaportes.

A legenda armenia nos passeios da capital,
Nos dedos da bailarina, na aldeia esquecida,
Nas cordas do «thar», na aldeia esquecida,
A legenda armenia nos passeios da capital.

As planicies do Oriente e os nomes familiares
Nos espelhos dos tempos sobre as portas em cruz,
Nos risos, nas lagrimas, nos livros, nos cadernos
É a legenda de primeira pagina ao fim.

É a mesma legenda no fundo dos semblantes
De tres mil anos de tres milhões de uma a outra
Numa e outra noite no fundo das esperanças
A legenda armenia é a nossa e a vossa.

A legenda armenia tem muros de catedrais,
Na unica montanha encerra sua miseria.
A legenda armenia tem um ponto luminoso
E dá o sol aos planos dos hidrocentrais.

(Tradução de J. Bazarian, com a ajuda do autor)

BRASIL CHÚ-GAI SHIMBUN | *São Paulo*

Histórico

CONSELHO EDITORIAL	A. ROBERTO MAUÉS (DIRETOR RESPONSÁVEL) HAKUO YASUNAGA (DIRETOR PROPRIETÁRIO)
PERFIL	NIPÔNICO VITORISTA
PERIODICIDADE	INDETERMINADA
PROCESSO GRÁFICO	TIPOGRÁFICO
LOCAL DA EDIÇÃO	SÃO PAULO (SP)

O jornal *Brasil Chú-gai Shimbun (Jornal do Brasil de Notícias do Exterior e do Interior)* era, segundo a Polícia Política, repudiado pelos japoneses que não pertenciam à "Shindô-Renmei", organização vitorista formada por japoneses. Os dirigentes deste periódico seriam "elementos fanáticos e chantagistas", sendo os mesmos responsáveis pela revista *Hicari* que tinha o objetivo de "tirar proveito da crença na vitória espiritual do Japão".

A sede da redação, administração e oficina tipográfica localizava-se na rua Espírita, nº 137-139, em São Paulo, capital.

Motivo da apreensão

O exemplar nº 8 foi apreendido como prova da existência de publicações de origem nipônica avaliadas pelo DEOPS/SP como "órgãos oficiais ou oficiosos de sociedades ilegais, secretas ou terroristas".

Prontuário: 108.891
Prontuariado: Shindô-Renmey

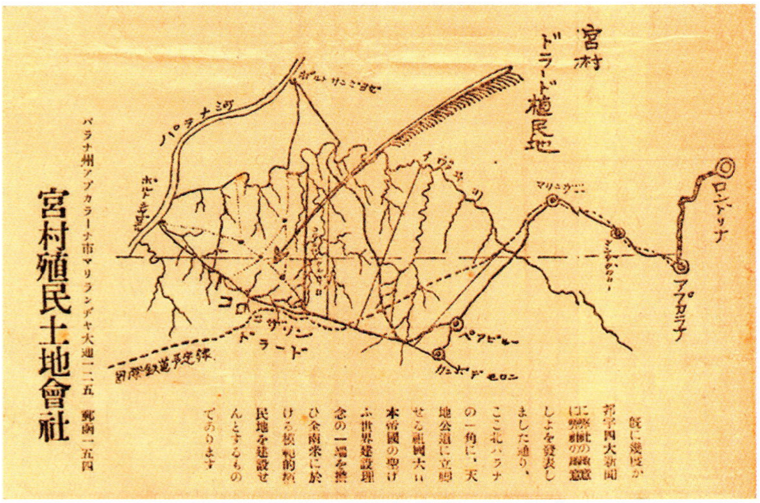

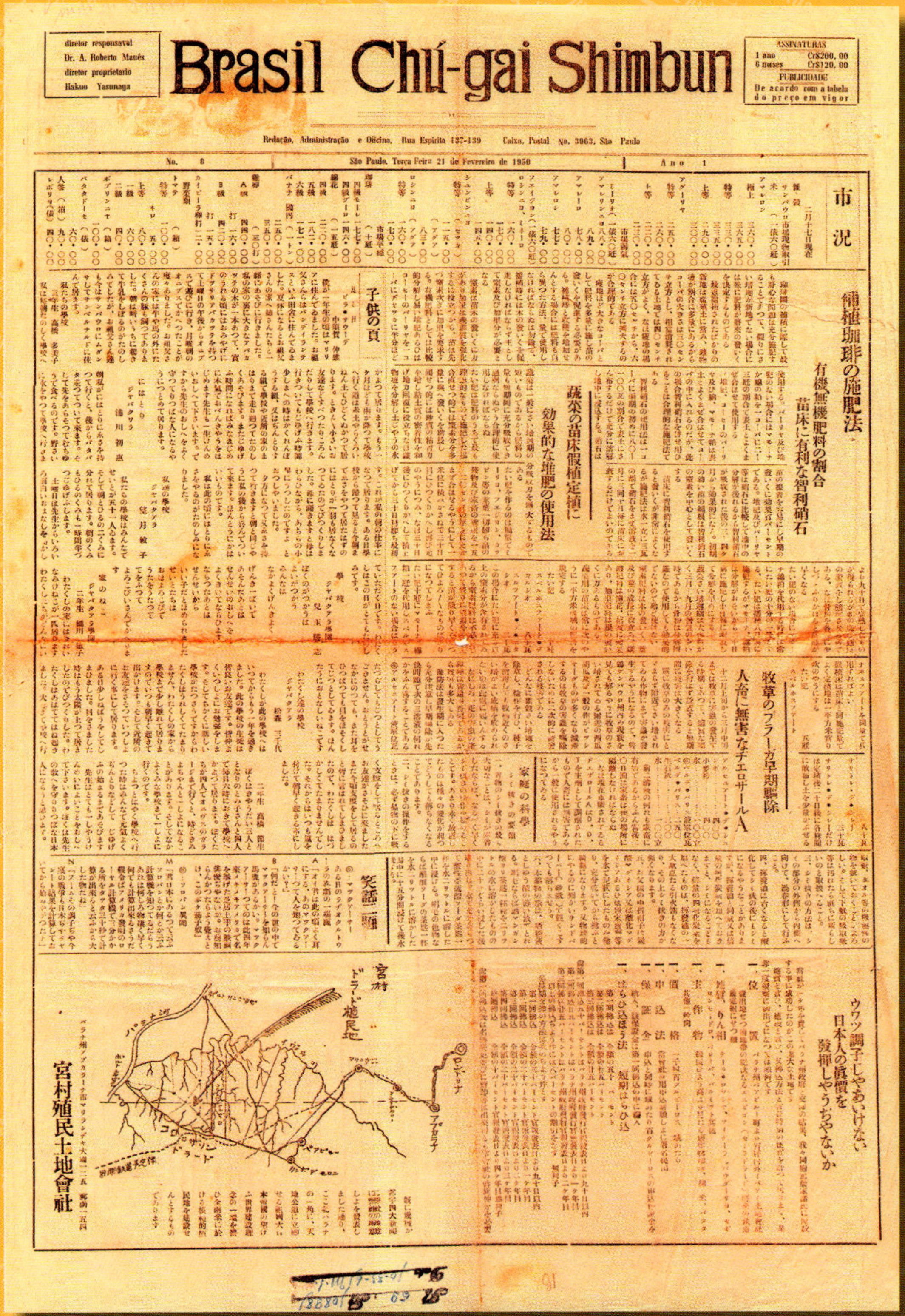
diretor responsavel
Dr. A. Roberto Manés
diretor proprietario
Hakuo Yasunaga

Brasil Chú-gai Shimbun

ASSINATURAS
1 ano Cr$200,00
6 meses Cr$120,00
PUBLICIDADE
De acordo com a tabela do preço em vigor

Redação, Administração e Oficina, Rua Espirita 137-139 Caixa, Postal No. 3963, São Paulo

No. 8 | São Paulo, Terça Feira 21 de Fevereiro de 1950 | Ano 1

市況

補植珈琲の施肥法
有機、無機肥料の割合
苗床に有利な智利硝石

蔬菜の苗床假植定植に
効果的な堆肥の使用法

牧草のプラーガ早期驅除
人畜に無害なチエロサールA

子供の頁

家庭の科學

笑話一題

ウワツ調子しやあいけない
日本人の眞價を發揮しやうぢやないか

宮村殖民土地會社

CRÔNICA ISRAELITA | *São Paulo*

Histórico

CONSELHO EDITORIAL	HERBERT GERSTMANN (25.09.1938 A 1.12.1939) NELSON VAINER (1.12.39 A [?].11.1940) DR. ALFRED HIRSCHBERG ([?].11.1940 A 1969)
PERFIL	COMUNITÁRIO, JUDAICO
PERIODICIDADE	QUINZENAL
PROCESSO GRÁFICO	TIPOGRÁFICO
LOCAL DA EDIÇÃO	SÃO PAULO (SP)

A *Crônica Israelita*, orgão informativo da CIP – Congregação Israelita Paulista, circulou de setembro de 1938 a 1969 sem qualquer interrupção. A trajetória deste jornal está diretamente relacionada com a história da CIP, organização judaica atuante nos dias atuais. Duas organizações judaicas antecederam ao nascimento da CIP: a CARIA – Comissão de Assistência aos Refugiados Israelitas da Alemanha (junho de 1933) e a SIP – Sociedade Israelita Paulista, em abril de 1934. A SIP publicava um periódico informativo, o *Mitteilungsblatt der SIP*, mensal, e cuja diretoria e assinantes era muito flutuante. Inicialmente, a administração da SIP foi assumida por Jacob Messinger também secretário da ICA-HICEM, entidade dedicada a recepcionar os imigrantes. Somente em 10 novembro de 1938 é que a SIP e CIP resolveram juntar-se em uma só associação, apesar de que a SIP sobreviveu até 1941, quando encerrou suas atividades em decorrência das imposições autoritárias do regime estado-novista. Desde 1938, as leis nacionalistas adotadas pelo Estado Novo legalizavam a repressão às agremiações estrangeiras obrigadas a assumir uma "identidade brasileira".

A *Crônica Israelita* – periódico nascido durante o regime estado-novista – teve seu registro autorizado após observados os termos da Portaria nº 2777 de 18 de julho de 1939, referente à publicação de jornais em língua estrangeira. Até esta data, o jornal era publicado em língua alemã. Segundo estudo realizado por Alice Irene Hirschberg, a *Crônica Israelita* surgiu da necessidade da CIP manter contato com o mundo exterior fornecendo informações sobre o cotidiano das várias comunidades judaicas da Diáspora; além de informá-las sobre a situação vivenciada pelos judeus na Europa. O primeiro diretor da *Crônica Israelita* foi o bibliotecário Herbert Gerstmann que permaneceu no cargo até 1º de dezembro de 1939. No mesmo ano de criação da *Crônica Israelita* surgiu o boletim *Mitteilungen der CIP*, o primeiro órgão oficial de comunicação interna da CIP e que teve como mentor o rabino Fritz Pinkuss.

Importante ressaltar que 1938-1941 foi a fase de recrudescimento do anti-semitismo empreendido pelo III Reich nos territórios ocupados. É neste momento que se registra o extermínio de homens e mulheres pelo trabalho forçado, pela prática da eutanásia, pelos massacres sistemáticos, pela instalação de guetos e de campos de concentração. Esta situação deixava as famílias dos refugiados judeus – então radicados no Brasil desde 1933 – em estado de ansiedade, insegurança e pânico. Muitos haviam deixado seus familiares nos países de origem e, diante do permanente estado de exclusão e guerra sustentado pelos nacionais-socialistas, ansiavam por notícias fidedignas. Daí a preocupação de Nelson Vainer em publicar informes fornecidos diretamente pela Jewish Telegraphic Agency (JTA) que, nesta época, tinha sede em Nova York. A JTA manteve durante a Segunda Guerra Mudial a Overseas News Agency (ONA) cujo serviço de informações cobria todos os países ocupados pelo III Reich.

Ao mesmo tempo, cabia à *Crônica Israelita* informar os judeus recém-chegados sobre as possibilidades de reconstruírem no Brasil suas vidas interrompidas com a ascensão de Hitler ao poder. As colunas do jornal cobriram-se de ofertas de emprego, informações sobre o Lar das Crianças, política imigratória, notas sobre as atividades culturais, sociais e re-

Fls. 43 [illegible]
Data 4-1-45

As Atividades da Congregação Israelita Paulista

Um Relatório da Diretória apresentado aos Sócios por ocasião da Assembléia Geral em 14 de Dezembro de 1944

I-a – As Bases Espirituais do Trabalho

Apresentando aos sócios da C.I.P. o relatório referente à sua gestão durante os últimos 3 anos, a Diretoria deseja esboçar a base sôbre a qual se tem desenvolvido e tem de continuar a atividade múltipla desta Congregação.

Fundada em fins de 1936 a C.I.P., conforme o art. 2.º dos seus estatutos, é uma comunidade religiosa brasileira que, excluindo quaisquer fins políticos, se propõe manter e cultivar os valores da religião judaica e fomentar a coordenação cívica dos israelitas brasileiros e dos residentes no Brasil.

Estas poucas palavras compreendem o programa básico da C.I.P.

A C.I.P. está aberta para todos os Israelitas, quaisquer que sejam as suas procedências ou as suas concepções a respeito dos ritos religiosos e do judaismo em geral, e desenvolve a sua atividade em base não sectária e não partidária.

Os Israelitas associados da C.I.P., como a própria C.I.P., cooperam leal- e irrestritamente para a grandeza e o progresso do Brasil.

Ao mesmo tempo a C.I.P., como fiduciária das grandes e vivas tradições religiosas e culturais israelitas, como uma parte do povo de Israel, de acôrdo com as liberdades democráticas e constitucionais, tem de cuidar desta herança e de transferi-la às gerações vindouras.

Ela vê com toda a simpatia, com profundo respeito e admiração a obra magnífica de Renascença de Israel na Palestina, que deseja encorajar e fomentar. Ela está ligada nêste momento histórico à grande obra de Reconstrução, Readaptação e Socôrro aos Israelitas vítimas da guerra e do Nazismo, e colabora nesta obra com todos os meios ao seu alcance.

Na sua vida religiosa, espiritual, cultural, social e educativa, a C.I.P. segue as diretrizes acima expostas e oferece aos seus sócios e especialmente à sua juventude a oportunidade de conhecer e estudar os valores intrinsecos do Judaismo e de cooperar no seu desenvolvimento e progresso.

Sendo, porém, uma sociedade apolítica e julgando imprescindivel abraçar todas as camadas israelitas para os fins mencionados, como o fizeram durante muitos séculos todos os "kehilloth", a C.I.P. não se pode filiar a nenhuma entidade judaica política e por conseguinte não pode reconhecer em nenhuma organisação não identificada com esse preceito o direito de representar todos os Israelitas de São Paulo, ou do Brasil.

A C.I.P. considera do seu sagrado dever trabalhar para tornar-se, um dia, um dos mais fortes êlos numa comunidade israelita de todos os correligionários de São Paulo, tarefa essa já varias vêzes tentada e não abandonada apesar de, até agora não têr encontrado o apoio de todos.

I-b – Resumo Geral

O relatório começa quasi que matemáticamente com o momento em que o nosso Continente entrou na guerra, e termina com o momento auspicioso da invasão da Europa. A tensão geral da humanidade pelas peripécias da guerra, a participação cada vez mais intensa do Brasil nos próprios acontecimentos da guerra, encontraram os seus reflexos no meio da nossa Congregação.

Acresce que as medidas tomadas pelo Brasil contra os atentados do nazi-facismo à vida e propriedade brasileira, atingiram fortemente numerosos sócios da Congrega[illegible] naturais da Alemanha e da Itália. Não foram tan[illegible] fenômenos mate[illegible] ...anceiros que perturbara[illegible] grupo de sócios [illegible] mais a sua situação psicológica e moral, isto é o fato de que foram atingidos primeiro e com mais intensidade pelo nazi-facismo na Alemanha e na Itália, para, depois, fóra das fronteiras dos países que os haviam perseguido serem equiparados aos seus perseguidores.

A Congregação que sempre se preocupou com a situação material, moral e jurídica dos refugiados, vitimas do nazismo, aproveitou todas as possibilidades para obter uma solução adequada do problema ligado à definição do termo de "súditos do eixo". Consubstanciaram-se êstes esforços em telegramas, memoriais, palestras com personalidades competentes e, em última instância, numa audiência do atual Presidente da C.I.P., Dr. José E. Mindlin, com sua Excelência, o snr. Ministro da Justiça Dr. Alexandre Marcondes Filho, audiência essa que se realizou em 5 de novembro de 1942.

A "Crônica Israelita" desenvolveu, visando o mesmo fim, uma atividade metódica. Já em 1.º de Fevereiro de 1943 foi publicada uma "Carta aberta", seguiram-se artigos, como por exemplo "O refugiado, o desconhecido" e uma série de outros trabalhos, entre os quais a reprodução do artigo "Esmagai o Infame", antes aparecido na "A Gazeta" e também publicações feitas oportunamente no "Diário de S.Paulo". Além disso, a "Crônica" publicou duas vezes os dispositivos mais importantes da lei nazista que cassou aos judeus de origem alemã a sua nacionalidade.

Por motivos óbvios, que dexamos de expôr nêste relatório a situação dos "súditos do eixo" de jure não se alterou até o momento atual. Seria prematuro fazer conjeturas sôbre se, quando e de que fórma, poderia ser feita uma revisão da posição legal, pela justa apreciação da situação moral, material e jurídica.

A diretoria lamenta juntamente com aquêles sócios legalmente aqui denominados "suditos do eixo" que não tenha sido possivel até agora alterar-lhes a situação, e espera que futuros esforços sejam coroados de melhor êxito.

Imediatamente após o rompimento das relações diplomáticas do Brasil com os paises do eixo, a Congregação facultou aos seus respetivos sócios a prova da sua qualidade de vitimas do nazismo e, simultaneamente, da de sócios de reconhecida organização brasileira — o cartão azul de sócio da C.I.P. Esta rápida iniciativa foi muito aplaudida, tendo sido aproveitada intensamente.

A Congregação participou, em cooperação com todas as organizações israelitas do Brasil numa manifestação cívica dos judeus do Brasil: a doação, em 1942, de aviões, por ocasião do aniversário de Sua Excelência Sr. Doutor Getulio Dornellas Vargas, M. D. Presidente da República, e presenciou à recepção, por ocasião da entrega feita ao Sr. Presidente de um pergaminho (a 23 de Janeiro de 1943) contendo os nomes de todas as organizações doadoras israelitas do Brasil.

Participou ainda de uma manifestação conjunta das organizações israelitas do Brasil, por motivo do aniversário do Chefe da Nação em 1944, sob o nome de "Campanha do Tostão", e fez-se representar numa recepção oferecida pelo Sr. Presidente da República.

Por ocasião de Rosh-Hahana o Rabino da C.I.P., sr. Dr. Fritz Pinkuss, visitou todos os anos o exmo. sr. Interventor Federal no Estado de São Paulo, Dr. Fernando Costa e o rvd. sr. Arcebispo, cujo prematuro passamento tanto sensibilizou.

A C.I.P. participou também de uma série de empreendimentos coletivos das organizações israelitas dentro do ambiente judaico.

Foram recebidos cordialmente pela Congregação representantes de iniciativas israelitas fóra do Brasil, que em consequência da importância ascendente da America Latina para o trabalho israelita em geral, também procuraram São Paulo.

Assim foram hóspedes da C.I.P.: Mrs. Rachel L. Smiley, representante do Escudo Vermelho de David, Dr. David Elnecavé, representante da Sociedade Pró Desenvolvimento da Universidade de Jerusalem, sr. S. Reznik, representante do Instituto "Yiwo" em Nova York, os srs. Moses Bekelmann e Louis H. Sobel, representantes do "American Jewish Joint Distribution Committee, e os Drs. Moises Merkin e Boris Surovich, representantes da Escola Profissional "O.R.T.".

Em todos os casos em que, por motivo dessas visitas, foi solicitado o apoio da Congregação, ela expressou também materialmente a sua solidariedade com a vida israelita em todo mundo, tendo apoiado essas iniciativas por conferências de propaganda.

A Congregação destinou parte dos donativos recebidos por ocasião das Grandes Festas de 1943 e de 1944 a diversas instituições amigas.

Encontraram ampla divulgação pela "Crônica Israelita" [illegible] tarefas [illegible] de outras organi[illegible] para fins israel[illegible] [illegible] de Março de 1942 [illegible] ... no [illegible], a Associação Israelita Religiosa, logo se estabeleceu um contato estreito com resultados significativos como o manifesto rabínico publicado em 4 de Novembro de 1942, pelos senhores rabinos Drs. Heinrich Lemle e Fritz Pinkuss, no qual fixaram as diretrizes da vida religiosa de suas comunidades.

Verificaram-se frequentemente manifestações e trabalhos da C.I.P. em comum com e a favor da Coletividade Israelita de S. Paulo. A expressão mais viva dessa cooperação é o Lar da Criança da C.I.P. à rua Bar. de Piracicaba, 670, e a realização anual da Colônia de Férias da C.I.P.. Pela projetada instalação de uma Colônia de Férias permanente no sitio "João Dias", Jundiaí, em terreno próprio, adquirido em fins de 1943, a C.I.P. espera que consiga proporcionar êsses beneficios ao número sempre crescente de crianças.

É-nos grato mencionar aqui uma doação da familia Mindlin em memória ao tão prematuramente falecido grande amigo da C.I.P., o saudoso Dr. Ephim H. Mindlin, que pôs à disposição da Congregação um terreno em Guarujá.

Em estreita colaboração com a "Ofidas" (Organização Feminina Israelita de Assistência Social) a C.I.P. mantem parcialmente os "Cursos Comerciais" e Vocacionais" dessa sociedade amiga.

Foi organizada em conjunto com a "Ofidas" a Festa de Chanukah no ano de 1942.

A C.I.P. mantem relações muito amistosas com a Escola Profissional "O.R.T." e poz à disposição dessa organização, dentro do orçamento, bolsas de estudos.

Por ocasião de manifestações israelitas que, em consequência da épóca, traziam quasi sempre caráter de luto, a Congregação esteve representada, numa solenidade de luto a 28 de Dezembro de 1942 e 6 de Maio de 1944, aniversário da batalha do guêto de Varsóvia, sendo o seu rabino um dos oradores oficiais.

[illegible] sugestão da Assembléia dos Representantes da C.I.P. [illegible] Congregação ofereceu em seus recintos a todas as or[illegible] israelitas de São Paulo em 6 de Junho de 19[illegible] recepção muito concorrida. A iniciativa, in[illegible] não foi repetida por outras associações.

[illegible] te agora começa a ter seus efeitos práticos a [illegible] um "Index de localização" (location index), [illegible] do a encontrar o paradeiro de parentes e [illegible] cidos, iniciativa essa, criada em Setembro [illegible] Congregação, aliás, foi uma das primeiras [illegible] e introduziram tal trabalho preparativo para [illegible] famílias dispersadas e o encontro de pa[illegible] os desaparecidos. Ela lutou, sempre, pela reuni[illegible] os cadastros dêsse gênero e tem a satisfação [illegible] que agora, para tal fim foi constituido o "C[illegible] ation Index Inc." em Nova York.

[illegible] regação, conhecida também fóra das fronteiras [illegible] l como organização judáica, poude, pelas suas re[illegible] todas as partes do mundo restabelecer o conta[illegible] muitas familias e seus membros desaparecidos.

[illegible] tiva de reunir todas as organizações beneficentes israelitas de São Paulo numa Campanha Unida (v[illegible] nica" de 1-12-42) malogrou depois de debates [illegible] exaustivos. Em seguida, a C.I.P. efetuou, com extraordinário éxito a sua "Campanha de 1943 pró Assistência Social", sôbre a qual relataremos mais adiante.

Em [illegible] rias reuniões, os representantes, conselheiros e diretores trataram das questões religiosas e culturais dos israelitas do Interior do Brasil. A C.I.P., com o apoio louvável de sócios que, como conhecedores do Interior, estão a [illegible] ar da situação, iniciou contáto com êles, por exemplo pela distribuição inicialmente gratuita da "Crônica Israelita" e dos dois livros do sr. Rabino da C.I.P., assim como de um sermão programático dêle: "Os sonhadores", para todas as organizações israelitas do Brasil.

A repercussão entre os nossos correligionários no Interior foi muito positiva. Isto deve estimular-nos a sistemáticamente continuar as tentativas e em escala maior. Torna-se necessário, antes de mais nada, em consideração da grande importância desta tarefa, proporcionar à Juventude Israelita do Interior a educação religiosa que até agora pouco existe. Eis uma questão mais de colaboradores qualificados do que de recursos.

(Continuação na pág. II)

I – PREFÁCIO

De conformidade com os estatutos, terminará em 31 de dezembro p. f. a gestão dos atuais órgãos da Congregação Israelita Paulista (C.I.P.). A Diretoria tem, por êsse motivo, o desejo de apresentar aos sócios da C.I.P. um relatório pormenorizado dos trabalhos realizados a partir de 1 de janeiro de 1942.

Para que êsse relatório possa chegar em mãos dos sócios com bastante antecedência antes da Assembléia Geral, devia êle limitar-se ao periodo de 1 de janeiro de 1942 até 30 de junho de 1944.

Um certo número de algarismos complementares até ao dia 31 de Outubro já está incluido no relatório.

Informações sôbre os mêses restantes a partir de 1 de julho do corrente ano, serão prestadas na própria Assembléia Geral.

É o mais vivo desejo da Diretoria de vêr o relatório examinado com a maior atenção por parte dos sócios, a fim de lhes proporcionar dest'arte, a base para uma discussão objetiva do trabalho comunal no passado e no futuro.

II. – O Mecanismo Administrativo

AS BASES PESSOAIS

1) Assembléia dos Representantes
2) Diretoria e Conselho
3) Superintendência.

ASSEMBLÉIA DOS REPRESENTANTES

Foram ele[illegible] os na Assembléia Geral da CIP a 17 de Dezembro [illegible] 41 as seguintes 25 senhoras e cavalheiros para con[illegible] a Assembléia dos Representantes: Walter Calin[illegible], Adolberto Corinaldi Artur Eberhardt, Alfred Eli[illegible], Eduard Friedlaender, Dr. Martin Grumach, Fred Gr[illegible] um, Georg Happ, Jorge Herzberg, Walter Hesse, A[illegible] artig, Carlos Katzenstein, Dr. Ernst Koch, Albert L[illegible], Carlos Alberto Levi, D.ª Celine Levy, D.ª Elfriede [illegible] José E. Mindlin, Erwin Oelsner, Eurico Rose[illegible], Dr. Martin Ruben, Roberto Schiftan, Dr. Heinz Si[illegible] erg, Richard Sonnenthal, D.ª Else Veit.

No c[illegible] rer do periodo a que se refere este relatório, houve u[illegible] érie de modificações na composição da Assembléia [illegible] Representantes, assim os senhores Dr. José Mindlin, [illegible] Walter Hesse, Dr. Eduard Friedlaender, Albert Le[illegible], Ernst Josephs e Joseph Marx, foram substituidos pelos [illegible] hores Kurt Munter, Dr. Luís Plaut, Ernst Reichenbac[illegible], [illegible] st Selig.

A [illegible] dos Representates já foi constituida a 7 de [illegible] 1942. Foram eleitos para Presidente: Dr. Ern[illegible], a Vice-Presidente: Snr. Arthur Eberhardt, e os [illegible] Richard Sonnenthal e Carlos Katzenstein para [illegible] secretários, respectivamente.

[illegible] tantes realizaram 28 reuniões, bem como [illegible] nto com a Diretoria.

[illegible] de dia, destacamos as matérias seguintes: Elei[illegible] toria — Aprovação do Conselho das Comissões [illegible] Religiosa — Ensino Religioso — Publicação de [illegible] — Compra do Sitio João Dias. — Questões [illegible] ceiras, tais como: Orçamento — exame do orçamen[illegible] exame da administração financeira — relatório [illegible] panha de 1943 — situação dos empregados da C.[illegible] — relatórios do Superintendente — relatór[illegible] de vários Departamentos, tais como: Assis[illegible] Social — Lar das Crianças — Colônia de Férias — [illegible] de trabalho em pról de Juventude — Biblioteca.

Fora[illegible] constituidos varias comissões com incumbências rel[illegible] a varios assuntos relatados.

A [illegible] Assembléia fez amplo uso de seus direitos de fiscalização [illegible] contrôle da Administração, e apresentou à Admin[illegible] sugestões que consideravelmente influenciaram [illegible] nossos trabalhos.

Co[illegible] de sua qualidade de élo entre a Administração [illegible] sócios, ela se tornou não sómente porta-voz dos sentime[illegible] os manifestados no seio do quadro social, como tambem [illegible] transmitiu aos sócios as informações que lhe foram da[illegible] pela Diretoria. Por [illegible] ações como a Campa[illegible] aumento das mensalidades, a [illegible] 1942, ou aquela [illegible] Representantes colocou à disposição, de for[illegible] sua colaboração, às vêzes em reuniões especia[illegible]

2) DIRETORIA E CONSELHO:

A [illegible] de janeiro de 1942, os Representantes elegeram a segu[illegible] Diretoria — Presidente: Dr. Roberto Lichtenstein, — Vice-Presidente: Dr. José E. Mindlin, — 1. Secretário: [illegible] A. Jacob Lafer, — 2. Secretário: Jacob Gordon, — 1. Tesoureiro: D. Luiza Klabin-Lorch, — 2. Tesoureiro: Dr. H[illegible] Lafer.

O [illegible] Roberto Lichtenstein renunciou o seu cargo a 8 de A[illegible] de 1943. A vaga foi preenchida pelo então Vice-Presidente, Dr. José E. Mindlin. Assumiu a vice-presidência Dr. [illegible] Jacob Lafer, sendo eleito o Dr. Mauricio Grinberg [illegible] a o cargo de 1.º secretário.

ligiosas oferecidas pela CIP, textos sobre religião e tradições judaicas.

O jornal definiu realmente seu perfil com a entrada de Alfred Hirschberg que acrescentou à *Crônica Israelita* sua experiência anterior como redator-chefe da *C.V. Zeitung*, órgão informativo da Associação Central de Cidadãos Alemães de Fé Judaica, sediado em Berlim. Na edição de 10 de fevereiro de 1946, Hirschberg conceituava a publicação como a representante de um laço regular dos sócios com a Congregação e um meio de orientar seus leitores sobre a situação do judaísmo em São Paulo, no Brasil e no mundo: "*A Crônica* está aberta às manifestações das opiniões de todos os grupos do judaísmo, desde que não sejam exageradamente extremistas e nem sejam, por motivos especiais, nocivos à comunidade israelita, nem dificultem a atuação da CIP..."(p. 8). Esta frase de Hirschberg – que se manteve à frente da redação até 1969 – justifica a publicação de um "protesto" da CIP pela *Crônica Israelita* (nº 5, de 1º julho de 1948) que estranhava a circulação de uma carta assinada pelo rabino Waismann convocando todos os judeus a fazerem donativos para Israel.

Motivo da apreensão

O nº 5 da *Crônica Israelita*, de 1º de julho de 1948, foi anexado ao Prontuário nº 95 127 que leva o nome da entidade civil Congregação Israelita Paulistana [sic], com sede na Rua Brigadeiro Galvão, nº 181. Ressaltamos que, já em 1937, o DEOPS havia aberto um outro prontuário sob o nº 4705, para a CIP – Congregação Israelita Paulista. Fundada em 4 de outubro de 1936 em reunião realizada na residência do Dr. Luiz Lorch, a CIP teve o seu primeiro escritório instalado em 1º de dezembro de 1936 à rua Onze de Agosto, transferindo-se em seguida para a Avenida São João. Em 1º de julho, mediante assinatura de contrato de locação, ocupou o imóvel à rua Brigadeiro Galvão, nº 181, endereço que coincide com o local citado pelos policiais como sendo sede da Congregação Israelita Paulistana. Uma série de dúvidas fundadas na tríade judeu, comunista e estrangeiro – estigmas que subsidiavam o mito da conspiração judaico-comunista nos anos 1930 e 1940 – levaram a polícia a desconfiar da Congregação Israelita Paulistana, entidade que não conseguiam identificar claramente por ser "totalmente desconhecida, bem como seus responsáveis, que se conservam no anonimato".

Uma nota publicada pela *Crônica Israelita* foi usada pelo DEOPS para comprovar as más intenções da CIP que, certamente, estaria ocultando "outros fins". Esta suspeita fundamentava-se na lógica da desconfiança que movia as ações policias. O "caso" chegou ao conhecimento das autoridades policiais através de uma carta apreendida pela censura postal em 1948. Importante ressaltar que, nesta data, David Ben-Gurion, então chefe do Executivo Sionista Mundial, já havia anunciado no salão do Museu Nacional em Tel-Aviv, a restauração do Estado de Israel. A carta censurada vinha assinada pelo rabino Waismann e endereçada ao irmão Antenor Esteves, ambos residentes em São Paulo. O texto de Waismann era o seguinte:

> Congratulando-nos convosco pela recente proclamação da República Judaica de Israel, agora nossa pátria, vimos lembrar-lhes de que os judeus de todo o mundo devem agora se reunir para a defesa da nova pátria e preservação da própria raça. Nenhum judeu que se preze deve deixar de subscrever títulos de empréstimo lançado por Israel, nem deixar de subscrever e angariar donativos em dinheiro, junto aos seus parentes, amigos e conhecidos. Com esses donativos poderemos fornecer à Haganah, os meios com que poderão expulsar do solo sagrado da nossa pátria, os bárbaros invasores árabes da maldita raça de Mahometh. Que nenhum homem de nossa raça em cujas veias corre o bom sangue israelita deixe de contribuir com seu valioso donativo...

Diante deste conteúdo, o Delegado-chefe do DEOPS ordenou à Delegacia Especializada de Ordem e Política de São Paulo que investigasse e apresentasse relatório. As provas comprometiam "uma sociedade ou pessoas que se ocultam sob o nome de Congregação Israelita Paulistana e que estavam distribuindo circulares no sentido de subscreverem títulos de empréstimos lançado por Israel (cf. carta de Waismann e o envelope selado pelo correio de São Paulo). O conteúdo desta carta foi "cruzado" com a nota publicada pela *Crônica Israelita* (nº 5) e interpretado segundo os valores anti-semitas do delegado responsável pela investigação. Este considerou que através daquela nota a Congregação Israelita Paulista resolveu "tornar pública a sua estranheza, não só para prevenir incautos, como também para se eximir de responsabilidade, o que fez pelas colunas do jornal israelita que se publica, nesta capital. O receio é que tal movimento de arrecadação de fundos estivesse "ocultando outros fins, inconfessáveis...". Diante dos fatos em questão, os documentos (carta e jornal) foram inclusos para averiguação.

Prontuário: nº 95.127
Prontuariado: Congregação Israelita Paulistana
Remissões: 4.705.

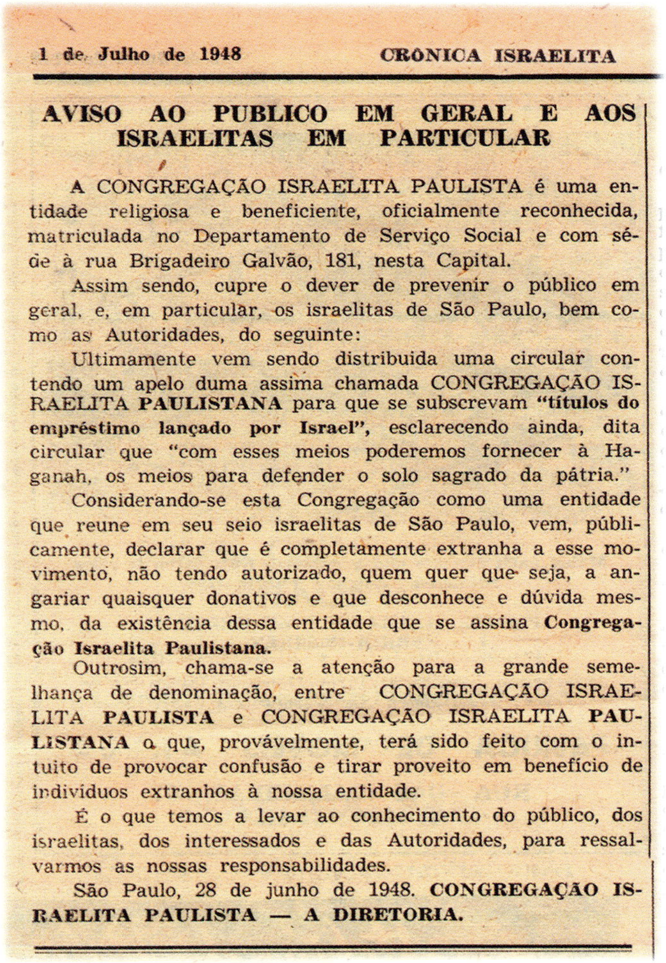

1 de Julho de 1948 CRÔNICA ISRAELITA

AVISO AO PUBLICO EM GERAL E AOS ISRAELITAS EM PARTICULAR

A CONGREGAÇÃO ISRAELITA PAULISTA é uma entidade religiosa e beneficiente, oficialmente reconhecida, matriculada no Departamento de Serviço Social e com séde à rua Brigadeiro Galvão, 181, nesta Capital.

Assim sendo, cupre o dever de prevenír o público em geral, e, em particular, os israelitas de São Paulo, bem como as Autoridades, do seguinte:

Ultimamente vem sendo distribuida uma circular contendo um apelo duma assima chamada CONGREGAÇÃO ISRAELITA **PAULISTANA** para que se subscrevam **"títulos do empréstimo lançado por Israel"**, esclarecendo ainda, dita circular que "com esses meios poderemos fornecer à Haganah, os meios para defender o solo sagrado da pátria."

Considerando-se esta Congregação como uma entidade que reune em seu seio israelitas de São Paulo, vem, públicamente, declarar que é completamente extranha a esse movimento, não tendo autorizado, quem quer que seja, a angariar quaisquer donativos e que desconhece e dúvida mesmo, da existência dessa entidade que se assina **Congregação Israelita Paulistana.**

Outrosim, chama-se a atenção para a grande semelhança de denominação, entre CONGREGAÇÃO ISRAELITA **PAULISTA** e CONGREGAÇÃO ISRAELITA **PAULISTANA** o que, provávelmente, terá sido feito com o intuito de provocar confusão e tirar proveito em benefício de individuos extranhos à nossa entidade.

É o que temos a levar ao conhecimento do público, dos israelitas, dos interessados e das Autoridades, para ressalvarmos as nossas responsabilidades.

São Paulo, 28 de junho de 1948. **CONGREGAÇÃO ISRAELITA PAULISTA — A DIRETORIA.**

DARBINIKU ZODIS (PALAVRA DO OPERÁRIO) | *São Paulo*

CONSELHO EDITORIAL	ABRAHÃO KOVALSKY (EDITOR) ALBERTO GRINJA (REDATOR)
PERFIL	COMUNISTA
PERIODICIDADE	IRREGULAR
PROCESSO GRÁFICO	TIPOGRÁFICO
LOCAL DA EDIÇÃO	SÃO PAULO (SP)

Histórico

O jornal *Darbiniku Zodis (Palavra do Trabalhador)* pode ser considerado como um dos primeiros periódicos comunistas em idioma lituano a ser publicado no Brasil. Diretamente ligado ao Partido Comunista Brasileiro e à Internacional Comunista, se prestava como elo de ligação com a ALDLD – Associação Literária dos Lituanos na América, sediada nos Estados Unidos e que tinha como principal função divulgar a cultura lituana entre as colônias patrícias radicadas em países americanos. O *Darbiniku Zodis* – que se vangloriava de ser o primeiro jornal realmente comunista e operário – surgiu em 1932 em substituição ao *Garsas (Som)*, editado por Zovcas, natural de Riga, e cuja produção foi toda confiscada pelo DEOPS/SP em 3 de junho de 1930.

Abrahão Kovalsky, israelita lituano radicado em São Paulo desde 1929, começou a editar o *Darbiniku Zodis* em uma tipografia improvisada no porão de sua residência. Contava com a colaboração de Leon Schloffman, Albino e Anna Kynas, além de sua esposa Silvia Kovalsky. O casal Kynas atuava como elo de ligação com a ALDLD, que garantia parte do conteúdo a ser publicado, enriquecido com vasta literatura das demais colônias lituanas. Financeiramente, o jornal se sustentava com doações, venda de livros e rifas.

O *slogan* adotado para o *Darbiniku Zodis* – porta voz da fração dos lituanos junto ao Partido Comunista Brasileiro – anunciava para que vinha: "Visu Saliu Proletarai Vieny Kites!" Ou seja: "Proletários do mundo, Uni-vos!" Posicionava-se contra o governo, o capitalismo, a burguesia e o prestismo, afirmando a necessidade de uma política independente de classes. Exaltava a União Soviética como a pátria dos operários.

O *Darbiniku Zodis* teve sua produção interrompida em conseqüência da prisão de Abrahão Kovalsky e de seus colaboradores durante uma acirrada diligência policial realizada em 18 de março de 1932. Processado, o casal Kovalsky foi expulso do território nacional, tendo portaria expedida em 4 de julho de 1932. A tipografia foi apreendida, mas o jornal resistiu: um ano depois voltou a ser produzido em local ignorado, fato que intrigou os "vigilantes da palavra impressa". Exemplares foram apreendidos pelo DEOPS até 1935. Escrevia para o *Darbiniku Zodis* o lituano João Valuskas.

Motivo da apreensão

A tipografia do jornal *Darbiniku Zodis* foi "estourada" após sistemática vigilância policial. Para chegar ao "local do crime" as autoridades contaram com a colaboração de João Gerulaits Filho, tradutor do referido jornal, preso em 28 de novembro de 1931. A partir desta data ligou-se ao DEOPS como informante, auxiliando na identificação de células comunistas e tipografias de lituanos. Junto ao prontuário de Gerulaits encontramos diversas traduções do *Darbiniku Zodis*, proibido de circular por divulgar idéias comunistas.

Exemplares deste jornal foram apreendidos em poder de João Butkus (detido em 4 de dezembro de 1933), José Zvirblis (detido em 17 de abril de 1932), Juosas Murmikas (detido em 7 de março de 1932), Vaclavas Hastecks (detido em 3 de abril de 1932), dentre outros.

Prontuário: 1.333
Prontuariado: Jornais Comunistas Estrangeiros
Remissão: 205, 738, 820, 1.532, 1.533, 1.679, 2.774, 121.065.

Visų šalių proletarai, vienykitės!

DARBINIKU ŽODIS

BRAZILIJOS KOMUNISTU PARTIJOS
LIETUVIU FRAKCIJOS LAIKRAŠTIS.

Nr. 5 (12) | São Paulo, 1932 m. Kovo mén. 20 d. | II met.

Stiprinkim Revoliucini Judéjima Ko— vodami Su Oportûnizmu!

Metai laiko atgal, revoliucinio judéjimo liet. darbininkų tarpe beveik nebuvo. Buvo užsiimama vien tik užsieninių laikraščių platinimu, nesigilinant į vietos darbininkų judéjima. Bet giléjant ekanom. kryziui, iš to kylant darbininkų skurdui, parodé daugeliui, kad vienintelè išeitis yra, vien tik kova prieš išnaudotojus.

Keletos aktingesnių dr. pastangomis pradèta plačiau vystyti revoliucinis darbas. Tuoj išleista vienas Nr. «D Žodžio», kurį darbininkai pasitiko su dideliu prielankumu, noriai pirko, platino ir rèmé aukomis, ir del to jis galéjo pavirst dvisavaitiniu. Vis toiau, vis aktingiau pradèta dalyvauti viešuose partijos išstojimuose, visose kovose. Tačiaus, vis-tik nekuriais klausymais yra didelio apsileidimo. Būtent, nesistengta gilinti savo supratima, - tvirtai apsiginkluot marksizmu—leninizmu kovoje prieš buržuazijos melus, provokacijas ir ypatingai prieš oportûnistus partijos eilése. Kova prieš oportûnizma, neparemta teisinga leninistine taktika, neduoda reikalingų vaisių, visuomet leidžia pasilikti oportûnistiniams elementams partijos viduj, kurie samoningai trukdo partijos išsivystima, trukdo partijai būti tuom, kuom ji yra užsibrėžus, t. y. vadovauti darbininkams jų kovose ir vesti prie galutinos pegalés—prie kapitalizmo nuvertimo. Pav. labai plačiai buvo skleidžiama tokia idéja: «Kapitalizmas iéjo į tokį kryzi, iš kurio jokios išeities neranda ir jau kapitalizmas iš šios padéties neišeis» Ka reiškia toks pasakymas? Ugi štai ka: kapitalizmas jau vistiek patsai sugrius, tai kam dar kovot, kęst kaléjimuos, būt deportuojamais į salas, miškus ir kit.? Geriau palaukim, o kai kapitalizmas sugrius, mes pasiimsim valdžia ir įsteigsim sovietus». Šita žalinga nuomone buvo ir dabar yra ginkluoti oportûnistai, tuom įnešdami pasyvuma į partijos draugų eiles, kas labai trukdo vystytis visam partijos barbui ir vadovauti kovoms. Gi daugelis partijos narių nesuprasdami tai, tiki oportûnistams.

Marksas štai ka sako apie kapitalizmo griuvima: «Darbininkų pasiliuosavimas priklauso nuo pačių darbininkų.» t. y., kad patys darbininkai turi nuverst kapitalizma.

Dr. Leninas tuo klausymu mus mokina, kad įvesti proletarinę diktatûra reikia, organizuotai darbininkams ir valstiečiams, sudaužyti buržuazinę valdymo mašina ir visai iš naujo sustatyti kita—proletarinę iš darbininkų ir valstiečių.

Todél kikvienas komunistas privalome, šale organizacinio ir agitacijos darbo, lavintis teoretiniai revoliucini darba iš didžiųjų revoliucionierių, kurie mokéjo vesti milijonines mases į pergalę. Apsiginklavę marksizmo—leninizmo teorija įstengsim pasekmingai kovot su oportûnizmu partijos viduj, apsivalyt nuo jų ir padaryt partiją darbininkų kovos vadovu už dabartinių gyvenimo sąlygų pagerinimą ir kapitalizmo nuvertima.

K—S.

Dr. Kasperaicio
Mirties Bausmé Pakeista Amzinu Kalêjimu.

Kruvinasis Smetona buvo pasikèsinęs nužudyti dar viena pasiryžusį kovotoja, už darbininkų ir valstiečių reikalus, dr. Kasperaiti.

Jam Lietuvos budeliai primeté kaltinima, bûk jis užmušé Šiauliuose žmogų. Nežiūrint to, kad dr. Kasperaitis faktiškai su liūdininkais įrodé savo nekaltuma, kad Jis užmušimo dienoje nebuvo visai Šiauliuose o Kaune, fašistų gauja su Smetona Kruvinuoju priešakyj, nutaré Jį nužudyti. Del akių suruošé karo teismo komedija, kur išnešé, iš anksto nutarta, mirties bausmés nuosprendį. Dr. Kasperaitis padavè kasacijos skundą į Vyr. Tribunola, kuris mirties bausmę patvirtino. Teismas éjo prie uždarytų durų. Prie V. Tribunolo susirinko didelé minia darbininkų ir reikalavo dr. Kasperaitį paliuosuoti, o sužinoję, kad Tribunolas mirties bausmę patvirtino, pakélé didžiausia protesta ir akmenim išdaužé Teismo langus. Fašistų policija puolé minią skirstyti ir 30 darbininkų suareštavo.

Tuojaus iš viso pasaulio kampų pasipylé Kruvinajam Smetonai, nuo milijonų darbininkų griežčiausio protesto telegramos, reikalaujančios tuojaus paliuosuoti dr. K. Pasaulio darbininkų protestai išgelbéjo Jo gyvybę, - Smetona pabūgo ir pakeité mirties bausmę amžinu kalėjimu. Po teismo nuosprendžio buvo pasiūlyta dr. Kasperaičiui prašyti Smetonos pasigailéjimo, bet Jis šį pasiūlyma, maldauti budelių pasigailèjimo, kaip tikras revoliucijonierius su panieka atmetè.

Mes Brazil. liet. darbininkai, del žinių suvélavimo negaléjom pasiūsti protesto prieš mirties bausmę, tai dabar pakelkim savo balsą! Iš visur, kur tik gyvena liet. darb., praveskime susirinkimus ir išnešę protesto rezoliucijas, per «D. Žodį» pasiūskime budeliui Smetonai, kad tuojaus paliuosuotų iš kaléjimo dr. Kasperaitį ir visus revoliucinius darbininkus.

DEUTSCHER MORGEN | *São Paulo*

Histórico

CONSELHO EDITORIAL	HANS HENING VON COSSEL (REDATOR-CHEFE) ERNST SOMMER (GERENTE) HANS LUCKE (MEMBRO DO PARTIDO NAZISTA EM SÃO PAULO)
PERFIL	NAZISTA
PERIODICIDADE	SEMANAL
PROCESSO GRÁFICO	TIPOGRÁFICO
LOCAL DA EDIÇÃO	SÃO PAULO (SP)

Tendo como objetivo divulgar a ideologia nazista entre os membros da comunidade alemã no Brasil, o jornal *Deutscher Morgen* (*Aurora Alemã*) se autodenominava a "Folha Semanal do Partido Nazista no Brasil". Era distribuído em todo território nacional e também no exterior, através do correio.

O *Deutscher Morgen* deve ser avaliado como um valioso testemunho da divulgação do nazismo no exterior. Seu redator-chefe era Hans Hening von Cossel, nada menos que o próprio chefe nacional do Partido Nazista no Brasil. São citados como proprietários do jornal, os alemães Herbert Sack e Ernestina Sommer, indicados pelo DEOPS por infrigir o Decreto-Lei 1.561, de 2 de setembro de 1939, que regulamentava a mentalidade brasileira e não permitia propaganda ideológica estrangeira, conforme Decreto-Lei 383, de 18 de abril de 1938.

Sua redação e sede estavam localizadas à rua da Mooca, nº 38 no Bairro da Mooca em São Paulo (capital). Posteriormente, em 1939, foram transferidos para a rua Vitória, 200. No ano de 1932, os investigadores do DEOPS apreenderam os números 1 e 2 do referido periódico, datados de 16 e 23 de março, respectivamente. Constam como proprietários do jornal Herbert Sack e o casal Ernst e Ernestina Sommer, indiciados em inquérito policial em 1940.

Com artigos redigidos em alemão, o jornal não disfarçava seu ideário político. As reportagens versavam sobre a situação política e econômica da Alemanha, ressaltando sua luta contra o comunismo e divulgando elementos teóricos do nacional-socialismo. Reproduzia, com comentários, os discursos de Adolf Hitler. Curiosamente, são raras as matérias que se referem à situação dos alemães no Brasil e das ações do Partido Nazista em São Paulo. Avaliando o conteúdo publicado do jornal, verifica-se que seus editores procuravam manter os leitores alemães informados sobre a situação de seu país de origem.

Identificam-se, nas reportagens, as iniciais dos autores que coincidem com as de importantes membros do Partido Nazista no Brasil. Fica também evidente a conivência das empresas e firmas alemãs que, radicadas no Brasil, patrocinavam a propaganda em prol do III Reich em forma de anúncios.

O apelo ao engajamento dos alemães no exterior persiste nos vários convites para palestras e encontros anunciados pelo jornal. Este publicava também charadas, piadas e poesias, cujos conteúdos colaboravam – ainda que de forma sutil – para a "catequese" nazista.

Como os demais periódicos estrangeiros, o jornal *Deutscher Morgen* foi proibido de circular em 29 de janeiro de 1942 por decisão do DIP. Sem qualquer repressão em São Paulo, este jornal circulou durante dez anos, de 1932 a 1941, divulgando os ideais nacionais-socialistas para a comunidade alemã estabelecida no Brasil.

Na primeira edição, que veio a público em 16 de março de 1932, a foto de Adolf Hitler é reproduzida na capa, como se o intuito fosse apresentar o líder do Partido Nazista à comunidade alemã estabelecia em São Paulo. O ditador é representado na sua tradicional pose sisuda, portanto traje militar. Como legenda, junto à fotografia temos:

Nr. 1 São Paulo, 16. März 1932 1. Jahrgang

Deutscher Morgen

AURORA ALLEMÃ

Schriftleiter: H. H. v. Cossel — Wochenblatt der NSDAP. für Brasilen — Gerent: Hans Lucke

Schriftleitung und Verwaltung: Rua da Mooca, 38 - Telephon 9-2431 — Druck: Wenig & Cia.

Sprechstunden: Montag und Freitag von 6–7 Uhr – Erscheint jeden Mittwoch – Bezugsgebühr vierteljährlich Rs. 2$500, für Deutschland und die Weltpostvereinsländer 1 Mark

Einzelpreis 200 Reis — Einzelpreis 200 Reis

Adolf Hitler

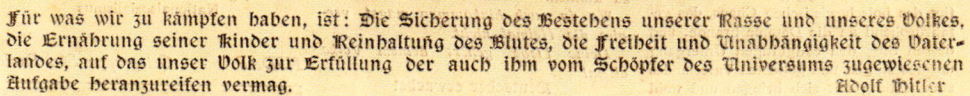

Für was wir zu kämpfen haben, ist: Die Sicherung des Bestehens unserer Rasse und unseres Volkes, die Ernährung seiner Kinder und Reinhaltung des Blutes, die Freiheit und Unabhängigkeit des Vaterlandes, auf das unser Volk zur Erfüllung der auch ihm vom Schöpfer des Universums zugewiesenen Aufgabe heranzureifen vermag. Adolf Hitler

O objetivo pelo qual devemos lutar é esse: garantir a sobrevivência de nossa raça e de nosso povo, a alimentação de seus filhos e a pureza do sangue, a liberdade e a independência da pátria, para que o nosso povo esteja em condições de cumprir a missão que o criador do universo também confiou a ele" (traduzido do original em alemão).

Motivo da apreensão

Em fevereiro de 1932, o jornal *O Diário da Noite* publicou a denúncia de um leitor alemão que se referia à publicação em São Paulo do *Deutscher Morgen*, jornal oficial do Partido Nazista no Brasil. Com objetivo de apurar tal denúncia, a Polícia Política Paulista solicitou o comparecimento de um de seus investigadores a uma reunião do partido, anunciada nas páginas do referido jornal. À reunião compareceram oito comunistas, seis homens e duas mulheres, que tentaram tomar a palavra, depois de vários apartes grosseiros do discurso do presidente. Esses indivíduos, segundo o próprio jornal, eram alemães recém-chegados da França e que foram expulsos do recinto.

Por ocasião da reunião que aconteceu na Pensão Baden Baden, na rua Florêncio de Abreu, no centro de São Paulo, o investigador apreendeu dois exemplares do jornal (números 1 e 2) que foram anexados ao prontuário da Sociedade Nacional-Socialista Alemã. As impressões do investigador encontram-se registradas em um relatório de 25 de março de 1932, cujo conteúdo reproduzimos abaixo:

No dia 23 do corrente fui às 20 e meia horas à pensão Baden-Baden, à rua Florêncio de Abreu, 63, onde se realizava uma reunião a favor da organisação [sic] do Partido Nacionalista Alemão. A reunião foi muito bem organizada e os membros da diretoria do partido avisaram que os interesses do partido seriam combater o comunismo e a III Internacional na Alemanha, e favorecer as eleições de Hitler, dizendo também que como estrangeiro não deverão nunca imiscuir-se na política do país em que residem.

Parece tratar-se de uma organisação [sic] "Nazi" (Partido Nacional Socialista Alemão) entre a Colônia Alemã de São Paulo.

Anexo ao prontuário temos um exemplar do *Diário da Noite* de 22 do corrente e os dois primeiros números do órgão da associação, o *Deutscher Morgen*.

Mas somente em 29 de janeiro de 1942 é que o jornal foi proibido de circular por decisão do DIP. Até então, desde a sua primeira publicação em 1932, o referido periódico circulou livremente durante dez anos. Há registros de que em 1940 seus proprietários foram indiciados e uma amostragem dos folhetos nazistas apreendidos como "prova do crime". Porém, nesse ano, a polícia foi "convidada" a devolver o material confiscado que, seguindo sugestões do DIP voltou a circular. Apesar de os documentos comprovarem o envolvimento dos proprietários da editora Aurora Alemã e do próprio periódico com o ideário nazista, o processo foi arquivado pelo Tribunal de Segurança Nacional. Daí o jornal continuar circulando até 1941.

Prontuário: 1.503
Prontuariado: Sociedade Nacional Socialista Alemã
Remissão: 1.886, 43.798

Nr. 2 São Paulo, 23. März 1932 1. Jahrgang

Deutscher Morgen

AURORA ALLEMÃ

Schriftleiter: H. H. v. Cossel — Wochenblatt der NSDAP. für Brasilien — Herausgeber: Hans Lucke

Schriftleitung und Verwaltung: Rua da Moóca, 38 — Telephon 9=2431

Sprechstunden: Montag und Freitag von 6–7 Uhr – Erscheint jeden Mittwoch – Bezugsgebühr vierteljährlich Rs. 2$500, für Deutschland und die Weltpostvereinsländer 1 Mark

Einzelpreis 200 Reis — Einzelpreis 200 Reis

Brüder in Zechen und Gruben ...

Brü-der in Ze-chen und Gru- ben,
Brü-der ihr hin-ter dem Pflug,
aus den Fa-bri-ken und Stu - ben
folgt un - se-res Ban - ners Zug.

2. Börsengauner und Schieber knechten das Vaterland; Wir wollen ehrlich verdienen, fleissig mit schaffender Hand.

3. Hitler ist unser Führer, ihn lohnt nicht gold'ner Sold, Der von den jüdischen Thronen vor seine Füsse rollt.

4. Einst kommt der Tag der Rache, einmal, da werden wir frei; schaffendes Deutschland erwache, brich deine Ketten entzwei.

5. Dann lasst das Banner fliegen, dass unsere Feinde es sehn, immer werden wir siegen, wenn wir zusammensteh'n.

6. Hitler treu ergeben, treu bis in den Tod. Hitler wird uns führen einst aus dieser Not.

DOM CASMURRO | *Rio de Janeiro*

CONSELHO EDITORIAL	BRÍCIO DE ABREU (DIRETOR)
	EDI DIAZ DA CRUZ
	DITO M. R. E. DROUGARD
PERFIL	LITERÁRIO
PERIODICIDADE	SEMANAL
PROCESSO GRÁFICO	TIPOGRÁFICO
LOCAL DA EDIÇÃO	RIO DE JANEIRO (RJ)

Histórico do Jornal

Dom Casmurro foi fundado no Rio de Janeiro em 1936 por José Lins do Rego, Gilberto Freyre e Osório Barbosa. Tinha ampla circulação pelas capitais brasileiras onde mantinha sucursais: Porto Alegre, São Paulo, Belo Horizonte e Fortaleza. Se auto-intitulava o "grande hebdomadário brasileiro", apesar de expressar o baixo nível da produção literária na década de 1930. Além de matérias assinadas por seus redatores publicava também artigos de colaboradores responsáveis pela opinião emitida.

Dirigido por Brício de Abreu (1930-1970), *Dom Casmurro* somava forças com duas outras publicações do gênero; o *Boletim de Ariel* e a *Revista Acadêmica*. Neste contexto literário dos anos 30 se estabeleceu, também, o clássico debate entre direita e esquerda, sendo esta última identificada com os chamados "escritores do norte". Tendo em vista o olhar tendencioso do aparato repressivo do Estado varguista, os intelectuais identificados com a esquerda deveriam ser cautelosos em seus escritos recaindo, muitas vezes, numa autocensura.

Motivo da apreensão

O nº 105 aqui reproduzido foi encontrado em 1939 na residência de Quirino Pucca, médico preso diversas vezes sob a acusação de atuar em prol do comunismo distribuindo panfletos e boletins sediciosos além de trabalhar na Sociedade de Socorros Mútuos Internacional, entidade ligada ao Socorro Vermelho. Nesta edição de junho de 1939 são destacadas resenhas de livros nacionais e estrangeiros, a agenda cultural carioca com a apresentação de espetáculos de dança, teatro e reportagens exclusivas sobre personalidades do momento, como por exemplo, El Hussein.

Prontuário: 1.332
Prontuariado: Quirino Pucca – vol. 2

ILLMO. SNR.
DR. LAURO G. THEODORO
RUA 7 DE ABRIL, 71
S. PAULO

RIO, 10 DE JUNHO DE 1939 — páginas — ANO III N.º 105

DOM CASMURRO

Diretor: BRICIO DE ABREU
Redator Chefe: MARQUES REBÊLO

A CONFUSÃO ERA GERAL ....
Machado de Assis — DOM CASMURRO — Pag. 343

500 RS. — GRANDE HEBDOMADARIO BRASILEIRO — 500 RS.

Nós

FIM DE BILAN

O Bilan de 2 anos tem proporcionado um admiravel grito de espanto, admiração, indignação, etc. em muita gente. As dificuldades por que passamos têm afligido inumeros "amigos" A maioria deles composta justamente dos que mais atacaram e fizeram campanha contra nós. E vamos fingindo, quando os ouvimos em altos brados de indignação, que estamos comovidissimos com os seus gestos, muito gratos... etc., etc. E assim, vamos seguindo, indiferentes a todos êles "sans avoir l'air".

Hoje não sei se poderei continuar o "Bilan". Une "guigne" enorme me acompanha desde o despertar. Comecei por receber uma viscosa carta de cumprimentos, "Tardia, é verdade, mas sincera", pelo nosso aniversario, de um dos muitos guardas-civis da nossa literatura, berrador impenitente nos cafés, contra o DOM CASMURRO... Tant-pis; é o nosso destino. Fiquei mal humorado para o dia inteiro. Ao sair, atravessando o largo da Carioca escorreguei, oh! Ceus!... em uma uva de caminhão, e fui ao solo ridiculamente, para gôzo dos que me olhavam... A uva barata, a uva de caminhão!.. Deus não me deu o dom de ser paciente. Em desforra olhei o "chauffeur" e só encontrei, como vingança um trocadilho:

ou o Brasil acaba com essa uva,
ou essa uva acaba com o Brasil...

Não houve nenhum acidente por isso. Não morreu ninguem, nem o Hotel Avenida ali em frente, foi abalado. E' pena, porque justamente naquele momento passava o mirrudo sr. Tristão de Athayde... Uma oportunidade perdida.

Contudo eis-me aqui, diante desta confusa mesa de trabalho que é a minha, procurando continuar o nosso Bilan. Isso já está tomando ares de choraminga e lamentações. Resolvo, pois, fazer um ponto final. "Antes porém", vou pôr um pontinho em um "i" que anda por ai. Desde a nossa fundação temos tido como colaboradora assidua umdos espiritos femininos mais cultos que possue a nossa literatura, que é d. Edith Magarinos Torres. Foi das primeiras; tem sido um elemento que a golpes de talento e esforço conseguiu ganhar um nome, hoje festejado, entre aqueles que sempre acompanharam a vida de DOM CASMURRO. Ultimamente recebemos inumeras cartas onde nos perguntavam se teria ela deixado o nosso jornal... D. Edith Torres não poderia deixar DOM CASMURRO senão com o seu desaparecimento, porque além de sua "quotista", é uma redatora para a qual dificilmente poderiamos encontrar substituta. Unicamente, acabrunhada pela dôr, com o falecimento de seu pai, foi obrigada a afastar-se algum tempo de nossas colunas. Mas agora, com grande satisfação nossa, temo-la de volta, a dirigir a pagina que sempre foi sua e que lhe tem valido uma série enorme de admiradores, que assim, aqui têm uma resposta ás inumeras cartas que nos enviaram.

Fazemos, pois, um ponto final ao nosso "Bilan". Não poderiamos, no entanto, faze-lo sem agradecer muitissimo aos colegas dos Estados que não regatearam elogios e vastos noticiarios pelo nosso 2º aniversario. De São Paulo, Paraná, Rio Grande do Sul, Minas Gerais, sobretudo, chegam-nos recortes admiraveis de jornais. A todos, os nossos agradecimentos.

DOM CASMURRO tem um vasto programa para 1939. Além do grande concurso de contos que estamos realizando, pretendemos apresentar aos nossos leitores uma série nova de Conferencias, a exemplo do que fizemos o ano passado, além do "Salão dos Humoristas" e do "Salão dos Independentes". Se tudo correr como desejamos, é ainda provavel que este ano apresentemos os "Cadernos DOM CASMURRO", em numero de 4, o azul para o romance, o encarnado para historia, o verde para a critica e estudo e o branco para poesia e teatro.

Eis tudo.

BRICIO DE ABREU

Era tambem um angustiado. Mas não possuia este estoicismo dos extremamente fortes e dos extremamente humildes. Nunca conseguiu abarrotar o peito de dor e de aflição. Deixava que tudo extravasasse em forma de musica. E a sua musica é bem assim: uma coleção de gritos, de protestos, de clamores. Era uma reação logica contra a prisão da vida, da vida que lhe manietou as mãos, que tentou pôr fronteiras entre o seu desejo de criar e as conveniencias exteriores. Wagner nunca se conformou com esta prisão. Hoje nós sabemos que o proprio mundo, o mundo inteiro, com todos os seus rios e suas montanhas, é que era pequeno demais para ele. Muito pequeno — ele ficou sobrando. É na Alemanha de hoje, onde o pensamento é coisa de luxo, Wagner está sendo endeusado. Só a sua musica é permitida dentro do Reich. Por que, meu Deus, por que?

Viliers de L'Isle-Adan

-- REPORTER --

Bien des points importants demeurent encore obscurs dans la vie du grande écrivain breton dont le centenaire de la naissance fut célébré avec tant d'éclat l'an dernier, à Saint-Brieuc, ou il naquit, puis à Paris, ou il vécut la plus grande partie de sa vie douloureuse, et mourut enfin le 19 out 1889. Parmi ces points, il faut compter la nature exacte des relations qu'il entretaint avec le grande musicien Richard Wagner et les voyages qu'il fit en Allemagne avec ses intimes amis Catulle Mendés et Judith Gautier pour saluer le Maitre et entendre ses oeuvres.

Jusqu'à une époque récente, on ne savait encore presque rien de précis sur ce sujet. J'ai eu la chance de pouvoir y apporter quelques lumiéres dans deux études parues, la première en avril-juin 1934 dans la Revue de littérature comparée, la seconde dans la Revue musicale de février 1936, grace à une analyse plus serrée des textes comuns et en faisant appel à des sources nouvelles, telles que les Journaux encore inédits de Mme. Cosima Wagner. Depuis, de nouveaux documents ont été produits; d'autres vont paraitre incessamment, permettant ainsi de se faire une idée de plus en plus nette de cette importante question. En attendant le jour, peut-ire encore lointain ou aucune incertitude ne subsistera plus sur ce chapitre, voici un texte nouveau qui aura en même temps l'avantage de nous apporter quelques précisions sur les débuts d'une autre période encore plus mal connue de la vie de l'auteur d'Axel; la guerre de 1870. Les amis de Villiers auront du même coup le plaisir de faire connaissance avec une page oubliée de leur maitre préféré, à laquelle les événements que nous traversons prêten um intérêt malheuresement trop actuel.

Quelques mots maintenant pour situer ce nouveau et précieux texte.

En 1869, Villiers de l'Isle-Adam, Catulle Mendés et Judith Gautier s'étaient rendus à Munich pour le compte de différents journaux, afin de visiter une exposition internationale de Peinture et d'assister à la première de l'Or du Rhin. Ils s'étaient arrêtés chez Richard Wagner, à Tribschen, près de Lucerne, neuf jours à l'aller, cinq jours au retour, ayant été absents du 16 juillet au 19 septembre.

Mais ils avaient du repartir sans avoir réalisé l'un leurs voeux les plus chers, sans avoir vu le Rheingold, indéfiniment ajourné par suite de l'opposition des amis de Wagner, et joué seulement pour la première fois le 22 septembre.

C'est pourquoi, en pélerins fervents, ils avaient repris l'année suivant le chemin de l'Allemagne. C'était grande liesse, en effet, parmi les Wagnériens cette année-là. On allait débuter par un festival. Richard Wagner, à Weimar, au cours duquel, du 19 au 23 juin, on donnerait des représentations modéles du Vaisseau-Fantôme, de Tannhauser, de Lohengrin et des Maitres.Chanteurs; puis, à partir du 26 juin, à Munich, on jouerait la Walkyrie, la nouvelle piéce du Maitre qui alternerait ensuite avec les reprises de l'Or du Rhin.

Comme l'année précédente, afin de couvrir les frais de leur long voyage, les trois amis avaient passé traité avec différents journaux de la capitale.

Mais, sans quéils y prissent trop garde, pendant qu'ils s'enivraient ains d'hamonie les événements politiques s'étaient précipités, si bien que la déclaration de guerre du 19 juillet les surprit encore à Munich.

C'est dans ces circonstances que prend place l'intéressant reportage qu'on a lu en première page et qui, en sus des précieux reseignements historiques qu'il nous apporte, nous permet aussi d'apprécier un aspect peu connu de Villiers de l'Isle-Adam.

E. DROUGARD

O PROXIMO NUMERO DE DOM CASMURRO SERA' EM COMEMORAÇÃO AO CENTENARIO DE

TOBIAS BARRETO

DEPOIMENTO

MARQUES REBÊLO

PUBLICIDADE

"A publicidade é uma dona loureira e senhoril, que tu deves requestar á força de pequenos mimos, confeitos, almofadinhas, coisas miudas, que antes exprimem a constancia do afeto do que o atrevimento e a ambição". — Machado de Assis.

PERFIDIA

"A Academia premiando este romance veiu confirmar a opinião dos entendidos". — Palavras da cinta posta no livro "A Mulher que fugiu de Sodoma", de José Geraldo Vieira.

LITERATURA BRAVA

E' no sofrimento que está a alegria, escreveu Anatole, que levou sempre uma vida folgada...

EXPOSIÇÃO MUNICIPAL

"No dia 3 do corrente mês, ficou encerrada a Exposição Municipal, estando presente uma grande massa popular. O juri distribuiu aos expositores varios prêmios honorificos e pecuniarios, e muitas menções honrosas. Houve, porém, um grupo de calçados, fabricados nesta cidade nas oficinas do Sr. J. S. e por este levado ao concurso, que provocou a atenção geral, e para os leitores dele fazer idéia, faremos a descrição de cada especimem, do modo seguinte: borzeguins para homens, *chamados* — calçado classico — *de bezerro acamurçado, com cordões de seda e salto com espelho: o primor e arte desta especie está na perfeição do corte e do pesponto, o solado imitando o alemão, o salto de meia prateleira, como se usa em Portugal; essas diferenças só podem ser percebidas por quem for conhecedor da arte. O espelho colocado no salto, diz o artista que foi só para mostrar de quanto era capaz o capricho e arte do oficial que os fez; logo que seja vendido esse calçado, o espelho será imediatamente substituido por sola preparada para tal fim.* Meias botas de pelica, *cor beije para senhoras, ao sistema Luiz XV; a sua elegancia está no assoberbado côrte; caseados a capricho, pesponto, a fôrma atraente e elegante de seu cano, no capricho do salto e no paciente e meticuloso do solado, trazendo ao lado do cano as armas da Republica Brasileira; bem merecem o titulo de mimosos que lhe dão.* Borzeguins para homem — *são elegantissimos, dignos da preferencia dos senhores noivos; são de bezerro, cromo envernizado, vulgarmente conhecidos pelo nome de canguru'; cabedal superior, notando-se em seu solado preto e lustroso, o pesponto com as cores nacionais, sendo o tipo da fôrma do sistema francês.* Meias botas *pretas para homem, ao sistema* Alpino; *são lindissimas, podendo servir como botinas e como meias botas, tendo ao lado três fivelas; modêlo bonito e economico.* Botas de montaria *para homens. Couro da Russia de primeira qualidade, cor de telha, são bem elegantes, iguais em tudo ás afamadas botas do "Queiroz". O sr. J. S. recebeu do Juri da Exposição o diploma de primeira classe e o maior prêmio pecuniario, como era de justiça". — Extraido de um jornal de uma cidade mineira, datado de 1906.*

ESPIRITO DE CONTRADIÇÃO

Só seria catolico no tempo das perseguições das catacumbas, disse para fechar conversa ao amigo que veiu me catequisar. Ele me chamou de "blagueur" e o mundo continuou rodando.

EMANCIPAÇÃO | *Rio de Janeiro*

CONSELHO EDITORIAL	GEN. FELICÍSSIMO CARDOSO GEN. HIDELBRANDO PEDÁGIO R. PEREIRA
PERFIL	ÓRGÃO DE DEFESA DA ECONOMIA NACIONAL
PERIODICIDADE	BIMENSAL
PROCESSO GRÁFICO	TIPOGRÁFICO
LOCAL DA EDIÇÃO	RIO DE JANEIRO (RJ)

Histórico

Emancipação era dirigido por militares com posições bem críticas ao governo de Getúlio Vargas. Posicionava-se como órgão de defesa da economia nacional conforme matérias sobre a realidade sócio-econômica brasileira, como a seca nordestina, o acordo militar Brasil e Estados Unidos e a entrada do Brasil na guerra contra a Coréia que, segundo o jornal, somente acarretaria prejuízos ao Brasil.

Motivo da apreensão

O nº 49 de *Emancipação* encontra-se anexado no prontuário de Carlos Vieira, acusado de ser comunista e o responsável por angariar assinaturas contra o acordo militar Brasil e Estados Unidos. O editorial desse número trata da entrada do Brasil na Guerra da Coréia devido ao acordo militar feito pelo governo com os Estados Unidos, o qual colocava o Brasil em uma posição de submissão e entregue aos desmandos norte- americanos. Com grifo vermelho, as autoridades policiais destacaram o conteúdo da manchete *A ninguém é lícito permanecer indiferente*. Esta frase por si só comprometia o jornal ao incitar a rebeldia à indiferença e ao conformismo, postura comumente valorizada pelos regimes totalitários e autoritários interessados na domesticação das massas.

O artigo "Uma Prova a Mais. As Ligações do Sr. João Neves com os Trustes" (demarcado e grifado com caneta preta pelas autoridades policiais) também deve ser avaliado como uma das causas de apreensão.

Prontuário: 3.190
Prontuariado: Carlos Vieira.

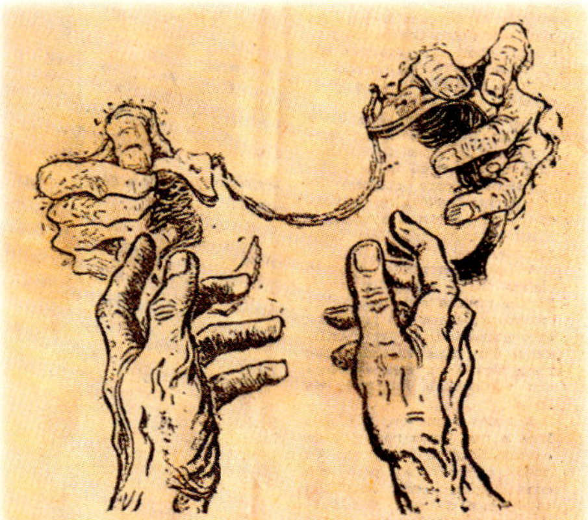

O Brasil entra com os pulsos... e os Estados Unidos com as algemas

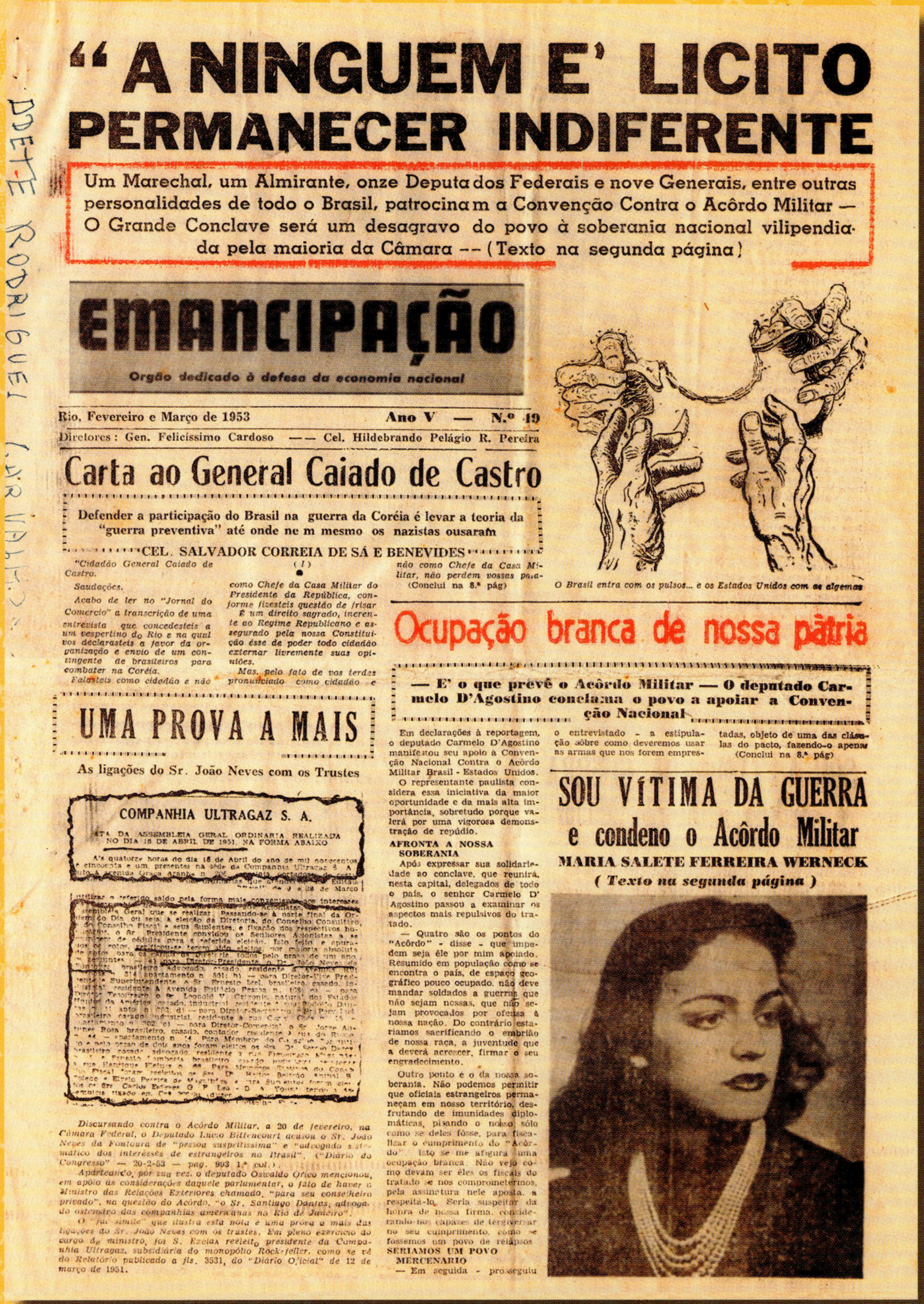

"A NINGUEM E' LICITO PERMANECER INDIFERENTE

Um Marechal, um Almirante, onze Deputados Federais e nove Generais, entre outras personalidades de todo o Brasil, patrocinam a Convenção Contra o Acôrdo Militar — O Grande Conclave será um desagravo do povo à soberania nacional vilipendiada pela maioria da Câmara -- (Texto na segunda página)

EMANCIPAÇÃO

Orgão dedicado à defesa da economia nacional

Rio, Fevereiro e Março de 1953 — Ano V — N.º 49

Diretores: Gen. Felicissimo Cardoso —— Cel. Hildebrando Pelágio R. Pereira

Carta ao General Caiado de Castro

Defender a participação do Brasil na guerra da Coréia é levar a teoria da "guerra preventiva" até onde nem mesmo os nazistas ousaram

CEL. SALVADOR CORREIA DE SÁ E BENEVIDES

"Cidadão General Caiado de Castro.

Saudações.

Acabo de ler no "Jornal do Comercio" a transcrição de uma entrevista que concedesteis a um vespertino do Rio e na qual vos declarasteis a favor da organização e envio de um contingente de brasileiros para combater na Coréia.

Falasteis como cidadão e não

(1)

como Chefe da Casa Militar do Presidente da República, conforme fizesteis questão de frisar É um direito sagrado, inerente ao Regime Republicano e assegurado pela nossa Constituição êsse de poder todo cidadão externar livremente suas opiniões.

Mas, pelo fato de vos terdes pronunciado como cidadão e não como Chefe da Casa Militar, não perdem vossas pala-

(Conclui na 8.ª pág)

O Brasil entra com os pulsos... e os Estados Unidos com as algemas

UMA PROVA A MAIS

As ligações do Sr. João Neves com os Trustes

COMPANHIA ULTRAGAZ S. A.

ATA DA ASSEMBLEIA GERAL ORDINARIA REALIZADA NO DIA 16 DE ABRIL DE 1951, NA FORMA ABAIXO

A's quatorze horas do dia 16 de Abril do ano de mil novecentos e cincoenta e um, presentes na sêde da Companhia Ultragaz S. A. ... [illegible]

... Passando-se à parte final da Ordem do Dia, ou seja, a eleição da Diretoria, do Conselho Consultivo, do Conselho Fiscal e seus Suplentes, e fixação dos respectivos honorários, o Sr. Presidente convidou os Senhores Acionistas a se munirem de cédulas para a referida eleição. Isto feito e apurados os votos, verificou-se terem sido eleitos, por maioria absoluta de votos, para os cargos da Diretoria, todos pelo prazo de um ano, os seguintes: — a) para Diretor-Presidente o Dr. João Neves da Fontoura, brasileiro, advogado, casado, residente à Avenida ... [illegible]

Discursando contra o Acôrdo Militar, a 20 de fevereiro, na Câmara Federal, o Deputado Lucio Bittencourt acusou o Sr. João Neves da Fontoura de "pessoa suspeitissima" e "advogado sistemático dos interêsses de estrangeiros no Brasil". ("Diário do Congresso" — 20-2-53 — pag. 993 1.ª col.).

Aparteando, por sua vez, o deputado Oswaldo Orico mencionou, em apôio às considerações daquele parlamentar, o fato de haver o Ministro das Relações Exteriores chamado, "para seu conselheiro privado", na questão do Acôrdo, "o Sr. Santiago Dantas, advogado ostensivo das companhias americanas no Rio de Janeiro".

O "fac-simile" que ilustra esta nota é uma prova a mais das ligações do Sr. João Neves com os trustes. Em pleno exercicio do cargo de ministro, foi S. Excia. reeleito presidente da Companhia Ultragaz, subsidiária do monopólio Rockefeller, como se vê do Relatório publicado a fls. 3531, do "Diário Oficial" de 12 de março de 1951.

Ocupação branca de nossa pátria

— E' o que prevê o Acôrdo Militar — O deputado Carmelo D'Agostino conclama o povo a apoiar a Convenção Nacional

Em declarações à reportagem, o deputado Carmelo D'Agostino manifestou seu apoio à Convenção Nacional Contra o Acôrdo Militar Brasil - Estados Unidos.

O representante paulista considera essa iniciativa da maior oportunidade e da mais alta importância, sobretudo porque valerá por uma vigorosa demonstração de repúdio.

AFRONTA A NOSSA SOBERANIA

Após expressar sua solidariedade ao conclave, que reunirá, nesta capital, delegados de todo o país, o senhor Carmelo D'Agostino passou a examinar os aspectos mais repulsivos do tratado.

— Quatro são os pontos do "Acôrdo" - disse - que impedem seja êle por mim apoiado. Resumido em população como se encontra o país, de espaço geográfico pouco ocupado, não deve mandar soldados a guerras que não sejam nossas, que não sejam provocados por ofensa à nossa nação. Do contrário estariamos sacrificando o embrião de nossa raça, a juventude que a deverá acrescer, firmar o seu engradecimento.

Outro ponto é o da nossa soberania. Não podemos permitir que oficiais estrangeiros permaneçam em nosso território, desfrutando de imunidades diplomáticas, pisando o nosso sólo como se deles fôsse, para fiscalizar o cumprimento do "Acôrdo". Isto se me afigura uma ocupação branca. Não vejo como devam ser êles os fiscais do tratado se nos comprometermos, pela assinatura nele aposta, a respeitá-lo. Seria suspeitar da honra de nossa firma, considerando-nos capazes de tergiversar no seu cumprimento, como se fossemos um povo de relapsos.

SERIAMOS UM POVO MERCENARIO

— Em seguida - prosseguiu o entrevistado - a estipulação sôbre como deveremos usar as armas que nos forem emprestadas, objeto de uma das cláusulas do pacto, fazendo-o apenas

(Conclui na 8.ª pág)

SOU VÍTIMA DA GUERRA e condeno o Acôrdo Militar

MARIA SALETE FERREIRA WERNECK

(Texto na segunda página)

FOLHA DA NOITE | *São Paulo*

CONSELHO EDITORIAL	OLIVAL COSTA E PEDRO CUNHA (FUNDADORES)
PERIODICIDADE	DIÁRIA
PROCESSO GRÁFICO	TIPOGRÁFICO
LOCAL DA EDIÇÃO	SÃO PAULO
DATA	21 DE MARÇO DE 1950

Histórico

O jornal *Folha da Noite* foi fundado, em 19 de fevereiro de 1921, por Olival Costa e seu sócio Pedro Cunha, com sede na Avenida Cleveland, nº 534, em São Paulo. Este periódico distingue-se daqueles que circulavam na clandestinidade por seu acabamento que o insere na fase industrial da imprensa brasileira. Distingue-se também enquanto empresa estruturada nos moldes capitalistas e que lhe garante espaço no rol dos jornais da grande imprensa paulista. Em julho de 1925 foi criado o jornal *Folha da Manhã*, edição matutina da *Folha da Noite* que, em conjunto, compunham as "Folhas". Em 1º de janeiro de 1960, os dois jornais, mais a *Folha da Tarde*, foram reunidos na *Folha de S. Paulo*, nome com o qual "as Folhas" ficaram conhecidas em todo o Estado de São Paulo.

Motivo da apreensão

O nº 8.898 da *Folha de Noite* foi anexado ao inquérito da Shindô-Renmei. O confisco deste exemplar se deu em razão da reportagem de capa que tem como manchete *Ressurge a Shindô-Renmei contra os Peixes Voadores*. A reportagem inicia-se com o relato sobre um grupo de "fanáticos" que teria visitado Masanori Yusa, o ex-campeão olímpico e técnico dos "peixes voadores". As inúmeras perguntas feitas por estes japoneses levaram Yusa a concluir que tudo que havia sido publicado no Japão a propósito de sociedades secretas era verdadeiro. A reportagem discorre ainda sobre a sobrevivência da Shindô-Renmei mascarada sob outros nomes no seio da colônia japonesa. Refere-se também a uma série de publicações utilizadas por essas sociedades para propaganda de seus ideais. O artigo cita ainda uma matéria publicada em um desses órgãos que afirmava que os famosos nadadores não eram japoneses, e sim coreanos a serviço da propaganda norte-americana.

Prontuário: 3.278
Prontuariado: Frente Única Sindical
Remissão: 2.232, 2.989, 108.891

Doc. A–

Masanori Yusa É Procurado por Estranho Grupo de Fanaticos

FOLHA DA NOITE — O VESPERTINO DOS LARES

RESSURGE A SHINDO RENMEI CONTRA OS "PEIXES VOADORES"

Procuram convencer os niponicos de que os famosos nadadores são coreanos

Atividades da Zenpaku Seinen Renmei

Sabado ultimo, o ex-campeão olimpico e tecnico dos "peixes voadores", Masanori Yusa, quando em visita a um compatriota na vizinha localidade de Santo André, foi procurado por um grupo de 15 japoneses.

O que sucedeu então foi algo que o deixou atonito: a constatação pessoal de que tudo quanto se publicara no Japão a proposito das sociedades secretas e terroristas niponicas do Brasil era a mais pura realidade.

Na verdade, ainda hoje existem japoneses que não acreditam na derrota do Japão — foi a constatação espantada do tecnico Yusa.

ESTRANHO INQUERITO

Yusa percebera logo de inicio uma nota estranha naqueles patricios. Diversamente dos milhares de japoneses que desde a chegada dos "peixes voadores" os têm procurado para apresentar boas-vindas, aquele grupo parecia contrafeito. Que desejavam? Não tardou a descerrar-se o véu do misterio. As perguntas cuidadosamente formuladas que dirigiram ao tecnico japonês, deram-lhe a certeza de que se tratava de fanaticos "vitoristas" (os que não aceitam como realidade a derrota das forças japonesas).

Eis, entre outras, essas perguntas:

1. — Qual foi o itinerario seguido pelo nadador?
2. — Não há aviação japonesa?
3. — Qual a situação das cidades onde fizeram escalas?
4. — Quem, na realidade, dirige atualmente o Japão?
5. — Se os norte-americanos venceram a guerra e Mac Arthur está à testa do exercito de ocupação, por que motivo nem mesmo os camponeses niponicos se curvam à sua passagem? (Viram uma fotografia de Mac Arthur, na qual aparecem camponeses de cabeça coberta).

Yusa, refeito do espanto, pacientemente respondeu a todas as perguntas, mas o estranho grupo, cetico e não ocultando mesmo certa dose de rancor, desencadeou nova serie de interrogações absurdas, baseadas sempre na premissa inabalavel: a vitoria niponica.

MASANORI YUSA

"Queriam saber como conseguimos chegar ao Brasil..."

Shindo Renmei sob novas vestes

Vejamos o que há por detrás desse palco que seria ridiculo, não fosse tão tragico o seu sentido.

Por incrivel que pareça ainda hoje, cinco anos passados do termino da Segunda Guerra Mundial, com a assinatura da rendição do Japão a bordo do couraçado "Missouri", sobrevivem no Brasil, em São Paulo, disseminadas por todo o Estado, sob formas disfarçadas, as mesmas sociedades que, com as equipes de "toko-tai", espalharam o terror e a morte no seio da ordeira e pacifica colonia japonesa, ocupando diariamente, durante meses, as colunas dos nossos jornais.

Grudadas à idéia de que o Japão não perdeu a guerra, "porque o Japão é invencivel", as antigas sociedades terroristas, à frente das quais estava a Shindo Renmei, dissimuladas hoje em ligas esportivas e associações de moços, continuam a alimentar aquela crença. E lucram com isso os chefetes das citadas associações, os quais embora conscios da realidade, prosseguem alimentando a fantasia da "vitoria do Japão" para que não sofram interrupções as arrecadações patrioticas!

"Vitoristas" e "Derrotistas"

Desde o termino da conflagração acham-se divididos os

(Continúa na pagina 3)

聲明書

古橋以下數名の水上選手來伯歡迎に關し各地支部よりの問合はせに接したるも本聯盟としては此の件に付き最初より何等の關係なく又今後と雖も一切之に關與せざる事を聲明す

昭和廿五年二月廿日

全伯青年聯盟
マリリア本部

"Fac-simile" da declaração da Liga dos Moços de Todo o Brasil, procurando ignorar de forma absoluta a vinda dos famosos "peixes-voadores". "Não tomaremos conhecimento do assunto", diz o comunicado.

DEFINIÇÃO DE ADEMAR DENTRO DE POUCAS HORAS

DECLINA A GREVE EM PARIS

Opõem-se os Socialistas à Volta do Rei Leopoldo

Plano de greves para forçar a abdicação do soberano belga

ADEUS A AURIOL — Numa festa, em Londres, para dizer adeus ao presidente da França, Auriol, após sua visita de quatro dias, foi apanhado este flagrante, da sra. Ricardo Schreiber, esposa do embaixador peruano, que exibe um maravilhoso vestido de lentejoulas. (EXPRESS)

Localização de aviões pelo calor de seus motores

NOVO FEITO DO AVIÃO "COMET"

Não pediu demissão o sr. Guilherme da Silveira

"Os "queremistas" lançarão o nome de Getulio no dia 19 de abril"

TROPAS sovieticas na China

O TEMPO EM SÃO PAULO

FRENTE JUVENIL | *São Paulo*

CONSELHO EDITORIAL	"BATISTA" (CODINOME)
PERFIL	COMUNISTA
PERIODICIDADE	INDETERMINADA
PROCESSO GRÁFICO	TIPOGRÁFICO
LOCAL	SÃO PAULO (SP)

Histórico

O jornal *Frente Juvenil* teve o seu primeiro exemplar publicado em outubro de 1935, enquanto órgão do Comitê Regional da Juventude Comunista do Brasil. Direcionado à juventude em geral, possuía o perfil de um periódico voltado para as massas, produzido e direcionado para elas. Seu primeiro número tinha como público-alvo estudantes, operários, militares e camponeses. Os artigos procuram enumerar os dilemas enfrentados pelos jovens em cada um dos segmentos profissionais e demonstrar que os problemas nacionais eram provocados pela burguesia associada aos integralistas, fascistas e imperialistas.

Motivo da apreensão

O nº 1 do *Frente Juvenil* foi encontrado em poder de Justiniano Pereira Bispo, detido pelo DEOPS de São Paulo em 4 de maio de 1936 a partir de uma denúncia anônima que o acusava de praticar "atividades subversivas de comunismo". A polícia realizou uma busca em sua residência, onde apreendeu o referido jornal, juntamente com outros documentos comprometedores do crime político.

Data da apreensão

1936

Prontuário: 3.653
Prontuariado: Justiniano Pereira Bispo

FRENTE JUVENIL

ORGAM DA JUVENTUDE POPULAR DE S. PAULO EDITADO PELO COMITE REGIONAL DA JUVENTUDE COMUNISTA DO BRASIL (S. DA I. J. C.) — ANNO I SÃO PAULO, OUTUBRO, DE 1935 N. 1

Jovem, para a frente!

Jovem brasileiro! não importa que você seja operario, campones, estudante, soldado, ou tenha qualquer outra ocupação. Escuta. O'que você acha de tudo isto que se passa no Brasil?

Está vendo todas aquellas cousas bonitas que você sonhava na infancia que a professora do Grupo Escolar dizia? Ve tua Patria livre, respeitada em todo mundo?

Você tem tudo o que precisa para «metter as caras» por ahi, sorrindo? Não, jovem, você sabe muito bem que não tem nada diaso; tudo o mais é «tapeaçõo'»

O que você tem, isso sim são 10, 12 e até mais horas de trabalho por dia, na fabrica, na usina, no escritorio, nas barcas, na salina, e em todos os logares em que as garras do capital roubam o teu suor.

E quanto ganha? 4$, 5$ 6$? Mas isso não da prá comer quanto mais para roupa, divertimento, e aquel' la causa toda que a gente precisa pra viver sosegado e isso sem contar a familia...

você jovem camponesNão pega na enxada de manhã até de noite, a troco de dois ou tres mil reis? Não come o arroz e feijão podre comprado com o dinheiro de aluminio no "barracão" latifundiario? Cadê que você tem roupa, tem escola, tem livro, tem jornal, essa coisa bonita que você só conhece por que sabe que o filho do "coronel" tem? Mas ainda não é tudo jovem camponez; o fazendeiro não manda o "jagunço" te matar, se você gritar que não está certo, quando elle faz mal prá tua irmã ou prá tua cabrocha? tua vida é peor que besta de carga, Jovem camponez...

Agora você, jnvem estudante. Está satisfeito com esta vida? Não' eu sei que não está. Sci, sim porque outro dia vi você brigando com a policia que te espancava porque estava exigindo a metade do preço nos bondes, nas taxa, nos cinemas, nos livros.

Com certeza voce ficou espantado, dizendo: - "Mas como, é uma cousa justa!;" sim, jovem estudante, e uma cousa justa para voce mas não é justa par a Light, para S. P. R., para a Cantareira, para a Leopoldina, para a City Improvements; nem para Klabim, Lafer, Weisflog e outros monopolizados da fabricação do papel. Essa gente é quem manda no governo; a tua luta por 50% é contra elles; por isso o governo manda a policia te bater e te fuzilar no meio da rua

E voce, jovem praça do Exercito, ganha 56$000?!!! isso não dá nem para cigarros, praça. Mas voce sabe muito bem disso; voce veio para o Exercito fugido da miseria das cidades e dos campos; quando voce fôr desengrajado voltará dara a fabrica, o escritorio, a pedreira, o latifundio; a fome!

O governo quer jogar o Exercito contra os teus irmãos que estão pedindo mais pão e mais liberdade; mas voce não vae fazer isso, eu sei; voce vae lutar junto com elles, contra o governo vendido que quer matar a gente de fome em beneficio dos banqueiros extrangeiros; e como voce, todos os cabos, sargentos e officiaes cinceros que pensam do memo geito.

O exercito quer uma Patria livre, sim; não quer a Patria de Getulio Vargas, mas quer uma patria democratica livre do imperialismo e do latifundo: elle quer uma Patria de Luis Carlos Prestes.

Esta é a tua vida, jovem brasileiro. E' preciso acabar com isso, voce não acha? De que geito? Muito simples. Sozinho voce pode faze alguma cousa; mas junto com o teu companheiro, póde fazer tudo!

Na "bastilha" em que voce trabalha, prepara a greve para ganhar um ordenado maior, para uma vida melhor; voce deve ser o mais valente, o mais destacado de todos, deve estar sempre na frente, dando o exemplo aos companheiros.

Voce jovem camponez: Não deixe o "coronel" tocar tua familia pra fóra quando a terra ja está plantada: exige um ordenado maior, pago em dinhiero e não em vales; exige escola remedio, livro, jornal divertimento. Voce é bom nabriga e no desafio; teu trabuco ou teu facão. deve ser usado contra o coronel que te explora; com essas lutas voce vae chegar ate a divisão da terra.

Jovem estudante: continua firme na tua luta por 50%; não pague bonde, nem trem, nem taxa, até que elles não derem o que voce quer.

Jovem soldado: confraterniza com teus irmãos; faça junto com elles, a ressolução nacional libertadora, por Pão, terra e Liberdade que voce tambem quer.

Moço brasileiro: voce é forte; o futuro está na tua mão; por isso o governo, enquanto morde, assopra para não doer; cs politicos que estão fóra das mamas do thesouro querem que voce lute para elles voltarem ao poder e continuarem a te esplorar; e o teu Integralismo, lacaio immundo das emprezas imperalistas e de todos os oppressores do povo, tambem baba palava bonitas procurando te arrastar ..

Mas voce não irá com elles; voce irá para a Revolução; tua luta pelo pão' pelo augmento de salario e por tudo que voce precisa' é a luta por um regime melhor, em que voce tera comida, terá roupa, terá esportes, terá escolas, livros e jornaes, terá divertimentos, terá enfim, o socego que precisa, para viver alegre e feliz.

Pela memoria de Pinto Oliveira Esmaguemos o Congresso Integralista!

JOVENS! A' LUTA!

Os bandos mercenarios organizados pelos imperialistas para garantir a exploração de nossa patria, pretendem se reunir em S, Paulo dia 27 para acerto planos ainda mais diabólicos de nossa sujeição ás potencias estrangeiras, de aumento das riquezas dos grandes magnatas e de diminuição em nossos miseraveis salarios, de liquidação dos ultimos restos de liberdade de que gozamos!

Nós temos que estar na vanguarda do povo, que irá todo unido responder a esse ultrage infamante á memoria de Decio P. Oliveira, de Cantú, de toda a juventude e de todos os brasileiros honestos!

Continua pag. 4

GACETA HISPANA | *São Paulo*

CONSELHO EDITORIAL	ANDRÉS RODRIGUES BARBEITO, PASCHOAL NUNES ARCA (REDATOR)
PERFIL	ANTIFRANQUISTA, ANTIFASCISTA
PERIODICIDADE	NÃO DETERMINADA
PROCESSO GRÁFICO	TIPOGRÁFICO
LOCAL DA EDIÇÃO	SÃO PAULO (SP)

Histórico

A *Gaceta Hispana* foi fundada em 1935 como órgão de vinculação hispano-brasileira publicado e editado em São Paulo. Tinha sua redação e administração na rua Jairo Góes, nº 38, esquina com a Avenida Rangel Pestana, no bairro do Brás. O referido periódico apoiava a República Espanhola e teve em Andrés Rodrigues Barbeito – fundador do Centro Republicano Espanhol, sediado em Santos (SP) –, um dos seus principais colaboradores. Barbeito, por propagar os ideais republicanos da esquerda espanhola através da *Gaceta Hispana,* foi considerado pela Polícia Política paulista como um "perigoso comunista". O fato de Barbeito atuar como vice-cônsul espanhol na cidade de Santos não impediu a sua expulsão do território brasileiro em 1937. Junto ao seu prontuário foram anexados diversos exemplares do referido jornal nos quais encontram-se impressos artigos e fotografias da Guerra Civil Espanhola. Outro importante jornalista e redator de *Gaceta Hispana* foi Paschoal Nunes Arca, também sócio do Centro Republicano Espanhol de Santos e que foi indiciado pelo DEOPS em agosto de 1936 por emitir opinião favorável aos republicanos espanhóis.

Motivo da apreensão

O exemplar nº 153, apreendido pelo DEOPS em 1939, foi encontrado na residência de Quirino Pucca e anexado ao seu prontuário enquanto prova de suas idéias políticas. O referido número fazia menção à Guerra Civil Espanhola e ao Interventor Federal de São Paulo. Na primeira página identificamos uma carta da Interventoria Federal do Estado de São Paulo solicitando a remessa de dois exemplares do jornal que, na ocasião, referiam-se à administração de São Paulo.

Prontuário: 1.332
Prontuariado: Quirino Pucca – vol. 2
Remissão: 3.817, 579, 3.816, 73.066

DR. QUIRINO PUCCA
Xavier de Toledo, 38-2º Ap. 4
CAPITAL

GACETA HISPANA

— ORGANO DE VINCULACION HISPANO - BRASILEÑA —

N.o 153. BRASIL. — S. PAULO, 3 DE JUNIO, DE 1939 ANNO IV.

Gibraltar, la roca más ambicionada del mundo, se eriza de cañones

Desde los Fenicios hasta nuestros dias, el Peñón vigila y guarda la entrada del Mediterráneo

Por LUIS CAMINO.

El Peñón de Gibraltar y su bahía, vis to desde el campo, zona neutra, que le separa de España, parte esta última que fué fortificada por las tropas al servicio de Franco.

Gibraltar, dominio inglés inexpugnable

El gran sitio de Gibraltar (1779-1783)

Aprovechando de la guerra de independencia americana, las tropas francesas y españolas intentan una vez más la conquista de la fortaleza. Durante más de 4 años se lucha encarnizadamente. En 1782 el ejército franco-español prepara un asalto que debe ser decisivo. El duque de Grillon, jefe de las fuerzas envía invitaciones para asistir a la gran batalla. 10 barcos fortificados transportan los cañones. Un blindaje contra las balas de los famosos navíos indestructibles son llevados de noche junto a los muros de Gibraltar. Los ingleses abren un fuego continuo y una lluvia de balas se abate sobre la flota francesa. Al amanecer los 10 "indestructibles" arden y a mediodía la flota íntegra es destruída. Pocos días después el almirante inglés Lord Hove vence en alta mar a la flota española.

Gibraltar, Main Street, una de las principales vías públicas de la plaza fuerte inglesa, centinela del Estrecho.

Moros a la conquista de las Columnas de Hércules

La Línea, ciudad española inmediata a Gibraltar,— de donde son naturales muchos españoles residentes en S. Paulo. — Aduana y Plaza de la República.

Inglaterra se apropia ese pedazo de España

Dificilmente podrá volver a cambiar de dueño

Los "Caballeros" del Imperio

Plaza militar y territorio español indiscutible

Aparecen los ingleses ante Gibraltar

Cautivante atención

UNA ATENTA CARTA DE LA INTERVENTORIA FEDERAL A "GACETA HISPANA"

De la Secretaría del ilustre Sr. Interventor Federal del Estado de S. Paulo, recibimos la siguiente carta, que es una atención que mucho nos cautiva y anima en nuestro propósito de difundir entre nuestros lectores de aquí y del extranjero, el buen Gobierno de S. Paulo y del Brasil:

BRASIL - CUBA

TURISMO DE GUERRA EN ESPAÑA

— Ahí tienen una muestra del más puro estil románico. Es lo que ha quedado.

ESTADOS AGRESORES Y FALSAS DECLARACIONES DE NO INTERVENCION

Regresan a sus Países los Ejércitos extranjeros que dieron la victoria a Franco

Bomba submarina alemana pescada por los españoles

PARIS. — Las aclaraciones que publica la prensa de Alemania y de Italia sobre la participación de sus tropas en la guerra de España, son leídos con mucho interés en Francia.

Se desprende, en primer lugar, que los envíos sistemáticos de tropas, oficiales y material de guerra, eran ordenados por los Ministerios de Defensa de Roma y Berlin, en el preciso momento en que los representantes del Reich y de Italia ante el Consejo de No Intervención de Londres, protestaban contra las informaciones del Gobierno republicano, concernientes a esa participación militar.

Torpedo italiano contra un buque español, que no estalló

HOJE JORNAL DO POVO A SERVIÇO DA DEMOCRACIA | *São Paulo*

CONSELHO EDITORIAL	ETELVINO PINTO REGINALDO DE CARVALHO (ACIONISTA)
PERFIL	COMUNISTA
PERIODICIDADE	DIÁRIO
PROCESSO GRÁFICO	TIPOGRÁFICO
LOCAL DA EDIÇÃO	SÃO PAULO (SP)

Histórico

Com o fim do Estado Novo, em 1945, começou a circular em São Paulo o periódico *Hoje – Jornal do Povo a Serviço da Democracia*, órgão do Partido Comunista constituído a partir de uma sociedade anônima. O nome do jornal veio do título da revista mensal fundada em 1938, por Otávio Mendes Cajado. São deste mesmo período do pós-guerra os jornais ligados a partidos operários *A Terra Livre* (PCB, 1950), dirigido por camponeses, *A Tribuna Popular* (RJ,1945) e a *Voz Operária* (RJ, 1950-1958) substituído pelo semanal *Novos Rumos*. *A Classe Operária* criado em 1930 e interrompido pela repressão varguista reaparece em 1945. E, em Porto Alegre (RS), os comunistas gaúchos lançam *A Voz do Povo* (1948). Ligado ao Partido Comunista Brasileiro. O jornal *Hoje* dava ênfase à luta mundial do operariado publicando artigos relativos ao 1º de maio na URSS, França e Itália. Voltando-se para a política nacional publicou na íntegra o manifesto do Comitê Nacional do partido tomando a defesa dos operários e assalariados na luta contra seus opressores. No contexto internacional ressaltava a guerra travada na Ásia entre os Estados Unidos e "seus comparsas" e o exército popular coreano.

Voltado também para questões nacionais, o jornal apresentou um balanço das condições em que os trabalhadores eram submetidos no governo de Getúlio Vargas, chegando à conclusão de que, com o quadro de miséria e exploração que assolava o Brasil, não havia nada para se comemorar e sim para protestar.

Motivo da apreensão

O exemplar nº 937 foi apreendido pelo DEOPS no dia seguinte à sua publicação, por fazer alusão ao comunismo. Este exemplar foi anexado ao prontuário de Bruno Gattai, sobrinho de Zélia Gattai, como prova de suas idéias políticas. O referido número foi apreendido juntamente com documentos e atas de reuniões pertencentes à União dos Trabalhadores da Light, órgão do qual Gattai era membro.

Esta não foi, entretanto, a primeira ocorrência policial envolvendo este periódico. Em 13 de janeiro de 1948, o deputado santista, Estocel de Morais foi citado em relatório policial como "companheiro de palestras" de Juvenal Alves de Oliveira. Este documento refere-se ao fato do jornal *Hoje* defender a "insurreição contra órgãos de soberania nacional", pelo fato de os candidatos do PCB terem seus votos anulados, o que atentaria contra o art. 141, § 5º da Constituição Federal. A polícia negou a censura, já que o jornal "fora apreendido na banca e na gráfica, nos dias em que ocorrera a intervenção". A polícia acusava os comunistas de se negarem a abrir a gráfica resistindo com armas. Morais era indicado como "autor intelectual" da resistência.

Prontuário: 87.838
Prontuariado: Bruno Gattai
Remissões: 2.391, 340, 1.943, 615, 93.587, 81.563

A OITO QUILOMETROS DE SEUL O EXERCITO POPULAR COREANO

"AVANTE TRABALHADORES! PARA A LUTA E PARA A VITORIA!"

HOJE
JORNAL DO POVO A SERVIÇO DA DEMOCRACIA
ANO VI — SÃO PAULO, TERÇA-FEIRA, 1 DE MAIO DE 1951 — No. 937

MANIFESTO DE 1o. DE MAIO DO COMITE NACIONAL DO P. C. B.

«UNAMOS AS NOSSAS FORÇAS, ORGANIZEM O-NOS POR TODA A PARTE» — «A BATALHA QUE TRAVAMOS EM NOSSA TERRA NÃO É UMA BATALHA ISOLADA, FAZ PARTE DA GRANDE BATALHA QUE SE TRAVA NO MUNDO INTEIRO» — GANHAR AS RUAS E DEMONSTRAR QUE O POVO E OS TRABALHADORES JÁ TEM EM SUAS MÃOS A GRANDE CAUSA DA PAZ

O Comitê Nacional do PCB acaba de lançar o seguinte manifesto ao proletariado brasileiro, a propósito das comemorações do 1º de Maio:

CAMARADAS!

Mais uma vez, é ainda em condições duras e difíceis, sob as mais estúpidas ameaças policiais, que comemoramos este ano o grande dia internacional dos trabalhadores.

A miséria e a fome dominam nos lares proletários. Nas cidades e no campo, todos nós, que vivemos do trabalho, sentimos dificuldades cada vez maiores para sustentar nossas famílias e já não sabemos o que fazer para matar a própria fome. A carne, o feijão, o açúcar, todos os artigos enfim em número cada dia mais reduzido, a que podemos recorrer para refazer nossas próprias forças e mal alimentar as nossas famílias, sobem de preço todos os dias. Nos três meses do atual governo, a carne já subiu para 15 cruzeiros no Rio de Janeiro, o feijão, foi elevado oficialmente de 3,20 para 5,10, o café subiu para 35 cruzeiros o quilo, os preços dos remédios aumentaram em todo o país de mais de 50%, os transporte urbanos de 30%, os aluguéis de casa são cada dia mais elevados. Roupa e calçado são cada vez mais artigos de luxo, inacessíveis a todos nós que trabalhamos e tudo produzimos.

Enquanto isto, os salários permanecem os mesmos, novas formas de exploração, como o regime das multas por exemplo, são postas em uso nas fábricas, o aumento da produtividade e a intensificação do trabalho são cada vez mais exigidos pelos patrões, que exploram também, em proporções

Conclui na 4ª Pag.

PRESTES

O 1.o DE MAIO NO MUNDO

DIA DE LUTA PELA MANUTENÇÃO DA PAZ

PARIS, 30 (I. P.) — A Emissora de Moscou, em suas transmissões de hoje, ocupou-se, demoradamente na descrição da Capital Soviética, às vésperas das festas de 1.o de Maio. Moscou apresenta um ar de festa, em plena primavera. Suas ruas estão impregnadas pelo perfume que se desprende das flores que desabrocham nas praças e jardins. Grandes letreiros luminosos, nos principais centros reproduzem os Apelos do Comitê Central do Partido Comunista (b) da URSS, lançados por motivo do 1.o de Maio. Grandes retratos de Stalin, rodeados de flores, são vistos nas fachadas dos edifícios da Capital Soviética, assim como os retratos de Mao-Tsé-Tung, Clemente Gottwald, Mathias Rakosi e outros chefes de governo das Democracias Populares. Igualmente vêem-se nas ruas de Moscou retratos de operários e camponeses que conquistaram o título glorioso de Herói do Trabalho Socialista.

Especialmente convidadas, já se encontram em Moscou, delegações de trabalhadores do Canadá, Polonia, Holanda, Suecia e outros países, que assistirão às festas de 1.o de Maio.

Em todas as cidades e aldeias soviéticas, ultimam-se os preparativos para as comemorações do Dia da Fraternidade Internacional dos Trabalhadores.

Amanhã pela manhã, terá lugar na Praça Vermelha, um desfile militar da guarnição de Moscou, que será passada em revista, pelo marechal Vassilevski.

Em seguida terá início o desfile dos operários, a partir das 11 horas da manhã.

Milhares de famílias de trabalhadores da União Soviética passarão o 1.o de Maio em novas residências. Assim, 73 famílias de Dniepropetrovski transferir-se-ão para confortáveis apartamentos recem-construidos. O mesmo acontecerá com trabalhadores de fábricas de automóveis, metalurgicos, mineiros, etc.

Na URSS, o 1.o de Maio será comemorado sob o signo da luta pela paz.

Conclui na 4ª Pag.

Moscou apresenta um ar festivo, engalanada para as comemorações do Dia Internacional dos Trabalhadores — Comicios na França e na Italia

"LARGA O TRUMAN!"

Ontem, à tarde, o centro da cidade foi agitado por um fato inédito em São Paulo. Cerca das 17 horas, na esquina da rua da Quitanda com a praça do Patriarca, alguns cidadãos soltaram em meio ao povo um porquinho com a palavra TRUMAN escrita no lombo. O bichinho saiu em desabalada carreira, grunhindo pela rua. Era difícil agarrá-lo. Depois de muito custo, em meio a gargalhadas gerais, alguns populares conseguiram agarrar o suíno. Mas o povo começou a exigir a sua soltura. "Larga o Truman! Larga o Truman!" — gritavam de todos os lados. E de novo o bicho saiu a correr, sob os gritos e risadas do povo que não esconde a sua repulsa ao maníaco provocador de guerra americano.

REGIME DE CARESTIA CRESCENTE E CONGELAMENTO DE SALARIOS

Aumentou apenas 65% o Salário Mínimo de 1940 até hoje — Entretanto os gêneros de 1a. necessidade e as utilidades aumentaram em média quase 400%, de acordo com dados oficiais — As atuais condicões de vida da classe operaria vistas através dos depoimentos de trabalhadores dos Armazens Gerais

Em face de toda essa onda que visa unicamente manter na ilusão uma pequena parcela de trabalhadores que ainda se deixam enganar pela demagogia de Getulio e seus comparsas, é muito oportuno que se faça uma demonstração do que têm sido as tais tabelas de salário mínimo, principalmente si se considera que estamos comemorando um novo 1o. de Maio que se situa dentro de uma nova etapa de lutas e conquistas do proletariado.

O QUE SÃO AS TABELAS

A primeira tabela, estabelecida pelo decreto lei n. 2 162, de 1o. de Maio de 1940, fixava em 220 cruzeiros o salario mínimo a ser pago nas cidades de São Paulo (Capital), Santo André, Santos, São Vicente e Guarujá.

Com base nos dados fornecidos pela Divisão de Estatistica e Documentação Social da Prefeitura, passamos a examinar os preços dos generos em vigor pouco antes daquela data e os que vigoravam em fevereiro passado.

O açucar custava em janeiro de 1939 Cr$ 1,30 e agora paga-se Cr$ 4,10; o arroz bom custava 1,50 e atualmente Cr$ 5,50; a batatinha de 2a. está a Cr$ 3,50, quando comprava-se a 50 centavos; a farinha de mandioca e o feijão mulatinho custavam 1 cruzeiro o quilo e atualmente estão a 4 cruzeiros; o oleo de algodão 2,80 o litro e agora 8,60; café em pó custava 4,00 e atualmente 35 cruzeiros, tendo sofrido um aumento de 875 por cento; o macarrão passou de 1,40 a 7 cruzeiros, o toucinho de 3,40 a 16 cruzeiros e a carne de 1a., cujo preço de tabela é hoje de Cr$ 8,30 mas sabemos que não se compra por isso, custava em 1939 2,60 o quilo.

Os preços citados são os for-

(Conclui na 3a. pagina)

Artigos	Unidade	PREÇOS Janeiro-1939	Fevereiro-1951	Aumentos
Açucar	Quilo	1,30	4,10	315%
Arroz Bom	Quilo	1,50	5,50	367%
Banha Solta	Quilo	4,00	18,00	450%
Batata de 2a.	Quilo	0,50	3,50	700%
Cebola do Estado	Quilo	1,00	5,00	500%
Fubá mimoso	Quilo	0,80	3,00	375%
Farinha de mandioca	Quilo	1,00	4,00	400%
Farinha de milho	Quilo	1,00	4,00	400%
Farinha de trigo	Quilo	1,00	6,00	600%
Feijão mulatinho	Quilo	1,00	4,00	400%
Olio de algodão	Litro	2,80	8,60	307%
Bacalhau	Quilo	5,00	22,80	456%
Café em pó	Quilo	4,00	35,00	875%
Leite tipo "C"	Litro	1,20	3,20	267%
Macarrão	Quilo	1,40	7,00	500%
Manteiga	Quilo	9,60	40,00	417%
Ovos caipiras	Dúzia	2,80	12,00	429%
Carne de 1a.	Quilo	2,60	8,30	319%
Toucinho	Quilo	3,40	16,00	471%

Preços em vigor em Janeiro-1939 e Fevereiro-1951, com a porcentagem dos aumentos [illegible]. No quadro acima não estão incluidos frutas e verduras, que em virtude dos seus preços proibitivos ausentaram-se definitivamente da alimentação da classe operaria. Os dados fornecidos pela [illegible] de Estatistica atribuem às verduras aumentos nunca inferiores a 500%, sendo que a [illegible], que em Janeiro-1939 custava 10 centavos o pé, custava em Fevereiro-1951 Cr$ 2,00, aumentada portanto em 2.000% (dois mil por cento).

Ponto facultativo dia 3

O governador do Estado, em ato do dia 25 de abril ultimo, secundado por portaria do prefeito, publicada no Diario Oficial do dia 30, declarou facultativo o ponto nas repartições estaduais e municipais no dia 3, santificado pela Igreja.

PREVISÃO DO TEMPO

Para todo o Estado e Capital, válida até as 14 horas de hoje — Tempo bom, com nevoeiro. Temperatura em elevação. Ventos de Sul a Leste, frescos. Temperatura Maxima — 24,8 — Minima — 11,1.

A 8 QUILOMETROS DE SEUL O EXERCITO POPULAR COREANO

PARIS, 30 (I.P.) — Em seu comunicado de hoje, o Alto Comando do Exercito Popular Coreano anuncia que as unidades do Exercito Popular e as formações de voluntarios chineses continuam travando encarniçados combates contra os intervencionistas americanos e seus comparsas. Acrescenta o comunicado que as unidades populares que avançam sobre Seul, chegaram a um ponto distante apenas oito quilometros dessa cidade.

HUMANIDADE | *Porto Alegre*

CONSELHO EDITORIAL	AGRUPAÇÃO ANARQUISTA OS IGUAIS
PERFIL	ANARQUISTA
PERIODICIDADE	DESCONHECIDA
PROCESSO GRÁFICO	TIPOGRÁFICO
LOCAL DA EDIÇÃO	PORTO ALEGRE (RS)

Histórico

Publicado em Porto Alegre (RS) este periódico apresentava-se como Órgão da Agrupação Anarquista Os Iguais. O fato de este periódico ter sido publicado no Rio Grande do Sul – um dos pontos de concentração anarquista no Brasil – expressa a tentativa de reorganização do movimento libertário acuado pela repressão policial e pelo avanço dos comunistas. Nos primeiros anos da década de 30, os anarquistas apelaram para múltiplas alternativas de sobrevivência sendo os jornais um dos recursos de propaganda. Tanto no Rio de Janeiro como no Rio Grande do Sul registraram-se ressurgimentos ocasionais de anarquistas e anarco-sindicalistas preocupados em estabelecer uma coesão com os comunistas. Daí o jornal *Humanidade* enfatizar que os acordos de ajuda mútua com marxistas seriam sempre prejudiciais aos anarquistas, que deveriam preferir a renúncia aos seus ideais a submeterem-se às condições dos comunistas.

Motivo da apreensão

O exemplar nº 1 do jornal *Humanidade* foi apreendido em 1941, como parte de um material impresso vindo do estrangeiro, endereçado a "Anarquistas, Caixa Postal 195", cujo titular era Edgard Leuenroth. O investigador da Seção de Ordem Social, Manoel Seabra, ficou aguardando no correio até que alguém retirasse o pacote. O material foi retirado por Benedito Romano, militante anarquista preso em flagrante. Benedito Romano já havia sido preso em 1933 em conflito após uma reunião do Centro de Cultura Social. Nesta época Romano era declaradamente anarquista. De 1934 a 1941, Benedito foi preso quatro vezes por receber e distribuir jornais anarquistas, responsabilidade que assumira desde 1937 ao "cuidar" da Caixa Postal 195. O exemplar nº 1 traz notícias sobre a Revolução Social na Espanha. Segundo o jornal a tendência na Espanha era que triunfasse o Comunismo Libertário, sem a menor possibilidade de que o comunismo se implantasse, pois o anarquismo tinha sólidas bases naquele país. Enfatizava também que os anarquistas brasileiros deveriam estar prontos para colaborar com os libertários espanhóis em caso de necessidade.

Prontuário: 1.262
Prontuariado: Benedito Romano – vol. 1

HUMANIDADE

N.º 1 — ANO I | ORGAM DA AGRUPAÇÃO ANARQUISTA — "OS IGUAIS" | P. Alegre — Junho — 1936

DEFINIR-SE OU RENUNCIAR

Para os anarquistas, para seu Ideal, são bons todos os meios de lucta que não se desviem do seu criterio libertario. Mas, por assim entendermos, não significa esta afirmação que estejamos de acôrdo que o fim justifica os meios dentro ou fóra do Ideal Libertario.

No sentido ideologico somos exclusivistas e, por esta razão, julgamos indispensavel proceder sempre dentro do Ideal absoluto. Por isso é que, embora existam meios de ação que alguem considera revolucionarios, mas que não podem ser aceitos pelos anarquistas.

Taes meios são o colaboracionismo marxista com a burguezia, com o seu parlamentarismo como suposto meio revolucionario de emancipar os trabalhadores, a chamada ditadura do proletariado e tantas outras tacticas marxistas.

Estes meios, não pódem, incontestavemente, ser aceitos pelo Anarquismo como nova modalidade de propaganda porque conteem em si mesmos o germem da escravidão e da tirania.

Como o que mais odiamos é o dogmalismo só devemos usar meios de lucta que estejam em consonancia com os principios libertarios.

Desejamos estar á altura das necessidades revolucionarias da nossa época e, sustentamos a urgencia de uma ação comum e conjuncta de todo o proletariado; mas se poderá dizer com justiça que o colaboracionismo marxista com a burguezia, a ação parlamentar dos chamados partidos proletarios e tantas outras tacticas pseudo-revolucionarias do socialismo autoritario sejam meios aconselhaveis para que o proletario conquiste a sua emancipação?

Não. Pelo contrario; são meios que a critica anarquista deve combater, sem treguas e sem piedade porque são os causantes do estado desastroso em que se encontra o proletariado de todos os paizes do mundo.

A critica anarquista não sómente deve arremeter seria e veementemente contra os meios de lucta empregados pelos deturpadores do verdadeiro comunismo libertario, como ir contra os embusteiros que, manhosamente propagam as taes frente-unicas que outro objectivo não têm sinão implantar a dictadura de seu partido politico, ludibriando assim as aspirações de libertação humana dos trabalhadores.

Não nos podemos illudir com as frentes-unicas contra o detestavel fascismo quando os seus proponentes não fazem sinão confuzionismo para dominar, oprimir e tiranizar — embora em nome do proletariado.

Esses elementos com o seu comunismo politico o que tem feito é anular a verdadeira unificação do proletariado quer saboteando a propaganda libertadora do Anarquismo, que procura demonstrar que os trabalhadores não devem almejar tiranias de partidos, quer neutralizando a ação dos militantes de organizações mais ou menos revolucionarias, com o fito de tornal-as instrumentos de seu partido que só tem a ambição de apossar-se do poder, em nome do proletariado, para tiranisal-o como o fazem todos os governos.

Temos que ensaiar novos meios de luta, que fortaleçam e unifiquem os trabalhadores de todas as tendencias, para assim estar em posição mais vantajosa para combater a guerra, o capitalismo e as religiões que visam o embrutecimento da humanidade e tudo que seja prejudicial aos trabalhadores — é certo.

Mas póde-se fazer isto, colaborando com o clero e com os governos que estão sob a sua nefasta influencia como está fazendo a Russia, entrando de accordo com imperialismos da burguezi, a qual embora dizendo-se da esquerda declara sempre de antemão que se oporá ás reivindicações sociais do proletariado?

Não acreditamos em tal porque estamos convictos de que a emancipação proletaria, inclusive os melhoramentos imediatos de que necessita, só podem ser obra não de concessões de seus inimigos de classe, embora sejam elevados ao poder pelos proprios trabalhadores, mas sim de uma nitida consciencia revolucionaria do proletario que não deixe margem a explorações de seus anceios de justiça e emancipação humana.

Fundamentalmente nada conseguirá o proletariado com o colaboracionismo, com os chamados partidos proletarios que pregam a ação parlamentar

As revelações do Sr. Litvinoff na Liga das Nações

Recente ainda o caso da entrega do camarada Petrini pelo governo da Russia ao seu colega fascista da Italia, para fazer pagar áquele luctador o crime de desejar, de facto, a emancipação dos trabalhadores, surge no seio da burguezissima Liga das Nações, a figura eminentemente «PROLETARIA» do Snr. Litvinoff, como representante da não menos «PROLETARIA» Russia, alegando que o rompimento das relações diplomaticas do Uruguay com a Russia, prendia-se mais á recusa por parte de seu governo de dar entrada na Russia, ao anarquista Simon Radowisky, que o Uruguay queria deportar, do que mesmo á solidariedade do Uruguay ao seu visinho Brasil, na repressão ao comunismo.

As afirmações insuspeitas do Sr. Litvinoff, que os comunistas-politicos não pódem pôr em duvida, nos obrigam a fazer ligeiro, mas inegavelmente justo comentario:

Radowisky, a figura gigantesca, que perdeu a melhor parte de sua vida nos ergastulos da Republica Argentina, por ter abatido o tiranno Falcón que mandou metralhar em praça publica centenas de trabalhadores, inclusive mulheres e crianças, tornando-se um estandarte das lutas proletarias da America do Sul e mesmo internacionalmente, é um INDESEJAVEL para a chamada «Russia Proletaria» que recebe com salamaleques toda a casta de politicos, de parasitas e reacionarios estadistas!

IMPRENSA POPULAR | *Rio de Janeiro*

CONSELHO EDITORIAL	PEDRO MOTA LIMA (DIRETOR), ÁLVARO MOREIRA, AYDANO DO COUTO FERRAZ, DALCÍDIO JURANDIR, CARLOS DRUMMOND DE ANDRADE, PEDRO VENTURA, FELIPE DE ARAÚJO POMAR E JACOB GORENDER
PERFIL	COMUNISTA
PERIODICIDADE	DIÁRIO
PROCESSO GRÁFICO	TIPOGRÁFICO
LOCAL DA EDIÇÃO	RIO DE JANEIRO (RJ)

Histórico

O jornal *Imprensa Popular* surgiu no Rio de Janeiro em 1948 em substituição ao *Tribuna Popular*, colocado na ilegalidade em 1947, juntamente com o Partido Comunista Brasileiro, seu órgão expedidor. Com o desenrolar do segundo governo de Getúlio Vargas (1950-1954), e a aparente legalidade democrática o partido conseguiu veicular um grande número de publicações como, por exemplo, o *Gazeta Sindical*, *Terra Livre*, a revista teórica *Problemas* e os tradicionais órgãos partidários *A Classe Operária* e a *Voz Operária*.

Buscando ampliar sua ação política, o PCB utilizava-se da imprensa para conquistar novos adeptos. O *Imprensa Popular* baseava-se na cobertura de fatos sociais, esportivos mas recusava-se a enfatizar a cobertura policial. Segundo um de seus editores, o jornal, embora vinculado ao PCB, seguia um esquema geral que não o diferenciava dos outros jornais em circulação no período.

Entre seus editores destacam-se Carlos Drummond de Andrade que, a pedido de Luís Carlos Prestes, assumiu o cargo por alguns meses para depois abandoná-lo por discordar da orientação do mesmo e de Jacob Gorender que, por suas posições renovadoras e anti-stalinistas, possuía uma grande base de apoio dentro do partido comunista.

Motivo da apreensão

O exemplar nº 679 apreendido pelo DEOPS trazia matérias relativas às comemorações de 1º de maio no Brasil e no mundo, apresentando informações sobre os benefícios conquistados pelos trabalhadores na URSS, China, Mongólia, Polônia, Hungria, Rumânia e todas as nações que aderiram ao comunismo.

Neste número os trabalhadores brasileiros foram convidados a lutarem contra a fome e pela paz mundial, uma vez que entre as questões mais importantes que circulavam na época estava a Guerra da Coréia, promovida pelo governo norte-americano.

O governo de Getúlio Vargas foi também criticado por sua atuação frente às questões agrárias, pois as promessas de desapropriação de latifúndios não estavam sendo cumpridas e, ao invés de entregar as terras aos agricultores pobres, o presidente junto com o Ministério da Agricultura só estavam interessados e montar o núcleo colonial São Bento na Baixada Fluminense (RJ).

Este número enfatizava uma reunião do Comitê Municipal de Anápolis (GO) do Partido Comunista Brasileiro e suas resoluções contra a guerra e em luta pela liberdade, bem-estar e felicidade dos cidadãos.

Prontuário: 87.838
Prontuariado: Bruno Gattai

SALVE ESTE 1º de MAIO de LUTAS CONTRA a POLÍTICA de GUERRA

CONTRA A CARESTIA

Liberdade SINDICAL!

A DATA DO PROLETARIADO

CARNAVAL DE VARGAS NO VASCO COM O DINHEIRO DOS TRABALHADORES

Os proprietários de cinemas, que não funcionarão de dia, serão indenizados com o fundo do Imposto Sindical — Os transportes, ditos de graça, serão pagos também por via indireta — Outros aspectos da mascarada oficial

PREÇO 50 cts

DIRETOR: PEDRO MOTTA LIMA — ANO IV Nº 67.

IMPRENSA POPULAR

RIO DE JANEIRO, TERÇA FEIRA, 1º DE MAIO DE 1951

Salve 1º de MAIO

POR UM 1º DE MAIO DE LUTAS CONTRA A FOME E PELA PAZ

Manifesto da USTDF aos trabalhadores cariocas — "Saibamos ser dignos dos que tombaram na luta pelas reivindicações do proletaiado."

DESAPARECE ITALIA FAUSTA

Era uma das maiores figuras do teatro brasileiro em todos os tempos — O teatro para o povo, para as gandes massas, foi o ideal de sua vida — Recebeu das mãos de Prestes o carnê de membro do Partido Comunista

Italia Fausta em duas das suas mais famosas criações

COMEMORAÇÕES DE 1º DE MAIO

Contra as Resoluções Por um Pacto de Paz

Nota do Movimento Carioca pela Paz sôbre o 1.º de Maio

IMPRENSA POPULAR NÃO CIRCULARÁ AMANHÃ

HOJE, dia 1.º de Maio, data internacional do proletaiado, não haverá trabalho em nossa redação e oficinas, motivo por que o nosso jornal não circulará amanhã, dia dois, quarta-feira.

POR UM PACTO DE PAZ

DUAS MIL ASSINATURAS COLHIDAS NO DOMINGO

O resultado de um "comando" realizado em São Gonçalo

VOLTARÁ O BANGU

EM HOMENAGEM AO POVO ESPANHOL

JORNAL DE SÃO PAULO | *São Paulo*

Histórico

O *Jornal de São Paulo*, de propriedade de Francisco de Paula Monteiro Machado foi fundado em 9 de abril de 1945. Tinha a sede de sua redação e administração na Rua do Seminário nº 199, em São Paulo. Inicialmente o jornal estava registrado no Departamento de Imprensa e Propaganda (DIP) em nome do seu proprietário, que, logo em seguida, o transferiu à Sociedade Jornal de São Paulo Limitada, antes mesmo do jornal começar a circular. Esta sociedade estava organizada por cotas concedidas a quatro sócios: Guilherme de Almeida, Francisco de Andrade Souza Netto, Antonio Carneiro da Cunha e Hermínio Sacchetta.

No dia 12 de abril de 1945, Amílcar Dutra de Menezes, Diretor Geral do DIP, cancelou o registro do jornal que, a partir deste momento, estaria proibido de circular. Diversos exemplares do *Jornal de São Paulo* foram recolhidos das bancas de jornais localizadas na Praça Ramos de Azevedo, Praça da Sé, Praça do Correio, na Agência Siciliano, Avenida São João e Avenida Ipiranga, todas na Capital. Acatando a decisão judicial, o proprietário suspendeu definitivamente a circulação do jornal negociando-o com o *Correio Paulistano*. Neste exemplar apreendido encontram-se publicadas charges do caricaturista Belmonte.

CONSELHO EDITORIAL	GUILHERME DE ALMEIDA (DIREÇÃO), FRANCISCO DE PAULA. M. MACHADO (DIRETOR RESPONSÁVEL), FRANCISCO DE ANDRADE SOUZA NETTO (DIRETOR COMERCIAL)
PERFIL	DE OPOSIÇÃO AO GOVERNO
PERIODICIDADE	DIÁRIO
PROCESSO GRÁFICO	TIPOGRÁFICO
LOCAL	SÃO PAULO (SP)

Motivo da apreensão

O *Jornal de São Paulo* recebeu um prontuário próprio junto as arquivos do DEOPS/SP, fato que expressa a preocupação com esta publicação, considerada sediciosa. Este exemplar foi confiscado após diligência realizada pela polícia nas oficinas do jornal. Durante a averiguação foram apreendidos 33 exemplares do jornal, ainda incompletos, onze matrizes contendo a matéria impressa do nº 21 e vinte clichês das páginas a serem impressas. Uma das matérias que, possivelmente, teria incomodado os "homens do poder" intitulava-se "Figuras de Destaque da Política e do Jornalismo Solidários com o *Jornal de São Paulo*". O subtítulo, sutilmente, adverte que os "jornalistas brasileiros, contra os quais investem os Goebbels do DIP, hão de ter o apoio do povo brasileiro".

Pront. n. 56.627
Prontuariado: *Jornal de São Paulo*

"Hitler fugiu para a sua casa em Berchtesgaden"
"Hitler, não podendo vencer, suicidou-se"
"Hitler, atacado de grave enfermidade, morreu"
"Hitler acaba de fugir para o Japão"
"Hitler morreu combatendo, na linha de frente"
"Hitler morreu no seu Q. G no Jardim Zoológico de Berlim"
"Hitler continua em Berlim..."

Belmonte

JORNAL DE SÃO PAULO

Direção de GUILHERME DE ALMEIDA — FRANCISCO F. M. MACHADO — Diretor Responsável

ANO I — SEXTA-FEIRA, 4 DE MAIO DE 1945 — NUM. 21

PROVOCAÇÃO

São evidentes os intuitos de provocação do discurso do ditador, no estádio do Vasco da Gama. As truculentas e demagógicas palavras parecem ter sido proferidas dos balcões do Palácio de Veneza, ao tempo em que Mussolini ainda podia proferir ameaças. Falto de serenidade, sentindo por certo inseguro o terreno que pisa, o chefe do Estado Nacional irrita-se e procura, por todos os meios, tornar irrespirável o ambiente político. Toma parte na campanha eleitoral, fazendo descabida e inoportuna propaganda de um dos candidatos. Ataca e injuria as oposições. Prepara-se ostensivamente o aparelhamento oficial para a cabala, faz-se o possível para que as fôrças democráticas do País percam o contrôle dos nervos, ante a perspectiva de nova usurpação, desta vez feita com aparências de legalidade.

O ditador conta, com efeito, com todos os elementos favoráveis para impor às urnas o nome do sucessor que escolher. Apesar disso, sente-se inseguro, tamanha é a sua impopularidade, tão fortes são as fôrças da oposição. E provoca os antagonistas, insulta-os, desejando sem dúvida que êles lancem mão de "golpes" para poder o Estado Novo firmar-se, novamente, pela fôrça. O supremo comandante das fôrças armadas sai a público, garantido pelo pôsto que ocupa, para ameaçar e vituperar. Deseja, acima de tudo, que as oposições aceitem o desafio. Aí estará o estadonovismo em seu terreno bem conhecido, a praticar a violência, a metralhar o povo, a chacinar os opositores, que essa é a sua especialidade, desenvolvida em quinze anos de treinamento. A ditadura prefere as metralhadoras às urnas eleitorais.

Engana-se porém o ditador. Quanto mais deblaterar, tanto maior será a fôrça moral das correntes democráticas. Quanto mais desafiar, tanto menor será a sua fôrça, como chefe do Exército, da Marinha e da Aviação. Em nosso País, as três armas não se separam do povo. São tôdas elas constituídas por elementos vindos direta e recentemente do povo, e que ao seio do povo reverterão em sua imensa maioria. Refletem os anseios populares. São homens com que o presidente não conta incondicionalmente, porque não são autômatos.

O Chefe Nacional está jogando na luta suas últimas reservas, filhas do desespêro. Felizmente, as fôrças democráticas são tão numerosas que não se deixam dominar pelo receio. Esperam, confiantes, o pronunciamento das urnas. Preferem estas, às metralhadoras. As palavras do brigadeiro Eduardo Gomes, em resposta ao discurso do ditador, são firmes quando repelem os insultos, mas são igualmente firmes quando reafirmam a intenção de não aceitar as provocações. A única, exclusiva garantia de ordem e de eleições está em mãos dos democratas. A êles compete evitar que a ditadura tenha pretextos para um novo golpe.

Hamburgo, o mais importante pôrto da Alemanha, em poder dos aliados

Unidades do exército de Dempsey estabelecem junção com os russos ao longo das praias do Báltico – Isoladas do resto do Reich regiões da Dinamarca e da Noruega – As fôrças britânicas cruzaram também o canal de Kiel

Junção das fôrças russas e britânicas em Wismar

MOSCOU, 3 (R.) — Em sua primeira ordem do dia de hoje o marechal Stalin anunciou que as fôrças soviéticas fizeram junção com fôrças britânicas em Wismar, no Báltico, 48 quilômetros a leste de Lubeck.

Ordem do dia de Stalin

MOSCOU, 3 (R.) — A primeira ordem do dia de hoje do marechal Stalin é dirigida ao marechal Rokossovsky. Seus têrmos são os seguintes:

"As tropas da 2.a Frente da Rússia Branca, desenvolvendo hoje sua ofensiva, conquistaram as cidades de Bart, Bad-Doberan, Neu-Bukow, Waren e Wittenburg, e também fizeram junção com as fôrças britânicas na linha Wismar-Wittenburg.

Frente contínua de 112 quilômetros

MOSCOU, 3 (R.) — Estabelecendo junção com as fôrças britânicas na região de Wismar, as fôrças russas compartilham agora da frente contínua de 112 quilômetros em tôda aquela região.

(Conclui na 2.a página)

A CONFERÊNCIA DE S. FRANCISCO — À porta da Casa Branca, depois de haverem cumprimentado o presidente Truman, antes da partida para S. Francisco, vê-mos, a partir da esquerda: Anthony Eden, ministro do Exterior da Grã Bretanha; Edward Stettinius Jr., secretário de Estado dos E. U. A.; e Lord Halifax, embaixador da Inglaterra nos E. U. A. (Foto "B. N. S.")

PARIS, 3 (U. P.) — Desvaneceu-se, virtualmente, a resistência alemã no norte da Europa, em meio a persistentes rumores de que estão se processando negociações para a rendição dos últimos exércitos alemães na Holanda, Dinamarca e Noruega.

Fôrças do Segundo Exército britânico ocuparam, sem disparar um só tiro, o grande pôrto alemão de Hamburgo e estabeleceram contacto com as fôrças russas, ao longo das praias do Báltico, isolando do resto do Reich as regiões ocupadas da Dinamarca, Noruega e a província alemã do Schleswig-Holstein.

Milhares e milhares de soldados alemães, acabrunhados sob o pêso da derrota, estão chegando às linhas britânicas evitando, assim, cair em mãos dos russos. Segundo despachos da frente, nas últimas vinte e quatro horas, meio milhão de alemães, no mínimo, caiu em mão dos aliados, inclusive "proeminentes generais".

Os pilotos de observação aliados informaram que localizaram intermináveis colunas de civis e tropas alemãs fugindo para o norte, talvez com a esperança de alcançar a Noruega, antes de se concluírem as pretensas negociações para a rendição incondicional das fôrças alemãs no norte da Europa.

Não obstante, no setor meridional da Alemanha, apesar da rendição dos exércitos alemães na Itália e no ocidente da Áustria, as fôrças dos terceiro e sétimo exércitos norte-americanos estão encontrando forte resistência por parte dos remanescentes dos exércitos germânicos, os quais se retiraram da Baviera para o Tirol.

Fôrças do terceiro exército dos Estados Unidos estão a 40 quilômetros de Salzburg e a cinquenta e três de Berchtesgaden.

... de Estocolmo e captado em Paris, informa que as fôrças britânicas capturaram e cruzaram o canal de Kiel, chegando a Eckenfoerde, pôrto do mar Báltico, situado na costa oriental do Schleswig-Holstein. Acrescenta a rádio que elementos dos "capacetes de aço"

(Conclui na 2.a pagina)

A rendição incondicional dos exércitos alemães já teria sido resolvida em Kiel

Anunciada para ontem uma conferência do mal. Montgomery com o novo "fuehrer" do Reich, alm. Doenitz – Os líderes nazistas que compareceriam

ESTOCOLMO, 3 (R.) — O marechal Montgomery e o almirante Doenitz, novo "fuehrer" alemão, encontrar-se-ão esta noite em Kiel — informam fontes geralmente dignas de crédito.

SERA' RESOLVIDA A RENDIÇÃO INCONDICIONAL

... ministro alemão na Dinamarca, Werner Best, teria informado o almirante Doenitz que êste não poderá contar de forma alguma com a lealdade das tropas germânicas na Dinamarca.

CONFERÊNCIA ENTRE CHEFES NAZISTAS

ESTOCOLMO, 4 (R.) — O comissário alemão na Noruega, Terboven, dirigiu-se de avião à Jutlândia, após manter prolongada conferência com o "quisling", em Lillehammer.

Terboven receia o efeito que possa ter sôbre o moral das tropas alemãs na Noruega a notícia do colapso total da Alemanha e a capitulação da Dinamarca.

Regressarão imediatamente ao Brasil os soldados da F.E.B.

Está sendo organizado um programa de recepção às fôrças nacionais que retornam do "front"

RIO, 3 (Da nossa sucursal, pelo telefone) — Abordado pela imprensa sôbre a data aproximada do regresso da FEB, uma vez que a guerra terminou na Itália, e não tardando terminar na Alemanha, o titular da Guerra declarou o que se segue:

"A Fôrça Expedicionária Brasileira voltará imediatamente ao Brasil. Para isso estamos tomando as necessárias providências."

E acrescentou:

"Naturalmente, isso não se fará de uma vez. Primeiro terão que voltar os mais antigos, na ordem da partida. Voltarão todos escalonados, obedecendo à forma como partiram."

RIO, 3 (Da nossa sucursal, pelo telefone) — Para o regresso da FEB estão sendo feitas demarches necessárias, quanto à recepção da retaguarda, aos heróis das frentes européias. Associar-se-ão às homenagens que lhe serão prestadas, todos os agrupamentos políticos, a saber, a UNE, a UDN, a L. D. N., os comunistas que apoiam Prestes e os que dêle divergem, o MUT e a UDI, a Sociedade dos Amigos da América, e bem assim as instituições culturais, educacionais, etc.

O pensamento dominante no presente é dar caráter inteiramente popular à recepção.

KIEL SERIA A SEDE DO NOVO GOVÊRNO ALEMÃO

O PÔRTO GERMANICO ESTÁ SENDO INTENSAMENTE BOMBARDEADO PELA R.A.F.

LONDRES, 3 (R.) — Acredita-se que Kiel, pôrto alemão do Báltico, é a sede do govêrno alemão chefiado pelo almirante Doenitz — escreve o comentarista militar da "Reuters".

Kiel está sendo por isso intensamente atacada pelos aliados.

ESTOCOLMO, 3 (R.) — Anuncia-se que o almirante Doenitz e o conde Schwerin-Krosigk, seu ministro do Exterior, encontram-se hoje nas vizinhanças de Kiel, base naval alemã, situada apenas a 65 quilômetros do pôrto em que se acham as fôrças britânicas, em Lubeck.

LONDRES, 3 (R.) — Os aviões "Mosquitos" da R.A.F. fizeram ontem à noite quatro ataques contra ...

Teriam prosseguido ontem as negociações finais para a capitulação da Alemanha

Agitação nos meios políticos e diplomáticos da Capital britânica — Causou surprêsa o não comparecimento de Winston Churchill nos Comuns

CAPITULAÇÃO DE TODAS AS FÔRÇAS ALEMÃS QUE LUTAM FORA DO REICH

ESTARIAM LUTANDO ENTRE SI AS FÔRÇAS ALEMÃS SEDIADAS NA DINAMARCA

KIEL E FLENSBURG NO REICH, CONSIDERADAS COMO CIDADES ABERTAS

O INSTANTE MUNDIAL

A Santa Cruzada

NOVO GOLPE CONTRA O JAPÃO — ... Bornéu

JUVENTUDE ÓRGÃO DOS JOVENS DO MARIA ZÉLIA | *São Paulo*

CONSELHO EDITORIAL	ERMELINDO MAFFEI REGINALDO DE CARVALHO HILÁRIO CORREIA CLÓVIS GUSMÃO
PERFIL	COMUNISTA, ANTIVARGUISTA
PERIODICIDADE	MENSAL
PROCESSO GRÁFICO	MANUSCRITO
LOCAL DA EDIÇÃO	PRESÍDIO MARIA ZÉLIA, SÃO PAULO (SP)

HISTÓRICO

O *Juventude* foi produzido pelos detentos do Presídio Maria Zélia e, provavelmente, saíram cerca de doze números do periódico. Os presos escreviam textos sobre conceitos marxistas, política e economia nacional e internacional. Além de artigos, publicava também poesias e contos que eram incluídos no Suplemento Literário. Alguns textos do PCB e da ANL, que entravam clandestinamente na cadeia, também chegaram a ser publicados. Um grupo "especializado" era responsável pela caligrafia dos artigos registrados num único exemplar que circulava de mão em mão. A publicação continha charges e ilustrações coloridas, algumas de autoria do desenhista Octávio Falcão. Um de seus calígrafos Jair Siqueira Calçada retirou a coleção do jornal do Maria Zélia em uma mala com fundo falso por ocasião de sua soltura. A pedido do militante José Stacchini, entregou os referidos exemplares à família deste. Os únicos exemplares originais disponíveis junto ao acervo DEOPS/SP contêm artigos cujos títulos antecipam a proposta do jornal: "Em Marcha para a Frente Popular Brasileira"; "Os Ditadores Fascistas Vivem Rodeados de Guardas"; "Participação das Mulheres na Luta pela Liberdade"; "O Exército Popular Hespanhol"; "Provocação" [sobre o último manifesto da ANL]; "O Alimento Transformado em Trabalho"; "O Café, Fator Político Brasileiro"; "Economia Política, Mais Valia"; "A Alemanha de Hoje"; "Nossa Atitude Perante o TSN"; "O Imperialismo e as Forças Armadas"; "A Economia Política"; "Como a Juventude Deve Encarar o Problema Sexual"; "Ode a Hespanha Moderna"; "Animais sem Proteção, de Rubem Braga"; "A Encruzilhada – Conto"; "O Escravo Branco ao Escravo Negro" [poesia], entre outros.

MOTIVO DA APREENSÃO

O *Juventude* foi confiscado por ser produzido por presos políticos e expressar idéias subversivas, antifascistas, de crítica ao governo Vargas e, em especial, ao Tribunal de Segurança Nacional, às Forças Armadas e à política econômica nacional. Certamente, também, por incentivar a participação das mulheres, jovens e negros em prol de uma revolução social. Junto ao *Prontuário nº 40610 – Publicações Comunistas* encontram-se os exemplares nº 5, de 1º de janeiro de 1937, e o nº 8, de 1º de abril de 1937.

Prontuário: 40.610
Prontuariado: Publicações comunistas
Remissão: 260, 279 e 400

1937
JUVENTUDE
N.º 5
1 Janeiro 1937

JUVENTUDE | *Rio de Janeiro*

CONSELHO EDITORIAL	IVAN PEDRO DE MARTINS
PERFIL	COMUNISTA
PERIODICIDADE	QUINZENAL
PROCESSO GRÁFICO	TIPOGRÁFICO
LOCAL DA EDIÇÃO	RIO DE JANEIRO (RJ)

Histórico

Fundado no Rio de Janeiro em 1935, o jornal *Juventude* tinha como público alvo os jovens comunistas. A sede da redação ficava na rua Conde Baependy, nº 19, sendo sua publicação quinzenal. O número avulso custava $300 e a assinatura anual 8$000. Com uma tiragem de 5 000 exemplares trazia temas relativos às mulheres, movimentos estudantis nas universidades do Rio de Janeiro, Aliança Nacional Libertadora, antiimperialismo, liberdade democrática e informações sobre congressos nacionais da juventude no Brasil. A publicação de um jornal direcionado para os jovens expressa a preocupação do Partido Comunista Brasileiro para com este público alvo. Da mesma forma como o governo Vargas havia criado a Juventude Brasileira em busca de "ser forte para fazer uma nação forte e sadia", o Partido Comunista Brasileiro incentivou a formação, como um dos seus segmentos da Juventude Comunista. Esta costumava se fazer presente nos congressos e reuniões estudantis envolvendo-se com os comícios e panfletagens políticas. Um dos representantes da Juventude Comunista em São Paulo foi Hersch Schechter, romeno expulso por diversas vezes do território nacional.

Motivo da apreensão

Jornal comunista apreendido na sede do Sindicato dos Alfaiates e Anexos, localizado em um prédio na Av. São João em São Paulo (SP). Seus sócios, segundo a polícia, eram em sua maioria russos, acusados de terem vindo para o Brasil com o intuito de propagar o "credo vermelho". Também foram encontrados naquela mesma sede os jornais *Nossa Voz* e *Voz dos Operários* e *A Voz dos Alfaiates*.

O tema mais recorrente no terceiro número do *Juventude* refere-se ao imperialismo estrangeiro, responsável pela miséria do povo e que se fazia presente nos negócios públicos com o consentimento de personalidades administrativas e políticas do Brasil. Em alusão à Aliança Nacional Libertadora, foram ressaltadas as palavras de Luís Carlos Prestes, contra o imperialismo.

Data da apreensão

1936

Prontuário: 3.471
Prontuariado: União dos Alfaiates e Anexos
Remissão: 3.503

ANNO I — Rio de Janeiro — 1 de Junho de 1935 — N.º 3

juventude

Sáe a 1 e 15 de cada mez — Tiragem 5.000 exemplares

Redação: Rua Conde Baependy, 19 | Director: Ivan Pedro De Martins | Numero avulso .... $300 — Assignatura annual . 8$000

TASCA!

Um telegramma da agencia Havas publicado pelos vespertinos de 20 de Maio ultimo dá conta de um artigo de Sir William Garthwaite publicado no «Financial News» em que se trata do nosso paiz.

Em face do insulto que representa a affirmação descarada de que nós brasileiros não somos capazes de exercer a soberania do nosso paiz, d'onde a necessidade de entregar aos imperialistas estrangeiros a administração dos nossos negocios publicos, caberia apenas o protesto mais vigoroso que mostrasse aos imperialistas a indignação com que o povo e a juventude do Brasil repellem seus sonhos de dominação.

Attentemos porém na audacia e segurança com que são manifestados taes conceitos e propositos, no silencio do governo brasileiro que não fez ouvir em Londres uma unica palavra de protesto e ainda em certos trechos do artigo em apreço e nos convenceremos de que os imperialistas contam com a criminosa cumplicidade de personalidades politicas e administrativas do Brasil: «A iniciativa desse controle deve provir dos proprios brasileiros. Não póde ser-lhes imposto. Sei, porém, que **muitos dos meus amigos brasileiros o acolheriam com prazer**».

Em outro trecho do seu affrontoso artigo esse agente ostensivo do imperialismo inglez lamenta a situação da Leopoldina Railway, «obrigada a ter tarifas insufficientes».

Em face desse ardôr com que o imperialismo advoga novas facilidades para suas emprezas á custa da miseria do povo brasileiro, occorrem-nos aquellas palavras da carta de Luiz Carlos Prestes: «A luta contra o imperialismo precisa ser diaria, em em todo o paiz, contra suas menores manifestações. Só lutando pelo augmento dos salarios nas empresas imperialistas, contra os altos fretes das estradas de ferro, dos bondes, barcas, etc., e contra todas as outras manifestaçoes da exploração imperialista, conseguirá realmente a Alliança Nacional Libertadora reunir os verdadeiros nacional-revolucionarios.

Esse ardôr dos advogados do imperialismo mostra-nos que a questão dos fretes e salarios nas emprezas imperialistas não é uma questão mesquinha e secundaria mas, ao contrario, fundamental não só porque fére directamente os os interesses imperialistas, defendendo a nossa população como tambem porque fornece um criterio objectivo que nos permitte determinar quaes os verdadeiros anti-imperialistas.

Realmente, a onda formidavel de indignado protesto com que o povo brasileiro saberá responder aos conceitos insultuosos e aos propositos de dominação do imperialismo póde obrigar os demagogos, temerosos de se desmascararem perante a opinião do paiz, a proferir hypócritas palavras de patriotismo offendido. Mas nas lutas diarias os demagogos serão forçados a tirar a mascara.

Cumpre salientar ainda que a publicação desse artigo attentatório á nossa soberania é um verdadeiro balão de ensaio lançado pelo imperialismo inglez afim de avaliar até que ponto póde avançar no momento em seus propósitos de dominação. Com o nosso protesto mais decidido rasquemos esse balão.

(*Vêr artigo «Imperialismo e Latifundio», pag. 3*)

LA DIFESA | *São Paulo*

CONSELHO EDITORIAL	ANTONIO PICCAROLO (DIRETOR 7.04.1923 A 1926); FRANCESCO FROLA (DIRETOR 1926-1930), ANTONIO PICCAROLO, MARIO MARIANI, NICOLA CILLA (DIRETORES 1930-1934).
PERFIL	SOCIALISTA, ANTIFASCISTA
PERIODICIDADE	QUINZENAL (7.04.1923 A 26.06.1924). POSTERIORMENTE, TORNOU-SE DIÁRIO, COM EDIÇÕES SEMANAIS OU QUINZENAIS.
LOCAL DA EDIÇÃO	SÃO PAULO (SP)

Histórico

A fundação do jornal *La Difesa* pode ser considerado um marco no movimento antifascista no Brasil e, especialmente, em São Paulo. Surgiu oficialmente em 7 de abril de 1923 por iniciativa de um grupo de militantes políticos e intelectuais italianos liderados pelo jornalista e economista Antonio Piccarolo. Veio para substituir o jornal *Il Piccolo* que, nesta época, havia debandado para o lado do fascismo, apesar das intervenções contrárias de Piccarolo. Assim, o aparecimento de *La Difesa* insere-se na história do movimento antifascista brasileiro que, segundo o historiador João Fábio Bertonha, deve ser entendido como o encontro de diferentes tendências do antifascismo italiano em São Paulo.

A primeira organização antifascista, a Unione Democratica, surgiu no Rio de Janeiro em dezembro de 1924 liderada por um grupo de italianos dentre os quais Giovanni Infante e Giovanni Scala. Concomitantemente, surgiram outras associações em diferentes Estados brasileiros como a Azzociazone Giacomo Matteotti (São Paulo, SP), Fronte Unico Antifascista (Curitiba, PR) e Liga Internacional de Defesa Democrática (Belo Horizonte, MG). Em São Paulo – principal centro aglutinador dos imigrantes italianos radicados no Brasil – articularam-se várias sessões da Unione Democratica na tentativa de pressionar a queda do fascismo na Itália. Neste contexto, criou-se o *La Difesa* financiado basicamente com recursos das lojas maçônicas.

A trajetória deste jornal pode ser analisada em três fases distintas que, por sua vez, demonstram que o movimento antifascista não foi um bloco monolítico. Tensão e emoção, além de conflitos ideológicos, determinavam o conteúdo das colunas que, nem sempre dialogavam entre si. Assim, a partir das concepções de sociedade e mudança social defendidas pelos diretores do *La Difesa*, podemos nos referir as três fases distintas: Piccarolo (1923-1926), Frola (1926-1930) e do "triunvirato" Piccarolo, Mariani e Cilla.

Durante a fase Piccarolo, *La Difesa* expressou as polêmicas que caracterizavam o movimento antifascista em São Paulo que buscava diretrizes para uma ação social eficaz. Definir-se por uma ou outra corrente (monarquica ou republicana), optar por estratégias violentas ou não, enfatizar a luta contra o comunismo ou fazer uma revolução radical, eram iniciativas que exigiam forte liderança. A rígida postura socialista reformista de Piccarolo, assim como seu antifascismo intelectual, entraram em conflito com Frola, cuja visão de sociedade e mudança social delinearam a segunda fase de *La Difesa*. Para Piccarolo, a implantação do socialismo como solução para os problemas sociais decorrentes da destruição do Estado de direito ou democrático na Itália dependeria de um lento processo de conscientização dos trabalhadores com base na educação. E, ao seu ver, tanto o comunismo como o fascismo deveriam ser interpretados como ditaduras. Tal postura afastou Piccarolo e seu grupo da edição de *La Difesa* levando-os a fundar o jornal *Il Risorgimento* em 1928, sendo ambos financiados por lojas maçônicas.

Em 1924, *La Difesa* teve sua publicação interrompida em conseqüência da Revolução Paulista de 1924, sendo retomada em 25 de dezembro deste mesmo ano, ainda sob a

ANNO XII — N.° 488 — COPIA 200 reis

DIRETTORE: BIXIO PICCIOTTI

Sede del giornale: PRAÇA DA SÉ, 42 — 2° Sobreloja - Sala 63

Per invio di corrispondenza: Caixa Postal, 616 — S. PAULO

La Difesa

ORGANO SETTIMANALE DELL'ANTIFASCISMO

Monito agli italiani

Lottate contro il fascismo, non giá dicendo delle cose che non si fanno, ma facendo delle cose che non si dicono.

Giacomo Matteotti

ABBONAMENTI: UN ANNO 20$000 — UN SEMESTRE 11$000 — UN TRIMESTRE 6$000

S. PAULO — SABATO, 3 MARZO 1934

ESCE OGNI SABATO

L'orgia di sangue e di menzogne IN AUSTRIA

L'INFEZIONE FASCISTA

I PRECEDENTI DEL RECENTE MASSACRO

LA STORIA NON PAGA IL SABATO!

ODA OLBERG, redattrice dell'"Arbeiter Zeitung" di Vienna.

PER TENERE AL CORRENTE I LETTORI

Non per rispondere, perché, già lo dissi, la risposta, già pronta, sará pubblicata altrove, non in queste colonne; ma solamente per mantenere al corrente i lettori de "La Difesa".

Aristides Lobo, il bonzo della camorra, continua ad imperversare, ad accumulare bugie e contraddizioni gustosissime, sopratutto a raccogliere tutte le parolacce piu' sudice che si trovano nel vocabolario per scagliarmele contro; il che altamente mi onora, data la fonte donde vengono.

Finora, peró, i fatti tanto decantati e preannunziati non son venuti. Coraggio, sor Aristides, fatti, fatti ci vogliono, se non vuole, invece di lobo, essere chiamato semplice can da pagliaio.

A. Piccarolo.

La mistica fascista

direção de Piccarolo. Em suas matérias, persistiam influências maçônicas que, em 1931, foram criticadas pelos socialistas do Gruppo Socialista Giacomo Matteotti, que definiram o jornal como "folheto semiclandestino de inspiração maçônica" (cf. *Lo Spaghetto*, 5.07.1931).

A segunda fase de *La Difesa* – definida como mais ágil e agressiva – coincide com a chegada do italiano Francesco Frola que, além da direção do jornal, assumiu o controle da Unione Democratica em São Paulo – cujo nome foi alterado para Lega Antifascista – e influenciou a Lega Italiana dei Diritti dell'Uomo do Rio de Janeiro. Com a chegada de Frola uma calorosa polêmica instalou-se com Piccarolo e seu grupo, alimentando o debate em torno de algumas questões que implicavam optar por um fascismo de massa ou por um fascismo intelectual. Frola tinha como meta garantir a união dos antifascistas, independente das graduações de suas divergências. Ao seu ver, a batalha deveria ser "comum e fraternal", envolvendo republicanos, socialistas, filocomunistas e anarquistas. Um artigo publicado pelo *La Difesa* em 1 de maio de 1927 informava que o jornal havia ampliado o número de assinantes de centenas para cinco mil, e o número de cópias de 1.500 para 12.000. Segundo estudos de João Fábio Bertonha, a visão anticomunista e mais tolerante de Frola, possibilitou a colaboração com o *La Difesa* de ativistas libertários (Oreste Ristori e Alessandro Cerchiai) e comunistas (Goffredo Rosini e Ertulio Esposito). Vincenzo Vacirca e Giovanni Scala, inimigos declarados de Piccarolo, foram também chamados a colaborar com o jornal. O trotskista Goffredo Rosini – que mais tarde irá sugerir a criação de uma frente única antifascista e do jornal *O Homem Livre* –, atuava como articulista do *La Difesa*.

A fase do "triunvirato" Antonio Piccarolo, Mario Mariani e Nicola Cilla implicou a derrota de Frola que, afastado da direção do *La Difesa*, criou a revista *Socialismo* (periódico dedicado a divulgar o socialismo, o antifascismo, bibliografia e boletins informativos sobre organizações e instituições mundiais na órbita da luta contra o capitalismo, o fascismo e o dogma religioso). Neste período, Mariani reconduziu a Lega Antifascista ao seio da Concentrazione local que, até então (1928-1930), estivera nas mãos de Piccarolo. Enquanto extensão da Concentrazione francesa, a versão brasileira tinha como porta-voz o jornal *La Libertà*. Este era o momento da proliferação das frentes antifascistas e fascistas no mundo. No Brasil surgiram a FUA- Frente Única Antifascista (por sugestão dos trotskistas) e a ANL- Aliança Nacional Libertadora.

Motivo da Apreensão

Foi nesta época que o policial Luiz Apolônio, vizinho dos Gattai, entrou para as memórias de Zélia Gattai, autora do livro *Anarquistas, Graças a Deus*. Fora de cena, os anarquistas já não incomodavam tanto quanto os comunistas eleitos como "inimigo nº 1" da ditadura Vargas. Associados à imagem de sangue e violência, os líderes do movimento comunista foram presos e condenados pela Lei de Segurança Nacional, ironicamente apelidada de "Lei Monstro". Ernesto Gattai tornou-se duplamente perigoso por ser estrangeiro, ex-anarquista e comunista. As culpas do passado somadas às acusações do presente lhe renderam quatro meses e treze dias de prisão (ainda que condenado a sete meses e quinze dias), além de um inquérito de expulsão do território nacional, ato não consumado.

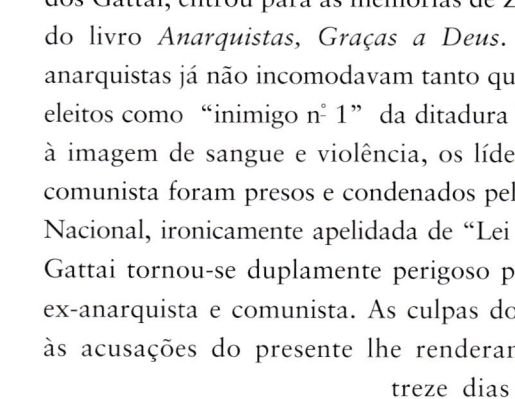

La Difesa
ORGANO SETTIMANALE DELL'ANTIFASCISMO

Ao cruzarmos as lembranças de Zélia com o conteúdo destes registros policiais percebemos que a vida dos Gattai havia mudado de rumo. A polícia de São Paulo afirmou ter encontrado na residência de Ernesto, "papéis comunistas" secretamente guardados em uma almofada ou na fronha do travesseiro de dormir. Interrogada, D. Angelina, em Termo de Declarações lavrado em 27 de fevereiro de 1937, informou "ignorar tais documentos que haviam sido encontrados em um terreno baldio: 'Guardou-os... sem malícia alguma'". Zélia Gattai, em suas memórias, recorda-se deste incidente que culminou com o confisco de alguns títulos da pequena e manuseada biblioteca da família. Comprometidos pela cor vermelha da encadernação, foram selecionados para confisco os clássicos *Os Trabalhadores do Mar*, *Os Miseráveis*, *Notre-Dame de Paris*, de Victor Hugo, *Acuso* de Émile Zola e *Dramas Anarquistas*, de Pietro Guóri, dentre outros.

Durante uma outra batida policial realizada em 15 de janeiro de 1937, desta vez na oficina de Ernesto Gattai – localizada na rua Theodoro Sampaio, nº 189, no bairro de Pinheiros – os investigadores localizaram centenas de documentos "comprometedores". Lavrou-se o Auto de Exibição e Apreensão do material subversivo encontrado na oficina de Ernesto Gattai. Mais de duzentos exemplares de jornais foram confiscados e seus títulos devidamente anotados, sem qualquer outra referência como: número da publicação, data etc.: 108 exemplares do jornal *A Plebe*, 85 exemplares do jornal *A Lanterna*, 2 exemplares do jornal *Spaghetto*, dois exemplares do jornal *La Difesa*, e exemplares do periódico L'*Aduanata dei Refrattari*, um exemplar de *L'Alba Rossa*, um exemplar de *Il Risveglio Anarchico*, 1 exemplar do livro *Evolução, Revolução e Ideal Anarquista*. Nenhum destes periódicos encontra-se anexado ao prontuário de Gattai. Considerando que o jornal *La Difesa* circulou até 1934, optamos por reproduzir um dos seus exemplares como amostragem de uma das edições. Coletânea deste periódico pode ser consultada junto ao Arquivo Edgar Leuenroth (Unicamp, Campinas).

Prontuário: 4.688
Prontuariado: Ernesto Gattai
Remissão: 152, 173, 416, 1.014 e 1.319

L'ITALIA (LA DIFESA) | *São Paulo*

Histórico

CONSELHO EDITORIAL	MARIO MARIANI (EDITOR), BIXIO PICCIOTTI (DIRETOR RESPONSÁVEL)
PERFIL	ANTIFASCISTA
PERIODICIDADE	DIÁRIO
LOCAL DA EDIÇÃO	SÃO PAULO (SP)

L'Italia, Organo Dell'Antifascismo in Brasile, foi fundado em 1931 por Mario Mariani e circulou até 1933 enquanto extensão do jornal *La Difesa,* Organo Settimanale Degli Uomi Liberi (1923-1934). Tinha como sede de sua redação o Palacete Santa Helena, localizado na Praça da Sé, nº 13, no centro de São Paulo. Publicado em italiano, dirigia-se ao público antifascista convocado pela campanha: "Se si veramente antifascista abbonatia a L'Italia. Questo é il tuo giornale: diffondilo e difendilo!"

O perfil do *L'Itália* encontra-se atrelado às dissidências manifestas dentro do movimento fascista brasileiro e às histórias de vida de Mario Mariani, seu fundador, e de Bixio Picciotti, seu redator-chefe. Mario Mariani – que anunciava a vitória final do socialismo – sempre procurou demonstrar os limites do marxismo. Insistia na independência dos partidos e no direito de autodecisão dos povos; era a favor do amor livre, da abolição dos bens móveis e imóveis, além de criticar abertamento o Parlamento italiano definido como "uma inútil academia de advogados e sentina de todas as corrupções". Ligado a Mario Lobo e Itaiuty Carneiro Magalhães, este líder ferroviário dedicou-se à imprensa e a propaganda antifascista pelo interior do Estado de São Paulo. A Polícia Política, atenta aos seus movimentos, registrou suas conferencias nas cidades interioranas de Botucatu, Bauru e Assis, dentre outras.

Bixio Picciotti, nascido em Roma, era arquiteto, veterano de guerra e filho de tradicional família republicana. Por estar ligado ao Partido Republicano Italiano e envolvido em conflitos com os fascistas, foi forçado a deixar sua terra natal e refugiar-se no Brasil em fins de 1925. Tornou-se líder da reorganização o movimento antifascista em São Paulo, tendo seu nome ligado ao surgimento da Azzociazone Repubblicana Italiana Giuseppe Mazzini (13.03.1928), da primeira seção oficial do PRI – Partido Republicano Italiano criado em São Paulo (11.04.1929) e ao Movimento dos Italianos Livres (1942/43). Aparentemente, a seção de São Paulo do PRI manteve-se unida à Concentrazione, postura coerente com sua fidelidade a Piccarolo e aos socialistas reformistas conforme demonstrou João Fábio Bertonha em seu estudo *Sob a Sombra de Mussolini.* Este tema foi tratado pelo *L'Italia* publicado em 12.11.1932, sob o título "PRI in Brasile – L'Assemblea della Ezione di San Paolo".

Em 10.03.1932, o jornal fascista *Il Pasquino Coloniale* anunciou um necrológico satirizando a "morte" do jornal *L'Italia.* Mas, com base nos exemplares apreendidos pelo DEOPS/SP, constatamos que, em março de 1933, ele ainda estava em circulação. O anúncio, ferino como uma farpa, trazia o título *L'Italia di Cagoia* e afirmava:

> Il padre putativo Mariano Mariani, la madre Donna Nicolina Cilla in Mariani, il cognato Bichio Picciotti, il genero Mariani Domenico, comunicano a questa piazza e a quanti possa interessar la morte prematura e repentina, per quanto prevista, della loro ITALIA straziata, durante tre mesi, da crudele malattia. Per volontá dei superstiti si prega di non mandare né fiori, ne maledizioni, né chiodo per la bara.

Este texto expressa, antes demais nada, o persistente embate entre fascistas e antifascistas cuja dimensão pode ser reconstituída através de uma análise comparativa entre jornais representativos deste antagonismo. Por outro lado é possível também avaliarmos como este enfrentamento se proces-

ANNO VIII — N.° 464 S. PAOLO — SABATO, 14 GENNAIO 1933 PREZZO: 200 REIS

L'ITALIA

ORGANO DELL'ANTIFASCISMO IN BRASILE [La Difesa]

Redazione e Amministrazione: PRAÇA DA SÉ, 53 (Palacete Sta. Helena) 1.° andar - Sala, 118. CAIXA POSTAL, 1444 — SÃO PAULO

Abbonamenti: Anno 20$000 — Semestre 10$000 — Trimestre 5$000

Direttore responsabile: BIXIO PICCIOTTI

Per annunzi e pubblicità rivolgersi all'Amministrazione.

COMPAGNO SE SEI VERAMENTE ANTIFASCISTA ABBONATI A "L'ITALIA". QUESTO E' IL TUO GIORNALE: DIFFONDILO E DIFENDILO!

L'ordine regna in Italia

Sintomi rivoluzionari

Dopo le elezioni in Germania

Come la pensano gli operai e come agiscono i capi

UMBERTO ERRANTE

Amori semi-reali e donnine costrette a prendere il largo

Antifascisti!

Rinnovate subito l'abbonamento a L'ITALIA per l'anno 1933.

sava ou não nos limites da colônia italiana radicada em São Paulo. Picciotti, por exemplo, costumava proferir palestras dedicada aos trabalhadores junto a FOSP – Federação Operária de São Paulo e, em 1933, atuava como redator-chefe do *L'Italia*. Fichado pelo DEOPS, foi chamado a prestar declarações sob o referido jornal, cuja situação encontrava-se "irregular" junto ao Departamento de Censura.

Razão da Apreensão

Dois exemplares do *L'Italia* (nº 464, de 14 janeiro de 1933 e nº 469, de 25 de março de 1933) encontram-se anexados ao prontuário de Bixio Picciotti que, em 1933 foi chamado ao DEOPS/SP para prestar declarações sobre a situação ilegal do periódico. Questionado pela autoridade policial sobre o conteúdo político do *L'Italia*, Picciotti afirmou que o jornal "não tratava de assuntos sobre a revolução e nem de questões políticas"; razão pela qual imaginava que estava dispensado de qualquer tipo de censura. Anexo aos autos, identificamos uma portaria de 9 de abril de 1933 que afirma ter chegado aos conhecimentos do DEOPS a informação de que o jornal circulava sem atender as prescrições exigidas pelo Departamento de Censura. Diante do fato, o delegado solicitou que o pedido de autorização retornasse "concluso com os números do jornal em apreço".

O nº *462*, de 14 janeiro de 1933, além de denunciar torturas e protestar contra Mussolini ("Abaixo Mussolini!"), enfatiza – em comunicado assinado pela Comissão Executiva da Federação Operária de São Paulo, de 13 de janeiro de 1932 – a necessidade da mobilização do operariado brasileiro na luta contra o fascismo. Na coluna Demolicione , I. Piccione, assina o artigo "Dois Pesos e Duas Medidas". Uma série de pequenas notas informam sobre a criação do Centro de Cultura Social em São Paulo, a constituição da Liga Operária da Penha, o Sindicato dos Trabalhadores em Cerâmica e Afins, a Liga Operária em Construção Civil e a União dos Trabalhadores da Light.

O nº 469 de 25 de março de 1933 traz um artigo de Nicola Cilla sobre a economia e as finanças da Itália sob o fascismo, e outro assinado por Pedro Montasini sobre propriedade coletiva. Vicenzo Guerriero, na coluna "Pequenas Notícias" escreve sobre o mundo que se viu contra a infâmia fascista. Artigos (não assinados) comentam sobre a questão da imigração italiana relacionada à indústria e à lavoura na Itália; e sobre o movimento operário europeu em diferentes países, incluindo o Brasil. A maioria dos textos encontram-se publicados em italiano. Um anúncio em português faz propaganda do Instituto Paulista de Surdos e Mudos.

Data da apreensão

1933

Prontuário: 999
Prontuariado: Bixio Picciotti
Remissão: 152, 173, 416, 1.014 e 1.319

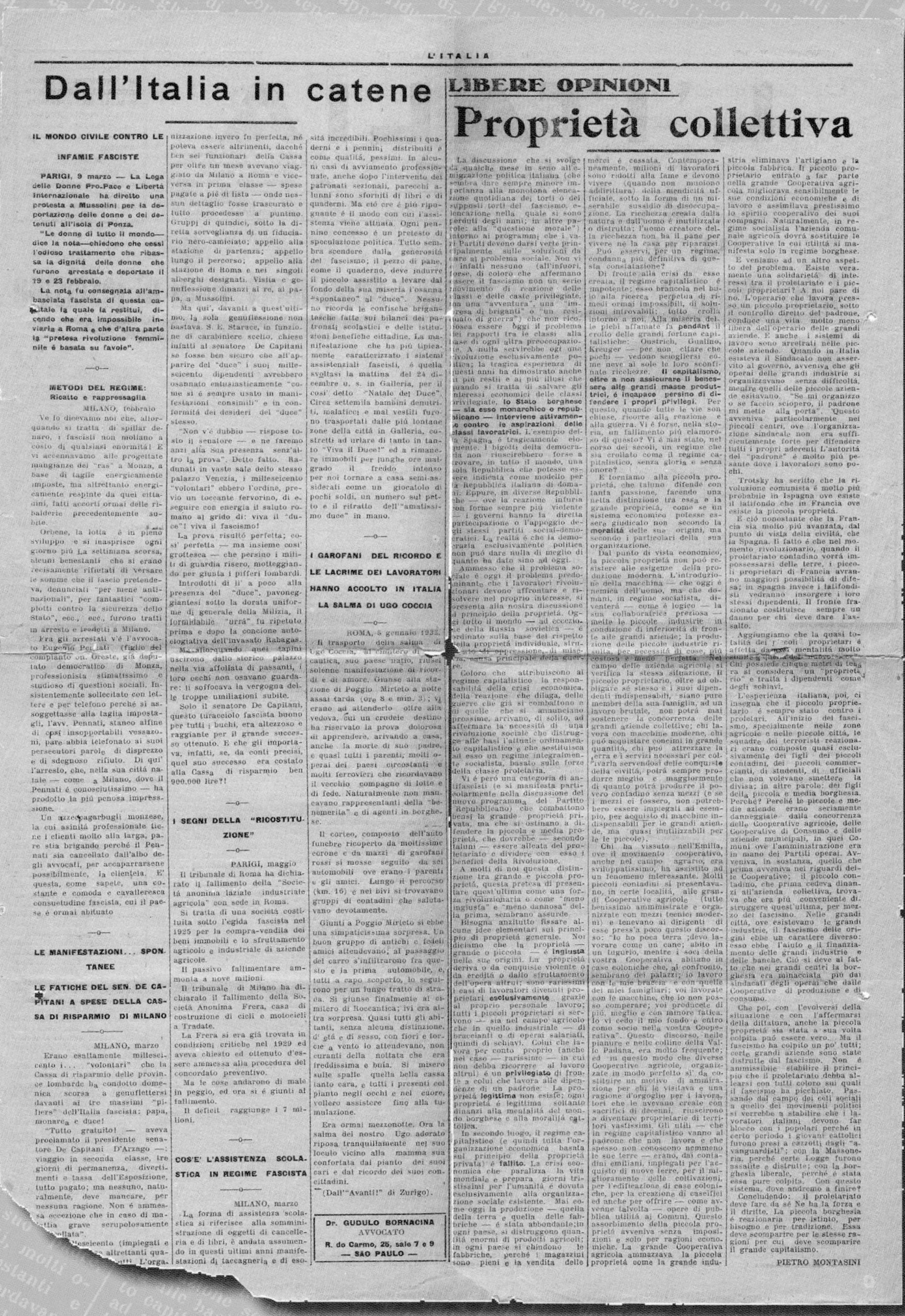

L'ITALIA

Dall'Italia in catene

IL MONDO CIVILE CONTRO LE INFAMIE FASCISTE

PARIGI, 9 marzo — La Lega delle Donne Pro-Pace e Libertá Internazionale ha diretto una protesta a Mussolini per la deportazione delle donne e dei detenuti all'isola di Ponza.

"Le donne di tutto il mondo — dice la nota — chiedono che cessi l'odioso trattamento che ribassa la dignitá delle donne che furono arrestate e deportate il 19 e 23 febbraio.

La nota fu consegnata all'ambasciata fascista di questa capitale la quale la restitui, dicendo che era impossibile inviarla a Roma e che d'altra parte la "pretesa rivoluzione femminile é basata su favole".

—o—

METODI DEL REGIME: Ricatto e rappressaglia

MILANO, febbraio

Ve lo dicevamo noi che, allorquando si tratta di spillar denaro, i fascisti non mollano a costo di qualsiasi enormitá! E vi accennavamo alle progettate mangianze dei "ras" a Monza, a base di taglie energicamente imposte, ma altrettanto energicamente respinte da quei cittadini, fatti accorti ormai delle ribalderie precedentemente subite.

Orbene, la lotta é in pieno sviluppo e si inasprisce ogni giorno piú La settimana scorsa, alcuni benestanti che si erano recisamente rifiutati di versare le somme che il fascio pretendeva, denunciati "per mene antinazionali", per fantastici "complotti contro la sicurezza dello Stato", ecc., ecc., furono tratti in arresto e tradotti a Milano.

Fra gli arrestati v'é l'avvocato Eugenio Pennati (figlio del compianto on. Oreste, giá deputato democratico di Monza, professionista stimatissimo e studioso di questioni sociali. Insistentemente sollecitato con lettere e per telefono perché si assoggettasse alla taglia impostagli, l'avv. Pennati, stanco alfine di cosí insopportabili vessazoni, pare abbia telefonato ai suoi persecutori parole di disprezzo e di sdegnoso rifiuto. Di qui' l'arresto, che, nella sua cittá natale — come a Milano, dove il Pennati é conosciutissimo — ha prodotto la piú penosa impressione.

Un azzeccagarbugli monzese, la cui asinitá professionale tiene i clienti molto alla larga, pare stia brigando perché il Pennati sia cancellato dall'albo degli avvocati, per accaparrarsene possibilmente, la clientela. E' questa, come sapete, una costante e comoda e cavalleresca consuetudine fascista, cui il paese é ormai abituato

—o—

LE MANIFESTAZIONI... SPONTANEE

LE FATICHE DEL SEN. DE CAPITANI A SPESE DELLA CASSA DI RISPARMIO DI MILANO

—o—

MILANO, marzo

Erano esattamente milleseicento i... "volontari" che la Cassa di risparmio delle provincie lombarde ha condotto domenica scorsa a genuflettersi davanti ai tre massimi "pillers" dell'Italia fascista: papa, monarca e duce!

"Tutto gratuito! — aveva proclamato il presidente senatore De Capitani D'Arzago —: viaggio in seconda classe, tre giorni di permanenza, divertimenti e tassa dell'Esposizione, tutto pagato; ma nessuno, naturalmente, deve mancare, per nessuna ragione. Non é ammessa eccezione che in caso di ma[la]ttia grave scrupolosamente [contr]ollata".

[Mil]lesseicento (impiegati e [...] altrettanti qua[...] [...]tti. L'organizzazione invero fu perfetta, né poteva essere altrimenti, dacché ben sei funzionari della Cassa per oltre un mese avevano viaggiato da Milano a Roma e viceversa in prima classe — spese pagate a pié di lista — onde nessun dettaglio fosse trascurato e tutto procedesse a puntino. Gruppi di quindici, sotto la diretta sorveglianza di un fiduciario nero-camiciato; appello alla stazione di partenza; appello lungo il percorso; appello alla stazione di Roma e nei singoli alberghi designati. Visita e genuflessione dinanzi al re, al papa, a Mussolini.

Ma qui', davanti a quest'ultimo, la sola genuflessione non bastava. S. E. Starace, in funzione di carabiniere scelto, chiese infatti al senatore De Capitani se fosse ben sicuro che all'apparire del "duce" i suoi milleseicento dipendenti avrebbero osannato entusiasticamente "come si é sempre usato in manifestazioni consimili" e in conformitá dei desideri del "duce" stesso.

"Non v'é dubbio — rispose tosto il senatore — e ne faremo anzi alla Sua presenza senz'altro la prova". Detto fatto. Radunati in vaste sale dello stesso palazzo Venezia, i milleseicento "volontari" ebbero l'ordine, previo un toccante fervorino, di eseguire con energia il saluto romano al grido di: viva il "duce"! viva il fascismo!

La prova risultó perfetta; cosi' perfetta — ma insieme cosi' grottesca — che persino i militi di guardia risero, motteggiando per giunta i pifferi lombardi.

Introdotti di li' a poco alla presenza del "duce", pavoneggiantesi sotto la dorata uniforme di generale della Milizia, il formidabile "urrá" fu ripetuto prima e dopo la concione autoelogiativa dell'invasato Rabagas.

Ma allorquando quei tapini uscirono dallo storico palazzo nella via affollata di passanti, i loro occhi non osavano guardare: li soffocava la vergogna delle troppe umiliazioni subite.

Solo il senatore De Capitani, questo turacciolo fascista buono per tutti i buchi, era altezzoso e raggiante per il grande successo ottenuto. E che gli importava, infatti, se, da conti precisi, quel suo successo era costato alla Cassa di risparmio ben 900.000 lire?!

—o—

I SEGNI DELLA "RICOSTITUZIONE"

—o—

PARIGI, maggio

Il tribunale di Roma ha dichiarato il fallimento della "Societá anonima laziale industriale agricola" con sede in Roma.

Si tratta di una societá costituita sotto l'egida fascista nel 1925 per la compra-vendita dei beni immobili e lo sfruttamento agricolo e industriale di aziende agricole.

Il passivo fallimentare ammonta a nove milioni.

Il tribunale di Milano ha dichiarato il fallimento della Societá Anonima Frera, casa di costruzione di cicli e motocicli a Tradate.

La Frera si era giá trovata in condizioni critiche nel 1929 ed aveva chiesto ed ottenuto d'essere ammessa alla procedura del concordato preventivo.

Ma le cose andarono di male in peggio, ed ora si é giunti al fallimento.

Il deficit raggiunge i 7 milioni.

—o—

COS'E' L'ASSISTENZA SCOLASTICA IN REGIME FASCISTA

—o—

MILANO, marzo

La forma di assistenza scolastica si riferisce alla somministrazione di oggetti di cancelleria e di libri, è andata assumendo in questi ultimi anni manifestazioni di taccagneria e di esositá incredibili. Pochissimi i quaderni e i pennini distribuiti e come qualitá, pessimi. In alcuni casi di avviamento professionale, anche dopo l'intervento dei patronati sezionali, parecchi alunni sono sforniti di libri e di quaderni. Ma ció cre é piú ripugnante é il modo con cui l'assistenza viene attuata. Ogni pennino concesso é un pretesto di speculazione politica. Tutto sembra scendere dalla generositá del fascismo; il pezzo di pane, come il quaderno, deve indurre il piccolo assistito a levare dal fondo della sua miseria l'osanna "spontaneo" al "duce". Nessuno ricorda le confische brigantesche fatte sui bilanci dei patronati scolastici e delle istituzioni benefiche cittadine. La manifestazione che ha piú tipicamente caratterizzato i sistemi assistenziali fascisti, é quella svoltasi la mattina del 24 dicembre u. s. in Galleria, per il cosi' detto "Natale del Duce". Circa settemila bambini denutriti, malaticci e mal vestiti furono trasportati dalle piú lontane zone della cittá in Galleria, costretti ad urlare di tanto in tanto "Viva il Duce!" ed a rimanere immobili per lunghe ore malgrado il freddo intenso per noi tornare a casa semi-assiderati come un giocatolo di pochi soldi, un numero sul petto e il ritratto dell'"amatissimo duce" in mano.

—o—

I GAROFANI DEL RICORDO E LE LACRIME DEI LAVORATORI HANNO ACCOLTO IN ITALIA LA SALMA DI UGO COCCIA

—o—

ROMA, 5 gennaio 1933.

Il trasporto della salma di Ugo Coccia, al cimitero di [Rocc]antica, suo paese natio, riusci solenne manifestazione di ricordi e di amore. Giunse alla stazione di Poggio Mirteto a notte assai tarda (ore 8 e min. 3); vi erano ad attenderlo oltre alla vedova, cui un crudele destino ha riservato la prova dolorosa di apprendere, arivando a casa, anche la morte di suo padre, e quasi tutti i parenti; molti operai dei paesi circostanti e molti ferrovieri che ricordavano il vecchio compagno di lotte e di fede. Naturalmente non mancavano rappresentanti della "benemerita" e di agenti in borghese.

Il corteo, composto dell'auto funebre ricoperto da moltissime corone e da mazzi di garofani rossi si mosse seguito da sei automobili ove erano i parenti e gli amici. Lungo il percorso (km. 16) e nei bivi si trovavano gruppi di contadini che salutavano devotamente.

Giunti a Poggio Mirteto si ebbe una simpaticissima sorpresa. Un buon gruppo di antichi e fedeli amici attendevano; al passaggio del carro s'infiltrarono fra questo e la prima automobile, e, tutti a capo scoperto, lo seguirono per un lungo tratto di strada. Si giunse finalmente al cimitero di Roccantica; ivi era altra sorpresa. Quasi tutti gli abitanti, senza alcuna distinzione, d'etá e di sesso, con fiori e torcie a vento lo attendevano, non curanti della nottata che era freddissima e buia. Si misero sulle spalle quella bella cassa tanto cara, e tutti i presenti col pianto negli occhi e nel cuore, vollero assistere fino alla tumulazione.

Era ormai mezzonotte. Ora la salma del nostro Ugo adorato riposa tranquillamente nel suo loculo vicino alla mamma sua confortata dal pianto dei suoi cari e dal ricordo dei suoi concittadini.

(Dall'"Avanti!" di Zurigo).

Dr. GUDULO BORNACINA
AVVOCATO
R. do Carmo, 25, sale 7 e 9
— SAO PAULO —

LIBERE OPINIONI

Proprietà collettiva

La discussione che si svolge da qualche mese in seno all'emigrazione politica italiana (che sembra dare sempre minore importanza alla monotona elencazione quotidiana dei torti o dei supposti torti del fascismo, elencazione nella quale si sono perduti degli anni; in altre parole: alla "questione morale") intorno ai programmi che i vari Partiti devono darsi verte principalmente sulle soluzioni da dare al problema sociale. Non vi é infatti nessuno (all'infuori, forse, di coloro che affermano essere il fascismo non un serio movimento di reazione delle classi e delle caste privilegiate, ma una "avventura", una "impresa di briganti" o "un residuato di guerra") che non riconosca essere oggi il problema dei rapporti tra le classi alla base di ogni altra preoccupazione. A nulla servirebbe ogi una rivoluzione esclusivamente politica; la tragica esperienza di questi anni ha dimostrato anche ai piú restii e ai piú illusi che quando si tratta di salvare gli interessi economici delle classi privilegiate, **lo Stato borghese — sia esso monarchico o repubblicano — interviene attivamente contro le aspirazioni delle classi lavoratrici.** L'esempio della Spagna é tragicamente eloquente. I bigotti della democrazia non riuscirebbero forse a trovare, in tutto il mondo, una sola Repubblica che potesse essere indicata come modello per la Repubblica italiana di domani. Eppure, in diverse Repubbliche — ove la reazione infuria con forme sempre piú violente — i governi hanno la diretta partecipazione o l'appoggio degli stessi partiti social-democratici. La realtá é che la democrazia esclusivamente politica non puó dare nulla di meglio di quanto ha dato sino ad oggi.

Ammesso che il problema sociale é oggi il problema predominante che i lavoratori rivoluzionari devono affrontare e risolvere nel proprio interesse, si presenta alla nostra discussione il principio della proprietá. Oggi tutto il mondo — ad eccezione della Russia sovietica — é ordinato sulla base del rispetto della proprietá individuale, strumento di oppressione, di miseria, causa principale delle guerre.

Coloro che attribuiscono al regime capitalistico la responsabilitá della crisi economica, della reazione che dilaga, delle guerre che giá si combattono e di quelle che si annunciano prossime, arrivano, di solito, ad affermare la necessitá di una rivoluzione sociale che distrugga alle basi l'attuale ordinamento capitalistico e che sostituisca ad esso un regime integralmente socialista, basato sulle forze della classe proletaria.

Vi é peró una categoria di antifascisti (e si manifesta particolarmente nella discussione del nuovo programma del Partito Repubblicano) che combattono bensí la grande proprietá privata, ma che si ostinano a difendere la piccola e media proprietá, che dovrebbe — secondo taluni — essere alleata del proletariato e dividere con esso i benefici della Rivoluzione.

A molti di noi questa distinzione tra grande e piccola proprietá, questa pretesa di presentare quest'ultima come una forza rivoluzionaria e come "meno ingiusta" e "meno dannosa" della prima, sembrano assurde.

Bisogna anzitutto fissare alcune idee elementari sul principio di proprietá generale. Noi diciamo che la proprietá — grande o piccola — é **ingiusta** nelle sue origini. La proprietá deriva o da conquiste violente o da ereditá o dallo sfruttamento dell'opera altrui; sono rarissimi i casi di lavoratori divenuti proprietari **esclusivamente** grazie al proprio personale lavoro; tutti i piccoli proprietari si servono — sia nel campo agricolo che in quello industriale — di braccianti o di operai salariati, quindi di schiavi. Colui che lavora per conto proprio (anche nel caso — rarissimo — in cui non debba ricorrere al lavoro altrui) é un **privilegiato** di fronte a colui che lavora alle dipendenze di un padrone. La proprietá **legittima** non esiste; ogni proprietá é legittima soltanto dinanzi alla mentalitá del mondo borghese e alla moralitá cattolica.

In secondo luogo, il regime capitalistico (e quindi tutta l'organizzazione economica basata sul principio della proprietá privata) é **fallito**. La crisi economica che paralizza la vita mondiale e prepara giorni tristissimi per l'umanitá é dovuta esclusivamente alla organizzazione sociale esistente. Mai come oggi la produzione — quella della terra e quella delle fabbriche — é stata abbondante; in ogni paese, si distruggono quantitá enormi di prodotti agricoli; in ogni paese si chiudono le fabbriche, perché i magazzini sono pieni e la vendita delle merci é cessata. Contemporaneamente, milioni di lavoratori sono ridotti alla fame e devono vivere (quando non muoiono addirittura) della mendicitá ufficiale, sotto la forma di un miserabile sussidio di disoccupazione. La ricchezza creata dalla natura e dall'uomo é inutilizzata o distrutta; l'uomo creatore della ricchezza non ha il pane per vivere né la casa per ripararsi.

Puó esservi, per un regime, condanna piú definitiva di questa constatazione?

Di fronte alla crisi da esso creata, il regime capitalistico é impotente; esso brancola nel buio alla ricerca perpetua di rimedi ormai impossibili, di soluzioni introvabili; tutto crolla intorno a noi. Alla miseria delle plebi affamate fa **pendant** il crollo delle grandi fortune capitalistiche: Oustrich, Gualino, Kreuger — per non citare che pochi — vedono sciogliersi come neve al sole le loro sconfinate ricchezze. **Il capitalismo, oltre a non assicurare il benessere alle grandi masse produttrici, é incapace persino di difendere i propri privilegi.** Per questo, quando tutte le vie son chiuse, ricorre alla reazione e alla guerra. Vi é forse, nella storia, un fallimento piú clamoroso di questo? Vi é mai stato, nel corso dei secoli, un regime che sia crollato come il regime capitalistico, senza gloria e senza onore?

E torniamo alla piccola proprietá, che taluno difende con tanta passione, facendo una netta distinzione tra essa e la grande proprietá, come se un sistema economico potesse essere giudicato non secondo la **moralitá** delle sue origini, ma secondo i particolari della sua organizzazione.

Dal punto di vista economico, la piccola proprietá non puó resistere alle esigenze della produzione moderna. L'introduzione della macchina — che oggi é nemica dell'uomo, ma che domani, in regime socialista, diventerá — come é logico — la sua collaboratrice preziosa — mette le piccole industrie in condizione di inferioritá di fronte alle grandi aziende; la produzione delle piccole industrie risulta, per necessitá di cose, piú costosa e meno perfetta. Nel campo delle aziende agricole si verifica la stessa situazione. Il piccolo proprietario, oltre ad obligare sé stesso e i suoi dipendenti indispensabili, siano pure membri della sua famiglia, ad un lavoro brutale, non potrá mai sostenere la concorrenza delle grandi aziende collettive; chi lavora con macchine moderne, chi puó acquistare concimi in grande quantitá, chi puó attrezzare la terra e i servizi necessari per coltivarla servendosi delle conquiste della civiltá, potrá sempre produrre meglio e maggiormente di quanto potrá produrre il povero contadino senza mezzi (e se i mezzi ci fossero, non potrebbero essere impiegati ad esempio, per acquisto di macchine indispensabili per le grandi aziende, ma quasi inutilizzabili per le le piccole).

Chi ha vissuto nell'Emilia, ove il movimento cooperativo, anche nel campo agrario, era sviluppatissimo, ha assistito ad un fenomeno interessante. Molti piccoli contadini si presentavano, in certe localitá, alle grandi Cooperative agricole (tutte benissimo amministrate e organizzate con mezzi tecnici moderni) e tenevano ai dirigenti di esse press'a poco questo discorso: "Io ho poca terra; devo lavorare come un cane; abito in un tugurio, mentre i soci della vostra Cooperativa abitano in case coloniche che, al confronto, sembrano dei palazzi; io lavoro con le mie braccia e con quelle dei miei famigliari; voi lavorate con le macchine, che io non posso comperare; voi producete di piú, meglio e con minore fatica. Io vi cedo il mio fondo e entro como socio nella vostra Cooperativa". Questo discorso, nelle pianure e nelle colline della Valle Padana, era molto frequente; ed in questo modo che diverse Cooperative agricole, organizzate in modo perfetto si' da costituire un motivo di ammirazione per chi le visitava e una ragione d'orgoglio per i lavoratori che le avevano create con sacrifici di decenni, riuscirono a diventare proprietarie di territori vastissimi. Gli utili — che in regime capitalistico vanno al padrone che non lavora e che spesso non conoscono nemmeno le sue terre — erano, dai contadini emiliani, impiegati per l'acquisto di nuove terre, per il miglioramento delle coltivazioni, per l'edificazione di case coloniche, per la creazione di caseifici ed anche per offrire — come avvenne talvolta — opere di pubblica utilitá ai Comuni. Questo assorbimento della piccola proprietá avveniva senza imposizioni e solo per ragioni economiche. La grande Cooperativa agricola ammazzava la piccola proprietá come la grande industria eliminava l'artigiano e la piccola fabbrica. Il piccolo proprietario entrato a far parte della grande Cooperativa agricola migliorava sensibilmente le sue condizioni economiche e di lavoro e assimilava prestissimo lo spirito cooperativo dei suoi compagni. Naturalmente, in regime socialista l'azienda comunale agricola dovrá sostituire le Cooperative la cui utilitá si manifesta solo in regime borghese.

E veniamo ad un altro aspetto del problema. Esiste veramente una solidarietá di interessi tra il proletariato e i piccoli proprietari? A noi pare di no. L'operario che lavora presso un piccolo proprietario, sotto il controllo diretto del padrone, conduce una vita molto meno libera dell'operario delle grandi aziende. E anche i sistemi di lavoro sono arretrati nelle piccole aziende. Quando in Italia esisteva il Sindacato non asservito al governo, avveniva che gli operai delle grandi industrie si organizzavano senza difficoltá, mentre quelli delle piccole aziende esitavano. "Se mi organizzo o se faccio sciopero, il padrone mi mette alla porta". Questo avveniva particolarmente nei piccoli centri, ove l'organizzazione sindacale non era sufficientemente forte per difendere tutti i propri aderenti L'autoritá del "padrone" é molto piú pesante dove i lavoratori sono pochi.

Trotsky ha scritto che la rivoluzione comunista é molto piú probabile in Ispagna ove esiste il latifondo che in Francia ove esiste la piccola proprietá.

E ció nonostante che la Francia sia molto piú avanzata, dal punto di vista della civiltá, che la Spagna. Il fatto é che nel momento rivoluzionario, quando il proletariato contadino vorrá impossessarsi delle terre, i piccoli proprietari di Francia avranno maggiori possibilitá di difesa; in Spagna invece i latifondisti vedranno insorgere i loro stessi dipendenti. Il fronte frazionato costituisce sempre un danno per chi deve dare l'assalto.

Aggiungiamo che la quasi totalitá dei piccoli proprietari é affetta da una mentalitá molto [...] Chi possiede cinque metri di terra si considera un "proprietario" e tratta i dipendenti come degli schiavi.

L'esperienza italiana, poi, ci insegna che il piccolo proprietario é sempre stato contro i proletari. All'inizio del fascismo, specialmente nelle zone agricole e nelle piccole cittá, le squadre dei terroristi reazionari erano composte quasi esclusivamente dei figli dei piccoli contadini, dei piccoli commercianti, di studenti, di ufficiali che non volevano smettere la divisa; in altre parole: dei figli della piccola e media borghesia. Perché? Perché le piccole e medie aziende erano seriamente danneggiate dalla concorrenza delle Cooperative agricole, delle Cooperative di Consumo e delle aziende municipali, in quei Comuni ove l'amministrazione era in mano dei Partiti operai. Avveniva, in sostanza, quello che prima avveniva nei riguardi delle Cooperative; il piccolo contadino, che prima cedeva dinanzi all'azienda collettiva, trovava che era piú conveniente distruggere quest'ultima, per mezzo del fascismo. Nelle grandi cittá, ove esistevano le grandi industrie, il fascismo delle origini ebbe un carattere diverso: esso ebbe l'aiuto e il finanziamento delle grandi industrie e delle banche. Ció si deve al fatto che nei grandi centri la borghesia era minacciata piú dai sindacati degli operai che dalle Cooperative di produzione e di consumo.

Che poi, con l'evolversi della situazione e con l'affermarsi della dittatura, anche la piccola proprietá sia stata a sua volta colpita puó essere vero. Ma il fascismo ha colpito un po' tutti; certe grandi aziende sono state distrutte dal fascismo. Non é ammissibile stabilire il principio che il proletariato debba allearsi con tutti coloro sui quali il fascismo ha picchiato. Passando dal campo dei ceti sociali a quello dei movimenti politici si verrebbe a stabilire che i lavoratori italiani devono far blocco con i popolari perché in certo periodo i giovani cattolici furono presi a cazzotti dagli "avanguardisti"; con la Massoneria, perché certe Logge furono assalite e distrutte; con la borghesia liberale, perché é stata essa pure colpita. Con questo sistema, dove andremo a finire?

Concludendo: il proletariato deve fare da sé Ne ha la forza e il diritto. La piccola borghesia é reazionaria per istinto, per bisogno e per tradizione. Essa deve scomparire per le stesse ragioni per cui deve scomparire il grande capitalismo.

PIETRO MONTASINI

LIBERDADE ÓRGÃO DOS PRESOS POLÍTICOS | *São Paulo*

CONSELHO EDITORIAL	PRESOS POLÍTICOS
PERFIL	COMUNISTA
PERIODICIDADE	DESCONHECIDA
PROCESSO GRÁFICO	MANUSCRITO
LOCAL DA EDIÇÃO	SÃO PAULO (SP)

Histórico

O *Liberdade* foi produzido pelos detentos do Presídio Maria Zélia em São Paulo. Os presos escreviam textos sobre conceitos marxistas, política e economia nacional e internacional. Alguns manifestos do PCB e da ANL que entravam clandestinamente na cadeia também chegaram a ser publicados. Era produzido um único exemplar que, confeccionado manualmente, circulava de mão em mão. O periódico continha charges e recortes de jornal colados. Nos dois exemplares apreendidos destacam-se os textos: "Ao Povo e às Classes Armadas" [Rio.out.36, assinado por Major Alcedo Baptista Cavalcanti, Andre Trifino Correa, Agliberto Vieira de Azevedo, Agildo Barata, Dinarco Reis, Apolônio de Carvalho, entre outros]; "Menores Desamparados"; "TSN"; "Movimento Sindical"; "Reivindicações Estudantis"; "À Margem do Manifesto"; "Regime de Getúlio e Rao"; "Governos Impopulares"; "O Petróleo no Brasil"; "A Miséria no Norte"; "Sindicatos e a ANL"; "Problemas Sindicais-Sindicatos Fascistas"; "A Crise do Café: Conseqüência do Regime Capitalista"; "Vida do Camponês"; "Compensação Fascista".

Motivo da apreensão

O jornal *Liberdade* foi apreendido por ter sido produzido por presos políticos e expressar idéias subversivas, antifascistas, de crítica ao governo Vargas e, em especial, ao Tribunal de Segurança Nacional, às Forças Armadas e à política econômica nacional. Junto ao *Prontuário n° 40610 – Publicações Comunistas* encontram-se os exemplares n° 2, de 21 de novembro de 1936, e o n° 9, de 17 de janeiro de 1937. Além do *Liberdade*, um outro jornal foi produzido pelos detentos do Presídio Maria Zélia: *Juventude*, também manuscrito. Periódicos similares, porém menos elaborados, também circularam no Presídio Político do Paraíso: *O Xadrez* e *A Cana*, cuja autoria foi atribuída a Rodolpho Felippe, redator-gerente do jornal libertário *A Plebe*.

Prontuário: 40.610
Prontuariado: Publicações Comunistas
Remissão: 260, 276 e 400

Nº 2

21-NOV. 1936

Liberdade

SÃO PAULO

Orgão dos Pres Politicos - Edição "Maria Zelia"

Ao Povo e as Classes Armadas

Acobertado á sombra do estado de guerra, o governo de traição de Getulio Vargas cometeu em dés meses, os maiores crimes politicos de que ha noticia em nossa historia. Nesse periodo negro de opressão e de terror, paralelamente a' generalisação e agravamento formidavel da crise economica e de seu tragico reflexo sobre as condições de vida do povo brasileiro (carestia, desemprego, miseria, fome) - os presos politicos sofreram nos carceres e «colonias» toda a sorte de maus tratos, de violencias e barbaridades. Já denunciámos á nação as prisões ilegais, os sequestros, os espancamentos, as torturas infernaes, o assassinio frio, a morte lenta a pão e agua, os « suicidios», os fusilamentos na Policia Especial, na Vista Chineza e na Colonia de Dois Rios - emfim, todo esse rosario sangrento de sofrimentos inauditos, impostos áqueles que, por se terem colocado decididamente em defeza das aspirações, constitue um entrave ás manobras da baixa politicagem governamental. Mas não é só. Na sua criminosa empreitada, anti-democratica e anti-patriotica, a ditadura não se pejou nem se peja de empregar mil outros ignobeis recursos. Assim, ela organisou e cumpriu á risca um vasto e meticuloso plano de mistificação das massas populares em torno dos acontecimentos de Novembro de 35, desvirtuando-lhes o significado politico e espalhando aos quatro ventos as mais injuriosas e ridiculas acusações contra os dirigentes e participantes da insurreição popular e contra os milhares de brasileiros então e até hoje presos sob o pretexto de "inimigos do regime." Desde logo os jornais que pretenderam entregar á opinião publica algumas migalhas da verdade, ou que, simplesmente, tentaram fugir ás veiculação das torpes provocações urdidas nos gabinetes do Ministerio da Justiça, foram fechados ou coagidos pela censura policial com a ameaça de fechamento e de prisão para os seus responsaveis.

MENSAGEIRO DA PAZ | *Rio de Janeiro*

CONSELHO EDITORIAL	CARLOS BRITO E NILS KASTBERG
PERFIL	RELIGIOSO, ANTIVARGUISTA, ANTICOMUNISTA
PERIODICIDADE	QUINZENAL
PROCESSO GRÁFICO	TIPOGRÁFICO
LOCAL DA EDIÇÃO	RIO DE JANEIRO (RJ)

HISTÓRICO

O jornal *Mensageiro da Paz* surgiu em 1931 como uma publicação quinzenal da Igreja Assembléia de Deus do Brasil, organização estabelecida por dois missionários suecos radicados desde 1911 em Belém (PA), foco pioneiro do chamado "protestantismo de conversão pentecostal".

Sediada no Rio de Janeiro, à rua Figueira de Melo, a redação costumava registrar testemunhos de fiéis e resumos das pregações e atividades da instituição, além de editoriais que muitas vezes traduzidos, diziam respeito a temas em destaque nos anos 30. No exemplar apreendido pelo DEOPS em 1935 e anexado ao prontuário do pastor Samuel Hedlund, por exemplo, há dois artigos, "Bolchevismo Batalhando Contra o Cristianismo" e "O Exército do Anti-Cristo", que descrevem a vida dos crentes na União Soviética, e que foi interpretada como prova da subversividade do pastor.

A matéria do jornal é na verdade um libelo anticomunista, que descreve a vida de um crente exilado nos campos de concentração da União Soviética de Stálin. Chamados de santos, estes homens passavam nas prisões do regime pelas penúrias de um verdadeiro seguidor de Cristo, que sob um regime de trabalho forçado, ausência de alimentação (que consistia basicamente num "chá soviético – água quente derramada sobre cenouras secas e acelgas sem açúcar"), e de assistência médica quando da enfermidade, sofriam, principalmente, com a falta do consolo espiritual proporcionado pela Bíblia.

O pequeno box editado no centro da matéria intitulado o "O Exército do Anti-Cristo", vale-se de uma passagem do livro bíblico do Velho Testamento como ponto de partida de uma alocução sobre a idéia do Anticristo, argumentação normalmente encontrada em publicações de intelectuais católicos e integralistas.

Mensageiro da Paz

ORGÃO DAS ASSEMBLÉAS DE DEUS NO BRASIL.

"JEOVÁ ABENÇOARÁ COM PAZ, O SEU POVO" — Salmo 29:11

EIS AQUÍ VOS DOU NOVAS DE GRANDE ALEGRIA QUE SERÁ PARA TODO O POVO. (S. Lucas, 2:10)

Redação: Rua Figueira de Melo 232-A — Rio de Janeiro ○ Numero avulso 200 rs. ○ Direção: Carlos Brito — Nils Kastberg

ANO V — N.º 4 ~o~ 2.ª Quinzena de Fevereiro de 1935. ~o~ RIO DE JANEIRO

O Bolchevismo batalhando contra o Cristianismo

PARA ilustrar a indizivel mágua que passam os santos na Russia Sovietica, quero mostrar-vos algo do que acontece, quando um dêles vai ser preso. Repentinamente, a policia entra e dá ordens ao pai de familia, para seguir. E' um triste adeus, pois, naturalmente, êle verá a sua espôsa e seus amados filhinhos, pela ultima vez. Ha muito pranto, em casa; lagrimas incessantes são derramadas. Depois, o pai e espôso segue a caminho da prisão, do exilio, que é algum lugar desconhecido, milhares de leguas, distante do lar e da familia. Tirado da casa, êle é conduzido á policia, e depois, empurrado num carro dum trem de carga; são quarenta a sessenta pessoas que comporta o mesmo carro, onde nem ha comodidade alguma, nem mesmo um tosco banco para se sentar. Muitas vezes, êsses carros não se abrem, durante quarenta e oito horas, ou mais. Oh! que horror, passar num lugar destes, tanto tempo, sem ar fresco, sem ventilação nenhuma. Adquirem-se, assim, terriveis molestias, e muitos prisioneiros morrem; mas, mesmo assim, o trem prossegue para o seu maldito destino.

Quando chegam ao campo de exilio, começa uma vida penosa e triste. Eu não posso mencionar tudo que lá se passa, mas, digo-vos, apenas, o seguinte: Um arduo e pesado trabalho, de muitas horas por dia, é o consolo que têm; o alimento é muito mal e insuficiente, uma lira de pão, cada dia. O exilado divide este pão em três partes: uma é comida pela manhã, com o *"chá soviético"*, que consiste de agua fervida, derramada sôbre cenouras secas e acelga, sem assucar; isto é seu almoço. Ao meio dia, êle recebe sopa, que é uma mistura de legumes, algumas batatas ou capim, e o segundo pedaço de pão. A ultima parte do pão, êle come á tarde, com mais *"chá sovietico"*. Não é de admirar, portanto, que o exilado fique fraco e, ás vezes, sem poder levantar-se, pela manhã. Lá não ha hospital, nem médicos que cuidem dos doentes, pois êles desejam a morte do exilado. A vida dum exilado, no campo de concentração é de três ou quatro anos. Quando êle morre, é sepultado sem ceremonia, alguma, e os parentes ficam distanciados. Êle é esquecido, *ainda que não pelo Jesus*. Assim é a vida do exilio. Que alimento espiritual recebe o crente, no desterro! A Biblia lhe é tirada, pois não póde tê-la consigo, na prisão. Êle vive, mês após outro, sem ouvir uma boa palavra; a nenhuma reunião espiritual, assiste; não ha "comunhão" — santa ceia; não há, enfim, o confôrto das pregações. Lá, só Jesús Cristo, conforta e sustenta o crente maltratado. Enquanto anda e trabalha, ao lado de alguem, que vive sem Cristo e está desesperado daquela vida, o crente fala palavras de confôrto. Se o incrédulo pergunta: "como posso eu achar a Cristo?" êle responde, com coragem, as palavras de Jesús: "Vinde a mim todos os que estais cansados e oprimidos e eu vos aliviarei." Mat. 11:28. A's vezes, acontece que, na noite negra, uma figura dobra os seus joelhos, no seu desespero, levanta a sua mão para o céu e, com uma voz abatida, grita: "Oh! Deus, dá-me a mesma paz e esperança que tem aquele que falou comigo, de ti." Uma mão descansa sôbre o ombro da figura aborrecida e um dedo aponta ao Calvario: "Aquele que vem a mim, de maneira nenhuma o lançarei fóra." Deus revela-se e dá paz, como um rio, ao coração do solitario. Uma preciosa alma é ganha para ser um instrumento na mão de Deus, para trazer outros a esta salvação.

O Exercito do Anticristo

Porque eis que suscito os caldeus, nação amarga e apressada, que marcha sôbre a largura da terra, *para possuir moradas não suas*. Horrivel e terrivel é: dela mesmo sairá o seu juizo e a sua grandeza. Êles todos virão, com violencia: os seus rostos buscarão o *oriente*, e êles congregarão os cativos, como areia.

E escarnecerão dos reis, e dos principes farão zombaria: eles se rirão de todas as fortalezas, porque, amontoando terra, as tomarão.

Então, passará como vento, e pisará, e se fará culpada, *pois o seu próprio poder é seu Deus.* (versão sueca) Hab. 1:6, 7, 9-11.

Quando a Igreja Católica elegeu como seus inimigos a maçonaria, o protestantismo, o liberalismo, o anti-semitismo e, essencialmente o comunismo, tornou-se comum a recorrência da imagem do "anjo decaído" identificado na propaganda católica com a chegada da figura bestial profetizada no Apocalipse para o final dos tempos: o Anti-Cristo. Descrito por João Batista, o Anti-Cristo tinha o poder de se reproduzir em dois animais: o primeiro, "tendo dez chifres e sete cabeças, os pés como de urso, a boca de leão e todo aspecto de uma pantera", teria sido o animal entronizado pelo demônio que lhe deu autoridade; surgira então um segundo animal, semelhante a um cordeiro mas que falava como um dragão e que teria sido aquele que levou os homens a adorar o primeiro.

Esta passagem bíblica foi a base da argumentação de uma analogia católica que identificava os acatólicos com o mal, comportamento relacionado com a figura dos judeus. Desde a Idade Média, a imagem do Anti-Cristo se fez associada à figura do judeu errante tendo sido retomada no século XIX pelos modernos anti-semitas. Fortaleceu-se com a publicação na Rússia de *Os Protocolos dos Sábios do Sião* (1905), tendo sido reabilitado pelos nazistas e divulgado no Brasil por intelectuais brasileiros como Gustavo Barroso e outros tantos anti-semitas. Em resumo, *Os Protocolos* seria uma publicação que ensejava a idéia do complô secreto judaico-comunista para tomar o poder no mundo.

Não por acaso, esta é a mensagem divulgada pelo artigo "Bolchevismo Batalhando Contra o Cristianismo" presente nesta edição do *Mensageiro da Paz*, uma demonstração de que idéias intolerantes extrapolavam os limites da propaganda anti-semita sustentada, há séculos, pela Igreja Católica.

Motivo da apreensão

O confisco do exemplar nº 4 do *Mensageiro da Paz* deveu-se a uma série de investigações policiais empreendidas contra o pastor Samuel Hedlund. Descobriu-se que tais pregações da Igreja Assembléia de Deus eram desconhecidas dos meios protestantes e que, provavelmente, tratavam-se de dogmas de uma nova religião. O jornal apreendido, segundo a avaliação das autoridades do DEOPS, continha um conteúdo nocivo ao governo Vargas e que, sob a máscara da religião, poderia esconder algum gesto político de subversão capaz de sensibilizar os camponeses de Gramadinho (SP). Segundo relatório policial, Samuel Hedlund foi prontuariado por ter conquistado um grupo de trinta pessoas "todas atrasadas e homens do campo [...], pessoas sem mentalidade alguma [...] com manifestações religiosas de caráter ridículo e até certo ponto perturbador da ordem".

Prontuário: 456
Prontuariado: Samuel Hedlund

Jesus meu Salvador

Porque a promessa vos diz respeito a vós, a vossos filhos, e a todos os que estão longe: a tantos quantos Deus nosso Senhor chamar. At. 2:39.

Prezados irmãos e leitores do "MENSAGEIRO DA PAZ", o nosso querido jornal. Quero vos dizer, como fui salvo, por Jesús. Até a idade de 18 anos, eu andava neste mundo, sem encontrar um repouso para a minha alma; experimentava todos os deleites deste mundo de horror, praticando todos os vicios. Mas, um dia, ouvi um crente da "Assembléa de Deus" falar das grandezas de nosso Senhor Jesús Cristo, que salvava, curava e batizava com o Espírito Santo. E no dia 13 de Fevereiro de 1932, aceitei Jesús como meu Salvador, e, desde ntão, senti paz e alegria, no meu coração; com um mês de crente, fui batizado nas aguas, segundo At. 2:38, e no dia 8 de Agosto Jesús me selou com o Espírito Santo, Glória a Deus! Ainda Jesús está com os Seus braços abertos, para te salvar, amigo que ainda não és salvo. Lê. Mat. 11:28,29. Irmãos, orai por mim.

Vosso irmão na fé,

Alvino Lopes Rodrigues.

Ilha das Flôres-Vitoria-Est. do Espírito Santo.

Salvo do Romanismo

Eu era catolica romana e frequentava as igrejas catolicas. Certo dia, ouvi o Evangelho de Jesús e aceitei-o. Fiquei encostada 12 anos, a uma igreja das denominações. Certo domingo, quando estavamos reunidos na escola dominical, chegaram três senhores; um dêles, conhecido e amigo de meu marido era crente da igreja fluminense. Terminada a escola, o meu espôso deu a palavra ao seu amigo. Êle e os seus dois companheiros cantaram o hino 192 do Saltério; fiquei alegre, pois o meu coração saltava de alegria e os meus olhos se enchiam de lágrimas; o mesmo aconteceu com o meu espôso. Quando êles se retiraram, no outro dia eramos eu e o meu esposo, crentes da "Assembléa de Deus."

Depois, Jesús começou a fazer uma obra gloriosa, em nossa casa; meu esposo foi logo batizado no Espírito Santo, e eu curada duma grande enfermidade. Tambem, os meus filhos têm sido curados de muitas doenças. Graças a Deus! Ultimamente, Jesús salvou, milagrosamente o meu filho Eliceu, que escapou de perecer afogado.

Por todas as bençãos eu quero dar graças a Deus, pedindo aos irmãos lembrarem-se de mim e da minha casa, em vossas orações.

Da vossa irmã na fé,

Lauvenda A. Silva Parda.

Bangú — Est. de São Paulo.

DEDICADO AO MENSAGEIRO DA PAZ

OH! "MENSAGEIRO DA PAZ": QUANTA PAZ TENS TRAZIDO AO MEU LAR! QUANTAS HORAS DE TRISTEZA TENS DESFEITO, EM MINHA VIDA! O TEU NOME E' REAL E VERDADEIRO!

TU ME TENS DADO ALEGRIA E CORAGEM; NAS TUAS PAGINAS SANTAS, TENHO ENCONTRADO CONFORTO PARA A MINHA ALMA! TU ME TENS ENCORAJADO COM TUAS MENSAGENS TÃO LINDAS, COMO MELODIAS CELESTIAIS. QUE DEUS TE ABENÇOE O' "MENSAGEIRO DA PAZ".

RITA RIBEIRO

NILOPOLIS — EST. DO RIO.

DEIXA ENTRAR O REI DA GLÓRIA

LEVANTAI, O' PORTAS, AS VOSSAS CABEÇAS; LEVANTAI-VOS, O' ENTRADAS ETERNAS, E ENTRARA' O REI DA GLO'RIA.

QUEM A ÊSTE REI DA GLO'RIA? O SENHOR FORTE E PODEROSO, O SENHOR PODEROSO NA GUERRA. SALMO 24:7, 8.

E VI O CÉU ABERTO, E EIS UM UM CAVALO BRANCO: E O QUE ESTAVA ASSENTADO SOBRE ÊLE, CHAMA-SE FIEL E VERDADEIRO; E JULGA E PELEJA COM JUSTIÇA, E NO VESTIDO E NA SUA COXA TEM ESCRITO ÊSTE NOME: REI DOS REIS E SENHOR DOS SENHORES. *Apoc. 19:11,16.*

DEIXA ENTRAR ÊSTE REI (JESUS) NO TEU CORAÇÃO, PARA REINAR NA TUA VIDA.

N. K.

UM BOM LIVRO

Tendes lido êste livro importantissimo intitulado: *"Concernente aos dons Espirituais."*? Si o não lestes, ainda, lêde-o, pois êle vos dará alguma coisa de valor. O preço é, apenas, de mil reis. Não deixeis perder esta oportunidade, de possuir um livro de tão grande valor, que vos mostrará a maravilhosa operação do Espírito Santo. Temos, ainda, alguns exemplares, à venda; aguardamos o vosso pedido.

A Graça de Deus

GRAÇA ou favor, indica, em geral, um dom gratuito, que Deus, na Sua infinita misericordia, concede a cada um, conforme a necessidade; isto, porém, é tão sòmente, para aqueles que O buscam, sinceramente.

Não é pelos nossos méritos, que recebemos a graça de Deus; porém, pelo Seu grande amor. Outrossim, a graça natural, que ornamenta o homem e que o transforma, é indispensavel á vida quotidiana. O homem, que tem recebido, pela própria natureza, êsses predicados, que são: a mansidão, a temperança, o amor próprio, o perfeito raciocinio, póde pensar que, aqui mesmo, neste mundo, é feliz. Todavia, isso, não basta para a salvação. Infelizmente os homens pensam que, para a sua salvação, precisam, apenas, dos dons naturaes; não, o homem precisa, ainda, da graça de Jeová. A primeira manifestação da graça de Deus, foi no jardim do Edem, para com os nosso primeiros pais. Entretanto, Adão e Eva não reconheceram as preciosidades, procedentes de Deus, e, desobedecendo á ordenanção divina, saíram derrotados. Êles foram imprudentes, dando ouvidos á voz da antiga serpente, o Tentador, que, com palavras enganosas, os derrotou, sendo, incontinentemente, expulsos do jardim do Edem. A criação do homem, começou lá no jardim do Edem, onde, se não fosse o pecado, êle prolongaria a sua felicidade perpetua. O primeiro homem, infelizmente, faliu, porque fôra feito de terra, e para a terra teve de voltar; por isso, era fragil. Mas, graças a Deus, que o segundo Adão—Jesus Cristo, o Verbo divino; nascido por obra e graça do Espirito Santo; é forte poderoso e infalivel. O homem, pelo pecado, perdeu a graça primitiva e foi separado de Deus; agora, lhe faz mister ir buscar a graça salvadora, por meio de nosso Senhor Jesús Cristo. Deus, pelo Seu amor, enviou o Seu Filho mui amado — Jesús Cristo que, pelos Seus merecimentos, santificou os homens, de novo, tornando-os dignos dos céus, iluminando-lhes a inteligencia, com a Sua doutrina sacrossanta, e fortalecendo-os com a fôrça do Seu poder, com o Espirito Santo — o Consolador prometido. Tudo isso Êle fêz e ainda faz, naqueles que O aceitam, *pela graça*. Os canais pelos quais Deus nos comunica a Sua graça são dois: a Sua Palavra e o Espirito Santo, e os canais pelos quais nós nos comunicamos com Deus, são: a oração e a fé.

Porque a graça de Deus se ha manifestado, trazendo salvação a todos os homens. Tit. 2:11.

Eugenio de Oliveira.

MENSAGEIRO LUTHERANO | *Rio de Janeiro*

CONSELHO EDITORIAL	RODOLPHO HASSE (DIRETOR-RESPONSÁVEL E REDATOR-CHEFE), L. C. REHFELDT (TESOUREIRO)
PERFIL	LUTERANO, ANTICLERICAL
PERIODICIDADE	BIMENSAL
PROCESSO GRÁFICO	TIPOGRÁFICO
LOCAL DA EDIÇÃO	RIO DE JANEIRO (RJ)

Histórico

O jornal *Mensageiro Luterano* foi fundado em 1917 no Rio de Janeiro pelo Reverendo L. C. Rehfeldt, lente do Seminário Luterano de Porto Alegre (RS) e o Reverendo Emilio Mueller, antigo presidente da Igreja Luterana no Brasil, dentre outros. Tinha como proposta divulgar as atividades do Sínodo Evangélico Luterano do Brasil, denominação que o Sínodo Luterano do Missouri (Estados Unidos) tomou ao se estabelecer no país em 1904. Procedendo um esforço proselitista dentro da comunidade protestante – que entendia a religião como um núcleo de manutenção da identidade cultural e tradições do país de origem – os luteranos de origem norte-americana pregavam em língua portuguesa e estavam conscientes de que com suas publicações poderiam multiplicar seus adeptos.

Nesse sentido, *Mensageiro Luterano* procurava divulgar as atividades da Igreja Luterana, os testemunhos de fiéis, além de fazer vasta pregação religiosa fundamentada, em grande parte, nos textos de Martinho Lutero.

Motivo da apreensão

Uma denúncia publicada no *Diário da Noite* de 10 de dezembro de 1943, sob a manchete "Vão Ser Punidos os que Tramavam Contra o Brasil, no Rio Grande do Sul", dava conta da descoberta de uma rede de espionagem e sabotagem alemã-nazista dentro de instalações militares em Santa Cruz (Rio Grande do Sul). Participaram desta trama, segundo documentos policiais, altos elementos do Exército local e civis, coordenados pelos pastores luteranos Augusto Henrique Hast, M. German e Jose Becher.

A partir daí, todos os alemães do Rio Grande do Sul caíram sob suspeita da polícia e a saída de qualquer um deles do Estado foi sistematicamente acompanhada. Um trem partindo de lá para São Paulo trazia dois alemães em sua lista de passageiros e, ao que se acreditava inicialmente, estariam fugindo. Na verdade tratavam-se dos professores brasileiros da Escola Luterana de São Paulo, Bernardo Henry Müller e do também diretor Carlos Fellhauer.

A referida escola tornou-se alvo de investigações dedicadas a provar a conexão do estabelecimento de ensino com a rede de espionagem nazista do Rio Grande do Sul. Diante dessa suspeita, a Igreja Luterana de São Paulo teve suas publicações confiscadas e, entre elas, o jornal *Mensageiro Luterano*. Como resultado das investigações, descobriu-se que a escola estava submetida ao Sínodo Luterano do Missouri, estabelecido no Brasil desde 1904, portanto sem ligações com os luteranos alemães detidos no Sul.

A edição do *Mensageiro Lutherano* apreendida pelo DEOPS em 1943, comemorativa dos 25 anos da publicação traz, além do conteúdo usual, libelos anticlericais como "Dinheiro que a Igreja não Deve Aceitar"cujo conteúdo é o seguinte:

> No corrente ano foi comemorado o centenário do início da construção da catedral de Niterói, capital do Estado do Rio de Janeiro. O novo e riquíssimo altar de mármore é consagrado a João Batista, padroeiro da cidade de Niterói. A despesa do referido altar foi orçada em mais de quarenta contos de réis. O Governo do Estado entrou com dez contos de réis. O vigário da catedral obteve da Prefeitura Municipal cinco contos de réis e do Banco do Brasil dois contos de réis.

Mensageiro Luterano

E vi outro anjo voar pelo meio do céu, e tinha o evangelho eterno, para proclama-lo aos que habitam sobre a terra, e a toda a nação, e tribu, e lingua e povo
Dizendo com grande voz: Temei a Deus, e dae-lhe gloria, porque vinda é a hora do seu juizo. E adorae aquelle que fez o céu e a terra, e o mar e as fontes das aguas!
Apoc. 14 6 7

Órgão missionário do Sinodo Evangélico Luterano do Brasil

Diretor-responsavel e Redator-chefe: RODOLFO HASSE
Rua Gonçalves Crespo, 103, Rio de Janeiro

PUBLICAÇÃO MENSAL
TEL. 48-4398

Tesoureiro: L. C. REHFELDT
Caixa Postal 911. Porto Alegre

Assinatura anual: Interior. 5$000; Exterior, 1 dólar. Pagamento adiantado. Tôda a correspondência deve ser dirigida diretamente ao redator-chefe
Expedição: Rua Gonçalves Crespo, 103, Rio de Janeiro. Pagamento das assinaturas ao tesoureiro.

Ano XXV | RIO DE JANEIRO – Novembro e Dezembro de 1942 | Números 11 e 12

VINTE E CINCO ANOS

Na vida dos indivíduos, como na das instituições, dos estabelecimentos e das nações um espaço de vinte e cinco anos é considerado como um período de certa importância, e ao findar há muitas vezes celebrações solenes ou mesmo festejos faustosos.

REVMO. PROF. L. C. REHFELDT
Membro da Comissão fundadora do "MENSAGEIRO LUTERANO" e há muitos anos lente do Seminário Luterano de Pôrto Alegre

Certamente uma revista que pôde continuar a aparecer regularmente durante um quarto de século também tem motivos de assinalar êste fato com júbilo e gratidão.

Faz vinte e cino anos a Comissão Missionária do Sínodo Evangélico Luterano do Brasil nomeou três pessoas para redigir uma revista na língua do país para servir de elo entre as igrejas e obreiros na vinha do Senhor. Começou modestamente a aparecer o pequeno "Mensageiro" como folheto de quatro páginas. De quinze em quinze dias trouxe aos seus leitores uns curtos artigos, em que foram expostas as doutrinas cardeais da igreja, e breves notícias dos obreiros nos campos da missão. O trabalho de composição e impressão foi executado numa pequena oficina própria do Seminário Concórdia, sendo o compositor e impressor um dos estudantes dêste mesmo instituto.

A tiragem, no princípio, era diminuta, compreendendo principalmente os pastores e professores da igreja à qual queria servir. Em breve outros amigos da verdade se interessaram pela revista, de modo que a lista dos assinantes de mês em mês cresceu. O preço original de uma assinatura anual de tres mil réis foi aumentado para cinco milréis, e a revista apareceu com oito páginas. O presente redator tinha sido nomeado em lugar da comissão primitiva. Com o tempo não sòmente o número de páginas, mas também o tamanho podia ser aumentado para tomar o formato que a revista "O Mensageiro Luterano" atualmente apresenta.

A finalidade do "Mensageiro Luterano" através dos vinte e cinco anos sempre foi a mesma. Expôs em artigos de fundo, as doutrinas uma por uma da igreja luterana. Rebateu valorosamente os erros das igrejas falsas. Ofereceu leitura cristã e edificante aos seus leitores para ajudá-los a trilhar o caminho reto da vida. De revista bimensal o "Mensageiro Luterano" foi convertido em revista mensal, mas com o aumento do formato houve

REV. EMILIO MUELLER
Membro da Comissão fundadora do "MENSAGEIRO LUTERANO", antigo presidente da Igreja Luterana do Brasil, que há muitos anos regressou para os Estados Unidos

ampla compensação. Como órgão oficial do Sínodo Evangélico Luterano do Brasil, o "Mensageiro Luterano" publicou os avisos referentes à vida interna desta igreja. Pelo noticiário dos acontecimentos mais relevantes das igrejas o "Mensageiro Luterano" sem-

No Brasil a Igreja e o Estado estão separados, não podendo o Estado, por direito constitucional, subvencionar este ou aquele credo. E esta separação corresponde perfeitamente aos princípios do Cristianismo. Por isso mesmo a Igreja Católica Romana, se obedecesse aos princípios do Cristianismo e assim fosse cristã em sentido apostólico, não aceitaria dinheiro de cofres públicos, com outra finalidade que não a religiosa e, ainda mais, provenientes de contribuintes dos mais diversos ou nenhum credo. Muito menos ainda os iria solicitar aos responsáveis pelo dinheiro público, induzindo-os a desviar os mesmos e a violar a nossa Magna Carta. É ou não é verdade?"

Como visto, o conteúdo deste artigo, extrapola a recorrente crítica dos protestantes ao fausto e às gastanças católicas em altares, santos e igrejas, ao denunciar os subsídios dos governos à religião, num regime onde deveria prevalecer a separação das instituições e a liberdade religiosa.

Mensageiro Luterano reproduz também artigos como "Os Jesuítas Perante os Séculos – Vistos Pelos Acatólicos", um trecho da obra de Conde Paulo de Hoensbroech, que analisa esta ordem religiosa e sua relação com os conflitos religiosos, em diversos países, com distintos credos. Mais uma vez o jornal promove a crítica às relações amigáveis da Igreja Católica com diferentes países, relação esta definida como "farisaísmo cristão do ultramontanismo que consistiria na sobrevalorização do que é celeste sobre aquilo que é terreno", exigência da Igreja Católica que não encontrava precedentes no cristianismo primitivo.

Prontuário: 12.041
Prontuariado: Escola Luterana de São Paulo

A comunidade de Ribeirão do Meio — São Paulo

MITTEILUNGEN | *São Paulo*

CONSELHO EDITORIAL	RABINO PINKUSS (EDITOR RESPONSÁVEL E FUNDADOR)
PERFIL	ÉTNICO-JUDAICO
PERIODICIDADE	BIMENSAL
PROCESSO GRÁFICO	TIPOGRÁFICO
LOCAL DA EDIÇÃO	SÃO PAULO (SP)

Histórico

O nº 1 do boletim *Mitteilungen der CIP* surgiu em agosto de 1937 com o objetivo de aproximar os sócios da CIP – Congregação Israelita Paulista, inaugurando suas páginas com um artigo de Guenther Happ. O nº 2 somente foi publicado em outubro de 1937. Idealizado desde a fundação da CIP, este boletim encontrou dificuldades para vir a público de imediato. Enquanto se programava o *Mitteilungen*, a CIP improvisou um boletim, mimeografado em alemão: o *Provisorischer Nachrichtendienst der Congregação Israelita Paulista*, que circulou irregulamente entre março e maio de 1938. Neste mesmo ano, em 25 de setembro, era também lançado o nº 1 da *Crônica Israelita* que tinha como redator Herbert Gerstmann, bibliotecário da CIP. Gerstmann foi substituído por Nelson Vainer em 1º de dezembro de 1939, seguido pelo Dr. Alfred Hirschberg que, desde novembro de 1940 acumulou o cargo como superintendente daquela associação.

O título *Mitteilungen der CIP*, ainda em alemão – o primeiro órgão oficial de comunicação interna da CIP – teve como mentor o Rabino Fritz Pinkuss. O subtítulo significa "união" (congregação religiosa judaica de São Paulo) e que, segundo o livro de memórias de seu idealizador, atuou como um importante veículo para a reconstrução da vida dos judeus recém-imigrados para o Brasil em todos os seus aspectos (religiosos, culturais, assistenciais, econômicos e morais).

Duas organizações judaicas antecederam ao nascimento da CIP: a CARIA – Comissão de Assistência aos Refugiados Israelitas da Alemanha (junho de 1933) e a SIP – Sociedade Israelita Paulista, em abril de 1934. A SIP publicava um periódico informativo, o *Mitteilungsblatt der SIP*, mensal, e cuja diretoria e assinantes era muito flutuante. Inicialmente, a administração da SIP foi assumida por Jacob Messinger também secretário da ICA-HICEM, entidade dedicada a recepcionar os imigrantes. Somente em 10 novembro de 1938 é que a SIP e CIP resolveram juntar-se em uma só associação, apesar de que a SIP sobreviveu até 1941, quando encerrou suas atividades em decorrência das imposições autoritárias do regime estado-novista. Desde 1938, as leis nacionalistas adotadas pelo Estado Novo legalizava a repressão às agremiações estrangeiras que se viram obrigadas a assumir uma "identidade brasileira".

A CIP – hoje instalada à rua Antonio Carlos, na Consolação – surgiu da necessidade de se fundar uma instituição que congregasse os judeus oriundos da Alemanha, principalmente aqueles que aqui chegavam como refugiados do nazifascismo, em sua maior parte constituída por alemães da burguesia centro-européia. Além de centro do judaísmo, a CIP deveria também garantir a sua sobrevivência. A proposta surgiu em 4 de outubro de 1936 durante uma reunião realizada na residência do casal Luiz e Luiza Lorch, sob a liderança do jovem rabino Pinkuss, recém-chegado de Heidelberg (Alemanha). Em 6 de dezembro de 1936 foi redigida a primeira ata de constituição da Diretoria da CIP composta pelo Rabino Pinkuss, Dr. Luiz Lorch, Frederico Zausmer, Guilherme Krausz, Silvain Levy, Dr. Hans Hamburger, Theodor Rothschild, Dr. Ernest Wachtel e Dr. Robert Salomon, a quem coube a tarefa de relator de imprensa.

Em 1º de agosto de 1937 foi instalada na alameda Barão de Piracicaba, nº 670, o "Lar das Crianças da CIP", cuja sede ficou sob vigilância do DEOPS a partir de novembro deste mesmo ano. Financiada pela JOINT – American Jewish Joint Distribution Committee, esta creche era dirigida pela Sra. Liesel Berg, recém-chegada da Tcheco-Eslováquia e profis-

Mitteilungen

der Congregação Israelita Paulista, São Paulo

(JÜDISCHE RELIGIONSVEREINIGUNG, SÃO PAULO)

herausgegeben vom Vorstand durch den Gemeinderabbiner

São Paulo, August 1937

Dre-Nº-2

ZUM GELEIT

Die folgenden Blätter erzählen eine anspruchslose Geschichte, bei der wir Mitglieder der Gemeinde gleichzeitig Handelnde und Betrachtende sind.

Im Oktober 1936 erging an die deutschsprechenden Juden São Paulos der Aufruf zur Gründung einer Gemeinde, dem in wenigen Monaten von einigen hundert deutschsprechenden Juden entsprochen wurde.

Ende 1936 stand die **Congregação Israelita Paulista** bereits fest auf ihren Füssen, und seitdem hat sie ihre Tätigkeit auf allen Gebieten aufgenommen, die zum Arbeitsbereich einer Gemeinde gehören. Seit über einem halben Jahre finden unter Leitung des Rabbinats regelmässige *Gottesdienste* statt und werden alle religiösen Handlungen vollzogen, die Funktionen des Rabbiners sind. Es wird in mehreren Gruppen *Religionsunterricht* erteilt.

Es erscheint fast überflüssig zu berichten, welch vielfältige und segensreiche Arbeit die *Beratungsabteilung für Neuankömmlinge* leistet. Sie berät die Neueingewanderten, hilft ihnen über die erste schwere Zeit materiell und moralisch hinweg, verschafft ihnen Stellung, sorgt in jeder Weise dafür, dass sie Boden unter die Füsse bekommen. Der *Frauenausschuss* hat es übernommen, diejenige Arbeit zu leisten, die im wesentlichen nur von Frauen getan werden kann: Die Betreuung der Frauen, der Kinder und der alten Leute.

Der Jugendbund, der sich jetzt neukonstituiert, ist die hoffnungsvolle Junggarde, die sich an uns anlehnt, und von der wir erwarten, dass sie dereinst die Zügel führen wird. Die ganz Kleinen, deren beide Eltern tagsüber arbeiten müssen, werden im *Kinderheim der Gemeinde* in der Rua Piracicaba untergebracht werden; seine Einweihung steht unmittelbar bevor.

Zwei Unterrichtsklassen im Portugiesischen machen die Anfänger und die Fortgeschrittenen vertraut oder noch besser bekannt mit der Landessprache. Den Aelteren bietet die Gemeinde einen Tee-Nachmittag wöchentlich, um ihnen Gelegenheit zu geben, sich zu treffen und kennen zu lernen.

Bei dieser Gelegenheit soll nur kurz das *Gemeindehaus* in der Rua Brigadeiro Galvão 181 erwähnt werden, das einen kleinen und einen grossen Vortragssaal besitzt neben einer Reihe von Zimmern für die Beratungsstelle, die *Kultur-Abteilung*, die *Bibliothek*, den Jugendbund etc.

Aus all dem geht hervor, wie vielfältig das Gemeindeleben bereits ist. Täglich finden andere Veranstaltungen statt, wöchentlich gibt es Neues zu berichten. Eine zeitlang haben wir Zirkulare verschickt. Wir mussten uns jedoch davon überzeugen, dass diese Mitteilungs-Methode zeitraubend und kostspielig ist. Deswegen sind wir dazu übergegangen, ein Gemeindeblatt herauszugeben, das alle Nachrichten jedem zuträgt, und in dem jedes unserer Mitglieder das Recht hat, sich zu äussern. Ich glaube, diese Begründung ist ausreichend und es erübrigt sich, zum Geleit viel Worte zu machen: Wir wollen alle dasselbe: die Gemeinde — oder besser die Gemeinschaft derer, die durch Geburt und Schicksal, aber auch durch Hoffnung auf eine frohe Zukunft zusammenstehen, und deren Aufbauwillen durch eben diese Gemeinde verkörpert wird. Ihr dient dies Blatt; möge es ein treuer Helfer und Mittler zum Segen und zum Frieden Aller sein.

DR. LUDWIG LORCH.

Lar das crianças da CIP. Fotografia de Hans Günter Flieg. São Paulo, 1942, Arquivo Flieg.

sional especializada em educação infantil. Liesel residia no Lar, acompanhada de seu marido e filhos. No Lar – que contava com 36 crianças, das quais dezessete eram internas – ensinava português e judaísmo.

Motivo da apreensão

A apreensão do nº 1 do boletim *Mitteilungen* não deve ser entendida como um ato isolado ou como mais um entre tantos atos de uma investigação empreendida pelo DEOPS contra a comunidade judaica de São Paulo. O confisco deste periódico explica-se mediante a tradicional trilogia anti-semita judeu, estrangeiro e comunista. Encontra-se anexado ao *Pront. nº 4.705, da Congregação Israelita Paulista* sem qualquer comentário além dos seus dados de identificação. Por estar editado em alemão – idioma não dominado pelos investigadores em ação – o jornal se fazia ainda mais misterioso, carregado de enígmas.

O inquérito aberto contra a CIP – Congregação Israelita de São Paulo (1937 a 1948) se fez a partir de uma carta-denúncia assinada por Lucy Bley, que dominava a língua alemã. Esta cidadã chegou a disfarçar-se de funcionária da prefeitura para obter informações "idôneas" sobre a residência onde funcionava o "Lar da Criança Israelita" com sede na alameda Barão de Piracicaba, nº 670, registrada na Cia Light em nome da CIP. A delatora afirmava que aquele local – Jardim da Infância Judeo-Alemão – era "um ponto de reunião de estrangeiros suspeitos que ali iam para fins desconhecidos", sendo a maior parte composta de russos, alemães, japoneses e pretos (destes últimos "dois fallam perfeitamente o russo dialecto"). Lhe informaram também que ali funcionava um "asylo para creanças allemães" que pareciam ser "anormaes" e que eram conduzidas por uma senhora "gorda typo de mulher judia" [sic]. Desconhecendo o gesto simbólico praticado pelos judeus diante da mezuzá (amuleto de metal com inscrições em hebraico, estrela de Davi, pergaminho etc.) comumente afixado às portas das residências judaicas, a delatora afirmou que aqueles indivíduos conseguiam entrar naquela residência mediante uma senha "...o signal usado é tocar a testa com a

Unser Gemeindehaus in der Rua Brigadeiro Galvão, 181

mão direita e logo em seguida levá-la ao hombro esquerdo" [sic].

Em 5 de novembro de 1937, iniciou-se a investigação sob a responsabilidade de Alceu de Albuquerque Martins (inspector nº 228), em obediência às ordens do Delegado da Ordem Política e Social. Em seu relatório, Martins concluiu que se tratavam de "judeus que são bastante intelligentes, sagazes ao extremo". Constatou-se também que a inquilina Luiza Lorch "mantinha relações com outro Lorch, também judeu e médico que dirigia festas israeliatas...". O único modo de apurar devidamente a denúncia seria levar a efeito um cerco a esse prédio...".

Em 9 de novembro de 1937, os investigadores do DEOPS de São Paulo entraram na sede do Jardim da Infância "Judeu-Alemão" mantido pela CIP. Após "rigorosa" verificação, os investigadores responsáveis pela busca recolheram todo o material que "continha objeto de interesse para a Polícia em defesa da ordem política e social". Durante este ato foram confiscados, além de vários outros documentos: cinco exemplares do jornal alemão *Central Verein Zeitung*, órgão central dos judeus alemães, editado em Berlim; dezesseis exemplares de *Judische Kundschau* (*Panorama Judaico*) com notícias do mundo, publicado em Berlim; um exemplar de *Kinder-Rundschau*, publicado em Berlim; quatro exemplares do jornal *Mitteilungen*, editado pela CIP; vinte exemplares da revista *Tage-Buch*, editada em Paris-Amsterdam; e dois exemplares do jornal *Gemeinde Blatt*, registrado no prontuário como "órgão oficial do sindicato judaico daquela capital". Esta denúncia deu origem, anos mais tarde, a uma série de investigações em torno das atividades do Dr. Luiz Lorch, um dos fundadores da CIP e presidente do Comitê Auxiliar do JOINT em São Paulo.

Pront. nº: 4.705
Prontuariado: Congregação Israelita de São Paulo
Remissões: 95.127, 105.673

MÚSU ZODIS (NOSSA PALAVRA) | *São Paulo*

CONSELHO EDITORIAL	ABRAHÃO KOVALSKY (EDITOR)
PERFIL	COMUNISTA
PERIODICIDADE	DESCONHECIDA
PROCESSO GRÁFICO	TIPOGRÁFICO
LOCAL DA EDIÇÃO	SÃO PAULO (SP)

Histórico

O jornal *Músu Zodis* inscreve-se, ao lado de *Garsas (Som)* e *Darbiniku Zodis (Palavra dos Trabalhadores)*, entre os periódicos que expressavam o segmento comunista da comunidade lituana em São Paulo. Este jornal começou a ser editado, provavelmente em 1932 sob a liderança de Abrahão Kovalsky, judeu lituano que atracou no porto de Santos (SP) em julho de 1929. Há cerca de um ano fugira da Lituânia por motivos políticos e, de passagem pela Alemanha, começara a freqüentar reuniões do Partido Comunista Alemão. Em São Paulo integrou-se a líderes comunistas vindo a atuar como editor. Sua residência, além de servir de sede para o Socorro Vermelho, abrigava também uma tipografia apreendida pela polícia em 18 de março de 1932. Nesta ocasião foram detidos Leão Schoffman, Albino Kynas e Silvia Kovalsky, todos processados a fim de serem expulsos do território nacional. Kynas, além de escrever para o *Músu Zodis*, colaborava também com jornais estrangeiros dentre os quais o *Laisve*, do bairro do Brooklyn em New York.

Assim mesmo o *Músu Zodis* continuou a ser editado em iídiche na clandestinidade, conforme registros posteriores efetuados pelas autoridades policiais. Por exemplo, em 1933, Antonio Meniskio, menor de idade, foi acusado de vender livros com o objetivo de angariar fundos para o *Músu Zodis*. Vicente Matulia foi detido pela guarda civil paulista quando lia, em julho de 1935, o "proibido Músu". Em 1936, José Estanislau Stankevicius foi preso e, em sua residência, a polícia confiscou várias publicações dentre as quais o *Músu Zodis*, *Darbetes* e *A Classe Operária*. Caso semelhante ocorreu com Pedro Willis que guardava dois exemplares do referido jornal lituano em uma caixa de pinho. Neste mesmo ano, Juosas Kovaliskas foi preso em flagrante quando recebia exemplares do *Músu Zodis* de Jeronymo Bubenas.

Motivo da apreensão

O jornal foi confiscado por defender ideais comunistas, tendo os operários lituanos radicados em São Paulo como público alvo. O primeiro número do *Músu Zodis* foi apreendido pelo DEOPS em 1934, sendo que vários outros exemplares foram confiscados em 1936, estando estes de posse de ativistas comunistas de origem lituana. O *Músu Zodis* era ligado à fração lituana da divisão idiomática do PCB. A gráfica onde era impresso não chegou a ser localizada pela polícia, com exceção de uma tipografia improvisada na residência de Abrahão Kovalsky em 1932.

Prontuário: 1.333 e 77.670
Prontuariado: Jornais Comunistas Estrangeiros e *Musu Zodis*
Remissão: 1.456, 3.691, 702, 1.706, 254

Visų Šalių Proletarai, Vienykitės!

Mūsų Žodis

BRAZILIJOS LIETUVIŲ DARBININKŲ LAIKRAŠTIS (Kaina 300 rs.)

Nr. 2 (5) | Sao Paulo, 1934 m. Sausio mėn. 25 d. | Metai II

BENDRAS PLIENINIS FRONTAS PRIES FASIZMA!

18 IVAIRIU ORGANIZACIJU SUSIJUNGE I ANTIFASISTINI BENDRA FRONTA. — VISI DALYVAUKIME MITINGE IR DEMONSTRACIJOJ ANT PRAÇA CONCORDIA SAUSIO 25 D.

Gruodzio mėn. 15 d. ivykes antifasistinis mitingas (policijos buvo uzdraustas) salėje Lega Lombarda, kur buvo suformuetas bendras antifasistinis frontas, davė S. Paule nauja ir galinga kovos impulsa pries kruvinaji fasizma.

Plinio Salgado vadovaujamu ir policijos atvirai remiamu fasistiniu gaujų vis drasiau rengiamos visokios aventuros ant darbinikisku ir seip radikalisku organizaciju, ginkluoti kruvini uzpuolimai mitingu ir pavieniu asmenu, kaip tai atsitiko lapkr. 14 d. ant gatvės Rua Gazometro, kur su policijos protekcija fasistai ėmė saudyt darbinikus, besiskirstancius is antikarinio susirinkimo, vėliau bandymas pakartot tokio pat uzpuolimo ant auksciau minimo mitingo gruodz. 15 d., kėsinimasis fasistiniu bandu pasirodyt viesai gatvėje su demonstracijoms gruodz. 15 ir 25 d.d., sukėlė S. Paulo netik proletariata, bet ir placius pazangiosios intelegentijos sluoksnius kovon pries galandama hitleriska kirvi ant Brazilijos liaudies!

Gruodzio 15 d. sudarytas bendras antifasistinis frontas jau sujungė 18 ivairiu organizaciju, kurios kartu apima desėtkus tukstanciu nariu. Tai tik pradzia tos kovos, kuri yra uzsibrėzta isvystyt po visa Brazilijos sali, kad sutrėksti galva pradedanciam ja kelti fasizmui!

«Bendro Fronto» organizacijos komitetas 7 d. sausio susaukė visu 18 susijungusiu ir kitu miesto bei provincijos organ-ju atstovu svarbu suvaziavima, kur buvo svartoma «Bendro Fr.» organizacijos konstitucija, kaip pamatas plėtimui uzsibrėztos kovos ir nutarta organizuot 25 sausio antifasistini mitinga ir demonstracija, isstatant valdziai sekancius reikalavimus:

a) Minties, susirinkimu ir spaudos laisvė visoms bėgamoms (esamoms) politinėms bei filozofinėms proletariato organizacijoms;

b) Laisvas mokymas ir garantija valstybės atskyrimo nuo baznycios;

c) Atsaukimas visu istatymu, kurie tiesioginiai ar netiesioginiai varzo minties ir spaudos laisve;

d) Laisvas darbiniku sindikalizavimasis, be jokiu valdzios isikisimu;

e) Pilnas pildymas protekcijos istatymu darbe; (atostogos (ferijos) nelaimingi atsitikimai ir t.t.)

f) Pildyme atostogu istatymo turi but duodamas atsilsėjimas 15 dienu ir uzdraudimas, baudziant pinigine pabauda, atostogu apmokėjimo;

g) Isleidimas istatymo, kuriuom butu nustatomas «maziausias atlyginimas», sulig darbiniku sindikatu patiekta tabela;

h) Balsavimo teisės visiems turintiems 18 metu amziaus, be skirtumo lyties ir tautybės, tos pat teisės kareiviams ir jurinikams.

Draugai darbinikai-ės! Visi aktyviai dalyvaukime 25 d. saukiamam mitinge ir demonstracijoj ant Praca Concordia 5½—6 val. vak.! Tik tas daleis sau pasilikt namie, kuris pritaria fasizmui! Kuris sutinka kad fasistai ivede atvira diktatura, itaisytu miestu aikstėse giljotinas ir kapotu darbinikam galvas, kurie reikalaus darbo ir duonos! Tik paskutinis apsileidėlis prasėdės ta laika namie ir neiseis apgint savo teises bendroj kovoj, pagal nustatytus reikalavimus dabartinei feodal-burzuazinei valdziai! Musu ateitis — musu paciu rankose! Sau geresni buvi ir laisve tik kovote teiskovosim!

Salin kruvinas fasizmas, didziausias darbo masiu priesas, karu, bado ir visokio pikto nesėjas!

Tegyvuoja antifasistinės kovos Bendras Frontas!

Tegyvuoja pergalingoji darbiniku klesės kova uz savo pasiliuosavima!

Kam ikurta „Darbo Ministerija"?

Brazilijos isnaudotoju valdzios ikurtos «Darbo M-jos yra isteigti kiekvienam didesniam mieste «Darbo Departamentai», kuriu uzduotis yra organizuot darbiniku sindikatus su visom fasistinėm formom, kaip tai: iveda profesionales darbo knygutes su paveikslu ir pirstu nuospaudom. Prie to, dar knygutėje yra vieta isnaudotojo pastabom, apie darbiniko «paklusnuma.» Visa tai daroma, kad zvalgybai butu lengviau sekti darbinikus.

Gilėjant ekon. kriziui, auga darbo masiu skurdas ir badas, kas astrina klesiu kova, tai cia «Darbo D-to» uzdavinys yra migdyt ta kova, pravedant «susitarimo» politika tarp darbiniku ir isnaudotoju, kad esu galima ramiu budu susitarti, ponai patys atlyginima pakels be jokios kovos, tik reikia truputi palaukt, kol krizis praeis.

Kad isvengti bedarbiu kovos miestuose, «Darbo D-tas» duoda nemokamai gelzkeliu bilietus isvaziuoti ant lauko darbu. Apie «gerus» darbus, «aukstas» kainas ir t.t., diriguojant «Darbo D-tui», sistematiskai tie melai burzuazijos varomi visom priemonėm, kad tik daugiau darbiniku isvaziuotu is miestu.

Isvaziave ant lauko darbu darbinikai, fazendieriu verciami dirbti nuo tamsos ligi tamsai ir negauna nė sociai pavalgyt. Sugryzt i miesta jau negalima, nes feodalas pinigu nemoka ir traukinio bilietas nėra uz ka pirkti. Ten darbinikas ne tik neuzdirba, bet visuomet prasiskolina uz sugedusi maista fazendieriaus krautuvėje, o paskiau sekamas kapengu (fazendieriu budeliai) kad nepabėgtu.

«Darbo D-tu» organizuotuos sindikatuos yra pastatyti nuolatiniai snipai, kurie seka kiekviena darbiniku zingsni, kaip pav: Laitės Comp. sindikate pastatytas, gerai lietuviams zinomas isdavikas — snipas Jonas Gerulaitis, Englėzos sind. — Gaginio ir t.t.

Is viso matome, kad «Darbo D-tai» yra darbiniku priespaudos ir policijos papildomieji organai. Tad salin juos!

GRUMSTAS

MÚSU LIETUVA (NOSSA LITUÂNIA) | *São Paulo*

CONSELHO EDITORIAL	NÃO CONSTA
PERFIL	ANTICOMUNISTA
PERIODICIDADE	QUINZENAL
PROCESSO GRÁFICO	TIPOGRÁFICO
LOCAL DA EDIÇÃO	SÃO PAULO (SP)

Histórico

O jornal *Músu Lietuva*, quinzenalmente distribuído, traz notícias, políticas, culturais e esportivas tanto da Lituânia como das suas colônias no Brasil e em outros paises. O primeiro número data de 1º de janeiro de 1948 e continua a ser publicado até os dias de hoje com uma tiragem de seiscentos exemplares sob a direção do Pe. Pedrinho que mantém sua sede na Vila Zelina, em São Paulo. Nos anos 60 chegou a três mil exemplares. Em fevereiro de 1948, este jornal foi criticado pelo periódico *Darbas*, de Montevidéu, como sendo de "ideologia puramente fascista com o Pe. P. Ragazinsks à frente que até pula de alegria" ("A imprensa lituana de São Paulo", *Darbas*, 28.02.1948). Esta mesma crítica foi dirigida ao *Zínios*, outro jornal da comunidade lituana fundado em 28 de junho de 1947.

O *Músu Lietuva* contava com a colaboração de imigrantes deslocados de guerra e ligados à Igreja Católica. Daí suas ilustrações e textos transmitirem uma triste nostalgia recuperando imagens símbolo das aldeias da terra-mãe.

Além do *Músu Lietuva* e do *Zínios*, os lituanos dispunham de outros periódicos que, em oposição a estes, expressavam o segmento comunista da comunidade: *Garsas (Som)*, editado por Adolpho Zovcas em 1930, e o *Darbiniku Zodis (Palavra do Trabalhador)*, fundado em 1931 pelo editor Abrahão Kovalsky. Há registro de um outro jornal, o *Músu Zodis* (*Nossa Palavra*) que teve seus exemplares apreendidos em 1936, sendo editado em iídiche.

Motivo da apreensão

Os exemplares anexados ao prontuário da Aliança Autoprotetora de Beneficência dos Lituanos no Brasil foram confiscados em 1948 por ocasião das comemorações da independência da Lituânia em 16 de fevereiro. Os investigadores do DEOPS que vigiavam o evento solicitaram exemplares do jornal sendo estes enviados para tradução. Em nota, o tradutor afirma tratar-se de um jornal anticomunista e que, portanto, não precisava ser traduzido na íntegra.

Prontuário: 51
Prontuariado: Aliança Autoprotetora de Beneficência dos Lituanos no Brasil
Remissão: 1.333, 51, 65, 205, 77.670 e dossiê 30-2079.001

Mūsų
LIETUVA
Nr 1

NOSSA BANDEIRA | *São Paulo*

CONSELHO EDITORIAL	NÃO CONSTA
PERFIL	COMUNISTA
PERIODICIDADE	DESCONHECIDA
PROCESSO GRÁFICO	TIPOGRÁFICO
LOCAL DA EDIÇÃO	SÃO PAULO (SP)

Histórico

O jornal comunista *Nossa Bandeira* foi idealizado em 1934 pelo Comitê Regional do Socorro Vermelho de São Paulo com o escopo de lutar pela legalização desta instituição, unir a massa operária contra o capitalismo e todas as suas formas de opressão. Tanto o Socorro Vermelho Internacional como o do Brasil eram entidades reconhecidas pelo Partido Comunista e tinham importante papel junto ao operariado. Através de uma panfletagem sistemática posicionavam-se contra os bacharéis e os engravatados (intelectuais), os trotskistas e os "ladrões" (capitalistas).

Nossa Bandeira definia-se como um guia para as massas, em prol da "solidariedade internacional do proletariado contra a opressão policial e ideológica da burguesia agonizante". A bandeira era de protesto: protesto contra a injustiça dos tribunais e juízes, contra o desumano sistema carcerário e de trabalho forçado a que eram submetidos os presos políticos. Defendia também o direito de asilo a todos os deportados e emigrados políticos proletários. A síntese desta proposta encontra-se registrada na iconografia impressa ao lado do título do jornal: por entre as grades de ferro de uma prisão, um detento (na contraluz) agita uma bandeira que "chama as massas" para lutar ao lado do Socorro Vermelho.

Propunha-se também a combater o fascismo e a política varguista, cujas investidas autoritárias incluíam a deportação dos cidadãos nacionais ou estrangeiros avaliados como sediciosos.

De forma genérica, tinha por público alvo os operários, camponeses, soldados, marinheiros, jovens, mulheres trabalhadoras, estudantes, intelectuais e todos os explorados e oprimidos em geral.

Motivo da apreensão

O exemplar nº 1 foi apreendido na residência de Eurico Paranhos, membro do Sindicato dos Profissionais do Volante, acusado de exercer "atividades extremistas". Como prova de seu crime político foi anexado aos autos o exemplar nº 1 interpretado como propagador da ideologia comunista. Segundo relata o próprio indiciado, este jornal havia sido trazido por seu filho Eurico Paranhos Filho que trabalhava em uma agência de jornais. O exemplar denuncia os maus tratos a que eram submetidos os presos políticos confinados nos presídios de São Paulo, além de informar sobre as greves deflagradas em Santos e Marília (SP). Um destaque é dado para as greves dos trabalhadores da Light.

Data da apreensão

1936

Prontuário: 4.126
Prontuariado: Eurico Paranhos

LIBERDADE A THAELMANN, GUIA DOS ANTI-FASCISTAS ALEMÃES

NOSSA BANDEIRA

Orgão do Comité Regional do Socorro Vermelho de S. Paulo

ANO I | São Paulo, Outubro de 1934 | NUM. 1

NOSSA BANDEIRA

NOSSA BANDEIRA é o laboro de luta de todos os trabalhadores contra o capitalismo e todas as suas formas de opressão.

NOSSA BANDEIRA guia as massas, baseada na solidariedade internacional do proletariado, contra a reasão policial e ideologica da burguezia agonisante. Ela mobilisa o operariado e todas as camadas populares para a ação material contra o fascismo, o integralismo e todas as modalidades de terror sob a barbaria do regime capitalista.

NOSSA BANDEIRA mobilisa as massas contra a justiça de classe Ela mostra que nenhuma ilusão devemos ter na «justiça» dos tribunaes, dos juizes, das antoridades, que estão exclusivamente a serviço da classe capitalista contra todos os combatentes proletarios. E que estes só poderão ser salvos pela ação decisiva das massas.

NOSSA BANDEIRA defende todas as vitimas da luta de classes. Ela organisa as massas para as demonstrações de protesto contra o desumano regime carcerario e de trabalho forçado, a que o governo capitalista submete os presos politicos proletarios. Ela leva até estes toda a sua solidariedade politica e todo o seu conforto moral.

NOSSA BANDEIRA dirige a luta pelo direito de asilo a todos os deportados e emigrados politicos proletarios. Ela protesta contra a deportação e perseguição de trabalhadores, quer nacionaes, quer extrangeiros, por questões de idéas, e exige o regresso ao paiz de todos os lutadores proletarios deportados e seu direito á vida e á liberdade.

NOSSA BANDEIRA chama as massas para a luta pela existencia legal do SOCORRO VERMELHO e de todas as organisações revolucionarias do proletariado e pelo direito de associação, reunião, greve e imprensa indepedente para todos os trabalhadores.

NOSSA BANDEIRA guia as massas na luta contra a guerra imperialista mundial, cada dia mais proxima, e contra todas as guerras de conquista e rapina, principalmente contra o ataque contra o unico paiz do mundo governado pelos operarios e camponezes, a União Sovietica.

NOSSA BANDEIRA organisa a solidariedade de todos os operarios e camponezes, soldados e marinheiros, jovens e mulheres trabalhadoras, estudantes e intelectuaes, explorados e oprimidos em geral, em torno das vitimas da reação e do fascismo, e para a luta constante e conciente pela liberdade de todos os combatentes da Revolução mundial caidos nas garras dos cães de fila da classe capitalista.

Duas Vitorias Sobre a Reação

A greve de Santos é, para o proletariado, um exemplo vivo do que vale a solidariedade organisada dos trabalhadores contra a reação.

Cerca de dois mezes durou o movimento. E, do primeiro ao ultimo dia, a unidade de ação dos grevistas contra a reação foi completa.

Sem duvida, muitos erros e falhas impediram que a greve tivesse outro resultado. Os trabalhadores em padarias, hoteis e contrução civil lutaram só, com o apoio apenas moral e economico das outras camadas do proletariado. Faltou-lhes a iniciativa de levar a efeito demonstrações atravéz das quaes interessassem os trabalhadores de outros setores e os arrastassem á greve. Os militantes do SOCORRO VERMELHO não obstante haver dado todo apoio politico e tambem material á greve, não tiveram, por sua vez, a perspectiva de ampliar a luta, ligando a esta, de uma forma revolucionaria, as palavras de ordem contra a reação, o fascismo e a guerra imperialista e pela defeza da União Sovietica.

O que, entretanto, é certo é que a greve de Santos teve um grande valor educativo para as massas. A solidariedade ferrea dos grevistas venceu, com grande vantagem, a reação, conseguindo a liberdade de todos os grevistas caidos nas garras da policia e, o que é mais, obtendo a desmoralisação do processo intentado por Costa Ferreira contra Antonio Spina e Antonio Ferreira, sua liberdade e seu regresso a Santos, depois de deportados para o Rio.

O governo de Sales de Oliveira pretendia faser com Spina e Ferreira o mesmo que o imperialismo americano fez com Tom Mooney. Mas, salvou-os da miseravel provocação preparada por Costa Ferreira a acão fraternal dos grevistas, a unidade da luta.

Vendo-se vencido, o governo, por intermedio do salafrario Costa Ferreira, procurou lançar os grevistas contra o SOCORRO VERMELHO e outras organisações revolucionarias. Com este fim, mandou espalhar um manifesto, em nome do Socorro Vermelho do Brasil, proclamando o «fracasso» da greve. Mas, não surtiu efeito a provocação.

Os trabalhadores de Santos sabem que o S. V. reconhece e aplaude a combatividade dos grevistas. A GREVE NÃO FRACASSOU! A GREVE TEVE UMA GRANDE VITORIA SOBRE A REAÇÃO! Eis como o Socorro Vermelho coloca o movimento paredista de Santos.

—

Tambem em Marilia, os operarios em greve venceram a reação. Iniciada a luta, os grevistas se achavam reunidos, quando apareceu a policia, que, por ordem do delegado local, fez fogo contra a massa. Os grevistas reagiram bravamente, com vantagem.

Um grevista foi preso.

Os grevistas logo se movimentaram e, cinco horas depois, conseguiram, sob pressão, a liberdade do camarada! MAIS UMA VITORIA DA MASSA SOBRE A REAÇÃO!

—

Trabalhadores da cidade e do campo! Em todas as vossas lutas, em todas as vossas greves, elevae bem alto a bandeira de combate contra a reação, o fascismo e a guerra imperialista, e pela defeza da patria de todos nós, a UNIÃO SOVIETICA!

NOSSA TERRA | *São Paulo*

CONSELHO EDITORIAL	OSWALDO RODRIGUES GOMES (DIRETOR)
PERFIL	COMUNISTA, DEDICADO AOS PROBLEMAS DO HOMEM DO CAMPO
PERIODICIDADE	DESCONHECIDA
PROCESSO GRÁFICO	TIPOGRÁFICO
LOCAL DA EDIÇÃO	SÃO PAULO

Histórico

O jornal *Nossa Terra* começou a ser editado em São Paulo em junho de 1949 tendo como público-alvo o homem do campo. Além de discutir as questões trabalhistas do camponês, estendia sua atenção para a vida da mulher e da juventude camponesa. A "construção" da página divide-se em várias colunas, expressando a preocupação em atingir um público leitor determinado, como jovens e mulheres. Os assuntos variavam da violência ao noticiário agrícola. Rico em ilustrações sobre a vida na zona rural, reservava espaços para a modinha de viola, culinária, conselhos e humor. Não era apenas um jornal dedicado a divulgar a luta camponesa, mas também voltado ao registro do cotidiano e da cultura popular do homem do campo. Valorizava questões que envolviam o campesinato mundial, como a mecanização das fazendas da União Soviética ou a greve geral dos camponeses italianos.

O jornal dirigia-se praticamente a todas as regiões do Estado de São Paulo como, por exemplo, Marília, zona de grandes fazendas produtoras de café e onde os camponeses viviam situação de opressão e miséria. Refere-se também às regiões da Alta Araraquarense, Olímpia e Barretos, onde, segundo o jornal, existem muitas terras de "estrangeiros" destinadas ao pasto, propriedades estas pertencentes a grandes frigoríficos. *Nossa Terra* não tratava apenas de questões estaduais; preocupava-se também com notícias de outras regiões do Brasil como Erechim e Presidente Vargas, ambas no Rio Grande do Sul, onde a luta dos camponeses em defesa de suas terras se fazia contra os grandes fazendeiros e o governo. Estes artigos na sua maioria não eram assinados, mas quando isso ocorria era lançado mão de pseudônimo, como a "Carta Pró Cumpadre Bastião", de autoria do Cumpadre Serafim, ou a letra da "moda de viola" assinada por João Siriri. O *Nossa Terra* tinha como diretor Oswaldo Rodrigues Gomes e sua redação situava-se em São Paulo, na Praça da Sé, 371 – 10º andar, sala 1014.

Motivo da apreensão

Cerca de vinte exemplares do nº 1 do *Nossa Terra* foram localizados e confiscados na residência de João Rojo na cidade de Pitangueiras, região de Barretos (SP). João Rojo, segundo a polícia, havia participado do Partido Comunista Brasileiro e possuía grande quantidade de material subversivo relacionado com a luta política no campo.

Prontuário: 547
Prontuariado: Delegacia Regional de Polícia de Barretos – vol. 2

NOSSA TERRA

N.º 1 | São Paulo, 8 de Junho de 1949 | ANO I

OS CAMPONESES QUEREM RESOLVER SEUS PROBLEMAS

O governo e os grandes fazendeiros estão fazendo uma campanha para aumentar as colheitas. Eles querem que os trabalhadores da roça trabalbem mais e plantem mais café, algodão, arroz, milho, feijão, amendoim e outras cousas mais. Isto porque a lavoura está produzindo pouco e há falta de mantimentos na cidade. Por isso, vão fazer reuniões para discutir e fazer discursos sobre a situação.

Eles dizem que há crise, que os preços do arroz, do feijão, dos tomates estão muito caros nas cidades e que os trabalhadores e o povo não podem comprar. Tudo isso porque há falta; se a produção aumentar, os preços vão baixar. Por isso, vão fazer reuniões para discutir a questão.

Os Camponeses vão falar das suas precisões - É necessário melhorar as condições de vida na roça

Mas a verdade é que do geito que estão, os colonos, camaradas, arrendatarios e pequenos sitiantes não podem mesmo aumentar as colheitas. Os caboclos estão doentes, as casas em que moram são piores que chiqueiro de porco. Os trabalhadores da roça não têm nada, uma enxada ou um bico de pato custa o olho da cara e eles não têm dinheiro para comprar. O cambio negro de ferramenta é uma miseria. Colono de café entra para a fazenda em agosto e já no primeiro pagamento em outubro está devendo para o patrão e no comercio. Desse geito, desanima logo. O camarada ganha pouco. Há fazendas que ainda pagam cinco mil réis a seco. O arrendatario não tem credito. Banco não fornece dinheiro e os comerciantes não fiam. Ele tem que viver comendo feijão e mandioca até a colheita. O preço do arrendamento é muito grande. Na hora de vender o algodão, o arroz ou o feijão, os preços caem. As maquinas dos americanos e dos ingleses e os compradores de cereais não pagam bom preço. No fim, o que ganha com a colheita mal dá para pagar a farmacia, o comerciante e comprar um pouco de roupa.

O pequeno sitiante tambem não tem nada. Não tem dinheiro para comprar veneno para matar as pragas do algodão, pois o preço é de assustar e tambem não tem credito. Dizem os fazendeiros que há muita terra. Mas os trabalhadores da roça não têm. Os donos só dão de meia ou cobrando um preço que ninguem pode pagar.

O colono ganha muito pouco por mil pés e o que planta no café é muito pouco, uma carreira de milho e outra de arroz ou feijão não dá para nada. A terra da palhada é muito ruim e não compensa nem o trabalho de plantar. Trabalhador da roça não tem direito ao pasto. Não pode ter uma vaca ou uma egua. O patrão exige que fique fechado. Os filhos estão sempre doentes. Assim, as colheitas não podem aumentar.

Por isso, discurso de fazendeiro, deputado ou homem do gover não resolve. Cineminha gratis com passeio de caminhão e trem não vai resolver.

Mas os trabalhadores vão tomar parte nas reuniões. Quando os grandes fazendeiros disserem que precisam de dinheiro e financimento dos bancos do governo, eles tambem vão dizer o que é preciso fazer para aumentar as colheitas. Vão falar das suas precisões. Os trabalhadores da roaç vão dizer que precisam de casas boas para morar, agua sem bicho para beber, remedio para curar suas doentes e outras cousas mais.

O colono vai dizer que precisa uma paga maior pelo trato de mil pés com direito de plantar; vai dizer que os tratos não podem ser só de boca e precisam ser feitos no cartorio. O arrendatario vai dizer que o preço do arrendo precisa baixar e na hora da colheita precisa de preços bons para a sua produção. O pequeno sitiante vai dizer que precisa de credito e garantia de preços. Os que não têm terra vão dizer que precisam de um palmo de chão para plantar.

E' assim que devem fazer todos os trabalhadores da roça.

NOSSA TERRA

Já estava fazendo falta um jornal para os camponeses de nosso Estado. Aparece agora este jornal. O seu nome já está dizendo que ele pertence aos trabalhadores da roça. Este jornal já estava fazendo falta. Mas não é atoa que ele aparece. E' que os trabalhadores da terra estão se mexendo, estão levantando a cabeça, estão se dando as mãos numa união que ninguem mais poderá destruir, estão se entendendo, levantando sua voz, estão sendo ouvidos e ajudados pelos seus irmãos, os trabalhadores das cidades. Quando acontece o que aconteceu em Santo Anastacio e em Marilia tem que se fazer um jornal que seja como a estrela guia dessa luta que não pode parar mais.

A situação de vida dos trabalhadores e de todo o nosso povo vai ficando cada vez pior. A exploração dos camponeses nas fazendas e nos latifundios aumenta cada dia. O que os colonos ganbam salários miseraveis sem nenhum direito nem assistencia e sem fome dos seus filhos. Os trabalhadores das usinas de açucar ganham salários miseraveis sem nenuh direito nem assistencia e sem nenhuma liberdade. Os arrendatarios de terra levam vida de verdadeiros escravos, pagando pelo "arrendo" quasi tudo que produzem, ficando sem nada e na miséria. Para os pequenos e médios sitiantes falta tudo — crédito, estradas, escolas, etc. Só não faltam os impostos que sobem cada vez mais.

Enquanto as ferramentas e as outras cousas de que os camponeses precisam ficam mais caras, os seus produtos — o algodão e os cereais — vão caindo de preço na época da colheita.

A fome e a miséria aumentam no campo, enquanto os fazendeiros, usineiros, latifundiários, grandes comerciantes, industriais e banqueiros vão aumentando os seus lucros. E ainda por cima estão trabalhando para que rebente uma nova guerra. Eles não se importam com os que vão morrer, com o aumento da carestia, com a desgraça do povo. Porque a guerra é um bom negocio para eles, aumentando os milhões de cruzeiros de seus lucros.

Já se foi o tempo em que camponês era cabresto. Nesa situação o governo só aparece com aumento de impostos e perseguições. Vantagens são só para os gringos da Clayton, da Sambra, dos Frigoríficos, de Rockfeller. Então, os caponeses não vão ficar aí, morrendo de fome e doença, esperando que a melhoria de sua vida caia do céu por descuido. E' por isso que lutam, é por isso que se dão as mãos e se unem. E' por isso que sae o jornal dos caponeses.

Este jornal deve ser como um correio dos camponeses de São Paulo. Cada homem da roça deve escrever para este jornal, pedir ao visinho ou ao compadre ou ao amigo que escreva quando não souber escrever. Escrever, mandar dizer, tudo o que precisa, o que lhe falta, seus sofrimentos, suas esperanças, o que aprendeu na luta, o que deseja. Aí o assunto sai no jornal e é como uma carta para ser lida por todos os camponeses. Isso ajuda a fazer a união, mostra que tudo que é trabalhador da roça é como um amigo do peito que deve estar pronto a ajudar no esforço para sair dessa desgraça.

E um jornal assim é como uma carta de familia que a gente tem obrigação de mostrar para todos os parentes. Então, devem se reunir os camponeses para ler o jornal, conversar sobre as noticias que ele traz, para saber como é que está a situação em outros lugares e assim por diante. Um que sabe ler deve ler o jornal para os que não sabem.

Aí o jornal fica que é um mensageiro levando as noticias de cada fazenda, de cada sitio, de cada zona para todos os lugares. E os camponeses vão se sentir como uma grande familia. Quando o governo prejudica um, o tatuira persegue algum é como se mexesse com todos os milhões de camponeses.

E tem mais isso. O jornal dos camponeses não é feito de parceria com ninguem. Isso não. Jornal de sacrificio, feito de pobreza, mas só dos camponeses, sem dever favor pra nenhum capanga. E' claro que cada camponês precisa dar um pouco para garantia do jornal. Qualquer coisa serve — uns cruzeiros, plantar para o jornal como fizeram os camponeses de Santo Anastacio que plantaram para ajudar a campanha de defesa do petroleo. Tambem serve uma galinha, um saco de milho que se vende e guarda uma parte para ajudar o jornal. Assim nós vamos tirando um pouquinho da pobreza de cada um para fazer esta grande riqueza de nós todos, que é o nosso jornal.

Temos certeza que vai ser assim. Temos confiança em vencer com o auxilio de todos. E o jornal vai provar que camponês é capaz de sair do atoleiro, de ir para frente, de livrar-se da miséria e da exploração. O jornal vai ser essa arma de luta que faltava.

ENERGICAS PROVIDENCIAS

BELARMINO — Puis é como lhe digo, nhô Sirvino. Vendi o meu argodão lá praquele compradô do largo da matriz. Todo mundo falava que ele robava no peso, mais eu não aquerditava. Agora vi que o povo tem razão. Ele robô na minha cara, diante dos meus zoio.

SIRVINO — I vancê não tomou pruvidencia?

BELARMINO — Tomei sim. Dei parte pra pulicia i levei o dotô delegado lá.

SIRVINO — I levaro o ladrão preso?

BELARMINO — Nhor não. Prenderam a balança...

O governo contra os camponeses

Marilia está localizada numa das principais zonas produtoras de café do Estado de São Paulo. Ali existem centenas de grandes fazendas, onde trabalham muitos milhares de familias de colonos. Enquanto os fazendeiros aumentam de ano para ano os seus lucros, os colonos e trabalhadores de suas fazendas vão sendo reduzidos à mais extrema miseria.

Os arrendatarios e sitiantes não têm assistencia alguma do governo. Pelo contrario, são explorados por ele, pelos latifundiarios e pelas companhias estrangeiras como Clayton, Sambra e outras.

Quando há chuva de pedra, o governo não paga os prejuizos como é de sua obrigação. Ainda agora, por isso, estão na miseria 200 familias de plantadores de algodão em Tupã.

Pelo trato de café e pela colbeita, os colonos recebem de 600 a 1.200 cruzeiros por mil pés, o que não dá nem para a alimentação de seus filhos.

Os assalariados agricolas, os camaradas diaristas, de propriedades e usinas, como acontece nas grandes fazendas de Max Wirth, recebem ordenados tão reduzidos que a sua situação é de muita privação.

Foi por isso, que resolveram fazer um congresso, como os seus companheiros de Santo Anastacio. Era para discutir os seus problemas e cuidarem de sua organização para a defesa dos direitos de todos os trabalhadores da roça na Alta Paulista. Foram, então, realizadas reuniões em muitas fazendas de varios municipios da zona e escolhidos os delegados para representar os camponeses no Congreaso que deveria se realizar no dia 10 de maio, em Marilia.

Entretanto, o governo do sr. Ademar de Barros, que defende só os fazendeiros e as companhias estrangeiras, mandou a sua politica impedir o congresso. A policia fez de tudo. Centenas de soldados armados de metralhadoras foram para Marilia. Todas as entradas da cidade foram guardadas por soldados. A cidade parecia uma praça de guerra. As jardineiras e os trens eram cercados e os passageiros revistados e maltratados pela policia. Toda a população de Marilia e da zona sentiu a sua vida ameaçada e ficou indignada.

Prefeitos, Camaras Municipais que haviam dado apoio ao congresso, tiraram o corpo de banda.

Mas os camponeses não se intimidaram com isso e estão dispostos a lutar pelos seus direitos, por mais um pedaço de pão para seus filhos e contra as brutalidades da policia do sr. Ademar de Barros.

O CLARIM D'ALVORADA | *São Paulo*

CONSELHO EDITORIAL	FREDERICO B. DE SOUZA (PRESIDENTE), HENRIQUE A. CUNHA (EDITOR), LUIZ G. BRAGA (SECRETÁRIO GERAL), JOSÉ CORREIA LEITE (REDATOR-CHEFE)
PERFIL	MOVIMENTO NEGRO
PERIODICIDADE	MENSAL
PROCESSO GRÁFICO	TIPOGRÁFICO
LOCAL DA EDIÇÃO	SÃO PAULO, (SP)

Histórico

O *Clarim d'Alvorada* foi fundado por José Correia Leite e Jayme de Aguiar em janeiro de 1924, sendo publicado até 1932, data em que a última edição saiu em caráter extra. Possuía um caráter reivindicatório e de protesto racial. De cunho político, defendia a proposta de interferir na conscientização do negro paulista. Sua distribuição, em geral, era gratuita nos bailes e associações de negros.

A 40ª edição acusa os irmãos Veiga dos Santos, dirigentes da Frente Negra Brasileira, pela invasão e depredação a redação de *O Clarim*. Segundo o jornal, a motivação para tal ato devia-se ao fato de Isaltino Veiga dos Santos e alguns companheiros terem sido designados a organizar, em nome da Frente Negra, uma outra organização negra em São Sebastião do Paraíso, filiada a FNB, onde Isaltino teria começado um romance. No entanto, por Isaltino ser casado, essa relação teria trazido repercussões junto à população daquela cidade, que solicitou providências junto à diretoria da Frente que omitiu-se sobre a questão. Segundo o jornal, Isaltino recebia proteção de seu irmão Arlindo Veiga dos Santos, presidente da FNB, e de Guaraná Sant'Anna, advogado da Frente. Tal fato já havia sido denunciado pelo jornal *A Chibata* (da mesma redação de *O Clarim*) fato que teria culminado com a depredação da redação e o fechamento do jornal.

O Clarim d'Alvorada pode ser considerado como o jornal de maior expressão da comunidade negra em São Paulo. Criado para ser um jornal "Literário, Noticioso e Humorístico", tornou-se instrumento de denúncia do negro da sociedade brasileira. Circulou em dois períodos: 1924-1927 e 1928-1932. Permaneceu até 1928 com algumas variações apresentando-se ora como órgão científico, ora político. A partir desta data alterou seu subtítulo para "Pelo interesse dos homens pretos. Noticioso, Literário e de Combate". Sem capital próprio, a edição era custeada pelo grupo editor que conseguia manter o jornal às custas de anúncios. Suas tiragens variavam de 1000 a 2000 exemplares por mês. Assinavam como colaboradores e, muitas vezes, valendo-se de pseudônimos: Jayme de Aguiar (também Maria Rosa, Moysés Cintra, Jim de Araguary, Praxedes, Ana Maria e Jim do Vale), Correia Leite (ou Tuca), Menotti Del Picchia (ou Hélios) e Evaristo de Morais.

Considerado como jornal "dos negros para os negros"

Frente Negra Brasileira

IDEAS CONTEMPORANEAS

CONCLUSÃO

Apparece no agrilhoamento espiritual, mórmente quando seus sictarios entram para o terreno das suggestões, e estas tenham feição criminosa dos phenómenos existentes em seus conceitos, deixando de demonstrar a necessidade de serem subtrahidos quando resaltam interesses de Raças e muito principalmente da Negra no Brasil.

A Raça Negra não póde estar sugeita a este credo e a credos politicos, a forma de governos ou retardamentos de corôras, porque nenhum desses poderes viram as mizerias do negro e delle tiveram as mais extremas participações em todos os sentidos da vida nacional, surgindo decididamente na solução de seus interesses sociaes e na resistencia das economias.

Fóra disso, abandonado pelos credos, na acção politica foi capanga; na exaltação dos meritos historicos da nacionalidade, não foi parcella, foi automato, e, não póde continuar a ser, além de victima que é, um simples jjoguete, nas mas de "lideres" e agitadores improvisados. IDEAES CONTEMPORANEOS.

Seculo XX. Passa o seu primeirò quartel. Epoca das transformações e das grandes idéas de coragem. Não estamos habituados a olhar para traz; mas neste instante em que estamos elaborando a pagina de um evangelho de fogo, recebemos na jornada do destino, a segunda pedra que nos atiram.

Não estamos fazendo a lucta de odio. Não estamos fazendo a segregação da vida nacional. Mas, estamos affirmando a integralisação da Raça Negra "real e leal" no conceito universal!

Remontando pedra sobre pedra das injustiças que temos soffrido por aquelles que querem a nossa segregação.

DELENDA A CARTHAGO — A' margem do Nilo, ainda vagueia a figura de Annibal. E nós alongamos nossos olhares para essa pagina remota. Uma civilisação aniquilada pelo odio eterno contra o negro...

Somos os idealistas aventureiros. E não somos os unicos. Como nos, existem branco, ó amarellos e negros — viandantes que pregam a verdade, e, dentro da forma humana — o homem deve ser sincero nas suas vicissitudes e no seu idealismo.

Nós temos um sorriso de desdem para aquelles que negam a reivindicações dos tumulos e dos martyres, para commodamente salientarem o proteccionismo que lhes deu as posições de tamanha grandeza, que chegam ao ponto de se envergonharem de suas origens.

Se não somos dignos de comparticipar nas reivindicações sociaes hodiernas, dentro das philosophias politicas ou religiosas que nos querem impor — ficaremos á margem, porque a philosophia negra, já tem a sua consistencia elevada e fortemente defendida por todos os negros livres do mundo.

EDICÇAO EXTRA

O Clarim da Alvorada
LEGITIMO ORGAM DA MOCIDADE NEGRA
Editado: Pela Soc. Cooperadora O CLARIM DA ALVORADA
FUNDADO EM JANEIRO DE 1924
Redacção e sede: RUA MAJOR DIOGO, 114 São Paulo Brasil
Independencia: Doutrina Verdade
ANNO IX — São Paulo, 27 de Março de 1932 — NUMERO 40

Nunca nos sentimos tão grandes

O assalto, na calada da noite, desta redacção, por um bando sordido de assalariados, bebados e DESORDEIROS!...

DEUS està comnosco!...

O Dr. Arlindo Veiga dos Santos, depois de engulir a hostia da paschoa de hoje, quando estiver no aconchego do lar, na hora da prece em torno da meza, acercado do conforto da familia, como bom filho e bom catholico; ha de se lembrar como bom chefe da caterva do baixo servil, da caravana de mariolas e esbirros que estiveram nesta tenda, que Deus està comnosco, porque, o enrraivecimento daquelles immundos, tirou a tranquilidade de uma familia que nesta paschoa, não tem meza, não tem pratos, não tem cadeiras e nem talheres, mass Deus està cosmnosco, deixaram nos, os typos para compormos a carta de Ssão Sebastião do Paraizo, contra teu irmão o caiphás da raça, que no seu palacio uivou—MORTE A ESTES..

Que respossta tu, Veiga, darás ao teu povo á carta que segue abaixo:

São Sebastião doo Paraizo, 6 de Fevereiro de 1932
Illmo. Snr. Ursinco dos Santos
D. D. Director déo "O Clarim d'Alvorada"
S. PAULO

Saudações — Respondendo a sua missiva de 4 do corrente, tenho a informarr-lhe que ficamos bastante abatidos com o que está se passandoo. Não esperavamos nunca que para ressurreição moral e intellectual politico-social da raça negra no Brasil, escolhesse neegro de má catadura, cynico e hypocrita vaidoso como o cidladão Izaltino, não digno de ser recebido em nossos lares, conforme exigiram por carta.

Já enviei uma carta registada ao Snr. Arlindo Veiga, neste sentido, e não tiwe resposta; talvez não desse importancia.

Tenho feito essforço com minha amizade para que a corrente contraria não faça publicação pelos jornaes de tão infamante acto. Junto lhee envio as cartas como prova e peço-lhe restituir-m'as o maiis breve possivel, afim de que seja as mesmas entregues á senhorita Guiomar.

Aguardando suas noticias, firmo-me com estima e consideração. Cirdo. amigo (a) *Mario Ribeiro Rosa*

O CLARIM D'ALVORADA, reapparece hoje, em edição extra, para atirar a sua cusparada de despreso, no rosto dos negros repugnantes, que na noite de 19 deste, envadiram a nossa redacção, com o fito de depredar os nossos materiais.

Esses lacaios dos irmãos Veiga dos Santos, typos nojentos da vasa baixa, agrediram estupidamente duas mulheres, e assustaram os indefesos filhinhos do nosso companheiro, Jose Correia Leite, em attitudes selvagens, dignas do bando de "Lampeão"

Tudo isso porque? Vejamos; no findar deste anno, o Isaltino Veiga dos Santos, mais companheiros, foram empossar em nome da Frente Negra Brasileira, a directoria de uma organização negra, em São Sebastião do Paraizo. Uma vez nessas localidade, o Isaltino, enamora-se de uma das mais distinctas senhoritas de acatada familia dessa localidade. Vem para São Paulo, e o namoro continua em cartas expressas e envios de retratos, até que a bandalheira explode, e o Isaltino é casado... O nosso pessoal em contacto com os negros de São Sebastião, é convidado a tomar medidas energicas. Por intermedio dos Drs. Guarana de Sant'Anna e Arlindo Veiga dos Santos, fizemos todo o possivel para numa attitude amistosa, afastar esse moço que se incompatibilizou com os verdadeiros principios que pregamos. E esses homens promettem e despromettem e acabam sustentando o rapaz no seu posto. Por vezes fomos desafiados para trazermos a publico essa triste «mazela». Então fizemos o ja conhecido jornaleco *a* CHIBATA

Este jornaleco nae suas criticas, em dois numeros, não falhou com a verdade nas chibatadas... Foi isso o bastante para os irmãos Veiga dos Santos e seus comparsas, prevalecerem-se da ignorancia e cegueira de individuos desclacificados, e mandarem vir insultar phisica e moralmente, uma familia honesta que tivera o desprazer de ver, não o empastelamento do jornal, mas, louças, moveis, e utensilios domesticos depredados. Que scena triste... mas elles, cumpriram o mandato...

E nos aqui estamos no nosso posto de nove annos de combate. Firmes na vigilancia dos tartufos, muito embora a tocaia nos espreite. E' assim que se serve a raça. Que Deus nos proteja do excesso de intelligencia dos nossos leaders, e dos vilões que os acompanham, nessa jornada terrorista que marcará uma epoca, no campo das ambições e no capanguimos eterno dessa brasilidade medieval que aspira os covardes a darem golpes de caims...

A direcção do "O Clarim d'Alvoradia", agradece de mãos beijadas as innumeras pessoas que vieram trazer as suas solidariedades moraes, contra o assalto de que fomos victimas pelos sicarios da Frente. As lagrimas que afloraram nos olhos das mulheres negras, sobre a ruina da destruição de um lar pobre, feito no sacreficio da labuta honesta, foram para nós, a suprema esperança de que ainda nem tudo está perdido!...

O Clarim d'Alvorada preocupava-se com a conscientização do seu público-alvo que, segundo Correia Leite, não queria "ser negro". O periódico encerrou suas atividades em 1932 em decorrência de divergências com a FNB, como aqui descrevemos.

Motivo da apreensão

Os exemplares de nº 39 e 40 de *O Clarim D'Alvorada* foram enviados à polícia pelos próprios diretores da Frente Negra Brasileira como forma de denúncia, por seu pretenso caráter subversivo, juntamente com uma edição extra do *Clarim* que acusava os irmãos Veiga dos Santos, dirigentes da FNB, de serem responsáveis pela depredação na redação do *Clarim*. Este incidente teria ocorrido como conseqüência de denúncias do jornal *A Chibata* (dos mesmos redatores de *O Clarim*, dentre os quais estava José Correia) de um envolvimento amoroso clandestino de Isaltino Veiga dos Santos (secretário da FNB) sob proteção de seu irmão Arlindo. Arlindo então presidente da FNB, anexou a essa edição do jornal *O Clarim d'Alvorada*, uma carta de José Correia Leite demitindo-se da Frente por não concordar com a ideologia defendida pelo referido movimento. A carta dirigia-se ao Dr. Costa Ferreira, delegado da Ordem Política e Social de São Paulo, sendo datada de 28 de março de 1932.

Prontuário: 1.538
Prontuariado: Frente Negra Brasileira

NEGRO, AQUI estão as colunas de resistencia e da soberania da sua legitima aspiração ;-apoie o seu orgão para que elle seja a alavanca da evolução negra no convivio social nacional;-ASSIGNE "O CLARIM D' ALVORADA", indique-o ao seu amigo, ao Seu vizinho, como um dever racial na difusão de todo o NOSSO PENSAMENTO.

Oito Annos de Clarinadas

Um Soldado Desconhecido!...

A FRENTE NEGRA BRASILEIRA, surgiu fadada a triunfar porque, desde o seu 1. momento, encontrou nos humildes da raça, os porta-estandartes da fé, e da sinceridade que corporifica a especie benfaseja dos homens de boa vontade.

E Antonio Alves, membro do 'Grande conselho', tem sido, entre os demais da grande organização da nossa raça, um baluarte no trabalho de arregimentação. dos trabalhos e das iniciativas que cogitam realisar sobre o desenvolvimento pela causa de nossa raça.

Incansavel, nas ruas da cidade, não deixa um seu irmão passar sem que leve a sua palavra entusiastica,

O Sr. Antonio Alves, membro do conselho da Frente Negra, concede-nos uma breve entrevista

"—Fui indicado para membro do grande Conselho da FRENTE NEGRA BRASILEIRA; não sei por quem. Sou um soldado desconhecido da raça, portanto, é de minha obrigação, tornar publico, os meus pensamentos. Em sessão do conselho, apresentarei o meu parecer, para uma convocação geral da raça negra, para se proceder as eleições de todos os mentores negros de responsabilidades até agora indecisos, perante a nossa organisação e a classe negra de São Paulo.

Caso eu não seja attendido, lançarei individualmente, um manifesto;—quero a "Frente Negra" como élla deve ser, e como é do desejo de todos os negros de consciencia. Os quatro mezes decorridos, foram suficientes para um conselho provisorio, cheio de incoherencias... O plenario e as urnas falarão bem alto desse finalidade que é a Frente Negra.

Todas as tormentas, todas as vicissitudes e todas as particulas de energias e dos esforços ingentes, ficam no vacuo dos esquecimentos temporaes, para o combatente mediocre, refazer a sua parca erudição, e alcançar na militança da pobreza material a resistencia e o fortalecimento do espirito combativo e, iluminado pela crença, dentro da coragem fulgurante e a independencia de lutar pensando nos mais elevados objetivos em favor de um IDEAL AVANÇADO...

* * *

Encaramos com visão clara, essa finalidade grandiosa. O nosso ideal sempre esteve alçado sobre todas as vaidades pueris, que são os apanagios dos portadores de altos cabedaes teoricos das escolasticas acomodaticias que os mistificadores das realidades humanas e filosoficas, enlameiam tudo, em nome do saber,..

Oito anos de clarinadas... um trajeto de audacia, dentro do maximo esforço. O supremo esforço que encerra uma documentação singela que se esprala em meio do fulgor das doutrinas e das ideas.

A pratica de alguns erros que por ventura apareçam, são, justamente, a prova do nosso esforço e boa vontade —erramos com vontade de acertar.

* * *

"O CLARIM D'ALVORADA" creou a patrulha de reconhecimeto da mocidade negra.

Moços modestos que não se afastam de seus postos; e, na argucia de todos os anceios, procuram se aconchegar das obras meritorias que esta geração promete eugenisar e soerguer no conceito geral o valor dos seus primevos.

A oito anos, era o momento em que as ideas moças floresciam, entre as efervecencias, as indecisões pela agitação, a raça negra prescentia a necessidade de um orgam como vergontea espansão, lucidando, assim as aspirações em difinições doutrinarias.

E entre as classes que procuram uma difinição altruistica, na historia hodierna, nós, os da raça de PATROCINIO, nesta nota singela afirmamos o nosso trabalho e a nossa profisão de fé.

Não deixem de ler o "O CLARIM D'ALVORADA"

O Clarim da Alvorada

LEGITIMO ORGAM DA MOCIDADE NEGRA

Editado: Pela Soc. Cooperadora O CLARIM DA ALVORADA — FUNDADO EM JANEIRO DE 1924 — Redacção e séde: RUA MAJOR DIOGO 114 São Paulo Brasil — Independencia Doutrina Verdade

ANNO IX — São Paulo, 31 de Janeiro de 1932 — NUMERO 39

A Grandiosa Festa do Prélo da Raça

THEATRO NEGRO

João Felippe Costa, pelos seus esforços e pelos seus exitos creadores, tornou-se o pioneiro de um futuro theatro negro que por varias circunstancias pode surgir ainda. Para tal objetivo, nós, os negros, devemos olhar com mais interesse para esses valores da raça.

Felippe Costa, deve reaparecer com sua troupe; e nós, precisamos auxilial-o, moral e materialmente, na sua carreira artistica.

Este é o seu orgão

No Cliche abaixo Apparece a Commissão que Promoveu o Bello Acontecimento Mundano em Homenagem ao 'O CLARIM D'ALVORADA'

Realizou-se a 9 desde, a esperada festa, que uma commissão de moços e senhoritas organizou em homenagem a esta folha.

Constituiu a nota mais elegante no nosso meio social.

noite os innumeros pares se deliciaram presos á langurosidade das valsas sentimentaes, ás emoções vivas dos sambas e fox-trots, ou a cadencia morna dos tangos.

Em fim, foi uma noite estupendamente linda, que por certo ficará indelevemente gravada na memoria de todos que tiveram a ventura de assistil-a.

Supreza das supreza!

Que linda selecção!

A fina flor reprezentativa da nossa mocidade lá compareceu; e o salão parecia um jardim encantador, onde, entre bellas e perfumosas toiletes, se descobria palminhos de rostos seductores a expargir meigos sorrisos, com rosas a exhalar perfumes.

O jazz? Afinadissimo! Admiravel!

O nosso assignante, o maestro Carlos Cruz, venceu mais uma vez!

As musicas foram bizadas, trizadas..., e dúrante toda a

* *

Damos agora a nota mais sensacional da grande festa.

A nossa officina foi ampliado com mais alguns materiaes, adquiridos com o producto que a commissão promotora, conseguiu na memoravel festa.

E no meio da nossa jubilosa alegria, por essa valiosa offerta, convidamos os nossos cooperadores, assignantes e todo os que tomaram parte no festival, á visitarem a nossa humilde tenda de trabalhos, onde poderão examinar a nosso pequena officina.

A festa foi, duplamente linda.

Linda, pelo lado social, —pois conseguiu reunir num ambiente de cordialilade, os elementos do nosso méo social.

Linda, pelo lado atruistico, — pois fortaleceu a nossa tenda de trabalhos, dando ensejo para o nosso orgam poder robustecer-se na propaganda edifusão dos programmas e realizações da segunda redempção da raça negra no Brasil.

Maria J. Correia Leite
MODISTA
R. Major Diogo, 114

O GRAPHICO | *São Paulo*

CONSELHO EDITORIAL	NÃO CONSTA
PERFIL	SINDICALISTA
PERIODICIDADE	DESCONHECIDA
PROCESSO GRÁFICO	TIPOGRÁFICO
LOCAL DA EDIÇÃO	SÃO PAULO (SP)

Histórico

O Graphico, fundado em 1932, apresenta-se como Órgão da Oposição Sindical à Federação Sindical Regional e Aderente da CGTB – Confederação Geral Trabalhadores do Brasil. Esta confederação resultou do Congresso Operário Nacional realizado no Rio de Janeiro em 26 de abril de 1929. A partir deste encontro instituiu-se a quinzena da conquista da lei de férias, um dos temas divulgados pelo jornal *O Graphico*. Segundo Astrojildo Pereira, em relatório enviado a Moscou, cerca de seiscentos mil operários pertenciam à CGTB, dentre os quais vinte mil eram "amarelos" ou "reformistas" e dois mil eram anarquistas.

Importante distinguir o jornal *O Graphico* de *O Trabalhador Gráfico*, órgão porta-voz da UTG – União dos Trabalhadores Gráficos de São Paulo, impresso entre 1904-1906 e 1920-1927, criticado pelos anarquistas como jornal bolchevique, com todas os "vícios da cegueira sectária" (*A Plebe*, 14 de maio de 1927, p. 2). A UTG foi uma das mais importantes entidades incentivadora do movimento operário brasileiro no início do século XX. O mesmo se pode afirmar dos gráficos cuja precocidade em consciência de classe é reconhecida pela historiografia brasileira.

Os profissionais gráficos distinguiram-se diante de uma maioria analfabeta, pela natureza de sua ocupação: sabiam ler e escrever, eram bem remunerados e, graças ao contato diário com os textos nas tipografias, mantinham-se atualizados com as novas idéias.

O Gráphico defendia a melhoria da situação sócio-econômica do trabalhador gráfico, protestando contra os baixos salários e o desemprego. Criticava o papel da burguesia que juntamente com o governo iludia a classe trabalhadora.

O jornal evidencia a cisão ocorrida entre os trabalhadores gráficos, criticando as influências trotskistas que, segundo o jornal, mudaram a tradição de luta de classe.

Motivo da apreensão

O nº 1 de *O Gráphico* foi publicado em dezembro de 1932 e, ao ser distribuído durante o Festival do Socorro Vermelho Internacional em 1º de janeiro de 1933, foi aprendido pela Polícia Política. A matéria de capa "À Corporação Graphica" assume um tom de denúncia ao distinguir os verdadeiros dos falsos revolucionários, a antiga da atual UTG. Durante o governo getulista, os trotskistas dominaram a UTG de São Paulo no período de 1931-1937, assumindo também o jornal *O Trabalhador Gráfico*. Desde 1931, o Partido Comunista Brasileiro encontrava-se dividido em correntes distintas (stalinistas, trotskistas, anarco-sindicalistas etc.). Os trotskistas, alvo de crítica por parte da imprensa stalinista brasileira, reuniam cerca de cinqüenta partidários, muitos dos quais eram trabalhadores gráficos. Entre os trotskistas "refugiados" em São Paulo estavam o crítico de arte Mário Pedrosa e o jornalista Lívio Xavier.

Data da apreensão

1 de janeiro de 1933

Prontuário: 1.962
Prontuariado: Socorro Vermelho
Remissão: 44, 1.095, 1.692, 2.140, 2.432

PROLETARIOS DE TODOS OS PAIZES: UNI-VOS!

O GRAPHICO

Orgam da Opposição Syndical Graphica, filiada á Federação Syndical Regional e Adherente da C. G. T. B.

N. 1	S. Paulo, Dezembro de 1932	ANNO I

A' Corporação Graphica

Companheiros:

A situação do proletariado nacional e internacional cada dia vem se agravando mais; a burguezia cada vez mais quer atirar os effeitos da crise sobre as costas dos trabalhadores, cortando os ordenados de 20, 30 e 40 por cento, despedindo operarios adultos e substituindo-os por jovens, meninos e mulheres, atirando, assim, milhares e milhares de trabalhadores á rua, contando estes com o unico recurso de morrerem de fome.

A situação dos graphicos, em S. Paulo particularmente, tem-se agravado espantosamente: officiaes de typographos, encadernadores, etc., etc., hoje estão reduzidos ao salario de 8$ ou 9$000, o mesmo que 9 ou 10 annos atraz. Existe quasi a metade da corporação sem trabalho; no entanto, a burguezia, prevendo que os trabalhadores não podem mais supportar este pesado fardo, procura fazer pantomimas de golpes militares para illudir o proletariado com promessas que nada adiantam aos trabalhadores, como Constituição e outras tapeações irradiadas pelo Ministerio do Trabalho (Ministerio de Tapeação).

Ao lado deste Ministerio existem as falsas organizações operarias", que, com toda a sua demagogia pseudo revolucionaria, tem trahido desde o inicio de sua organização, todos os movimentos de massa que logo após o golpe de Outubro se manifestaram em S. Paulo. Esta organização é a Federação Operaria é que, para não desmentir a sua tradição de trahições, combina, ultimamente, com os senhores do poder, mais uma prorogação do prazo para o cumprimento da lei de férias.

E ao lado desta "Federação" existem tambem os falsos militantes, renegados do proletariado, que em nosso syndicato estão manobrando e atirando nosso syndicato de vanguarda do proletariado revolucionario que era para uma especie de club recreativo.

Companheiros:

Não faz tanto tempo, quando a U. T. G., dirigida por uma linha verdadeiramente revolucionaria, atirava-se á luta em toda e qualquer occasião onde os graphicos precisavam conquistar quaesquer reivindicações moraes ou materiaes, o effeito dessas lutas era o reforçamento de nosso syndicato, que, naquelle tempo agrupava de facto a totalidade da corporação graphica.

Ainda não se borrou da memoria a luta que travámos com o patronato graphico, em 1929, dirigida pela Confederação Geral do Trabalho. Sustentámos 72 dias, com o apoio do proletariado do Brasil e do continente, uma luta gigantesca contra toda a burguezia de São Paulo e todo o apparelho policial que ella dispôz.

No entanto, hoje, a U. T. G., influenciada por falsos militantes troszkystas, procuram mudar-lhe o rumo de tradições de lutas, para o collaboracionismo de classes.

Estão ainda recentes os movimentos abafados por esses renegados. Emquanto o companheiro representante da Casa Bignardi cumpria o seu dever de protestar contra a despedida injustificavel de um outro companheiro, a C E mandava panaceas de officios para readmittir os companheiros postos na rua. O resultado foi a despedida dos dois companheiros, dando, depois, a elles, como premio, o auxilio de uma lista a correr na officina, reservando, dessa maneira, o direito do patrão fazer o mesmo em outra occasião, pois aproveita-se da fraqueza do quadro, alimentada pelo proprio syndicato.

Outro movimento declarou-se na Metal Graphica Aliberti. Os trabalhadores daquella empreza vem ao nosso syndicato pedir a solidariedade dos graphicos que trabalham naquelle estabelecimento; em vez de dar-lhes a solidariedade e mostrar aos metallurgicos, numa frente unica de luta, as trahições que a "Federação Operaria" está fazendo, o syndicato oppõe-se ao movimento, dizendo ser inopportuno, etc., etc.

Camaradas: Nesta occasião em que todo o proletariado se agita pelas reivindicações a que temos direito; que movimentos espontaneos de massa se declaram a todo momento, não devemos permittir que syndicatos amarellos ou elementos trahidores que estejam em nosso meio desviem o ardor e enthusiasmo das massas, com pretextos puramente amarellos.

Devemos fazer voltar a U. T. G. ao que era antigamente: o baluarte da corporação graphica para a conquista, por meio da luta de classes, das nossas reivindicações.

Cerremos fileiras em torno da Opposição Syndical, dirigida pela Federação Syndical Regio-

distribuido no festival do "S. V. I.", em 14-1-33

O GUATAMBÚ | *Cosmorama*

CONSELHO EDITORIAL	PASQUALE D'ABBIERO
PERFIL	COMUNISTA
PERIODICIDADE	DESCONHECIDA
PROCESSO GRÁFICO	TIPOGRÁFICO
LOCAL DA EDIÇÃO	COSMORAMA (SP)

Histórico

O *Guatambú* é um jornal do Partido Comunista Brasileiro voltado para os homens do campo conhecidos popularmente como os "Beira Córregos". O nome adotado por este periódico impresso na cidade interiorana de Cosmorama (SP) é o de uma árvore cuja madeira se presta para fazer o cabo da enxada. Por esse mesmo motivo a enxada também pode ser denominada Guatambu. O jornal tem seu primeiro exemplar publicado em 1946, edição esta que foi apreendida pelo DEOPS e anexada ao prontuário da Associação Agropecuária de São José do Rio Preto. Os versos apresentados na última página do jornal indicam como colaborador do jornal "Zé Peão". Trata de questões relativas ao campo, como a situação miserável vivenciada pelo camponês no interior do Estado de São Paulo. Importante ressaltar que, somente a partir de 1940, é que começa a existir uma maior organização, por parte dos trabalhadores rurais agrupados em associações e ligas camponesas, tendo como agente o Partido Comunista Brasileiro. Esta categoria, como tantas outras, tinha dificuldades para manter suas sedes políticas em conseqüência da persistente vigilância policial. Mas, nem por isso, deixaram de existir. Junto ao arquivo DEOPS encontramos prontuários das seguintes Associações: Associação de Trabalhadores Rurais de São José do Rio Preto, Associação Agropecuária de São José do Rio Preto, Liga Camponesa, Liga Camponesa de Lins e Liga Camponesa de Santo Anastácio.

Motivo da apreensão

O exemplar nº 1 foi apreendido na Sede Associação Agropecuária de São José do Rio Preto durante a realização de uma reunião integrada por trabalhadores rurais a fim de tratar sobre o direito a férias. Entre seus artigos pode-se ler um chamado para a União Nacional contra os exploradores das classes menos favorecidas, a convocação compara o Brasil a um corpo doente que precisa ser curado, e isso ocorreria se todos se unissem na luta por melhores condições para sua população miserável. A realidade vivenciada por esta população é comparada aos animais da fazenda que, segundo *O Guatambú*, estavam sendo mais bem cuidados do que os homens que davam a vida pela terra alheia. Os bezerros, ao contrário das crianças, dispunham de vacinas e remédios para que crescessem saudáveis, enquanto que o gado de corte era mais sadio e bem cuidado do que o gado humano. Neste número encontramos versos onde o autor sugere a união dos jovens fazendeiros e camponeses, pois de nada adiantará ter terras se não houver ninguém para lavrá-las. Incita os jovens a não terem medo daqueles que dominam a riqueza e, pelo contrário, devem apoiar seus trabalhadores dando-lhes condições para o desempenho de suas funções a fim de enriquecer e por conseqüência o Brasil. Cosmorama era distrito de Tanabi, região de São José do Rio Preto.

Prontuário: 6.585
Prontuariado: Associação Agro Pecuária de São José do Rio Preto
Remissão: 2.431, 71.358, 6.585, 73.257, 69.548, 76.952.

O GUATAMBÚ

JORNAL DOS BEIRA-CORREGOS

Cosmorama, 13 de Outubro de 1946 - 1.º Ano - N.º 1

UNIÃO NACIONAL, REMÉDIO PARA O BRASIL

O Brasil está doente. Há uma calamidade publica. É a inflação, que é a desvalorisação do dinheiro e a queda da produção. Os transportes piorando, dia a dia. A vida encarecendo sempre, os salarios não melhoram. A fome está aí, acabando com o povo, que está na miseria. A classe media empobrecendo mais e mais, os sitiantes, pequenos fazendeiros, lavradores, boiadeiros se arruinando.

No entanto os que já eram ricos ficaram muito mais ricos. A honestidade sumiu. E os que enriquecem mais são como sauva e gafanhotos, que comem tudo. Os que administram nada querem ver...

O Brasil está doente. É preciso um remédio, um bom remédio. E qual será este remédio ?

Os trabalhadores das cidades e da roça já sabem que é a União Nacional.

Luiz Carlos Prestes, o Senador do Povo, o lider do proletariado, desde que estava na prisão vem pregando a União Nacional. Prestes disse assim: Nenhum governo, nenhum homem, nenhum partido salvará a patria da crise em que se encontra. Somente a união de todos os partidos, de todos os homens, de todas as forças nacionais em torno de um governo de União Nacional arrancará o Brasil do abismo em que se encontra.

O Brasil não é do Presidente Dutra ou do P.S.D., não é do Brigadeiro ou da U. D. N.; não é dos petelistas, nem é dos comunistas; não é dos ricos nem é dos pobres; não é dos catolicos, nem dos protestantes, nem dos espiritas. É de todos, de todos nós, os brasileiros.

Precisamos de trabalhar unidos, sob um governo da União Nacional e para todo o povo, e não somente para um partido.

Da União Nacional virão planos de trabalho, organisação da produção agricola e dos transportes; saúde para as finanças do paiz, instrução e justiça para o povo; a expansão honesta da nossa industria e do nosso comercio no mercado interno, com a conquista de 20 milhões de famintos — que vivem na roça — como consumidores.

Este remedio é como raiz de quina, Presidente Dutra. Cura esta maleita que acaba com o Brasil. É só experimentar.

NOSSO ANIVERSARIO

Faz um ano que o Partido Comunista abriu a sua séde em Cosmorama para guiar publicamente o povo desta terra na sua luta contra a miseria e a exploração.

Cada dia que passou teve as suas fileiras reforçadas pelos homens trabalhadores de todas as raças e credos religiosos, porque representando uma maneira nova de encarar a vida o Partido Comunista é a ultima esperança de todos os oprimidos.

Saido do seio do povo, estruturado com o proprio povo, dirigido pelos filhos do povo, nunca o Partido Comunista ha de faltar ao cumprimento de seu pragrama porque o seu destino é traçado pelos homens do trabalho e os homens do trabalho jamais trairão a sua causa.

Alguns anos ainda passarão antes que seja vitorioso o socialismo em nosso Brasil, mas anos piores já passaram quando os facistas e reacionarios de todas as côres tentaram em vão afogar no sangue e na tortura aqueles que tiveram a coragem de gritar pela liberdade, exigindo mais pão para as crianças e cadeia para os ladrões do mercado negro.

Neste dia então os camponeses terão terras proprias, as crianças poderão receber igualmente a luz da instrução, os velhos não precisarão mais pedir esmolas, as mulheres não chorarão a falta de alimentos em seus lares, a justiça não será previlegio de ricos, a medicina socorrerá a todos com eficiencia, o futuro não será a negra incertesa e não haverá mais a exploração do homem pelo homem.

Só organisados os trabalhadores se defenderão.

Colono, empregado, peão, cavoqueiro, trabalhador da roça, você sabia que tem direito a férias, garantido pela lei? Não? Pois tem, no duro.

A lei garante ferias a quem trabalha um ano completo para um patrão. Reclame suas férias.

«O Partido Comunista conseguiu o segundo lugar nas ultimas eleições na Comarca de Tanabi; conseguirá o primeiro lugar nas proximas eleições».

O INTEGRALISTA | *São Paulo*

CONSELHO EDITORIAL	ANTÔNIO DE TOLEDO PIZA ANGELO SIMÕES DE ARRUDA
PERFIL	INTEGRALISTA
PERIODICIDADE	NÃO DETERMINADA
PROCESSO GRÁFICO	TIPOGRÁFICO
LOCAL DA EDIÇÃO	SÃO PAULO (SP)

Histórico

O jornal – desde a criação em São Paulo da SEP – Sociedade de Estudos Políticos em fevereiro de 1932 – sempre foi considerado como instrumento eficaz para a difusão das idéias de Plínio Salgado e da SEP, centro de gestação do Manifesto Integralista de 1932 e da própria AIB – Ação Integralista Brasileira. O aparecimento de *O Integralista* em novembro de 1932 insere-se no período de implantação da imprensa integralista consolidada a partir de 1934, através da edição de centenas de jornais locais. Em maio de 1934 surgiu *A Offensiva* que passou a circular ao lado do "jornal oficial" *Monitor Integralista*, sendo este responsável pela publicação de todos os atos administrativos que gerenciavam a AIB (estatutos, regulamentos e protocolos). *O Integralista* era composto e impresso no Estabelecimento Gráphico "Rosolillo" sediado na rua Asdrúbal do Nascimento, nº 80, em São Paulo.

Uma variada literatura proliferou por todo o país garantindo a multiplicação dos adeptos da doutrina liderada por Plínio Salgado que, certamente, não pode ser dissociada dos movimentos fascistas europeus. O estudo dos jornais integralistas nos permite compreender como se processavam as estratégias para a divulgação do seu ideário, cujos fundamentos se apoiavam numa concepção do universo e do homem. Os conteúdos das matérias procuravam definir uma concepção de organização social e política através do Estado-integral corporativo sob a mediação dos conceitos de revolução integral e de nacionalismo. Combatiam o liberalismo, o capitalismo internacional, o socialismo e o judaísmo.

O jornal *O Integralista* apresentava-se como o órgão da Ação Integralista Universitária de São Paulo, tendo como colaboradores Angelo Simões de Arruda, Vivaldo Coaracy, Guglielmo Ferrero, Plínio Barreto, Nicolino P. Amato, Plínio Salgado, Alfredo Buzaid, dentre outros. A maioria destes nomes estava ligada à implantação do SEP em 1932, cuja primeira reunião realizou-se na sede do jornal *A Razão*, acionado como base política e ideológica do movimento. Neste primeiro encontro compareceram dois grupos: um de jovens intelectuais (Cândido Mota Filho, Ataliba Nogueira, Mário Graciotti, Leães Sobrinho, Fernando Callage) e outro composto por estudantes da Faculdade de Direito identificados com tendência majoritária, de inspiração fascista (Alfredo Buzaid, Rui Arruda, Roland Corbesier, Almeida Sales e Angelo Simões de Arruda).

O fato dos integralistas terem um jornal dedicado a um público jovem universitário extrapola os ritos de iniciação à militância do movimento dedicado também a catequisar jovens entre quatro e quinze anos de idade, os "plinianos". Buscava-se seduzir um público intelectualizado, ainda que jovem, para compor a organização da juventude. Exemplo desta preocupação é a propaganda do filme *Manda quem pode* – produzido pela Fox Movietone e exibido no Cine Santa Helena, em São Paulo – anunciado como "o preferido pelas classes estudiosas". Este segmento do periodismo integralista tinha como meta desenvolver a personalidade e o sentimento cívico, estimular a educação física e intelectual. As páginas de *O Integralista* eram compostas por matérias longas, tendo, no máximo quatro artigos por página, com raras ilustrações.

Motivo da apreensão

A apreensão do nº 1 de *O Integralista*, lançado em novembro de 1932, deu-se com a finalidade de acompanhar o movimento integralista nos vários Estados brasileiros. Junto

O INTEGRALISTA

ORGÃO DA AÇÃO INTEGRALISTA UNIVERSITARIA DE S. PAULO

ANO I | REDAÇÃO: — Antonio de Toledo Piza - Angelo Simões de Arruda - | S. PAULO - Novembro de 1932 | Composto e impresso no Estab. Graphico "Rossolillo" - Rua Asdrubal Nascimento, N.º 80 - Telephone: 2-1577 — S. PAULO | NUM. 1

ATITUDE

Nesse ativo ciclo da nossa vida publica, não temos sentido nada de novo nos meios academicos. Ainda soletramos a cartilha constitucional. Os poetas escrevem sonetos parnasianos. Os discursos são bombasticos e perigosos em suas ameaças...

Dir-se-ia que o pensamento academico está petrificado, como as velhas e tradicionaes arcadas. Nem a revolução russa de 1917, nem o "risorgimento" italiano, conseguiram dinamisar as nossas inteligencias. O movimento espiritual que tão intensamente se processa em alguns paizes europeus, consegue alguns adeptos que, entretanto, pouca influencia alcançam dentro da academia e da politica.

Muitos motivos têm impedido aos moços de vislumbrarem no meio caótico que atravessamos, a estrada que devem trilhar.

Ausencia de uma cadeira de sociologia politica, orientando os moços numa concepção de estado. Ausencia de estudos intensos de filosofia, integradores da razão e do espirito do direito. Falta de relação entre as concepções juridicas e as concepções sciologicas.

Ecletismo em tudo. Mestres aceitando multiplas doutrinas e querendo sintetisar tendencias diversas.

Influencia demasiada da politica externa. Os moços caudatarios dos velhos partidos politicos. Apaixonando-se pelas picuinhas de campanario. Os moços subscrevendo comicios demagogicos. Os moços sendo guiados, não por idéias, mas pelo determinismo dos acontecimentos politicos.

* * *

Era preciso reagir. A consciencia de alguns colegas doia, quando algum espirito mais libertos do formalismo juridico que professamos, desencava sobre o papel tristonho e ridiculo da mocidade.

O mundo atravessa em nossos dias um momento de profundas e angustiosas renovações. Tudo que o seculo passado afirmou como difinitivo na organização da sociedade civil, renega o seculo vinte.

Somos destruidores sistematicos dos idolos de 89, do valor intrinseco do voto, da economia livre, da pedagogia agnostica, do absolutismo scientifico de todos os exageros que os nossos antepassados julgavam progresso.

No movimento que iniciámos no ano anterior, mostramos esses novos aspetos, essas criticas acerbas que faziamos ao regime liberal e á sociedade burguesa.

Fômos considerados por uns, agentes provocadores da desunião academica, por não concordarmos com a convocação duma constituinte, onde a ingenuidade de muitos via a solução miraculosa de todos os problemas. Repeliamos essa idéia, como ela estava sendo encarada pelos partidos politicos, por vermos mais uma manobra retardando a visão dessa grave questão de nosso futuro pelo prisma cultural.

Por outros, alguns literatos, mostrando erudição traduzida, "Fascistas" brasileiros, por compararmos o nosso "caso", com o da Italia de após guerra.

Não desanimamos e pelo estudo e pela coragem de nossas convicções, atravessámos a onda de pessimismo. Assistimos o desenrolar tragico da revolução constitucionalista. Vimos a revolução dos moços, que se deu dentro da propria revolução que a inconsciencia dos partidos ousou empreitar.

Neste movimento armado, sentimos a coragem civica dos moços, sedentos de servirem ao Brasil, mas fazendo pela deficiencia duma organisação condensadora do pensamento moderno, uma revolução com os velhos.

Precisamos preservar os moços do "morbus" liberal dos "politicos reacionarios", imprimindo uma orientação doutrinaria, aos seus movimentos. Libertar os moços da demagogia democratica.

Reagir pela cultura. Não no sentido da capitalisação dos conhecimentos heterogeneos, pois cultura na sua acepção verdadeira significa: finalidade, tendencias, unidade de pensamento em todos os sectores do conhecimento humano, integração, sintese e espirito.

As revoluções armadas que não estão em função dum movimento cultural anterior, ou que não adotem no seu desenrolar uma ideologia, tornam-se ineficientes, isolando pela intriga e pela ambição os elementos que teriam de defendel-o.

* * *

A revolução brasileira vae se processando. Em seu aspecto sentimental sobretudo. Os erros do passado divorciaram-nos das realidades de nossa terra e do universo, provocando esses motins e essas revoltas que enchem o quadro doloroso da historia republicana.

Embora esse processo seja sentimental, vae acordando no intimo de cada brasileiro o dever, o sacrificio, a obrigação de não desrespeitar tanto sangue derramado. Mostra-nos a estrada que deveremos seguir, derruba os tabu's, afirma o que é imperecivel em nossa civilisação. A revolução brasileira, aproveita em sua longa caminhada historica, o idealismo das revoluções de 22, 24, 30 e 32, libertando nosso paiz das experiencias exoticas, afirmando no concerto de outras nações, o desejo de construirmos um Brasil.

Nós, os moços que hoje lançamos este jornal, compreendemos a quasi dois anos esse fenomeno. Observámos o evoluir dos acontecimentos. Preparamos o nosso programa, condensamos as tendencias da nacionalidade. Libertamos espiritos moços duma prematura intoxicação, abrindo o livro tragico do mundo contemporaneo que, violentamente, emancipa-se em revoluções sanguinolentas do velho e atravancante individualismo liberal.

A. T. P.

Mocidade rebelada

Leões SOBRINHO

Afirmar é rebelar-se já disse um escritor.

Por isso nós afirmamos.

Neste momento de aflições, de fraquezas, de covardias, de interesses, de transacções, de politica partidaria, nós nos afastamos num sagrado isolamento rebelde.

E a projeção de nossa rebeldia é a afirmação dos nossos ideaes.

Não trazemos um sorriso, mas a amargura suficiente para sabermos odiar os partidos politicos e essas gerações que "tiveram a coragem de passar sorrindo e indiferentes ao futuro, tendo o cinismo de querer gozar a mocidade", voltando as costas á Patria e ao Pensamento.

A suprema covardia das transacções nós não a conhecemos.

Só tomamos fé da intransigencia saneadora.

O quietismo rotineiro e acomodaticio nós o relegamos para os passadistas e para essa burguezia que se suicida.

Quem não tiver o espirito inquieto, o devotamento ao sacrificio, o amor da disciplina, a coragem das atitudes; quem não quizer romper com o passado, não ingresse nas nossas fileiras para não ser tocado como inepto e covarde.

A nossa afirmação é corajosa e leal e traz um rictus de anciedade e desespero.

Afirmamos o nosso combate ao universalismo dispersivo, ao capitalismo desenfreado, ao materialismo destructor.

Afirmamos o nosso combate aos partidos politicos, á democracia-liberal, ao regionalismo, ao espirito de indisciplina, ao individualismo sem limites.

Nós combatemos tudo isso.

E não transigimos, não nos acomodamos, não nos intibiamos.

Deus pôs os olhos na frente e não na nuca para que o homem olhasse sempre para o horizonte, disse Victor Hugo. Por isso nós olhamos para a frente.

A nossa trajectoria está traçada.

E' recta. Não tem sinuosidades.

O caminho é aspero, bravio, inclemente, mas, por isso mesmo seductor.

O sacrificio acrisola a convicção e aprimora a intransigencia.

E é isso que nós desejamos, porque só assim se poderá destruir para construir.

O "bom senso", a "camaradagem", nunca fizeram coisa alguma.

Até hoje só as rebeldias construiram, ou lançaram as sementes para os constructores.

Nesse estado de espirito é que está o grande divisor das rebeldias sinceras.

As aguas não tomam meio gosto. Ou são doces, ou são amargas.

Junho de 1932.

O primeiro depoimento de uma geração revolucionaria

Angelo Simões de Arruda

Livro de afirmações e de ousadia, de meditação e de angustia, de ansiedade e de "compreensão" do caso brasileiro, — "Maquiavel e Brasil" de Otavio de Faria, é bem a expressão do estado de espirito da geração nóva, dessa geração que desponta por todos os rincões da Patria, como a aurora da redenção nacional.

Otavio de Faria, quando escreveu o seu maravilhoso ensaio, tinha 20 anos e cursava o 5.º ano de Direito da Universidade do Rio de Janeiro. Mais não é precizo para compreendermos a trama profunda de afinidades que a ele nos prendem. Como a nós, aflige-o a dilacerante angustia de quem quer viver, "plenamente", no mais elevado sentido da palavra, e, de todos os lados, para onde quer que leve o olhar, é solicitado pelo tremendo e "insinuante apêlo de todas as negações". Angustia de uma juventude que não quer passar inutilmente pela vida. Que não se resigna ás mediocridades ambientes. Que protésta contra as preocupações rasteiras da politica nacional, divorciada da inteligencia e da realidade. E, sente que deve ser digna de si mesma, vivendo e lutando por um ideal de justiça social e de nacionalismo sadio.

Essa mocidade, que pretende assumir uma atitude varonil em face da vida, da patria e do mundo ainda hoje vê-se pelada, impossibilitada de afirmar-se e expandir-se, deante da muralha dos preconceitos dominantes e da pressão asfixiante

(Continua na ultima pag.)

In memoriam

Faltariamos a um dever sagrado e abafariamos um sentimento insopitavel, se não deixassemos aqui consignada a nossa comovida homenagem á memoria dos inesquecivels colégas e amigos que tombaram no campo da honra.

O sacrificio dessa mocidade pujante, que tão alto elevou o nome desta Casa, assume, para nós, uma significação que precizamos resaltar; e o caracter de uma estupenda lição de nobreza, de coragem, de desprendimento absoluto, de dedicação por uma causa. Nello Guimarães, Argemiro Alves Silvestre, José Preisz — são nomes que guardaremos gravados em letras de ouro, nos fastos da Faculdade.

O sangue generoso com que eles regaram o sólo da patria, não foi derramado em vão, porque selou o fim de um periodo infeliz. E o exemplo emocionante ha de permanecer, inolvidavel, no coração de todos nós.

Aquele "que dirige os destinos dos povos" sabe bem o que faz. Talvez fôsse necessaria a tremenda expiação que desabou sobre o Brasil. Não haveria outro meio, possivelmente, de nos reconciliar com a realidade. Faltava-nos o que não póde faltar á mocidade: o espirito de sacrificio, a capacidade de desprendimento, a coragem das atitudes categóricas, o heroismo das afirmações idealistas.

Hoje, sentimos que somos outros. Foi-se o comodismo egoista e mesquinho de hontem. Operou-se em nós — por efeito, talvez, dessa auróra sangrenta do Brasil novo — uma verdadeira transfiguração espiritual e sentimental.

Já somos capazes de convicções. O coração da mocidade brasileira não é mais insensivel á vóz dos idealismos salvadores, por mais que eles conflictem com os pequeninos objectivos da politica passada.

Por tudo isso, os nossos colégas que tombaram nos campos de batalha, fôram martyres da renovação brasileira, que ha de se processar, custe o que custar, mesmo se fôrem necessarios maiores sacrificios.

Do Nello Guimarães, pelo menos, podemos dizer que ele serviu aos seus ideais muito melhor do que talvez julgasse. Poucas semanas antes do 9 de Julho, ainda subscrevêra juntamente com cerca de 60 alunos desta Faculdade um apêlo dirigido aos chefes da Revolução, para que afirmassem desassombradamente um pensamento doutrinario consentaneo com os imperativos da nacionalidade, e, por amor do Brasil, não permitissem que regredissemos ao reinado dos politicos profissionais que em 40 anos de mentiras e de farças só soubéram fazer a desgraça da patria.

Nello Guimarães, Argemiro Silvestre e José Preisz serviram o ideal de um Brasil melhor e de um São Paulo, vanguardeiro dos progressos sociais da nação.

Nós os integralistas, que tambem em tão grande numero, combatemos hombro a hombro com eles, saberemos horar a sua memória lutando pelo ideal integralista que é o unico que póde salvar o Brasil e São Paulo.

A. S. de A.

Precisamos arrancar-nos deste empirismo, deste charlatanismo, deste vacuo de politicagem pessoalista, de pequeninos interesses de grupos ou de individuos, para encararmos os grandes problemas e, através do debate no terreno das idéas, traçarmos o nosso caminho, crearmos a nossa politica brasileira. *PLINIO SALGADO.*

O ACOMPANHAMENTO DE UM ENTERRO...

ao prontuário policial da Ação Integralista Brasileira – que lançou seu Manifesto em 7 de outubro de 1932 – encontram-se anexados vários recortes de jornais (não integralistas) e que fazem referência às atividades dos militantes do Sigma no Estado de São Paulo e outras regiões brasileiras. Portanto, a apreensão se fez mais na direção do "controle da novidade" do que enquanto repressão ao grupo recém-formado em São Paulo que, até 1938, terá livre circulação pelo território nacional.

Através do exemplar confiscado as autoridades policias tinham condições de obter um painel das estratégias adotadas para doutrinar os jovens e familiarizar-se com os principais temas defendidos pelos camisas-verdes: antiliberalismo, nacionalismo e corporativismo. A coluna "Comentários" refere-se à sensibilidade dos jovens que, preocupados com os problemas nacionais, estavam aderindo em massa ao integralismo. Dentre os artigos cabe ressaltar o "Mocidade e Rebeldia", no qual o autor Leães Sobrinho combate os partidos políticos, a democracia liberal, o regionalismo, o espírito de indisciplina e o individualismo sem limites. Em "O Primeiro Depoimento de uma Geração Revolucionária", Angelo Simões de Arruda apresenta o livro de Otávio de Faria – *Maquiavel e o Brasil* – como expressão do "espírito da geração nova que desponta por todos os rincões da Pátria como a aurora da redenção nacional". A coluna "Em Memorian aos que Morreram em 9 de Julho", assinada por A. S. de A., cumpre o papel de heroicizar aqueles integralistas que, durante a Revolução Constitucionalista, também combateram ombro a ombro, lutando para salvar o Brasil e São Paulo.

A questão do antiliberalismo persiste como um dos temas preferidos do jornal que, ao publicar um conjunto de artigos conservadores, se associa à expansão das idéias autoritárias de direito e do fascismo. Cabe aqui citar o artigo combativo de Angelo Simões de Arruda que anatemiza o liberalismo como um dos principais adversários do integralismo. Esta tônica é retomada no texto "O triunfo do Social-nacionalismo na Alemanha" e em "A Filosofia Mentiu...a Economia Mentiu...", no qual Alfredo Buzaid comenta sobre sociologia e liberalismo com base no livro *Preparação para a Sociologia*, de Tristão de Atayde.

O nacionalismo – força viva da nação – é apresentado como "expressão lídima da brilhante geração integralista brasileira que conseguiu organizar o sonhado nacionalismo de Alberto Torres, Eduardo Prado, Joaquim Nabuco, Tristão de Atayde, Euclides da Cunha e Plínio Salgado". Cumpre ressaltar que Alberto Torres, Oliveira Viana e Azevedo Amaral foram os autores nacionais que mais tiveram influência sobre a geração de 1930, visto que suas obras propunham soluções antiliberais para os problemas brasileiros. Segundo Epaminondas Carlos de Albuquerque, colaborador deste número, a verdade soberana nacional entraria na arena política em três fases distintas do sindicalismo: cristão, corporativo e nacionalista.

A apologia aos regimes totalitários manifesta-se através de um texto dedicado a Adolfo Hitler, chanceler do III Reich, apresentado como "um homem de coração. Seu coração sangra pela Alemanha. Quem não for mais do que jornalista apenas, nunca o poderá compreender". Este pronunciamento não se fez ao acaso: o culto à figura do líder e à adoção de uma estrutura burocrática rígida eram elementos indissociáveis tanto do Nacional-Socialismo como do Integralismo.

Além deste exemplar apreendido pelo DEOPS/SP, outros quatro números de *O Integralista* podem ser consultados junto ao Arquivo Municipal de Rio Claro, referentes aos anos 1932, 1935 e 1936.

Data da apreensão

Não registrada. Anotação de "arquivado em 25 de julho de 1939.

Prontuário: 1.583
Prontuariado: *Acção Integralista*

O ACOMPANHAMENTO DE UM ENTERRO...

O JOVEM PROLETÁRIO | *São Paulo*

CONSELHO EDITORIAL	NÃO IDENTIFICADO
PERFIL	COMUNISTA
PERIODICIDADE	IRREGULAR
PROCESSO GRÁFICO	TIPOGRÁFICO
LOCAL DA EDIÇÃO	SÃO PAULO (SP)

Histórico

O jornal *O Jovem Proletário* era dirigido aos "jovens operários e camponeses, soldados, marinheiros, estudantes pobres e intelectuais revolucionários". Sua publicação era apoiada pelo Comitê Central da Federação Comunista do Brasil. Apresentava-se como Órgão da Federação da Juventude Comunista do Brasil e, como tal, propunha-se a organizar a luta revolucionária contra o governo autoritário de Getúlio Vargas e o imperialismo internacional. Defendia como modelo a política econômica da União Soviética e o socialismo no Brasil. Nelson Werneck Sodré, em *A História da Imprensa no Brasil*, informa que de janeiro a abril de 1928 circulou impresso o jornal clandestino, antes mimeografado, O *Jovem Proletário* (1ª fase). Este periódico aparece sob condições extremamente difíceis, visto que desde agosto de 1927 entrara em vigência a Lei Celerada ou Lei Criminal. Esta, além de alterar o Art. 12 da Lei de Repressão ao Anarquismo (Decreto nº 4.269, de 17.01.1921) autorizava o governo a fechar agremiações, centros e entidades que incidissem na prática de crimes ou atos contrários à ordem, vedando-lhes a propaganda e impedindo a distribuição de escritos.

Motivo da apreensão

O nº 12, Ano IV (2ª fase) foi apreendido pela Polícia Política ao ser distribuído durante o Festival do Socorro Vermelho Internacional realizado em São Paulo em 1º de janeiro de 1933.

Prontuário: 1.962
Prontuariado: Socorro Vermelho
Remissão: 2.049

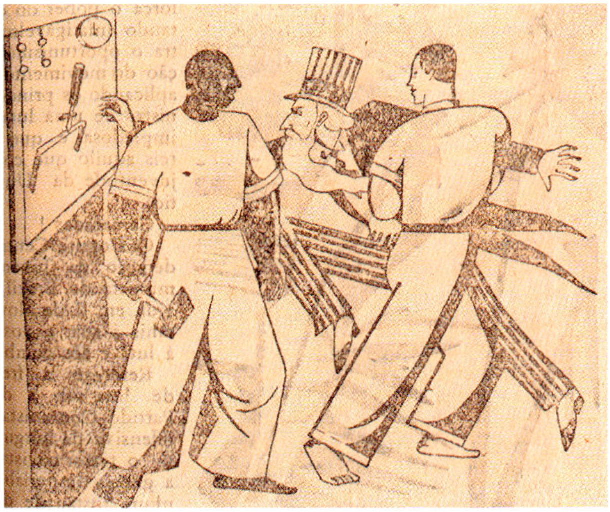

Jovem Proletario

Orgão Central da FEDERAÇÃO DA JUVENTUDE COMUNISTA DO BRAZIL (Secção brasileira da I.J.C.)

ANNO IV (2.ª phase) — *NOVEMBRO — 1932* — *NUMERO 12*

Jovens Operarios e Camponezes, Soldados e Marinheiros, Estudantes pobres e intelectuaes revolucionarios!

Contra a guerra imperialista, lutemos pela defeza da União Sovietica, unica patria de todos os trabalhadores!

Apelo do Comitê Central da Federação da Juventude Comunista do Brazil

A 7 de Novembro, a juventude trabalhadora do Brazil, junto com a juventude revolucionaria do mundo inteiro, fiel á luta decidida contra o regimem burguez organizará sua campanha contra a guerra imperialista. Campanha contra as novas guerras de intervenções imperialistas. Campanha pela defeza do unico governo proletario do mundo: a U. R. S. S., campanha contra a ofensiva da burguezia e da reação fascista. A campanha de 7 de Novembro nasce no fogo da guerra imperialista, como um protesto da juventude revolucionaria contra o imenso massacre fratricida.

Hoje mais do que nunca, a União Sovietica está sob a ameaça de uma intervenção imperialista.

«O capitalismo é a guerra». Ele não póde existir sem guerras e sem pilhagens.

Depois da ultima guerra imperialista que no dizer da social-democracia e dos pacifistas burguezes, devia ser a «ultima», 52 combates foram travados. As despezas militares em todos os paizes aumentaram de mais de 70 por cento, á custa dos salarios cada vez mais miseraveis dos operarios. No Brazil tres mil contos de reis são gastos em metralhadoras, emquanto os camponezes no norte morrem de sede e de fome.

Hoje, em pleno periodo de «paz», o exercito japonez, de mais de cem mil homens esmaga os trabalhadores da Mandchuria. Combates sangrentos se desenrolam cada dia na China. Os imperialistas ingleze senviam novos vasos de guerra para a Arabia. A Bolivia e o Paraguay estão em guerra. O Brazil sahiu de uma luta armada, na qual foram massacrados milhares de jovens soldados e marinheiros. E agora que a fome, a miseria, o desemprego de milhõis de homens, a crise e a depressão em todos ramos industriaes se fazem sentir por todos lados, só as uzinas de guerra, só as uzinas de morte trabalham com rendimento.

Apertado pela crise, o capitalismo procura se salvar da crise que o persegue por meio de novas guerras imperialistas e de intervenção contra a União Sovietica.

Emquanto que nos paizes capitalistas nós assistimos á decomposição do systema capitalista, á miseria e á fome de centenas de milhões de proletarios e de camponezes, o proletariado do paiz dos soviets, sob a direção do Partido Comunista da União Sovietica, alcança pleno sucesso na edificação do socialismo. Inicia-se a construção do 2.° plano quinquenal e a formação de uma sociedade sem classes. A União Sovietica firmou-se como paiz do socialismo.

Durante os tres anos da crise que sacode como uma tempestade todo o regimem capitalista, o proletariado da União Sovietica construiu emprezas gigantes como as de Dniepostroi, Magnitogorsk, uzina Stalin, uzina de Nijni-Novgorod, e Charikopodchipnik, etc., sem iguaes na Europa. A agricultura da União Sovietica é a mais vasta e a mais adiantada do mundo inteiro. Na Russia, o trabalho é considerado como uma «questão de honra, de virtude e heroismo».

O jovem trabalhador sob o regimem capitalista não tem porvir. Cada dia mais se agrava a sua situação.

O desemprego da juventude attinge proporções ineditas.

Em todos os paizes, a burguezia estabelece salarios de fome. Dois caminhos somente se offerecem á juventude trabalhadora:

Cont. na 8. pag.

1.032

distribuido no festival d. "S.V.S.", em 14-1-33

O LIGA | *São Paulo*

CONSELHO EDITORIAL	NÃO CONSTA
PERFIL	COMUNISTA
PROCESSO GRÁFICO	MIMEOGRAFADO
LOCAL DA EDIÇÃO	SÃO PAULO (SP)

Histórico

O *Liga* pode ser considerado como um raro exemplar da imprensa clandestina comunista, editado como "Órgão de uma célula de soldados do Partido Comunista do Brasil". Tinha por objetivo a união entre os operários, camponeses, soldados e marinheiros. Propunha-se em conjunto com outros periódicos – *A Classe Operária*, *União de Ferro*, *Soldado Vermelho*, *Soldado Comunista*, *A Luta*, entre outros – a "defender os direitos de todos os explorados de qualquer cor, qualquer nacionalidade, partidários de qualquer credo político ou religioso".

Diante da miséria vivenciada pelos trabalhadores fardados ou não, propunha como estratégia de luta a greve e as demonstrações de massa. A emancipação deveria ser obra dos próprios trabalhadores.

Esta publicação expressa, de acordo com seu discurso, uma cisão da classe que, segundo seus editores, encontrava-se dividida entre dois grupos distintos: os irmãos, amigos da "canalha de cartola" e [eles] os "irmãos defensores do galão".

A rebeldia era instigada pela frase proferida por Lênin, ao rodapé da página: "Voz darão um fuzil, não o recuseis, tomai-o e aprendei a manejá-lo não para atirar contra vossos irmãos de outros países, mas sim para acabar com todos os exploradores".

Motivo da apreensão

O nº 1 do jornal *O Liga* foi apreendido na década de 1930 por propagar o comunismo entre os oficiais das Forças Armadas do Brasil.

Prontuário: 1.110
Prontuariado: Boletins e Propaganda comunistas – vol. 1

PROLETÁRIOS DE TODOS PAIZES: UNÍ-VOS!

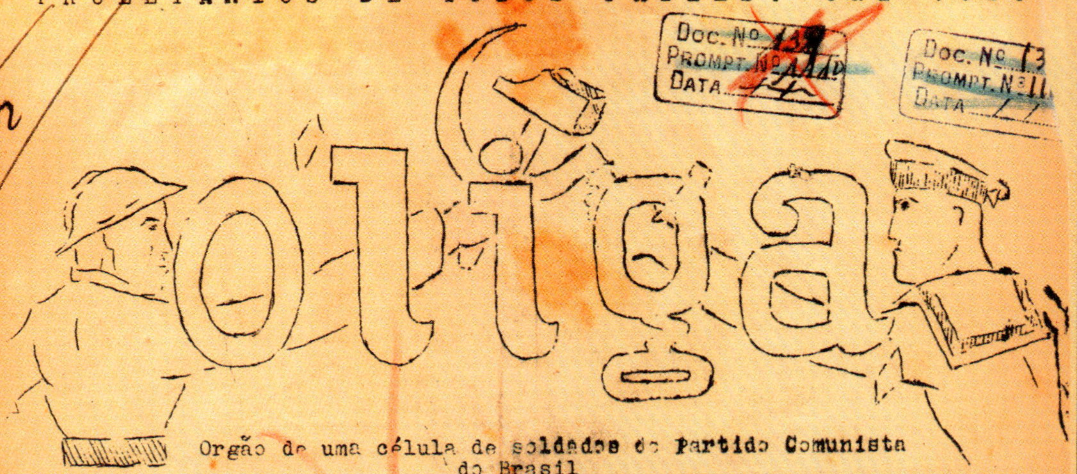

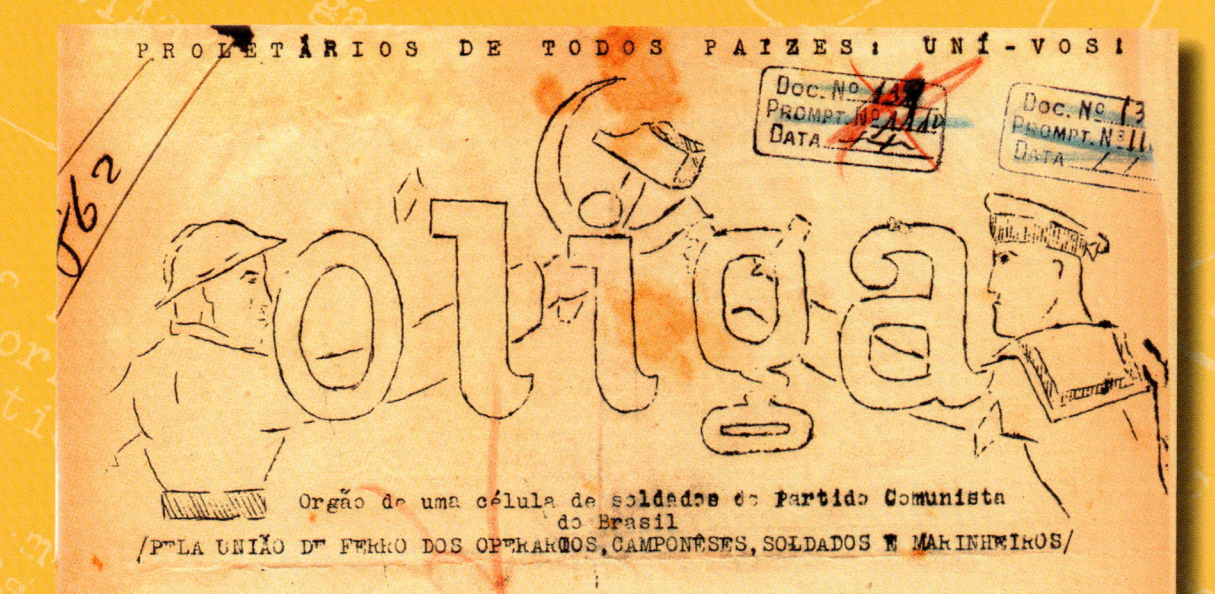

Orgão de uma célula de soldados do Partido Comunista do Brasil

/PELA UNIÃO DE FERRO DOS OPERARIOS, CAMPONÊSES, SOLDADOS E MARINHEIROS/

O LIGA

Aparece hoje, o primeiro numero deste jornal, orgão de uma célula do Partido Comunista do Brasil.

Soldados e marinheiros, operarios e camponêses! Trabalhadores! Êste jornal formará ao lado da Classe Operaria, União de Ferro, Jovem Proletário, Soldado Vermelho, Soldado Comunista, Á Luta, etc. para defender os direitos de todos os explorados e oprimidos de qualquer côr, de qualquer nacionalidade, partidarios de qualquer crédo politico ou religioso; para expor sinceramente a miséria em que vivem todos os trabalhadores fardados ou não; e para mostrar a todos os companheiros, que o unico caminho para obtermos melhores condições de vida ou de trabalho, é o da lúta, da gréve, das demonstrações de massa.

É preciso que todos nós saibamos que "a emancipação dos trabalhadores é obra dos proprios trabalhadores". É isto que queremos que todos nossos companheiros companheiros compreendam.

Camaradas!

O Liga tem um nome bem significativo. É o nosso amigo sincero que nos acompanhará na lúta por nossa libertação.

Viva a união de ferro dos operarios, camponêses, soldados e marinheiros, contra a exploração e opressão dos ricaços e agaloados!

Aos trabalhadores fardados

Nós soldados, quer sejamos do exercito ou da marinha, dos bombeiros ou da policia, fuzileiros ou inspetores do trafego, somos filhos de operarios, filhos de camponêses. Somos filhos de explorados, de oprimidos. Somos tambem explorados e oprimidos.

Enquanto nossos irmãos o são pela canalha de cartóla, nós o somos pela de galão!

As duas são unidas, fazem parte do mesmo corpo que nos oprime, que nos esmaga, que nos explóra! Nós tambem devemos nos unir, devemos lutar unidos contra a exploração e a opressão. Devemos confraternisar com os nossos irmãos operarios, camponêses e trabalhadores pobres que lutam por mais pão, por mais liberdade. Devemos apoiar suas gréves e não dissolvê-las como quer a camarilha dominante feudal burguêsa.

Os canos de nossos fuzís devem ser voltados contra os nossos opressores e não contra nossos pais ou nossos irmãos trabalhadores!

Façamos nós tambem, nossas lutas por uma vida melhor, contra a exploração e opressão de que somos vítimas!

Companheiros soldados!

O nosso miseravel soldo mal dá para nós sósinhos quanto mais para os que têm familia a sustentar! Lutemos pelo aumento imediato do nosso soldo!

Continúa na outra pagina

VOS DARÃO UM FUZIL, NÃO O RECUSEIS, TOMAI—O E APRENDEI A MANEJÁ-LO, NÃO PARA ATIRAR CONTRA VOSSOS IRMÃOS DE OUTROS PAÍSES, MAS SIM PARA ACABAR COM TODOS OS EXPLORADORES! (Lénine)

O PACIFICADOR | *São Paulo*

CONSELHO EDITORIAL	MANOEL DE GODOY (DIRETOR RESPONSÁVEL)
PERFIL	NIPÔNICO VITORISTA
PROCESSO GRÁFICO	TIPOGRÁFICO
LOCAL DA EDIÇÃO	SÃO PAULO (SP)

Histórico

O jornal *Showa Shinbum* (*Jornal da Paz Radiante* ou *O Pacificador*) foi avaliado pelo DEOPS/SP como um dos órgãos que divulgavam a soberania e a invencibilidade do Japão. *O Pacificador* tinha como colaboradores de fachada o advogado João Bernardes Júnior, Agostinho Rodrigues Filho e como "editor" Manuel de Godoy (testa-de-ferro). Na realidade, segundo a polícia, quem dirigia o jornal eram os japoneses Tsuguo Kishimoto, Minoru Hirata (ex-diretor da Shindô-Renmei), Koki Ando, Jinsaburo Asakawa e Saburo Kawabata, que tinham decretada a expulsão do Brasil.

Dois, entre os cinco volumes sobre a Shindô-Renmei organizados pelo DEOPS/SP, contêm jornais que circulavam no seio da colônia japonesa radicada em São Paulo. As autoridades policiais desconfiavam de todos os periódicos que tinham cunho "vitorista". No volume III, encontramos recortes do *Burajiro Jiho* (*Notícias do Brasil*), *Showa Shimbum* (*O Pacificador*) e *Chugai Shimbum*. No volume IV, além de fotografias de propaganda de "vitória" do Japão, divulgadas por "vitoristas", existem inúmeros recortes de artigos publicados pelo jornal *Notícias do Brasil* (1948-1949).

Esta publicação nipônica era acusada pelos japoneses derrotistas e autoridades policiais de se utilizar de "meios inescrupulosos" de divulgação, de ataques e escândalos pessoais objetivando extorsão, vingança ou combate à verdadeira situação do país natal, o Japão derrotado.

A sede de *O Pacificador* localizava-se na rua Senador Feijó, nº 29, na cidade de São Paulo, e suas oficinas encontravam-se sediadas no bairro do Jabaquara.

Motivo da apreensão

Funcionava como um meio de propaganda dos elementos vitoristas para a rearticulação de seu movimento nacionalista. Segundo relatório reservado produzido pela Polícia Política em março de 1950, o título do jornal era propositadamente mal traduzido para insinuar a vitória japonesa na Segunda Guerra Mundial. Parte da página publicada em português chamou a atenção das autoridades por ter entre seus colaboradores o advogado João Bernardes Júnior, suspeito por sua ideologia marxista, e Agostinho Rodrigues Filho, defensor das atividades da Shindô-Renmei, organização vitorista formada por japoneses. O "testa-de-ferro" deste jornal era o advogado Manoel de Godoy que estaria ligado "a elementos inescrupulosos da colônia japonesa".

O exemplar nº 37 aqui reproduzido – e que se encontra anexado ao prontuário da Shindô-Renmei – traz um artigo a respeito de Agostinho Rodrigues Filho, autor de *Bandeirantes do Oriente* (1949), obra de exaltação ao imigrante japonês. Mas, um outro artigo fazia realmente propaganda de cunho "vitorista" como podemos constatar neste fragmento:

> A nossa Pátria, o Japão, no papel de líder da Ásia oriental, prossegue na luta em prol da grande obra de paz e da nova ordem mundial, sendo de lamentar a degradação moral observada na Colônia Japonesa, onde predomina o individualismo e onde o aparecimento de indivíduos que negam a invencibilidade do Japão Divino, manchou uma página da Imigração japonesa no Brasil. Os chefes do movimento de esclarecimento [refere-se aos chamados "derrotistas"] e os indivíduos que feriram a santidade da estrutura nacional do Japão não merecem o perdão dos céus, nem dos homens.

Prontuário: 108.891
Prontuariado: Shindô-Renmey

Redação e Administração
Rua Senador Feijó N. 29
6º. Andar - Sala 617
São Paulo

O PACIFICADOR

Diretor Responsável MANOEL DE GODOY

Assinaturas:
ANUAL . . . . Cr$ 200,00
SEMESTRE . . Cr$ 120,00
Publicidades: A combinar

ANO 2 | São Paulo, Terça-Feira, 17 de Janeiro de 1950 | N. 37

Dados biograficos de jornalista Agostinho Rodrigues Filho.

Agostinho Rodrigues Filho, nasceu em S. Paulo, Capital, a 10 de Novembro de 1912.

Desde cedo manifestou decidida tendencia para o estudo, concluindo o curso filosofico superior em 30 de Novembro de 1935, na Faculdade de Filosofia.

No jornalismo trabalhou para varios jornais, "Folha da Manhã", quando era redator-chefe desse jornal o hoje deputado Rubens do Amaral e no "Correio de São Paulo", sob a direção do jornalista Pedro Ferraz do Amaral.

Com Samuel Wainer, Maulicio Goulart, Joél Silveira e Abguar Bastos militou em "Diretrizes", na sua vitoriosa fase de revista semanal sendo o autor de inumeras reportagens e artigos, tratando de problemas sociais, politicos e economicos.

Com o saciologo Mauro de Alencar, o saudoso Pedro Luiz do Amaral Teixeira, secretario de "O Globo", do Rio, o escritor Abguar Bastos, o vereador Dr. Pedro Brasil Bandecchi, os jornalistas Hilario Corrêa, secretario do "Diario da Noite", Cunha Motta, de "O Estado de S. Paulo" e Pedro Neme, de Associação Brasileira de Escritores, fundou o semanario politico "O Libertador" que teve destacada atuação politica e literaria, liderando varios movimentos de opinião, logo após a guerra, quando a democracia reclamava o esforço de todos os intelectuais brasileiros.

O memoravel pleito eleitoral que culminou com a vitoria de Adhemar de Barros, encontrou a mais decisiva cooperação de Agostinho Rodrigues Filho que, juntamente com Brasil Bandecchi, Mauro de Alencar e tantos outros jornalistas e escritores percorreram o interior do Estado mostrando a necessidade de reconduzir S. Paulo á sua verdadeiara posição.

Até o momento é um dos propugnadores da politica social-progressista, interessando-se vivamente pela valorização do homem que produz. Os pequenos agricultores japoneses constituem a sua preocupação essencial.

Inumeras vezes tem comparecido ao Palacio do Governo expondo a situação dos lavradores japoneses, em face dos probemas que o afligem.

O governador paulista não tem descurado dos problemas de produtor e tanto é verdade que os plantadores de chá, de Ribeira, acompanhados de Torazo Okamoto e do autor de "Bandeirantes do Oriente" foram atendidos pelo Dr. Adhemar de Barros, salvando, assim, de colapo a cultura de chá do litoral do Estado.

Dedicando especial carinho aos problemas da colonia japonesa o escritor Agostinho Rodrigues Filho, proseguirá no seu louvavel trabalho que é a valorizaçã do homen que produz, anulando as causas que procuram, inutilmente, embaraçar a atividade dos japonêses radicados no Brasil.

Cartas com apreciação sobre "Bandeirantes do Oriente".

— Do Dr. Jânio Quadros, vereador do Partido Democrata Cristão, cuja atuação na Camara Municipal de São Paulo, é digna de admiração e respeito, pois o operoso representante do povo têm enfrentado corajosamente os mais sérios problemas:

«Caro Agostinho Rodrigues Filho. Abraços.

Recebi seu livro. Considero-o excelente contribuição para o estudo da imigração oriental, em geral, e japonesa, particularmente. O trabalho do "issei", do "nissei" e do "sanssei", que já produzia milhares em certas zonas do País, e nas mais inhóspitas e agrestes, está reclamando análise atenta, pelo seu significado na economia nacional e pelas suas consequencias étnico-sociais, que a todos interessam.

O volume "Bandeirantes do Oriente" muito ajudará para a melhor compreenção da operosa colonia niponica e para o entendimento do seu valor, dos seus problemas e da sua perfeita identificação ao ambiente e à gente do Brasil

Parabens ao autor, isto é, parabens a você.

«JÂNIO QUADROS»

— Do Dr. José Torres de Oliveira, presidente perpétuo do Instituto Historico e Geografico de S. Paulo:

«Cumprimento e agradeço o envio de seu interessante trabalho "Bandeirantes do Oriente", a cuja leitura estou procedendo com muito agrado.»

JOSÉ TORRES DE OLIVEIRA

— Do Dr. Otavio de Menezes, secretario geral do Supremo Tribunal Federal.

«Acusando o recebimento do livro "Bandeirantes do Oriente", de sua autoria, agradeça-lhe a gentileza da oferta e a generosidade da dedicatória.

Li o trabalho a que o caro amigo chama, mui modestamente, "modesto ensaio", mas que reputo valioso subsidio para o esclarecimento e melhor compreenção do problema japonês em nossa terra.

Receba, pois, os meus aplausos.

Bem grato ficarei ao patricio, se tiver a bondade de remeter um exemplar do livro ao nosso eminente advogado, Dr. Mario Gameiro, que vem lutando, com tanto denodo, pelos japoneses perante a nossa Justiça.

A remessa deve ser feita para o Dr. Mario Gameiro, rua do Carmo, 70.

Sem mais, subscrevo-me o colega e amigo:

OTAVIO DE MENEZES.»

Agostinho Rodrigues Filho, autor do livro "Bandeirantes do Oriente."

Bandeirantes do Oriente

Rubens Pinheiro.

"O estilo é o homem", assim se expressou Buffon. O homem inteligente não sómente se revela pelas suas vestes e muito menos pela sua fisionomia. O homem inteligente se revela tão sómente pela audácia com que se arremessa nas grandes batalhas da inteligência.

De nada nos valerá o termos tido um longo estudo, de nada nos valerá êsse estudo, se também não soubermos interpretar tudo o que sente nosso coração e nos obriga a conciência.

E é nessas poucas linhas que, embora com certo atrazo, tomo da palavra para nobilitar a figura eximia do jornalista Agostinho Rodrigues Filho que tão sábiamente soube interpretar o problema dos japoneses no Brasil em seu livro, "Bandeirantes do Oriente".

Êsse incansável jarnalista, após um minucioso e initerrupto estudo, conseguiu desvendar todos os enigmas acêrca dos japoneses, com palavras indestrutiveis e retumbantes de glória.

Escrevamos, mas escrevamos o que nos fala o coração e nos obriga a conciência.

Não nos limitemos tão sómente em descrever os mais belos fatos, mas sim, devemos também ser impulsionados pela fôrça de nossa conciência. E podemos notar com clareza através das páginas escritas por Agostinho Rodrigues Filho a magnanimidade de jornalista e de valoroso colaborador da imprensa.

Os japoneses, sem duvida alguma, são grande colaboradores do nosso progresso, e dessa maneira não devemos olvidar-nos dos grandes trabalhos por êles efetuados em a nossa Pátria.

Lutemos incessantemente pelos japoneses no Brasil, que um dia veremos coroados nossos esforços.

Sómente aquêle que lutar até o fim, receberá o louro da vitória.

Conhecedor como ninguem dos problemas dessa gente, dos seus sentimentos e das suas necessidades, notável jornalista Agostinho Rodrigues Filho fez obra oportuna e patriotica, porquanto o seu livro interessa a todos os brasileiros que têm nos japoneses grandes e eficientes colaboradores da grandeza do Brasil.

時事小論

心鏡映態

毒眼猫

◇新年有感◇

[illegible]

斑猫快々譚

吾妻輝子

【二】

[illegible]

[illegible]

市況

[illegible]

O PRESO PROLETÁRIO | *Rio de Janeiro*

CONSELHO EDITORIAL	RIBEIRO
PERFIL	ÓRGÃO DA SECÇÃO DO SOCORRO VERMELHO INTERNACIONAL
PERIODICIDADE	MENSAL (PROVAVELMENTE)
PROCESSO GRÁFICO	TIPOGRÁFICO
LOCAL	RIO DE JANEIRO (RJ)

Histórico

Fundado no Rio de Janeiro em 1933, o jornal *O Preso Proletário* tinha como público alvo os trabalhadores em geral que vinham sofrendo com a exploração e a opressão capitalista. Apresentava-se como um órgão da Seção Brasileira do Socorro Vermelho Internacional, servindo de veículo para a propagação de informações do Comitê. Em sua segunda edição, o secretariado da seção brasileira faz um alerta aos leitores que Miguel, Eneida e Mangabeira, antigos militantes do Partido Comunista e da Federação da Juventude Comunista, estariam executando tarefas e recebendo dinheiro em nome da organização, sem no entanto manterem qualquer vinculo com ela.

Além de reportagens sobre as revoltas operárias e as condições do proletariado no mundo, o jornal faz referências às condições sub-humanas impostas aos presos políticos de todo o país que, além de serem torturados, estavam expostos a doenças como a béri-béri e o tifo. Estes temas são amplamente explorados pelo periódico que, em diferentes situações, faz uso da iconografia como forma de ilustrar seus brados de protesto. Dentre as matérias publicadas no nº 2 temos: "Cadeia, Fome, Surras, Béri-béri e Tifo!, que alerta o leitor para o "regime de morte" vivenciado pelos trabalhadores do Nordeste e do Norte.

Motivo da apreensão

O exemplar nº 2 foi confiscado pelo DEOPS em 13 de março de 1933 junto à Mário Rodrigues, também conhecido como "Padre" e anexado ao prontuário como prova de suas idéias políticas. Juntamente com uma caderneta contendo seu nome falso, identificamos uma lista de auxílio aos operários grevistas e outra para angariar fundos para o jornal, boletins mimeografados da Federação Sindical Comunista e da Juventude Comunista. Consta no prontuário um pedido da Oposição Sindical Revolucionária, pertencente à Liga Operária da Construção Civil solicitando aos trabalhadores que contribuíssem para a manutenção do jornal.

Prontuário: 1.662
Prontuariado: Mario Rodrigues ou João Baptista

PROLETARIOS DE TODOS OS PAIZES, UNI-VOS

O PRESO PROLETARIO

ORGÃO DA SECÇÃO BRASILEIRA DO SOCCORRO VERMELHO INTERNACIONAL

REGIÃO DO RIO DE JANEIRO

Numero 2 | Terça-feira, 23 de fevereiro de 1933 | Anno I

Contra a reacção! Contra a guerra!

A situação de crises que vem se aggravando espantosamente, trazendo o empobrecimento mais profundo das massas trabalhadoras, torna cada dia mais agudos os antagonismos de classes, lançando a burguezia tadas as suas armas de reacção contra o proletariado, para abafar-lhe o impulso revolucionario em ascenção. A radicalização das amplas massas, o seu descontentamento manifestado nas greves e noutros protestos contra a exploração e a oppressão capitalista é um signal de que, apezar da demagogia cynica dos jornaes burguezes e da reacção policial-fascista desencadeada nestes ultimos tempos, a onda revolucionaria do proletariado vae crescendo no Brasil.

O governo de Getulio Vargas, José Americo, João Alberto, Waldomiro Lima & cia. desenvolve contra os trabalhadores uma tactica infame e deshumana Os carceres estão transformados para os militantes revolucionarios operarios num verdadeiro inferno. A fome, os trabalhos forçados, os espancamentos as doenças são soffrimentos de todos os dias, indo até ao fuzilamento, como aconteceu aos camaradas Alencar e Caldeira!

Ao lado da reacção fascista, deparamo-nos diante do terror de guerra. A burguezia de todos os paizes se esforçam por esmagar o movimento revolucionario de massas com o terror de guerra, para logo lançar estas mesmas massas na carnificina que os imperialistas preparam para a conquista dos paizes semi-coloniaes, dos povos opprimidos, para uma nova divisão territorial do mundo e para o assalto á UNIÃO SOVIETICA, a patria verdadeira dos trabalhadores, e aos SOVIETS CHINEZES.

Nestas circunstancias, o governo do Brasil compra navios e aviões e installa novas fabricas de armas e munições. Já está em aguas nacionaes o vaso de guerra "Ruth" e mais um navio foi encommendado aos Estados Unidos. O Brasil é a maior potencia aviatoria actualmente na America do Sul e numerosos aviões acabam de ser encommendados para reforçar a a frota aerea nacional. Creditos de centenas de milhares de contos são abertos para novas compras de armamentos de guerra...

Que significa isto, camaradas? Que o Brasil se arma até os dentes para a matança entre os povos da America do Sul. Que o Brasil já está em plena guerra. Está ao lado da Bolivia e da Colombia, ao lado dos imperialistas americanos, na immensa fogueira aceza no Chaco e em Leticia, que é o começo do conflicto entre os Estados Unidos e a Inglaterra, previsto por Lenine. Disputam-se ali posições estrategicas e grandes riquezas de petroleo e outras materias primas. São a Royal Dutch, empreza mundial ingleza, e a Standard Oil, empreza mundial americana aliadas aos capitalistas e exploradores nacionaes nos respectivos paizes, que fazem a guerra. Nós, os povos sul-americanos, as massas de operarios e camponezes, não queremos a catastrophe, porque só nós temos a perder, só nós seremos sacrificados. Na enorme matança collectiva, nós nada temos absolutamente a ganhar ou conquistar; temos, sim, tudo a perder, pois seremos os unicos massacrados!

E como escapar da guerra inter-imperialista? Nesta guerra serão utilisadas as machinas de maior capacidade destruidora e todos os recursos da chimica, os gazes mortiferos, etc. E' a guerra, cujos horrores irão alem das linhas de batalha chegando até as cidades e os campos pacificos e laboriosos. E' a guerra em que os Exercitos de terra, pouco valerão, porque os gazes que matam são lançados no espaço pelos aviões. E' a guerra que tanto aniquilla os soldados nas trincheiras, como as familias nos lares e como os doentes nos hospitaes. E' a guerra em que só os burguezes escaparão porque podem preparar casas subterraneas para esconderijo e defeza proprios. Os operarios, camponezes, soldados, a gente pobre e media das cidades e dos Campos, sucumbirão abandonados aos effeitos das armas destruidoras e dos gazes mortiferos dos imperialistas!

Como evitar, então, a guerra, camaradas? Lutando contra a reacção fascista e lutando contra o terror de guerra! Protestar contra todas as manobras sinistras com as quaes a burguezia pretende assassinar os lideres do proletariado, esmagar a capacidade combativa das massas e leval-as á matança imperialista — essa é attitude de cada proletario consciente, de cada homem do povo explorado e opprimido. O Soccorro Vermelho Internacional, como organização revolucionaria de amplas massas, convida todos os operarios, camponezes, soldados e marinheiros, mulheres e jovens, estudantes pobres, pequenos funccionarios e pequenos commerciantes a ingressar nas suas fileiras, coordenando suas energias, para a realização desta campanha de protesto contra a reacção e contra a guerra. Só unidos, conseguiremos ser fortes. Organizemo-nos numa vigorosa frente unica proletaria, para deste modo, combatendo energica e concretamente a carnificina, podermos evital-a!

Abaixo a reacção policial fascista e o terror de guerra!

Abaixo a guerra inter-imperialista na America do Sul!

Abaixo a guerra de assalto á União Sovietica e aos Sovietes Chinezes!

Viva a fraternização entre os operarios, camponezes, soldados e marinheiros!

Pela liberdade de todos os presos politicos proletarios!

O SINDICALISTA | *São Paulo*

CONSELHO EDITORIAL	NÃO IDENTIFICADO
PERFIL	SINDICAL-PARTIDÁRIO
PERIODICIDADE	DESCONHECIDA
PROCESSO GRÁFICO	TIPOGRÁFICO
LOCAL DA EDIÇÃO	SÃO PAULO (SP)

Histórico

O Sindicalista encontra-se arquivado no prontuário de Francisco Giraldes Filho, acusado de fazer parte do Partido Socialista. O jornal era publicado em São Paulo, tendo sua sede à rua General Osório, no mesmo local onde funcionava o Sindicato da Estrada de Ferro Sorocabana. Este periódico inclui-se entre aqueles que se posicionavam como porta-vozes das respectivas ligas e uniões, mas que, segundo seus líderes, deveriam centralizar as reivindicações dos operários em geral. Daí o *slogan* no cabeçalho da capa: "Trabalhadores, uni-vos...!" Esta proposta procurava solucionar o problema vivenciado pela imprensa operária que, desde 1905, expressava muito mais as reivindicações específicas de cada categoria profissional.

A maioria dos jornais editados por essas ligas e uniões adotavam títulos cujo significado expressasse as organizações de classe e pudessem circular em áreas mais amplas de trabalho. Essa preocupação justifica a repetição de certos nomes de jornais como *O Operário*, *O Sindicalista* e *O Trabalhador*.

A forma sindical-partidária do jornal *O Sindicalista* e a data de sua produção (1935) nos permitem classificá-lo numa segunda fase da imprensa operária, que corresponde ao período do primeiro governo Vargas (1930-1945). O perfil do Estado autoritário varguista (interventor e controlador da luta de classe) interferiu no conteúdo deste periodismo que assumiu um discurso muito mais agressivo e combativo. Esta reação, avaliada pelas autoridades policiais como expressão de desordem, colocou muitos jornais sindicais na ilegalidade.

Na década de 1920 circulou em Porto Alegre um jornal libertário com esse mesmo nome – *O Sindicalista* –, cujos os exemplares podem ser consultados no Arquivo Edgard Leuenroth (Unicamp).

Motivo da apreensão

Este número foi aprendido por criticar a Lei de Segurança Nacional de 1935, denominada pelo discurso de esquerda como a "Lei Monstro", instrumento legitimador da repressão e da censura às manifestações do operariado (greves, reuniões partidárias e liberdade de imprensa). *O Sindicalista* inclui-se na imprensa operária que se coloca ao lado da luta dos trabalhadores para uma igualdade social.

Prontuário: 3.117
Prontuariado: Francisco Giraldes Filho – vol. 1
Remissão: 1.685

TRABALHADORES UNI-VOS PARA COMBATER A "LEI MONSTRO"!

O SINDICALISTA

ORGÃO DO SINDICATO DOS FERROVIARIOS DA ESTRADA DE FERRO SOROCABANA

ANO II. | S. PAULO, FEVEREIRO DE 1935. | Redação — Séde do Sindicato Rua General Osorio, 40. | NUM. 22.

A LEI MONSTRO

A Nossa Palavra

Este jornal não podia em absoluto calar-se, neste momento em que se prepara a mordaça com que no dia de amanhã a burguezia pretende abafar a voz do trabalhador que grita por um pedaço maior de pão e por um pouco mais de liberdade.

Orgam independente que é, orgulhando-se em militar junto aos demais jornaes que compõe a imprensa proletaria do pais, "O Sindicalista" pela presente protesta contra essa "lei de segurança", que nada segura, e que a ser votada, será para escarneo do paiz e dos homens de consciencia livre, a confissão de que o Brasil caminha e a passos largos para o passado das fogueiras da inquisição.

Snrs. legisladores do pais, não é com a força das baionetas e nem com o argumento da força que se convence o trabalhador dos nossos dias.

Quereis convencel-o de que a questão social é uma mentira, e que a igualdade é fruto de cerebros imaginosos? é facil, dê-lhes trabalho, pão e uns trapos.

* * *

O trabalhador tendo tudo isso, se convencerá que é louco em pedir mais...

Mas, esse pouco, essa miseria, vós bem o sabeis, que não podeis lhes dar...

O Sindicato protesta contra a "LEI MONSTRO"

"Presidente Federação Nacional Syndicatos Ferroviarios Brasil — Predio "A Noite".

Syndicato Sorocabana pede intermedio Presidente Federação protestar Camara contra "Lei Monstro" attentatoria liberdade proletariado nacional.

JATYR."

TRABALHADOR!

Preparar-se nas ante-salas dos burgueses e na sacristia da intolerancia religiosa um golpe a ser vibrado contra ti.

E' preciso precaver-te contra a trahição mesquinha d'aquelles que, temendo-te, armam a putrida consciencia dos legisladores do Brasil, com essa monstruosidade abominavel que é *a lei de segurança nacional*.

Os czares do Brasil, temendo-te, preparam a arma com que no dia de amanhã, farão em nome da lei, os maiores atentados contra a tua liberdade de consciencia, de reunião, etc.

Essa lei monstruosa, camarada, não é mais do que a "ordenança" usada na edade media a resurgir em pleno seculo XX, um atentado flagrante contra os principios da civilisação e do progresso de que nós, povo, somos os unicos construtores.

Nesta hora de falencia moral por que passa o Brasil, é com jubilo que trabalhador vos cito nomes de homens, que em serviço da humanidade não se prestam aos manejos maquiavelicos dos que a troco de proveitos pessoaes, abusam do mandato que o povo lhes conferiu, para forgicarem leis de arrocho e esbulho contra o proprio povo que os elegeu.

Entre outros estes: Sampaio Corrêa, Bergamini, Ventura, Vitaca Velasco o nosso camarada Laydner e muitos outros que tem sido os paladinos da santa causa da "liberdade", sacerdocio a que nós, trabalhadores, fomos ungidos, pela propria consistencia do nosso "eu", que é livre, e que não quer ser mercadoria que se vende, troca ou importa.

Trabalhador, é tocado o rebate, que de todas as bocas saia o brado de revolta, a repulsa consciente dos homens honestos que querem que a liberdade, fraternidade e igualdade não sejam apenas "flores de retorica", mas sim verdades palpaveis e reais.

Trabalhador, olha para traz vê no passado os martires da bôa causa, estes que em nome de supostos principios ou leis absurdas tem sido sacrificados.

Olha, a galeria é enorme, mas vê bem e verás que eles acenam com a mão mostrando-te o caminho a seguir a "emancipação total do trabalhador dentro da terra livre".

E a estrada do momento é essa de protesto, de luta contra a burguesia safada e imoral que em nome de patria, Deus e familia, quer te amordaçar com essa lei infame e mesquinha, a que os barbaros da edade media teriam talvez vexame de assignar.

Ferroviario! trabalhador de todo o pais, o momento é de luta, que essa lei se passar venha atestar pelo menos o numero dos trabalhadores conscientes que cairam lutando.

A "LEI MONSTRO" E OS EXTREMISTAS

As ameaças e tentativas de gréve geral em S. Paulo, no momento em que a Camara está para votar a lei de Segurança Nacional, são o aviso de que pela força e violencia o governo não conseguirá amordaçar o protesto das massas opprimidas do paiz.

Estas, expoliadas nos seus direitos e deante da expetativa lugubre de peores dias no futuro, quando então a lei infame já fôr um fáto, começam a clamar numa só voz com toda a opinião publica, contra os desmandos dos senhores da actual situação.

Não serão absolutamente as leis tiranicas as que resolverão a angustia e a tragedia social que o Brasil começa a viver.

Quanto aos extremistas visados pela "Lei Monstro", todos os que pensam um pouco sabem que eles nunca agem unicamente por deliberação exclusiva, mas sim em função das coletividades revoltadas, cujas ancias e clamores eles polarizam e condensam.

Sacrificados alguns agitadores, outros surgem, e isso porque antes de serem eles os que insuflam nas massas o protesto e a revolta, são estas, pelo contrario, a força que os agita e impele á ação.

Si o que se pretende, portanto, é evitar a ação perturbadora dos extremistas, talvez seja preciso mandar matar, prender e deportar quasi toda a população do Brasil, por ser esta a maior e verdadeira propagandista de idéas e movimentos tendentes a manter e a defender a liberdade.

Greves e mais greves...

A situação economica pela qual o pais atravessa é das mais melindrosas, e como sequencia natural desse estado de cousas temos ahi as greves, que se declaram em todos os pontos do Brasil.

São movimentos pacificos, mas que são ao mesmo tempo atestados da revolta que o trabalhador se sente possuido ao ver minguar-lhe os parcos salarios de fome que se lhes pagam por um serviço na mais das vezes estafante.

E se reunem as comissoes de conciliação, que nada conciliam, e os trabalhadores continuam na sua ronda de miseria, e continua a perdurar a incoerencia dos governos burgueses, que legislam, legislam e não procuram regulamentar o lucro, permitindo por essa forma uma vida mais suave para as classes trabalhadoras.

E' muito facil dizer, que os trabalhadores de hoje sao mais exigentes, é facil, mas nao é a verdade.

O trabalhador de hoje se contentará com bem pequena cousa, a ferramenta, a maquina e a terra.

Mas com isso iria demolir a Bastilha economica do regimen imperialista, que sustenta o parasitarismo dos governos burocraticos, que se dizem governos do povo e pelo povo, mas que verdadeiramente nao sao para o povo.

Entre as muitas greves, uma das que mais nos chamam atençao pela simpatia e pela justiça da causa e a dos camaradas que trabalham em frigorificos.

Ganhando um salario infimo, em condiçoes de trabalhos, as mais miseraveis, tiveram como unico recurso apelar para a greve, para ver se por seu intermedio seria obtido um pouco mais de pao e um pedaço a mais de um trapo para o filho faminto e nú.

E ahi estão aqueles trabalhadores, na luta contra o capitalismo, morrendo de fome mas firmes nas suas reivindicaçoes.

E o patrão é extrangeiro, e quantos brasileiros a morrer de fome só porque o patrao visando um lucro maior nao quer destinar umas migalhas a mais do lucro fabuloso, que, a exploração da carne verde lhes rende!

Ontem foram os motoristas, os funcionarios publicos (funcionarios dos correios), os tecelões, amanhã quem sabe?

As cousas como vão, é de se presumir que bem breve os desempregados, os que passam fome façam greve.

Os sem trabalho quererão trabalho, e os que passam fome exigirão o pão, então irão dizer: loucos, para que trabalhar, idiotas para que comer...

O TRABALHADOR | *São Paulo*

CONSELHO EDITORIAL	HERMÍNIO MARCOS (EDITOR)
PERFIL	ANARQUISTA
PERIODICIDADE	DESCONHECIDA
PROCESSO GRÁFICO	TIPOGRÁFICO
LOCAL DA EDIÇÃO	SÃO PAULO (SP)

Histórico

O Trabalhador, jornal anarquista, fundado em 1931 por Hermínio Marcos. Membro da Liga Operária da Construção Civil, Hermínio Marcos foi considerado como elemento de destaque na Federação Operária de São Paulo e um dos fundadores do Comitê Antifascista. Foi preso pelo DEOPS em 16 de fevereiro de 1933, 11 de abril de 1933 e 17 de julho de 1933. O jornal sobreviveu à repressão policial até o ano de 1934, quando a sede de sua redação e administração situada à rua Barão de Paranapiacaba, nº 4, sala 7, em São Paulo, foi fechada pela Delegacia de Ordem Política e Social. Enquanto órgão da Federação Operária de São Paulo, *O Trabalhador* operava como mediador entre o povo e os revolucionários de esquerda, desenvolvendo importante papel junto aos sindicatos. O fato deste jornal ser o porta-voz da FOSP (Federação Operária de São Paulo) nos dá uma dimensão, ainda que aproximada, do público-alvo coberto por sua propaganda política. Encontravam-se sobre a orientação da FOSP as seguintes associações de classe: União dos Artífices em Calçados, Sindicato dos Manipuladores de Pão e Anexos Confeiteiros, Sindicato dos Profissionais do Volante, Sindicato dos Ferroviários de São Paulo, Sindicato dos Ofícios Vários, Sindicato dos Operários das Fábricas de Chapéus etc. No início dos anos 1930, muitos trabalhadores, sob a orientação da FOSP, deixaram de tirar carteiras de trabalho, interpretadas como meio de controle dos trabalhadores.

Importante ressaltar que a FOSP desenvolveu intenso trabalho de propaganda política junto ao operariado paulista, protestando contra as arbitrariedades das prisões, dentre as quais a de Rodolpho Felippe, editor de *A Plebe*. Promovia também conferências com a participação de reconhecidos intelectuais como Carlos Boscolo, Donato de Vitis e Maria Lacerda de Moura, em apoio ao movimento antifascista.

Em julho de 1932, *O Trabalhador* publicou um interessante artigo de Martins Garcia "A Federação Operária em Face dos Últimos Acontecimentos Político-militares", alertando a população para as falsas promessas feitas pelos revolucionários de 1930 (nº 7, p. 3). Em Belém do Pará circulou um outro jornal anarquista com este mesmo nome, órgão de propaganda da Federação Operária do Pará, fundado por Edgard Rodrigues em 1919.

Motivo da apreensão

O nº 6 foi apreendido em poder do austríaco José Surcke em 2 de maio de 1932 por seu conteúdo anarquista. O referido periódico encontra-se anexado ao prontuário do suíço Félix Zirolia preso quando discutia com José Surcke certos "quesitos sociais" sob a ótica das doutrinas anarquista e comunistas, no Largo Riachuelo em São Paulo. Além do jornal *O Trabalhador*, foi também confiscado de Zirolia o livro *Anarquismo Libertário e Revisionismo Autoritário*, de Enrico Malatesta. A imagem que estampa a 1ª página do exemplar nº 6 é uma das mais freqüentes estampas dos jornais anarquistas no final da década de 20 e 30. Esta alegoria feminina intitulada "A Revolução Social em Marcha, na Hespanha" é de autoria de Angelo Las Heras, operário espanhol de uma fábrica de bebidas. Pode ser encontrada em outros periódicos como *A Plebe*, São Paulo 1º de maio de 1927, nº 250, p.3 e 29 de abril de 1933, nº 22, p.3, A Vida, Rio de Janeiro, 1º de maio de 1928, nº 50, p.1, *O Trabalhador da Light*, São Paulo, 1º de maio de 1934, nº 3, p. 1. Editada no contexto da Revolução Espanhola, esta imagem tinha por objetivo estimular o apoio a esse movimento internacional, sendo censurada pelas autoridades policiais "por instigar a violência".

Prontuário: 1.685
Prontuariado: Félix Zirolia
Remissão: 1.685, 3.008, 1.579, 3.472, 188

O Trabalhador

REDACÇÃO E ADMINISTRAÇÃO: RUA BARÃO PARANAPIACABA, 4 — SALA 7 — 1.o ANDAR — SÃO PAULO - BRASIL

ANNO I — 1886 — 1.º DE MAIO — 1932 — NUMERO 6

A Revolta!

Nós os anarquistas, cremos que se acercam os tempos em que os explorados reclamarão os seus direitos aos exploradores e cremos mais, que a maioria do povo, com a gente simples do campo, se rebellará contra a burguezia de hoje.

A luta, em nossa opinião, é inevitavel

W.

...Somos anarquistas, mas não assassinos, e, como em minha consciencia nenhum acto delictuoso me acusa, aqui me tendes, senhores juizes.

A. Parsons

«A minha defeza é a vossa acusação, os meus pretensos crimes, constituem a vossa historia».

Spies

...Julgaes, senhores, que quando os nossos cadaveres tenham sido sepultados, estará tudo acabado? Não. Sob o vosso veredicto ficará o do povo americano, e do mundo inteiro...

Alberto R. Parsons

...Se tenho de ser enforcado por professar as idéias anarquistas por meu amor á liberdade, á igualdade, á fraterdade, então nada tenho que objectar.

Se a morte é a pena correlativa á nossa ardente paixão pela liberdade da especie humana, eu digo bem alto:— dispende de minha vida.

Fischer.

De facho erguido ao alto, no Espaço illuminado das consciencias proletarias, a Revolução Social caminha sobre os escombros do passado, destruindo os obstaculos do presente, a caminho do futuro resplandecente de harmonias, onde a IGUALDADE, a FRATERNIDADE, e a LIBERDADE, não constituam já uma promessa, mas uma realidade scientifica.

O TRABALHADOR DA LIGHT | *São Paulo*

CONSELHO EDITORIAL	NÃO IDENTIFICADO
PERFIL	ANARQUISTA, OPERÁRIO
PERIODICIDADE	DESCONHECIDA
PROCESSO GRÁFICO	TIPOGRÁFICO
LOCAL DA EDIÇÃO	SÃO PAULO (SP)

Histórico

O nº 3 apreendido apresenta artigos sobre as atividades e as dificuldades da organização que o publicava e discussões sobre a legislação trabalhista vigente. Na primeira página identificamos artigos sobre a Lei de Usura não aplicada às Caixas de Aposentadorias e Pensões; comparações das condições de trabalho entre operários de diferentes regiões do país; e artigos sobre orientação político-ideológico, como o intitulado "Guerra ao Fascismo", com uma pequena ilustração onde o fascismo é representado na figura de um cão negro. Na segunda página, outro artigo de cunho político, "Marcha para a Guerra", trata o chauvinismo revestido de movimentos nacionalistas como o fascismo, que sustentam a estratégia de algumas potências à corrida armamentista. Na terceira página, destaque para as notificações sobre reuniões ocorridas às terças-feiras, na rua 11 de Agosto, nº 23, sala 3. Matéria sobre a Lei de Sindicalizacão na quarta página, com a ilustração de um trabalhador totalmente amarrado, simbolizando a aplicação dessa lei. Esse periódico foi, provavelmente, retido sob suspeita de veicular propaganda política de orientação esquerdista, uma vez que vários funcionários filiados à União dos Trabalhadores da Light, organização sindical responsável por esse jornal, haviam sido fichados sob suspeita de práticas comunistas e anarquistas.

A que situação pretente o Ministerio do Trabalho reduzir os trabalhadores com a lei de sindicalisação

Motivo da apreensão

O jornal *O Trabalhador da Light* apresentava-se como órgão da União dos Trabalhadores da Light, filiado à Federação Operária de São Paulo. Esta, por sua vez, era temida por incentivar um ambiente de rebeldia divulgando idéias anarquistas que colocavam em questão temas sociais pertinentes ao operariado brasileiro. A União dos Trabalhadores da Light, além de propagar suas idéias através deste jornal, costumava organizar palestras "educativas", convidando importantes ativistas políticos dentre os quais Hermínio Marcos, editor de *O Trabalhador*, Pedro Catallo e Rodolpho Felippe.

A União dos Trabalhadores da Light declarava em 1931 que seus objetivos – enquanto associação de resistência às instituições burguesas – era implantar em seu lugar uma comunidade de homens livres e iguais, tanto do ponto de vista social como econômico. A maioria de seus membros criticavam a Lei de Sindicalização, protestava contra a Lei de Aposentadorias e Pensões e defendia ideais libertários. Dissidentes comunistas, em 1933, acabaram por se desligar do grupo fundando o Sindicato Tração, Luz e Força.

Os funcionários libertários da Light procuravam desmascar, através de seus jornais e panfletos, o aparente compromisso sustentado pelo governo Vargas frente aos direitos dos trabalhadores. Criticavam a regulamentação da jornada e das condições de trabalho como uma "estratégia maquiavélica que prenunciava o populismo". Até 1934, a União dos Trabalhadores da Light afirmava a persistência da tradição libertária entre os operários paulistas conforme anunciou no nº 2 do jornal *O Trabalhador da Light* (janeiro, 1934, p. 2).

Prontuário: 840
Prontuariado: Light São Paulo – vol. 1
Remissão: 710, 211, 716, 1.685

A União dos Trabalhadores da Light, sauda o proletariado revolucionario de todo o mundo e se solidariza com as victimas do regimem Capitalista-Estatal

O Trabalhador da Light

ORGÃO DA UNIÃO DOS TRABALHADORES DA LIGHT (FILIADA A' FEDERAÇÃO OPERARIA DE SÃO PAULO
Redação e Administração: Rua 11 de Agosto N. 23

ANNO III | SÃO PAULO, 1.º DE MAIO DE 1934 | NUMERO 3

1886 ---- 1.º DE MAIO ---- 1934

1.º de Maio! Dia do proletariado Universal! Dia dos oprimidos, dos descontentes, dos homens que trabalham!...

Chicago, symbolo da plutocracia internacional, está na mente dos pensadores dos produtores. Chicago, chicago, aurora da forca e da injustiça capitalista ainda flameja a bandeira dos enforcados, das vitimas do regime capitalista que subiram ao patibulo por terem propugnado pela universal patria dos homens que trabalham.

Chicago, Sing-sing, Casas Viejas, é o triduo que assinala rumo á terra dos emancipados, dos livres, sobre a terra livre.

Eia pois trabalhador, engrossar a coluna dos produtores livres é teu sagrado dever na hora presente.

A data 1.º de Maio marca uma etapa sagrenta na historia do proletariado revolucionario. Neste dia os trabalhadores do mundo inteiro lembram-se que faz precisamente 48 annos que o proletariado de Chicago, reunido na praça de Haimarket, livra uma das principaes batalha contra o regime capitalista. A plutocracia norte-americana, em resposta aos trabalhadores, trama um tenebroso plano e envia ao patibulo quatro abnegados proletarios.

Dessa tragedia que repercutiu universalmente, resultou a comemoração anual que os trabalhadores fazem relembrando aos martires de Chicago.

Atualmente a nave capitalista navega num mar de sangue. De todas as partes do mundo surgem reptos que o proletariado lança ao sistema capitalista. Já não ha meio de conciliar as partes. Os trabalhadores cançados de suportar resignadamente o pesado fardo da escravidão capitalista, lançam-se destemidamente em pról da

(Continua na 4.a pagina)

A Revolução Social ilumina o mundo com o facho da liberdade

O processo de Chicago não havia tido lugar em virtude das pequenas reivindicações formuladas pelos trabalhadores grevistas, mas pelo pensamento subversivo abertamente propagado

O TRABALHADOR TEXTIL | *São Paulo*

CONSELHO EDITORIAL	JOAQUIM TEIXEIRA E MOZART DE ANDRADE
PERFIL	ANARCO-SINDICALISTA
PERIODICIDADE	DESCONHECIDA
PROCESSO GRÁFICO	TIPOGRÁFICO
LOCAL DA EDIÇÃO	SÃO PAULO (SP)

Histórico

O Trabalhador Textil, Órgão Oficial do Sindicato dos Trabalhadores na Indústria de Fiação e Tecelagem, surgiu em maio de 1952 tendo o seu nº 1 apreendido pelo DEOPS. A sede de sua redação e administração localizava-se na rua Oyapock, nº 85 em São Paulo (SP). Por exigência da lei estava devidamente registrado junto ao Departamento de Imprensa e Propaganda. Os tecelões tiveram importante papel enquanto agentes de mobilização da classe trabalhadora brasileira. Em 1933 lançaram um manifesto contra o desemprego e as longas jornadas de trabalho impostas aos operários das indústrias têxteis. Ainda que a União dos Tecelões não assumisse os ideais libertários como bandeira de luta, parcelas desta numerosa categoria mantinham-se em contato com a FOSP – Federação Operária de São Paulo.

Importante ressaltar que a indústria têxtil era a segunda em importância na economia brasileira, perdendo apenas para a de alimentos. Este fato tornava os tecelões em "alvos cobiçados" pelos movimentos revolucionários que tentavam cooptá-los para suas frentes de resistência. E, em conseqüência desta proeminência enquanto força de trabalho, os tecelões e seus órgãos de propaganda estavam diariamente sob vigilância policial. Dentre os tecelões fichados pelo DEOPS destacam-se aqueles que trabalhavam na Fábrica de Tecidos Tatuapé, Tecelagem Parahyba, Fábrica de Tecidos Votorantim, Fábrica de Lanifício Armênia, Brasitel, Calfat e Cia, Malharia Arco-Irís etc.

Motivo da apreensão

O exemplar nº 1 de *O Trabalhador Têxtil* foi apreendido por seu conteúdo político reacionário e por se tratar de um periódico impresso em gráficas filiadas ao Sindicato dos Trabalhadores nas Indústrias Gráficas. Respeitando as normas de controle impostas pelo Estado republicano desde o governo Vargas – quando os sindicatos foram esvaziados de suas propostas políticas – o referido sindicato deveria avisar as autoridades competentes de toda e qualquer atividade programada por sua diretoria. O nº 1 foi lançado em 1º de maio, data simbólica enquanto expressão universal de luta dos trabalhadores. Daí os artigos e a iconografia saudarem o dia 1º de maio como uma das grandes conquistas do trabalhador do mundo todo. Enfatiza que tal comemoração deve ser "temperada ao sabor de cada um". Instigando o trabalhador a lutar por seus direitos conclama: "Tempera-se o 1º de maio ao sabor de cada um; amoldam-se as comemorações aos interesses de cada país". Contestava as paradas militares e os jogos de futebol, interpretados como uma forma de desviar a atenção dos trabalhadores para outros fins. Além desta grande "abertura", o jornal traz também artigos relacionados às greves, impostos sindicais e outros tantos assuntos de interesse dos trabalhadores. Dessa forma se propunha a manter um canal aberto de diálogo com os operários, expondo suas conquistas e dificuldades.

Data da apreensão

1º de maio de 1952

Prontuário: 577
Prontuariado: União dos Trabalhadores Gráficos

SIND. DOS TRAB. NAS IND. GRAFICAS
RUA DA FIGUEIRA, 233
CAPITAL

O Trabalhador Textil

ORGÃO OFICIAL DO SINDICATO DOS TRABALHADORES NA INDUSTRIA DE FIAÇÃO E TECELAGEM

Registrado no Departamento de Imprensa e Propaganda

Diretor Responsavel: Joaquim Teixeira

Redação e Administração: Rua Oyapock, 86 — Fone: 33-4735

Redator: MOZART DE ANDRADE

ANO VIII | SÃO PAULO — 1.º DE MAIO DE 1952 | N.º 92

COMEMORAMOS mais um Primeiro de Maio, dia este festejado em tôda a parte do mundo, como sendo o dia consagrado ao trabalho. Sim, em tôda a parte do mundo, o dia 1.º de Maio é festejado com grandes pompas e solenidades.

Mas, na verdade, em cada região da terra dá-se a estas solenidades um sabôr diferente. Tempera-se o 1.º de Maio ao sabôr de cada um; amoldam-se as comemorações aos interesses de cada País.

Assim, apreciamos o dia mais glorioso para o homem que trabalha completamente deturpado dos fatos históricos que o determinaram.

Primeiro de Maio não se comemora com paradas militares, nem com jogos de futebol, porque ambas as modalidades têm por fim desviar a atenção do trabalhador para outros fins. O Primeiro de Maio é um dia de oração ao trabalho. E' o dia em que o trabalho foi reconhecido como sendo um dever social.

O Primeiro de Maio é o dia em que foi demonstrado que todo o bem do mundo é produto do trabalho; Primeiro de Maio é o dia em que os construtores de tôda à riqueza da terra, fizeram ficar claro que queriam um lugar ao sol; Primeiro de Maio é o clarim sempre tocando para despertar as consciências dos trabalhadores, para que não adormeçam sôbre o travesseiro do comodismo; Primeiro de Maio é o grito de revolta dos explorados; Primeiro de Maio é o sangue de nossos companheiros de Boston e Chicago; Primeiro de Maio é liberdade e Justiça Social; Primeiro de Maio é o fim da escravidão; Primeiro de Maio é glória aos que lutam; Primeiro de Maio é oito horas de trabalho, Primeiro de Maio é o salário justo, Primeiro de Maio é amparo à infância e à velhice; Primeiro de Maio é luz; Primeiro de Maio é amôr; Primeiro de Maio é meditação; Primeiro de Maio é vibração; Primeiro de Maio é vida; Primeiro de Maio é sentimento; Primeiro de Maio é enfim, esperança!...

Sim. Esperança de se acabarem os conflitos sociais; esperança de ser de fato este dia comemorado numa verdadeira confraternização, onde o trabalho e o trabalhador sejam reconhecidos como valores essenciais ao bem estar da humanidade; comemoração pela justiça feita o ano inteiro e não só neste

PRIMEIRO DE MAIO ATRAVEZ DOS TEMPOS

(Continúa na pág. 11)

O TRABALHO | *São Paulo*

CONSELHO EDITORIAL	FRANCISCO AUGUSTO NEVES (DIRETOR), FRANCISCO CIANCI, FLORENTINO DE CARVALHO (COLABORADOR)
PERFIL	ANARQUISTA
PERIODICIDADE	DESCONHECIDA
PROCESSO GRÁFICO	TIPOGRÁFICO
LOCAL DA EDIÇÃO	SÃO PAULO (SP)

Histórico

Com o fim do governo de Artur Bernardes, a derrubada do governo de Washington Luís pelos aliados de Getúlio Vargas em 1930 e a desativação da prisão política do Cambucy pelo povo em 24 de outubro, renasceram novas esperanças políticas nos meios anarco-sindicalistas. Estimulados por essa fugaz liberdade, militantes anarquistas lançaram em São Paulo, sob a direção de Francisco Neves o jornal *O Trabalho*, cuja primeira edição é de 1º de maio de 1931. Neves, português de Bragança, gráfico, vinha sendo investigado pela Polícia Política desde 1931 por defender idéias anarquistas e realizar atividades consideradas "subversivas" em sua categoria profissional. A qualidade da iconografia que ilustra o artigo "O Trabalho e a Idéia" é, possivelmente, resultado da experiência de Neves junto às gráficas Lytographia Alliança e Lytographia Regalmutti.

Neste número Florentino de Carvalho publicou o artigo "A Nossa Atitude em Face do Momento Revolucionário". Florentino de Carvalho era o pseudônimo adotado por Raimundo Primitivo Soares, espanhol de origem, expulso da Argentina em 1910 e do Brasil em 1912 e 1917. Florentino era também redator do jornal *A Obra* e dirigente do grupo Juventude Anarquista e colaborador do *A Plebe*. A publicação de *O Trabalho* era da responsabilidade do "Grupo Editor". Sua finalidade moldava-se às modernas aspirações do proletariado e pela consecução dos seus princípios. Aceitava, entretanto, as sugestões praticáveis dentro do programa sindical-operário. Voltado para o operariado brasileiro, indica em seus artigos a necessidade do trabalhador integrar os conceitos de Idéia e de Trabalho para assim desenvolver uma vida de liberdade e justiça.

Motivo da apreensão

Jornal de postura anarquista, encontrado junto à residência de João Alvez Cortez Valente, acusado de propagar o comunismo e trocar correspondência com "elementos comunistas de Buenos Aires". Junto com este exemplar foram apreendidos livros, folhetos e os jornais *A Sementeira* e *Rebelião*. *Trabalho e Idéia*, manchete principal do nº 5, eram apresentados como "apoteose da humanidade", "sinfonia da vida", "alegoria do mundo livre para os homens livres!" Este exemplar reproduz, na primeira página, o hino *A Internacional*. A força do ideal se fez constante na iconografia anarquista qu, em diferentes situações, valorizou a alegoria feminina com seus múltiplos significados (Liberdade, Revolução Social, Anarquia, Ideal, Nova Era e Civilização). O nº 22 de *A Plebe*, de 29 de abril de 1933, por exemplo, explora este mesmo conceito – o das idéias – enquanto força impossível de ser "trancafiada em prisões": "A Idéia – a única capaz de se personificar assim – gera-se no tinir das gargalheiras, nutre-se da dor." (nº 22, p. 1).

Data da apreensão

1936

Prontuário: 3.753
Prontuariado: João Alves Cortez Valente
Remissão: 395, 155, 144

O TRABALHO

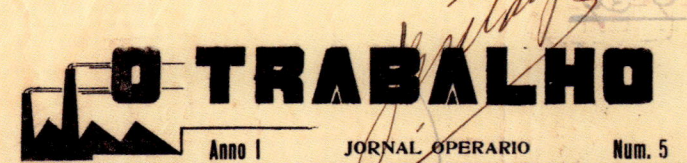

Anno I — JORNAL OPERARIO — Num. 5

Vemos que Historia, depois de têr sido a historia dos reinados, tenae a converter-se na historia dos povos, e depois na dos individuos.

Kropotkine

O TRABALHO E A IDÉA

O Trabalho e a Idéa: apotheose da humanidade.

Atravéz a longa senda dos millênios, o Trabalho fôra o captiveiro infernal dos párias, martyrio dos corpos, escravidão das mentes. E a Idéa fôra o peccado dos illuminados do Pensamento libertador.

E de geração em geração fizeram-se caudal irreprimivel as legiões macilentas dos anonymos obreiros das riquezas e das nações; e os clarividentes obreiros da Idéa alimentaram nas pyras, as chammas que precursaram a éra do trabalho liberto.

E nos campos, nas entranhas da terra, nos mares e nas estradas; nas officinas, nos laboratorios, nos canteiros e nos andaimes os operarios das messes e dos metaes, das náus e das machinas, das cidades de granito e ferro, de todas as riquezas infindas, viveram o captiveiro millenar de derelictos do corpo e da mente, que tudo produziram e tudo privaram.

Um dia a Idéa e o Trabalho commungaram as aspirações para a vida livre e justa. O pensamento girou a machina que libertou os corpos: a Idéa redimiu as mentes para a belleza.

E o trabalho foi: Messidor, Fructidor, Floreal, as Cidades Marmóreas. E a Idéa foi: Liberdade, Amor, Belleza.

O trabalho pensa, constróe e canta!

Idéa e Trabalho: symphonia da Vida, allegoria do Mundo livre para os homens livres!

A INTERNACIONAL

A pè ó victimas da fome!
A pé famelicos da terra!
A ignea Razão ruge e consome
a crosta bruta que a soterra!
Cortae o mal bem pelo fundo!
A pé, a pé! não mais senhores!
Si nada somos em tal mundo,
sejamos tudo, ó productores!

Bem unidos, façamos,
n'esta luta final,
d'uma terra sem amos
a Internacional!

Messias Deus, chefes supremos,
Nada esperemos de nenhum!
Sejamos nós que conquistemos
a terra Mãe livre e commum!
Para não ter protestos vãos,
para sahir d'este antro estreito,
façamos nós, por nossas mãos,
tudo o que a nós nos diz respeito!

Bem unidos, etc

Crime de rico, a lei o cobre,
O Estado esmaga ao opprimido:
não ha direitos para o pobre,
ao rico tudo é permittido.

A' oppressão não mais sujeitos!
Somos eguaes todos os seres:
não mais deveres sem direitos
não mais direitos sem deveres.

Bem unidos, etc.

Abominaveis na grandeza,
os reis da mina e da fornalha
edificaram a riqueza
sobre o suor de quem trabalha.
Todo o producto de quem sua
a corja rica o recolheu;
querendo que ella o restitúa,
o povo só quer o que é seu.

Bem nnidos, elc.

Fomos de fumo embriagados!
Paz entre nós, guerra aos senhores!
Façamos gréve de soldados:
somos irmãos, trabalhadores.
Si a raça vil, cheia de galas,
nos quer a força canibaes,
logo verá que as nossas balas
são para os nossos generaes.

Bem unidos, etc.

Somos povo dos activos,
trabalhador, forte e fecundo:
pertence a terra aos productivos,
ó parasita, deixa o mundo!
O' parasita, que te nutres
do nosso sangue a gotejar,
se nos faltarem os abutres,
não deixa o sol de fulgurar.

O XADREZ | *São Paulo*

CONSELHO EDITORIAL	RODOLPHO FELIPPE
PERFIL	COMUNISTA
PERIODICIDADE	DESCONHECIDA
PROCESSO GRÁFICO	MANUSCRITO
LOCAL DA EDIÇÃO	PRESÍDIO POLÍTICO PARAÍSO, SÃO PAULO (SP)

Histórico

O Xadrez – idealizado nos mesmos moldes do jornalzinho *A Cana* – foi confeccionado dentro do Presídio Paraíso em 6 de dezembro de 1935, período em que Rodolpho Fellipe esteve preso acusado de ser um ativista político do anarquismo. Conhecido como "tufão revolucionário", Fellipe era o redator chefe de *A Plebe*, principal periódico libertário fundado em junho de 1917 por Edgard Leuenroth, seu antecessor na redação.

Motivo da apreensão

A apreensão do nº 3 de *O Xadrez* se deu no Presídio Paraíso de São Paulo por várias razões: por ser um jornal confeccionado por um prisioneiro político, Rodolpho Fellipe, acusado de anarquismo, além de denunciar a repressão policial. Este jornal rompia com as regras de comunicação/silêncio impostas aos presos políticos. Valendo-se da metáfora do Paraíso, comparado a uma estação balneária, o redator faz alusões aos boatos que por lá corriam sobre uma ordem de prisão que teria sido dada ao cozinheiro por ter "melhorado o rancho dos veraneantes". Em outras colunas agradece o envio dos jornais *A Truta* e o *Gazeta do Paraíso* que teriam elogiado este "modesto Pasquim" produzido por detrás das grades. Ironicamente, para completar a imagem paradisíaca daquela prisão, anunciava-se uma noite musical com apresentação da canção russa "sangue rubro".

Valendo-se destas ironias calcadas na crítica política, *O Xadrez* defende sua proposta de luta em prol dia um Brasil onde haja "Pão, Terra e Liberdade". Este trinômio repete-se no Hino Nacional dos Brasileiros Pobres que, em um de seus versos, conclama:

> Vermelhas são as almas brasileiras
> De pé, formosa e brava mocidade
> De clara inteligência e fortes músculos
> Lutemos por PÃO, TERRA e LIBERDADE.

O número do exemplar anexado ao prontuário de Fellipe é o número 3, indicando que, possivelmente, outros números circularam entre os presos desse presídio.

O Xadrez traz notícias curtas e que, em sua maioria, acentuam o teor satírico em relação à perseguição da Polícia Política aos grupos de esquerda.

Prontuário: 400
Prontuariado: Rodolpho Fellipe
Remissão: 40.610

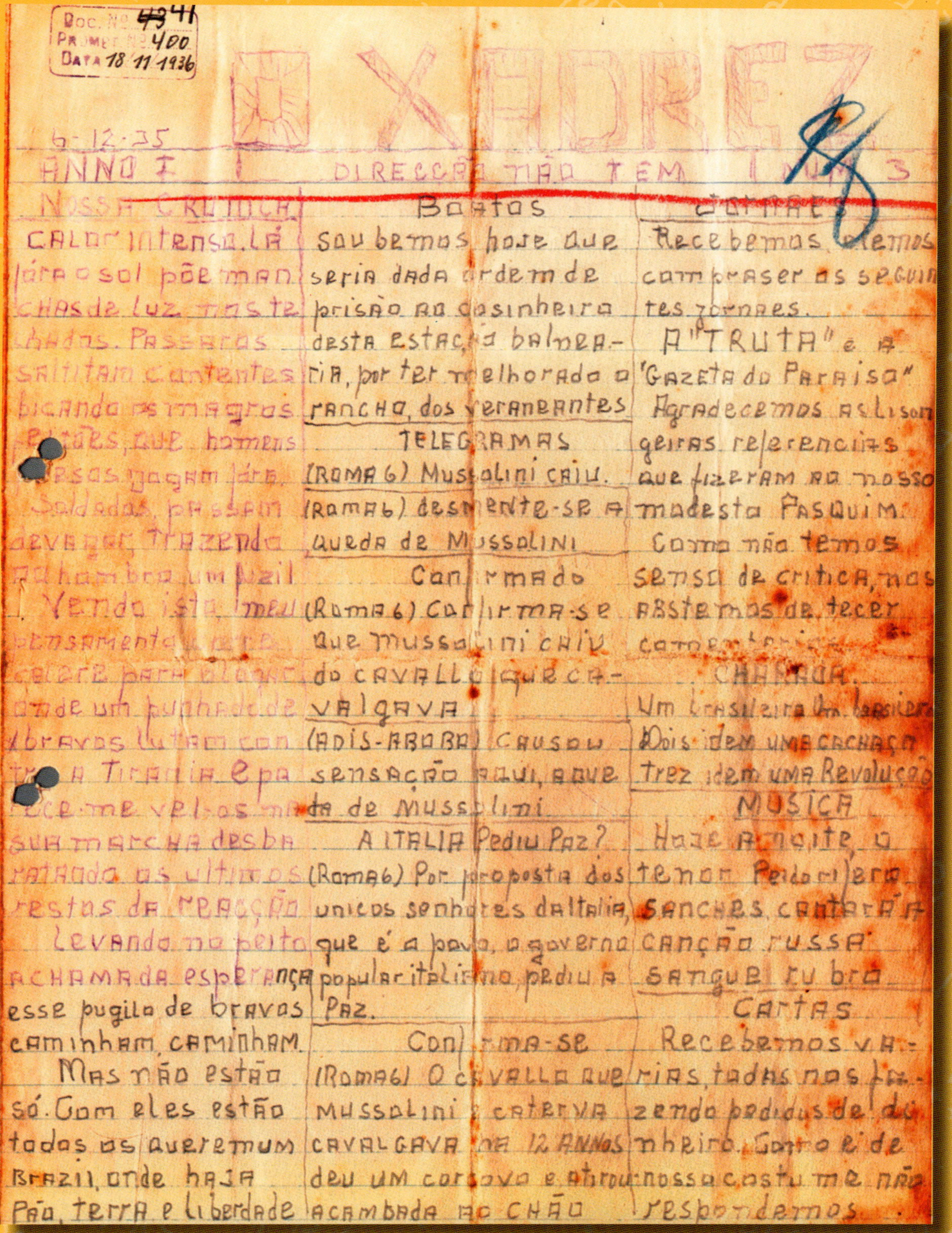

Doc. Nº 4341
Prom. Nº 400
Data 18 11 1936

O XADREZ

6-12-35

ANNO I | DIRECÇÃO NÃO TEM | NUM. 3

Nossa Chronica

Calor intenso. Lá fóra o sol põe manchas de luz nos telhados. Passaros saltitam contentes bicando os magros grãos, que homens passos jogam fóra. Soldados passam devagar, trazendo no hombro um fuzil.

Vendo isto, meu pensamento se transfere para o logar onde um punhado de bravos lutam contra a Tirania e parece-me vel-os na sua marcha desbaratando os ultimos restos da reacção.

Levando no peito a chama da esperança esse pugilo de bravos caminham, caminham.

Mas não estão só. Com eles estão todos os que querem um Brazil onde haja Pão, terra e liberdade

Boatos

Soubemos hoje que seria dada ordem de prisão ao cosinheiro desta estação balnearia, por ter melhorado o rancho dos veraneantes

Telegramas

(Roma 6) Mussolini caiu.

(Roma 6) desmente-se a queda de Mussolini

Confirmado

(Roma 6) Confirma-se que Mussolini caiu do cavallo que cavalgava

(Adis-Abeba) Causou sensação aqui, a queda de Mussolini

A Italia pediu Paz?

(Roma 6) Por proposta dos unicos senhores da Italia, que é o povo, o governo popular italiano pediu a Paz.

Confirma-se

(Roma 6) O cavallo que Mussolini e caterva cavalgava ha 12 annos deu um corcovo e atirou a cambada ao chão

Jornaes

Recebemos e lemos com praser os seguintes jornaes.

A "Truta" e a "Gazeta do Paraiso"

Agradecemos as lisongeiras referencias que fizeram ao nosso modesto Pasquim.

Como não temos senso de critica, nos abstemos de tecer commentarios.

Charada

Um brasileiro um brasileiro
Dois idem uma cachaça
trez idem uma Revolução

Musica

Hoje a noite o tenor Pedro [illegible] Sanches cantará a canção russa Sangue tu bra

Cartas

Recebemos varias, todas nos fazendo pedidos de dinheiro. Como é de nosso costume não respondemos.

CONSELHO EDITORIAL	GENAURO CARVALHO, MÁRIO DONATO E CAMARGO GUARNIERI (COLABORADORES)
PERFIL	LITERÁRIO
PERIODICIDADE	QUINZENAL
PROCESSO GRÁFICO	TIPOGRÁFICO
LOCAL DA EDIÇÃO	SÃO PAULO (SP)

Histórico

O *Roteiro*, quinzenário de cultura, teve sua primeira edição publicada am 5 de maio de 1939. Era um jornal literário com colaboradores de diversos Estados como São Paulo, Alagoas, Pernambuco, Espírito Santo, Minas Gerais e Paraná. Direcionava-se para os jovens escritores que ali encontravam espaço para publicar seus textos. Percebe-se no nº 1 uma certa exaltação à literatura da América que, até então, encontrava dificuldades para concorrer com a produção e a divulgação dada à literatura européia.

Assinavam como colaboradores Mário Donato e Altamirando Júnior, bem como Paulo C. Florenzano, autor de charges políticas como esta publicada na primeira página que faz uma sátira sobre como Hitler interpretava a clássica história infantil da *Chapeuzinho Vermelho*, de Perrault. Outra figura de destaque é Mário Donato – reconhecido intelectual e poeta, autor de *Terra*, *Sargentinho* e o clássico *Presença de Anita* – responsável pela apresentação do jornal ao público leitor.

Motivo da apreensão

O exemplar nº 1 foi apreendido pelo DEOPS em 1939 por fazer menção ao regime nazista e às possibilidades de uma investida do III Reich contra o Brasil. Um dos artigos em questão assinado por Altamirando Júnior intitula-se "A Penetração Germânica no Brasil e Silvio Romero".

Prontuário: 1.332
Prontuariado: Quirino Pucca – vol. 2
Remissão: 140.309

De como Hitler Interpreta Perrault
Versão politica e europeizada da história do «Lobo máu e Chapélinho Vermelho». de Perrault -- Desenho de Paulo C. Florenzano.

«Roteiro» existe

Mario Donato

Ano I
Numero I

S. Paulo, 5 de maio de 1939

Roteiro

QUINZENÁRIO DE CULTURA

PROPRIEDADE DA EDITORIAL ROTEIRO LTDA.

Irmãos, me ajudem!

A penetração germânica no Brasil e Sílvio Romero

Altamirando Junior

De como Hitler Interpreta Perrault

Versão politica e europeizada da história do «Lobo máu e Chapèuzinho Vermelho», de Perrault -- Desenho de Paulo C. Florençano.

SENTINELA VERMELHA | *São Paulo*

CONSELHO EDITORIAL	NÃO IDENTIFICADO
PERFIL	COMUNISTA
PERIODICIDADE	DESCONHECIDA
PROCESSO GRÁFICO	TIPOGRÁFICO
LOCAL DA EDIÇÃO	SÃO PAULO (SP)

Histórico

O periódico *Sentinela Vermelha,* Órgão do Partido Comunista das Forças Armadas, tinha como público-alvo os grupos militares da região de São Paulo. Os artigos eram escritos de forma didática, enfatizando a necessidade de uma solução revolucionária para a situação de miséria e opressão em que se encontrava a massa trabalhadora no Brasil. Tal situação, como denunciou o periódico, era fruto das ações imperialista internacional e da classe dominante nacional apoiadas pelo Estado autoritário de Getúlio Vargas, acusado de fascista. De teor nacionalista, os textos alertam as Forças Armadas para o dever de lutar pela integridade nacional, construção e preservação de um Brasil forte, unido e livre. Seus *slogans* eram direcionados a todos os "companheiros de quartéis, navios e divisões", além de operários, camponeses, soldados e marinheiros em geral. Estes eram convocados a marcharem unidos em direção a uma insurreição armada sob a liderança de Luís Carlos Prestes, o único capaz de lhes garantir: "Pão, Terra e Liberdade".

Importante ressaltar que, desde 1929, diversas contestações à ordem instituída ecoaram-se nas fileiras do Exército e da Força Pública de São Paulo, derivadas da empolgação gerada nos quartéis pelo movimento tenentista. Tanto em São Paulo como no Rio de Janeiro surgiram organizações clandestinas que, lideradas pelo Comitê Central do PCB, insuflavam os membros das Forças Armadas à rebeldia. Neste contexto foram criados o Comitê Anti-Mil (1929) junto ao Comitê Militar Revolucionário, temática até então pouco estudada pela historiografia brasileira. A multiplicidade de panfletos subversivos confiscados pelo DEOPS demonstra que havia uma estratégia de luta articulada com o objetivo de sensibilizar os "camaradas do Exército, da Marinha, da Força Pública e a Guarda Civil". É neste contexto de "rebelião militar" que se inserem as produções dos jornais *O Liga*, *O Soldado Vermelho* e o *Sentinela Vermelha*, cujos exemplares confiscados pelo DEOPS expressam a preocupação das autoridades com a penetração das idéias comunistas junto às Forças Armadas.

Motivo da apreensão

O nº 6 de *Sentinela Vermelha*, de novembro de 1935, foi proibido de circular sob a acusação de ser um "agitador coletivo "que incitava os militares a se erguerem em armas contra a ordem social vigente", promovendo, dessa forma, a revolução social pretendida pelo Partido Comunista. Importante salientar que, através da censura, procurava-se barrar qualquer tipo de manifestação político-ideológica que ameaçasse a ordem social vigente e o projeto de homogeneização política da nação. Este exemplar foi confiscado do tipógrafo Sebastião Feliciano Ferreira, em 1936, acusado de participar de uma "conexão comunista" no interior paulista, promovendo a propaganda do "credo vermelho".

Prontuário: 3.602
Prontuariado: Sebastião Feliciano Ferreira
Remissão: 3.518, 3.752, 3.601, 3.685, 3.509, 1.321

Proletarios de todos os paizes, UNI-VOS!

SENTINELA VERMELHA

Pela união de ferro dos operarios, camponezes, soldados e marinheiros

—o—o—o—o—

ORGÃO DO PARTIDO COMUNISTA DO BRASIL. (S. I. C.) NAS FORÇAS ARMADAS—REGIÃO DE SÃO PAULO

ANO I | São Paulo, Novembro de 1935 | NUM. 6

Pela integridade dos nossos efetivos, avante!

Companheiros de todos os quarteis, navios e divisões!

Todo o bravo Povo do Brasil desperta-se neste momento empolgado pela sua conciencia nacional e anti-imperialista, e revoltado ao ver as riquezas do nosso Paiz e nós mesmos vitimas dos apetites sem limites e das façanhas bandoleiras de uma corja de tristes aventureiros internacionais que—protegidos pela egide ferruginosa do poder, das suas leis e do ouro—nos exploram e oprimem como mais lhes convièr!

Os feitos heroicos dos valentes lutadores da revolta praieira, dos Palmares, dos Balaios, dos Cabanas, dos Canudos, da Independencia, da Abolição, da Republica, dos marinheiros de João Candido, dos 18 de Copacabana, da Coluna Invicta, do Couraçado S. Paulo, da arrancada de 30, dos levantes de Piauhy e de Recife, de Itaqui Vermelho, de Mato Grosso, da brava mocidade de 32 e de outros magnificos movimentos em prol da Liberdade e da Justiça, que escreveram paginas legendarias e epicas na Historia mascula do Paiz, não se apagaram, não, do coração macho do Povo, isto é, das massas laboriosas e populares brasileiros.

Elas, agora, marcham concientes e destemidas para a INSURREIÇÃO ARMADA pela LIBERTAÇÃO NACIONAL do Brasil, contra a exploração imperialista e contra a reação barbara das camarilhas dominantes, e pela instauração imediata de um GOVERNO POPULAR NACIONAL REVOLUCIONARIO COM LUIZ CARLOS PRESTES Á FRENTE, unico que nos poderá garantir PÃO, TERRA E LIBERDADE!

Os bandoleiros de cartolas e bordados, marca Getulio, Ráo, Sales, João Gomes, Pantaleão Pessoa e outros espoletas hediondas a serviço dos ricaços extrangeiro, trahidores da gente de sua propria terra, tremem de medo prevendo seu proximo fim e seu julgamento no Tribunal Justiceiro do Povo vingador!

Esses máus brasileiros, responsaveis e cumplices do estado presente de descalabro do nosso Paiz, em desespero de causa, aumentam suas sanhas reacionarias, sanguinarias, contra as massas populares cançadas de algemas e sedentas de Justiça e de Liberdade!

A sanha amarela de bile desses nojentos se abate, cega, sobre os elementos são da coletividade nacional tentando liquida-los.

Mas em vão! A despeito das leis monstros, das prisões das deportações, dos assassinatos, das brigadas de choque, das policias especiaes e dos bandos assassinos do integralismo, as massas laboriosas e populares marcham, marcham semprs para frente, na execução da sua missão Revolucionaria e Libertadora!

A Aliança Nacional Libertadora que arregimenta em suas indomitas fileiras os brasileiros honestos e dignos, é a bandeira do Povo Novo do Brasil, do Povo que odeia a exploração, que odeia a escravidão!

Sob esta bandeira ventilada pelo bravo chefe da Coluna Invicta, Luiz Carlos Prestes, milhões de brasileiros se movimentam, nesta hora, de Norte á Sul, atravez de formidaveis e combativas greves e lutas armadas.

Sob esta bandeira que reflete as aspirações imediatas de 45 milhões de brasileiros coagidos pela reação, pela ladroeira e pela fome, se mobilizam tambem todas as FORÇAS ARMADAS do paiz inteiro, Exercito, Marinha, Forças estaduaes e municipaes, filhos do Povo, e a cujo lado estão prestes a marcharem, por um BRASIL FORTE, UNIDO E LIVRE.

A camorra dominante sabe disso e eis porque quer reduzir os efetivos das nossas forças armadas começando desde já com o Exercito Nacional e acabando com as Forças estaduaes e municipaes que serão substituidas pelos bandos integralistas, por brigadas de choque, por policias especiaes, emfim, por assassinos profissionais prontos a metralharem o nosso Povo que se desperta com uma conciencia nova, nacional e humana.

Companheiros!

A redução dos nossos efetivos obedece a uma torpe manobra fascista de máus brasileiros vendidos de corpos e almas aos abutres ricaços extrangeiros que cubiçam a posse total do nosso Paiz.

Eles só têm interesses em ver o nosso paiz industrial e moralmente atrazado, o nosso povo ignorante e escravizado!

Eles só têm interesses em ver o nosso Brasil militarmente fraco, isto é, as nossas forças armadas substituidas por lacaios que lhes obedecem, cegos pelos 30 dinheiros de Juda ou mesmo por inconciencia!

Aí temos os exemplos da China, Mandchuria, Chaco e, atualmente, da Abissinia!

Companheiros!

Nós do Exercito, da Força Publica e da Guarda-Civil, não podemos permitir tamanhos crimes contra a integridade nacional do nosso Brasil e contra os direitos do Povo brasileiro de que fazemos parte ativa. Nada de ilusões!

O nosso dever imediato é lutar unidos pela integridade das nossas forças armadas cujas reduções alem de serem perigosissimas ao Paiz, são prejudiciaes a nós mesmos que iremos a aumentar o exercito dos desempregados, por conta da miseria e da fome.

Alerta! Os nossos carrascos estão tentando mil e um meio para criar animosidade entre nós do Exercito, da Força Publica e da Guarda Civil para que nós não nos unamos!

No caso atual estão dando ilusão a nós outros da F.P., atravez do aumento de armamento e da formação do Batalhão de Guardas, que a nossa estabilidade está garantida...

Nada de ilusões! Isso é uma manobra canalha para assegurar-nos e lançar-nos contra os nossos companheiros do Exercito.

O mesmo está se dando com nós da Guarda Civil.

Rejeitemos essas provocações e tapeações!

Se nós não lutarmos de fáto e unidos, seremos substituidos pela corja integralistas!

Companheiros!

Lutemos contra Toda tentativa

Cont. na 2ª pag.

SOLDADO VERMELHO | *São Paulo*

CONSELHO EDITORIAL	NÃO IDENTIFICADO
PERFIL	COMUNISTA
PERIODICIDADE	DESCONHECIDA
PROCESSO GRÁFICO	MIMEOGRAFADO
LOCAL DA EDIÇÃO	SÃO PAULO (SP)

Histórico

Soldado Vermelho era um jornal do Partido Comunista do Brasil – Seção Brasileira da Internacional Comunista. Tinha por proposta estabelecer vínculos com indivíduos integrantes do Exército e da Marinha, forças mestres do governo Vargas.

Prezava pela união dos operários, camponeses, marinheiros e soldados contra as "mazelas" que assolavam a todos os trabalhadores como a fome, a miséria e o desemprego. Criticava também a ação dos patrões burgueses e criticava o governo Vargas, interpretado como o "opressor dos pobres" e dos "desgraçados".

Através de versos, convoca os soldados e marinheiros se unirem contra "os ricaços nacionais e os imperialistas estrangeiros". Conclamava os oficiais a formarem comitês para lutarem por aumentos de salário, pelo direito de andarem à paisana e contra as desigualdades entre oficiais existentes na corporação.

Motivo da apreensão

O nº de julho de 1932 foi confiscado quando estava em poder de Francisco D´Onofrio, preso sob acusação de exercer práticas comunistas. Na primeira página reproduz a letra do hino *A Internacional*, apresentada como o "Canto Livre dos Soldados e Marinheiros, Operários e Camponeses". A letra desta canção é de Eugéne Portier e a música de Pierre Degeytier, com tradução de Neno Vasco. Um dos versos compõe com a proposta do jornal ao afirmar: "Façamos greve de soldados: Somos irmãos trabalhadores!" Esta mesma letra foi publicada pelo jornal operário *O Trabalho* (nº 5), de postura anarquista. A reprodução da partitura pode ser consultada na última página de um outro periódico, a *Crónica, Revista de la Semana* (Madrid, 1936), confiscado de Mathias Navarro Puig.

Data da apreensão

1932

Prontuário: 1.321
Prontuariado: Francisco D'Onofrio
Remissão: 3.602, 3.518, 3.752, 3.601, 3.685, 3.509, 1.321 e 4.607

Julho 1932

SOLDADO VERMELHO

PARTIDO COMUNISTA DO BRASIL (Secção brasileira da Internacional Comunista)

(ORGÃO DE SOLDADOS E MARINHEIROS)

SOLDADOS E MARINHEIROS, OPERARIOS E CAMPONEZES, SÓ UNIDOS PODEREMOS LUTAR CONTRA A FOME, A MIZERIA, O DESEMPREGO QUE INVADE NOSSAS CASAS! SÓ O GOVERNO DOS OPERARIOS E CAMPONEZES, SOLDADOS E MARINHEIROS DARÁ SOLUÇÃO A CRISE QUE NOS ASSOBERBA.

COMPANHEIROS SOLDADOS E MARINHEIROS UNAMO:NOS E NÃO ATIREMOS CONTRA NOSSOS IRMÃOS OPERARIOS E CAMPONEZES, SOLDADOS E MARINHEIROS DE OUTRO ESTADO OU DE OUTRA NAÇÃO. CONFRATERNIZEMOS PARA CONSTITUIR O NOSSO GOVERNO DE OPERARIOS SOLDADOS E MARINHEIROS

TODOS UNIDOS PARA LUTAR CONTRA OS RICAÇOS NACIONAIS E OS IMPERIALISTAS ESTRANCEIROS!

O CANTO LIVRE DOS SOLDADOS E MARINHEIROS, OPERARIOS E CAMPONEZES:

A INTERNACIONAL

1

A PÉ! Ó VITIMAS DA FOME!
A PÉ! FAMELICOS DA TERRA,
RUGE A RAZÃO, RUGE E CONSOME
A CROSTA BRUTA QUE A SOTERRA
CORTAI O MAL BEM PELO FUNDO.
A PÉ! A PÉ! NÃO MAIS SENHORES!
SE NADA SOMOS EM TAL MUNDO
SEJAMOS TUDO Ó PRODUTORES!

estribilho-
BEM UNIDOS
FAÇAMOS
NESTA LUTA
FINAL
DUMA TERRA
SEM AMOS
A INTERNACIONAL!

II

NOSSIAS, DEUS, CHEFES SUPREMOS
NADA ESPERAMOS DE NENHUM!
UNAMOS FORÇAS E TORNEMOS
A TERRA-MÃE LIVRE E COMUM!
PARA NÃO TER PROTESTOS VÃOS
PARA SAIR DESTE ANTRO ESTREITO
FAÇAMOS NÓS POR NOSSAS MÃOS
TUDO O QUE A NÓ NOS DIZ RESPEITO.

III

CRIME DE RICO, A LEI O COBRE,
O ESTADO OPRIME O DESGRAÇADO:
NÃO HA DIREITOS PARA O POBRE,
AÕ RICO TUDO É TOLERADO.
À OPRESSÃO NÃO MAIS SUGEITOS!
SOMOS IGUAIS TODOS OS SERES.
NÃO MAIS DEVERES SEM DIREITOS
NÃO MAIS DIREITOS SEM DEVERES!

IV

ABOMINAVEIS NA GRANDEZA
REIS DA MINA E DA FORNALHA
EDIFICARAM TAL RIQUEZA
SOBRE O SUOR DE QUEM TRABALHA
TODO O PRODUTO DE QUEM SUA
A CORJA RICA O RECOLHEU:
QUERENDO QUE ELA O RESTITUA
RECLAMA O POVO O QUE É BEM SEU.

V

FOMOS DE FUMO EMBRIAGADOS:
PAZ ENTRE NOS, GUERRA AOS SENHORES!
FAÇAMOS GREVES DE SOLDADOS:
SOMOS IRMÃOS, TRABALHADORES:
SE A RAÇA VIL, CHEIA DE GALAS
NOS QUER A FORÇA CANIBAIS,
LOGO VERÁ QUE AS NOSSAS BALAS
SÃO PARA OS NOSSOS GENERAIS.

VI

SOMOS O POVO DOS ATIVOS
TRABALHADOR, FORTE E FECUNDO,
PERTENCE A TERRA AOS PRODUTIVOS
Ó PARASITA DEIXA O MUNDO!
Ó PARASITA QUE TE NUTRES
DO NOSSO SANGUE A GOTEJAR,
SE NOS FALTAREM OS ABUTRES,
NÃO DEIXA O SOL DE FULGURAR.

organizemos comités de soldados e marinheiros em todos os quarteis e navios para lutar pelas nossas reivindicações imediatas! Contra a guerra imperialista! Pelo aumento de 50% nos soldos dos soldados e marinheiros até sargentos! Boia igual para soldados e marinheiros igual a dos oficiais! Pelo direito de andar a paisana! Contra a disciplina burgueza e a continencia!

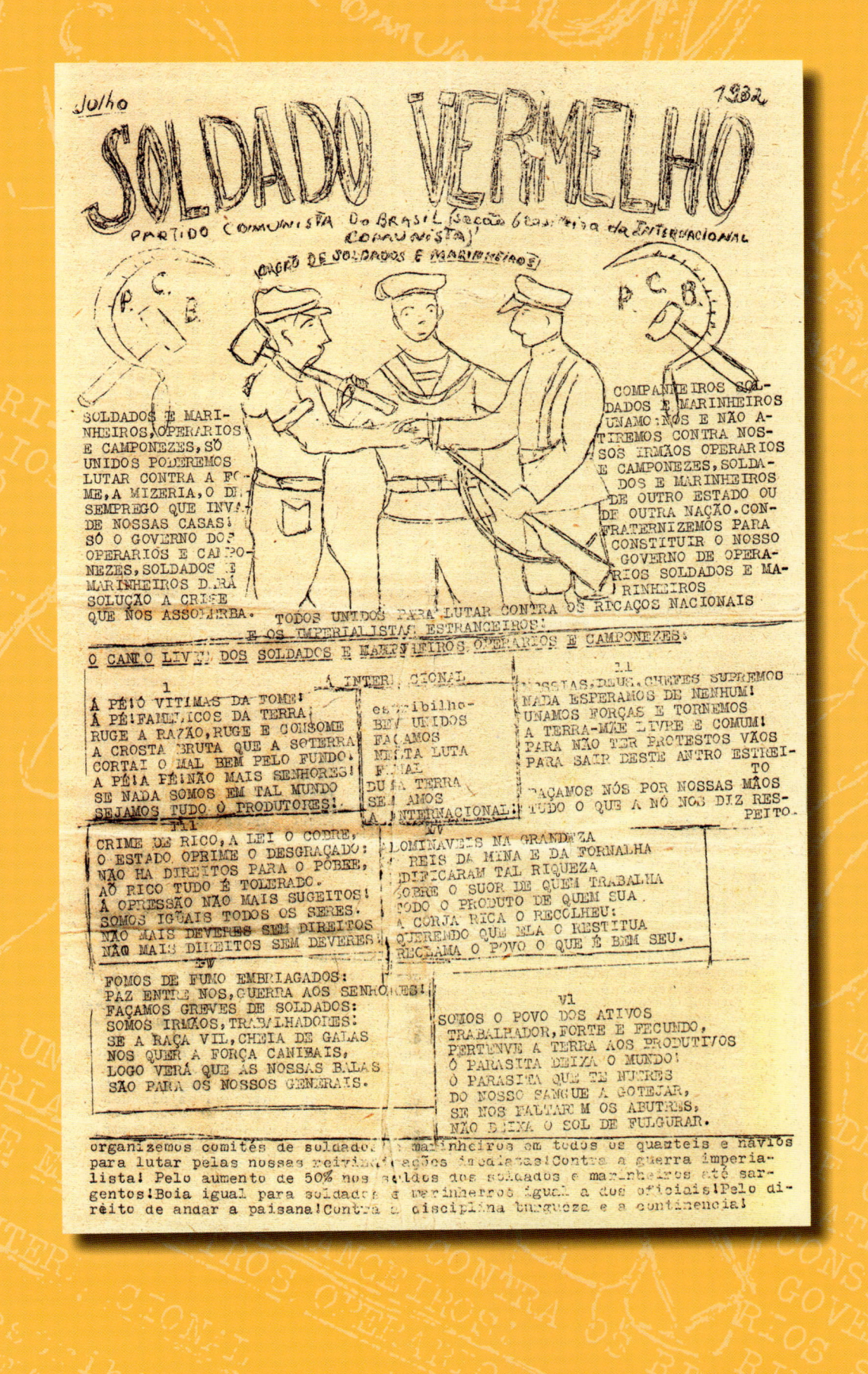

O TRANVIÁRIO | *São Paulo*

CONSELHO EDITORIAL	NÃO IDENTIFICADO
PERFIL	COMUNISTA
PERIODICIDADE	DESCONHECIDA
PROCESSO GRÁFICO	MIMEOGRAFADO
LOCAL DA EDIÇÃO	SÃO PAULO (SP)

Histórico

O jornal *Tranviário* surgiu em setembro de 1934 tendo a sede de sua redação na rua José Bonifácio, nº 307 (sobreloja) em São Paulo. De caráter panfletário, os artigos reúnem, de modo geral, reivindicações das classes profissionais que atuavam junto à empresa Light. Por se tratar do primeiro número, os editores procuram ressaltar no editorial a importância do periódico para a circulação das propostas do sindicato. Fica evidente a liderança do Sindicato dos Operários em Tração, Luz e Força frente ao conteúdo das matérias editadas. Na primeira página do nº 1 identificamos um artigo sobre a função social do sindicato e a necessidade dos trabalhadores se organizarem enquanto classe pois desta forma "ela congrega os trabalhadores, treina-os, afina-lhes o tato nas questões sociais e os lança conscientes na conquista de um direito".

Outros artigos dizem respeito a questões específicas de cada segmento profissional ali representado, como nos casos do Sindicato dos Operários em Construção Civil do Bairro da Pedreira, em Santo Amaro, submetidos a péssimas condições de trabalho, e do Sindicato dos Operários na Fabricação de Gás de São Paulo. A página 3 é composta por uma extensa matéria sobre a Lei de oito horas, proposta pelo deputado trabalhista Francisco de Moura. O *box* "Convém Saber" alerta para o perigo dos pelegos infiltrados no meio do operariado. Na última página um texto apela para a necessidade urgente de união dos trabalhadores. Outros temas picantes pontuam as páginas de *O Tranviário*: estabilidade empregatícia em empresas sujeitas ao regime de Lei de Aposentadoria e Pensões; sugestões para que sejam votados apenas os candidatos escolhidos em assembléia para atuarem como membros junto à Caixa de Aposentadoria e Pensões.

Se inserido num contexto mais específico, este periódico compõe uma frente de luta entre duas organizações sindicais pela representatividade dos trabalhadores da Light: o Sindicato dos Operários em Tração, Luz e Força e a União dos Trabalhadores da Light. Esta disputa se fazia "acompanhada" pelas autoridades policiais que mantinham o grupo sob "vigília" oficial garantida pela infiltração de informantes.

Motivo da apreensão

A apreensão do nº 1, de setembro de 1934, resultou de investigação processada pela Polícia Política de São Paulo sobre alguns funcionários da Empresa Light. O exemplar foi confiscado, provavelmente, sob suspeita de veicular propaganda política de orientação esquerdista, uma vez que os dirigentes do Sindicato dos Operários em Tração, Luz e Força, foram fichados – e alguns presos – sob suspeita de práticas comunistas e anarquistas.

Prontuário: 3.172
Prontuariado: Sindicato dos Operários em Tracção, Luz e Força
Remissão: 710, 69.505, 840.

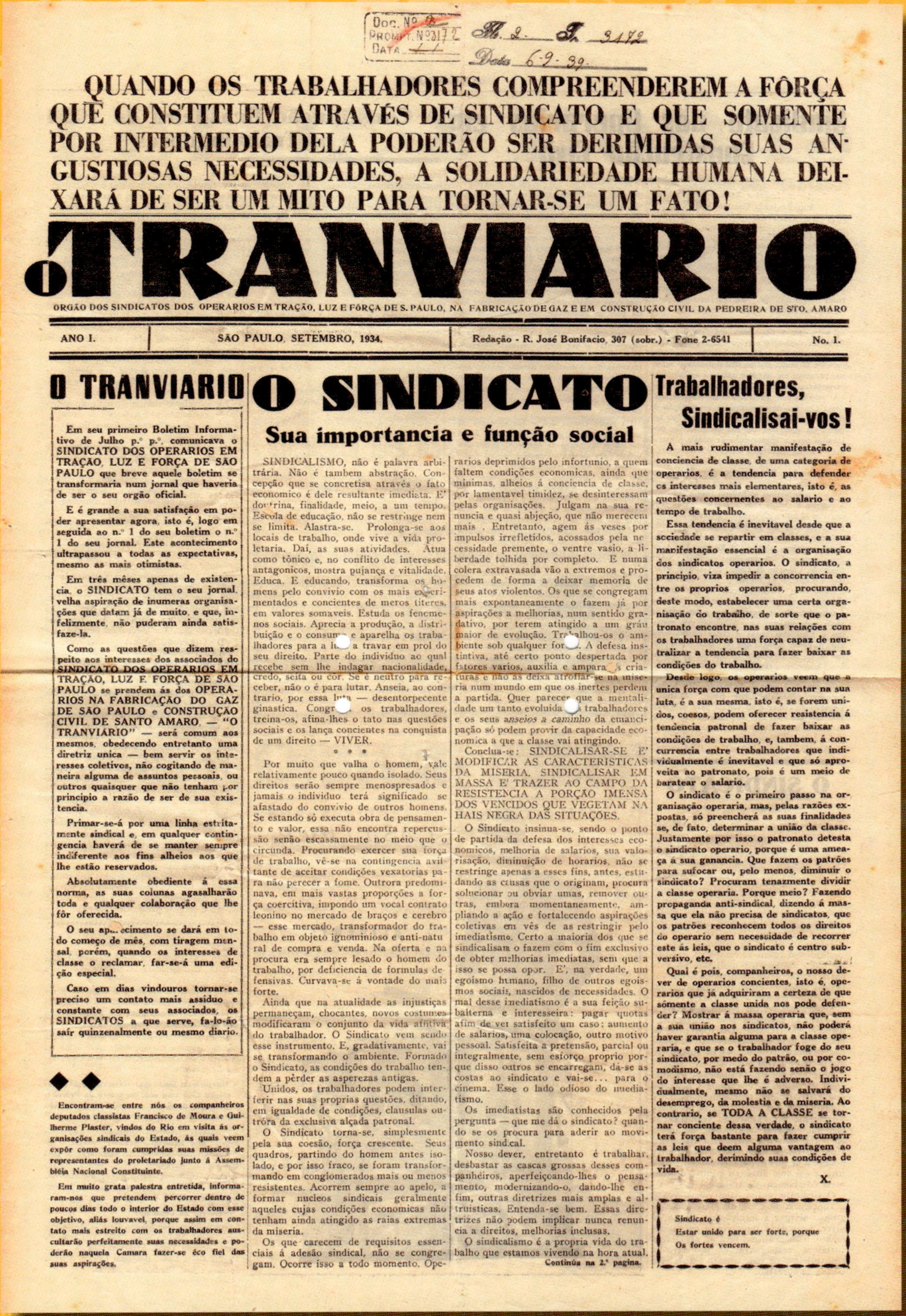

Doc. Nº
PRONT. Nº 3172
DATA

3172
Data 6-9-39

QUANDO OS TRABALHADORES COMPREENDEREM A FÔRÇA QUE CONSTITUEM ATRAVÉS DE SINDICATO E QUE SOMENTE POR INTERMEDIO DELA PODERÃO SER DERIMIDAS SUAS ANGUSTIOSAS NECESSIDADES, A SOLIDARIEDADE HUMANA DEIXARÁ DE SER UM MITO PARA TORNAR-SE UM FATO!

O TRANVIARIO

ORGÃO DOS SINDICATOS DOS OPERARIOS EM TRAÇÃO, LUZ E FÔRÇA DE S. PAULO, NA FABRICAÇÃO DE GAZ E EM CONSTRUÇÃO CIVIL DA PEDREIRA DE STO. AMARO

ANO I.	SÃO PAULO, SETEMBRO, 1934.	Redação - R. José Bonifacio, 307 (sobr.) - Fone 2-6541	No. 1.

O TRANVIARIO

Em seu primeiro Boletim Informativo de Julho p.º p.º, comunicava o SINDICATO DOS OPERARIOS EM TRAÇÃO, LUZ E FORÇA DE SÃO PAULO que breve aquele boletim se transformaria num jornal que haveria de ser o seu orgão oficial.

E é grande a sua satisfação em poder apresentar agora, isto é, logo em seguida ao n.º 1 do seu boletim o n.º 1 do seu jornal. Este acontecimento ultrapassou a todas as expectativas, mesmo as mais otimistas.

Em três mêses apenas de existencia, o SINDICATO tem o seu jornal, velha aspiração de inumeras organisações que datam já de muito, e que, infelizmente, não puderam ainda satisfaze-la.

Como as questões que dizem respeito aos interesses dos associados do SINDICATO DOS OPERARIOS EM TRAÇÃO, LUZ E FORÇA DE SÃO PAULO se prendem ás dos OPERARIOS NA FABRICAÇÃO DO GAZ DE SÃO PAULO e CONSTRUÇÃO CIVIL DE SANTO AMARO, — "O TRANVIARIO" — será comum aos mesmos, obedecendo entretanto uma diretriz unica — bem servir os interesses coletivos, não cogitando de maneira alguma de assuntos pessoais, ou outros quaisquer que não tenham por principio a razão de ser de sua existencia.

Primar-se-á por uma linha estritamente sindical e, em qualquer contingencia haverá de se manter sempre indiferente aos fins alheios aos que lhe estão reservados.

Absolutamente obediente á essa norma, as suas colunas agasalharão toda e qualquer colaboração que lhe fôr oferecida.

O seu aparecimento se dará em todo começo de mês, com tiragem mensal, porém, quando os interesses de classe o reclamar, far-se-á uma edição especial.

Caso em dias vindouros tornar-se preciso um contato mais assiduo e constante com seus associados, os SINDICATOS a que serve, fa-lo-ão saír quinzenalmente ou mesmo diario.

◆ ◆

Encontram-se entre nós os companheiros deputados classistas Francisco de Moura e Guilherme Plaster, vindos do Rio em visita ás organisações sindicais do Estado, ás quais veem expôr como foram cumpridas suas missões de representantes do proletariado junto á Assembléia Nacional Constituinte.

Em muito grata palestra entretida, informaram-nos que pretendem percorrer dentro de poucos dias todo o interior do Estado com esse objetivo, aliás louvavel, porque assim em contato mais estreito com os trabalhadores auscultarão perfeitamente suas necessidades e poderão naquela Camara fazer-se éco fiel das suas aspirações.

O SINDICATO

Sua importancia e função social

SINDICALISMO, não é palavra arbitrária. Não é tambem abstração. Concepção que se concretisa através o fato economico é dele resultante imediata. E' doutrina, finalidade, meio, a um tempo. Escola de educação, não se restringe nem se limita. Alastra-se. Prolonga-se aos locais de trabalho, onde vive a vida proletaria. Daí, as suas atividades. Atua como tônico e, no conflito de interesses antagonicos, mostra pujança e vitalidade. Educa. E educando, transforma os homens pelo convivio com os mais experimentados e concientes de meros títeres, em valores somaveis. Estuda os fenomenos sociais. Aprecia a produção, a distribuição e o consumo e aparelha os trabalhadores para a luta a travar em prol do seu direito. Parte do individuo ao qual recebe sem lhe indagar nacionalidade, credo, seita ou côr. Se é neutro para receber, não o é para lutar. Anseia, ao contrario, por essa luta — desentorpecente ginastica. Congrega os trabalhadores, treina-os, afina-lhes o tato nas questões sociais e os lança concientes na conquista de um direito — VIVER.

* * *

Por muito que valha o homem, vale relativamente pouco quando isolado. Seus direitos serão sempre menospresados e jamais o individuo terá significado se afastado do convivio de outros homens. Se estando só executa obra de pensamento e valor, essa não encontra repercussão senão escassamente no meio que o circunda. Procurando exercer sua força de trabalho, vê-se na contingencia aviltante de aceitar condições vexatorias para não perecer a fome. Outrora predominava, em mais vastas proporções a força coercitiva, impondo um vocal contrato leonino no mercado de braços e cerebro — esse mercado, transformador do trabalho em objeto ignominioso e anti-natural de compra e venda. Na oferta e na procura era sempre lesado o homem do trabalho, por deficiencia de formulas defensivas. Curvava-se á vontade do mais forte.

Ainda que na atualidade as injustiças permaneçam, chocantes, novos costumes modificaram o conjunto da vida afetiva do trabalhador. O Sindicato vem sendo esse instrumento. E, gradativamente, vai se transformando o ambiente. Formado o Sindicato, as condições do trabalho tendem a pèrder as asperezas antigas.

Unidos, os trabalhadores podem interferir nas suas proprias questões, ditando, em igualdade de condições, clausulas outróra da exclusiva alçada patronal.

O Sindicato torna-se, simplesmente pela sua coesão, força crescente. Seus quadros, partindo do homem antes isolado, e por isso fraco, se foram transformando em conglomerados mais ou menos resistentes. Acorrem sempre ao apelo, a formar nucleos sindicais geralmente aqueles cujas condições economicas não tenham ainda atingido as raias extremas da miseria.

Os que carecem de requisitos essenciais á adesão sindical, não se congregam. Ocorre isso a todo momento. Operarios deprimidos pelo infortunio, a quem faltem condições economicas, ainda que minimas, alheios á conciencia de classe, por lamentavel timidez, se desinteressam pelas organisações. Julgam na sua renuncia e quasi abjeção, que não merecem mais. Entretanto, agem ás veses por impulsos irrefletidos, acossados pela necessidade premente, o ventre vasio, a liberdade tolhida por completo. E numa colera extravasada vão a extremos e procedem de forma a deixar memoria de seus atos violentos. Os que se congregam mais expontaneamente o fazem já por aspirações a melhorias, num sentido gradativo, por terem atingido a um gráu maior de evolução. Trabalhou-os o ambiente sob qualquer forma. A defesa instintiva, até certo ponto despertada por fatores varios, auxilia e ampara as criaturas e não as deixa atrofiar-se na miseria num mundo em que os inertes perdem a partida. Quer parecer que a mentalidade um tanto evoluida dos trabalhadores e os seus *anseios a caminho* da emancipação só podem provir da capacidade economica a que a classe vai atingindo.

Conclua-se: SINDICALISAR-SE E' MODIFICAR AS CARACTERISTICAS DA MISERIA. SINDICALISAR EM MASSA E' TRAZER AO CAMPO DA RESISTENCIA A PORÇÃO IMENSA DOS VENCIDOS QUE VEGETAM NA HAIS NEGRA DAS SITUAÇÕES.

O Sindicato insinua-se, sendo o ponto de partida da defesa dos interesses economicos, melhoria de salarios, sua valorisação, diminuição de horarios, não se restringe apenas a esses fins, antes, estudando as causas que o originam, procura solucionar ou obviar umas, remover outras, embora momentaneamente, ampliando a ação e fortalecendo aspirações coletivas em vês de as restringir pelo imediatismo. Certo a maioria dos que se sindicalisam o fazem com o fim exclusivo de obter melhorias imediatas, sem que a isso se possa opor. E', na verdade, um egoismo humano, filho de outros egoismos sociais, nascidos de necessidades. O mal desse imediatismo é a sua feição subalterna e interesseira: pagar quotas afim de ver satisfeito um caso: aumento de salarios, uma colocação, outro motivo pessoal. Satisfeita a pretensão, parcial ou integralmente, sem esforço proprio porque disso outros se encarregam, dá-se as costas ao sindicato e vai-se... para o cinema. Esse o lado odioso do imediatismo.

Os imediatistas são conhecidos pela pergunta — que me dá o sindicato? quando se os procura para aderir ao movimento sindical.

Nosso dever, entretanto é trabalhar, desbastar as cascas grossas desses companheiros, aperfeiçoando-lhes o pensamento, modernizando-o, dando-lhe enfim, outras diretrizes mais amplas e altruisticas. Entenda-se bem. Essas diretrizes não podem implicar nunca renuncia a direitos, melhorias inclusas.

O sindicalismo é a propria vida do trabalho que estamos vivendo na hora atual.

Continúa na 2.ª pagina.

Trabalhadores, Sindicalisai-vos!

A mais rudimentar manifestação de conciencia de classe, de uma categoria de operarios, é a tendencia para defender os interesses mais elementares, isto é, as questões concernentes ao salario e ao tempo de trabalho.

Essa tendencia é inevitavel desde que a sociedade se repartir em classes, e a sua manifestação essencial é a organisação dos sindicatos operarios. O sindicato, a principio, viza impedir a concorrencia entre os proprios operarios, procurando, deste modo, estabelecer uma certa organisação do trabalho, de sorte que o patronato encontre, nas suas relações com os trabalhadores uma força capaz de neutralizar a tendencia para fazer baixar as condições do trabalho.

Desde logo, os operarios veem que a unica força com que podem contar na sua luta, é a sua mesma, isto é, se forem unidos, coesos, podem oferecer resistencia á tendencia patronal de fazer baixar as condições de trabalho, e, tambem, á concurrencia entre trabalhadores que individualmente é inevitavel e que só aproveita ao patronato, pois é um meio de baratear o salario.

O sindicato é o primeiro passo na organisação operaria, mas, pelas razões expostas, só preencherá as suas finalidades se, de fato, determinar a união da classe. Justamente por isso o patronato detesta o sindicato operario, porque é uma ameaça á sua ganancia. Que fazem os patrões para sufocar ou, pelo menos, diminuir o sindicato? Procuram tenazmente dividir a classe operaria. Porque meio? Fazendo propaganda anti-sindical, dizendo á massa que ela não precisa de sindicatos, que os patrões reconhecem todos os direitos do operario sem necessidade de recorrer este ás leis, que o sindicato é centro subversivo, etc.

Qual é pois, companheiros, o nosso dever de operarios concientes, isto é, operarios que já adquiriram a certeza de que sómente a classe unida nos pode defender? Mostrar á massa operaria que, sem a sua união nos sindicatos, não poderá haver garantia alguma para a classe operaria, e que se o trabalhador foge do seu sindicato, por medo do patrão, ou por comodismo, não está fazendo senão o jogo do interesse que lhe é adverso. Individualmente, mesmo não se salvará do desemprego, da molestia e da miseria. Ao contrario, se TODA A CLASSE se tornar conciente dessa verdade, o sindicato terá força bastante para fazer cumprir as leis que deem alguma vantagem ao trabalhador, derimindo suas condições de vida.

X.

Sindicato é
Estar unido para ser forte, porque
Os fortes vencem.

TRIBUNA OPERÁRIA | *Bauru*

CONSELHO EDITORIAL	CARLOS GEWE (DIRETOR)
PERFIL	SOCIALISTA, ANTICLERICAL
PERIODICIDADE	QUINZENAL
PROCESSO GRÁFICO	TIPOGRÁFICO
LOCAL DA EDIÇÃO	BAURU (SP)

HISTÓRICO

A *Tribuna Operária*, jornal da cidade de Bauru (SP), declarava-se defensora do proletariado brasileiro e de pequenos agricultores. Ao publicar artigos em defesa dos direitos dos trabalhadores, traçava comentários críticos sobre a legislação trabalhista proposta pelo governo Getúlio Vargas. Defendia o socialismo, sustentando como bandeira de luta "acabar com a exploração do trabalho para o lucro dos patrões". O jornal tinha como lema a trilogia: Liberdade, Igualdade e Fraternidade, e "Avante! Avante! Oh! Brasileiros. O Socialismo em pé!"

Era comum a reprodução de textos cedidos por outros periódicos, como no caso deste exemplar confiscado em março de 1933. O foco central da matéria – publicada pelo *Jornal Baptista*, ligado à igreja homônima – discute a moralidade pregada pelos católicos, a partir do caso de um padre do interior de São Paulo, que havia engravidado uma de suas empregadas. Este, apesar de ter violado o voto do celibato clerical, continuava ministrando normalmente os sacramentos após isso.

O jornal que contava com a colaboração de José Rodrigues Teixeira e um tal de "Conselheiro Ambrósio", editava um suplemento semanal, com ilustrações. Assinam artigos nesta mesma edição, também a Liga Anticlerical de Pelotas e a Liga Operária de Araçatuba. O único patrocinador anunciado neste exemplar da *Tribuna Operária* é o mata-formigas "Tatú", "a melhor marca de formicida", que ganha destaque na primeira página, com a representação de uma caveira, em alusão ao conteúdo "venenoso" do produto.

MOTIVO DA APREENSÃO

Constam do prontuário de Carlos Gewe, diretor-gerente da *Tribuna Operária*, quatro exemplares do referido jornal, além de outras publicações produzidas na mesma oficina de impressão, como os jornais *Argus*, *A Luta* e *A Voz da Egreja*. Considerado pela polícia como o membro mais atuante do Partido Comunista na região de Bauru, o alemão Carlos Gewe acumulava estigmas: além de ser estrangeiro, havia sido denunciado primeiramente pelo secretário da Liga Católica "Jesus, Maria, José", Ary Nascimento Cordeiro que, irritado com a publicação do jornal anticlericalista *A Voz da Egreja*, denunciou a ligação da oficina da *Tribuna Operária* com a impressão de publicações comunistas.

Prontuário: 2.355
Prontuariado: Carlos Gewe

TRIBUNA OPERARIA

BI-SEMANARIO --- DEFENSOR DO PROLETARIADO EM GERAL

Liberdade — Igualdade — Fraternidade

Director - Gerente: Carlos Gewe

ANNO II | Assignaturas annual, 12$000 / .. .. Semestral, 7$000 | BAURU, (S. PAULO) 26 DE MARÇO DE 1933 | Redacção, Administração e Officinas: Rua Newton Prado. Esq. Ezequiel Ramos | N. 107

Operarios e pequenos Agricultores!

Empregados e subalternos oprimidos!

Para a "Tribuna Operaria"

São Paulo, 19-3-1933.

Em vista de nos acharmos em uma phase em que brilham florescentes raios de luz iluminadores na estrada do destino de uma republica nova e redimida, creio eu, todos os brasileiros terem direito de exprimir as suas fracas ou gigantescas ideias. E é assim, que faço uso da penna, para manifestar as minhas insignificantes. Pois como vós sabeis e todos vós notaes, o mundo civilisado se acha em plena e jubilosa redempção; e o nosso querido Brasil, sendo uma grande potencia em todos os sentidos, julgo-o não pretender se colocar na retaguarda do universo redimido e culto. E meus carissimos compatriotas, esta grande evolução e esta humana redemção, constituem um problema, que só poderà ser resolvido pela mathematica de um nobre regimen. E é pois este regimen que esclarecerà os vossos direitos.

É este regimen que vos guiará à abraçar o que vos pertence. É esse regimen que fará o rei se transforem subalterno, e o subalterno se converter em majestade! E este regimen, carissimos compatriotas e irmãos, que o mundo civilisado adopta, é um que não vos é desconhecido: é o socialismo. Agora, perguntaes vós, o que quer dizer socialismo? E eu vos responderei: O socialismo meus carissimbs irmãos, é um systhema modificador das bases socieaes, mormente ao que se refere ao capital e ao trabalho; systhema este, que escala o imperio mediocre e falso dos cerebros poderosos. O socialismo darà a Cesar o que lhe pertence. !O socialismo fará sôar por intermedio de um porta-vòz sagrado, as vozes dos direitos de todas as classes. Por conseguinte, operarios e pequenos agricultores! Empregados e subalternos! Vós sois o braço direito do Universo! Porque motivo tendes o previlegio de produzir e não tendes o direito de educar um filho, quando que cada poderoso educa dez, a peso de dinheiro, dinheiro este, que constitue o sangue de cada um de vòs? E por esse motivo, no Brasil, deixam de brilhar muitas joias, por falta de lapidação. Senhores das classes laboriosas! A terra jà foi arroteada! a semente já foi semeada; agora o que resta, è que cada um de vós cooperar para que a mesma possa germinar, crescer e frutificar, afim de que possas constituir a força maxima, capaz de reger a nossa querida patria. E para que possas alcançar esses objectivos, è necessario que vós compenetraes de que a união faz a força. A força estabelece à razão. E assim, o socialismo não aponta candidatos. O socialismo não faz questão de classe. Mas o socialismo impera que o Brasil seja governado por um homem à altura que é merecedor. E tambem o Brasil, não tem necessidade de ser governado por almofadinhas ou bonecos. Mas, sim por um homem que se compenetre de suas obrigações perante o universo, perante a patria, e perante todas as classes. Por consegninte, classes laboriosas: Não vòs deixaes guiar automaticamente, mas sim, autonomicamente. E por conseguinte, tenhaes cuidado com as hyenas e os tubarões.

Avante! Avante! Oh! Brasileiros!

O Socialismo em pé.

José Rodrigues Teixeira

Companheiros!
Este é seu jornal

Pintando chifres...

Subordinando-se à epigraphe que encima estas linhas, o sr. E. P. pela «Folha da Noite» de 15 de Março do presente anno discorre brilhantemente, com uma profunda illustração, a situação do Café.

«Tribuna Operaria» vehiculo célere aos confins deste velho planêta, divulgará intensameute a noticia accrescida de minhas impressões pessoais.

«Conhecido romancista e philosopho russo conta, em um dos seus livros, a curiosa historia que vamos resumir, sem que possamos jurar, entretanto, pela fidelidade do resumo: Certa familia da nobreza recebêra um dia—consequencia encommoda da gratidão de uns camponezes — a inesperada offerta de um lindo garrote, de pelo lustroso e córnos aggressivos.

Gente que nunca sahira da Capital, conhecedôra do campo somente pelos quadros das galerias de arte e pelas gravuras dos livros, toda a familia ficou maravilhada com o presente, e o novilho tornou-se objecto das maiores attenções e dos melhores carinhos. Alojaram-no em compartimento forrado e assoalhado, ao abrigo da chuva, da neve e das correntes de ar.

Deram-lhe a comer desde o «caviar» ao «marron-glacé» e a beber desde «vodka» ao «champagne».

O extranho animal, entretanto, recusava obstinadamente tudo isso e entrou a definhar.

Redobraram os animos e os cuidados: enfeitaram-lhe a cauda com lançarotes de seda; poliram-lhe os cascos, e, finalmente pintaram-lhe os chifres, com arte, das mais variadas cores.

Nada disso, porém impedio que o incontentavel quadrupede, jà reduzido a couro sobre ossos, continuasse a mugir tristemente atè que expirou, com grande consternação de toda a nobreza presente.

E um velho camponio, a quem relataram o inexplicavel acontecimento, prosaicamente o commentou nestes termos: «P o b r e bezerro! Queria apenas ar livre, capim e agua do corrego».

Mal comparando...

—

O café, para salvar-se, necessita de coisas bem simples: que se extinga ou reduza uma taxa impeditiva da exportação; que se dê moratoria aos lavradores, para que possam supportar alguns annos de preços baixos; que se volte á liberdade de commercio.

Entretanto, o que se ve è a preoccupação absorvente com pormenores de somenos: matricula de compradores, nomeações, demissões, officios e telegrammas.

—

Estamos a pintar chifres. Mas o boi morre:..»

—

Eu diria mais: Deixe-se o café á sua propria sorte. Retire o governo federal, o seu apoio de officialização, dê-se-lhe livre transito pelas Estradas de Ferro e o producto inferior ao typo 8 que é a escoria da nobreza da classe, não terá acceitação.

O Instituto retirando os seus fiscaes bem pagos a preços altos, das estações onde a chamado, assistiam os embarques, com a exclusão completa da responsabilidade dos agentes, conseguio, gratuitamente, das Estradas passar aos seus funccionarios esta incumbencia defeituosa porque não ha no quadro das Estradas, um só technico em café cuja classificação entre ás cogitações de ferroviarios. Resultado. Ahi estão as grandes falhas.

Os interessados burlam as mais das vezes a vigilancia, aproveitando-se da ignorancia de todos, atiram aos vagões o café baixo, conseguem ua passagem e o producto inferior valorisado segue altaneiro preferindo o selecionado que por si só tem o seu valor com a acceitação voluntaria no mercado consumidor.

Temos o boi que veio para a cidade viver no abrigo de ar, alimentando-se com *viveres* estranhos á sua vida de irracional.

O typo 8 está valorizado. A sua acceitação é franca e até disputada.

Desde que o rotulo do conhecimento exclua sua presença, significa: «Não contém café inferior ao typo 8», a valorisação official.

A falta nos despachos, de declarações classificando qualidades que escapam até a competencia da secção technica, evitaria a transacção bancaria que em duvida consultaria ao Instituto este previdente pelos seus fiscais, possuiria a selecção do artigo embarcado fosse elle qual fosse atirado a sorte de sua exposicão á venda no mercado de Santos — rigoroso no typo e guardião fiel às tradições da lavoura paulista que as innovações vem asfixiando lentamente.

Conselheiro Ambrosio.

Supplemento Semanal Illustrado

Com a presente edição offerecemos aos nossos assignante da cidade o n 352 do SUPPLEMENTO SEMANAL ILLUSTRADO

VOZ OPERÁRIA | *Rio de Janeiro*

Histórico

Voz Operária prestou-se para nomear inúmeros jornais da imprensa operária brasileira. Órgãos distintos com este mesmo nome, foram registrados em Aracaju (AL), Campinas (SP), Campos (RJ) e Rio de Janeiro (RJ). O exemplar confiscado pelo DEOPS de São Paulo em julho de 1949 era publicado na Capital, Rio de Janeiro desde 1945 enquanto órgão do Partido Comunista Brasileiro. Nesta edição identificamos notícias sobre as ações das massas pelo mundo e em diversos segmentos do operariado, incluindo uma coluna especial dedicada aos camponeses. Enquanto periódico comunista pretendia conscientizar o operariado dos acontecimentos mundiais do pós-guerra.

Apresentava-se como jornal de vanguarda do movimento operário contra a guerra imperialista. Procurava também informar sobre as investidas dos trabalhadores nas cidades do interior do Estado de São Paulo, noticiando sobre as greves e reivindicações de diferentes segmentos profissionais.

CONSELHO EDITORIAL	WALDYR DUARTE (DIRETOR RESPONSÁVEL)
PERFIL	COMUNISTA
PERIODICIDADE	NÃO IDENTIFICADA
PROCESSO GRÁFICO	TIPOGRÁFICO
LOCAL DA EDIÇÃO	RIO DE JANEIRO (RJ)

Motivo da apreensão

O nº 9, anexado ao prontuário da Delegacia Regional de Polícia de Barretos, foi apreendido na residência de João Rojo na cidade de Pitangueiras, região de Barretos (SP). João Rojo, segundo a polícia, havia participado do Partido Comunista e possuía sob a sua guarda grande quantidade de material subversivo, que tratava de questões relacionadas com os problemas enfrentados pelo trabalhador do campo. Na ocasião foram apreendidos dezenove exemplares da *Voz Operária*, nº 9, que tinha como foco a luta pela paz mundial, o panorama político da América Latina e a mobilização continental das massas operárias. Assinavam como colaboradores João Amazonas, Aydano do Couto Ferraz, Pedro Pomar, Astrojildo Pereira, Jaime Campos, Waldyr Duarte, Madeleine Gilaord e Almir Matos.

Prontuário: 547
Prontuariado: Delegacia Regional de Polícia de Barretos – vol. 2

Audácia na Defesa da Paz!

COMENTARIO NACIONAL

O CAMINHO DAS Ações de Massas

Voltam a um ponto morto os cambalachos interpartidários para a sucessão presidencial. A luta em tôrno dos cargos e posições torna difícil aos partidos das classes dominantes o candidato unico imposto pelos interesses colonizadores e guerreiros dos imperialistas

As massas populares, entretanto, não podem nem se devem iludir com o caráter dessas divergências, com essa agitação de superfície no alinhamento eleitoral dos chamados «partidos legais». .A realidade é que, na questão fundamental que se coloca hoje diante de toda a humanidade e da nação — o poblema da Paz ou da Guerra, da independência nacional ou da submissão de nossa pátria aos trustes colonizadores .—.políticos e partidos das classes dominantes se põem em acôrdo tácito. Estão contra a Paz, subordinam-se aos interesse escravagistas e de agressão guerreira dos magnatas do dolar.

....Isso está claro em todas as acusações que eles se levantam mutuamente. São seus interesses de grupo o que defendem, como o fez o sr. José Americo com seus «discursos--grito» ao Senado, ou o sr. João Neves da Fontoura, com o discurso demagógico pronunciado em Pôrto Alegre. Mesmo quando vestem a roupagem «patrioteira», como o líder udenista Gabriel Passos ao verberar na Camara a carta infamante do traidor Correia e Castro são os seus mesquinhos interesses de negocistas que prevalecem: os interesses contrariados do grupo dos fazendeiros e exportadores de Café, colocado em posição desvantajosa com as negociatas do antigo ministro da fazenda. O próprio sr. Gabriel Passos é um dos mais ferozes defensores das medidas de traição nacional advogadas na Carta ultrajante — e amplamente executadas pela ditadura do «acordo americano» — e tem se batido ardorosamente pela entrega do país aos trustes, tanto quanto o ministro demissionário.

As forças populares, em luta pela Paz e pela independência nacional, devem certamente aproveitar todas as condições, inclusive as criadas pelas contradições internas dos bandos das classes dominantes, e empregar todas as armas, para o combate á ditadura americana de Dutra.

Mas, o fundamental, para a conquista da Paz, da democracia e do bem-estar do povo, são as lutas de massas.. Através delas é que o povo pode, com justeza, participar da política e aproveitar melhor, no interesse da libertação nacional, suas contradições, e, sobretudo, quebrar a espinha dorsal da tirania que se abate sobre o país, apoiada na colonização estrangeira e no latifundio. Somente elas, enfim, poderão tirar nossa pátria do campo imperialista e da guerra, para o qual a empurra cada vez mais o governo servil de Dutra.

Diante do terror fascista e das ameaças sempre maiores de guerra, do agravamento da fome e da exploração das grandes massas, essas lutas precisam crescer rapidamente. Precisam passar das simples manifestações para as ações de envergadura, como essa heróica luta dos camponeses de Fernandópolis, que ocupam as terras do latifundio de armas no mão, como a dos grevistas de Sorocaba, que ganham a rua na luta por aumento de salários e em defesa da Paz, como a dos trabalhadores de Campo Formoso, na Bahia, que se recusaram a extrair o manganês para enviá-lo aos trustes armamentistas dos Estados Unidos.

E, pois, através de ações de massas como essas e outras ainda mais vigorosas que os trabalhadores e todo o nosso povo farão sentir sua influência sôbre os acontecimentos políticos, alterando o seu urso no sentido de assegurar a Paz e libertar nossa pátria do jugo do imperialismo.

O POVO BRASILEIRO LEVA A' RUA A LUTA CONTRA OS TRAFICANTES DE GUERRA — INTENSA MOBILIZAÇÃO EM APOIO AO CONGRESSO CONTINENTAL DO MEXICO — CONFERENCIAS ESTADUAIS E CONGRESSOS REGIONAIS DA PAZ — A CLASSE OPERÁRIA VAI TOMANDO A VANGUARDA DO MOVIMENTO CONTRA A GUERRA IMPERIALISTA

AS MANIFESTAÇÕES e a mobilização de massas que se realizam pelo país em apôio ao Congresso Continental Americano da Paz evidenciam como, apesar das violencias e do terror da tirania guerreira de Dutra, crescem entre nós as lutas populares contra os instigadores de guerra. Na verdade, o movimento em defesa da Paz vai ganhando raizes mais profundas extendendo-se sôbretudo ás massas trabalhadoras, que compreendem mais e mais seu interesse vital em impedir a guerra que os gangsters do dolar tentam deflagar.

A CLASSE OPERARIA TEM UMA DURA EXPERIENCIA DA GUERRA

Os trabalhadores recordam o que foram os duros anos da guerra passada. Ficaram submetidos a um odioso regime de trabalhos forçados, com os salários congelados, com o direito de gréve considerado «traição nacional», enquanto o custo de vida subia assustadoramente, em mais de 200%. Um monstruoso decreto-lei estabeleceu para a indústria o chamado «regime de guerra», pelo qual os trabalhadores de certos ramos industriais como o têxtil, eram obrigados a trabalhar 10 horas diárias com o mesquinho salário do dia normal de 8 horas. Uma falta ao serviço, por qualquer motivo, levava o operário ás barras dos tribunais militares. Não era permitido ao trabalhador mudar de fábrica ou emprêgo, segundo suas conveniências e até o direito de casar-se lhe estava interdito!

Para os ferroviários estabeleceu-se o «horário de guerra» de 12 horas, que perdurou muito depois de terminada a guerra, como se deu na Leopoldina. Os portuários, também sujeitos a todas essas exigências escravagistas, viram-se ainda a braços com a falta de trabalho, pois o movimento nos portos reduziu-se ao mínimo.

E' claro que os patrões souberam tirar o maior proveito desse regime de exploração elevando seus lucros de guerra a um nivel verdadeiramente espantoso e jamais atingido

(Conclui na 10.ª pag.)

VOZ OPERÁRIA

A LUTA PELA PAZ NA AMERICA LATINA

JOÃO AMAZONAS

HA QUEM PENSE QUE somente os circulos imperialistas anglo-americanos desejam a guerra e que países como o nosso seriam a ela arrastados por simples fatalidade geográfica. Nada mais equívocado. A guerra, sem dúvida alguma, está sendo preparada pelos grandes trustes e monopólios dos Estados Unidos e da Inglaterra, que pretendem resolver as tremendas contradições do seu caduco sistema social à custa do sangue dos povos. Mas essa criminosa politica corresponde igualmente aos interesses dos latifundiários e da grande burguêsia dos países da America Latina, que se encontram frente a problemas praticamente insoluveis. O que determina esse entrosamento de interesses? Que caminho tal situação indica aos povos latino americanos?

E' SOMBRIO O PANORAMA DA AMERICA LATINA

A CRISE geral do sistema capitalista, que após a segunda guerra entrou em fase mais critica tem sérias repercussões nos países da America Latina. Ela determina o crescimento de dificuldades econômicas sem precedentes e gera como consequência, um clima de efervescência revolucionária entre as grandes massas trabalhadoras.

E' sombrio o panorama da America Latina. Cobrem-se os campos — que são vastos latifúndios — de extema miséria com a continuada queda da produção, com a transformação de imensos tratos de terras aráveis em pastagens de gado, com o

desalojamento forçado de milhões de camponeses das terras que cultivam. O êxodo rural transforma-se em verdadeira caudal humana, invadindo as cidades em busca de trabalho. A indústria, cuja produção aumentou e se tornou mais variada em consequência das dificuldades na importação durante a guerra, debate-se com serias dificuldades motivadas principalmente pela concorrência ianque e pela redução do mercado interno. Fecham-se fábricas ou reduz-se o tempo de produção. O numero de operários sem trabalho cresce ininterruptamente. Minguam as receitas públicas, apesar do aumento dos impostos indiretos, e a inflação avança, de ponta a ponta do Continente, determinando os mais altos indice de carestia da vida já registrados nestes hemisférios.

Que fazer com os estoques acumulados, que se elevam como montanhas de trigo de milho, de aveia, de carne na Argentina? De lã no Uruguai? De açucar em Cuba? De cobre e salitre no Chile? De estanho na Bolivia? De cacau, fumo, açucar, borracha, cêra de carnaúba no Brasil? Como impedir a baixa continuada dos preços desses produtos nos mercados mundiais?

A GUERRA "SALVADORA"

A GUERRA APRESENTA como saida a essa minoria de latifundiários e de grandes capitalistas que domina em nossos países. Tambem para êsses senhores, e não só para os banqueiros anglo-americanos, a guerra passou a ser uma necessidade premente. Eles temem que a catástrofe econômica que se avizinha leve os povos latino americanos à Revolução, ao ajuste de contas com o regime que protege seus injustos privilégios de classe. Quando o general Cordeiro de Farias, do exercito brasileiro, declara, cinicamente, que o nosso país marcharia ao lado dos Estados Unidos, no caso de guerra, ainda que

(Conclui na 10.ª pag.)

Leiam Neste Numero

N.o 9 ★ Rio de Janeiro, 23 de Julho de 1949 Ano 1

VOZ PORTUÁRIA | *Santos*

CONSELHO EDITORIAL	ÁLVARO JUSTINO
PERFIL	SINDICAL, COMUNISTA
PERIODICIDADE	MENSAL
PROCESSO GRÁFICO	TIPOGRÁFICO
LOCAL DA EDIÇÃO	SANTOS (SP)

Histórico

O periódico *Voz Portuária* apresentava-se como órgão porta-voz da Associação Beneficente dos Empregados da Companhia Docas (ABECDS). Circulou no ano de 1949, provavelmente de agosto a novembro, custando Cr$ 0,70 por exemplar. A sede da redação localizava-se na cidade portuária de Santos, na rua João Octávio nº 50. Estruturado no formato de cinco colunas, media 33 x 47,5 cm. O jornal recebeu forte influência comunista, pois a diretoria da entidade, composta por militantes do PCB, transformou-a em um sindicato paralelo ao oficial, controlado por "pelegos". A Junta Governativa que foi empossada afirmou que foram gastos Cr$ 60.468,00 para financiar a *Voz Portuária* o que, além de "desvirtuar a finalidade da instituição", comprometeu a "ordem financeira" da ABECDS. A repressão do governo Eurico Gaspar Dutra fez com que a diretoria fosse destituída e a publicação interrompida. Esta investida do Estado republicano brasileiro desmistifica a idéia de que, no período imediato ao pós-guerra, os brasileiros passaram a vivenciar a "era da coexistência pacífica". No entanto, não podemos ignorar o ressurgimento das lideranças operárias e partidárias. Ganham espaço no cenário nacional o PCB (Partido Comunista Brasileiro), o PSB (Partido Socialista Brasileiro), o PTB (Partido Trabalhista Brasileiro), a UDS (União Democrática Socialista), a Vanguarda Socialista (trotskista) e o PDC (Partido Democrático Cristão). A partir de 1945 o PCB viveu sua "época de legalidade", produzindo grande quantidade de jornais e revistas, edições de romances e clássicos do marxismo. Mas, esta liberdade aparente durou pouco: em 1947 o partido foi novamente colocado na ilegalidade e toda a sua imprensa fechada pelo governo. Assim mesmo, jornais continuaram a circular investindo na luta por sua legalização.

É neste contexto e em meio a conflitos sociais que surge a *Voz Portuária*, produto da radicalização da organização proletária insatisfeita com a incapacidade política da elite dominante.

Motivo da apreensão

O exemplar nº 5 foi apreendido em 1949 quando a polícia de Santos invadiu a sede da Associação Beneficente dos Empregados da Companhia Docas com o objetivo de comprovar que a diretoria da entidade havia desvirtuado o caráter assistencial da ABECDS, transformando-a em um foco de propaganda comunista. Nesta data a polícia apreendeu jornais considerados comunistas, inclusive estrangeiros. Estes haviam sido trazidos pelo portuário comunista Geraldo Rodrigues dos Santos, representante da ABECDS no Congresso Sindical Mundial (Congresso de Milão), convocado pela Federação Sindical Mundial, e realizado na Itália em novembro de 1949. O exemplar apreendido, além de versar sobre os interesses da classe, denunciava a repressão aos militantes operários de Santos acionada de forma a garantir a visita do presidente Dutra à cidade em 1949.

Prontuário: 10.2901
Prontuariado: Associação Beneficente dos Empregados da Companhia Docas de Santos
Remissão: 92.031

NOVO ASSALTO À BOLSA DOS TRABALHADORES E DO POVO

Quando se comemorou demagogicamente a semana da criança, com discursos e frases bombásticas, ignorando-se o enorme índice de mortalidade infantil, provocada pela falta de alimentação e as dezenas de crianças que morrem diariamente nos casebres dos morros ou nos porões infectos, a população foi surpreendida (se hoje alguma coisa ainda constitue surpresa) com a portaria do Presidente da República, aumentando Cr$ 0.40 no preço do litro do leite. Foi sem dúvida alguma, um régio presente do govêrno as famílias dos trabalhadores na semana da criança, famílias essas que para comprar um litro de leite para o garoto, passam sem comprar outros alimentos muitas das vezes também indispensáveis para a sua manutenção. Nem bem tinha esfriado essa nota absurda surge outra destonante que foi o aumento do preço do cafèzinho para Cr$ 0,40, aumento este em nossa cidade, assinado pelo Prefeito Municipal que também acumula as funções do Presidente da Comissão Municipal de Preços de triste figura.

Como constatamos, funcionou maravilhosamente contra o povo, o acôrdo inter-partidário. Todos os políticos dos outros partidos sempre estão unidos quando se trata de prejudicar os interesses dos trabalhadores, dividindo ingloriamente entre si, as responsabilidades dos desmandos e da violência Somente uma coisa positiva, transparece de tudo isso: Somente a classe operária está contra esse estado de coisas absurdas e somente ela organizada poderá resolver seus próprios problemas.

VOZ PORTUÁRIA

ORGÃO DA ASSOCIAÇÃO BENEFICENTE DOS EMP. DA CIA. DOCAS DE SANTOS

ANO 1 -- SANTOS, NOVEMBRO DE 1949 -- N. 5

O rompimento do contrato pela C. A. P. e a reação contra a Associação

A. A. LUCENA

Os trabalhadores portuários liderados pela sua Associação Beneficente, obtiveram uma expressiva vitória, no terreno da assistência social, ao obrigarem a CAP. de Serviços Públicos de Santos a dispenderem alguns milhares de cruzeiros na instalação dos seus serviços médicos, que vinha executando graças ao contrato que mantinha com os portuários, pago a preço vil e miserável. Graças a nossa firmeza e independência na defeza dos interesses dos associados e de repúdio a seus inimigos e exploradores, conseguimos levar a tal ponto o desespero dos Morvan, Vasques & Cia. que êstes, embora visando objetivos completamente opostos, foram forçados a empregar uma bôa quantia dos cofres da CAP. na instalação do ambulatório ,embora para isso tivessem de sacrificar todo o povo de Santos, de quem arrancaram desapiedadamente o Ambulatório Gafree e Guinle; segundo as declarações do próprio presidente da CAP. o rompimento do contrato se deu em vista de existirem "elementos comunistas na Diretoria da Associação", chegando em sua histeria anti-comunista ao ridículo de pretender descer os nossos serviços em face dos que arrendava ao Clube Beneficente da City, com o devido respeito aos seus dirigentes. No entanto os portuários não aceitaram essa balela de anti-comunismo e sabem perfeitamente quais os verdadeiros objetivos que levaram a CAP. a executar seus próprios serviços. Entre outros que estamos procurando desvendar, existem os seguintes: 1.º O desespero a que foram arrastados esses senhores que não gostam de gente honesta. 2.º Aliviar as contas dos Srs. Guinle & Irmãos que custeavam as despesas do antigo Ambulatório Gafree. 3.º Justificar o assalto em mais 2% à bolsa já minguada dos trabalhadores. Como podemos verificar o anti-comunismo não passa de uma "cortina de chita" atraz da qual se escondem outros interesses. Contudo é preciso que se diga, que a razão principal do rompimento com a CAP. é de natureza política, isto é: desorganizar os trabalhadores portuários unidos em tôrno da sua Associação Beneficente e para execução dessa inglória tarefa estão unidos desde a Companhia Docas até CAP. a polícia e e todos os inimigos dos trabalhadores. No que se refere a CDS esta vem procurando prejudicar a Associação desde que esta passou para as mãos dos trabalhadores ora com exigências que nunca fez quando a Entidade constituia um patrimônio seu, como por exemplo as declarações que exigiu de cada associado autorizando-a a efetuar os descontos em folhas de pagamentos; a perseguição e dispensa de diretores e conselheiros é mais um processo que a C.D.S. tem-se utilizado afim de prejudicar a administração da Associação para não se falar na falta de cumprimento de suas promessas como por exemplo a construção do Ambulatório novo, terminado com os esforços dos próprios associados pois a quantia de Cr$ 100.000,00 fornecida pela CDS não cobriu nem 1/2 das despêsas.

No que se refere a polícia, os associados e o povo são testemunhas das constantes tentativas do atual Delegado da Ordem Política e Social que em suas publicações pela imprensa "sadia" não perde oportunidade para envolver o nome da nossa Associação tentando apresenta-la como "subversiva" quando devia se espelhar nos nossos relatórios e se inteirar da "subversão" praticada pela Diretoria. Ultimamente para culminar com a série de provocações, nossa séde foi invadida de maneira arbitrária sob pretexto de se procurar metralhadoras e tipografias. Quanto aos pelegos, êsses apoiados pelo aparêlho policial, redobram em ousadia, espancando trabalhadores na séde do Sindicato quando protestavam contra o roubo das mensalidades e, atualmente, procurando requerer uma assembléia na Associação afim de depôrem a Diretoria e se apoderarem do patrimônio dos associados. Nessa tarefa está se destacando o agente ademarista Manoel dos Santos da Turma 50, quando deviam estar no cais lutando para levantar a campanha por um mês de salários como abôno de natal, para todos os trabalhadores indistintamente.

Primeiros lugares nas importações

RIO, 5 (Meridional) — Segundo o Boletim Estatistico, publicado pelo I.B.G.E., nas importações em 1948, cabem os primeiros lugares. em face do vulto do seu valor, aos automoveis de toda espécie, farinha de trigo, trigo em grão, gasolina e óleos combustiveis. Em relação aos automoveis, a importação de 1938 constava de 20,9 milhares de unidades, no valor de 247,4 milhões de cruzeiros; em 1948, subiu a 68,3 milhares de unidades valorizadas em 2.348,6 milhões de cruzeiros.

N. da R. — Conforme podemos verificar no telegrama acima, coube aos automoveis maior indice na nossa importação, sem contar rádios, geladeiras e quinquilharias de matérias plásticas onde são malbaratados nossos saldos no estrangeiro, quando se devia fomentar a importação de maquinários para o aparelhamento da indústria nacional e a mecanização da lavoura.

Criticas ao pretendido aumento de impostos nos Est. Unidos

WASHINGTON, 20 (A.F.P.) — A declaração do presidente Harry Truman , segundo a qual o unico meio de restabelecer o equilibrio orçamentario consiste em elevar sensivelmente os impostos no proximo ano, foi criticada pelo senador democrata Walter George, presidente da Comissão de Finanças da Camara Alta.

O senador George considera que se deve modificar a estrutura fiscal e reduzir as despesas governamentais. Preconizou, assim, a eliminação de taxas que freiam a renda anual, principalmente os impostos de guerra, declarando que, caso persista o atual deficit, a economia dos Estados Unidos ficará exposta a um desastre.

O parlamentar democrata entende, com efeito, que não é impossivel que o deficit anual venha a atingir 7 bilhões de dolares, mas observou que a modificação do sistema fiscal poderá, entretanto, permitir que a renda nacional seja elevada a 360 bilhões de dolares por ano, daqui a 3 ou 5 anos.

VOZ FEMININA E VOZ JUVENIL

Por motivos alheios a nossa vontade, deixa de ser publicada neste número a secção "Voz Feminina", redigida pelo Departamento Feminino da Associação, o que será feito novamente do próximo número em deante. Também na próxima edição, iniciaremos a publicação da secção "Voz Juvenil", esperando desta forma agradar os jóvens portuários que há tempos vêm solicitando esta secção ao nosso jornal.

Vibrante mensagem da Comissão Diretora do C. E. D. P. E. N.

DEOCLECIO SANTANA, martir da causa Nacional

O Centro de Estudos e Defesa do Petroleo e da Economia Nacional enviou ao Centro Santista a seguinte mensagem assinada por seu presidente, senador Mathias Olympio:

"Em nome da Comissão Diretora Nacional e no meu próprio, venho trazer ao Centro Santista de Estudos e Defesa do Petroleo, a expressão da mais veemente solidariedade em face das arbitrariedades e violencias descadeadas contra os patriotas santistas constitucionalmente reunidos em praça publica para opinar sobre problemas estreitamente ligado aos interesses do povo, como é a questão do petroleo.

Queira, outrossim, transmitir à Excelentissima Familia de nosso companheiro vitimado, DEOCLECIO SANTANA, cuja memoria reverenciamos como a de um verdadeiro mártir da causa nacional, nossas profundas condolencias.

Reafirmando os termos da Nota Oficial desta instituição, datada de 2 do corrente, "O Centro de Estudos e Defesa do Petroleo e da Economia Nacional renova sua mais veemente condenação às ocorrencias que atingiram uma campanha altamente patriotica e libertação da economia nacional, tornando bem claro que tais atitudes violentas só serviram aos interesses dos trustes estrangeiros, contra os quais temos lutado e continuaremos a lutar com elevado sentimento de civismo, sejam quais forem os obstaculos.

Atenciosamente,

a) Senador MATHIAS OLYMPIO, presidente".

ZORIA – A ESTRELLA | *São Paulo*

CONSELHO EDITORIAL	SEBASTIÃO SCHIFFINI (DIRETOR) A. KORCHNIVSKEY (REDATOR)
PERFIL	SUPOSTAMENTE COMUNISTA
PERIODICIDADE	SEMANAL
PROCESSO GRÁFICO	TIPOGRÁFICO
LOCAL DA EDIÇÃO	SÃO PAULO (SP)

Histórico

O jornal *Zoria – A Estrella* começou a circular em São Paulo em 1938, tendo sua sede à Alameda Nothmann, nº 1041. Apresentava-se como um órgão da comunidade ucraniana no Brasil. Segundo a Delegacia de Ordem Política e Social de São Paulo, esta publicação não era muito conhecida, nem pelos agentes policiais nem pelo grande público, o que podemos concluir que sua circulação se fazia restrita àquela comunidade.

Motivo da apreensão

O exemplar nº 2 foi apreendido por ser uma publicação da comunidade ucraniana radicada no Brasil, comprometida politicamente com a União Soviética e, por conseguinte, ao comunismo. Por circular em ucraniano o idioma da R.S.S. da Ucrânia ou Ucraina – um dentre os três subgrupos étnicos e lingüísticos da família indo-européia (Europa Central e Oriental) que, juntamente com os russos, compunha o grupo dos eslavos orientais – o jornal *Zoria – A Estrella* feria os princípios das leis nacionalistas promulgadas pelo governo Vargas em 1938.

Data da apreensão

1938

Prontuário: 903
Prontuariado: *A Estrella*

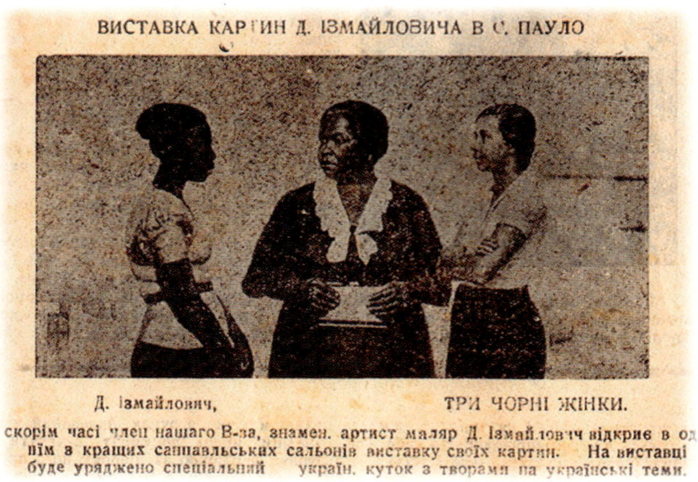

ВИСТАВКА КАРТИН Д. ІЗМАЙЛОВИЧА В С. ПАУЛО

Д. Ізмайлович, ТРИ ЧОРНІ ЖІНКИ.

скорім часі член нашаго В-за, знамен. артист маляр Д. Ізмайлович відкриє в одні́м з кращих сanпавльських сальонів виставку своїх картин. На виставці буде уряджено спеціяльний україн. куток з творами на українські теми.

Exposição de pinturas/quadros
D. Ismailovitch Três Mulheres Negras

Brevemente um membro nosso?

Famoso artista pintor D. Ismailovitch abrirá num dos melhores salões de São Paulo exposição de seus quadros. Na exposição haverá um especial setor de obras de temas ucranianos (Texto traduzido por Miguel Kossoy).

ЗА САМОСТІЙНІСТЬ, СОБОРНІСТЬ, ДЕМОКРАТІЮ!

ЗОРЯ

ZORIA — A ESTRELLA
JORNAL SEMANAL UCRAINO
Diretor: Sebastião Schiffini
Redator A. Korchnivskey
Endereço da Redação:
ALAMEDA NOTHMANN, 1041 - S. PAULO

ПЕРЕДПЛАТА
В Бразилії та на всьому америк. континенті:
На 1938 рік . . . . 15$000 або . . 1 дол.
На пів року . . . . . . 8$000
В инших краях на рік 1½ дол.
Гроші надсилати на імя:
Antonio Korchnivskey
на адресу Редакції

Перший у Південній Америці український ілюстрований тижневик.
Для персональних перетрактацій щодо справ ґазети звертатися до А. Коршнівського щодня від 18-19 год. в льокалю Редакції.
Rs. 300

Рік 2 Четвер, 3 Березня 1938 р. Ч. 8-17

ВИСТАВКА КАРТИН Д. ІЗМАЙЛОВИЧА В С. ПАУЛО

Д. Ізмайлович, ТРИ ЧОРНІ ЖІНКИ.

скорім часі член нашого В-ва, знамен. артист маляр Д. Ізмайлович відкриє в одній з кращих сanпавльських сальонів виставку своїх картин. На виставці буде уряджено спеціальний україн. куток з творами на українські теми.

З БРАЗИЛІЇ

НОВИЙ ЗАКОН ПРО ПЕНСІЇ ДЛЯ УРЯДОВЦІВ

Дня 3-3-38 підписано новий закон про пенсії для державних урядників. Всі відчислення в платень згаданих урядників на річ пенсіонів, економічних кас і т. п. не можуть перевищати 30 % отримуваних урядовцями платень.

АРЕШТ НАЦІСТСЬКОГО ШЕФА В РІО ҐРАНДЕ ДЕ СУЛ

В Порто Алеґре поліція арештувала націстського шефа на провінцію Ріо Ґранде, п. Ернеста Корша. Слідство виявило, що заарештований мав безпосередні зв'язки з Берліном і провадив у Ріо Ґранде чисто фашистівську німецьку роботу.

З УКРАЇНИ

ЕЛЄКТРИФІКАЦІЯ ВОЛИНІ

До війни було на Волині 8 електрівень: в Рівному, Луцьку, Ковлі, Володимирі, Кремянці, Дубні, Острові, Рожищах. Провадження цих електрівень було здебільша нефахове, господарка хаотична і рабункова.

У повоєнних роках повстають нові електрівні, старі заклади перебудовують, більші електрівні переходять під міський заряд. Одночасно повстають приватні заклади електричні при промислових заведениях.

В 1935 р. було на Волині електричних закладів:

для прилюдного вжитку 50 (заінстальованих 3290 кв.), для приватного вжитку 330 (заінст. 7650 кв.).

В 1936 р. уложено 4-літній програм пляновоі електрифікації Волині, який передбачує: на 1937 р. — розбудову електрівні в Ковлі до 575 кв. на торфовім або деревнім паливі; розбудову електрівні в Кремянці до 800 кв. на торфовім паливі; будову лінії Кремянець-Дубно для 3000 в; перебудову мережі в Дубні на змінний струм;

на 1938 р. — будову найбільшої волинської електрівні в Ківерцях для 3000 кв. опалюваної трачинням і видпад-

на 1939 р. — будову лінії Цумань-Деревьне - Нова Долина - Костопіль, як відгалуження лінії Ківерці — Рівне для 30000 в;

на 1940 р. — будову лінії Рівне — Здолбунів - Дубно для 30000 в.

Одночасно передбачена електрифікація більших місцевостей вздовж ліній 30000 в. як: Почаєва, Острога, Клевань, Олики, Мізоча і других.

ЗІ СВІТУ

БІЙКА АНҐЛІЙСЬКИХ І ІТАЛІЙСЬКИХ МАТРОСІВ

Дня 3-3-38 в Танжері виникла велика баталія між анґл. й італ. матросами. Анґлійські матроси давши доброго прочухана італійцям, заявили міській владі, що коли анґлійський уряд не вміє захищати честь Анґлії, то вони на власну руку той захист виконують.

НІМЕЦЬКО-ІТАЛІЙСЬКІ ПЛЯНИ

З Німеччини до Північ. Америки повернувся б. американ. амбасадор у Берліні, п. Віліам Дод, який заявив в америк. пресі, що Німеччина й Італія уклали план поділити між собою краї положені над середземним морем, як і саме те море.

Фашистівська преса дуже обурюється тими ревеляціями американ. дипльомата.

ХІНСЬКО-ЯПОН. ВІЙНА

ПОВСТАННЯ МАНДЖУРСЬКИХ ВІЙСЬК ПРОТИ ЯПОНІЇ

Дня 3-3-38 в Лондоні було одержане донесення з Ганкову, Хіна, про велике повстання манджурських військ проти Японії і про перехід тих військ на сторону Хіни.

ПАРТІЗАНСЬКА ВІЙНА

Ситуація японських армій в Хіні що раз, то все стає гіршою.

Хінська людність втікає перед оку-

вовні. Але достава потрібних річей дуже утрудняється постійною партізанською війною, яку провадить з японцями саме хін. населення.

СМЕРТЬ ДВОХ ЗНАМЕНИТОСТЕЙ

В Італії помер відомий італійський письмен. Ґабріель де Анунціо.

В Польщі помер Володислав Грабський, автор ганебної слави шкільних законів, які знищили дощенту україн. й инших націон. меншин шкільництво.

СТАЛІН ЛІКВІДУЄ РЕШТКІ СТАРОЇ ГВАРДІЇ

Бувших міністрів і амбасадорів судять за фашизм і шпіонаж. 21 обвинувачених.

В Москві почався великий процес проти видатних комуністів, обвинених у фашизмі та шпіонстві. Серед них фігурують: Крестінскій, був. амбасадор у Німеччині, Ягода, був. шеф. Чека, Раковскій, був. голова комісарів України, Бухарін, теоретик комунізму, Риков, Буланов, помішник Ягоди, Платньов, придворний лікар, українець Гринько, вірний служака Москви та був. комісар фінансів Сов. Союзу та инші.

Як подають телеграми з Москви, всі обвинені, крім Крестінского, признались до вини.

Французька Ліґа Прав Людини апелює до суду та до моск. уряду, щоби «дозволив вільну оборону обвинених та щоби в дебатах було вислухано представників світової демократії. Крім того, ліга апелює до «громадянина Сталина», щоби не допустив до смертної кари, незалежно від засуду.

Французька Соціялістична Партія та робітничі кола висловлюють сумнів у правдивости обвинувачень. Інтернаціональна Федерація Праці та Другий Інтернаціонал надіслали до Москви телеграму, в якій кажуть, що незважаючись на прохання, Зіновьєва та 15 инших було засуджено й розстріляно в 1936 р. Тому «в світовій публичній опінії піднялись поважні сумніви у справедливости присудів. Засуд. Радека також викликав поважний осуд і з того часу сотні людей розстріляно без прилюдного суду». Телеграма звертає увагу московського уряду на те, що такі засуди шкодять робітничій справі у світі та осуджує совітську пресу, яка жадає смертної кари для всіх обвинених ще поки справи буде виясненa в суді.

Нова чистка викликала в анґлійській пресі велике враження й загальний осуд.

У Варшаві група маніфестантів вибила шиби в совіт. амбасаді.

Кажуть, що маршал Эгоров втратив ласку в Сталіна і тому його начебто переведено на Далекий Схід.

10 ГОДИН ВРЯТУВАЛИ ЛЮДСТВО

В кінці м. р. гайдельберґський астроном, пр. Рейнмут, відкрив невідому дотого нову зорю, яка наближалася до землі. З усіх кінців світу астрономічні обсерваторії направили свої далековиди на загадкову небесну появу. Одні з них вбачали в новій зорі планету і, нарешті, треті доказували, що то просто якийсь великий метеор.

Рух новововідкритого небесного тіла йшов фатально в напрямку на лінію руху (орбіту руху) нашої землі! Через те, що згадане небесне тіло з'явилось несподівано, то вчені нічого докладнішого про нього не знали, як тільки те, що воно почало загрожувати всесвітньою катастрофою нашій планеті. Зудар мав наступити десь у ночі між 29 і 30 жовтня м. р.

Зудар міг або розвалити нашу землю на кілька частин, або струснути нею так, що суша, вода, огонь і гази — все перемішалося б, або, врешті, коли б комета тільки пройшла близько нас, то й тоді вона могла б зрушити т. зв. вісь землі, а це значить, що моря, суша, кліматичні зони — все раптом переплуталося б, настав би потоп, горяч, холод і т. п.

Але — всі ці нещастя, разом з кометою, яку вчені назвали «Ґ. В. 1937», які надходили до нас з усесвітніх просторів, так і пішли в ті простори, залишивши нас у спокою. У моменти проходження невідомої комети через орбіту землі, наша планета знаходилась од точки можливого зудару на дістанції 1.160.000, клм, які ми, на нашій матусі-землі, пролітаємо на протязі 10 год.

Все наше щастя, що земля запізнилася прибути в те фатальне місце на згадані 10 год., які при астрономічних обрахунках, вважаються незначною дрібницею!

Сучасна наша наука астрономії не знає ні одного випадку, щоб небезпека зі сторони неба була такою близькою і страшною, як то сталося в згадану ніч з 29 на 30 жовтня м. р.

Найближча дістанція, яка до сієї пори ділила землю од можливого зудару з кометою, це момент пересічення земної орбіти кометою Лепселя в 1770

JORNAIS ESTRANGEIROS

ATENEO | *Buenos Aires*

CONSELHO EDITORIAL	NÃO IDENTIFICADO
PERFIL	ANARQUISTA
PERIODICIDADE	NÃO IDENTIFICADA
PROCESSO GRÁFICO	TIPOGRÁFICO
LOCAL DA EDIÇÃO	BUENOS AIRES (ARGENTINA)

Histórico

Ateneo, periódico libertário publicado em Buenos Aires, apresentava-se como Boletín Del Ateneo Cultural Juventud, Federación O. C. Navales. Nas décadas de 1920 e 1930, era comum a troca de jornais entre os diferente grupos anarquistas distribuídos pelos principais centros urbanos da América Latina. Tanto a imprensa libertária internacional como a nacional visavam transformar o indivíduo como um todo, relacionado com a contemporaneidade dos fatos. Procuravam, na sua maioria, "construir" vínculos históricos com o passado recente ao rememorar datas significativas para o fortalecimento da identidade anarquista. Neste contexto, a trajetória dos anarquistas espanhóis emerge como matriz fundamental para a memória ainda não cristalizada, conforme artigo "La dos Espanas" (*Ateneo*, nº 3). Além do *Ateneo* circulavam no Estado de São Paulo muitos outros jornais importados como *La Protesta*, *L'Adunatta dei Reffratari*, *Tierra y Liberdade*, *El Luchador* e *La Obra*.

Motivo da apreensão

O exemplar nº 3 foi apreendido em 1941, em um bonde da Linha Penha-Lapa, em São Paulo. Fazia parte de um material impresso vindo do estrangeiro, endereçado a "Anarquistas, Caixa Postal 195", cujo titular era Edgard Leuenroth. Manoel Seabra, investigador da Seção de Ordem Social ficou aguardando no correio até que alguém viesse apanhar o pacote suspeito. Este material foi retirado por Benedito Romano, militante anarquista preso em flagrante.

O exemplar nº 3 relembrava o exemplo dado há alguns anos pelo povo espanhol, organizado pela FAI, CNT e UGT. A Espanha era apresentada como um modelo que deveria ser seguido oportunamente pelo proletariado mundial submetido, naquele momento, ao jugo de regimes nazista e fascista. Segundo este jornal, o povo espanhol, não obstante sua bravura, foi entregue à própria sorte pelos governos que se intitulam democráticos, devido à política de não-intervenção. Acusa-se os governos democráticos de formarem uma "quinta coluna" com franquistas e bolchevistas. A versão apresentada era de que as forças de Francisco Franco haviam vencido há cinco anos, porém a força revolucionária do povo espanhol permanecia e ainda haveria de triunfar. O *Ateneo* trazia notas informando sobre palestras já realizadas e por realizar, cujos temas extrapolavam o universo político como, por exemplo: a tuberculose e o sexo. Neste número há um convite para um festival artístico dançante, cuja arrecadação seria destinada à compra de livros para a biblioteca popular em formação.

Prontuário: 1.262
Prontuariado: Benedito Romano – vol. 1
Remissão: 1.020

Año 1 | Núm. 3 | Buenos Aires, Julio de 1941 | Sec.: Olavarria 738

No más tiranos ni tiranias, Argentinas o Extranjeras, toda tirania es infernal y sacrilelega.
Si el Argentino es tirano o tiene ideas retardatarias, muera el Argentino.
Si el Extranjero es liberal y tiene ideas progresistas viva el Extranjero.
El Culto a las Ideas, no a las Personas.
El Trono a las virtudes, no a los Hombes.
J. B. Alberdi

ATENEO

EL pueblo, la carne y el espiritú del pueblo debe sentir y demostrar, para ser realmente fuerte, la más profunda comunidad de ideas y sentimientos, debe ser uno: un solo organismo, grande y poderoso, que sin desconocer los deberes conquiste los derechos.
L. V.

Toda juventud es inquieta. El impulso hacia lo mejor solo puede esperarse de ella. Jamás los enmohecidos y serviles.
José Ingenieros

Boletín del Ateneo Cultural Juventud, Federación O. C. Navales

1936 - 19 de Julio - 1941

LAS DOS ESPAÑAS

★

Se cumple otro aniversario de aquella hermosa gesta revolucionaria, en que las dos fuerzas poderosas del proletariado Español embanderadas en la C. N. T. - U. G. T., más la F. A. I. dieron por tierra con la nefasta intentona de los militares y políticos que se alzaron contra todo derecho y toda justicia.

España tiene en esta fecha una doble significación.

Nos dió una fórmula y una lección, que de haber sido aprovechada oportunamente por el proletariado mundial, a estas horas no tendría que soportar el mundo el azote del nazi-fascismo y de otras calamidades que han recrudecido en estos últimos años para mal de todos.

Se dijo y pudo probarse, que España sería la sepultura de los regímenes de fuerza, que encarnaban sustancialmente, Italia, Alemania y otros países, razón por la cual, la liberación de los pueblos sería un hecho hermoso e inmediato.

Pero a España, se le dejo librada a su propia suerte y a sus propias fuerzas. Se hizo más; una confabulación de los llamados gobiernos democráticos, a través de un "comité de no intervención" cercaron a esa tierra de héroes y la asficiaron; la quinta columna formada por las huestes de Franco y por los bolcheviques, descompusieron la retaguardia llamada "leal" y el desastre coronó el sacrificio sin par de esas poderosas y audaces fuerzas revolucionarias.

Naturalmente España, es una medalla de doble faz.

Hay cara y cruz. La una sigue siendo aún una esperanza y la otra se va paso a paso hacia el pasado, bochornosa e inquisitorial, para reconstruir sobre las ruinas de esta España desgarrada y tragediante "un nuevo orden" que huele a cadáver y que aulla de odio e impotencia.

Pero, para esa parte del pueblo que lleva en sus entrañas la sabia de su conciencia libertaria y que ama a su heroísmo hasta la exacervación, no se ha escrito aún la última página de su historia bizarra y espartana. Es que no la ha realizado todavía. Han de rehacerse casi milagrosamente y nos darán tantas sorpresas redentoras, como matices tiene el ideal que los dinamiza.

Su historia no terminará nunca. A no dudarlo que ella es eterna como su origen racial que se pierde en la noche sin fin de los tiempos y de las remotas tribus prehistóricas ahitas de libertad.

Por eso, fuerzas poderosas que sintetizan anhelos y pensamientos de futuro, tienen en Iberia un denominativo común: C. N. T. - U. G. T. . F. A. I.

Cinco años hace que a punta de fe y coraje, basurearon a los traidores y vendepatrias de arriba y de abajo, de adentro y de afuera.

No ha vencido aún la hidra "franquista" sobre los rebeldes

Continúa en la pág. 2

Arrebatadnos los bienes de fortuna, encerradnos en mazmorra, pero dejadnos hablar.

AVANZADA | *Buenos Aires*

CONSELHO EDITORIAL	NÃO IDENTIFICADO
PERFIL	ANARQUISTA
PERIODICIDADE	NÃO IDENTIFICADA
PROCESSO GRÁFICO	TIPOGRÁFICO
LOCAL DA EDIÇÃO	BUENOS AIRES (ARGENTINA)

Histórico

Persistiu nos anos 30 um intenso intercâmbio de informações entre os vários núcleos anarquistas latino-americanos e europeus. Jornais e revistas funcionavam como importante meio de comunicação, aproximando os ativistas entre si de forma a dar uma certa unidade ideológica ao movimento. Uma das estratégias era noticiar problemas comuns sugerindo resistência sistemática e intensificação de lutas em prol dos ideais libertários.

Motivo da apreensão

O nº 6 de *Avanzada*, Organo de Las Juventudes Libertarias de Buenos Aires, foi apreendido pelo DEOPS/SP em 1941 em um bonde da Linha Penha-Lapa, em São Paulo. Fazia parte de um material impresso vindo do estrangeiro, endereçado a "Anarquistas, Caixa Postal 195", cujo titular era que Edgard Leuenroth. Manoel Seabra, investigador da seção de Ordem Social ficou aguardando no correio até que alguém fosse apanhar o pacote. Este material foi retirado por Benedito Romano, militante anarquista que preso na ocasião. O exemplar sugeria que se fizesse uma greve geral pela libertação dos presos de Bragado: Vuotto, Mainini e De Diago que, segundo o jornal, eram inocentes. Em 5 de agosto de 1931, foi detonada uma bomba na casa do senador da província de Blanch em Bragado, causando a morte de duas pessoas. A polícia deteve, imediatamente três trabalhadores anarquistas, obtendo por meio de tortura suas respectivas confissões. Segundo o *Avanzada*, de junho de 1941, esta postura policial foi tomada com a intenção de semear o terror em meio ao movimento operário e afastar seus líderes mais combativos. Este atentado, de acordo com o jornal, teria origem na disputa entre caudilhos políticos. O processo judicial durou dez anos e terminou com a sentença de prisão perpétua aos três acusados, sendo que um deles suicidou-se na prisão.

Raros colaboradores arriscavam-se a assinar seus artigos; entre eles temos Ernesto Del Monte.

Prontuário: 1.262
Prontuariado: Benedito Romano – vol.1

Avanzada

ORGANO DE LAS JUVENTUDES LIBERTARIAS DE BUENOS AIRES

AÑO I — BUENOS AIRES, JUNIO DE 1941 — No. 6

DE PIE POR LA LIBERTAD DE LOS PRESOS DE BRAGADO

Con el pronunciamiento de la Suprema Corte de Justicia de la Provincia de Buenos Aires, se ha asestado el golpe de gracia sobre las cabezas de los tres camaradas que durante diez años ls mantuvieron erguidas con valor y hombría, proclamando a todo el mundo su [illegible]

En un supremo esfuerzo moral han sobrellevado la cadena de torturas y sufrimientos, por un delito grave... para la justicia de clase, el gran crimen de pensar de ser anarquistas, de luchar por la emancipación proletaria.

Con el vigor que saben tener los luchadores revolucionarios, con la firmeza caracterizada en los combatientes sociales, recibieron los camaradas de Bragado la sentencia. Confiando en sus hermanos de clase, se disponen nuevamente a afrontar las jornadas oscuras a que los ha sometido una justicia salvaje.

Pero si la Suprema Corte de la Provincia, si la reacción, si la confabulación policíaca-estatal se han pronunciado, también han dado su enérgico fallo el proletariado del país, todas las conciencias honestas y todos los pueblos de América: VUOTTO, MAININI Y DE DIAGO SON INOCENTES!

Hace falta que este fallo popular se enfrente con el de la burguesía. Hace falta que se convierta en acción, tome cuerpo y se manifieste en una huelga general de protesta y en una vasta agitación incansable, hasta que los torturados de Bragado estén con nosotros.

Compañeros del Comité Pro-Presos de Bragado, camaradas de los sindicatos, hombres de todos los ambientes populares, jóvenes obreros, campesinos y estudiantes: las JUVENTUDES LIBERTARIAS afirmamos, recogiendo la última y triste experiencia, que la libertad de los presos de Bragado depende de la acción enérgica del proletariado y su movilización general, recurriendo a los medios auténticamente revolucionarios, como es el de la HUELGA GENERAL. Todo otro medio legal no hará más que alargar las gestiones.

Sepamos ser consecuentes con [illegible] la solidaridad proletaria. Arranquemos a nuestros presos de las rejas, en una demostración magnífica de la fuerza del proletariado organizado y del triunfó de la verdadera justicia.

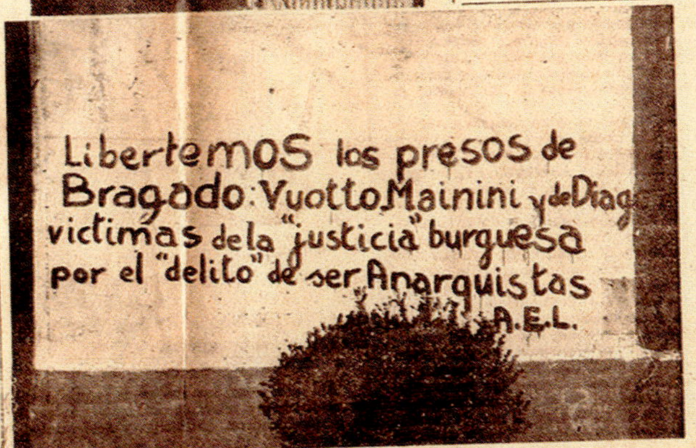

Libertemos los presos de
Bragado: Vuotto Mainini y de Diag
victimas de la "justicia" burguesa
por el "delito" de ser Anarquistas
A.E.L.

Joven: Como en este muro, debe grabarse en su conciencia la voluntad firme e inquebrantable de arrancarlos de la cárcel.

CENTRAL VEREIN ZEITUNG | *Berlim*

CONSELHO EDITORIAL	DR. ALFRED HIRSCHBERG (REDATOR-CHEFE EM BERLIM E PROCURADOR EM SÃO PAULO)
PERFIL	JUDAICO
PERIODICIDADE	MENSAL
PROCESSO GRÁFICO	TIPOGRÁFICO
LOCAL DA EDIÇÃO	BERLIM (ALEMANHA)

Histórico

O *Central Verein Zeitung* deve ser incluído entre as principais fontes de leitura da comunidade alemã asquenazim radicada em São Paulo principalmente nas décadas de 1920-1930. *Central Verein Zeitung*, órgão informativo da Associação Central de Cidadãos Alemães de Fé Judaica (Juedischer Central-Verein) começou a ser publicado em Berlim (Alemanha) em 1922 e circulou até 1938. Tanto o periódico como a Associação eram reconhecidos pelas siglas "CV" e posicionavam-se como defensores dos direitos (plenos) de cidadania aos judeus alemães, posição desprezada por aqueles que haviam adotado uma orientação sionista. O periódico deve ser lembrado pelo importante papel que desempenhou junto aos milhares de judeus da Diáspora carentes de palavras que elevassem a sua moral e auto-estima.

A sede central do periódico *C.V. Zeitung* era em Berlim, contando com dezoito sedes regionais espalhadas por toda a Alemanha. A associação Juedischer Central-Verein tem suas raízes no século XIX quando foi fundada na Alemanha, em 1893, a Central-Verein Deutscher Staatsbuerger Juedischen Glaubens (C.V). Esta tinha como objetivo reunir cidadãos alemães de fé judaica, sem distinção da orientação religiosa e política, de forma a fortalecê-los na luta pela igualdade cívica e social. Chegou a contar com mais de setenta mil associados em mais de 3 250 localidades. Em 1935 adotou o nome de Central-Verein der Juden in Deutschland e, em 1936, mudou para Juedischer Central-Verein. Por ocasião do progressivo cerco nazista aos judeus que ainda se encontravam na Alemanha, o *Central Verein Zeitung* procurou sugerir possíveis refúgios para aqueles que ainda tinham condições para emigrar. Os mais ortodoxos preocupavam-se em encontrar um centro que lhes possibilitasse dar continuidade aos seus princípios e tradições judaicos. Nesta época, Frankfurt era considerada como o centro mais ortodoxo da Alemanha.

Em São Paulo, um grupo de jovens judeus alemães fundaram a Kanaken, pequena associação de cunho fechado – e que criticava ostensivamente a CIP – modelada segundo a Kameraden, organização desportiva e excursionista juvenil do *C.V.* (Alemanha). Estes jovens eram liderados por Bob Goldstein e Hans Sonntag, dedicados a estreitar os laços de solidariedade e amizade entre os filhos dos refugiados do nazifascismo. Apesar da linha mais liberal assumida pelo Rabino Pinkuss, muitos destes refugiados alemães adotaram a CIP sediada em São Paulo como o centro de sobrevivência do judaísmo.

A redação do *C.V. Zeitung* foi fechada pela Gestapo em 10 de novembro de 1938. Esta data é simbólica pois marca o fim do judaísmo alemão asfixiado pelas leis anti-semitas adotadas pelo III Reich. Foi entre os dias 9-10 de novembro que ocorreu a drástica Noite dos Cristais (*Kristallnacht*), ação nazista que destruiu cerca de 7 500 lojas de judeus alemães e austríascos, além de serem incendiadas 191 sinagogas, deixando centenas de mortos.

O Dr. Alfred Hirschberg (1905-1971) – posteriormente funcionário da CIP – esteve diretamente ligado ao *C.V.* (Central-Verein der Judeun in Deutschland) onde atuou como redator-chefe da *C.V. Zeitung*. Segundo a pesquisadora Alice Irene Hirschberg, o Dr. Alfred deixou Berlim em janeiro de 1939, após ter sido internado no campo de concentração de Sachsenhausen em 10 de novembro de 1938. Permaneceu em Londres até agosto de 1940, quando emigrou para São Paulo

C.V.-Zeitung

Central-Verein-Zeitung

XVI. Jahrg. / Nr. 25
Berlin, 24. Juni 1937
Preis 10 Pfennig

ALLGEMEINE ZEITUNG DES JUDENTUMS

Geschäftsstelle (Verlag, Schriftleitung, Anzeigenannahme, Vertriebsabteilung): Berlin W 15, Emser Strasse 42. **Fernsprecher:** J 2 Oliva 8141—45. **Telegramm**[illegible]**dresse:** Centralglauben, Berlin. **Postscheckkonto:** Berlin 70344. Die C.V.-Zeitung **erscheint wöchentlich am Donnerstag. Redaktionsschluss: Dienstag.** Bestellungen nimmt jedes Postamt und die Geschäftsstelle entgegen. **Zustellung** erfolgt durch die Post, die die Gebühren durch den Postboten erhebt. **Bezugspreis** vierteljährlich 81 Rpf. (einschl. 22,74 Rpf. Postzeitungsgebühr) zuzügl. 18 Rpf. Bestellgeld. Für Ausland vierteljährlich 2,30 RM (u [illegible]ngerechnet [illegible]andeswährung) einschl. Zustellgebühren. Einzelnummer 10 Rpf. (Ausland 20 Rpf.) Im Falle höherer Gewalt besteht kein Anspruch auf Nachlieferung oder Rückvergütung der gezahlten Beträge. — Anzei[illegible]engebühren: P[illegible]e 5 gültig. Die 12gespaltene mm-Zeile 20 Rpf., für Stellengesuche 10 Rpf., für Familienanzeigen 16 Rpf., weitere ermässigte Grundpreise s. Preisliste. Einzelanzeigen nur gegen Vorauszahlung. — Anzeigen[illegible]schluss: Diens[illegible] [illegible]atz- u. Datenvorschriften ohne Verbindlichkeit.

Danzig

Schicksale und Aufgaben

DANZIG, Juni 1937.

Aus der geographischen Situation Danzigs resultiert nicht nur seine eigenartige völkerrechtliche Stellung, sondern ebenso lässt sich aus dieser Lage und ihrer völkerrechtlichen Formung das Schicksal der jüdischen Gemeinschaft in Danzig ableiten. Es steht unter dem Einfluss der Machtfaktoren ringsum, es wird aber auch gestaltet durch die Einwirkung der jüdischen Welt aus Ost und West, und letzten Endes erhält das Gesicht der jüdischen Gemeinde in Danzig sein Gepräge durch den Umfang und die Schichtung des Zuzugs, der von Ost nach West nach Danzig kommt.

Vom 1. Januar bis 31. Dezember 1936 kamen insgesamt 435 Zuwanderer nach Danzig, während 320 Juden Danzig verliessen. Es verblieb also ein Ueberschuss von 115 Personen in der Gemeinde. Untersuchen wir diese Bevölkerungsbewegung nach den verschiedenen Ländern der Herkunft und des Zieles, so ergibt sich, dass aus Polen 282 Zuzüge kamen, denen 134 Fortzüge gegenüberstanden, mithin ein Zuzugsüberschuss von 148 Personen. Aus Deutschland kamen 103, nach Deutschland gingen 30, mithin ein Zuzugsüberschuss von 73 Personen. Während also im Falle Polen die Zahl der Zuziehenden etwa doppelt so hoch war wie die Zahl der Fortziehenden, war sie im Falle Deutschland mehr als dreimal so hoch. Absolut betrachtet war der Gemeindezuwachs aus Polen doppelt so gross wie der Zuwachs aus Deutschland. Dabei ist noch zu erwähnen, dass die unselbständigen Familienangehörigen nicht mitgerechnet sind, deren Zahl bei den Zuzügen aus Polen höher angenommen werden muss als bei den Familien aus Deutschland. Was die Auswanderung betrifft, so gingen u. a. nach Palästina im Jahre 1936 38 Menschen, nach Polen 134, nach Uebersee 6, nach anderen Ländern Europas ausser Deutschland 114. Eine zahlenmässig bedeutende Abwanderung hat das Jahr 1936 also noch nicht gebracht.

Gegenüber dem Zuwachs, den die Danziger Gemeinde im Jahre 1936 durch Zuwanderung erhielt, ist der natürliche Bevölkerungszuwachs nicht zu übersehen, der durch das Ueberwiegen der Geburten über die Todesfälle sich errechnet. Im Jahre 1936 standen 72 Todesfälle 97 Geburten gegenüber, also ein Mehr von 25 Prozent. Diese erfreuliche Tatsache erklärt sich zu einem Teil natürlich daraus, dass in Danzig bisher eine starke Auswanderung der jüngeren Jahrgänge nicht stattgefunden hat und auch ein so starker Rückgang der Geburtenzahl nicht zu verzeichnen ist wie in Deutschland. Aber in der Hauptsache ist der Geburtenüberschuss doch daraus zu erklären, dass die Danziger Gemeinde aus West und Ost in durchaus verschiedener Weise sich rekrutiert. Während der westjüdische Teil der Gemeinde ungefähr dem Altersaufbau der jüdischen Gemeinden Deutschlands vor dem Jahre 1933 entspricht, also eine starke Ueberalterung und eine relativ geringe Besetzung der Jahrgänge unter 20 zeigt, liegt es beim ostjüdischen Teil beinahe umgekehrt. Hier gibt es einen ausserordentlichen Kinderreichtum, auch oder gerade in proletarischen Verhältnissen, und eine weniger starke Vertretung des Greisenalters, da naturgemäss alte Leute unter den Zuwanderern aus Polen weniger vertreten sind als Menschen der mittleren Jahrgänge, die sich erst Existenzen und Familien gründen wollen. So stellt dann der Geburtenüberschuss der Danziger Gemeinde indirekt eine Auswirkung der Wanderungsbewegung dar, und an unseren Schulen zeigt sich am deutlichsten, wie die Zusammensetzung der Gemeinde sich durch alle diese Momente wandelt.

Einheit als Grundlage

Die Voraussetzung aller fruchtbaren Gemeindearbeit in Danzig kann nur die Zusammenarbeit aller jüdischen Gruppen sein, und zwar nicht aus irgendwelchen verschwommenen Gefühlen heraus, sondern aus der nüchternen Erkenntnis, dass eine Gruppe ohne die andere mit den Aufgaben nicht fertig werden würde, die an dieser Gelenkstelle im Körper der Judenheit zu bewältigen sind. Das vorige Jahr hat uns einen neuen Beweis gebracht, dass dieser Wille zur Zusammenarbeit in allen Lagern besteht, indem die Repräsentan[illegible] im November 1936 sich auf die Aufstellung einer Einheitsliste beschränkte und somit das bisherige Gleichgewichtsverhältnis unter den jüdischen Gruppen in der Gemeindeverwaltung weiterhin gesichert wurde. Demgemäss setzt sich die Repräsentantenversammlung der Gemeinde aus sieben Religiös-Liberalen, sieben Vertretern der Jüdischen Volkspartei und einem Vertreter der Agudah zusammen, während den Vorstand fünf Religiös-Liberale und fünf Vertreter der Volkspartei bilden. Den Vorsitz in der Repräsentanz stellen die Zionisten, den Vorsitzenden des Vorstandes die Religiös-Liberalen.

Auf religiösem Gebiet war die Leitung der Gemeinde mit Erfolg bemüht, allen berechtigten Bedürfnissen der verschiedenen religiösen Gruppen gerecht zu werden. Das Verwaltungsjahr 1936 begann mit der Wiederberufung eines orthodoxen Rabbiner nach Danzig und leitete damit eine fruchtbare Arbeit im orthodoxen Sektor der Gemeinde ein.

Während die Synagoge in Tiegenhof (im Danziger Westen gelegen) nach dem Zusammenschmelzen der dortigen Gemeinde aufgegeben werden musste, konnten ihre Tradition, die Weiterbenutzung ihrer Kultgeräte in der Betstube eines orthodoxen Jugendvereins in Danzig erhalten werden.

Die völlige Einmütigkeit in der Hochschätzung der religiösen Bedürfnisse unserer Gemeinschaft fand ihren Ausdruck nicht zuletzt darin, dass Männer aller re[illegible] [illegible] Schattierungen miteinander wetteiferten, um auf dem Gebiete der Schechita erträgliche Verhältnisse wiederherzustellen.

Jüdische Schule

Fand die Arbeit auf diesen Gebieten ihre Grenzen an den Verhältnissen unserer Umwelt, so war unser Werk dort, wo wir im eigenen Kreise zu arbeiten vermochten, von Erfolg begleitet. Hier ist in erster Reihe das Aufblühen des jüdischen Schulwerks in Danzig zu nennen. Zum ersten Male bereitete das Jahr 1936 die Möglichkeit, nahezu alle jüdischen Kinder im schulpflichtigen Alter der jüdischen Schule zuzuführen. Aus eigenen Mitteln schloss die Synagogengemeinde an die Grundschuljahrgänge der jüdischen Volksschule eine Auffangklasse für das 5. bis 8. Schuljahr an in Gestalt einer Sammelklasse, die sich starken Zuspruchs erfreute. Als das Jahr 1936 mit der Schulentlassung einer Reihe von Schülern dieser Sammelklasse abschloss, hatte es zum ersten Male den Ablauf des Schullebens zum Ende gebracht.

Die Jüdische Volksschule in Danzig ist im stärksten Masse von den schicksalsmässigen Gegebenheiten der jüdischen Bevölkerungsbewegung beeinflusst. Man kann sagen, dass ohne den zahlenmässig ausserordentlich hohen Anteil der Kinder polnischer Herkunft eine jüdische Volksschule in Danzig in grösserem Umfange überhaupt nicht denkbar wäre. Auf der anderen Seite ist der Aufgabenkreis der Volksschule durch zwei Momente charakterisiert:

Peel-Bericht unterzeichnet

London, 22. Juni. Amtlich wird der Jüdischen Telegraphen-Agentur mitgeteilt, dass der Bericht der Kgl. Kommission für Palästina am 22. Juni, nachmittags, unterzeichnet worden ist. Der Bericht wird Seiner Majestät sofort unterbreitet werden.

Die Unterzeichnung des Peel-Berichts kann die Spannung, die die jüdische Welt erfüllt, begreiflicherweise noch nicht lösen. Denn über seinen Inhalt wird auch heute nichts Authentisches bekannt. Wir bringen weiter unten eine Blütenlese der Kombinationen, die in der letzten Woche entstanden waren. Es ist nicht erforderlich, sich noch in diesem Augenblick kritisch mit ihnen auseinanderzusetzen. Es scheint vielmehr notwendig, die Zeit bis zur Veröffentlichung des Berichts zu nutzen, um innerhalb der am Palästinawerk interessierten jüdischen Kreise auf eine Konzentration der inneren Kräfte und stärkste Disziplin hinzuwirken.

Auch die Nichtzionisten empfinden die grosse Krise des Palästina-Werks, die der Peel-Bericht, gleichgültig wie er ausfällt, mit sich bringen muss, als etwas, was sie aufs stärkste angeht. Sie wollen nicht bequem Verantwortung und Pflichten für das, was kommen kann, dem Zionismus oder den zionistischen Gruppen überlassen, sondern sie werden gerade auch jetzt bereit sein, auf dem Platz zu stehen, den sie kraft des Palästinamandats innerhalb der Jewish Agency innehaben.

Das Rätselraten

Je näher der Termin für die Bekanntgabe der Vorschläge der Königlichen Kommission rückt, desto heftiger wird das Rätselraten. Es lohnt kaum noch, alle Versionen, die heute die bereits vollzogene Unterschrift unter den Teilungsplan, morgen das endgültige Fallenlassen dieses Projektes ankündigen, einzeln zu verzeichnen. Grössere Beachtung verdient lediglich ein Bericht des gewöhnlich gut informierten Londoner „Daily Herald", der die zwischen dem arabischen und dem jüdischen Gebietsteil zu ziehenden Grenzen folgendermassen festlegt: der jüdische Staat werde aus einem Küstenstreifen bestehen, der von Syrien bis nach Gaza reichen, im Norden aber auch den grössten Teil von Galiläa umfassen werde. Der arabische Staat werde ein breites Dreieck bilden, das sich zunächst vom See Genezareth bis nach Beer Sheba und bis zum jenseitigen Ufer des Toten Meeres erstrecken werde. Jerusalem und Bethlehem werden zu einer britischen Mandatszone gemacht werden. In Haifa würden den Juden, in Jaffa den Arabern besondere Rechte vorbehalten werden. Durch zwei „freie Korridore" zwischen Haifa und Beisan einerseits und Jaffa, Jerusalem und dem Nordufer des Toten Meeres andererseits würden dem Araberstaat Zugänge zur See verschafft werden. Der jüdische Staat werde zu einem Dominion innerhalb des britischen Reiches gemacht werden, der Araberstaat solle unter der Souveränität des Emirs von Transjordanien Selbstverwaltung erhalten. Der Teilungsprozess werde eine Uebergangszeit von drei bis fünf Jahren erforderlich machen.

Arabische Kreise propagieren neuerdings eine Lösung, die Palästina und Syrien gemeinsam umfassen soll. Die in Damaskus erscheinende Zeitung „Alif Ba" behauptet, aus sicheren Quellen zu wissen, dass eine Verständigung zwischen England und Frankreich das folgende Ergebnis erzielt habe: 1. Im Libanon wird der Status quo aufrechterhalten; 2. in Nordsyrien wird ein eigener Staat geschaffen, der den Sandschak Alexandrette und die Wilajets Aldjazira und Aleppo umfassen und in ein Vertragsverhältnis zu Frankreich treten soll; 3. Transjordanien wird mit Damaskus, Homs und anderen benachbarten Gebieten vereinigt werden und in einem Vertragsverhältnis zu England stehen; zu diesem Reich soll auch der arabische Teil Palästinas gehören; 4. der syrische Staat wird sich, falls der Irak zustimmt, an diesen anschliessen, so dass ein von Basra bis an die Grenzen Aegyptens reichendes arabisches Staatswesen entsteht.

Die arabische Presse Palästinas greift diese Meldungen auf und vertritt den Standpunkt, dass England und Frankreich sich unter der Bedingung mit der Schaffung eines solchen arabischen Staatenbundes einverstanden erklären würden, dass die arabischen Staaten ihrerseits die Errichtung des Judenstaates anerkennen.

Während in dieser Weise neuartige und sehr beachtliche Kombinationen die politischen Konsequenzen des Teilungsplanes bis in Einzelheiten festlegen, tauchen gerade in den letzten Tagen auch wieder anderslautende Gerüchte auf, und zwar sowohl in New-York wie in den Jerusalemer arabischen Blättern „Adifaa" und „Felestin", nach denen der Teilungsplan überhaupt begraben sein soll. Nach den dort erschienenen Meldungen werde man schliesslich doch zu den alten Mitteln der Einwanderungsbeschränkung und des Bodenkaufverbotes seine Zuflucht nehmen. Wie wenig man grundsätzlich von seinen radikalen Forderungen abzugehen geneigt ist, geht daraus hervor, dass der Mufti von Jerusalem beim Präsidenten der Vereinigten Staaten, Roosevelt, gegen die Bemühungen der Juden und ihre Unterstützung seitens der Vereinigten Staaten protestiert hat.

E. R.—J.

após contatos com o Dr. Luiz Lorch. Em 1941, Hirschberg tornou-se Diretor Superintendente da CIP além de assumir a chefia de redação da *Crônica Israelita*, órgão informativo da CIP e que circulou quinzenalmente entre 1939-1969.

Motivo da apreensão

Em 9 de novembro de 1937, os investigadores do DEOPS de São Paulo entraram na sede do Jardim da Infância "Judeu-Alemão" mantido pela CIP – Congregação Israelita Paulista. Após "rigorosa" verificação, os investigadores responsáveis pela busca recolheram todo o material que "continha objeto de interesse para a Polícia em defesa da ordem política e social". Durante este ato foram confiscados, além de vários outros documentos: cinco exemplares do jornal alemão *Central Verein Zeitung*, órgão central dos judeus alemães, editado em Berlim; dezesseis exemplares de *Judische Kundschau* (*Panorama Judaico*) com notícias do mundo, publicado em Berlim; um exemplar de *Kinder-Rundschau*, publicado em Berlim; quatro exemplares do jornal *Mitteilungen*, editado pela CIP; vinte exemplares da revista *Tage-Buch*, editada em Paris-Amsterdam; e dois exemplares do jornal *Gemeinde Blatt*, registrado no prontuário como "órgão oficial do sindicato judaico daquela capital". Esta denúncia deu origem, anos mais tarde, a uma série de investigações em torno das atividades do Dr. Luiz Lorch, um dos fundadores da CIP e presidente do Comitê Auxiliar do JOINT em São Paulo.

Para maiores detalhes sobre a apreensão, ver ficha do jornal *Mitteilungen / São Paulo*, p. 170.

Prontuário: 4.705
Prontuariado: Congregação Israelita Paulista
Remissões: 95.127, 105.673

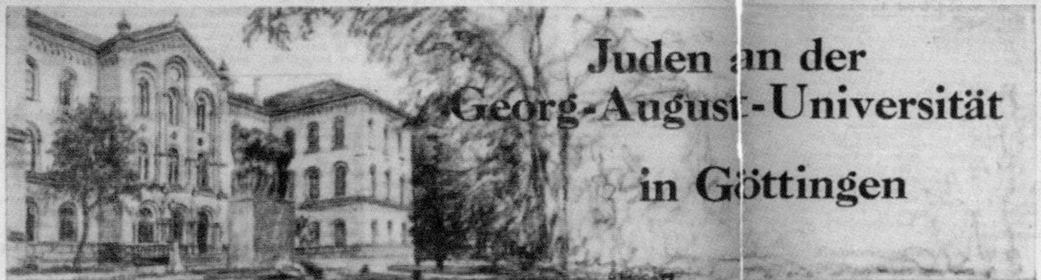

Juden an der Georg-August-Universität in Göttingen

Zu ihrer 200-Jahr-Feier

Von Walter Proskauer, Göttingen-Berlin

Im Juni 1737 ist die Georg-August-Universität in Göttingen eingeweiht worden. Georg II., Kurfürst von Hannover und König von England, hatte gute Gründe, die Landesuniversität nach Göttingen zu legen. Die Stadt hat eine besonders reizvolle landschaftliche Lage. Die Berge des Harzes, die Weser mit ihren Höhen, das anmutige hessische Bergland bilden den Rahmen der Landschaft. Die Ruine Hardenberg auf steilem Fels bei Nörten, die Plesseruine im Göttinger Wald mit dem altberühmten Tanzplatz Mariaspring an ihrem Fuss, die Burgfeste des Hansteins, von deren Söller man einen prächtigen Blick auf die feingeschwungenen Berge des Werratals hat, liegen rings um das Göttinger Land. Und in der Stadt selbst zeigen die zarte Gotik der Jakobikirche, die wohl abgewogenen Maasse der Johannis- und Albanikirche, die Fassade des Junkernhauses, das Grätzelsche Haus am Leinekanal, das Rathaus die Kunst der Göttinger Baumeister. Dass in dieser Stadt 1777 der Hainbund entstand, ist kein Zufall. Seitdem die Göttinger Professoren Gauss und Weber den ersten elektrischen Telegraphen bauten, seitdem Wöhler die erste Synthese eines organischen Stoffes, des Harnstoffes, gab, hat Göttingen auf dem Gebiete der Naturwissenschaft und Mathematik Weltgeltung. Unsere Absicht ist es, darzutun, welchen Anteil Juden als Lehrer dieser Universität an ihrer wissenschaftlichen Leistung haben.

Mathematik und Naturwissenschaft

Die mathematische Astronomie lehrte von 1845 bis 1851 Benjamin Goldschmidt. Er veröffentlichte Untersuchungen über die magnetische Deklination in Göttingen. Als Professor für Mathematik wirkte von 1859 bis 1894 Moritz Stern. Sein Arbeitsgebiet waren Kettenbrüche und algebraische Analyse. Er nahm lebhaften Anteil an den damaligen Reformbestrebungen des Judentums und schrieb einen seinerzeit berühmten Brief an Gabriel Riesser. Auch über biblische Themen, und zwar über die Sternenbilder des Buches Hiob hat er gearbeitet. Von 1874—75 lehrte Lazarus Fuchs die Mathematik. Er war der Begründer der modernen Theorie der linearen Differenzialgleichungen. Später wurde er nach Berlin berufen, wo er 1899 das Rektoramt bekleidete. Einen besonderen Aufschwung nahm die mathematische Wissenschaft mit der Lehrtätigkeit Hermann Minkowskis (1902 bis 1914). Er war der Bruder des bekannten Breslauer Internisten und Erforschers der Zuckerkrankheit. Hermann Minkowski hatte einen charakteristischen Zug zur Universalität, die gerade bei Göttinger Gelehrten zur Tradition geworden ist. Er reichte in seinen Interessen weit über die Grenzen der Mathematik hinaus in die theoretische Physik und Philosophie hinein. Wie der Philosoph Husserl auch Mathematiker war, so war der Mathematiker Minkowski auch Philosoph und theoretischer Physiker. Er hat grundlegende Studien über Zahlentheorie veröffentlicht. Besonders bemerkenswert ist es, dass er mit Lorenz und anderen die mathematische Grundlage der Relativitätstheorie gelegt hat. Er hat gelehrt, die drei Dimensionen des Raumes mit der einen Ausdehnung der Zeit zu einer vierdimensionalen Mannigfaltigkeit, der „Welt", zusammenzufassen. Die Bedeutung Edmund Landaus ist kürzlich anlässlich seines 60. Geburtstages gewürdigt worden. Er ist ein berühmter Zahlen- und Funktionentheoretiker von grösster Strenge und Exaktheit in der Beweisführung. Er ist Mitglied des Organisationskomitees der Universität Jerusalem. Richard Courant hat von 1920 bis 1934 mit einer kurzen Unterbrechung der Göttinger Universität angehört. Er arbeitete über Funktionentheorie, Differenzial- und Integralrechnung. Ihn trifft, als befähigten Organisator, das Hauptverdienst an der Einrichtung des von Amerika gestifteten grossen Instituts für Mathematik. Für Fragen des mathematischen Unterrichts war er sehr aufgeschlossen. Er lehrt jetzt in USA. Felix Bernstein (1920 bis 1933) fand schon in jungen Jahren den Bernstein-Schröderschen Satz der Mengenlehre. Er war Leiter des Instituts für mathematische Statistik und arbeitete viel über Wahrscheinlichkeitsrechnung und Vererbungsstatistik. Bekannt ist vor allem seine statistische Theorie der Blutgruppenvererbung. Er lehrt jetzt gleichfalls in USA. Als a. o. Professor wirkte von 1922 bis 1933 Emmi Nöther. Sie ist in noch jungen Jahren in USA. verstorben. Sie war führend in der modernen Algebra. Von berufener Seite wird sie als die vielleicht bedeutendste Mathematikerin, die je gelebt hat, bezeichnet. Paul Bernays, seit 1922 a. o. Professor, war Mitarbeiter des berühmten (nichtjüdischen) Mathematikers David Hilbert. Er arbeitete mit ihm an den Grundlagen der Geometrie und Mathematik überhaupt. Er war ein philosophisch geschulter Denker von grosser Exaktheit der Gedankenführung. Als Privatdozenten für Mathematik lehrten in Göttingen Adolf Hurwitz (1882 bis 1884), später Professor in Zürich (Zahlen- und Funktionentheorie), Otto Blumenthal (1900 bis 1904), später Technische Hochschule Aachen (Schriftleiter der „Mathematischen Annalen"). Otto Toeplitz (1907 bis 1913), später Professor in Bonn (schrieb ein anschauliches Einführungsbuch über Zahlen und Figuren, ferner über Integralgleichungen), Alexander Ostrowski (1923 bis 1927), jetzt Professor in Basel (Schwankungen analytischer Funktionen), Stefan Cohn-Vossen (über anschauliche Geometrie) und Hans Lewy.

Weithin bekannt ist die wissenschaftliche Tätigkeit des Chemikers Otto Wallach (1889 bis 1915). Durch seine Forschungen über die chemische Zusammensetzung der ätherischen Oele und Riechstoffe gab er Anlass zu der bedeutsamen Entwicklung der Industrie der ätherischen Oele. Von 1920 bis 1934 vertrat Max Born die theoretische Physik in Göttingen (jetzt Professor in Edinburgh). Er ist der Begründer der statistischen Auffassung der Quantentheorie, schrieb über den Aufbau der Materie, verfasste ein Lehrbuch der Optik und arbeitete über moderne Physik. James Franck (1920 bis 1934) erhielt 1920 den Nobelpreis für seine mit Gustav Hertz (Halle) vorgenommenen Untersuchungen über Lichtanregungen in Atomen und Molekülen durch Elektronenstösse. Er abeitete auch über die Quantentheorie der Spektrallinien. Franck, ein menschlich äusserst hilfsbereiter, vornehmer, von der Bescheidenheit wahrer Grösse erfüllter Mann, lehrt jetzt in USA. Alfred Coehn (1929 emeritiert) war Leiter des photochemischen Instituts. Er veröffentlichte Studien über Berührungselektrizität und über photochemische Vorgänge. V. M. Goldschmidt (1929 bis 1934, jetzt Oslo) vertrat die Mineralogie. Er ist der Begründer der modernen Geochemie. Er arbeitete über geochemische Verteilungsgesetze der Elemente und über Kristallchemie. Als Astronom war von 1902 bis 1909 Karl Schwarzschild tätig (später Potsdam). Sein Arbeitsgebiet waren die Aktinometrie der Sterne sowie Spektralprobleme. A. o. Professor für Physik war von 1900 bis 1909 Max Abraham (später Technische Hochschule München). Sein Lehrbuch der Physik war das bekannte Lehrbuch der vorrelativistischen Zeit. Paul Hertz (1921 bis 1933) hatte einen Lehrauftrag für Methoden der Naturwissenschaft. Sein Arbeitsgebiet reichte nach alter Göttinger Tradition bis in die Philosophie hinein. Er schrieb über das Denken, das Wesen der Logik, den Kausalitätsbegriff.

Medizin

Hier ist in erster Reihe ein Mann zu nennen, dessen Wirken als Professor an der Universität Göttingen ausserhalb wenig bekannt ist. Es ist Paul Ehrlich. Jedermann kennt ihn als Vorsteher des Frankfurter Instituts. Aber viele wissen nicht, dass sein akademisches Amt das des o. Honorarprofessors an der Universität Göttingen gewesen ist (1903—1914). Er erhielt 1908 den Nobelpreis für seine Immunitätsforschungen. Was er als Begründer der modernen Chemotherapie, als Entdecker des Salvarsans bedeutet, braucht nicht dargetan zu werden. Er ist der Schwiegervater des Mathematikers Landau. Ordinarius für innere Medizin war 1874—1906 Wilhelm Ebstein. Er arbeitete über Ernährungs- und Stoffwechselkrankheiten, über Nierenerkrankungen und über Gicht. Ueber die von ihm häufig benutzten Darmölkuren kann man noch heute manchen alten Göttinger sprechen hören. Gleichfalls Internist war Erich Meyer (1919 bis 1927). Er is in den Schweizer Bergen in der Vollkraft seiner Jahre verunglückt. Er war ein Mann, der die ärztliche Wissenschaft genau so souverän beherrschte wie die intuitiv einfühlende ärztliche Kunst am Krankenbett. Er arbeitete über Krankheiten des Herzens und Gefässystems, schrieb über die Physiologie und Pathologie des Durstes, über diabetes insipidus, über das Wesen des ärztlichen Berufes. Zahlreiche ausserordentliche Professoren haben in Göttingen in der medizinischen Fakultät gewirkt. Rudolf Ehrenberg (seit 1921, Physiologe) schrieb über die Physiologie des Alterns und des Todes. Werner Rosenthal (seit 1921, jetzt Professor in Mysore, Indien) war Hygieniker. Er veröffentlichte Arbeiten über filtrierbare Krankheitserreger. Siegfried Löwe (seit 1922) später Dorpat und Mannheim, jetzt USA, arbeitete über Hormontherapie, über Sexualhormone, über Narkosetheorie. K. Blühdorn (seit 1922, jetzt

---

Baum und Gras

Von Suse Michael

Unlängst ging ich spazieren, und schon nach fünf oder zehn Minuten hatte ich das Haus weit hinter mir gelassen.

Erst lief ich schräg die Böschung hinauf und, von der Steile des Hanges und der raschen Gangart unmerklich ermüdet, nahm mein Schritt sehr bald den ruhigen Rhythmus des hohen Kiefernwaldes an.

So ging ich ganz in Gedanken — die Füsse finden in solchen Augenblicken wie von selber den Weg — und liess mich am Saume der Laubholzlichtung flach auf den Boden fallen.

Ich war ausgegangen, um nach einem langen Arbeitstage ungestörter mit mir zu sein, unerreichbar für das Gleichmass, das stete Pflichterfüllung über uns bringt, unerreichbar auch für ein gutes Wort, das, ungewollt, der Handwerker, der gerade unseren Hausflur streicht, hätte an mich richten können — oder der Gärtner mit einer vertrauensvoll gemeinten Frage.

Ob ich geschlafen hatte? Ob der Geist des Waldes oder die Kräfte der Erde über mich gekommen und in mich eingedrungen waren? Als ich die Augen öffnete, krabbelte ein rotbepanzertes Glückskäferlein über mich „querfeldein", eine Ameise lief eiligst von meinem Arm, bestimmter Absicht wie mit „Scheuklappen" folgend; eine Spinne hatte vom Himbeerstrauch meine grosse Zehe zum zweiten Haltepunkt für ihr Netz gewählt — ein Stück Wald war ich [illegible]worden, ein Bewohner dieses nach sehr ein[illegible] Gesetzen verlaufenden und sich regeln[illegible]bens. Angesponnen — eingefügt.

[illegible]st wollte ich den Atem anhalten wegen [illegible]s — aber, mein Gott, er atmet ja auch! [illegible] ich eine Weile mich nicht zu be[illegible] warum nicht? Wie eilig läuft die [illegible] und ab, hin und her, und niemand [illegible]h vor ihr. So rollte ich gleichmässig meinen Körper vom Kopf über die Rückenwirbel hoch, bis ich sass.

Und da geschah etwas: Der Wind kam, raschelte in den halbvergilbten Halmen und Blättern des vergangenen Jahres, wisperte in dem jungen Grün der Zweige und orgelte mächtig in den Kronen der Bäume.

Es geschieht oft, dass ein Windstoss kommt; es fällt uns auch auf mitunter, wenn er einen Fetzen Zeug oder ein Stückchen Papier, auf dem noch ein paar Buchstaben zu erkennen sind, vor unsere Füsse weht, und wir, verspielt und oder auch neugierig, ihnen nacheilen. — Auch wenn die Luft schwer ist von der Hitze wolkenloser Sommertage und -nächte und wir in der Beklommenheit der schweratmenden Welt den ersten Windstoss als Zeichen des endlich heraufziehenden und alle Kreatur erfrischenden Gewitters verspüren, dann wissen wir etwas vom Winde.

Und auch wenn er im Herbst als wilder Geselle unsere Kleider wie ein Segel fasst und uns die Landstrasse entlangfegt oder sich uns entgegenstemmt, hasten wir eilig zu einer festgesetzten Stunde, dann reden wir wohl ein halb unwilliges Wort vom Winde; weil er uns etwas getan hat.

Und wenn nach dem gleichmässigen Grau des nicht endenwollenden Winterhimmels die ersten dicken weissen Flocken über einen fast erschreckend blauen Frühlingshimmel getrieben werden und die andrängende Luft riecht, dass die Nase nicht weiss, wohin mit soviel Duft, dann ist er uns lieb, der Wind — weil er uns etwas gebracht hat.

Habt Ihr bedacht, dass in dem ersten Satz des Heiligen Testamentes schon vom Ruach, dem Hauch als dem Geist Gottes, der über den Wassern schwebt, die Rede ist?

Genug, ein Windstoss und noch einer fuhr durch den Wald, und ich sass da auf der frühlingshaft belebten Bodenfläche der Erde. Und da — sah ich, wie ein Baum beim Wehen des Windes rauschte. Ich sah es an einer jungen Birke und das war so:

Der Stamm mochte kaum viel höher sein als ein Mensch, vielleicht zwei Meter. Die bestielten, birkenhaften Blätter waren noch so zart, dass man leicht das Gezweige der Aeste erkennen konnte. Der Wind kam also mit dem Druck seiner unsichtbaren Macht und wehte den Baum an. Die Blätter verhielten sich erst, als ginge es sie nichts an. Sie pendelten einmal an ihren kleinen Stielen hin und her; vielleicht machten sie auch [illegible] halbe Drehung um die eigene Achse; [illegible] dann gingen sie in ihre Ruhelage zurück, [illegible] wäre nichts geschehen.

Anders schon die Zweige — mit ihrem grösseren Alter, das sich aus der Dauerhaftigkeit ihres Lebensstoffes erklärt — antworteten sie dem Winde als hätten sie grössere Kenntnis und leibhaftigere Erfahrung von den Kräften der Witterung und der Natur. Sie nämlich gaben, wenn auch wie zögernd — nach und liessen sich, eine kurze Strecke wenigstens in der Richtung der treibenden Luft bewegen, um allerdings so schnell wie möglich nach dem Ausschlag in die Gegenrichtung zur Ruhelage zurückzukehren. Und immer wieder mussten sie, jedem neuen Anstoss folgend, von neuem dem Gesetz des geringsten Widerstandes gehorchen. Hin und zurück, hin und zurück.

Nun aber der Stamm: Meint Ihr, mit seiner eingewurzelten Kraft, mit seiner organisch verholzten Rinde hätte er diesem vorübereilenden Gast des Waldes Widerstand geboten? Weil er die Kraft hätte, sich zu stemmen und, wie ein eigensinniger Mensch, etwa auf seinem Platze zu verharren gegen jeden neuen Antrieb und fremde Kraft? Nein! er gab dem Winde nach — als es mir gewiss war, dass die Windstösse sich häufig noch an diesem Nachmittage und zu dieser Stunde wiederholen würden. Einmal von der Kraft des Luftdruckes gebeugt, blieb er in der Richtung des Windes stehen, und erst wenn eine grössere Pause einsetzte, kam er langsam zurück und richtete sich zu seiner ursprünglichen Gradheit wieder auf.

So wehte also der Wind gegen einen Baum, dass die Blätter ihn heftig und raschelnd erfahren, dass die jungen Zweige hastig hin und her bewegt werden und dass der Stamm als der Träger seiner Aeste und Blätter, der Baum selber, jeweils wie in Ruhe bleibt, weil er im Aufrechtstehen und im Gebeugtsein gemächlich dem Gesetze des Windes folgt. Und glaubt Ihr, da hab' ich gesehen, wie ein Baum rauscht, und stand nun auf, um zwischen den hohen Stämmen weiter zu gehen, sie, welche die Träger der Kronen sind, in denen der Wind sein hörbares Leben treibt.

Aber ich sollte nicht weit kommen — der abgeschlagene Stamm einer Kiefer zog mich unwiderstehlich an; ich ging einmal seine volle Länge ab und setzte mich dann an sein [illegible]s Ende, um geruhsam die Wärme und die Beschaffenheit der Borke mit den Händen zu prüfen. Aber, schliesslich, wer kann lange nichtstuend auf einem gefällten Baum sitzen — nur um zu sitzen und im Wald zu sein, ohne dass jenes klare, harztreibende Holzrund an der Schlagseite mit seiner Nähe wirksam würde? Und so glitt ich vom Stamm, bückte mich und fing an, die Jahresringe des Querschnitts und damit das Alter des Baumes auszuzählen. Bis „siebenundzwanzig" kam ich, dann wusste ich, dass er viel älter war als wir alle, stand auf, tupfte mit dem Mittelfinger noch ein bisschen in den klebrigen Saft, um ihn noch eine Weile schmeckend bei mir zu haben und ging davon.

Auf dem breitausgetretenen Fusswege, an dem rechts ein ziemlich tiefer Graben mitläuft und auf beiden Seiten in angemessener Entfernung der dichte Wald dunkelgründig beginnt, sah ich plötzlich — wie zum ersten Male — das Gras wachsen. Sonderbar, dachte ich, wie oft bin ich schon mit langziehenden Schritten durch das Gras dieses Kiefernwaldes geschlürft, dass die Granen und rötlichen Blüten nur so in den Schnürsenkeln und Oesen der Schuhe festsassen! Auch kannte ich das Gras, wenn es im ersten Frühjahr mit bräunlichen zittergrasigen Fahnen

DAS NEUE TAGE-BUCH | *Paris*

CONSELHO EDITORIAL	LEOPOLDO SHWARZSCHILD
PERFIL	COMUNITÁRIO, JUDAICO
PERIODICIDADE	SEMANAL
PROCESSO GRÁFICO	TIPOGRÁFICO
LOCAL	PARIS (FRANÇA)

Histórico

Das Neue Tage Buch (*O Novo Diário*) ou *Neue Tagebuch* foi fundado em 1927, em Paris. Este jornal é sucessor de uma outra publicação fundada por Stefan Grossmann intitulada *Berliner Tagebuch* em 1920. Em 1932, a sede deste periódico foi transferida da Prússia para Munique onde permaneceu até 1932 e, no ano seguinte, para Paris. Tinha uma circulação que variava entre 6000 a 16000 exemplares. Trata-se de um órgão liberal de esquerda dedicado a publicar, preferencialmente, assuntos econômicos e a pesquisar a política econômica e de desenvolvimento do III Reich. A reputação deste periódico liga-se a sua grande tiragem e por estar direcionado ao público judaico, atingido pela crise econômica.

Motivo da apreensão

Em 9 de novembro de 1937, os investigadores do DEOPS de São Paulo entraram na sede do Jardim da Infância "Judeu-Alemão" mantido pela CIP – Congregação Israelita Paulista. Após "rigorosa" verificação, os investigadores responsáveis pela busca recolheram todo o material que "continha objeto de interesse para a Polícia em defesa da ordem política e social". Durante este ato foram confiscados, além de vários outros documentos: cinco exemplares do jornal alemão *Central Verein Zeitung*, órgão central dos judeus alemães, editado em Berlim; dezesseis exemplares de *Judische Kundschau* (*Panorama Judaico*) com notícias do mundo, publicado em Berlim; um exemplar de *Kinder-Rundschau*, publicado em Berlim; quatro exemplares do jornal *Mitteilungen*, editado pela CIP; vinte exemplares da revista *Tage-Buch*, editada em Paris-Amsterdam; e dois exemplares do jornal *Gemeinde Blatt*, registrado no prontuário como "órgão oficial do sindicato judaico daquela capital". Esta denúncia deu origem, anos mais tarde, a uma série de investigações em tonro das atividades do Dr. Luiz Lorch, um dos fundadores da CIP e presidente do Comitê Auxiliar do JOINT em São Paulo.

Para maiores detalhes sobre a apreensão, ver ficha do jornal *Mitteilungen / São Paulo*, p. 170.

Pront. nº 4.705
Prontuariado: Congregação Israelita de São Paulo
Remissões: 95.127, 105.673

DAS NEUE
TAGE-BUCH

DAS NEUE

TAGE-BUCH

Herausgeber: Leopold Schwarzschild

4. Jahrgang, Heft 25 | PARIS-AMSTERDAM | 20. Juni 1936

Doc. Nº 18

Die Rächer Röhms

Schachts Balkanreise — Danziger Tumulte

Leopold Schwarzschild:
Das französische Experiment

Winston Churchill:
Wie der Krieg vermieden werden kann

Ein Inlandsdeutscher: Duff Cooper bei uns

Defensor Fidei: Die Geschichtsromantik Stefan Zweigs

PREIS DES HEFTES:
Oesterreich . —.70 Sch.
Tschechoslow. 4.— Kc.
England ..... 10 d.
Polen .... 1.10 Zl.

ERSCHEINT JEDEN SAMSTAG
Hebdomadaire paraissant le samedi

NEDERLANDSCHE UITGEVERIJ, PARIS, S. A. R. L.
Société Néerlandaise d'Editions, Paris, 56, Faubourg St-Honoré

PREIS DES HEFTES:
Frankreich .. 3 Fr.
Schweiz ...... —.60 Fr.
U. S. A. ..... —.20 $
Holland ...... —.30 Fl.

EL LUCHADOR | *Barcelona*

CONSELHO EDITORIAL	NÃO IDENTIFICADO
PERFIL	ANARQUISTA
PERIODICIDADE	SEMANAL
PROCESSO GRÁFICO	TIPOGRÁFICO
LOCAL DA EDIÇÃO	BARCELONA (ESPANHA)

Histórico

Editado em Barcelona (Espanha), o periódico *El Luchador* insere-se entre múltiplas publicações anarquistas que circulavam pelo Brasil nas décadas de 20 e 30. Apresenta-se como um jornal de sátira, crítica, doutrina e combate. *El Luchador* identificava-se com a figura do galo de briga que avança forte e decidido na tentativa de derrubar o seu inimigo. Suas matérias estavam direcionadas para o proletário espanhol, instigando-o a "fazer greves" e a lutar pela conscientização dos ideais libertários. Assinavam como colaboradores: a anarquista Federica Montseny, Federico Urales e Felipe Alaiz.

Motivo da apreensão

Antonio Aguillar ou Avelar foi preso em flagrante quando lia jornais anarquistas em um bonde que trafegava pelas ruas de São Paulo. Apresentado à Delegacia de Polícia pelo inspetor Humberto Sá Miranda, Aguillar foi acusado e fichado, tendo seus jornais apreendidos e anexados ao seu prontuário como prova de crime político. Dentre os jornais estavam *El Luchador* e *Tierra y Libertad*.

O exemplar nº 51, confiscado pelo DEOPS em 9 de julho de 1933 trazia notícias sobre a greve dos portuários de Astúrias, que reivindicavam descanso aos domingos em 1931. Um artigo assinado por Federica Montseny elogiava as qualidades revolucionárias dos camponeses da província de Huesca, em um confronto com um proprietário da região, apoiando protestos dos trabalhadores de Belver. Os camponeses organizaram um boicote de nove meses, período em que deixaram de fazer as colheitas de uva e trigo. Pressionado, o proprietário foi obrigado a negociar de igual para igual com os trabalhadores. A autora identifica nesta reação dos camponeses a capacidade dos trabalhadores de se organizarem livremente e, sem intermediários, lutarem pela sua emancipação.

Prontuário: 2.394
Prontuariado: Antonio Aguillar
Remissão: 1.020, 498

El Luchador

PERIÓDICO DE SÁTIRA, CRITICA, DOCTRINA Y COMBATE

Año I | Suscripción semestre: 3'50 ptas. Número suelto: 0'15 pesetas | BARCELONA, 25 DE DICIEMBRE DE 1931 Administración: Calle del Guinardó, 37. - Teléfono 51780 - BARCELONA | Paquete de 20 ejemp. 2 pesetas APARECE LOS VIERNES | N.º 51

DE LA FORMIDABLE HUELGA ASTURIANA

Las luchas del proletariado español

UN CASO PRODIGIOSO DE SOLIDARIDAD

ANTECEDENTES. EL CASO DE LA FELGUERA

La tragedia que acaba de desarrollarse en la vecina villa de Gijón, pueblo industrial y solidario con la clase trabajadora como hay pocos en el mundo, tiene su prólogo, sus antecedentes en una organización sindical, localizada exclusivamente en aquella localidad y La Felguera. Los

La comisión obrera que conferenció con los patronos en el Ayuntamiento de Gijón, al salir de la entrevista.

trabajadores de La Felguera hace algunos meses declararon una huelga de brazos caídos en la Fábrica de Aceros, ante la pretensión de la empresa de suspender 90 obreros, haciéndose fuertes en el reducto de la fábrica, con una organización tan perfecta de defensa, que el tomar la fábrica hubiese costado muchas víctimas de ambas partes. La jefatura de la empresa se encontraba en el interior de la fábrica y sus vidas peligraban tanto o más que las de los obreros. Cuando las fuerzas de la guardia civil y del ejército intentaron el asalto, las sirenas de la fábrica tocaron a rebato. Eran las cinco de la mañana, y el pueblo en masa acudió a la llamada de los obreros. Por fin se solucionó la huelga, colocando aquellos 90 obreros amenazados con ser despedidos. Para ello se pusieron 4 turnos, abonándoles a los obreros 26 días, no obstante trabajar 22 días al mes.

Los socialistas vieron en este triunfo una amenaza seria para su organización, que, excepción hecha de estos dos pueblos, conservaba y aun mantiene la hegemonía sindical en el resto de la provincia. Este es el prólogo de la tragedia gijonesa. Una organización sindical que poco a poco se va captando las simpatías de la clase obrera, y al frente otra organización estatal llena de claudicaciones vergonzosas, que aspira a aniquilarla, valiéndose para ello de cualquier medio, no importa cuál.

COMO PRINCIPIO LA HUELGA

La huelga de marineros, que pedían el descanso dominical, cuando ya la creíamos solucionada, por haber firmado las bases algunas casas armadoras, entre ellas Fábrica de Mieres y Nervión, se complicó de pronto por haber sido boicoteado un barco procedente de Barcelona, tripulado por esquiroles de la Unión, que habían sido reclutados para substituir el personal confederal.

El resultado fué que los obreros de las grúas y demás personal del Puerto se negó a descargar estos barcos, siendo despedidos y substituídos por personal de la Unión. Como consecuencia de la actitud de los obreros organizados en la Confederación de negarse a manipular mercancías boicoteadas, «La Naval», organismo ppetista, se dedicó a suministrar esquiroles a la clase patronal. Como es natural, esta actitud vergonzosa llenó de indignación, ya no solamente al personal confederal, sino también al pueblo de Gijón, negándose todos los obreros a manipular, transportar o arrumbar mercancías descargadas por personal esquirol, lo que privaba al pueblo y a la provincia de algunos artículos necesarios para el consumo, al par que los patronos mismos se veían obligados a almacenar una parte de sus carbones destinados a la expertación por vía marítima.

La Guardia civil, patrullando alrededor de la Casa del uebla de Gijón, después del nuevo crimen perpetrado contra las mas indefensos.

Los obreros gijoneses agrupados frente al Ayuntamiento, esperando el resultado de la conferencia que allí celebraban sus comisionados con los patronos causantes del conflicto.

LA TRAGEDIA

Durante los días 5 y 6, en algunos almacenes fueron despedidos los obreros por negarse a retirar mercaderías del muelle. El día 8 se declaró en Gijón la huelga de brazos caídos, y el señor gobernador declaró la huelga ilegal, negándose a parlamentar con los obreros. Como consecuencia de esto, fué concentrada en Gijón y las zonas mineras gran cantidad de fuerza de guardia civil, seguramente con el propósito de atemorizar al pueblo gijonés, pues se negaba a someterse al capricho de unos cuantos tiranuelos, que en nombre del socialismo mandaban esquiroles al Musel y provocaban al pueblo trabajador.

El día 9, la fábrica de acero Moreda-Gijón fué acordonada por fuerzas de la guardia civil. El jefe de las fuerzas invitó a los obreros a que abandonasen las dependencias de la fábrica. Iban a hacerlo así, cuando el público que estaba de la parte de afuera los animó a que no abandonasen la fábrica, y entonces la guardia civil, con el frío ensañamiento que caracteriza ese cuerpo, dió un toque de atención, haciendo dos descargas. La confusión fué enorme, y, en medio de gritos e increpaciones, pronunciadas especialmente por las mujeres, arrojaron algunos cascotes sobre los que tan cobardemente asesinaban al pueblo indefenso. Cuando se aclaró la confusión, había un muerto y una doceña de heridos, casi todos ellos graves, de entre los cuales ya falleció un compañero, que manifestó en su último ruego ser envuelto en la bandera federal.

El pueblo se dirigió al domicilio del dueño de la fábrica, señor Figaredo, rompiendo los cristales de las ventanas y las puertas, sin lograr encontrar al coautor moral de la tragedia. Al día siguiente, se declaró el paro general y la población se vió privada de todos sus servicios. Por la tarde en el Paseo Begoña, mientras que el pueblo esperaba los resultados de la entrevista entre los representantes de la Patronal y los representantes obreros, los dueños del café Dindurra, abrieron al público su establecimiento, sirviendo ellos mismos. Una comisión de huelga entró en el café, invitando a los parroquianos a que abandonasen el local, cosa que hicieron de grado. En ese momento dos espías se introdujeron entre la multitud, no sé con qué objeto, y el pueblo que los conoció los abucheó, y uno disparó un tiro: entonces fué cuando el pueblo se abalanzó sobre ellos, pero con tanta nobleza que no obstante zarandearlos y abofetearlos, no se les ocurrió desarmarles; uno de ellos, en la huída, disparó la pistola contr la multitud, matando a un obrero e hriendo a cinco más. No quiero terminar eta crónica sin dedicar mi más sincero ap... a la act... digna del señor del Ri, alcalde de Gijón, quien ante el atropell criminal de que fué víctima el pueblo gijonés a las puertas de la fábrica Morda, presentó la dimisión de su cargo, cenirando la parcialidad del Gobierno, qien lejos de poner de su parte los mediosnecesarios para resolver el conflicto, convrtía Gijón en un campamento de guerra metrallando a los obreros.

14 dicieibre, 1931.

SOLANO PALACIO

Hasta aqu las noticias directas. En otro lugar encontrá el lector las indirectas o sea las sacadas de lPrensa burguesa.

Al entrarste número en máquina no hemos recibid las fotografías pedidas a Gijón. Las que pulicamos están reproducidas de la Prensa burgesa.

El funcionamiento de los municipios libres

No queremos desaprovechar la ocasión que nos ofrece nuestro Gobierno republicano para demostrar, una vez más, que los políticos de buenas intenciones, si alguno las tiene, que van a la conquista del Poder para libertar al pueblo de tal o cual tiranía o de tal o cual injusticia, quedan prisioneros del Poder con todas sus buenas intenciones. No podemos ni queremos negar que los ministros del primer Gobierno de esta segunda República Española, si no todos, algunos creyeron, de buena fe, que ellos en el Poder, España gozaría de verdadera libertad. Sin embargo, en una hora echaron por tierra toda la labor que hicieron con la Constitución formada en mesas de discusiones. La hora ha sido la ley de Defensa de la República, que, adosada a la Constitución, la anula por completo.

Esto es, en una hora, ese Gobierno revolucionario, que creyó haber hecho una revolución y destruído una Dictadura, termina en una Dictadura, que no otra cosa es la ley de Defensa de la República. Alguien dirá: Es una necesidad de la República. Pero nosotros contestaremos que la Dictadura fué una necesidad de la Monarquía y que si la República, como la Monarquía, necesita de leyes excepcionales y opresoras para subsistir, no había necesidad de establecer la República.

¿Por qué una República que quiso libertar a España de la Dictadura ha caído ella misma en igual defecto? Porque, como hemos dicho en otras ocasiones, no puede haber Poder sin que represente un interés opuesto a otro, y ese interés que representa un Poder, le impone la obligación de tomar medidas ofensivas y defensivas. Es una ilusión, pues, pensar que puede haber un Poder que represente todos los intereses de un país. El Poder, por sí mismo, ya representa un interés contrario al de los que no forman parte de él, de una manera directa o indirecta.

Por otra parte, el Poder, también como hemos dicho en otras ocasiones, pervierte al que lo ejerce, sin que el que ejerce el Poder lo mejore, por muchas que sean su voluntad y su buena fe. Es como el agua y el fuego. Un cubo de agua apaga un brasero, pero no ahoga un horno. El hombre es el cubo y el Poder el horno, que consume cuantos hombres caen en él. Así se comprende que personas, que, en la oposición, fueron liberales y revolucionarios, en el Poder sean conservadores y hasta reaccionarios. Las conveniencias del Poder a ello les obliga.

Ante tales ejemplos, los obreros, para quienes nosotros escribimos principalmente, no han de entretenerse en llevar más hombres a la gobernación del país porque todos, hasta los que salgan de su clase, perecen en el horno de la tiranía, volviéndose contra la libertad y contra su propia clase, o, mejor, contra la clase de que salieron, porque en el Poder ya se va con la otra o se forma otra clase.

Hay que acabar con el poder si queremos acabar con las injusticias y las tiranías. El ejemplo, además, lo hallamos en el Gobierno laborista inglés y en el Gobierno comunista ruso. No son los hombres los malos: el malo es el Poder. Cuantos hombres entren en unas zonas apestadas, por sanos que estén, apestados saldrán si en la peste continúan.

Por esto los partidarios de la justicia y de la libertad lo primero que han de hacer, al iniciarse la revolución social, es destruir el Poder, sin permitir que se forme otro, ni comunista, ni socialista, ni sindicalista. El camino para emancipar el hombre de la tiranía política y de la desigualdad económica son los municipios libres federados por comarcas, por regiones, por naciones y por continentes según sean sus necesidades de orden comarcal, regional, nacional o internacional, sin Estado y sin Constitución de ninguna clase.

Lo que hace falta, casi diremos lo único que hace falta es que nadie piense ni quiera vivir a expensas de otros, lo que hace falta es que todos tengan ganas de trabajar y que el que no lo tenga que no coma. Sin embargo, nosotros no creemos que haya quien no tenga amor al trabajo siempre que pueda ocuparse en aquello que más le atraiga, que ya dijo un filósofo, no recordamos cual, y repetimos nosotros por segunda vez, que todos somos genios en aquello que hacemos con agrado y todos hemos nacido en condiciones para hacer algo con agrado. Esto es, que todos somos genios en algo, sin que haya trabajo inferior ni superior de cuanto sea necesario en la vida y a la comunidad. Pero por si alguien tuviera horror al trabajo por tradición, herencia, pereza o por creerse superior a los demás, hemos dicho que si una revolución de momento no nos puede conducir a la anarquía, nos puede llevar a sus puertas. Las puertas son, entre otros, estos casos para imponer sanciones morales y en último término la expulsión de la comunidad a los que no quisieran curarse del mal de la pereza o del mando.

Cuestión muy debatida y muy debatible es la cuestión del dinero. Unos socialistas lo estiman necesario, otros no. Lo indudable es que habrá de establecerse un medio de cambio. Nosotros admitimos un medio de cambio y lo recomendamos a nuestros lectores comunistas. Ya se comprenderá que este nuestro medio de cambio no ha de ser, como ahora, de individuo a individuo, dando uno trabajo y admitiendo otro a cambio dinero de una equivalencia mucho menor que el trabajo. El medio de cambio ha de ser según nosotros opinamos de una a otra comunidad y de productos del trabajo; sea de la tierra sea de la industria. Cada nación y aun cada región y aun cada comarca y aun cada pueblo, produce cosa distinta; no sólo porque lo da la tierra, sino porque lo dan los hombres.

Así, pues, el medio de cambio serán aquellos productos que a unos sobren y a otros falten. ¿Quién ha de aquilatar el valor del cambio? La necesidad de los municipios y la buena voluntad de los individuos.

Porque hay que tener en cuenta que sin buena voluntad, nada es posible y que con buena voluntad, nada es imposible. Bien está la necesidad que regule el cambio, pero están mejor la abnegación y la solidaridad.

Precisa también tener en cuenta que los municipios libres dueños de la riqueza de sus términos, serán libres de mancomunarse: esto es, de declarar comunes los bienes de la comarca o los de la región, o de la nación o los del continente. La capacidad de un municipio para producir y retener más que otros es una duda propia de sociedades monopolizadas. Los hombres de hoy se pelean y se preparan para adquirir más que otros, porque ninguno tiene la vida asegurada y en la duda y en la incertidumbre, acaparan. Un ejemplo. Donde hay poca comida, todo el mundo pide más por temor de quedar sin ella: donde hay mucha comida, todo el mundo pide poca por tener la seguridad de que si quiere más la podrá obtener. La seguridad de que mañana la tendremos también no nos obliga a pensar en el monopolio ni en el acaparamiento. Sabiendo que todo ha de ser para todos y aunque no daremos fin ni a los vestidos ni a los comestibles, ¿para qué hacer acopio de ellos?

Como hemos demostrado en otros artículos y recientemente en uno publicado en *La Revista Blanca* perteneciente al 15 de noviembre, no pueden faltar productos industriales ni del campo cuando sea explotada solamente la mitad de la tierra susceptible de serlo, y cuando trabajen una cuarta parte de los brazos susceptibles de trabajar.

Si hemos de vivir todos en la abundancia y nadando todos en la abundancia ¿cómo puede haber querellas por desear unos más que otros? Ya dijo Reclus que la libertad está en el trabajo, porque en el trabajo están la abundancia y la independencia.

Lo único que hace falta es un *régimen* social en que nadie quiera vivir del trabajo ajeno y en que la Naturaleza sea de todos, empezando por el derecho del individuo y acabando por el derecho de la humanidad de unirse y ayudarse por amor y por deber.

Pero hemos de insistir en esto del cambio. Creemos que no ha de ser el dinero; creemos que el dinero tiene que ser abolido para que nadie pueda disponer de él sin trabajar y para que los que lo tengan guardado de nada les sirva y hayan de sujetarse, como los demás, a la hermosa ley del deber y del trabajo.

FEDERICO URALES

Paul Reclus entre nosotros

Hemos tenido el placer de albergar, durante tres o cuatro días, un huésped ilustre en esta casa, a la que esperamos volverá.

Se trata de Paul Reclus, uno de los tres Reclus de inolvidable memoria: Elías, Eliseo y Paul, hijo del primero; los del grupo cordial de Bruselas y la continuada obra de creación ideológica, por el pensamiento y la vida propia, que es el mayor de los monumentos morales de nuestro tiempo.

Paul Reclus ha estado en Barcelona, de paso hacia Valencia, Granada y Marruecos. Era la primera vez que visitaba España, a pesar de que es tradicional, casi hereditario, el cariño de la familia Reclus a la Península ibérica.

Ha visto lo más notable de Barcelona: el Tibidabo, Montjuich y las cárceles flotantes de la República. Ha estrechado la mano de unos cuantos camaradas, para los que el nombre de Reclus representa un símbolo de ideal, y ha dado su ofrenda a los que, en esta España de siempre, con Monarquía y con República, son víctimas eternas del Poder, del clero y del capitalismo. Su ofrenda ha sido, además de un saludo emocionado a todos los presos, cincuenta pesetas, que por venir de estas manos, dignas y ya arrugadas, de este nombre claro e insigne, han de ser aún más valiosas.

Paul Reclus ya no es joven: cuenta setenta y tres años; vive solo, trabajando, siendo su última labor una nueva edición, expurgada y enriquecida con los cambios geográficos y los descubrimientos científicos de estos últimos años, de «El Hombre y la Tierra», obra cumbre del que fué su tío. Es un anciano animoso, alegre, de luenga barba blanca, espíritu joven y mente de extraordinaria clarividencia.

GEMEINDE BLATT | *Berlim*

CONSELHO EDITORIAL	LEO KREINDLER (EDITOR)
PERFIL	COMUNITÁRIO, JUDAICO
PERIODICIDADE	SEMANAL
PROCESSO GRÁFICO	TIPOGRÁFICO
LOCAL	BERLIM (ALEMANHA)

Histórico

O boletim *Gemeinde Blatt der Jüdischen Gemeinde zu Berlin* (*Boletim da Comunidade Judaica de Berlim*) foi fundado em 1910 por Leo Kreindler, alcançando uma tiragem de 52 000 exemplares. Dirigia-se a todas as comunidades e associações judaicas das diversas províncias alemãs. Em São Paulo, era lido principalmente por imigrantes judeus asquenazim, de um certo nível cultural, e que encontravam neste períodico um elo de ligação com a pátria-mãe.

Motivo da apreensão

Em 9 de novembro de 1937, os investigadores do DEOPS de São Paulo entraram na sede do Jardim da Infância "Judeu-Alemão" mantido pela CIP – Congregação Israelita Paulista. Após "rigorosa" verificação, os investigadores responsáveis pela busca recolheram todo o material que "continha objeto de interesse para a Polícia em defesa da ordem política e social". Durante este ato foram confiscados, além de vários outros documentos: cinco exemplares do jornal alemão *Central Verein Zeitung*, órgão central dos judeus alemães, editado em Berlim; dezesseis exemplares de *Judische Kundschau* (*Panorama Judaico*) com notícias do mundo, publicado em Berlim; um exemplar de *Kinder-Rundschau*, publicado em Berlim; quatro exemplares do jornal *Mitteilungen*, editado pela CIP; vinte exemplares da revista *Tage-Buch*, editada em Paris-Amsterdam; e dois exemplares do jornal *Gemeinde Blatt*, registrado no prontuário como "órgão oficial do sindicato judaico daquela capital". Esta denúncia deu origem, anos mais tarde, a uma série de investigações em tonro das atividades do Dr. Luiz Lorch, um dos fundadores da CIP e presidente do Comitê Auxiliar do JOINT em São Paulo. Para maiores detalhes sobre a apreensão, ver ficha do jornal *Mitteilungen / São Paulo*, p. 170.

Prontuário nº 4.705
Prontuariado: Congregação Israelita de São Paulo
Remissões: 95.127, 105.673

GEMEINDEBLATT
der JÜDISCHEN GEMEINDE zu BERLIN
Amtliches Organ des Gemeindevorstandes

Schriftleitung und Expedition: N 4, Oranienburger Straße 29. Fernsprecher 42 59 21. Anzeigenannahme: Anzeigenverwaltung Gemeindeblatt, SW 68, Charlottenstraße 18. Fernsprecher: 17 62 91. Postscheckkonto für Anzeigengebühren: Berlin 161 781. Das Blatt erscheint wöchentlich. Verlagsort Potsdam. Bezugspreis monatlich 0.20 RM., vierteljährlich 0.60 RM. Näheres über Zustellung und Zahlung des Bezugspreises im Inneren des Blattes.

Nr. 26 | 27. Juni 1937 | 27. Jahrg.

Organisation der Gemeinden

Jüdisches aus USA. / Von Dr. Günther Plaut (Cincinnati)

I. Der organisatorische Aufbau des amerikanischen Judentums

Von dem Ausmaße der amerikanischen Massensiedlung kann man sich eigentlich erst an Ort und Stelle eine rechte Vorstellung machen. Ich wußte, daß in Brooklyn viele Juden leben. Aber ich war doch überrascht, als ich dort eines Tages einen Freund besuchte, in einem Stadtteil, der in jeder Hinsicht den Stempel westlicher Zivilisation trägt. Mein Freund deutete über die Straße. „Siehst du dort drüben das gelbe Haus," sagte er. „Dort wohnt ein Nichtjude."

Der größte Teil der amerikanischen Judenheit bewohnt den östlichen Teil des Kontinents, wobei man St. Louis und Chicago als ihre westlichen Vororte bezeichnen kann. Denn obwohl im Süden und Westen des Landes beachtliche Gemeinden zu finden sind, ist doch die Gesamtzahl der Juden westlich des Mississippi verhältnismäßig gering. Eine genaue Schätzung ist so gut wie unmöglich, da es in Amerika kein polizeiliches Anmeldesystem gibt. Einwanderungsstatistiken sind häufig die einzige Grundlage von Berechnungen: der jüdische Einwanderer gibt auf seinen Immigrationspapieren seine Rasse mit „hebrew" (hebräisch) an. Die Zahl der Mitglieder bei den jüdischen Gemeinden gibt überhaupt keinen Aufschluß über die Zahl der ansässigen Juden. In Deutschland fällt die Zahl der Gemeindemitglieder mit der Zahl der Gesamtjudenschaft beinahe zusammen. Juden, die keiner Gemeinde angehören, aber der Religion treu geblieben sind, kommen verhältnismäßig selten vor. Ganz anders in Amerika. Die Zahl der sogenannten „unaffiliated", d. h. gemeindlich nicht organisierten, ist überraschend groß. In Deutschland wird man in die Gemeinde hineingeboren. In Amerika muß man, um Mitglied der Gemeinde zu werden, ihr beitreten, was aus geschichtlichen Gründen zu erklären ist. Die Organisation der amerikanischen Judenheit muß in Deutschland häufig einer Unverständlichkeit begegnen, ist überdies nicht selten vollständig unbekannt. Und doch ist ihre klare Erfassung notwendige Voraussetzung zum Verständnis der Lage der amerikanischen Judenschaft, ihres Lebens und der Probleme, mit denen sie zu rechnen hat.

Dabei bedarf es zunächst einmal einer Klärung des Begriffes „Gemeinde". Wir haben zu unterscheiden zwischen „community" und „congregation". Beide werden meist, irreführenderweise, mit dem gleichen Ausdruck, nämlich „Gemeinde" wiedergegeben. Indessen sind sie grundverschieden. „Community" nennen wir die gesamte Judenschaft einer Stadt. „Community" ist also kein organisatorischer, sondern lediglich ein räumlich-quantitativer Begriff. Nehmen wir Cincinnati als Beispiel. Seine jüdische „community" ist etwa 20 000 Seelen stark, d. h. es leben soviel Juden im Stadtbezirk. Außer in gewissen Wohlfahrts- und Aufbringungsaktionen ist dieses aber eine fiktive Begrenzung. Es gibt weder gemeinsame Wahlen, noch eine gemeinsame Spitzenorganisation und es gibt auch keine jüdischen Steuern. Ein Jude, der am jüdischen Leben uninteressiert ist, braucht keine Austrittserklärung irgendwelcher Art abzugeben: im Gegenteil, er nimmt erst dann am organischen und organisierten Leben der Juden teil, wenn er der oder einer der an seinem Orte befindlichen Tempelgemeinde beitritt. Diese, die „congregation", ist die Gemeinde im eigentlichen Sinn. „Community" ist daher besser, etwa mit „Gemeinschaft", zu übersetzen.

Eine „community" mag unorganisiert sein und keine Gemeinde, anderseits aber, wenn sie groß genug ist, eine Vielzahl von Gemeinden haben, die dann verschiedene Namen tragen, etwa Beth Yaakov oder Shaare Shomayim. Diese sind meist das getreue Spiegelbild verschiedener Einwanderungswellen und verschiedener religiöser Anschauungen. Sie sind in ihrer Mitgliedschaft weitestgehend einheitlichen Charakters. Nicht nur, daß Reformierte, Konservative und Orthodoxe mit allen ihren Schattierungen ihre eigenen Tempelgemeinden haben — das finden wir zu einem gewissen Grade auch in Deutschland (vgl. in Berlin die Adass Jisroel und die Reformgemeinde). Amerikanische Gemeinden sind aber auch nach Lands- und sogar Stadtmannschaften organisiert. In New York finden wir buchstäblich unzählige Gemeinden: von den großen und reichen Organisationen, wie Temple Emanuel, bis hinab zur Congregation Anshe Tarnopol. Alle diese Gemeinden sind Privatvereinigungen mit eigener Gebetsstätte, häufig mit eigener Religionsschule (Sonntagsschule) und mit einem Rabbiner an der Spitze, der, wenn die Gemeinde es sich leisten kann, sogar weitere Rabbiner als Assistenten hat. Der Rabbiner ist von der Gemeinde im Privatvertrag angestellt und ist auf diese Weise weitgehend von ihr abhängig. Insbesondere müssen seine Kanzeläußerungen einigermaßen mit den in seiner Gemeinde vorherrschenden Ansichten übereinstimmen. Es versteht sich, daß jede Gemeinde darauf bedacht ist, ihren Mitgliederbestand zu vermehren oder zum mindesten zu wahren. Die Öffentlichkeit wird daher ständig über die Gemeindeveranstaltungen auf dem laufenden gehalten, bekannte Redner werden eingeladen, Vorlesungen zu halten, und ein guter Kantor wie ein fesselnder Kanzelredner haben naturgemäß große Anziehungskraft. Niemand wird einer Gemeinde beitreten, deren Rabbiner ein langweiliger Prediger ist, wenn sich die Möglichkeit bietet, einer gleichgerichteten Gemeinde beizutreten, die über einen Demosthenes verfügt. Dieser ständige Kampf um die gemeindliche Selbsterhaltung trägt unzweifelhaft zu einer Aktualisierung jüdischen Lebens bei, und darin liegt der Vorteil dieses Systems. Aber die Zersplitterung hat den schweren Mangel, daß sie nicht selten Aktionen der Gesamtgemeinschaft im Wege steht, jedoch darf man nicht vergessen, daß diese Situation historisch bedingt und gewachsen ist, also ihre geschichtliche Berechtigung hat. Dennoch wird in weiten Kreisen das Fehlen einer nicht nur lokalen, sondern allgemeinen, zusammenfassenden Organisation empfunden. Aber sie ist in nächster Zukunft kaum zu erwarten. Dies hat seinen Grund vor allem in der besonderen religiösen Schichtung des amerikanischen Judentums. Unser nächster Brief wird sich mit diesen Problemen auseinandersetzen.

Julius Rosenbaum: Portrait — *phot. Abraham*

Der Peel-Bericht unterzeichnet

Amtlich wird der Jüdischen Telegraphen-Agentur mitgeteilt, daß der Bericht der Kgl. Kommission für Palästina am 22. Juni, nachmittags, unterzeichnet worden ist. Der Bericht wird Seiner Majestät sofort unterbreitet werden.

Umschau

Nationale Einigkeit

L. K. Die Struktur der Judenheit hat in der Geschichte zu vielfachen Erörterungen Anlaß geboten. Dabei ging man vielfach von der Voraussetzung aus, daß es ungeachtet der verschiedenartigen sozialen, wirtschaftlichen und gesellschaftlichen Bedingungen, unter welchen die Juden leben, bei ihnen eine nationale Einigkeit gäbe, die sogar höher ausgebildet sei, als bei manchen anderen Völkern. In diesem Sinne hat auch eine Äußerung gelautet, die vor wenigen Tagen gelegentlich der Erörterung des jüdischen Problems außerhalb Deutschlands von einer beachtenswerten Stelle erfolgt ist. Auch innerhalb der Judenheit selbst findet das Problem naturgemäß Beachtung, obwohl wir auf dem Standpunkte stehen, daß innerjüdisch betrachtet, wir weit davon entfernt sind, über eine nationale Einigkeit zu verfügen. Trotzdem es auch in den jüdischen Reihen an sehr beachtlichen Anschauungen nicht fehlt, daß die Judenfrage auch vom Standpunkte der Juden betrachtet überall in der Welt anders gelagert ist, ist es verständlich, daß die These von der nationalen Einigkeit der Juden eine Rolle spielt.

Wenn wir Juden das lesen, fragen wir uns, ob es wirklich richtig ist, was vielfach gesagt wird, wir Juden besäßen in weit höherem Maße als andere Völker nationale Einigkeit. Soweit wir sehen können, trifft dieser Satz kaum zu, er entbehrt schon deshalb der Gültigkeit, weil die Juden in den verschiedenen Ländern unter verschiedenen wirtschaftlichen und sozialen Bedingungen leben und weil demgemäß auch ihre Interessen keineswegs einheitlich sein können. Wenn man die Dinge vom jüdischen Standpunkt betrachtet, hat man eigentlich Anlaß zu einer sehr lebhaften Klage über die mangelnde nationale Einigkeit der Juden. Wir bemerken, wie schwierig es schon ist, auf einem der praktischen Arbeitsgebiete ein Zusammenwirken aller Gruppen bei den Juden eines einzigen Landes zu erzielen, wir können auch nicht übersehen, wie unmöglich es wird, auf irgendeinem Gebiete die jüdischen Hilfsorganisationen der verschiedenen Länder zu vereinigen. Es braucht nur an die Auswanderungsfrage erinnert zu werden, in der es in den vielen Jahren nicht geglückt ist, eine nur einigermaßen befriedigende Vereinheitlichung der Arbeit zwischen den maßgebenden Organisationen herbeizuführen. Die Einigkeit der Juden beschränkt sich auf die religiöse Tradition, sie ist vielleicht noch in der religiösen Haltung anzutreffen, obwohl es auch schon in dieser Generalfrage sehr verschiedene Anschauungen und viele Differenzen gibt.

Eine gewisse Solidarität zwischen den Juden der verschiedenen Länder besteht in der gegenseitigen sozialen Hilfsbereitschaft. Dies ist vielleicht die einzige Frage, in der es ein Zusammenwirken gibt, oder die einzige Frage neben dem Palästinaaufbau. Die Bereitschaft, wenn man es so ausdrücken darf, auf dem Gebiete der Wohltätigkeit eine gewisse Solidarität zu zeigen, ist bei den Juden unleugbar vorhanden, sie hat ihren Grund in der Erwägung, daß die Juden eines Landes, wenn sie unter ungünstigen wirtschaftlichen Verhältnissen leben, nicht die Möglichkeit besitzen, diese Schwierigkeiten aus eigener Kraft zu beheben. Die Tatsache jedoch, daß auf diesem Gebiete eine Hilfsbereitschaft vorhanden ist, kann man nicht als den Ausdruck nationaler Einigkeit auffassen. Man kann nicht übersehen, daß die Differenzen, die die Juden der verschiedenen Ländern voneinander trennen, vielfach sehr erhebliche sind, daß es deshalb kaum jemals gelungen ist, und wohl auch nicht gelingen wird,

KINDER-RUNDSCHAU | *Berlim*

Histórico

O *Kinder-Rundschau* era uma revista judaica, fundada em Berlim 1896. Dedicada ao público infantil tinha uma tiragem de 37200 exemplares e se projetava como Órgão da Associação Sionista para a Alemanha.

CONSELHO EDITORIAL	K (KURT) LÖWENSTEIN (REDATOR)
PERFIL	COMUNITARIO, JUDAICO
PERIODICIDADE	QUINZENAL
PROCESSO GRÁFICO	TIPOGRÁFICO
LOCAL	BERLIM (ALEMANHA)

Motivo da apreensão

Em 9 de novembro de 1937, os investigadores do DEOPS de São Paulo entraram na sede do Jardim da Infância "Judeu-Alemão" mantido pela CIP – Congregação Israelita Paulista. Após "rigorosa" verificação, os investigadores responsáveis pela busca recolheram todo o material que "continha objeto de interesse para a Polícia em defesa da ordem política e social". Durante este ato foram confiscados, além de vários outros documentos: cinco exemplares do jornal alemão *Central Verein Zeitung*, órgão central dos judeus alemães, editado em Berlim; dezesseis exemplares de *Judische Kundschau* (*Panorama Judaico*) com notícias do mundo, publicado em Berlim; um exemplar de *Kinder-Rundschau*, publicado em Berlim; quatro exemplares do jornal *Mitteilungen*, editado pela CIP; vinte exemplares da revista *Tage-Buch*, editada em Paris-Amsterdam; e dois exemplares do jornal *Gemeinde Blatt*, registrado no prontuário como "órgão oficial do sindicato judaico daquela capital". Esta denúncia deu origem, anos mais tarde, a uma série de investigações em tonro das atividades do Dr. Luiz Lorch, um dos fundadores da CIP e presidente do Comitê Auxiliar do JOINT em São Paulo. Para maiores detalhes sobre a apreensão, ver ficha do jornal *Mitteilungen / São Paulo*, p. 170.

Prontuário nº: 4.705
Prontuariado: Congregação Israelita de São Paulo
Remissões: 95.127, 105.673

A W
Trauernder Jude.
(Zeichnung von Hans Less, 13 Jahre, Berlin)

KINDER-RUNDSCHAU

Berlin, den 16. VII. 1937 — Beilage der „Jüdischen Rundschau" — 5. Jahrgang / Nr. 11

Die Zerstörung des Tempels

Der Heilige, gelobt sei er, sprach zu den Dienstengeln: „Kommt, laßt uns gehen, in meinem Hause anzusehen, was die Feinde darin gemacht haben." Sofort ging der Heilige, gelobt sei er, mit den Dienstengeln. Jirmijahu ging ihnen voran. Als der Heilige, gelobt sei er, den Tempel sah, sprach er: „Dies ist nun mein Haus und meine Ruhestätte, und Feinde kamen und haben darin nach ihrem Willen gewaltet. Meine Kinder, wo seid ihr? Meine Priester, wohin seid ihr entschwunden? Meine Lieblinge, wo seid ihr geblieben? Was soll ich nun für euch tun? Ich habe euch gewarnt, aber ihr habt von euren Wegen nicht gelassen."

Danach sprach der Herr zu Jirmijahu: „Gehe und rufe Abraham, Jizchak, Jaakow und Moscheh aus ihren Gräbern, denn sie verstehen Trauer und Wehklagen." Darauf erwiderte Jirmijahu: „Herr der Welt, ich weiß nicht, wo Moscheh begraben ist." Da sprach zu ihm der Heilige, gelobt sei er: „Gehe, stelle dich hin an des Jordans Ufer, erhebe deine Stimme und rufe: ‚Ben-Amram! Ben-Amram! stehe auf und sieh, deine Schafe werden von Fremden verzehrt.'" Darauf ging Jirmijahu zu der Höhle Machpelah, der Grabstätte der Erzväter und rief: „Steht auf! Die Stunde ist gekommen, da ihr vor den Herrn gerufen werdet." Danach stellte Jirmijahu sich an des Jordans Ufer und rief: „Ben-Amram! Ben-Amram! Stehe auf, es kam die Zeit, da der Herr nach dir verlangt." Da sprach Moscheh: „Was ist dieser Tag anders als die andern Tage, daß ich von dem Herrn gerufen werde?" Jirmijahu antwortete: „Ich weiß es nicht." Moscheh wandte sich ab und ging zu den Dienstengeln, die er von der Zeit der Gesetzgebung her kannte, und sprach zu ihnen: „Erhabene Diener! Wißt ihr vielleicht, weshalb ich vor den Herrn gerufen werde?" Darauf sprachen sie: „Ben-Amram, weißt du denn nicht, daß das Heiligtum zerstört und die Juden vertrieben worden sind?" Da schrie Moscheh auf und weinte den ganzen Weg, bis er zu den Erzvätern kam. Sofort zerrissen auch sie ihre Kleider, legten ihre Hände auf ihre Häupter, schrien und wehklagten, bis

sie an die Tore des Heiligtums kamen. Da trat Abraham weinend vor den Heiligen, gelobt sei er, und sprach: „Herr der Welt, weshalb hast Du meine Kinder vertrieben und sie fremden Völkern preisgegeben, die sie auf grausame Art getötet haben? Warum h t Du Dein Heiligtum zerstört, die Stätte, an welcher ich Dir meinen Sohn Jizchak als Opfer darbrachte?" Es sprach zu ihm der Herr: „Deine Kinder haben gesündigt, sie haben die Thora und die darin enthaltenen 22 Buchstaben nicht beachtet." „Wer will es bezeugen, daß Israel Deine Thora überschritten hat?" Der Herr antwortete: „Es komme die Thora, Zeugnis ablegen über Israel." Und diese erschien vor dem Herrn. Als Abraham sie an den Tag erinnerte, an dem der Herr sie allen Völkern angeboten hatte und nur seine Kinder sie am Berge Sinai empfangen hatten, trat sie beschämt zurück und ließ von ihrer Aussage ab.

Nun traten die 22 Buchstaben des Alphabets vor, genau wie der Herr sie als Zeugen verlangte. Da sprach Abraham zum Alef: „Du bist der erste aller Buchstaben, und du kommst nun, auszusagen über Israel am Tage seiner Not? Denke an den Tag, an dem der Heilige, gelobt sei er, am Berge Sinai sich offenbarte, und das Zehnwort begann mit dir, dem Alef: ‚Anochi'." Sofort trat auch das Alef zurück und verweigerte die Aussage. Als nun das Beth über Israel aussagen wollte, sprach Abraham: „Du willst über meine Kinder aussagen, die gelehrt sind in den fünf Büchern Moses, die mit dir beginnen: ‚Bereschith barah'"? Beschämt trat das Beth zur Seite, ohne etwas auszusagen. Als die anderen Buchstaben sahen, daß Abraham sie beschwichtigte, traten sie alle zur Seite und legten kein Zeugnis über Israel ab.

Sogleich trat Abraham vor den Heiligen, gelobt sei er, und sprach: „Herr der Welt, mit hundert Jahren gabst Du mir einen Sohn, und nachdem er siebenunddreißig Jahre alt wurde, sprachst Du zu mir: ‚Bring ihn mir als Opfer dar.' Und ich wurde grausam und erbarmte mich nicht seiner, sondern ich habe ihn selbst gefesselt. Willst Du nun nicht daran denken und Dich meiner Kinder erbarmen?" — Da begann Jizchak

L'ADUNATA DEI REFRATTARI | *Nova York*

CONSELHO EDITORIAL	DONATO LAPENNA NICK DI DOMENICO OSVALDO MARAVIGLIA RAFFAELE SCHIAVINA
PERFIL	ANARQUISTA
PERIODICIDADE	SEMANAL
PROCESSO GRÁFICO	TIPOGRÁFICO
LOCAL DA EDIÇÃO	NOVA YORK (EUA)

Histórico

L'Adunata dei Refrattari, o mais antigo periódico do movimento anarquista ítalo-americano, era editado em inglês e italiano em New York tendo circulado entre os anos de 1922-1971. Seu escritório localizava-se na rua Lafayette nº 285 e cada exemplar era vendido a 5 cents. Teve como editores Osvaldo Maraviglia, seu administrador entre os anos de 1922 e 1954 e Max Sartin, pseudônimo de Raffaele Schiavina. Muitos de seus colaboradores eram anarquistas de renome internacional e viviam escondidos na Itália então sob o regime fascista de Mussolini. Circulava entre os anarquistas de São Paulo, divulgando assuntos sociais de países da América e da Europa, além de fazer constantes menções aos textos clássicos do anarquismo. Uma de suas seções – "Páginas para Reler" – sugeria a leitura de teóricos libertários como Kropotkin. Havia também um "serviço de biblioteca" pelo qual era possível comprar a preços módicos os clássicos do anarquismo, do socialismo, além de reconhecidos títulos da literatura universal. Assinavam como colaboradores deste periódico Gigi Damiani, Vittorio Alfieri, Clarence Darrow, Etimo Vero e Giuseppe Ferrari. Destacamos a colaboração de Camildo Bernieri, autor de expressivas matérias que cobriam a Guerra Civil Espanhola (1936-1939).

Junto ao acervo DEOPS/SP constatamos inúmeros registros que comprovam a apreensão deste jornal, além de muitos outros também estrangeiros, e que chegavam ao Brasil via correio. Através da censura postal, acirrada durante o governo Vargas, a Polícia Política conseguiu chegar até seus distribuidores e leitores, nem sempre anarquistas. Por exemplo, em 1936, investigadores policiais apreenderam de Angelo Lasheras ou Las Heras, um conjunto destes periódicos proibidos, entre os quais: *L'Adunata dei Reiffratari*, *Tierra y Libertad*, *El Luchador*, *La Protesta* e outros textos sobre a Revolução Espanhola. Junto ao prontuário da União dos Trabalhadores da Light encontra-se anexado o periódico chileno *La Continental*, de fevereiro de 1933.

Motivo da apreensão

O nº 46, confiscado de Hugo Vittorio, ressaltava questões relativas à Guerra Civil Espanhola e investia contra o antifascismo, uma das principais bandeiras de luta defendidas pelos anarquistas. Hugo Vittorio, foi acusado pela Polícia Política de ser um ativista do Partido Comunista sendo responsável pelo direcionamento das atividades do partido nas oficinas do bairro do Cambuci (SP) e pela distribuição de impressos comunistas. Nota-se que apesar de ser rotulado de comunista, o exemplar de *L'Adunata* apreendido em seu poder era de caráter anarquista e exaltava a participação dos revolucionários anarquistas na luta contra o regime fascista de Franco durante a Guerra Civil Espanhola. O exemplar nº 37 do jornal *L'Adunata dei Refrattari* foi apreendido em 1941, em um bonde da linha Penha-Lapa, em São Paulo. Fazia parte de um material impresso vindo do estrangeiro, endereçado a "Anarquistas, Caixa Postal 195", cujo titular era Edgard Leuenroth. O investigador Manoel Seabra, da Seção de Ordem Social, ficou aguardando no correio até que alguém fosse apanhar o pacote. Este material foi retirado por Benedito Romano, militante anarquista preso em flagrante. Em maio de 1937, o italiano e litógrafo Francisco Cianci foi delatado ao DEOPS por ser anarquista e receber exemplares do *L'Adunatta*.

Prontuário: 2.061
Prontuariado: Hugo Vittorio
Remissão: 1.914, 625, 710

VOLUME XX. NEW YORK, SATURDAY, SEPTEMBER 13, 1941 NUMBER 37

L'ADUNATA DEI REFRATTARI

(THE CALL OF THE 'REFRACTAIRES')
A WEEKLY PUBLICATION

5 CENTS A COPY "Entered as second-class matter January 8, 1934 at the Post Office at New York, N. Y., under the Act of March 3, 1879". OFFICE: 295 LAFAYETTE ST., NEW YORK

TORCE NELLA NOTTE

IL popolo di Parigi illustra in pochi giorni di ribellione audace, meglio ancora degli immani olocausti organizzati del fronte russo, il fallimento completo della utopia fascista.

Le quadrate mostruose legioni del nazismo e del fascismo hanno percorsa e sottomessa tutta l'Europa Occidentale. La croce uncinata e il fascio littorio sventolano minacciosamente su tutte le vecchie capitali del continente onuste della gloria e della storia di trentá secoli di civiltà, di pensiero e di lavoro. Il vecchio mondo trema e piega sotto il giogo e la collera del conquistatore sinistro arrivato all'apice della fortuna e della potenza, mentre gli àuguri salariati ipotecano il millennio ai trionfi oscuri del medioevo rinato.

Non Parigi. Parigi protesta, urla, si dibatte e freme. Parigi è in collera e sfida. "Se Parigi è in collera, — scrisse un giorno Berneri — è il mondo che fa silenzio, che si volge ad ascoltare".

Parigi è in collera. Guizzano pel suo cielo cupo lampi di sdegno e fiamme di rivolta. La sua grande anima si leva a nuove cime d'audacia e d'abnegazione. Dalle arterie dei suoi figli, eredi di tre rivoluzioni, zampillano rivoli di sangue.

E il mondo tace, si volge, ascolta e comprende che la libertà non è morta, che di qui, da questa nuova messe ineffabile di sacrifici e di eroismi, incomincia la nuova storia.

* * *

I fatti sono noti. Il 12 agosto Petain aveva pronunciato un discorso truculento con cui, deplorando il "vento infido" dei sentimento popolare ostile al suo governo di traditori e collitorti, annunciava una più stretta collaborazione col nazismo ed una più completa fascistizzazione del regime.

La risposta del popolo fu immediata. A Parigi le manifestazioni pubbliche furono subito all'ordine del giorno, ad onta delle repressioni sanguinose. Gli atti di sabotaggio raggiunsero proporzioni tali che, contro i sabotatori, fu istituita una taglia di un milione di franchi. Il governo di Petain procedè quindi all'istituzione di tribunali speciali per giudicare con procedura sommaria comunisti ed anarchici. Le dimostrazioni divennero ancora più intense; il sabotaggio più allarmante. Il 22 agosto, un ufficiale superiore dell'esercito nazista d'occupazione è pugnalato a morte da sconosciuti, mentre viaggiava nella ferrovia metropolitana di Parigi. Il generale Stolpnagel, comandante dell'esercito nazista in Francia, fa annunziare che, quind'innanzi, gli ostaggi francesi espieranno di persona ogni attentato diretto contro l'esercito in[illegible] numero proporzionato alla gravità del delitto e al grado della vittima. E ordina gli arresti in massa che, secondo le ultime notizie, hanno fruttato sinora 150.000 ostaggi "ebrei e comunisti", secondo le mendaci comunicazioni dei bollettini nazisti.

Ma la resistenza non cede.

Il 28 agosto, in una caserma di Versailles, mentre alla presenza delle autorità fasciste francesi e tedesche si svolge una cerimonia in onore del primo contingente di Volontari della guerra contro il Bolscevismo, in partenza pel fronte russo, un giovane marinaio, Paul Colette, che s'era inscritto alla Legione, spara cinque colpi di rivoltella ferendo gravemente Pierre Laval e Marcel Deat, leggermente il Col. Durvy e un altro legionario. Laval e Deat sopravvivono all'attentato. Ma le rappresaglie incominciano. La ghigliottina incomincia a mozzar teste di "comunisti, anarchici ed ebrei"; sedici tra francesi e belgi sono fucilati dalle truppe naziste. La paura dei padroni diventa ferocia di selvaggi imbestialiti; la volontà indomita dei vinti esplode in nuovi atti di rivolta e di sfida.

Il tre settembre un sergente nazista è leggermente ferito in una strada di Parigi [illegible] ostaggi francesi completamente estranei al fatto, sono prelevati dal campo di concentramento di Drancy, e a sangue freddo fucilati all'alba del 6-IX.

Il 4 settembre, nei pressi della Porte des Lilas, Marcel Gitton, ex-deputato comunista passato al nazismo, è colpito da revolverate d'ignota provenienza ai polmoni e al ventre, e muore poche ore dopo all'ospedale.

Da Vichy, la United Press riceve che due altri ufficiali nazisti sarebbero stati feriti in altri punti della Francia occupata.

E il duello continua . . .

* * *

Paul Colette è il protagonista e il simbolo di questa tragica rifioritura di vita, di volontà, di ribellione.

Tradita dai suoi padroni, ingannata dai suoi governanti, disarmata dai suoi obliqui predicatori di disciplina e di rinuncia, calpestata dal tallone ferrato del fascismo e prostituita dall'ipocrisia nefasta dei suoi preti, la Francia della Rivoluzione si ritrova in lui con tutti i fulgori del suo passato, con tutte le speranze del suo luminoso avvenire.

Paul Colette ha poco più di vent'anni: è la giovinezza perenne della vita che precede, esuberante e febbrile, segnando la via.

E' proletario: marinaio di mestiere, e con-

Quinci fulmina l'oste, e impiaga e uccide,
E fiamme ai tempj, alle magioni avventa;
Quindi fra le macerie alto si asside
L'orrida Fame, e gli ancor vivi addenta;
Quel che l'uno non può, l'altra conquide;
L'un vince i corpi, e l'altra i cor sgomenta;
Vola intorno la Morte, e in doppia guerra
Le mura oppugna, e i difensori atterra.

Pur, tra' morti e le fiamme, e dagli amati
Ruderi, e dai men noti ermi recessi,
Balzan novelli eroi, pugnan coi fati,
E sembran dal valore i fati oppressi:
. . . .

. . . d'un gran popolo oppresso
Balenan l'armi e il grido al ciel rimbomba,
E dal guardato suo scoglio inaccesso
Tremendo irrompe, e sui nemici piomba;
E vincendo del par gli altri a sè stesso,
Mostra al feroce usurpator la tomba;
Dal trono dell'error balza i potenti;
Dà spada al dritto e libertà alle genti!

RAPISARDDI

LA LIBERTAD | *Madrid*

CONSELHO EDITORIAL	ANTONIO HERMOSILLA (DIRETOR-GERENTE)
PERFIL	PRÓ-REPUBLICANOS, ANTIFASCISTA
PERIODICIDADE	NÃO IDENTIFICADA.
PROCESSO GRÁFICO	TIPOGRÁFICO
LOCAL DA EDIÇÃO	MADRID (ESPANHA)

Histórico

La Libertad era editado em Madrid e tinha sua sede de redação, administração e escritório sediada à rua Madera, 8, próximo de Correos, 981. A assinatura mensal de *La Libertad* custava 3,50 pesetas para os leitores madrilenhos; enquanto que a assinatura trimestral era de 10,50 pesetas para as províncias, 2,75 pesetas para 25 exemplares, enquanto que o número avulso custava 15 céntimos. É significativo o fato deste jornal ser editado em Madrid, epicentro da tensão e violência na Espanha, mesmo antes do início da guerra civil. A guerra cívil teve início no dia 17 de julho de 1936 estendendo-se até o final de março de 1939 quando Madrid foi, finalmente, ocupada pelos franquistas. Entre 29 e 31 de abril registraram-se a queda dos últimos redutos republicanos.

Em 1936 – ano de publicação do exemplar apreendido pela Polícia Política de São Paulo – haviam ocorrido as eleições nacionais na Espanha com vitória da Frente Popular que garantiu o retorno da esquerda no comanda da nação. Este grupo era representado pela União Republicana de Martinez Barrio, a Esquerda Republicana de Azaña, o Partido Socialista Operário Espanhol (UGT), o pequeno partido sindicalista de Angel Pestaña (de origem anarquista), o Partido Comunista Espanhol e o Partido Operário de Unificação Marxista (POUM) que juntos optaram por enfrentar o inimigo comum: a Coligação Tradicionalista que unia os partidos da direita identificados com os católicos e os monarquistas tradicionais. Após Manuel Azaña ter assumido como primeiro-ministro, indicado pelo presidente eleito Alcalá Zamora, a Falange assassinou em 12 de junho de 1936 o tenente José del Castillo, militante socialista. Este ato foi revivado pela esquerda que seqüestrou e executou Calvo Sotelo, deputado direitista. Em maio formou-se um segundo governo que culminou com a substituição de Azaña por Casares Quiroga e a distituição do presidente Zamora, substituído pelo próprio Azaña.

O exemplar apreendido de *La Libertad* traz um verdadeiro documentário, passo a passo, do início do conflito espanhol. Valendo-se de fotografias assinadas por Alfonso e Albero y Segovia, este periódico documenta o avanço dos rebeldes pela Serra de Guadarrama, além de trazer detalhados informes sobre o cotidiano da guerra. Importantes matérias referem-se as investidas das milícias de camponeses na região da Catalunha, os soldados republicanos comemorando a Frente Popular, milícias do 5º Regimento da Frente Popular fazendo trégua para o almoço nas cantinas dos grupos Rosa de Luxemburgo e Huertas, organizadas pela viúva de Luis de Sirval. Outros artigos denunciam os " novos" crimes dos fascistas, o perigo alemão e as investidas dos fascistas contra os hospitais da Cruz Vermelha. Na primeira página, uma foto de Albero y Segovia, registra o interrogatório de frades vestidos a paisana acusados de incendiarem o palácio episcopal. Esta imagem completa-se com a poesia "... A la gota gota", de Luis de Tapia e a charge " Coelhos Nazistas: Liebres en la Sierra", de Bluff. É de autoria de Alfonso a foto de Largo Caballero, no alto de Léon. Este – considerado como um "reformista de tendências autoritárias" – representava uma das importantes correntes do socialismo espanhol, estando diretamente ligado ao movimento operário.

Motivo da Apreensão

O nº 5.093, Ano XVIII do jornal madrilenho *La Libertad* foi confiscado em 2 de dezembro de 1936 durante busca

AÑO XVIII — MADRID — NUM. 5.093

SUSCRIPCIONES

Madrid, un mes .... 3,50 ptas.
Provincias, trimestre 10,50 ..

25 EJEMPLARES 2,75 PESETAS

Número suelto, 15 céntimos

La Libertad

LUNES 27 DE JULIO DE 1936

REDACCION, ADMINISTRACION Y TALLERES
MADERA, 8
Apartado de Correos 981

Director-Gerente
ANTONIO HERMOSILLA

MAGNIFICAS IMPRESIONES DE LOS FRENTES DE COMBATE

Somosierra y los montes de Guadarrama, virtualmente en poder de los leales, quedarán limpios de sublevados

Aviones del Gobierno actuaron enérgicamente en la Sierra, desmoralizando a los facciosos y causándoles gran número de bajas.--Los sediciosos, violando brutalmente toda ley de humanidad, han bombardeado otro hospital.--Optimismo admirable en los milicianos.--El ministro de la Guerra y "Pasionaria" recorren el frente y son aclamados por los valientes guerrilleros.

Heroicos episodios de la batalla

Ya está visto que la batalla contra los reaccionarios generales insurrectos tendrá que llegar hasta el fin. Los facciosos no vacilan en que se derrame sangre de españoles. La tragedia se desarrollará plenamente. En ella culminará la gloriosa realidad de un pueblo decidido a defender sus derechos y sus libertades. Y quedará como baldón de ignominia para los alzados en armas contra la República, además de su obstinación malsana de esclavizar al pueblo trabajador, su mezquino concepto de la hidalguía, que les ha permitido incendiar pequeños pueblos indefensos y arrojar metralla sobre un preventorio infantil.

El país—su vitalidad física, su estado moral, su economía—puede sufrir gravísimos quebrantos. Los responsables exclusivos son los frenéticos que intentan hundir a España en el abismo insondable de una guerra civil. Y pues ellos—los traidores—no quieren expresar el propio reconocimiento de su fracaso, será forzoso continuar la batalla en todas las ciudades del país aún no sometidas a las fuerzas leales.

La justicia y la razón marcan el destino inexorable que corresponde a los traidores: la derrota definitiva, sobre esfuerzos sangrientos que sólo tienen por resultado la esterilidad y la deshonra.

El pueblo, en cambio, tiene siempre un designio triunfador: el de salvar su dignidad e imponer su derecho a la vida, precisamente sacrificándola en aras de la libertad.

Visado por la censura

LIEBRES EN LA SIERRA, por Bluff
¡Ha sonado un tiro!

En el frente de Guadarrama

Con el día comenzaron las hostilidades.--Varios aviones nuevos colaboran al éxito de los leales

Por el camino recogimos las noticias, plenamente satisfactorias, de los que regresan del frente. Las tropas leales, confirmando la impresión dada por nosotros en la última parte de nuestra información, habían continuado su avance, situándose en la margen izquierda del puerto del León, a una altura desde la cual las posiciones enemigas eran claramente visibles y desde luego fácilmente batibles por el fuego de nuestras guerrillas.

Cerrada la noche, el fuego por ambas partes decreció hasta reducirse a un tiroteo leve y con largos intervalos de tiempo entre disparo y disparo. Con objeto de reanudar nuestra labor en las primeras horas de la mañana, hacemos noche en el mismo pueblo de Guadarrama, donde una excelente mujer, a la que le quedamos extraordinariamente agradecidos, nos dió una cena modesta, pero caliente, y una cama, de la que no gustábamos desde el lunes.

Apenas empezó a clarear el día, se reanudaron las hostilidades por ambas partes, más intensamente y con mayor eficacia del lado de las tropas leales. Los fusileros que habían mantenido durante toda la noche las posiciones conquistadas ayer con un tesón y un entusiasmo al que no hay palabras para elogiar, empezaron a hacer certeros blancos sobre los nidos de ametralladoras y puestos defensivos que los sediciosos tienen establecidos en la margen derecha del puerto del León.

La artillería, situada estratégicamente, comenzó a disparar con una certeza verdaderamente maravillosa y con una rapidez más maravillosa aún. La acción artillera de las tropas leales al pueblo español comenzó a surtir efecto, por cuanto los disparos de ametralladora y fusil, éstos en una proporción escasísima, disminuían notablemente. Hacia las siete y media u ocho de la mañana aparecieron en el horizonte varios aparatos nuevos que, a una altura que denota el valor de nuestros gloriosos aviadores, empezaron a sembrar de metralla las posiciones enemigas, causando entre ellas grandes destrozos y no pocas bajas a los traidores a la patria. La presencia de los aviones que se iban relevando con objeto de que en ningún momento faltara su colaboración eficacísima a las tropas leales, infundió entre éstas una extraordinaria alegría, ya que no podemos decir entusiasmo porque éste no les ha faltado en ningún momento.

Las milicianas realizaron numerosos actos de heroísmo

Las milicianas, que ayer realizaron, así como sus compañeras las enfermeras proletarias, verdaderos actos de heroísmo, los reanudaron hoy. Cuatro o cinco de ellas con sus monos azules, las alpargatas de reglamento en el Ejército, gorros y pañuelos en la cabeza, su fusil en la mano y el correaje completo con su respectiva dotación, bajaban hasta la carretera, y a los gritos de «muera el fascio», «mueran los traidores», «a por ellos, camaradas, que son nuestros», arrastraban tras de sí grupos de milicianos, militares, Guardia civil y Asalto, de las reservas y de los que, habiendo estado en las guerrillas descansaban momentáneamente. La acción de estas mujeres ha puesto de relieve, una vez más, el temple excepcional de la mujer española. No creyendo necesaria a los efectos informativos nuestra presencia en este sector de la lucha, nos trasladamos al Puerto de Navacerrada. Nos dicen los milicianos que la noche ha transcurrido con toda tranquilidad.

Nuestros valientes se ríen de la mala puntería del enemigo

Volvemos a la carretera que conduce al Alto del León. Antes, a nuestro paso por Cercedilla, comprobamos que la población está animada y tranquila. Los veraneantes cruzan las calles del pintoresco pueblecillo serrano, y formando pequeños corros comentan indignados la rebelión de los traidores a la patria y a las normas más elementales de humanidad y de conciencia. Los hechos desarrollados en el pueblo de Guadarrama son objeto de las más violentas censuras para los criminales, que sin tener en cuenta muchos de los edificios de este pueblo, verdadero mártir de la sublevación, los bombardearon con execrable desprecio para la vida de niños y de mujeres. Las radios de los establecimientos públicos y de los chaletes funcionan en elevado tono, y en unos momentos con las noticias radiadas de Gobernación y en otros con la música, animan y fortalecen a la población civil, que si no fuera por las detonaciones de nuestra artillería y las explosiones de las bombas arrojadas desde nuestros aparatos, nadie diría que por aquellos contornos existe la más pequeña anormalidad.

Seguimos en nuestro recorrido. Una de nuestras baterías, que con sus certeros disparos está causando a los sediciosos extraordinario daño. Las balas que silban alrededor de los bravos artilleros y de cuantos defensores de la República se hallan en este trozo, no producen ningún efecto en su ánimo; antes al contrario, se comenta jocosamente la deficiencia en el tiro de nuestros enemigos. El periodista, que no tiene madera de héroe, pero que, consciente de su obligación, la cumple sin reparar en el mayor o menor peligro que pueda correr, siente un poco de asombro ante el elevado espíritu de estos heroicos guerrilleros, guardias civiles, guardias de Asalto y fuerzas del Ejército, que aún tienen humor para hacer chistes frente a la muerte.

El ministro de la Guerra arenga a los milicianos

Dejamos a las fuerzas leales desplegadas en guerrilla, y como no es inminente un asalto a las posiciones enemigas, regresamos en busca de la comida que nos fortalezca para seguir nuestro cometido.

En el chalet de D. Facundo Gómez, entusiasta militante de Izquierda Republicana, se nos acoge con toda cordialidad y se nos facilita una comida como hace una semana no habíamos tenido. Comemos caliente, tenemos cerveza, nos permitimos el lujo de tomar café, y hay además el complemento verdaderamente inusitado en estas circunstancias de la copita de licor y el puro. Nuestra gratitud al entusiasta republicano.

Antes de abandonar nuestra posición en el lugar que una elemental discreción nos impide consignar, anotamos un hecho que tiene un interés informativo y práctico indudable. El ministro de la Guerra, general Castelló, llega hasta allí, se apea del coche oficial y pronuncia una arenga en los siguientes términos:

«Ciudadanos armados, guardias civiles, fuerzas de Asalto, Ejército leal: El pueblo español os agradece el esfuerzo y el sacrificio constante que estáis realizando en defensa de las libertades ciudadanas, de la legalidad republicana y del derecho, y os felicita por mi conducto, esperando que en breve vuestra bravura, vuestro indómito entusiasmo y vuestra indudable capacidad combativa habrá librado a España de esta pesadilla, que hoy pone lágrimas en los ojos de nuestras mujeres y palabras de indignación en la boca de los hombres.

Ciudadanos, militares, todos: ¡Viva la República! ¡Viva el pueblo español libre de opresiones que le ofenden y que no tolera! ¡Viva el Ejército del pueblo!»

La arenga del general Castelló produjo en las fuerzas un efecto que se tradujo en ovaciones delirantes y vivas ensordecedores. Pero aún llegó a más el entusiasmo de nuestros gloriosos combatientes cuando el general, permitiendo subir a los estribos de su coche a algunos milicianos y fuerzas armadas de todos los Cuerpos allí concentrados, inició la marcha. Detrás del coche siguieron otros grupos más numerosos poseídos de un entusiasmo y de una alegría verdaderamente admirable.

Excelente actuación de la Artillería y de la Aviación

Durante toda la mañana los aparatos de la gloriosa Aviación española rivalizaron en eficacia en sus vuelos de reconocimiento y de bombardeo. Cuando alguno de éstos no lograba, porque la movilidad del enemigo era incesante debido al durísimo castigo que se le estaba infligiendo, localizar los grupos rebeldes, la artillería, que con el auxilio de los aparatos de televisión modernos y potentes de que se sirve los tenía continuamente localizados, hacía un disparo y les señalaba el lugar determinado donde debían arrojar su preciosa carga.

Cuando uno de estos aviones se hallaba cumpliendo su heroica y eficaz misión, se vió avanzar a gran altura y a gran velocidad un aparato que aparentemente parecía enemigo. Con una celeridad verdaderamente vertiginosa aquél se lanzó sobre el que llegaba, y haciendo una audaz y rapidísima maniobra se colocó en breves segundos sobre él. El momento fué de una intensa emoción, pues nos pareció que íbamos a asistir a un duelo en las alturas. Afortunadamente el aparato era leal y la confusión tuvo su origen en el tono obscuro, seguramente por ser un aparato antiguo. Después continuaron los dos en pareja y llevaron a cabo con igual acierto su utilísima misión.

Por la tarde era francamente lamentable la posición de los sediciosos

A las cuatro y media de la tarde, hora en que nos disponemos a emprender nuestro regreso para rápidamente redactar esta información, la posición del enemigo es francamente lamentable. Castigado duramente por la aviación y la artillería, hostilizado por la infantería y por las ametralladoras leales, la impresión es que el abandono de sus posiciones en la margen derecha del puerto del León es inminente. Sólo el temor de lo que pueda irrogarles la aplicación de la justicia, les hace resistir en sus difíciles posiciones.

Las fuerzas leales se hallan poseídas, como ya hemos dicho, de un alto espíritu combativo y de un entusiasmo inenarrable. Convenientemente condicionadas y perfectamente normalizados los servicios de racionamiento, estos

GIL ROBLES Y LERROUX HUYERON AL EXTRANJERO ANTES DE INICIARSE LA CRIMINAL SUBLEVACION.
MOLA HA ENVIADO A SU MUJER A BIARRIZT
CABANELLAS SE HA AFEITADO LA BARBA PARA QUE NO LE CONOZCA NADIE
FRANCO NO SE ATREVE A VENIR A LA PENINSULA
QUEIPO DE LLANO PREPARA AFANOSO LA HUIDA
¡COMO SE VE, TODOS LOS SEDICIOSOS TIENEN CONFIANZA EN LA «VICTORIA»!

COPLAS DEL DIA

"... A la jota jota"

La Virgen del Pilar dice
que no quiere ser facciosa
ni que la hagan capitana
del ejército de Mola...

A las orillas del Ebro
tengo mis amores, madre,
y, además de mis amores,
las milicias populares...

De «huéspedes» está lleno
el Pilar de Zaragoza,
y al verlos dice la Virgen:
«Ahora sí que soy Patrona.»

Zaragoza está en un llano,
según afirma una copla;
se dirá dentro de poco:
«Llano» no está en Zaragoza...

A Napoleón trabajo
le dió tomar Zaragoza;
pero es porque no llevaba
G. N. Tistas en su tropa...

Entrarán en Zaragoza
mis tropas, si no están ya,
y desde Sevilla, Queipo,
que es tan «largo», las verá...

La Virgen del Pilar dice
que no es Virgen del Pilar,
que quiere ser capitana
en el Frente Popular...

(¡Mucho tendrá que cambiar!)

LUIS DE TAPIA

LOS REDACTORES DE "LA LIBERTAD" EN EL FRENTE DE COMBATE

En la plaza Mayor de Collado Mediano, llena de autos que llevan y traen milicianos a la línea de fuego, conversan animadamente nuestros redactores Angel de Guzmán y Manuel Fernández Gómez, los colaboradores de LA LIBERTAD Eduardo Zamacois y Ramón J. Sender y otros varios periodistas y amigos. *(Fot. Alfonso.)*

efetuada pelas autoridades do DEOPS/SP na residência do professor de línguas Mathias Navarro Puig, nascido em Barcelona, então com 52 anos. Além deste jornal, foram também apreendidos exemplares de *La Vanguarda*, *La Voz* e *Informaciones*, além de a *Crónica, Revista de La Semana*. O fato da maioria destas publicações serem de Barcelona, antecipou qualquer julgamento por parte dos investigadores Mario Mariano e José Tardio Netto: "como aquela cidade estava em poder dos comunistas não era de estranhar-se que aquela correspondência [jornais] se manifestassem favoráveis aquela ideologia". Importante ressaltar que, em 1936, tanto Madrid, como Barcelona, Valência e Sevilha (cidades com mais de 150 mil habitantes) haviam garantido a eleição aos representantes da esquerda reconduzindo ao poder Manuel Azaña que, de imediato, restabeleceu as leis aprovadas entre 1931 e 1933 e aplicou a legislação que aprovava a reforma agrária e o aumento de salários dos trabalhadores.

Parte do material confiscado pela Polícia Política já havia sido detectado pela censura postal que identificara no " portal do destinatário" o nome e endereço de Mathias Navarro Puig. Inquirido sobre a procedência e conteúdo dos impressos, Puig declarou ao delegado de Ordem Política e Social, Pinto Moreira, que *La Vanguarda*, *La Voz*, *Informaciones* e a revista *Crónica* eram publicações "sem qualquer cor política" e que simplesmente "informavam sobre factos mundiais"; e que em virtude da situação política da sua pátria, os jornais e revistas de Barcelona estavam submetidos a " rigorosa censura"; que ele [declarante] não tinha " sympatias por este ou aquelle partido ora em lucta na Hespanha, lamentando sinceramente o que lá estava se passando...". Barcelona era realmente a cidade onde o movimento sindical se fazia mais forte e organizado.

Prontuariado: Mathias Navarro Puig
Prontuário: 4.607

AÑO XVIII
Lunes 27 de Julio de 1936

La Libertad

MADRID
Diario republicano independiente

LOS CABALLEROS DEL AIRE

Baleares, Zaragoza, Ceuta, Melilla, Tetuán, Logroño, Córdoba, Sevilla y Cádiz fueron ayer eficazmente bombardeadas por la gloriosa y leal Aviación española

Un aparato de Getafe vuela sobre Tetuán y destruye dos aparatos enemigos

Ayer tarde salió del aeródromo de Getafe un avión en viaje de exploración. Voló sobre Córdoba, y no observando nada anormal en esta población, después de recorrer sus alrededores, continuó su viaje hacia el Estrecho. Se acercó a Tetuán, y al observar que en el aeródromo de esta ciudad había dos aparatos alineados los...

Sandino ha comunicado al presidente de la Generalidad que las escuadrillas de su mando han practicado vuelos de reconocimiento y protección de las fuerzas leales. Según sus informes, estas tropas y milicias, después de tomar la ciudad de Lanaja han proseguido su avance. También informó que los rebeldes se dispersan. También ha dicho que los rebeldes que había en el campo huyen hacia Zaragoza.

En Ceuta está ardiendo el Hacho

En Melilla

En Sevilla

Otros focos bombardeados

Los aviadores catalanes, al mando de Sandino

Soldados republicanos vitoreando al Frente Popular después de haber cogido una pieza de artillería a los facciosos en la acción de Somosierra

(Fot. Alfonso.)

Lo que dicen unos soldados sublevados del 13 ligero de Segovia

La Junta de gobierno de Valencia envía importantes expediciones de víveres a Madrid

y consignada al Parque de Intendencia de Madrid.

También llega otra expedición de Valencia

A la anterior expedición hay que añadir otra no menos importante por la cantidad de artículos de primera necesidad que en ella vienen y que ha salido de...

SE DESMIENTE UNA FALSEDAD

El Comité Internacional de la Cruz Roja se ofrece a la española

A todos los afiliados de la Cruz Roja Española: Los representantes del Frente Popular en el Co...

Informes de Cataluña

Un hijo del general Barrera, muerto

Ha muerto el presidente del Tribunal que condenó a Galán y García Hernández

Companys felicita a Sandino

Se normaliza el servicio de ferrocarriles

La normalidad es absoluta

... en Barcelona es absoluta, contribuyendo a ello la reanudación del servicio de tranvías, que se presta como de ordinario. La población se ha lanzado a la calle desde las primeras horas y la animación en todas las grandes vías, así como los cafés, bares y restaurantes, es extraordinaria.

Todas las playas libres de Barcelona se han visto esta mañana...

Un individuo que se dedicaba a «paquear», muerto

El diario «Tierra y Libertad» se tirará en los talleres de «La Vanguardia»

LA REBELION SE INICIO FUERA DEL TERRITORIO ESPAÑOL, EN PLENO MARRUECOS

LAS PRIMERAS FUERZAS QUE UTILIZARON LOS TRAIDORES FUERON LOS AVENTUREROS DEL TERCIO Y LOS MOROS DE REGULARES

LOS FACCIOSOS DESTRUYEN TODOS LOS MONUMENTOS NACIONALES

LOS SUBLEVADOS BOMBARDEAN LOS PREVENTORIOS INFANTILES Y LOS HOSPITALES DE LA CRUZ ROJA

LOS GENERALES ENEMIGOS DEL PUEBLO SON UN MODELO DE «HUMANIDAD» ¡Y DE PATRIOTISMO!

En un registro efectuado en el domicilio del ex general Goded se encuentran armas

Una aclaración

La nueva Junta directiva de la Asociación de la Prensa

Javier Bueno, presidente

DESEOSOS DE AVENTURAS

Varios niños se van al frente

Administración de LA LIBERTAD, teléfono núm. 27150

Los hijos de los milicianos caídos en la lucha

Un avión de bombardeo de las tropas leales que ayer aterrizó en plena Sierra para dar a conocer a los oficiales de nuestras tropas las situaciones de los facciosos.

(Fot. Alfonso.)

Hospitales de sangre para los combatientes

El Dispensario de Higiene Mental

El Instituto de Reeducación de Inválidos

Hospital de sangre del distrito del Congreso

Dos casas refugio para las familias de los combatientes

La primera disposición del inspector faccioso de la Guardia civil

LA VIDA DEPORTIVA

La XXX Vuelta ciclista a Francia

Un miliciano muerto al dispararsele su propia pistola

La milicia de los Trabajadores de la Enseñanza

Imprenta de LA LIBERTAD
Madera, 8

LA VANGUARDIA | *Barcelona*

CONSELHO EDITORIAL	NÃO IDENTIFICADO
PERFIL	PRÓ-REPUBLICANOS, ANTIFASCISTA
PERIODICIDADE	DIÁRIA
PROCESSO GRÁFICO	TIPOGRÁFICO
LOCAL DA EDIÇÃO	BARCELONA (ESPANHA)

Histórico

La Vanguardia apresentava-se como um " diário a serviço da democracia" tendo a sede de suas oficinas na rua Pelayo, 28, Barcelona. Cada exemplar era vendido, no ano de 1936, ao preço de 15 céntimos. Circulou no Brasil entre a comunidade de imigrantes espanhóis que, com o início da Guerra Civil na Espanha, aderiram aos movimentos em pról da continuidade da República em seu país e na luta contra o fascismo identificado com a figura de Francisco Franco e da Falange espanhola. As matérias publicadas por este periódico oferece-nos um panorama político e militar da Espanha republicana durante o mês de outubro de 1936, ano em os combates se faziam cada vez mais violentos. Durante o conflito, foi em Barcelona que a resistência operária definiu a correlação de forças quando uma outra "guerra civil" instalou-se dentro da coligação antifascista.

A dinâmica da guerra pode ser constatada através de algumas notícias como aquelas que se referem a ação conjunta das grandes organizações sindicais na Catalunha, a ação das milícias antifascistas pirenaicas e asturianas, vítimas do fascismo. A manchete de primeira página "La Revolución, em marcha" e a coluna "Crónicas de Madrid: la Guerra al Día" traduz, no diálogo entre texto e imagens fotográficas, o cotidiano do conflito. A imagem do bravo comandante Ristori, morto em combate, ganha brilho de herói na galeria daqueles que "lutaram pela República".

A charge "Sujete sus nervios" expressa, com ironia, o drama daqueles que vivem e sobrevivem ao conflito armado. Fotografias documentam cenas da guerra em que aviadores rebeldes bombardeiam o Hospital de sangue de Bultrado, "sem respeito as leis humanitárias internacionais (fotos de Albero y Segovia) e milicianos avançam em Somosierra protegidos pela artilharia (fotos de Alfonso). Sob a forma de "crônicas da guerra", o jornal coloca o leitor na linha do *front* expressando a luta do povo espanhol em defesa da sua vida e de sua liberdade. Através das fotografias, das charges políticas e das informações sobre o conflito temos condições de obter a imagem imediata "construída" por aqueles que procuravam barrar o avanço do fascismo na Espanha. Na página 3, os versos "Los milicianos de julio" , de Angel Zapata, extrapola o marco concreto dos campos de batalha.

Motivo da Apreensão

O nº 22.655, Ano IV do jornal *La Vanguardia* foi confiscado em 2 de dezembro de 1936 durante busca efetuada pelas autoridades do EOPS/SP na residência do professor de línguas Mathias Navarro Puig, nascido em Barcelona, então com 52 anos. Além deste jornal, foram também apreendidos exemplares de *La Voz*, *La Libertad* e *Informaciones*, além de a *Crónica, Revista de La Semana*. O fato da maioria destas publicações serem de Barcelona, antecipou qualquer julgamento por parte dos investigadores Mario Mariano e José Tardio Netto: "como aquela cidade estava em poder dos comunistas não era de estranhar-se que aquela correspondência [jornais] se manifestassem favoráveis aquela ideologia". Importante ressaltar que, em 1936, tanto Madrid, como Barcelona, Valência e Sevilha (cidades com mais de 150 mil habitantes) haviam garantido a eleição aos representantes da esquerda reconduzindo ao poder Manuel Azaña que, de imediato, restabeleceu as leis aprovadas entre 1931 e 1933 e aplicou a legislação que aprovava a reforma agrária e o aumento de salários dos trabalhadores. Para outras informações sobre a razão do confisco e periódicos espanhóis antifascistas consultar as fichas referentes aos jornais *La Libertad* e *La Voz*.

Prontuariado: Mathias Navarro Puig
Prontuário: 4.607

LA VANGUARDIA

BARCELONA — Año LV — Número 22.455

DIARIO AL SERVICIO DE LA DEMOCRACIA

Oficinas: Pelayo, 28 — Teléfono 14135

15 céntimos — Viernes 23 de octubre de 1936

Nota del Día

El Comité de Londres

Ya ha contestado Alemania a las acusaciones del Gobierno soviético sobre la violación del pacto de no ingerencia en los asuntos interiores de España. Y ha contestado como se esperaba, negando fundamento a dichas acusaciones y acusando a su vez. Es el recurso harto sobado del «Yo no he sido; has sido tú», que hará sonreír a los fascistas de toda Europa, induciéndoles a pensar: «¡Qué listos somos!»

Para eso se ha estado esperando días y días, teniendo al famoso Comité de Control entregado en Londres a las voluptuosidades del «dolce far niente», una posición muy a tono con ciertas misiones diplomáticas.

Ahora seguirán el ejemplo de Alemania los Gobiernos de Italia y Portugal, tan inocentes como el del «Führer», y aún tendremos que felicitarnos del acontecimiento, porque, de seguir callando las potencias acusadas, no habría habido fuerza humana capaz de reunir de nuevo el Comité por no tener éste asuntos de qué tratar. Mientras en España el militarismo faccioso, magníficamente armado por sus proveedores extranjeros, sigue ametrallando al pueblo, defensor de sus libertades.

En España nadie espera ya nada del Comité de Londres, pues se ha demostrado hasta la evidencia que este tinglado diplomático lo inventaron Inglaterra y Francia como medio disimulado de ponerse al margen, como ya lo habían hecho ante el caso de Abisinia. Se trataba, no de impedir que Italia y Alemania, con la complicidad de Portugal, continuaran alimentando la guerra civil española, sino de evitar el choque con las potencias fascistas. «Si nosotros respetamos las normas del Derecho internacional —pensaron—, y vendemos armas al Gobierno legítimo de España, estimularemos con nuestro ejemplo la protección que Italia y Alemania otorgan a los militares españoles sublevados. Y resultaría con ello una competencia de aportaciones en material de guerra, en pugna unas con otras, que fatalmente habría de conducirnos a la propagación incalculable del incendio. Nosotros no proporcionaremos al fascismo internacional la ocasión que está buscando de encender una nueva guerra europea. ¡Que los demócratas españoles se las entiendan con él!»

No hace más de dos días que M. Delbos, ministro francés de Relaciones extranjeras, exponía con otras palabras, por supuesto, este pensamiento. El Comité de Londres no tiene otra misión que la de impedir una peligrosa competencia de intervenciones, y el Gobierno francés está firmemente resuelto a no salir de su neutralidad. Exactamente lo mismo que el británico.

Ni el espolonazo de Rusia sirvió para hacer vacilar a Inglaterra y Francia en su medrosa actitud. Hay que tener en cuenta cómo miran a Rusia los fascistas y filofascistas, que abundan hasta en los países donde todavía se sostiene la democracia. Pero Rusia no ha dicho aún su última palabra, y es de esperar que no se dará por satisfecha ni con lo que Alemania ha contestado a su acusación, ni con lo que puedan decir a su vez Italia y Portugal.

Lo malo, para Inglaterra y Francia, está en que cuanto se haga por sacar a la luz del sol los manejos del «Führer» y del «Duce», no desenmascara al fascismo, de sobra desenmascarado, sino que pone en evidencia a las dos grandes democracias —¡ay, muy disminuidas y languidecientes!—, que fueron en un tiempo la esperanza de Europa.

La unión hace la fuerza

Acción de conjunto de las dos grandes organizaciones sindicales

Anoche nos fué facilitada la siguiente declaración:

«Plataforma acordada por las Organizaciones firmantes, sobre la que ha de basarse una acción de conjunto inmediata

Primero. Contraemos el compromiso formal de cumplir los acuerdos y decisiones del Consejo de la Generalidad, aportando toda nuestra influencia y aparato orgánico para facilitar la aplicación de los mismos.

Segundo. Somos partidarios de la colectivización de los medios de producción; es decir, de la expropiación sin indemnización a los capitalistas y el traspaso de esta propiedad a la colectividad. Somos partidarios de la colectivización de todo aquello que sea necesario a los intereses de la guerra. Entendemos que esa colectivización no daría el resultado apetecido si no estaba dirigida, orientada y coordinada por un organismo representante genuino de la colectividad, que en ese caso no puede ser otro que el Consejo de la Generalidad, en donde todas las fuerzas sociales están representadas. Respecto a la pequeña industria, no somos partidarios de la colectivización, sino en los casos de elementos facciosos o necesidades ineludibles de la guerra. En los casos en que se colectivice la pequeña industria por necesidades de la guerra, se compensará a los expropiados de manera que queden aseguradas sus necesidades vitales, mediante su contribución personal y profesional, a la rama colectivizada.

Cuando se trate de colectivización de empresas extranjeras, se acordará una forma de indemnización que represente la totalidad del capital.

Tercero. Estamos conformes con la municipalización de la vivienda en general y de las casas pertenecientes a los elementos facciosos, con la sola excepción de la pequeña propiedad urbana. Quedan encargados los Municipios de fijar el tipo de renta máximo que exima de la municipalización.

Cuarto. Estamos de acuerdo en la concentración del máximo esfuerzo para contribuir al fin rápido y victorioso de la guerra, propiciando para ello el mando único que coordine la acción de todas las unidades combatientes, la creación de las Milicias obligatorias convertidas en gran Ejército popular y el refuerzo de la disciplina, completando todo esto con la creación de una gran industria de guerra que atienda las necesidades de la misma en la mayor proporción posible. La estructuración de dicha industria será establecida por acuerdo de las organizaciones obreras Confederación Nacional del Trabajo y Unión General de Trabajadores y las consejerías de Finanzas, Economía y Defensa.

Quinto. Tenemos que regularizar la producción de acuerdo con las necesidades del consumo determinado por la situación de guerra en que vivimos.

Sexto. Teniendo en cuenta la importancia del comercio [illegible] sobre él un estrecho control, regulado por los organos emanados de la Generalidad de Cataluña.

Séptimo. La tierra pertenece al Municipio, y aseguramos la explotación individual a quienes no estén dispuestos a realizarla colectivamente. Las operaciones de venta, intercambio y adquisición de productos se realizarán por medio de los Sindicatos agrícolas.

Octavo. Somos partidarios de la adaptación de las Cooperativas al régimen colectivo, sin que esto nos haya de llevar a la anulación del pequeño comercio, ya que, mientras el organismo de la distribución no se perfeccione, podría ser económicamente perjudicial.

Noveno. Somos partidarios de la nacionalización de la Banca y del control obrero en los negocios bancarios, llevados a efecto por la consejería de Finanzas del Consejo de la Generalidad, apoyándose en los Comités de empleados.

Décimo. Estamos conformes con el control obrero de la industria privada, sin que esto signifique coacción a la pequeña industria.

Undécimo. Creemos que toda la política financiera y fiscal del Consejo de la Generalidad debe orientarse exclusivamente al objeto fundamental de ganar la guerra.

Duodécimo. Enaltecimiento de la cultura popular en todos sus múltiples aspectos, bajo el signo de la Escuela Nueva Unificada.

Décimotercero. Somos partidarios de crear una base de colaboración política económica y militar con el Gobierno de España cuando intervengan en él todas las organizaciones que representamos.

Décimocuarto. Somos partidarios de la libertad de sindicación y acción común para suprimir toda clase de coacciones.

Décimoquinto. Estamos de acuerdo en una acción común para liquidar la acción nociva de los grupos incontrolables, que por incomprensión o mala fe ponen en peligro la realización de este programa.

Y para que conste, lo firman en Barcelona, a veintidós de octubre de mil novecientos treinta y seis.—Por el Comité regional de la Unión General de Trabajadores, *Antonio Sesé* y *Rafael Vidiella*; por el Partido Socialista Unificado de Cataluña, *Felipe García*; por el Comité regional de la Confederación Nacional del Trabajo, *Manuel Escorza* y *Dionisio Eroles*, y por la Federación Anarquista Ibérica, *Pedro Herrera*.»

Un mitin monsruo C. N. T. y U. G. T. el domingo en la Monumental

Hay que estimular el espíritu público, movilizando toda clase de calores para la guerra. La retaguardia no debe tener más que un fin: servir al frente para llegar al triunfo definitivo lo antes posible. Para obtener este triunfo, lo esencial, lo imprescindible es la unión, la unidad de acción y pensamiento entre cuantos sectores forman en la misma línea de combate.

Inspirados en este pensamiento fundamental, las dos grandes Centrales sindicales, Confederación Nacional del Trabajo de España y Unión General de Trabajadores, proyectan para el próximo día 25, a las diez de la mañana, un mitin monstruo en la Plaza de Toros Monumental, en el que intervendrán un orador en representación de cada organismo, a saber: uno de la Confederación Nacional del Trabajo, otro por la Federación Anarquista Ibérica y dos por la Unión General de Trabajadores y Partido Socialista Unificado de Cataluña.

Todo trabajador debe congratularse de esta concordancia. Hemos de estar unidos, y unidos hemos de levantar el espíritu público para facilitar la rapidez en la victoria. No porque el espíritu público se halle decaído, pues Cataluña está dando ejemplo al mundo entero de lo que puede el entusiasmo aplicado a la solidaridad y la compenetración proletaria para los problemas de índole política, sino porque es menester esta unidad de acción y pensamiento para coordinar esfuerzos, aptitudes y tareas revolucionarias en esta hora histórica de suma intensidad dramática.

«De Cataluña nos viene la orientación, nos viene la luz», ha dicho recientemente un líder socialista.

En efecto, que aprendan todos de Cataluña; que aprenda Madrid de Barcelona, donde se respeta a todos los organismos proletarios y donde se les da a todos la participación que les corresponde en los destinos de la cosa pública.

Generalidad de Cataluña

Las audiencias del Presidente Companys

Distribución de las mercancías de la U. R. S. S.- Reparto de tarjetas para tener derecho al racionamiento familiar.- Decreto sobre las divisas y valores extranjeros de las Compañías de Seguros

PRESIDENCIA DE LA GENERALIDAD

En la Residencia

El Presidente Companys pasó la mañana en su Residencia, donde conferenció con el ministro sin cartera Irujo y con los consejeros delegado y de Defensa. La entrevista con este último duró unas horas.

En la Secretaría particular de la Presidencia manifestaron a los informadores que no tenía noticias que comunicarles.

El presidente de la Generalidad recibió en audiencia a los vocales del Tribunal de Garantías Quero y Sbert, y al ex comisario de Orden Público, Gómez García.

Un saludo del señor Ossorio y Gallardo

El embajador de España en Bélgica, don Angel Ossorio y Gallardo, ha enviado el siguiente telegrama a S. E. el Presidente de Cataluña:

«Al tomar posesión Embajada envíole cariñoso saludo.—Ossorio.»

El señor Companys ha correspondido con otro telegrama agradeciéndole el saludo.

Donativos

Donativos recibidos en la Presidencia de la Generalidad a favor de las víctimas del fascismo:

Ayuntamiento de Hospitalet, 5.000 pesetas; un anónimo, 46; Ayuntamiento de Avià, 061,50; obreros de los talleres Jaime Forn, 74; doña Consuelo Vergés Roca, 25, y Manuel Vilanova, 25.

CONSEJERIA DE ABASTOS

El cargamento del «Zirianin»

La Consejería de Abastos, que se hizo cargo del cargamento del barco ruso «Zirianin», ha hecho la siguiente distribución:

De las 2.317 cajas de leche condensada, 1.000 han sido destinadas al frente y las restantes a los almacenes de esta Consejería, para Hospitales, Asilos y otras instituciones benéficas.

Las [illegible] cajas de carne en conserva han sido destinadas todas al frente.

En cuanto a las 2.000 toneladas de trigo serán entregadas como compensación al precio actual del trigo, y de esta manera podería pagar más alto a los campesinos de Aragón y Cataluña, sin aumentar el precio del pan.

Las 675 toneladas de azúcar se han enviado a moler, y oportunamente serán adecuadamente destinadas al consumo.

La tarjeta de racionamiento familiar

Han empezado a repartirse a domicilio las tarjetas para obtener derecho al racionamiento familiar. Es preciso que sean llenadas inmediatamente, pues es necesario que el racionamiento de los productos alimenticios que escasean se haga lo más pronto posible.

Al llenar las tarjetas debe hacerse contestando sin falsedad alguna todas las preguntas que se formulan en los diferentes encasillados, de lo contrario se aplicarán fuertes sanciones.

La Consejería de Abastos espera que todos se harán cargo de la importancia que tiene para la ciudad el buen funcionamiento de la tarjeta, que acabará de una manera definitiva con las colas, y que serán obedecidas todas las consignas que se den para la aplicación de la mencionada tarjeta.

Abundancia de pescado

Habiendo llegado a este puerto el barco pesquero «Santa Adela», estuvieron ayer muy provistos los mercados.

Se está estudiando cambiar la forma en la subasta, en que actualmente se efectúa la venta a los detallistas por otro sistema que evite los precios generalmente caros a que se cotiza el pescado.

CONSEJERIA DE HACIENDA

El movimiento de divisas

Se ha dictado el siguiente decreto, que publica ayer el «Diario Oficial»:

Las operaciones de reaseguro que están obligadas a practicar las empresas aseguradoras hacen necesaria la posesión, por parte de éstas, de divisas y de valores extranjeros. Como sea que el decreto de 9 de octubre de 1936 tiende a facilitar a la Generalidad moneda extranjera y no a incautarse de unos capitales que en realidad afectan colectivamente a los ciudadanos de Cataluña, conviene no lesionar con la aplicación escrupulosa del mencionado decreto los intereses de estas empresas.

Por [illegible] a propuesta del consejero de [illegible], y de acuerdo con el Consejo, decreto:

Artículo primero. — Las empresas de segu-

SUJETE SUS NERVIOS

¿Los ruidos del tránsito os molestan, los negocios os excitan, los gritos os ponen fenéticos, no dormís, estáis inquietos, sufrís de dolores nerviosos?

Tomad CEREBRINO MANDRI

LA VOZ | *Madrid*

CONSELHO EDITORIAL	NÃO IDENTIFICADO
PERFIL	PRÓ-REPUBLICANOS, ANTIFASCISTA
PERIODICIDADE	DIÁRIO
PROCESSO GRÁFICO	TIPOGRÁFICO
LOCAL DA EDIÇÃO:	MADRID (ESPANHA)

Histórico

La Voz foi fundado em 1920 por D. Nicolás M. Urgoiti e se apresentava como "diário independente da noite". A sede de sua redação e administração ficava em Larra, 8, apartado 149. Assim como o *La Libertad*, este jornal era editado em Madrid, epicentro da tensão e violência na Espanha, na década de 1930. O número 4.849 de *La Voz* (*Ano XVII*, 25 de julho de 1936), apreendido pelo DEOPS/SP em dezembro de 1936, faz a cobertura dos principais acontecimentos, dias após o deflagrar da guerra civil. O conflito tivera início no dia 17 de julho de 1936 estendendo-se até o final de março de 1939 quando Madrid foi, finalmente, ocupada pelos franquistas. Entre 29 e 31 de abril registraram-se a queda dos últimos redutos republicanos.

Dentre as matérias publicadas pela *La Voz* temos aquelas que se referem ao restabelecimento das comunicações em Madrid, Albacete, Murcia, Alicante, Cartagena e Valencia; ao cotidiano em Barcelona, Saragoza e Cordova, além de se reportar ao posicionamento das milícias em Guadarrama no ano de 1936. Identificamos também charges políticas reproduzidas dos jornais *Razzle*, de Londres; e *Lustige Sachse*, de Leipzig.

Motivo da Apreensão

O nº 5.093, Ano XVIII do jornal madrilenho *La Libertad* foi confiscado em 2 de dezembro de 1936 durante busca efetuada pelas autoridades do DEOPS/SP na residência do professor de línguas Mathias Navarro Puig, nascido em Barcelona, então com 52 anos. Além deste jornal, foram também apreendidos exemplares de *La Vanguarda*, *La Libertad* e *Informaciones*, além de a *Crónica, Revista de La Semana*. O fato da maioria destas publicações serem de Barcelona, antecipou qualquer julgamento por parte dos investigadores Mario Mariano e José Tardio Netto: "como aquela cidade estava em poder dos comunistas não era de estranhar-se que aquela correspondência [jornais] se manifestassem favoráveis aquela ideologia". Importante ressaltar que, em 1936, tanto Madrid, como Barcelona, Valência e Sevilha (cidades com mais de 150 mil habitantes) haviam garantido a eleição aos representantes da esquerda reconduzindo ao poder Manuel Azaña que, de imediato, restabeleceu as leis aprovadas entre 1931 e 1933 e aplicou a legislação que aprovava a reforma agrária e o aumento de salários dos trabalhadores.

Parte do material confiscado pela Polícia Política já havia sido detectado pela censura postal que identificara no " portal do destinatário" o nome e endereço de Mathias Navarro Puig. Inquirido sobre a procedência e conteúdo dos impressos, Puig declarou ao delegado de Ordem Política e Social, Pinto Moreira, que *La Vanguarda*, *La Voz*, *Informaciones* e a revista *Crónica* eram publicações " sem qualquer cor política" e que simplesmente "informavam sobre factos mundiais"; e que em virtude da situação política da sua pátria, os jornais e revistas de Barcelona estavam submetidos a " rigorosa censura"; que ele [declarante] não tinha " sympatias por este ou aquelle partido ora em lucta na Hespanha, lamentando sinceramente o que lá estava se passando...". Barcelona era realmente a cidade onde o movimento sindical se fazia mais forte e organizado.

Prontuariado: Mathias Navarro Puig
Prontuário: 4.607

LA VOZ

Redacción y Admón., Larra, 8. Apartado 249. Teléf. 32610. Madrid. Diario independiente de la noche fundado por D. Nicolás M. Urgoiti en 1920. Precio: 15 céntimos. Año XVII. N.º 4.849. Sábado 25 de julio de 1936.

HACIA EL TRIUNFO DEFINITIVO

Albacete, en poder de los leales

Como consecuencia de este triunfo se restablecerán inmediatamente todas las comunicaciones entre Madrid, Albacete, Murcia, Alicante, Cartagena y Valencia, tanto férrea como telefónica y telegráfica

EL CORONEL ARANDA, EN OVIEDO, EMPLAZADO PARA RENDIRSE

DOS AVIONES ENEMIGOS HAN SIDO DERRIBADOS EN LA SIERRA ESTA MAÑANA

EL "XAUEN", CUYOS OFICIALES SE SUBLEVARON, YA ESTA EN PODER DEL GOBIERNO

Preparados para la huída

El ex general Cabanellas se ha afeitado la barba

Su situación en Zaragoza es verdaderamente crítica

DOS MIL BAJAS EN LA COLUMNA DE MOLA

A LA UNA Y CUARTO DE LA TARDE

Las columnas que salieron de Alicante y Cartagena entran triunfalmente en Albacete

En todo Levante, la noticia es acogida con júbilo clamoroso

Noticia importantísima, radiada a la una y quince de la tarde:

"En estos momentos Albacete ha restablecido sus comunicaciones con Madrid, participando el jefe de las tropas leales que la ciudad ha sido liberada de la facción que ha venido oprimiéndola.

Esta operación ha sido llevada a efecto por las columnas que salieron de Alicante y Cartagena. Las milicias y fuerzas leales desfilan por las calles de Albacete entre clamorosas ovaciones del vecindario liberado.

También comunican en estos momentos de Murcia, Cartagena y Valencia que se han formado imponentes manifestaciones en las calles proclamando la victoria lograda sobre los enemigos de la paz pública y de España. ¡Viva la República!"

Los sublevados de Albacete pidieron refuerzos a las siete

Suicidio del segundo jefe faccioso

ALBACETE 25.—El comandante segundo jefe faccioso se ha suicidado. (Febus.)

Más detalles sobre la toma de Albacete

Se restablecen todas las comunicaciones

El enemigo se rindió sin condiciones

Noticias de la Armada

La tripulación del "Xauen" ha reducido a la oficialidad

UN RADIO EN LA CIUDAD LINEAL

VIAJES DEL JEFE DE LA FLOTA

UN TELEGRAMA DEL "ALMIRANTE FERRANDIZ"

El servicio de trenes de Madrid a Almorox

SE HA INTENSIFICADO PARA ABASTECER A LA CAPITAL

El corazón en la mano

Brillantísima actuación de la aviación de Getafe, Barajas y Cuatro Vientos

AL BOMBARDEAR VALLADOLID, ZARAGOZA Y LA SIERRA

En Madrid continúa habiendo plétora de artículos de primera necesidad

Visado por la censura

En Córdoba, la situación es cada vez más grave para los facciosos

La aviación leal acabará rápidamente con ellos

Cómo fué volado el castillo de El Carpio

HOY QUEDARA RESUELTA LA SITUACION EN OVIEDO

Amador Fernández ha concedido un plazo a los rebeldes para que se rindan

¡Los niños son sagrados!

En Somosierra son derribados los dos aviones de que disponían los sublevados

POR LOS CERTEROS DISPAROS DE LAS TROPAS LEALES

Don Alvaro de Figueroa y Torres ofrece al Gobierno su finca Huerto de San Fernando

El general La Cerda se ofrece al Gobierno para cualquier frente

Avión enemigo derribado

El avión "1-12", procedente de Africa, que volaba sobre Algeciras en demostración hostil contra las fuerzas leales y el pueblo en armas, ha sido derribado por el fuego del Ejército de la República.

LAVORO | *Roma*

CONSELHO EDITORIAL	PASQUALE D'ABBIERO
PERFIL	SINDICAL/COMUNISTA
PERIODICIDADE	SEMANAL
PROCESSO GRÁFICO	TIPOGRÁFICO
LOCAL DA EDIÇÃO	ROMA (ITÁLIA)

Histórico

O periódico italiano *Lavoro*, editado pela Confederazione Generale Italiana del Lavoro (CGIL), na época filiada a Federação Sindical Mundial, possuía cinco colunas no formato 28 x 43 cm. Contêm fotografias em cores e charges políticas. O exemplar apreendido é dedicado exclusivamente ao Congresso Sindical Mundial (Congresso de Milão), realizado na Itália em 1949.

Motivo da apreensão

O exemplar nº 27, de julho de 1949, foi confiscado em novembro do mesmo ano quando a polícia de Santos invadiu a sede da Associação Beneficente dos Empregados da Companhia Docas (ABECDS) com o objetivo de comprovar que a diretoria da entidade havia desvirtuado o caráter assistencial da ABECDS, transformando-a em um foco de propaganda comunista. Nesta data a polícia apreendeu jornais considerados comunistas, inclusive estrangeiros. Estes haviam sido trazidos pelo portuário comunista Geraldo Rodrigues dos Santos, representante da ABECDS no Congresso Sindical Mundial (Congresso de Milão), convocado pela Federação Sindical Mundial, e que ocorreu na Itália em novembro de 1949. Em entrevista ao jornal *Lavoro* (Geraldo está em destaque na capa do periódico, trajando chapéu e terno claros) criticou a política do presidente Eurico Gaspar Dutra e de sua "gangue". Geraldão, como ficou conhecido, começou sua militância política no porto de Santos em 1945, foi deputado estadual pelo PCB e membro do Comitê Central do partido. Em 1997 publicou o livro de memórias, *A Trajetória de um Comunista* (Rio de Janeiro, Revan), em que reconstrói sua atuação política, inclusive junto ao movimento negro, mas omite sua viagem a Milão.

Prontuário: 102901

Prontuariado: Associação Beneficente dos Empregados da Companhia Docas de Santos

Numero a 16 pagine per il Congresso Sindacale Mondiale L. 25

Anno II - N. 27 - 3-9 Luglio 1949 NOVE EDIZIONI SETTIMANALI Abb. post. gr. II - Un numero Lire 20

FED. SINDACALE MONDIALE CGIL

LAVORO

Settimanale dei lavoratori italiani

Uomini e donne di ogni paese partecipano al congresso sindacale mondiale

Foto Farabola

UOMINI DEL CONGRESSO

Ecco alcuni fra i più notevoli intervenuti italiani al Congresso della F.S.M. I segretari confederali Santi e Bitossi, il segretario generale della F.I.O.M. Roveda e il vice-segretario generale Eros De Franceschi. Nel paginone centrale trovate un'ampia illustrazione della prima settimana del Congresso, al quale è dedicata anche la fotocronaca a pagina 16.

Il discorso del presidente Di Vittorio, le interviste coi delegati brasiliani e israeliti, le rivelazioni sull'attività scissionista della diplomazia del dollaro, vi daranno un completo panorama sulla vita sindacale internazionale.

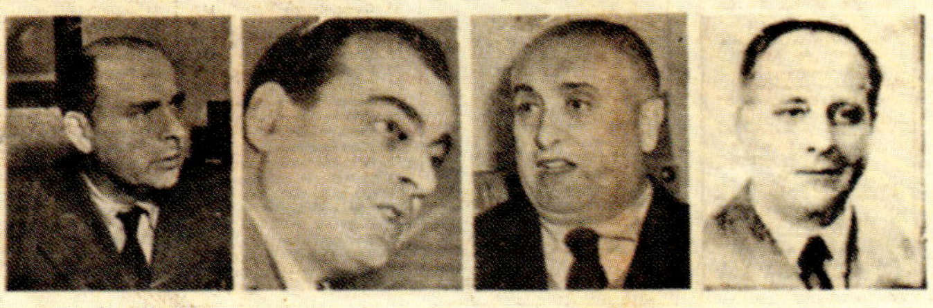

POUR UNE PAIX DURABLE, POUR UNE DEMOCRATIE POPULAIRE! | *Bucareste*

CONSELHO EDITORIAL	NÃO CONSTA
PERFIL	COMUNISTA
PERIODICIDADE	QUINZENAL
PROCESSO GRÁFICO	TIPOGRÁFICO
LOCAL DA EDIÇÃO	BUCARESTE (ROMÊNIA)

Histórico

O periódico francês *Pour une paix durable, pour une democratie populaire!* apresentava-se como Organe du Bureau d'Information des Partis comunistes et ouvriers. Editado em Bucareste, Romênia, o jornal trazia informações sobre os partidos comunistas e a ação política dos trabalhadores em diversos países. Possuía oito colunas no formato 43 x 61 cm e publicava artigos sobre a situação política mundial, textos dos partidos comunistas e de teóricos marxistas.

Motivo da apreensão

Em 1949 a polícia de Santos invadiu a sede da Associação Beneficente dos Empregados da Companhia Docas com o objetivo de provar que a diretoria da entidade havia desvirtuado o caráter assistencial da ABECDS, transformando-a em um foco de propaganda comunista. Nesta data a polícia apreendeu jornais considerados comunistas, inclusive estrangeiros. Estes haviam sido trazidos pelo portuário comunista Geraldo Rodrigues dos Santos, representante da ABECDS no Congresso Sindical Mundial (Congresso de Milão), convocado pela Federação Sindical Mundial, e que ocorreu na Itália em novembro de 1949. O exemplar nº 40 foi apreendido como prova do crime político e continha textos sobre a Itália, a Iuguslávia, Cuba, Canadá, o Congresso de Milão, além de um discurso de Mao Tse-Tung. O jornal contém charges políticas. Ao confiscar jornais estrangeiros a Polícia Política tinha em mira comprovar as ligações internacionais sustentadas pelo comunismo brasileiro, alimentando, desta forma, o mito da conspiração.

Prontuário: 102.901

Prontuariado: Associação Beneficente dos Empregados da Companhia Docas de Santos

Prolétaires de tous les pays, unissez-vous!

Pour une paix durable, pour une démocratie populaire!

10 Fr.
1er juillet 1949
N° 49
(2e année, N° 13)

Bucarest, Organe du Bureau d'information des Partis communistes et ouvriers

PARAIT LE 1er ET LE 15 DE CHAQUE MOIS

Rédaction et administration : 56, rue Valeriu Branişte, Bucarest

L'anniversaire de la résolution du bureau d'information des partis communistes sur la situation dans le parti communiste yougoslave

La grève des marins canadiens

Le mouvement pour la Paix à Cuba

Un comité de Partisans de la Paix en Norvège

L'émulation dans les usines de Tchécoslovaquie

LE DEUXIÈME CONGRÈS MONDIAL DES SYNDICATS

La victoire des ouvriers agricoles italiens

La terreur aux Indes

La lutte pour la libération de Max Reimann

TIERRA Y LIBERTAD | *Barcelona*

CONSELHO EDITORIAL	NÃO IDENTIFICADO
PERFIL	ANARQUISTA
PERIODICIDADE	SEMANAL
PROCESSO GRÁFICO	TIPOGRÁFICO
LOCAL DA EDIÇÃO	BARCELONA (ESPANHA)

Histórico

Publicado em Barcelona (Espanha), o periódico *Tierra y Libertad* circulou no Brasil enquanto uma das matrizes de propaganda do ideário anarquista. Apresentava-se como Organo Peninsular de la Federacion Anarquista Ibérica. Em 1933 centenas de militantes e trabalhadores espanhóis haviam sido presos e jornais da classe operária censurados. O periódico em questão mantinha uma seção de "serviço de livraria". Entre os colaboradores deste periódico temos: José Bonet, Armando Soroll, Francisco Pellicer, Eduardo Bueno, Miguel Gimenez e José Martin Mingorance.

Motivo da apreensão

O exemplar nº 133 foi confiscado pela polícia de São Paulo que flagrou Antonio Aguillar ou Avelar lendo-o dentro de um bonde que circulava pela capital paulista. Aguillar foi encaminhado ao inspetor Humberto Sá Miranda da Delegacia de Ordem Política e Social/SP que, apreendeu o referido exemplar e outros jornais "subversivos" anexando-os ao prontuário do acusado, incriminado por leituras anarquistas. No exemplar nº 133 do jornal há um artigo sobre uma greve da construção civil, organizada pela Confereración Nacional del Trabajo, que reivindicava uma jornada de seis horas. Noticiava também a greve de fome empreendida por presos políticos de Toledo, Jirón, Sevilha e Vitória em abril de 1933. Segundo uma nota do jornal, as autoridades republicanas estariam praticando uma "política de terrorismo". Em 1936, Angelo Lascheras ou Las Heras, natural de Orange (Argélia) foi preso em São Paulo sob a acusação de receber e distribuir jornais de cunho libertário. Entre os documentos apreendidos estavam trezentos exemplares de jornais variados, dentre os quais *Brazo y Cerebro*, *La Protesta*, *L'Adunata dei Reffratari*, *Tierra y Libertad* e *El Luchador*.

Prontuário: 2.394
Prontuariado: Antonio Aguillar
Remissão: 1.020

Tierra y Libertad

Barcelona, 28 de abril de 1933 | Semanario Anarquista | Año IV :-: Número 113 :-: 15 CENTIMOS

¡Por la jornada de seis horas!

Los obreros del Ramo de Construcción de Barcelona marcan la pauta a seguir al proletariado español. - Los socialistas de Cataluña se fusionan para malograr las reivindicaciones de la clase trabajadora.

¡EL PROLETARIADO REVOLUCIONARIO CONTRA EL REGIMEN CAPITALISTA!

LA HUELGA DEL RAMO DE CONSTRUCCION

Las víboras de la política decían que los sindicatos de Barcelona estaban deshechos y que la Confederación Nacional del Trabajo de España ya no contaba con la adhesión del proletariado catalán y español. Para probar esta afirmación tan absurda como inconsistente han apelado al insulto, a la difamación, a la vileza más ruin y al apoyo de las autoridades para que reprimieran con sangre toda tentativa de reivindicación del proletariado organizado en la C. N. T.

Pero he aquí que el Sindicato del Ramo de la Construcción de Barcelona presenta unas bases de trabajo, y al no ser aceptadas por la burguesía, paraliza todas las obras de la capital, sin violencias, sin coacciones, sin órdenes casi, por espontánea voluntad de los obreros.

Aquella organización que se decía [illegible] te muerta, sin adherentes, ha sacudido su cabeza de coloso y todas las campañas insidiosas se han destruído, los derrotistas han hecho el ridículo y se ha manifestado palmariamente la potencialidad invencible de la Confederación Nacional del Trabajo.

La paralización de las obras ha sido absoluta, unánime. Por ahí se las ve: quietas, silenciosas, sin el canto del trabajo y la actividad creadora. Montones de cascote, ladrillos, vigas de hierro, cachos de madera vieja, todo silencioso y abandonado, sin recibir la mano del peón que las remueve. Los andamios, también solitarios, valanceándose, sin el albañil que edifica tabiques, ni el estucador que pule las paredes, ni el yesero que adorna cornisas. Todo paralizado. Por expresión única de la voluntad de los obreros que quieren repartirse el trabajo entre sus compañeros parados y desean terminar con el paro forzoso.

LA ACTIVIDAD DE LA PRENSA BURGUESA

Ante la unanimidad del paro, y porque la burguesía y las autoridades han podido comprobar que los trabajadores continúan teniendo fe en su propio esfuerzo y en la organización sindical revolucionaria, han empezado de nuevo las calumnias, los insultos groseros y las maniobras indignas.

Las páginas de los grandes rotativos ofrecen, a gruesos titulares, informaciones falsas y canallescas que acusan de perturbadores, de vendidos a la reacción monárquica y al oro fascista a los obreros — todos más dignos y honrados que los periodistas a sueldo de las empresas — que quieren mejorar un poco su vida miserable y reclaman un poco más de libertad a la burguesía satisfecha.

Reclamar el derecho a no morirse de hambre, y luchar en favor de los camaradas que no encuentran ocupación para sus brazos, es un delito condenatorio para esa Prensa alcahueta y embustera que ofrece sus páginas al malvado que entrega más dinero.

Otros sectores de la sociedad también se han sumado a la campaña insidiosa y en nombre de la paz social han ordenado situar retenes de guardias en cada lugar de trabajo y piquetes de la guardia civil en los puntos estratégicos de las barriadas extremas.

Todas las fuerzas políticas y autoritarias se han confabulado para combatir a los trabajadores que luchan por la conquista del pan y la libertad.

LOS SOCIALISTAS CONTRA LOS OBREROS

No podía faltar al coro de la canalla la voz de los socialistas y la de los antiguos pistoleros que se cobijaban en los sindicatos libres de Barcelona.

La U. G. T. y la F. O. C. han publicado sendas notas en la Prensa que aludíamos antes, exhortando a los huelguistas a que traicionaran a sus compañeros de lucha y acudieran al trabajo acompañados por la policía que se ofrece incondicionalmente para ello. Pero los dignos obreros del Ramo de Construcción han contestado con el desprecio y nadie, absolutamente nadie acudirá al trabajo hasta tanto no sean concedidas dos pesetas más de aumento para los peones y la jornada de seis horas para todas las secciones del Ramo.

La actitud de ataque contra los obreros de la Construcción de Barcelona, ha sido adoptada también por los pseudo sindicalistas que actualmente se cobijan en la "Unió Socialista de Catalunya". Esta organización de tránsfugas y de arribistas, ha acordado, en su **II Congreso General** celebrado en Barcelona el 16 de corriente, fusionarse con el **Partido Socialista Español**, constituyendo un frente único de traidores que ponga en peligro las reivindicaciones de la clase trabajadora. Estos elementos, junto con la burguesía, las autoridades y la Prensa, también acusan a los huelguistas de servirse del pretexto de unas bases de trabajo para perturbar el orden paradisiaco de nuestra "chica" republicana, mientras sus diputados han propuesto en el parlamento catalán la instauración legal de la jornada de seis horas.

LOS ACUERDOS DEL CONGRESO DE LA C. N. T.

Para toda esa chusma indecente que pretende llenar de lodo a los huelguistas solidarios, vamos a transcribir los acuerdos que los sindicatos de España adheridos a la C. N. T. tomaron en el Congreso Extraordinario celebrado en Madrid del 11 al 16 de junio de 1931, dos meses después de haberse proclamado la república y cuando muchos politicastros creían que la Confederación podía considerarse como una fuerza valiosa puesta al servicio del nuevo régimen.

Transcribimos los acuerdos del Congreso Nacional para demostrar que la actitud de los obreros de construcción obedece al cumplimiento de un acuerdo nacional tomado hace ya dos años por todos los sindicatos de España reunidos.

He aquí lo que se acordó en el Congreso de 1931:

"El instinto de conservación nos obliga a exigir la disminución de las horas de trabajo. Respondiendo a las manifestaciones interesadas con que los defensores del capitalismo español tratan de justificar su incapacidad, su falta de iniciativa y, en definitiva, su pereza clásica, podemos afirmar que no existe ninguna imposibilidad técnica ni económica que impida la implantación de la jornada de seis horas.

"Todo ello queda reducido a un esfuerzo de organización, de modernización y al empleo de capitales para efectuar el cambio de utillaje en las diversas maquinarias de las explotaciones. Pero mientras nosotros preparamos la revolución, no podemos tolerar que el capitalismo español obtenga beneficios exagerados haciendo un mínimo de inversiones y estrujando, en cambio, el esfuerzo del trabajador. Para mejor defender este punto de vista y a mayor abundamiento de pruebas, diremos que en algunas ciudades [illegible] presas, se ha implantado la jornada de seis horas, sin trastorno excepcional para los capitalistas interesados. Pero por encima de estas consideraciones, existe el hecho concreto de que no se puede admitir el absurdo de que para no disminuir beneficios al patrono, los obreros parados han de morirse de hambre."

"Antes de tolerar ese criminal egoísmo, no la jornada de seis horas, sino la de cuatro, si fuese necesario; y si para ello los beneficios del patrono bajaban del 30 al 15 por 100, tanto mejor, puesto que así sería facilitada la expropiación definitiva."

Estos son los acuerdos por los cuales luchan nuestros compañeros del Ramo de Construcción.

Por si esto no es lo suficiente para convencer a los tartufos de que la lucha actual obedece a acuerdos tomados hace ya bastante tiempo, vamos a transcribir parte del acuerdo que sobre lo mismo se acordó en el III Congreso Internacional de la A. I. T. celebrado en Lieja, del 27 al 29 de mayo de 19[illegible]

He aquí lo que se acordó en ese Congreso:

"Para remediar la dolorosa situación del proletariado mundial, el Congreso preconiza de una manera urgente la disminución de las horas de trabajo **concretada en la aplicación de la jornada de seis horas.**

"Por consecuencia,

"Las organizaciones nacionales reunidas en el Congreso Internacional se declaran dispuestas a realizar, en sus países respectivos, **una lucha intensa por la jornada de seis horas.** Esta lucha deberá ser emprendida inmediatamente, puesto que la jornada de seis horas ha de figurar en el primer plan de las reivindicaciones inmediatas de todas las organizaciones adherentes y deberá absorber una gran parte de su actividad."

... ...

"El Congreso dirige un llamamiento urgente a los obreros del mundo para que aporten sus esfuerzos y su colaboración activa a la lucha emprendida por la A. I. T., única Internacional sindical que realiza libremente la acción de emancipación total; la instauración de la jornada de seis horas es una cuestión de vida o muerte para el proletariado".

Este es el acuerdo que el año 19[illegible] tomó la Asociación Internacional de los trabajadores respecto a la crisis de trabajo que atraviesa actualmente el capitalismo.

Los obreros del sindicato del Ramo de Construcción de Barcelona no persiguen otra cosa, con la huelga planteada, que dar solución momentánea a la crisis de trabajo y poner en práctica uno de los acuerdos más importantes que se han tomado, en los comicios nacionales e internacionales, por el proletariado revolucionario.

¡Animo, y adelante! El proletariado español debe seguir la trayectoria marcada por los obreros del Ramo de Construcción de Barcelona.

Mientras nos preparamos para el hecho violento de la revolución social, que resolverá todos los problemas, luchamos para mejorar nuestra situación económica.

¡Viva la huelga por la jornada de seis horas!

La "niña" tiene dos años y una sola deuda

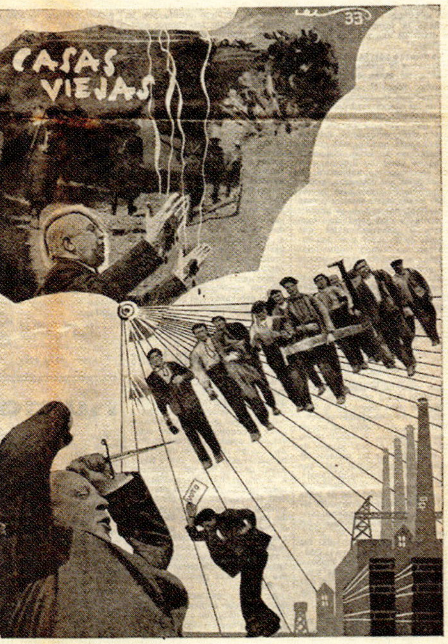

Ya empiezan los dirigentes y colaboradores al sostenimiento de la flamante «niña» a dejar escapar en los mitines electorales el incienso del sacrificio.

Toda España es Casas Viejas; todo el Parlamento está tinto en sangre trabajadora...

... y piden una vez más el voto de la clase obrera para seguir mintiendo y asesinando por la espalda. Pero la península ya no marcha hacia ellos ni con ellos; va hacia el campo a roturar terrenos y abatir árboles; va hacia las fábricas que en manos proletarias acabarán con el paro y con la explotación capitalista. ¡Obreros, las manos sirven para algo más que para meter en la urna electoral un papelito que continúe la **farsa política!** ¡Obreros! ¡Trabajadores todos! ¡Hacia la revolución!

¡Trabajadores! Las provocaciones del Poder hacen inminente un movimiento revolucionario. ¡¡A PREPARARSE!!

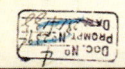

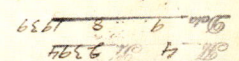

MATRIZES DA REVOLUÇÃO

5) Photographia da matriz que se encontrava na machina impressora
da typographia do Partido Communista Brasileiro, por occasião
da diligencia de busca e apprehensão levada a effeito, na madru
gada do dia 28 do mez proximo findo, pela Superintendencia de
Ordem Politica e Social, em uma casa situada no bairro do Caxi
guy, nesta Capital, Esta photographia foi executada ás 9 horas
do dia 28 de Abril de 1936.

VISTO: - São Paulo, 2 de Maio de 1936.
O DIRECTOR DO LABORATORIO,

Matriz confiscada da Tipografia do Partido Comunista Brasileiro, no bairro do Caxingui. São Paulo, 28 de abril de 1936. Laboratório Técnico Fotográfico do Gabinete de Investigações.

Prontuário nº 2.259, Typographia Communista, 1º volume, DEOPS/SP. AESP.

Casa no bairro do Caxingui que abrigava a Tipografia do Partido Comunista Brasileiro. São Paulo, 28 de abril de 1936. Laboratório Técnico Fotográfico do Gabinete de Investigações.

Prontuário nº 2.259, Typographia Communista, 1º volume, DEOPS/SP, AESP.

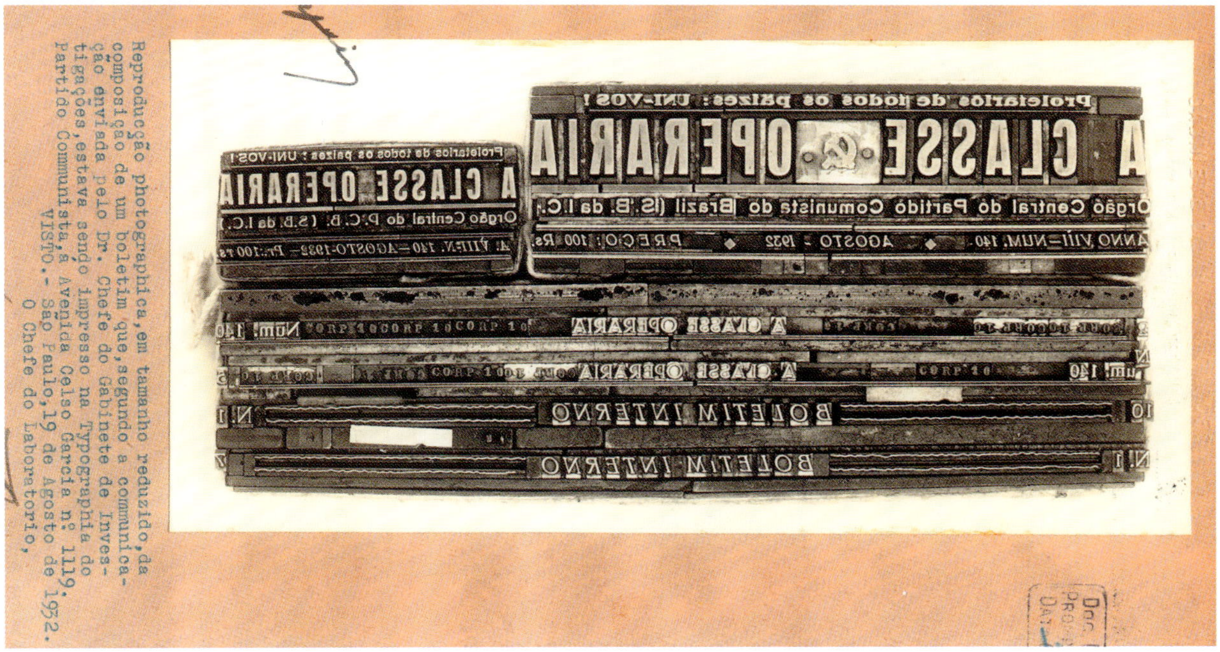

Composição de boletim interno do jornal *A Classe Operária* apreendida pela polícia no momento em que estava sendo impresso. São Paulo, 19 de agosto de 1952. Laboratório Técnico Fotográfico do Gabinete de Investigações.

Prontuário nº 2.259, Typographia Communista, 1º volume, DEOPS/SP. AESP.

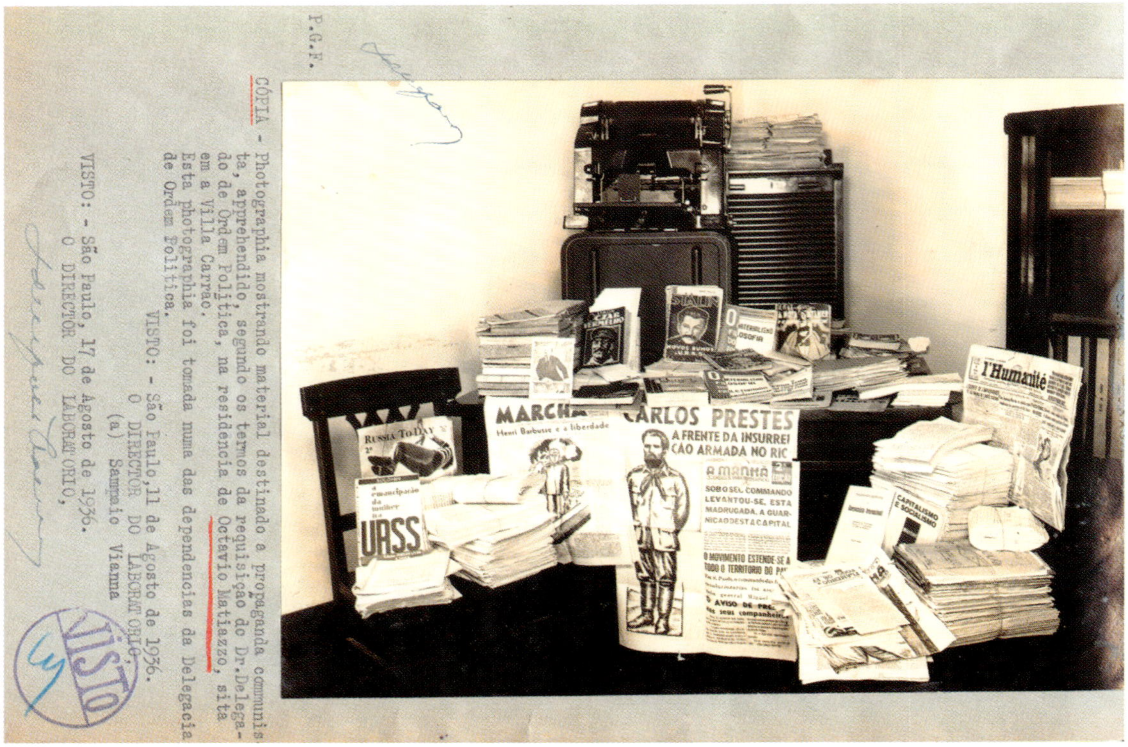

Material de propaganda comunista apreendido na residência de Octavio Matiazzo, na Vila Carrão. São Paulo, 11 de agosto de 1936. Laboratório Técnico Fotográfico do Gabinete de Investigações.

Prontuário nº 4.120, DEOPS/SP. AESP.

Equipamentos gráficos apreendidos na Tipografia do Partido Comunista Brasileiro no bairro do Caxingui. São Paulo, 28 de abril de 1936. Laboratório Fotográfico do Gabinete de Investigações.

Prontuário n.º 2.259, Typographia Communista, 1º volume, DEOPS/SP. AESP.

Exemplares do jornal *A Classe Operária* e demais materiais impressos de conteúdo "subversivo" endereçados à Angelo Coraccini, porém interceptados pela polícia. São Paulo, 14 de maio de 1937. Laboratório Técnico Fotográfico do Gabinete de Investigações.

Prontuário nº 1.369, 1º volume, DEOPS/SP. AESP.

MATERIAL IMPRESSO DE PROPAGANDA COMUNISTA APREENDIDO NA TIPOGRAFIA DO PARTIDO COMUNISTA BRASILEIRO, NO BAIRRO DO CAXINGUI. SÃO PAULO, 12 DE MAIO DE 1937. LABORATÓRIO TÉCNICO FOTOGRÁFICO DO GABINETE DE INVESTIGAÇÕES.

Prontuário nº 2.259, Typographia Communista, 2º volume, DEOPS/SP. AESP.

IMPRIMINDO NA CLANDESTINIDADE. AO CENTRO ESTÁ RODOLPHO FELIPPE, ANARQUISTA (DE PÉ, AO CENTRO, FIGURA MAIS ALTA). ARQUIVO GERMINAL LEUENROTH.

Reproduzido de J. W. F. Dulles, *Anarquistas e Comunistas no Brasil*, *op. cit.*, p. 177.

Material gráfico apreendido na residência de Abrahão Kovalsky. São Paulo, 18 de março de 1932. Laboratório Técnico Fotográfico do Gabinete de Investigações.

Prontuário nº 1.333, Jornais Comunistas Estrangeiros, DEOPS/SP. AESP.

Máquina tipográficas e jornais impressos em idiche apreendidos na residência de Abrahão Kovalsky. São Paulo, 18 de março de 1932. Laboratório Técnico Fotográfico do Gabinete de Investigações.

Prontuário nº 1.333, Jornais Comunistas Estrangeiros, DEOPS/SP. AESP.

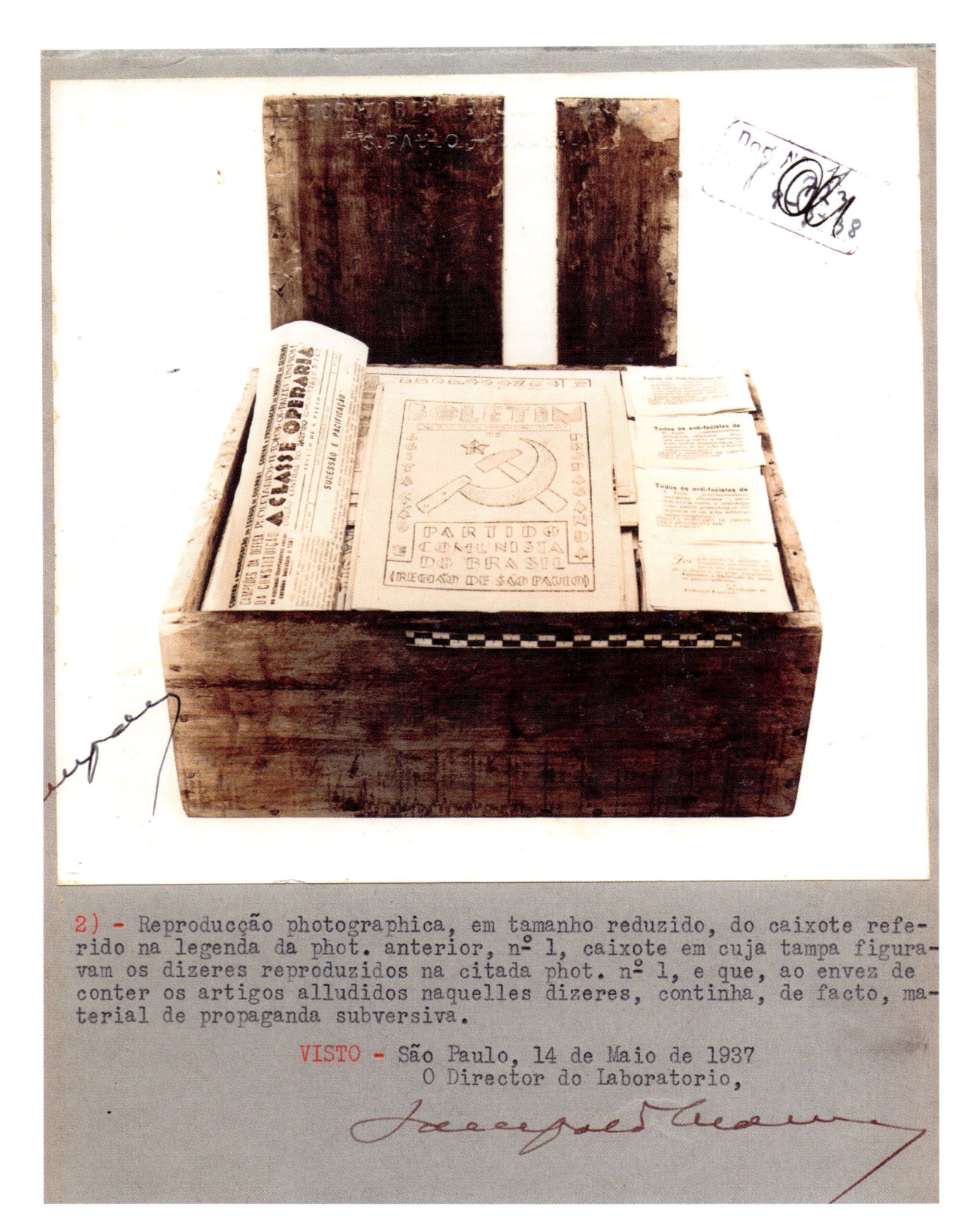

2) - Reproducção photographica, em tamanho reduzido, do caixote referido na legenda da phot. anterior, nº 1, caixote em cuja tampa figuravam os dizeres reproduzidos na citada phot. nº 1, e que, ao envez de conter os artigos alludidos naquelles dizeres, continha, de facto, material de propaganda subversiva.

VISTO - São Paulo, 14 de Maio de 1937
O Director do Laboratorio,

Caixote contendo exemplares do jornal *A Classe Operária*, boletins do Partido Comunista e panfletos antifascistas encontrado na Estação Ferroviávia de Cruzeiro. São Paulo, 14 de maio de 1937. Laboratório Técnico Fotográfico do Gabinete de Investigações.

Prontuário nº 723, 1º volume, DEOPS/SP. AESP.

FOTO Nº 1 - Fotografia de um pacote,fechado,encontrado em um banco de um bonde da linha "Penha", no dia 1 do corrente,segundo informaçoẽs da Delegacia Especializada de Ordem Politica e Social.

São Paulo,Laboratorio Fotografico da Superintendencia de Segurança Politica e Social,em 2 de Setembro de 1941.

Pacotes de jornais estrangeiros encontrado em bonde na cidade de São Paulo. São Paulo, 2 de setembro de 1941. Laboratório Técnico Fotográfico do Gabinete de Investigações. Prontuário nº 1.262, 1º volume, DEOPS/SP. AESP.

Mimeógrafo encontrado em meio a um bananal e apreendido pela Polícia Política. São Paulo, c. 1936.

Museu do Crime. Academia da Polícia Militar de São Paulo, SP.

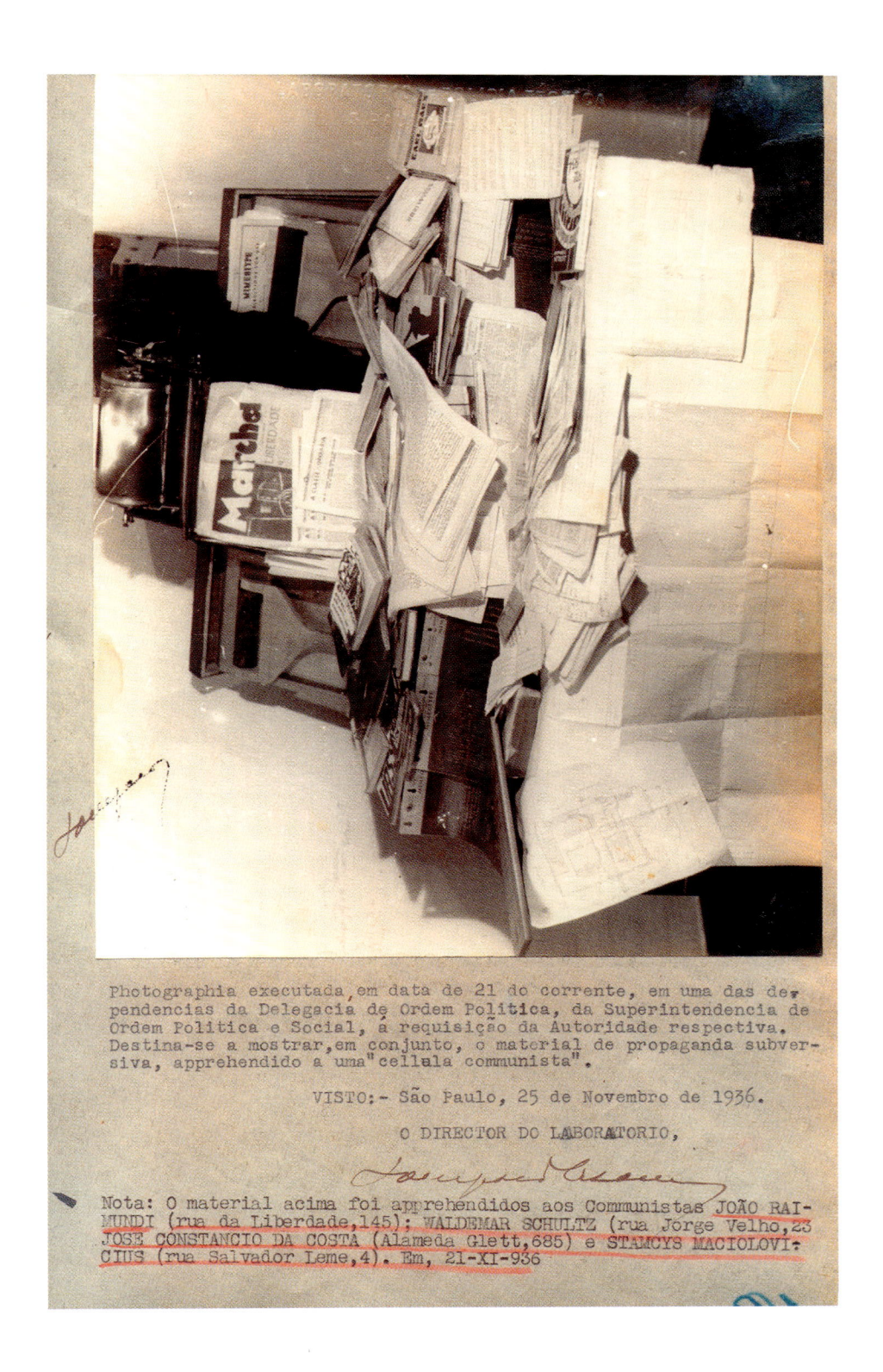

Photographia executada, em data de 21 do corrente, em uma das dependencias da Delegacia de Ordem Politica, da Superintendencia de Ordem Politica e Social, á requisição da Autoridade respectiva. Destina-se a mostrar, em conjunto, o material de propaganda subversiva, apprehendido a uma "cellula communista".

VISTO:- São Paulo, 25 de Novembro de 1936.

O DIRECTOR DO LABORATORIO,

Nota: O material acima foi apprehendidos aos Communistas JOÃO RAIMUNDI (rua da Liberdade,145); WALDEMAR SCHULTZ (rua Jorge Velho,23 JOSE CONSTANCIO DA COSTA (Alameda Glett,685) e STAMCYS MACIOLOVICIUS (rua Salvador Leme,4). Em, 21-XI-936

MATERIAL DE PROPAGANDA APREENDIDO À UMA "CELLULA COMMUNISTA". SÃO PAULO, 25 DE NOVEMBRO DE 1936. LABORATÓRIO TÉCNICO FOTOGRÁFICO DO GABINETE DE INVESTIGAÇÕES.

Prontuário nº 2.431, Partido Comunista Brasileiro, DEOPS/SP. AESP.

EDITORES

Registo Geral Numero .... 6 F

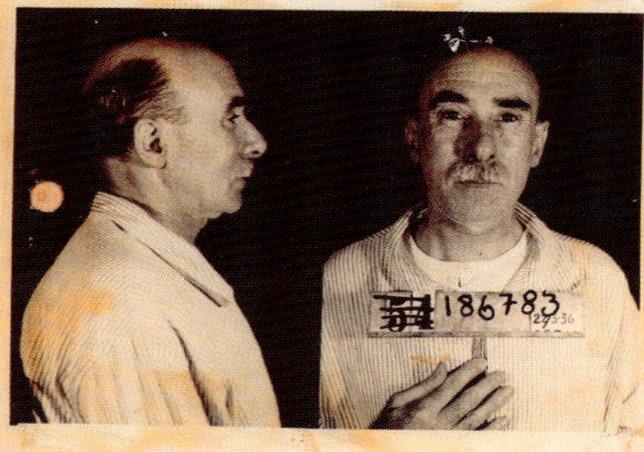

Photographia tirada no mez de .... de 19..

Nome: EVERARDO DIAS .... *Vulgo:* ....

QUALIFICAÇÃO

Filho de .... Antonio Dias

e de .... Genoveva Alvares

Nacionalidade: .... Brasileira

Naturalidade: ....

Localidade: ....

Edade .... 52 .... annos

Estado civil: .... casado

Profissão atual: .... jornalista

Sabe lêr e escrever? .... sim

MARCAS PARTICULARES

....

Residencia atual: ....

Residencias anteriores: ....

Nomes das pessôas que o conhecem e as respectivas residencias: ....

Nomes dos inspectores que o conhecem: ....

Everardo Dias, diretor do jornal anticlerical *O Livre Pensador*. Ficha de qualificação.
Prontuário nº 136, Everardo Dias, DEOPS/SP. AESP.

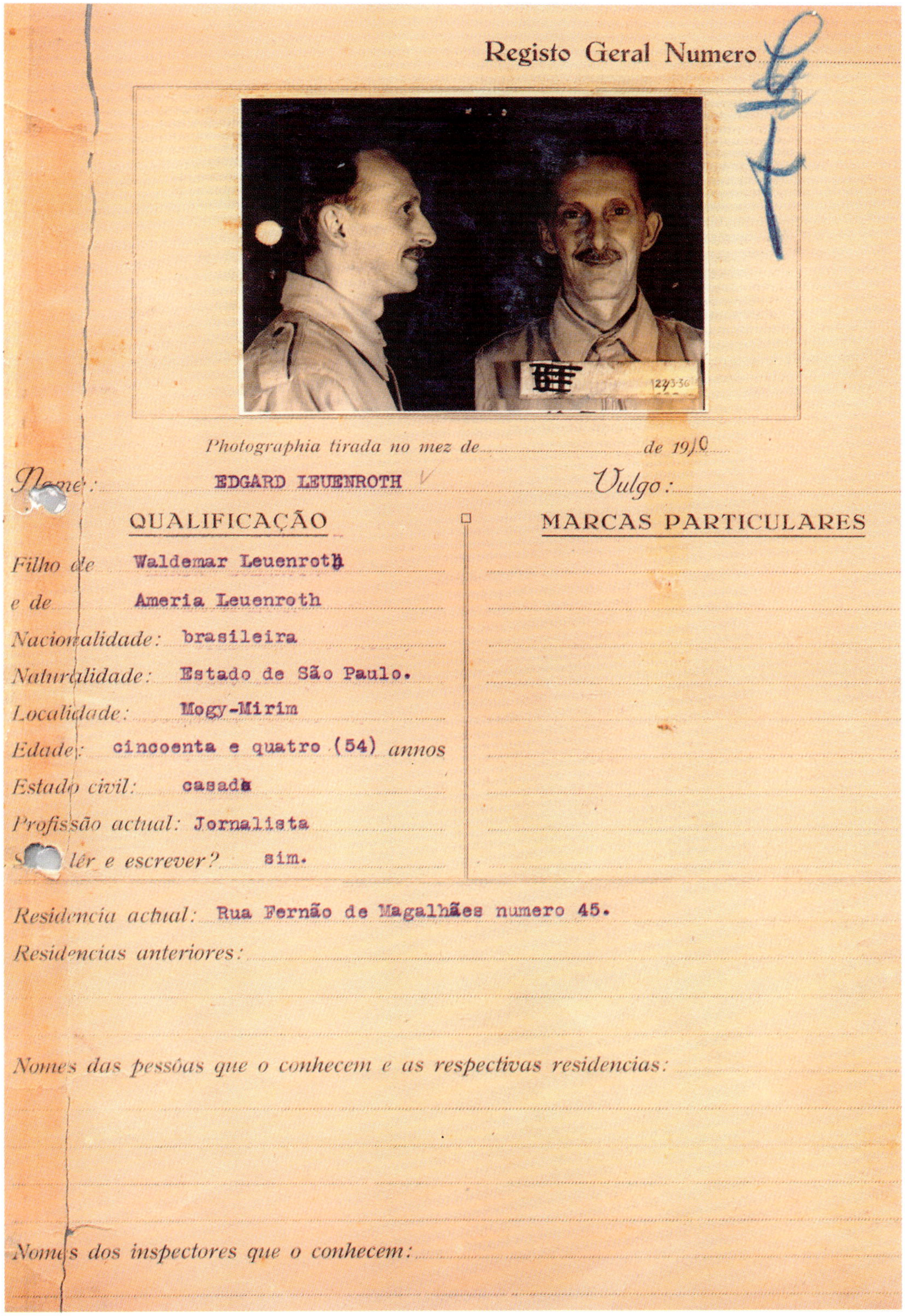

Registo Geral Numero

Photographia tirada no mez de .... de 19)0

Nome: EDGARD LEUENROTH — Vulgo:

QUALIFICAÇÃO

Filho de Waldemar Leuenroth
e de Ameria Leuenroth
Nacionalidade: brasileira
Naturalidade: Estado de São Paulo.
Localidade: Mogy-Mirim
Edade: cincoenta e quatro (54) annos
Estado civil: casado
Profissão actual: Jornalista
Sabe lêr e escrever? sim.

MARCAS PARTICULARES

Residencia actual: Rua Fernão de Magalhães numero 45.

Residencias anteriores:

Nomes das pessôas que o conhecem e as respectivas residencias:

Nomes dos inspectores que o conhecem:

EDGARD LEUENROTH, ANARQUISTA, DIRETOR DO JORNAL ANTICLERICAL *A LANTERNA* (2ª FASE). FICHA DE QUALIFICAÇÃO.

Prontuário nº 122, vol. 1, DEOPS/SP. AESP.

Registo geral n.

Registo part. n.

Photographia tirada em 19 36

Nome: Rodolpho Felippe   Vulgo:

QUALIFICAÇÃO		CARACTERES CHROMATICOS, ETC.	
Filho de	Antonio Felippe	Cutis:	Branca
e de	Francisca Felippe	Cabellos:	Loiros, escuros
Nacionalidade:	Brasileira	Barba:	Feita
Naturalidade:	São Paulo	Bigodes:	Feitos
Localidade:	Bragança	Sobrancelhas:	Loiras, escuras
Idade:	(44) Annos	Olhos:	Castanhos
Estado civil:	Solteiro	Estatura:	1,78
Profissão:	Jornaleiro	Corpo:	Regular, curvado
Grau de Cultura:	Media	Signaes:	

Residencia: Rua Barão de Jaguara, 414.

Residencias anteriores: Rua Sant'Anna, 21.

Pt. nº 400

Rodolpho Felippe, gerente responsável pela edição do jornal anarquista e anticlerical *A Plebe*. Ficha de qualificação.

Prontuário nº 400, Rodolpho Felippe, DEOPS/SP. AESP.

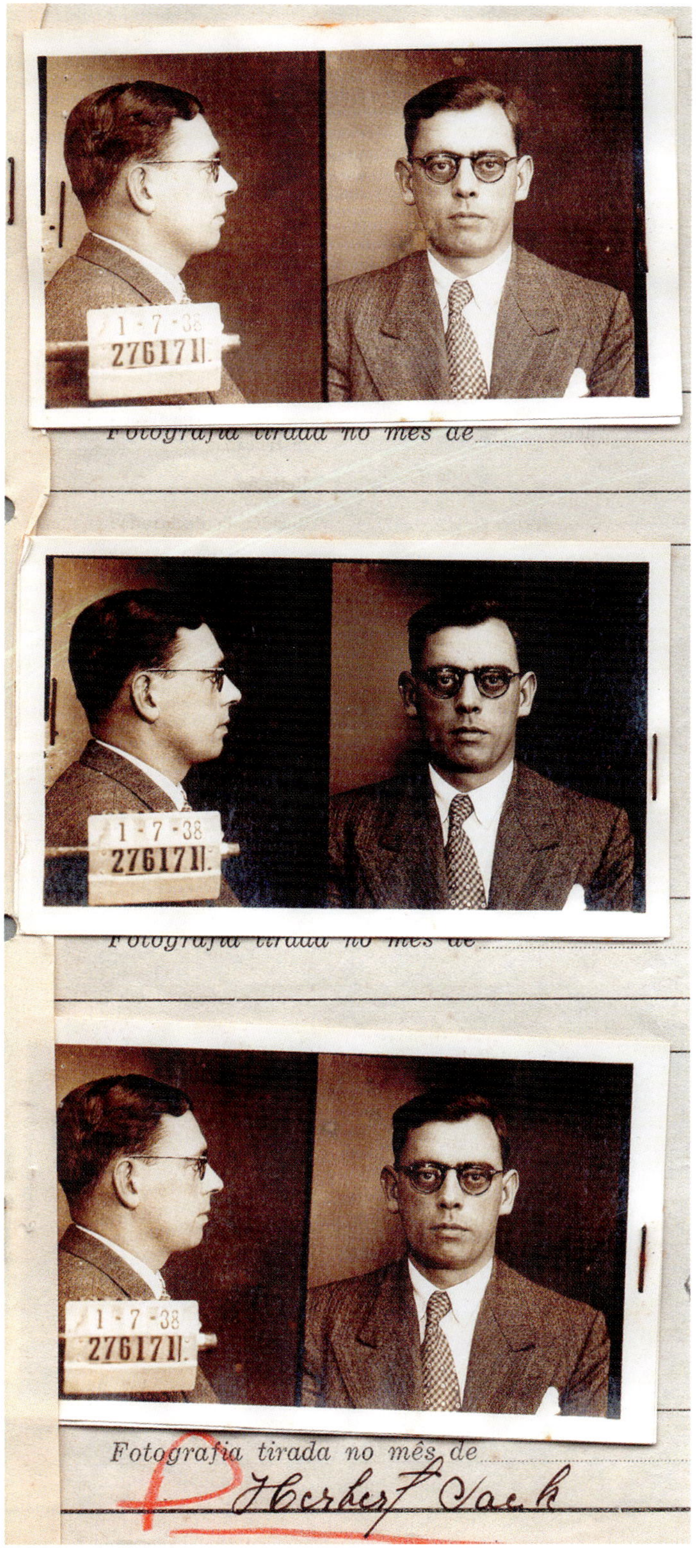

Herbert Sack, um dos proprietários do jornal nazista *Deutscher Morgen*. Ficha de Qualificação.
Prontuário nº 44.237, Herbert Sack, DEOPS/SP. AESP.

Mario Mariani, participou da direção do jornal socialista *La Difesa*, ao lado de Nicolla Cilla e Antonio Piccarolo (1930-1934). Reprodução fotográfica publicada junto ao artigo "Mario Mariani, el liberato bolchevique", por Renzo Bianchi. Jornal *La Prensa*, 30 de março de 1930.
Prontuário nº 516, Mario Mariani, DEOPS/SP. AESP.

Teófilo Strieter, membro da comissão fundadora do *Mensageiro Luterano*.

ANTONIO PICCAROLO, ECONOMISTA E DIRETOR DO JORNAL *LA DIFESA* (1923-1926; 1930-1934).

Reproduzido de J. W. F. DULLES, *Anarquistas e Comunistas no Brasil*, *op. cit.*, p. 177.

FRANCESCO FROLA, DIRETOR DE *LA DIFESA* (1926-1930), JORNAL SOCIALISTA A ANTIFASCISTA. REPRODUÇÃO FOTOGRÁFICA PUBLICADA EM JORNAL NÃO IDENTIFICADO.

Prontuário nº 152, Francesco Frola, DEOPS/SP. AESP.

BENJAMIN MOTA, DIRETOR DO JORNAL ANTICLERICAL *A LANTERNA* (1ª FASE). ARQUIVO GERMINAL LEUENROTH.

Reproduzido de J. W. F. DULLES, *Anarquistas e Comunistas no Brasil*, *op. cit.*, p. 177.

L. C. REHFELDT, MEMBRO DA COMISSÃO FUNDADORA DO *MENSAGEIRO LUTERANO*.

EMILIO MUELLER, MEMBRO DA COMISSÃO FUNDADORA DO *MENSAGEIRO LUTERANO*.

RODOLPHO HASSE, DIRETOR-RESPONSÁVEL E REDATOR-CHEFE DO *MENSAGEIRO LUTERANO*.

FONTES

Acervos e bibliotecas consultadas

PRONTUÁRIOS DEOPS

Arquivo do Estado de São Paulo

Nº *06 Adolpho Zovka.*
Nº *51 da Aliança Autoprotetora de Beneficência dos Lituanos no Brasil.*
Nº *77 Antonio Brandão.*
Nº *122 de Edgard Leuenroth.*
Nº *146 Albino Kynas.*
Nº *163 José Carlos Boscolo.*
Nº *172 Frente Popular Libertadora*
Nº *173 Godoffredo Rosini*
Nº *198 Ítalo Benasse.*
Nº *205 João Gerulaits Filho*
Nº *279 Ivan Pedro de Martins*
Nº *1.088 Donato de Vittis.*
Nº *364 Oreste Ristori.*
Nº *399 Rodesindo Calomenero Rodrigues.*
Nº *400 de Rodolpho Fellipe.*
Nº *411 João Bolsalobre*
Nº *430 Theotonio Souza Lima*
Nº *439 Vicente Tomachautz.*
Nº *465 Hermogenio Silva*
Nº *498 João Navarro.*
Nº *516 Mario Mariani*
Nº *547 Delegacia Regional de Polícia de Barretos*, vol. 1 e II.
Nº *550 Delegacia Regional de Presidente Prudente.*
Nº *552 Delegacia Regional da Polícia de Barretos.*
Nº *555 Delegacia Regional de Cruzeiro.*
Nº *581 Delegacia Regional de Polícia de Jundiaí.*
Nº *625 Francisco Cianci.*
Nº *710 União dos Trabalhadores da Light.*
Nº *716 Federação Operária de São Paulo.*
Nº *826 Liga Antifascista.*
Nº *831 Editorial Marenglen.*
Nº *840 Light São Paulo.*
Nº *996 Sindicato dos Vidreiros de São Paulo.*
Nº *999 Bixio Picciotti.*
Nº *1020 Angelo Las Heras.*
Nº *1.035 Grupo Anarquista de São Paulo.*
Nº *1.123 Sindicato dos Operários Metalúrgicos*
Nº *1.262 Benedito Romano.*
Nº *1.306 Nossa Palavra.*
Nº *1.318 Delegacia de São Carlos.*
Nº *1.319 Alexandre Cerchiai*
Nº *1.321 Francisco D´Onófrio.*
Nº *1.333 Jornais Comunistas Estrangeiros.*
Nº *1.501 Luis De Bona.*
Nº *1.579 Federação Operária de São Paulo*, 2 vols.
Nº *1585 Antonio Petán.*
Nº *1.914 Centro de Cultura Social.*
Nº *2.018 Isaltino Benedicto Veiga dos Santos*
Nº *2.089 Avelino Fernandes*
Nº *2.143 Federação das Organizações Russa.*
Nº *2.144 Cidino Dijuli.*
Nº *2.259 Typographia Communista.*
Nº *2.350 Antonio Meniskio.*
Nº *2.393 de José Rocca Orozco.*
Nº *3.156 Hermínio Sacchetta.*
Nº *3.504 Francisco Ignácio da Rocha.*
Nº *4.688 de Ernesto Gattai.*
Nº *3.753 de João Alves Cortez Valente.*
Nº *4.071 João Lopes Soares.*
Nº *4.607 Mathias Navarro Puig.*
Nº *4.146 Fernando Costa.*
Nº *4.705 Congregação Israelita Paulista.*
Nº *43.707 Sociedade Torre de Vigia.*
Nº *70.701 Nicola Cilla*
Nº *77.172 Federação dos Negros no Brasil.*
Nº *98.438 Varlavas Tchungurian.*

JORNAIS CONFISCADOS/DEOPS-SP

Arquivo do Estado de São Paulo

Publicados no Brasil

A Cana. São Paulo. *Pront.* Nº *400, Rodolpho Fellipe.*
A Classe Operária. Rio de Janeiro. *Pront.* Nº *1.110, Boletins e Propaganda Política.*
A Classe Operária. São Paulo, 1932. *Pront.* Nº *2.144, Cidino Dijuli;* Nº *2259*, Typographia Communista.
A Farpa. São Carlos. *Pront.* Nº *1.318, Delegacia de São Carlos.*
A Lanterna. São Paulo. *Pront.* Nº *1.553, A Lanterna; Pront.* Nº *1262, Benedito Romano.*
A Nossa Palavra. São Paulo. *Pront.* Nº *1.306, Nossa Palavra.*
A Notícia. Assis. *Pront. nº 550, Delegacia Regional de Presidente Prudente.*
A Opinião do Povo. São Paulo. *Pront.* Nº *2.355, Carlos Gewe.*

A Ordem. Piquete. *Pront. Nº 7.725, Bispo César Decorso Filho.*
A Platéia. São Paulo. *Pront. Nº 4.975.*
A Plebe. São Paulo. *Pront. Nº 2.303, A Plebe.*
A Voz da Egreja. Bauru. *Pront. Nº 2.355, Carlos Gewe.*
A Vóz dos Alfaiates. São Paulo. *Pront. Nº 3.471, União dos Alfaiates e Anexos.*
A Voz dos Trabalhadores. São Paulo. *Pront. Nº 3.486, Benedito Cavalheiros.*
A Voz Sionista. São Paulo. *Pront. nº 4.705, Congregação Israelita de São Paulo.*
Ararat. São Paulo. *Pront. Nº 98.438, Varlavas Tchungurian.*
Brasil Chú-gai Shimbun. São Paulo. *Pront. Nº 108.891, Shindô-Renmey.*
Crônica Israelita. São Paulo. *Pront. Nº 95.127, Congregação Israelita Paulistana.*
Darbiniku Zodis. São Paulo. *Pront. Nº 1.333, Jornais Comunistas Estrangeiros.*
Deutscher Morgen. São Paulo. *Pront. Nº 1.503, Sociedade Nacional Socialista Allemã.*
Dom Casmurro. Rio de Janeiro. *Pront. Nº 1.332, Quirino Pucca.*
Emancipação. Rio de Janeiro. *Pront. nº 3.190, Carlos Vieira.*
Frente Juvenil. São Paulo. *Pront. Nº 3.653, Justiniano Pereira Bispo.*
Folha da Noite. São Paulo. *Pront. Nº 3.278, Frente Única Sindical.*
Gaceta Hispana. São Paulo. *Pront. Nº 1.332, Quirino Pucca,* vol. 2.
Hoje. São Paulo. *Pront. Nº 87.838, Bruno Gattai.*
Humanidade. Porto Alegre. *Pront. Nº 1.262, Benedito Romano,* vol. 1.
Imprensa Popular. Rio de Janeiro. *Pront. Nº 87.838, Bruno Gattai.*
Jornal de São Paulo. São Paulo. *Pront. Nº 56.627.*
Juventude. São Paulo. *Pront. Nº 40.610, Publicações Comunistas.*
Juventude. Rio de Janeiro. *Pront. Nº 3471, União dos Alfaiates e Anexos.*
La Difesa. São Paulo. Pront. Nº 999, Bixio Picciotti.
Liberdade. São Paulo. *Pront. Nº 40.610, Publicações Comunistas.*
Mensageiro da Paz. Rio de Janeiro. *Pront. Nº 456, Samuel Hedlund.*
Mensageiro Lutherano. Rio de Janeiro. *Pront. Nº 12.041, Escola Luterana de São Paulo.*
Mitteilungen. São Paulo. *Pront. Nº 4.705, Congregação Israelita de São Paulo.*
Músu Zodis. São Paulo. *Pront. Nº 1.333, Jornais Comunistas; Pront. Nº 77.670, Músu Zodis.*
Músu Lietuva. São Paulo. *Pront. Nº 51, Aliança Autoprotetora de Beneficência dos Lituanos no Brasil.*
Nossa Bandeira. São Paulo. *Pront. Nº 4.126, Eurico Paranhos.*
Nossa Terra. São Paulo. *Pront. Nº 547, Delegacia Regional de Polícia de Barretos.*
O Clarim da Alvorada. São Paulo. *Pront. Nº 1.538, Frente Negra Brasileira.*
Offensiva. Rio de Janeiro. Pront. Nº 1.583, Acção Integralista.
O Graphico. São Paulo. *Pront. Nº 1.962, Socorro Vermelho.*
O Guatambú. Cosmorama. *Pront. Nº 6.585, Associação Agro Pecuária de São José do Rio Preto.*
O Integralista. São Paulo. *Pront. Nº 1.583, Acção Integralista.*
O Jovem Proletário. São Paulo. *Pront. Nº 1.962, Socorro Vermelho.*
O Liga. São Paulo. *Pront. Nº 1.110, Boletins e Propaganda Comunista,* vol. 1.
O Metalurgico. São Paulo. *Pront. Nº 1.123,*
O Pacificador. São Paulo. *Pront. Nº 108.891, Shindô- Renmey.*
O Preso Proletário. Rio de Janeiro. *Pront. Nº 1.662, Mario Rodrigues ou João Baptista.*
O Sindicalista. São Paulo. *Pront. Nº 3.117, Francisco Giraldes Filho,* vol. 1.
O Trabalhador. São Paulo. *Pront. Nº 1685, Félix Zirolia; Pront. Nº 716, Federação Operária de São Paulo.*
O Trabalhador da Light. São Paulo. *Pront. Nº 840, Light São Paulo.*
O Trabalhador Textil. São Paulo. *Pront. Nº 577, União dos Trabalhadores Gráficos.*
O Trabalhador Vidreiro. São Paulo. *Pront. Nº 996, Sindicato dos Vidreiros de São Paulo.*
O Trabalho. São Paulo. *Pront. Nº 3.753, João Alves Cortez Valente.*
O Transviário. São Paulo. *Pront. Nº 3.172, Sindicato dos Operários em Tracção Luz e Força.*
O Xadrez. São Paulo. *Pront. Nº 400, de Rodolpho Fellipe.*
Roteiro. São Paulo. *Pront. Nº 1.332, Quirino Pucca,* vol. 2.
Sentinela Vermelha. São Paulo. *Pront. Nº 3.602, Sebastião Feliciano Ferreira.*
Soldado Vermelho. São Paulo. *Pront. Nº 1321, de Francisco D´Onófrio.*
Tribuna Operária. Bauru. *Pront. Nº 2.355, Carlos Gewe.*
Voz Operária. Rio de Janeiro. *Pront. Nº 547, Delegacia Regional de Polícia de Barretos, vol. 2.*
Voz Portuária. Santos. *Pront. Nº 102.901, Associação Beneficiente dos Empregados da Cia Docas de Santos.*
Zoria- A Estrella. São Paulo. *Pront. Nº 903, A Estrella.*

Publicados no Exterior

Ateneo. Buenos Aires. *Pront. Nº 1.262, Benedito Romano, vol. 1.*
Avanzada. Buenos Aires. *Pront. Nº 1.262, Benedito Romano, vol. 1.*
Central Verein Zeitung. Berlim. *Pront. Nº 4705, Congregação Israelita de São Paulo.*
Das Neue Tage-Buch. Paris-Amsterdam. *Pront. Nº 4.705, Congregação Israelita de São Paulo.*
El Luchador. Barcelona. *Pront. Nº 2.394, Antonio Aguilar.*
Gemeinde Blatt. Berlim. *Pront. Nº 4.705, Congregação Israelita de São Paulo.*
Kinder-Rundschau. Berlim. *Pront. Nº 4.705, Congregação Israelita de São Paulo.*
L´Adunata Dei Refrattari. New York. *Pront. Nº 2.061, Hugo Vittorio.*
La Vanguardia. Barcelona. *Pront. Nº 4.607, Mathias Navarro Puig.*
Lavoro. Roma. *Pront. Nº 102.901, Associação Beneficiente dos Empregados da Cia Docas de Santos.*
Pour une paix durable, pour une democratie populaire. Bucareste. *Pront. Nº 102.901, Associação Beneficiente dos Empregados da Cia Docas de Santos.*
Tierra y Libertad. Barcelona. *Pront. Nº 2.394, Antonio Aguillar.*

BIBLIOGRAFIA

Obras Específicas

ALVIM, Zuleika M. F. *Brava Gente. Os Italianos em São Paulo (1870-1920)*. São Paulo, Brasiliense, 1986.

ARFÈ, Gaetano. *Storia dell'Avanti, 1926-1940*. Milão, Editora Avanti, 1958.

BAHIA, Juarez. *Jornal, História e Técnica. História da Imprensa Brasileira*. 4. ed. ampliada. São Paulo, Ática, 1990.

AVELINO, Givanildo Oliveira. *Antologia de Existências e Ética Anarquista*. Dissertação de Mestrado. Programa de Estudos Pós-Graduados em Ciências Sociais. São Paulo, PUC, 2002.

BASTOS, José Tavares. *Expulsão de Estrangeiros*. Paraná, Plácido e Silva, 1924.

BERTONHA, João Fábio. *Sob a Sombra de Mussolini. Os Italianos de São Paulo e a Luta Contra o Fascismo, 1919-1945*. São Paulo, Annablume/Fapesp, 1999.

BIONDI, Luigi. *La stampa anarchica italiana in Brasile; 1904-1915*. Tesi di Laurea, Universidade de Roma "La Sapienza, 1993/1994.

BOSI, Ecléa. *Cultura de Massa e Cultura Popular: Leituras de Operárias*. Petrópolis, Vozes, 1991.

BRISSOLI FILHO, Francisco. *Estigmas da Criminalização: Dos Antecedentes à Reincidência Criminal*. Florianópolis, Editora Obra Jurídica, 1998.

CALDEIRA, João Ricardo de Castro. *Integralismo e Política Regional*. São Paulo, Annablume, 1999.

CARELLI, Mário. *Carcamanos & Comendadores. Os Italianos de São Paulo da Realidade à Ficção. 1919-1930*. São Paulo, Ática, 1985.

CARNEIRO, Maria Luiza Tucci. *O Anti-semitismo na Era Vargas: Fantasmas de uma Geração (1930-1945)*. 3ª edição. São Paulo, Perspectiva, 2002.

————-. (org.). *Minorias Silenciadas. História da Censura no Brasil*. São Paulo, Edusp, 2002.

————. *Livros Proibidos, Idéias Malditas*. São Paulo, Ateliê Editorial, 2002.

————. *O Veneno da Serpente. Questões Acerca do Anti-semitismo no Brasil*. São Paulo, Perspectiva, 2003.

CARONE, Edgar. *O Movimento Operário no Brasil (1930-1945)*. São Paulo, Ática, 1991.

CENNI, Franco. *Italianos no Brasil*. 2. ed. São Paulo, Edusp, 2002.

CHARTIER, Roger. *A Ordem dos Livros. Leitores, Autores e Bibliotecas na Europa entre os Séculos XIV e XVIII*. Trad. Mary Del Priori. Brasília, Editora UnB, 1999.

———— (dir.). *Les usages de l'imprimé (XVe-XIXe Siècle)*. Paris, Fayard, 1987.

CRUZ, Heloisa de Faria. *São Paulo em Papel e Tinta. Periodismo e Vida Urbanos – 1890-1915*. São Paulo, Educ; Fapesp; Arquivo do Estado; Imprensa Oficial São Paulo, 2000.

DAL PONT, Adriano. *Giornali fuori legge. La stampa clandestina italiana, 1922-1943*. Roma, ANPPIA, 1964.

DOTTA, Renato Alencar. *O Integralismo e os Operários. As Relações entre a AIB, os Sindicatos e os Trabalhadores de um Jornal Integralista (1936-1938)*. Dissertação de Mestrado em História Social. São Paulo, FFLCH/USP, 2002.

DULLES, John W. Foster. *Anarquistas e Comunistas no Brasil (1900-1935)*. Rio de Janeiro, Nova Fronteira, 1977.

FAUSTO, Boris. *Trabalho Urbano e Conflito Social (1890-1920)*. São Paulo, Difel, 1977.

FARIA, Antonio Bento de. *Sob o Direito de Expulsão*. Rio de Janeiro, Jacintho Ribeiro dos Santos Editor, 1929.

FERREIRA, Maria Nazareth. *Imprensa Operária no Brasil*. São Paulo, Ática, 1988.

FISH, Stanely. *Is There a Text in This Class? The Authority of Interpretive Communities*. Cambridge (MA)/London, Harvard University Press.

FREITAS, Alfonso de. *A Imprensa Periódica de São Paulo desde os seus Primórdios em 1823 até 1914*. São Paulo, Typographia do "Diário Official", 1915 (FIESP, col.)

GATTAI, Zélia. *Anarquistas, Graças a Deus!*. 21. ed. Rio de Janeiro, Record, 1994.

GIRARDET, Raoul. *Mitos e Mitologias Políticas*. São Paulo, Companhia das Letras, 1987.

HORR, Aryana Eugênia A. Preis. *Sapateiros Militantes. Dos Pés Descalços aos Sapatos de Cetim*. Florianópolis, UFSC, 1999.

IANNI, Octavio. *Raças e Classes Sociais no Brasil*. São Paulo, Civilização Brasileira, 1972.

IPANEMA, Marcelo de. *A Censura no Brasil: 1808-1821*. Rio de Janeiro, Gráfica Editora Amora, 1949.

KLEIN, Herbert. *A Imigração Espanhola no Brasil*. São Paulo, Editora Sumaré/Fapesp, 1994.

KOSSOY, Boris. *Fotografia e História*. São Paulo, Ateliê Editorial, 2001.

KERIMIAN, Nubar. *Massacre de Armênios. Documentos Oficiais Turcos sobre as Matanças de Armênios em 1915*. São Paulo, Igreja Central Evangélica de São Paulo, 1998.

LIMA, Herman. *História da Caricatura no Brasil*. Rio de Janeiro, José Olympio Editora, 1963.

LOPREATO, Christina Roquete. *O Espírito da Revolta: A Greve Geral Anarquista de 1917*. São Paulo, Annablume/Fapesp, 2000.

LUIZZETO, Flávio. *Presença do Anarquismo no Brasil: Um Estudo dos Episódios Literários e Educacional (1900-1914)*. Tese de doutoramento em História; FFLCH/USP. São Carlos, 1984.

MALAMUD, Samuel. *A Segunda Guerra Mundial na Visão de um Judeu Brasileiro*. Rio de Janeiro, Aeroplano, 1997.

MARAM, Sheldon Leslie. *Anarquistas, Imigrantes e o Movimento Operário Brasileiro (1890-1920)*. Rio de Janeiro, Paz e Terra, 1979.
MARIANI, Bethania. *O PCB e a Imprensa. Os Comunistas no Imaginário dos Jornais, 1922-1989*. Rio de Janeiro, Revan; Campinas-SP, Unicamp, 1998.
MARTINS, Wilson. *História da Inteligência Brasileira*. São Paulo, Cultrix, Edusp, 1977.
MELLO, Marina Pereira de Almeida, *O Ressurgir das Cinzas: Negros Paulistas no Pós-abolição, Identidade e Alteridade na Imprensa Negra Paulista (1915-1923)*. São Paulo. Dissertação de Mestrado; FFLCH/USP, 1999.
MOTTA, Rodrigo Patto Sá. *Em Guarda Contra o Perigo Vermelho*. São Paulo, Perspectiva, 2002.
MOURA, Clóvis. *História do Negro Brasileiro*. São Paulo, Ática, 1989.
NASCIMENTO, Rogério H.Z. do. *Florentino de Carvalho. Pensamento social de um Anarquista*. Rio de Janeiro, Achiamé, 2000.
OLIVER, Joan; PAGÉS, J. & PEGÈS, P. *La Prensa Clandestina (1939-1956). Propaganda y Documentos Antifranquistas*. Barcelona, Editorial Planeta, 1978.
PELASSY, D. *Le Signe Nazi: L´univers Symbolique d´une Dictature*. Paris, Fayard, 1983.
PERROT, Michele. *Mulheres Públicas*. São Paulo, Unesp, 1998.
RIBEIRO, Mariana Cardoso dos Santos. *Legislação e Repressão: A Legitimação da Ordem Autoritária. Estudo dos Casos de Expulsão na Era Vargas (1930-1945)*. Dissertação de Mestrado em História Social, FFLCH/USP, 2003.
RIBEIRO JR., João. *O que é Nazismo*. São Paulo, Brasiliense, 1986.
RODRIGUES, E. *Pequena História da Imprensa Social no Brasil*. Florianópolis, Insular, 1997.
SARAIVA, Arnaldo. *Fernando Pessoa: Poeta-tradutor de Poetas*. Porto, Lello, 1996.
SILVA, Hélio. *1938 – Terrorismo em Campo Verde. Ciclo Vargas*. Rio de Janeiro, Civilização Brasileira, 1964, vol. X.
SIQUEIRA Neto, José. *Contrato Coletivo de Trabalho. Perspectiva de Rompimento com a Legalidade Repressiva*. São Paulo, LTr, 1991.
TAVORA, Araken. *Pedro II Através da Caricatura*. Rio de Janeiro, Bloch Editores, 1975.
TOLEDO, Edilene T. *O Amigo do Povo: Grupos de Afinidade e a Propaganda Anarquista em São Paulo nos Primeiros Anos deste Século*. Dissertação de Mestrado em História/Unicamp, Campinas, 1993.
VIVALDI, G. Martín. *Géneros Periodísticos. Reportaje, Crónica, Artículo*. Madrid, Editorial Paraninfo, 1993.
ZOLA, Émile. *Germinal*. Trad. e adaptação de Silvana Salerno. São Paulo, Companhia das Letras, 2000.

Artigos

ALGRANTI, Leila Mezan. "Política, Religião e Moralidade. A Censura de Livros no Brasil de D. João VI (1808-1821)". In: TUCCI CARNEIRO, Maria Luiza (org.). *Minorias Silenciadas, A História da Censura no Brasil*. São Paulo, Edusp, 2002. pp. 103-195.
ALMEIDA, Francisco de Paula Lacerda de. *Expulsão de Estrangeiros do Território Nacional*. Rio de Janeiro, Revista dos Tribunais, 1938.
ARAVANIS, Evangelia. "Leituras, Edições e Circulações de Impressos na Porto Alegre de 1906 a 1911: Uma Análise a Partir do Periódico *A Luta*". *História Unisinos*/Centro de Ciências Humanas - Programa de Pós-graduação em História, Universidade do Vale do Sinos, vol. 6, nº 6. São Leopoldo, Unisinos, 2002, pp. 263-281.
BACZKO, Bronislaw Baczko. "Imaginação Social". *Enciclopédia Einadu*. Lisboa, Casa da Moeda-Imprensa Nacional, 1985, vol. 5 (Antropos-Homem).
BASTIDE, Roger. "Efeito do Conceito de Côr". In: *Relações Raciais entre Negros e Brancos em São Paulo*. Direção de Roger Bastide e Florestan Fernandes. São Paulo, Editora Anhembi, 1955.
BERTONHA, João Fábio. "Política em Tempos de Guerra: a Tentativa de Reconstrução do Antifascismo Italiano em São Paulo em 1942/43". *Revista de História* nº 137, Departamento de História da USP), 3ª série, 2º semestre, 1997, pp. 43-64.
BOURDIEU, Pierre & CHARTIER, Roger. "La lecture: une pratique culturelle". In: *Pratiques de la lecture*. Direção de Roger Chartier. Marselha, Rivages, 1985, pp. 217-239.
CAMARGO, Luis. "Projeto Gráfico, Ilustração e Leitura do Texto Poético". *Horizontes. Dossiê. Memória Social da Leitura*. Bragança Paulista, vol. 15, pp. 125-141, 1997.
CAMPOS, Alzira L. de Arruda. "Estrangeiros e Ordem Social (São Paulo, 1926-1945)". *Revista Brasileira de História*. São Paulo, ANPHU/USP, vol. 17, nº 33, 1997, pp. 201-237.
CARNEIRO, Maria Luiza Tucci. "O Mito da Conspiração Judaica e as Utopias de uma Comunidade". *Minorias Silenciadas, op. cit.*, pp. 263-306.
———. "O Estado Novo, o Dops e a Ideologia da Segurança Nacional". In: PANDOLFI, Dulce (org.). *Repensando o Estado Novo*. Rio de Janeiro, Editora FGV, 1999, pp. 327-341.
———. "Os Rituais da Purificação". *Resgate*. Campinas, Unicamp, 1988.
———. "Negros, Loucos Negros". *Revista da USP. Dossiê Brasil/África*. São Paulo (18), jun.-ago. 1993, pp. 144-151.
———. "Trilogia do Estigma: Negro, Comunista, Subversivo". Comunicação apresentada junto a Mesa redonda "Racismo: Mito e Realidade. *V Congresso Afro-Brasileiro*. Salvador, Centro Estudos Afro-Orientais. Centro de Convenções de Salvador (BA), 17 a 20 ago. 1998.
COGGIOLA, Osvaldo, "Historiografia do Movimento Operário Latino-americano". *Revista Brasileira de História. Espaço Plural* nº 28. São Paulo, ANPHU; Finep; MCT; Cnpq, 1994, pp. 209-230.
CRUZ, Heloisa de Faria. "A Cidade do Reclame: Propaganda e Periodismo em São Paulo (1890-1915)". *Revista Projeto História nº 3*. São Paulo, EDUC, 1996, pp. 81-92.
FERRARA, Miriam Nicolau. "A Imprensa Negra Paulista (1915-1963)". *Antropologia*, 13. São Paulo, FFLCH/USP, 1986.
FAUSTO, Boris. "Imigração e Participação Política na Primeira República: O Caso de São Paulo. In: FAUSTO, Boris *et al. Imigração e Política em São Paulo*. São Paulo, Editora Sumaré, Fapesp, 1995, pp. 7-26 (Série Imigração).
JAUSS, Hans Robert. "Racines und Goethes Iphigenie – Mit einem Nachwort über die Partialität der rezeptionsästhetischen Methode". In: WARNING, Rainer. *Rezeptionsästhetik Theorie und Praxis*. München, Fink, 1975.
GRÜN, Roberto. "Intelectuais na Comunidade Judaica Brasileira". In: SORJ, Bila. *Identidades Judaicas no Brasil Contemporâneo*. Rio de Janeiro, Imago, 1997, pp. 125-149.
GUILHAUMOU, J. & MALDIDIER, D. "Efeito do Arquivo. A Análise do Discurso no Lado da História". In: ORLANDI, Eni Panccinelli (org.). *Gestos de Leitura. Da História no Discurso*. 2. ed. Campinas, Editora da Unicamp, 1997, pp. 170-174.

LEAL, Claudia F.B. "Um Bocado de Propaganda Dá Pretexto para Muita Literatura. Movimento Anarquista em São Paulo no Início deste Século". *Horizontes. Dossiê: Memória Social da Leitura. Bragança Paulista*, vol.15, pp. 233-250, 1997.

LENIN. "Del Pasado de la Prensa Obrera en Rusia". *Obras Completas*. Moscou, Progresso, 1914 ou 25, p. 93; t.4.

MACHADO, Humberto Fernandes. "A Imprensa Abolicionista". *Ciência Hoje*, nov. 1988.

MANDEVILLE, Bernard. "Essay on Charity and Charity Schools". *The Fable of the Bees*. Oxford, Kaye Ed., 1924.

MARTINS, Ana Luiza. "Sob o Signo da Censura". In: CARNEIRO, Maria Luiza Tucci (org.). *Minorias Silenciadas, op. cit.*, pp. 155-182.

MARTINS, Wilson. "Imprensa Revolucionária". *História da Inteligência Brasileira*. São Paulo, Cultrix/Edusp, 1977, vol. II, pp. 126-129.

MASON, Laura. "Canções. Mesclando os Veículos". In DARNTON, Robert & Roche, Daniel (orgs,). *Revolução Impressa*, São Paulo, Edusp, 1998, pp. 339-359.

MATOS, Olgária Chain Féres. "Espaço Público e Tolerância Política". In: MIRANDA,Wander Melo (org.). *Narrativas da Modernidade*. Belo Horizonte: Autêntica, 1999.

NEVES, Lúcia Maria Bastos P. "Um Silêncio Perverso: a Censura, a Repressão e o Esboço de uma Primeira Esfera Pública do Poder (1920-1923)". In: CARNEIRO, Maria Luiza Tucci (org.). *Minorias Silenciadas, op. cit.*, pp. 121-153.

NOVINSKY, Anita. "Os Regimes Totalitários e a Censura". In: CARNEIRO, Maria Luiza Tucci (org). *Minorias silenciadas, op. cit.*, pp. 25- 35.

ROCHE, Daniel. "A Censura e a Indústria Editorial". In: DARNTON, Robert & ROCHE, Daniel (orgs.). *Revolução Impressa. A Imprensa na França (1975-1800)*. São Paulo, Edusp, p. 35.

STAROBINSKI, Jean. "O Mito Solar da Revolução". In: *1789: Os Emblemas da Razão*. São Paulo, Companhia das Letras, 1988, pp. 38-43.

ZILBERMAN, Regina. "O Leitor e o Livro". *Horizontes. Dossiê: Memória Social da Leitura*, Bragança Paulista, vol. 15, 1997.

Obras de Referência

DICIONÁRIO Histórico Biográfico Brasileiro (1930-1983). Coordenação de Israel Beloch e Alzira Alves de Abreu. Rio de Janeiro, Forense-Universitária; Finep/FGV, 1984, 4 vols.

DICIONÁRIO Crítico do Pensamento da Direita. Idéias, Instituições e Personagens. Organizado por Francisco Carlos Teixeira da Silva, Sabrina Evangelista Medeiros e Alexander Martins Vianna. Rio de Janeiro, Faperj/Mauad, 2000.

MARTINS, Wilson. *História da Inteligência Brasileira*. São Paulo, Cultrix; Edusp, 1977.

PRESENÇA Italiana no Sindicalismo Brasileiro. Catálogo de Exposição Fotográfica e Seminário Temático. São Paulo, Consulado Geral da Itália; Centro Universitário Maria Antônia, 1994.

SODRÉ, Nelson Werneck. *História da Imprensa no Brasil*. Rio de Janeiro, Civilização Brasileira, 1966.

INVENTÁRIOS DEOPS — PROIN Arquivo/Universidade

organizado por M. L. Tucci Carneiro

ANDREUCCI, Álvaro Gonçalves & OLIVEIRA, Valéria Garcia de. *Cultura Amordaçada. Intelectuais e Músicos sob a Vigilância do DEOPS. Série Inventários DEOPS, Módulo Comunistas*. São Paulo, Imprensa Oficial/Arquivo do Estado, 2002.

ARCHANGELO, Rodrigo. *Luzes Dentro e Fora da Fábrica: Aspectos do Cotidiano Urbano de São Paulo (1937-1945)*. Iniciação Científica, Pró-Reitoria de Cultura e Extensão, 2002; Fapesp, 2003.

BIÁ, Roberto. *Mulheres Sediciosas sob a Vigilância do DEOPS. Ação e Repressão* (1930-1945). Iniciação Científica, Pró-Reitoria de Cultura e Extensão, 2002.

BIRARDI, Angela. *O Submundo da Imprensa Clandestina durante a Era Vargas (1930-1945)*. Iniciação Científica, Fapesp, 2002-2003.

BRUSANTIN, Beatriz. *Na Bôca do Sertão. Módulo Geopolítica do Controle*. São Paulo, Arquivo do Estado/Imprensa Oficial, 2003.

CASTELANI, Glaúcia Rodrigues. *Imprimindo a Revolução: Gráficas e Editoras Clandestinas*. Iniciação Científica, Fapesp, 2002-2003.

CASTRO, Eduardo Góes. *Os Quebra-santos: Repressão ao Anticlericalismo no Brasil República (1924-1945)*. Iniciação Científica, Fapesp, 2002.

DEZEN, Rogério. *Shindô-Rinmei. Terrorismo e Repressão. Módulo III-Japoneses. Série Inventários DEOPS*. São Paulo, Arquivo do Estado Imprensa Oficial, 2000.

DIETRICH, Ana Maria; ALVES, Eliane Bisan & PERAZZO, Priscila Ferreira. *Alemanha. Módulo I – Alemanha. Série Inventário DEOPS*. São Paulo, Arquivo do Estado/Imprensa Oficial, 1997.

KÖSSLING, Karin Sant´Anna. *Os Movimentos Negros. Identidade Étnica e Identidade Política (1924-1950)*. Iniciação Científica, Fapesp, 2002.

MAGALHÃES, Luciana Pokorny Odoni. *O Imaginário Político Através da Iconografia da Era Vargas*. Iniciação Científica, Fapesp, 2002.

MENDES, José Sacchetta Ramos. *Os Portugueses e a Polícia Política de São Paulo*. Doutorado, Pró-Reitoria de Cultura e Extensão, 2002.

PACHECO, Paula Correia. *A Palavra Silenciada: O Papel Sedicioso da Imprensa Clandestina (1930-1945)*. Iniciação Científica, Fapesp, 2002-2003.

SANTOS, Viviane Terezinha dos. *Os Seguidores do Duce: os Italianos Fascistas no Estado de São Paulo. Módulo V – Italianos. Série Inventários DEOPS*. São Paulo, Arquivo do Estado/Imprensa Oficial, 2001.

SILVA, Emiliana Andréo da. *O Despertar do Campo. Lutas Camponesas no Interior do Estado de São Paulo*. Módulo: Geopolítica do Controle. São Paulo, Imprensa Oficial/Arquivo do Estado, 2003.

SILVA, Lúcia Parra. *Anarquistas Rebeldes*. São Paulo, Arquivo do Estado/ Imprensa Oficial, 2003.

SOUZA, Ismara Izepe de. *República Espanhola: Um Modelo a Ser Evitado. Série Inventário DEOPS Módulo Espanhóis*. São Paulo, Imprensa Oficial/Arquivo do Estado, 2001.

TAKEUCHI, Márcia Yumi. *O Perigo Amarelo em Tempos de Guerra (1939-1945). Módulo III – Japoneses*. São Paulo, Arquivo do Estado/ Imprensa Oficial, 2002.

TAVARES, Rodrigo Rodrigues. *O Porto Vermelho. A Maré Revolucionária (1930-1951). Série Inventário DEOPS*. Módulo IV- Comunistas. São Paulo, Imprensa Oficial/Arquivo do Estado, 2001.

ZEN, Erick Reis Godliauskas. *Ecos de Lituanos Rebeldes. Resistência e Repressão (1924-1950). Série Inventários DEOPS*. Iniciação Científica, Fapesp, 2001-20022003.

WIAZOVSKI, Taciana. *Bolchevismo & Judaísmo. A Comunidade Judaica sob o Olhar do DEOPS. Módulo VI – Comunistas*. São Paulo, Arquivo do Estado/Imprensa Oficial, 2001.

ÍNDICE ONOMÁSTICO

Oficina de História do PROIN Arquivo / Universidade.

Bolsistas Fapesp pesquisando os jornais confiscados pelo DEOPS. Sede do Arquivo do Estado, 2002.